郭沫若年谱长编

(1892—1978年)

第三卷

林甘泉 蔡 震 主编

中国社会科学出版社

目　录

（第三卷）

1943年（癸未　民国三十二年）51岁 …………………………（977）

1944年（甲申　民国三十三年）52岁 …………………………（1020）

1945年（乙酉　民国三十四年）53岁 …………………………（1072）

1946年（丙戌　民国三十五年）54岁 …………………………（1121）

1947年（丁亥　民国三十六年）55岁 …………………………（1184）

1948年（戊子　民国三十七年）56岁 …………………………（1223）

1949年（己丑　民国三十八年）57岁 …………………………（1265）

1950年（庚寅）58岁 ……………………………………………（1312）

1951年（辛卯）59岁 ……………………………………………（1361）

1952年（壬辰）60岁 ……………………………………………（1402）

1943年（癸未　民国三十二年）51岁

1月　美、英两国分别与国民政府签订《平等新约》，取消治外法权等特权。

4月　国民政府公布《非常时期报社通讯社杂志社登记管制暂行办法》，以控制扼杀进步文化事业。

5月12日　共产国际执行委员会主席团发表《关于提议解散共产国际的决定》。

5月26日　中共中央发表《关于共产国际执委主席团提议解散共产国际的决定》，同意关于解散共产国际的提议。

6月　蒋介石发动第三次反共高潮，调动四五十万军队包围陕甘宁边区。

8月　国民政府主席林森病逝，由蒋介石兼代主席。

本月　国民党政府查封了桂林《文学月刊》《音乐与艺术》等刊物。

11月7日　中共中央宣传部作出《中共中央宣传部关于执行党的文艺政策的决定》。

11月12日　国民党颁布《文化运动纲领》。

11月23日至26日　中、美、英三国首脑在开罗举行会议，讨论开辟第二战场等问题。会后发表《开罗宣言》。

本年　国民党"中央图书杂志审查委员会"，"训令"各级有关机构，自明年1月起"应将辖区所出版之戏剧方面图书、杂志、报刊所刊剧人消息或论文，包括剧情说明书，演出广告等项，广为收集"，每月汇报。

1月

1日　与茅盾、老舍、田汉、邓初民、翦伯赞、冯乃超、夏衍、于立群等50名文化界人士，联名作贺词《沈衡山先生七十寿辰》。发表于3日重庆《新华日报》。贺词云："先生今年七十，精神之坚毅也如石，身体之康健也如石，守道之笃实也如石，爱国之纯挚也如石，受先生之感召者，世之青年，亦皆如先生之如石也如石。"

沈衡山，即沈钧儒。

◎ 历史剧《孔雀胆》由中华剧艺社在重庆国泰大戏院首次公演。

应云卫导演，周峰、格炼、路明、金淑芝、耿震等主演，连演8天。（彭竹《回忆〈孔雀胆〉的首次演出》，《南国戏剧》1980年第1期；廖永祥、陶月初《从〈新华日报〉、〈群众〉周刊看抗战时期的郭沫若》，《郭沫若学刊》1990年第1期）

6日 诗《人类解放的曙光》发表于重庆《新华日报》。后又发表于27日延安《解放日报》。为斯大林格勒战役中苏联军队的新胜利而欢呼。

8日 作《献给现实的蟠桃——为〈虎符〉演出而写》。认为，"战国时代，整个是一个悲剧时代，我们的先人努力打破奴隶制的束缚，想从那铁的桎梏中解放出来，但整个努力结果只是换成了另外一套的刑具"。写作《虎符》的目的，"只想把自己所想写的东西写得出，写得活，写得能使读的人、看的人多少得到一些好处"。"我主要的并不是想写在某些时代有些什么人，而是想写这样的人在这样的时代应该有怎样合理的发展。""战国时代是以仁义的思想来打破旧束缚的时代，仁义是当时的新思想，也是当时的新名词。""战国时代是人的牛马时代的结束"，"我在《虎符》里面是比较的把这一段时代精神把握着了"。

初收上海大孚出版公司1947年12月初版《沸羹集》，后收《沫若文集》第13卷，现收《郭沫若全集·文学编》第19卷。

10日 中午，与洪深、夏衍、老舍等在中苏文化协会餐厅，为苏联对外文化协会驻华代表米克拉舍夫斯基归国饯行，特赠宣纸制就的纪念册并题诗留念。（11日重庆《新华日报》）

15日 作七律二首《祝新华五周年》。发表于18日重庆《新华日报》。歌颂《新华日报》"民人资尔张喉舌，万口为声声自遥"，"扫荡妖气在此年，战虽弥苦志弥坚"，"为得人群谋解放，凭将心血写明天"。祝愿它"如椽大笔期常健，寿比中华岁万千"。

初收作家出版社1959年11月初版《潮汐集·汐集》，题名《祝新华日报五周年》；现收《郭沫若全集·文学编》第2卷。

◎ 作《序〈戏的念词与诗的朗诵〉》。发表于8月10日重庆《新华日报》；又发表于《上海文化》1946年12月1日第11期、《诗音丛刊》

1947第1期。写道:"文学起源于口头传诵,故尔古代文学率为诗歌,富于音乐性,在其本质上实近于动的时间的艺术,而远于静的空间的艺术。然自文字发明,文学由口头传诵而著诸竹帛,因文字的造型性,于是文学便自起分化,甚至生出文与语之乖离。""戏剧是艺术的综合,它已经不是单纯的文学。但戏剧文学在文学部门中却最能保持着口头传诵的本质,它主要还是耳的文学。""戏剧文学的发展也促进了文学向音乐性的回归,诗歌朗诵的兴起,一方面固由于受着音乐勃兴的影响,但在另一方面又受着话剧勃兴的影响","朗诵和念词都需有先天的资本",但"应该有后天的技巧或方法。寻求这种技巧与方法的活动便是科学化"。"这种科学化的工作在我们目前正感觉着有迫切从事的必要。"洪深《戏的念词与诗的朗诵》"正是这一方面的科学化的第一步,而且是极坚实的第一步"。

初收上海大孚出版公司1947年12月初版《沸羹集》,题名《序〈念词与朗诵〉》;后收《沫若文集》第13卷;现收《郭沫若全集·文学编》第19卷。

17日 参观敦煌画展,作五言诗《题敦煌画展》:"余久梦敦煌,今日得相见。三百又五窟,瞬息游览遍。笑彼马迭斯,蓝本学未全。新奇矜独创,赫赫盛名传。嗟我后来人,焉能不自勉。"

初收作家出版社1959年11月初版《潮汐集·汐集》,现收《郭沫若全集·文学编》第2卷。

马迭斯,现通译马蒂斯,法国画家。

18日 读重庆《新华日报》发表的《孔雀胆演出之后》(徐飞著文),深受启发。后根据周恩来及该文意见,修改《孔雀胆》剧本。(《〈孔雀胆〉的润色》)

19日 《我与关良》发表于《时事新报》。写道:"我认识关良,已将有二十年的时间了。我很清楚他的为人,因此对于他的绘画艺术也知道得相当多。他本来是一个洋画家,他初画的作风多半受了欧洲近代画风的影响,但因为他是一个温厚,稳重,沉着而同时又对民族文化有深深的爱恋的人,所以他的洋画在法则上虽则以西洋的理论做基础,但在内容上,实含有多量的民族色彩。"

20日 作七律《咏怀》:"薄古厚今寻为珍,文史题材应革新。谢赫不曾推汉石,子长未必读丘坟。亦思淡泊明心志,颇受高吟泣鬼神。抟捏万端皆在我，凭将妙手著成春。"

作家出版社 1959 年 11 月初版《潮汐集》出版后，补书于《汐集》书页上。现收入《郭沫若全集·文学编》第 2 卷。

22 日 下午，与冯玉祥、老舍、茅盾等往中苏文化协会，参观赵望云西北河西写生画展预展。（23 日重庆《新华日报》）

23 日 作《〈孔雀胆〉的修补》。发表于 2 月 21 日重庆《新华日报》，题作《〈孔雀胆〉的润色》。写道："舞台是戏剧的实验场，一个剧本总要经过好几次的演出，才能够得到它的完成。""在专家们的多数沉默之中，得以读到徐飞先生的《孔雀胆演出之后》。这样恳切的批评使我又提起了精神来，对于我的剧本再加以修改。最重要的是徐飞先生替我点醒了主题。他说：'造成这个历史悲剧之最主要的内容，还是妥协主义终敌不过异族统治的压迫，妥协主义者的善良愿望终无法医治异族统治者的残暴手段和猜忌心理。'这就好像画龙点睛一样，把当时的历史点活了。"

初收重庆群益出版社 1943 年 12 月初版《孔雀胆》，后收《沫若文集》第 4 卷，现收《郭沫若全集·文学篇》第 7 卷。

26 日 致车辐信。说："承你叠次把抚琴台发掘消息寄给我，使我如同住在成都，我很感谢。特别是最近附的一张发掘情形的略图，更使我好像身临其境，游历了一番。成都是我时常系念的第二故乡，我在那儿读过四年的书，可是已经三十年久别了。这一次抗战回来，虽是近在咫尺，却没有得到去的机会。抚琴台的发掘，的确是值得特别注意的事，在中国学术界必有极伟大的贡献。这件事体如是在和平时代，如是在欧美，想必已经轰动全世界了。听说冯先生是人类学者，在发掘工作上极为勤严，是值得庆幸的。我对于这件事体，抱着很大的期待，希望你今后仍肯不断的以消息告诉我，虽然是太麻烦了你。西康任乃强先生我已直接和他通信，我现在颇为清闲，欲多读书，但可惜书不易到手耳。"（手迹见车辐《关于郭老两封信的说明》，《郭沫若研究学会会刊》1984 年总第 4 集）

"抚琴台发掘"即前蜀王建墓发掘。冯先生，冯汉骥，王建墓的主要发掘人。

27 日 应云卫宴请王晋笙、程步高，与阳翰笙、杜国庠、冯乃超、夏衍等应邀作陪。（《阳翰笙日记选》，四川文艺出版社 1985 年 2 月版）

28 日 作《战士如何学习与创作》。发表于《战士月刊》3 月创刊号。主张"战士们应该打破重视文言的偏见,而力图口语表现的巧妙化"。战士的学习和创作,"顶要紧的是集中自己的注意力,充分地活用自己的感官,活用自己的头脑"。"多读名家著作,多向有经验的人请教。""应该时常练习写作","把自己所见到、所听到、所想到的东西,正确的写下来","写得多了,写得久了,自然也就会巧起来,妙起来。写得正确,并不是很容易的事,而且这是基础"。"写日记是最具体的办法","一个人如果能有写日记的习惯,对于自己有无限的好处,倒不仅有益于创作。但要作为一个作家而不写日记,那是极不应该的事"。

初收上海大孚出版社公司1947年12月初版《沸羹集》,后收《沫若文集》第13卷,现收《郭沫若全集·文学编》第19卷。

本月 历史剧《虎符》上演前送国民党书报检查委员会审查,"被审查老爷们把所有的'人民'字面用朱笔改成了'国民'","剧本中的'舞台左翼','舞台右翼'的字面,都改成了'左边'、'右边'"。(《民主运动的二三事》,《沫若文集》第13卷)

2月

1日 为庆贺中国分别与英国、美国签订《平等新约》,作《争取历史创造的主动》。发表于5日重庆《新华日报》。指出,这是中国"经过五十年的奋斗,尤其是最近五年半的血战,所获得的有光辉成就"。"让这使我们欢欣鼓励的成就,作为我们更加努力奋斗的基点,革新作风的动力吧。""中国革命的目的是'在求中国之自由平等'。而这平等,这自由,不用说不仅是名义上的东西,而是要实质上的东西。我们不仅要求别人以平等待我,而且要以平等自待。我们不仅要求条约缔结的平等,而且要求历史创造的平等。""要有真正的平等,然后才能有真正的自由。"

初收上海大孚出版公司1947年12月初版《沸羹集》,后收《沫若文集》第13卷,现收《郭沫若全集·文学编》第19卷。

◎ 作《本质的文学》。发表于《战时教育》第7卷第11、12期合辑。论述"文学是不容易学好的东西,儿童文学更不容易"。"顶不容易的是在以浅显的语言表达深醇的情绪,而使儿童感到兴趣,受到教育。""假如不加装束而能够光彩动人,那一定要这个人本质很美才可以办到。儿童文学的难处就在这儿，要你能够表达儿童的心理，创造儿童的世界，这本质上就是很纯美的文学。""中国在目前自然是应该尽力提倡儿童文学的。"

初收上海大孚出版公司 1947 年 12 月初版《沸羹集》，后收《沫若文集》第 13 卷，现收《郭沫若全集·文学编》第 19 卷。

◎ 致戈宝权信，问候其肾脏病是否痊愈。（戈宝权《忆郭老》，《悼念郭老》，生活·读书·新知三联书店 1979 年 5 月版）

3 日 书为丘玉昆："要想成为一个人，不是容易的事，总要不虚度此生，对于社会有所贡献，方能算是一个人。我近来很佩服王安石，觉得他和屈原一样有一个悲剧的生世。他的文章道义都可风徽百世，而为道学家辈所诬蔑。他的政治设施和军事布署，如不被伪君子司马光所隳堕，宋室何至南渡以迄于亡，元人又安得人主中土？然而千年别知此者殆少。不求人知，但求尽力作一个人，王安石是一位真儒者，我愿意以他为模范。"跋语谓："玉昆由上杭寄纸来渝求字，因信笔书此瞬间心中所感。"
（据手迹，《郭沫若书法集》，四川辞书出版社 1999 年 11 月版）

4 日 历史剧《虎符》由中国万岁剧团在抗建堂上演。

王瑞麟导演，江村饰信陵君，舒绣文饰如姬，黎锦晖谱曲。（8 日重庆《新华日报》）

8 日 致剧宣二队信。写道：

"你们元月二十日的航信，我此刻接到了，我非常的高兴。抗战已五年有半，你们在战地足足工作了五年，你们的成绩自记录在战地民众及士兵同志的心底，你们的辛苦，我们也是时常想象着，而且藉以为我们自己的鞭策的。

你们的确是太辛苦了。但这辛苦并没有白费，诚如来信所说，你们在艺术工作上进步了，能'经常是以常胜军自慰'，而农民和士兵都欢迎你们，你们'已经有了广泛的群众基础与存在的社会地位'。这确是伟大的收获。社会就是课堂，工作就是课目，你们经过了五年的坚实锻炼，这应该有这样的收获。我诚恳的庆贺你们，祝你们更进一步的努力。

英美两国最近继苏联之后也取消了不平等条约，这消息想来你们在战地是知道了的。这不消说是全民族百年来的努力，特别是五年半抗战之光辉成果，但在这成果的获得上，你们在前线的努力是重要的因素。这是莫大的一个报酬。但我们还不好遽行满足,我们还须更坚毅的淬砺自己使我们的效果更有实质而宏大。

目前欧洲方面法西斯的败征已著,大率今年或者明年便可以出现一个澄清的面貌,但在东方似乎尚难预测,这是要全靠我们的努力如何来做测验器的。而且抗战告一段落之后,建国工作更为艰巨。我们正须加紧在工作中磨练,让我们能有充分的势力,胜任愉快地共同担负起建国的使命。

近年来陪都戏剧艺术也颇有进步,前期雾季曾经达到一次空前的高潮。目前的雾季,虽然在演出条件上比以前更困难了,但大家都以不挠的精神在继续奋斗。自春节开始,现在正有三个剧团差不多以竞演的形式,同时演出三个大戏——新成立的中国艺术剧社(以金山、兰马诸人为干部)的宋之的《祖国在呼唤》,中国万岁剧团的《虎符》,中华剧艺社的《孔雀胆》(后两个是我编的历史剧——观众仍极为踊跃。工作人员与观众的水准,一律都提高了。这或者也是足以告慰各位同事的一件事体。假如目前的形势继续下去,没有什么意外的波折,大约本雾季又可以来一次剧运的高潮的)。

剧本的产生年来也比以前丰富了。以前曾闹过剧本荒,但现在似乎已转入剧场荒,演员荒的时代。陪都剧场太少,而且条件极苛。现成的演员虽然很有进步,而新起的干部却很寥寥。因此也有好些剧本停在那儿,尚待演出。这或许并不是怎么值得悲观的现象,但却是值得我们努力克服的。

我这封信就请作为我庆贺你们五周年纪念的献礼。"(见《郭沫若学刊》1990年第1期;手迹载《郭沫若学刊》1995年第1期)

初旬 邀夏衍、于伶、阿英等人到临江门去吃四川特产的"毛肚开堂"。(于伶《怀念郭沫若同志》,《悼念郭老》,生活·读书·新知三联书店1979年5月版)

13日 作《忆成都》。写道:"离开成都竟已三十年了","留在我的记忆里,觉得比我的故乡乐山还要亲切"。"回到四川来已经五年了","但一直都还没有去的机会。我实在是有些踌躇。三年前我回过乐山,乐山是变了,特别是幼年时认为美丽的地方变得十分丑陋"。"变是当然的,已经三十年了,即使是金石也不得不变。更何况这三十年是变化最剧烈而无轨道的一世!旧的颓废了,新的正待建设。在民族的创新的美感尚未树立的今天,和谐是观念中的产物。但成都实在值得我怀念,我正因为怀念它,所以我踌躇着不去想它。"

初收上海大孚出版公司1947年12月初版《沸羹集》,后收《沫若文集》第13卷,现收《郭沫若全集·文学编》第19卷。

15日 作《死的拖着活的——关于汤肇虞教授被讼案》。发表于19日重庆《新华日报》。对福建医学院教授汤肇虞为做科学研究发掘公冢,遭地方法院公诉而鸣不平,称"是迷信与科学的搏战,罪恶与科学的搏战"。同时提倡改革丧葬方式,奖励火葬,并预行定下遗言:"将来如果我是死在故乡,/我绝对不愿意我的家属或我的朋友把我土葬,/烧成灰,多干脆!起码给中国的土地施肥。/再不然送到医科大学去解剖,/还可以让亲爱的同学们朝夕摩挲。"

初收上海大孚出版公司1947年12月初版《沸羹集》,删去副标题;后收《沫若文集》第13卷;现收《郭沫若全集·文学编》第19卷。

18日 与阳翰笙谈文化工作委员会内外情况。(《阳翰笙日记选》,四川文艺出版社1985年2月版)

21日 晨,阳翰笙同即将离任的谢仁钊来访。

谢仁钊调离文化工作委员会副主任之职,到政治部任设计委员。其原职由李侠公接任。李坦率说明自己是蒋介石派来搞监视活动的,郭沫若很感动,对他说:"得道总是多助,而失道总是寡助的。"(《阳翰笙日记选》,四川文艺出版社1985年2月版;翁植耘《文化堡垒》)

22日 应夏衍、胡绳等人要求,将他们为寿于伶的诗写成斗方:"长夜行人三十七,如花溅泪几吞声。至今春雨江南日,英烈传奇说大明。"书后觉得"诗的情趣太消极",立即挥毫写了:"大明英烈见传奇,长夜行人路不迷。春雨江南三七度,杏花溅泪发新枝。"当晚,特邀请于伶、夏衍等人去临门江吃四川特产,并谈创作历史剧的体会。(《沸羹集·人做诗与诗做人》;于伶《怀念郭沫若同志》,《悼念郭老》,生活·读书·新知三联书店1979年版)

23日 中午,出席苏联大使馆为庆祝苏联红军建军节举行的茶会,庆贺苏联红军在反法西斯战争中取得的伟大胜利。

苏联红军在斯大林格勒保卫战中取得重大胜利。出席茶会的有周恩来、董必武、邓颖超、林彪、宋庆龄、冯玉祥、程潜、邵力子、孙科、于

右任、孔祥熙、老舍、曹靖华等人。(24日重庆《新华日报》)

◎ 诗《颂苏联红军》发表于重庆《新华日报》。称:"你保卫了斯大林格勒、列宁格勒、莫斯科,／你把数十万的纳粹兽军消灭在静静的顿河。""这胜利是全人类的胜利,不仅仅属于苏联,／红军哟,你是在替全人类争取着自由的明天!"

初收上海群益出版社1948年9月初版《蜩螗集》;后收《沫若文集》第2卷,写作时间误署为1942年红军建军节;现收《郭沫若全集·文学编》第2卷。

24日 作《人做诗与诗做人》。发表于26日重庆《新华日报》,又发表于《半月文萃》5月1日第1卷第11、12期合刊。从于伶生日,几位朋友以其所著剧本名而联句七绝一首说起,认为:"文字本身有一种自律性,就好象一泓止水,要看你开闸的人是怎样开法,所谓'决诸东方则东流,决诸西方则西流'。只要你把闸门一开了,之后,差不多就不由你自主了。""人的一生,特别是感情生活,约略也是这样。一个人可以成为感情的主人,也可以成为感情的奴隶。你是开向生路便是生,开向死路便是死。主要的是要掌握着正确的主动权以善导对象的自律性,对于青年有领导或训育任务的人,我感觉着这责任特别重大。"

初收上海大孚出版公司1947年12月初版《沸羹集》,后收《沫若文集》第13卷,现收《郭沫若全集·文学编》第19卷。

25日 与沈钧儒、张一麐、黄炎培、茅盾、陶行知、罗隆基、章伯钧、史良等人联名在重庆《新华日报》发表致印度总督林里资哥电,要求释放甘地。

26日 作《序〈祖国之恋〉》。收入重庆当今出版社9月初版《祖国之恋》;发表于10月17日重庆《大公报·战线》;又以《专家的态度》为题发表于《天下文章》1944年1月第2卷第1期。赞扬电影剧本《祖国之恋》的作者史东山,"为人与做文有一贯的谦抑的态度,实在是足以做我们的模范,而他现在又把《祖国之恋》印行出来,不啻是为我们提供了一个写作电影剧本的范本"。"他是把专家的习气完全破除了"。"专门家的正当防御是理有应该,但我们在门外的人对东山兄的态度却禁不住要感觉加倍的亲切"。"外行的文艺家要来写写剧本,写写电影,我想也总是好的"。

初收上海大孚出版公司 1947 年 12 月初版《沸羹集》，后收《沫若文集》第 13 卷，现收《郭沫若全集·文学编》第 19 卷。

27 日 为张文元画作《金刚桥畔》《丰年图》题诗。以《金刚桥畔及其他》为题发表于《经纬月刊》1943 年第 1 期。《金刚桥畔》咏道："一道蜿蜒破天险，复兴国难见民劳。山川到处增颜色，莫道英雄始是豪。"序谓："文元同志画歌乐山下金刚桥畔之实境，足徵抗建中民众生活。"《丰年图》咏道："农村生活原邦本，人民劳止竹森森；尽他寂寞无相问，幸尔春牛共一岑。"

3 月

8 日 作《论读经》。发表于重庆《学习与生活》月刊 5 月 1 日第 4 卷第 5 期。写道："我不反对读经，而且我也提倡读经。但我为尊重读经起见，却不希望青年人读经，而希望成年人读经，更尤其希望提倡读经的人认真读经。""一般提倡者最普遍的目的大约是注重在道德的涵养上吧。""仅为涵养的目的而读经，我觉得应该加以选择，只消选读《论语》、《大学》、《中庸》就够了。""假使为研究古代的目的，那是不应该有什么选择的。""要想真正能有资格读经，首先要研究文字音韵之学"，"更还须要你懂科学方法和其它有关科学知识"。"在普遍地提倡读经之前，总得先走一步翻经或译经的工作。"

初收上海大孚出版公司 1947 年 12 月初版《沸羹集》，后收《沫若文集》第 13 卷，现收《郭沫若全集·文学编》第 19 卷。

◎ 以群益出版社名义题贺诗一首，祝贺群益出版社会计朱芙英与文林出版社经理方学武新婚之喜，"相知复相爱，永结同心圆"。（手迹见 1984 年 2 月 23 日《解放日报》）

10 日 作《新文艺的使命——纪念文协五周年》。发表于 27 日重庆《新华日报》，又发表于《半月文萃》6 月第 2 卷第 1 期。回顾百年来，特别是抗战以来新文艺的发展过程，指出，"随着反帝、反封建的政治旗帜的明朗化，新文艺运动乃至整个文化运动，获得了划时期的胜利，便由叛逆的地位升到了支配的地位。然而随着新的胜利的到来，却又有新的斗争接踵而至"。"其斗争的激烈较之第一期有过之而无不及"。"起先我们是听见'与抗战无关'的主张，继后又听见'反对作家从政'的高论，再后则是'文艺的贫困'的呼叫——叫嚣着抗战以来只有些田间式的诗歌与文明戏式的话剧。"文章批驳了这些"高论"。"尽管少许逆流在那儿打洄漩，中国新文艺思潮的本流始终是磅礴着的，始终是沿着反帝、反封建的路线而前进着的。""而我们的反帝、反封建的文艺思潮之所以很顺畅的转化为抗日等反法西斯的斗争，也正是历史的必然性所致。"今后文艺的使命是"克服种种的困难，加紧反法西斯的斗争，增强对于敌伪的憎恨，提高文艺作品的质量，促进国家力量的动员，巩固作家团结与民族团结的阵容，以争取民族解放与人类解放的胜利"。

初收上海大孚出版公司1947年12月初版《沸羹集》，后收《沫若文集》第13卷，现收《郭沫若全集·文学编》第19卷。

11日 作《抗战以来的文艺思潮——纪念文协五周年》。发表于27日重庆《抗战文艺·"文协"成立五周年纪念特刊》。对"文学贫困论""与抗战无关论"和把作家努力参加动员工作认为"从政"等观点提出不同的看法。认为"随着战争的长期化"，"文艺的步骤渐渐恢复了它的常态而且大有进展"，"大时代作家的生活改变而充实了，文艺的内容自不得不因而充实"，"经过五年半的战火的锻炼，使战前的文艺思想更加钢铁化了"。"近来题材的范围确实是扩大了，因而也就是新现实主义活动范围更加扩大了。"

初收上海大孚出版公司1947年12月初版《沸羹集》，后收《沫若文集》第13卷，现收《郭沫若全集·文学编》第19卷。

12日 作七绝《黄山探梅四首》。咏道："闻说寒梅已半开，南山有鸟唤春回。嘉陵江上东风早，绿嫩红肥映碧苔。""燕来鸿去各天涯，六载翱翔未有家。偶向松林探音讯，临流俯首看梅花。"

初收作家出版社1959年11月初版《潮汐集·汐集》，现收《郭沫若全集·文学编》第2卷。

黄山，位于重庆市郊。

◎ 作五言诗《求仁得仁者》，序谓："闻云南有女医在霍乱防疫中殉职，失其姓名，赋此以歌咏之。"诗云："功名固身外，此身亦非真。运尽即归去，宛如行路人。寇氛入南甸，霍乱复相循。烈疫良可畏，先人后此身。懿哉求仁者，翛然得其仁。姓氏虽不传，芬郁随南薰。万化皆有尽，不灭爱与恩。"

初收作家出版社1959年11月第1版《潮汐集·汐集》。现收《郭沫若全集·文学编》第2卷。

13日　《国画漫感》发表于重庆《时事新报》。写道："提起国画，不论是在题材上与技巧上似乎总有一个旧的想念。正因为如此，国画家们到现在为止，都在从事于一种新的尝试与努力。此种努力的结果，无疑的会给国画找到一条新的出路。""尽量摄取现实性的题材与采用西洋画的长处，向这条路发展下去是合理的。""但国画与西画有共通之处，也有不尽相同之点，尽可以相互协助，却不好合伙经营。总得求其和谐，展开国画的风格和个性。""所谓新国画，不尽限于题材，也不尽限于技法。旧题材而运用新技法，新题材而运用旧技法，只要能够造得出美的意境，便气象一新。""在旧的发掘中去发现些前人的遗产，同时把西洋画的好处，尽可能利用到国画上来，国画在不久的将来，一定有一个更新的姿态出现的！"

14日　作《张天虚墓志铭》。写道："天虚年仅三十耳，长才未尽，赍志而殁，惜哉！八年前留学日本时，曾挟其大作《铁轮》访余，人谦抑而有气度，机敏而坦白。余见而敬爱之，曾为其《铁轮》作序。君忧国之念甚深，在东瀛恒集同志作文艺及其他活动，要在求祖国之独立与民族之解放也。君之归国，早余一年，七七变起，曾赴西北参加丁玲所领导之青年战地服务团。未几南旋，随张云鹏将军从事政工，曾参加台儿庄武汉外围诸战役。""不幸疾转剧，咯血过猛，曾至月昏睡，失去意识。乃不得不回乡疗养，卒以三十年八月十日长逝于昆明西郊之赤甲壁。君尚未婚，著作除《铁轮》外，尚有小说及报告多种，均待刊行。""君年少于余者二十岁，孰意铭君之墓者亦为余耶？然在君亦复何憾，虽未永年，业已不朽，铭曰：西南二士，聂耳天虚，金碧增辉，滇洱不孤。义军有曲！铁轮有书，弦歌百代，永式壮图。"

铭诗以《铭张天虚墓》为题，单独收入作家出版社1959年11月初版《潮汐集·汐集》，"永式壮图"作"永示壮图"，误署写作时间为"1943年3月14日"；现收《郭沫若全集·文学编》第2卷，《张天虚墓志铭》作为该诗附录收入，误署写作时间为"中华民国三十二年三月"。

15日　"开始写《南冠草》"。（《南冠草日记》，11月15日《新华日报》）

"我自从知道完淳的存在，便很想把他戏剧化，早被订为去年（一九四二年）三月份的工作，已经把人物和分幕约略拟定了。但足足停顿了一年，直到今年三月这项工作才算告成。坊间已经有《夏完淳》一个剧本，我为避免同名起见，便采用了《南冠草》这个名目。""《南冠草》本是夏完淳最后一个集子的名称，是他被捕后途中、狱中所作。"（《夏完淳之家庭师友及其殉国前后的状况》，《中原》月刊9月第1卷第2期）

16日 "继续写《南冠草》。午后有警报，未及紧急而解除。"（《南冠草日记》，11月15日《新华日报》）

17日 "午前八时有警报，亦未及紧急而解除。《南冠草》第一幕草成。"（《南冠草日记》，11月15日《新华日报》）

18日 续写《南冠草》第二幕。"意趣不佳，颇感烦燥。""全剧大体已于枕上得一初步之轮廓。""夜略改前案，得第二幕一场九页。"（《南冠草日记》，11月15日《新华日报》）

19日 "草成第二幕二三两场。"（《南冠草日记》，11月15日《新华日报》）

20日 "上午续草第二幕第四场。"午后，"第二幕第四场告成。微嫌有未甚惬意处，当再加以琢磨也"。（《南冠草日记》，11月15日《新华日报》）

◎ 往鲜园，赴鹿瑞伯六十大庆寿宴。于"园中小坐，天气甚佳，颇如享春游之乐"。

◎ 作诗《游特园》。云："林檎一树正着花，碧桃数枝尚含笑。篱畔蔷薇色艳红，心欲摘之验动爪。嘉陵江水碧于油，岸头淡淡雾笼罩。如愁如倦不可名，但觉清新风味好。葡萄架柱是汉砖，架下浅浅有回栏。砖上犹存富贵字，惊人畅茂霸王鞭。""扫荡日寇归三岛，长使人间春不老。江户川头看樱花，清酒一樽同醉倒。"

初收1959年11月作家出版社初版《潮汐集·汐集》，现收《郭沫若全集·文学编》第2卷。

特园，即鲜园。

21日 "晨起，将第四场结尾略加修改。""阅《汉留全史》与《海底》等书，修改一二幕。"拟将第三幕分二场写。（《南冠草日记》，11月15日《新华日报》）

◎ 作五言诗《题李可染画二首》。一首《东坡游赤壁图》:"吾乡苏长公,俊逸才无敌。脍炙在人口,前后游赤壁。悠悠一千年,仿佛闻声息。风清月仍白,江景浑如昔。"一首《村景》:"作诗与作画,难得是清新。有品方含韵,无私始入神。悠悠随白鹭,淡淡泛芳醇。美在蹄筌外,庶几善与真。"

初收作家出版社 1959 年 11 月初版《潮汐集·汐集》,现收《郭沫若全集·文学编》第 2 卷。

22 日 "草第三幕第一场,成。""晚草第二场,不甚满意,又因停电,只得早睡。夜颇热,中夜起床将第一场略加改削。"(《南冠草日记》,11 月 15 日《新华日报》)

◎ 作《沿着进化的路线前进——纪念文协五周年》。发表于 3 月 27 日《时事新报》。认为,文协成立的贡献,"便是它自成立以来把作家团结起来了。这是一段的进化",虽然团结了并没有消灭"文人相轻"的现象,但"只要是沿着进化的路线在走,进化一天,理想就提高一步"。文章驳斥"文协标榜'抗敌',根本就违背文学的本质"的看法,认为:"这种人更不啻是在替敌人说话了"。"我们并不希望伪装清客者流能够迅速地反省,更进而改变自己的主张,但我们却不能不希望文协本身不要忘记了它自己的使命,它是应该沿着进化的路线前进的。我们现在的任务,不仅要保持团结,扩大团结,而且要讲求团结的致密化与合理化。"

初收上海大孚出版公司 1947 年 12 月初版《沸羹集》,改题为《沿着进化的路向前进——纪念文协五周年》;后收《沫若文集》第 13 卷;现收《郭沫若全集·文学编》第 19 卷。

23 日 "午前将第三幕第二场草成。午后成序幕,将结果倒装,在构成上颇觉紧凑。"(《〈南冠草〉日记》,11 月 15 日《新华日报》)

◎ 翦伯赞来访,与其详谈《南冠草》全剧结构。"同出散步至校场口,归共晚饭。"(《南冠草日记》,11 月 15 日《新华日报》)

◎ "夜,鹿地亘来访,言仁井田君在收容所病逝,为之悯然。"(《南冠草日记》,11 月 15 日《新华日报》)

24 日 以群、徐冰、阳翰笙等来访。(《阳翰笙日记选》,四川文艺出版社 1985 年 2 月版)

25 日 上午,从桂林刚回到重庆的胡风由冯乃超陪同来访。(胡风

《再返重庆——抗战回忆录之十五》,《新文学史料》1988年第4期)

◎ 茅盾、戈宝权、欧阳凡海、以群等来访,后阳翰笙亦至,漫谈至久。(《阳翰笙日记选》,四川文艺出版社1985年2月版)

◎ 不甚满意《南冠草》第三幕,"续写第四幕,进度亦感窒息"。(《南冠草日记》,11月15日《新华日报》)

26日 "改第三幕第一场,较好,但亦嫌不紧凑。"(《南冠草日记》,11月15日《新华日报》)

27日 下午,往文化会堂参加中华文艺界抗敌协会举行的第5届年会,为大会主席团成员。在会上发表演说,祝文协更进一步发展,中国文艺作家创造力旺盛及丰收。继续被选为理事。(《阳翰笙日记选》,四川文艺出版社1985年2月版;28日、4月3日重庆《新华日报》)

28日 "准备对美国侨胞广播稿。"(28日、4月3日重庆《新华日报》;《〈南冠草〉日记》,11月15日《新华日报》)

29日 草成《南冠草》第四幕。(《南冠草日记》,11月15日《新华日报》)

30日 作五律《咏水仙》:"羞作桃李姿,天然见娟媚。滢滢水一盂,蜂蝶不容醉。清韵绝尘滓,幽香来梦寐。谁知花蕊心,乃有离人泪?"

初收作家出版社1959年11月初版《潮汐集·汐集》,现收《郭沫若全集·文学编》第2卷。

31日 修改《南冠草》。"改写第二幕,将原第四场改为第三幕,如此在分幕上较为平均,第二幕结构亦自成一整体。"(《南冠草日记》,11月15日《新华日报》)

本月 与"剧作者联谊会"会员欧阳予倩、田汉等24人联名,在《戏剧月报》第1卷第3期发表《我们的申诉——剧作者联谊会为保障剧作上演税》。要求有关部门保障上演税之支出,"呼吁戏剧界其他各部门工作者的赞助","要求尚未参加联谊会的剧作同志们对我们的呼吁,一致加以声援与响应!并诚恳地欢迎你们参加联谊会"。

4月

1日 续作《南冠草》。"改原第三幕为第四幕,内容略加扩充,抛弃二场计划。改原第四幕为第五幕。改序幕为尾声。"午后，全剧完成。取材于明末少年爱国诗人夏完淳被捕前后直到牺牲时的一段史迹，歌颂了他不屈不挠、慷慨殉国的民族气节与爱国主义精神，同时鞭挞、批判了洪承畴甘当清朝统治者走卒的卖国投降行径，表达了鲜明的抗战爱国主题。(《南冠草日记》，11月15日《新华日报》)

单行本初由重庆群益出版社1944年3月出版，题作《金风剪玉衣》；后收《沫若文集》第4卷，仍题作《南冠草》，作了较大修改；现收《郭沫若全集·文学编》第7卷。

◎ 出席文化工作委员会纪念三厅成立五周年聚餐会，并为自桂林来重庆的胡风、沈志远接风。(《阳翰笙日记选》，四川文艺出版社1985年2月版)

◎ 下午，参加文协改选后的第一次理事会。(《阳翰笙日记选》，四川文艺出版社1985年2月版；3日重庆《新华日报》)

◎ 作五言诗《山容》："山容入禅定，烟霞任来往。水静无波澜，林木枝偃仰。识得此中趣，谁为名利想？"

初收作家出版社1959年11月初版《潮汐集·汐集》，现收《郭沫若全集·文学编》第2卷。

2日 宴请朱代杰，阳翰笙作陪。(《阳翰笙日记选》，四川文艺出版社1985年2月版)

13日 致《新华日报》编者信以"来函照登"载《新华日报》。说："昨阅报，见载画家某在北碚用出版《沫若全集》名义，画画募捐，事前全未得本人同意，恐惹起各方误会，请划一角，登此声明为荷。"

"某画家"，指张悲鹭。

◎ 受阳翰笙之托，代他辞谢冯玉祥的晚宴。(《阳翰笙日记选》，四川文艺出版社1985年2月版)

16日 作《夏完淳之家庭师友及其殉国前后的状况》。发表于重庆《中原》月刊9月第1卷第2期。文章分上下两部分，上篇叙述被称为"神童"的夏完淳的父母等家人以及师长对于其成长经历的影响，强调"重视教育在'神童'或'天才'上所有的影响"。下篇记述有关夏完淳殉国的历史事实及剧本《南冠草》的酝酿与写作。

初收重庆群益出版社1944年3月初版《南冠草》，题名《〈南冠草〉后记》；又收上海海燕出版社1947年版《历史人物》，改题《夏完淳》；

后收《沫若文集》第 4 卷；现收《郭沫若全集·文学编》第 7 卷。

25 日　为翟来人物画题诗《题人物画二首》。其二曾以《题道纲先生画》为题发表于 5 月 28 日《时事新报》，文字有改动。其一《司马相如对卓文君弹琴图》："窈窕方寸心，君家膝上琴。难经素手挥，一弹心一噤。"其二《仿刘松年群仙图》："人间逸处即天家，桃李枝头正发花。鹤鹿人间随处有，仙人何遽隐云霞？"

初收作家出版社 1959 年 11 月初版《潮汐集·汐集》，原注误署创作时间为 "4 月 23 日"，现收《郭沫若全集·文学编》第 2 卷。

28 日　偕于立群往赖家桥。告诉阳翰笙，潘公展日前在一次招待编导人员的茶会上宣布其《草莽英雄》一剧 "死刑"。（《阳翰笙日记选》，四川文艺出版社 1985 年 2 月版）

30 日　《略论文学的语言》发表于重庆《文坛》第 2 卷第 1 期。认为："小说注意在描写，我感觉着它和绘画的性质相近。它的成分是叙述和对话。叙述文是作家自己的语言，对话便应该尽量地采用客观的话。""最好要简洁，和谐，慰贴，自然。""戏剧文学中的话剧，其语言与小说中的对话相同，但应该还要考虑到舞台上的限制。""诗的语言恐怕是最难的，不管有脚韵无脚韵，韵律的推敲总应该放在第一位。和谐，是诗的语言的生命。""我们是用中国字，中国语言写东西的人，对于中国的书不读是最要不得的。五四过后有些人过于偏激，斥一切线装书为无用，为有毒，这种观点是应该改变的时候了。"

◎ 偕于立群应邀去阳翰笙家午餐，同座有何成湘、李侠公等。午后，与阳翰笙同往陈家桥乡下访李仲公，相见至快慰。（《阳翰笙日记选》，四川文艺出版社 1985 年 2 月版）

本月　邀请陈鲤庭、张骏祥、潘孑农等戏剧界朋友来寓所，为他们朗读刚完成的史剧《南冠草》，征求大家对该剧的意见。为了争取出版，同意一些词句改得稍为隐晦一些。（潘孑农《"创造当年曾共社"》，《群众论丛》1981 年第 3 期）

◎ 胡风夫妇来访。（胡风《再返重庆——抗战回忆录之十五》，《新文学史料》1988 年第 4 期）

◎ 与周恩来在寓所召集了一次从香港回渝者的聚会。（胡风《再返重庆——抗回忆录之十五》，《新文学史料》1988 年第 4 期）

5月

1日 午后，给阳翰笙等人读《南冠草》。阳翰笙表示担心："历史剧正被人压抑的时候，能否通过，尚是问题。"(《阳翰笙日记选》，四川文艺出版社1985年2月版)

2日 在赖家桥文化工作委员会乡下办公处，与阳翰笙、冯乃超、程泽民商谈会内工作。(《阳翰笙日记选》，四川文艺出版社1985年2月版)

3日 晨，偕于立群回城。(《阳翰笙日记选》，四川文艺出版社1985年2月版)

8日 为主编《中原》月刊作发刊辞《编者的话》。发表于《中原》月刊6月第1卷第1期。强调"园地是绝对公开，内容是兼收并蓄，只要是合乎以文艺为中心的范围，只要能认为对于读者多少有一些好处，我们都一律欢迎"。"自然，限制多少总是有的。譬如在思想上袒护法西斯主义的，自不必说，即使稍微带那样的气息，我们也只好敬谢不敏，不能让那样的豪杰来扰乱《中原》，又譬如接受遗产我们是强调的，但我们所企图接受的是精神，是要以科学的方法来抉别和阐发。"同时"这个杂志，我也想极力减少个人心中的偏向，要使它成为真正的公有园地"。

◎ 下午，在新运会礼堂出席戏剧文化界人士追悼沈硕甫大会，并致悼词。(10日重庆《新华日报》)

沈硕甫，中华剧艺社经理。

10日 为纪念张自忠殉国所作诗《血写成的诗——纪念张故上将荩忱殉国三周年》。发表于16日《时事新报》。写道："本年五月十六日为张上将殉国三周年纪念日，/三年了，/真快！/但上将的阵亡，/实在和敦刻尔克的撤退有同等的重要，/是莫大的损失，/也是莫大的收获。//你想，/假使我们全民主阵线的将领，/人人都像张故上将这样'尽忠职守，慷慨殉国'/敌人还够消灭吗？/在中国损失了张故上将，/我感觉着等于苏联维系了斯大林格勒，/英美把轴心兽军逐出了突尼斯。//……这是血写的诗！/还需要谁来润色呢？/我是一个字也写不出来了，/就只有虔诚的读：/'口而诵，心而惟。'//'诗——可以兴，/可以观，/可以群，/可以怨。'//孔夫子对于诗的批判异常的正确，/我们应该时常来温习一下，/这首血写的诗：/兴奋又兴奋，/观摩又观摩，/团结又团结；//对于法西斯强盗，/嗜血的魔鬼，/加以澈底的，/憎恨！憎恨！憎恨！"

后以《纪念张上将荩忱殉国三周年》为题收张自忠上将纪念委员会1948年7月9日编印之《张上将自忠纪念集》。

11日 作《命·力·才》。发表于13日重庆《新华日报》。写道："首先我们得承认：'天才'的现象是存在的"；"其次我们得承认：天才是靠人力而完成，这也是事实"。进而对人力可以影响先天的才质进行了论证。得出"宿命是被打破了，人在某种范围内，更已经可以左右必然性。在必然性被人操纵的时候，适然的遭遇也就减少了它的压力"的结论。

初收上海大孚出版公司1947年12月初版《沸羹集》，题名《才·力·命》；后收《沫若文集》第13卷；现收《郭沫若全集·文学编》第19卷。

15日 《陕西新出土器铭考释》一文发表于重庆《说文月刊》第3卷第10期。对"大师簋""善夫吉父器""梁其器"等出土古代青铜器的金文进行考释。

现收入《郭沫若全集·考古编》第6卷。

17日 作诗《题延光砖五首》并《附记》。其一咏道："安帝南巡已道亡，汉家年号仍延光。傥来富贵终何有？化作民田艺稻粱。"《附记》："1943年（应系1940年——编者）4月21日在嘉陵江北岸发现汉墓。砖头有'延光四年七月造作，牢监谨'十一字。东汉安帝延光四年乃公元125年。安帝于当年三月已死，此犹记七月，盖顺帝于次年始改元为'永建'。"

初收作家出版社1959年11月初版《潮汐集·汐集》，现收《郭沫若全集·考古编》第10卷。

19日 为祝贺柳亚子寿辰，寄赠剧作《南冠草》，并赋七言诗《亚子先生五十晋七诗以寿之》。发表于28日重庆《新华日报》。诗云："亚子先生今不朽，诗文湖海同长久，敢言振发天下聋，刀锯斧钺复何有！南社结盟曾点将，四方豪俊唯君望。删诗圣手削春秋，史述南明志悲壮。七七芦沟卷大波，一盘破碎汉山河。羿楼射日日未落，且挥椽笔如挥戈。""珊瑚坝上有铁鹰，日搏扶摇不我以。手捧红云天上来，我为君歌歌不止。因风我寄《南冠草》，寿以诗人应最好。江左由来出奇才，君与完淳参与昂。"

初收作家出版社 1959 年 11 月初版《潮汐集·汐集》，题名《寿柳亚子先生》；现收《郭沫若全集·文学编》第 2 卷。

20 日 得知文化工作委员会工作人员胡仁宇家昨夜被盗，派先锡嘉与钱远铎负责彻查。(《阳翰笙日记选》，四川文艺出版社 1985 年 2 月版)

22 日 对于胡仁宇被盗事久查无着，非常生气，责骂政治部派来做警卫工作的冯班长。(《阳翰笙日记选》，四川文艺出版社 1985 年 2 月版)

23 日 作七绝《和冰谷见赠却寄二首》。其一咏道："归来雌伏古渝州，不羡乘桴学仲由。笔墨敢矜追屈杜？襟怀久欲傲王侯。巴人扰攘徒趋俗，鬓发零星渐入秋。国耻靖康臣子恨，等闲白了少年头。"

初收作家出版社 1959 年 11 月初版《潮汐集·汐集》，误署写作时间为"5 月 22 日"；现收《郭沫若全集·文学编》第 2 卷。

27 日 下午，在中共南方局机关学委作《文艺上的中国作风与中国气派》的报告。

此时正当中共南方局机关整风运动进入文风问题学习的深化阶段，侧重研究、讨论新文化的形式与内容问题。(廖永祥、林平兰《中共延安整风运动与郭沫若》，《郭沫若学刊》1992 年第 3 期；《南方局党史资料》)

本月 为梁乙真《蜀道散记》题书名。(《蜀道散记》，重庆商务印书馆 5 月初版)

6 月

2 日 作诗《题风景画二首》："杨柳青青古渡头，烟波淡淡漾轻舟。闲来袖手无心坐，转觉平添一段愁。""造化分明是画师，浅红淡绿总相宜。云烟凝处诗中画，流水无声画里诗。"

初收作家出版社 1959 年 11 月初版《潮汐集·汐集》；现收《郭沫若全集·文学编》第 2 卷。

6 日 作七言诗《孔丘》。诗中有句："文辞华藻壮山海，笔削严谨成春秋。慧福双修道已闻，即不百年亦何忧？丈夫忧先天下耳，要使瓮牖之子如公侯！凤凰鸣矣朝日升，为人须争第一流！"

初收作家出版社 1959 年 11 月初版《潮汐集·汐集》，现收《郭沫若全集·文学编》第 2 卷。

◎ 作诗《白杨来》："白杨来余斋，为道有人甚慷慨。大衣一件复一件，被人取用意不介。制到第九件，夫人心不愿。再被取去时，誓不与更添。衣成果然再被取，天寒地冻彻骨髓。取衣者转哀怜之，原璧归赵被其体。此真盗者亦有道，以德报德良有以。何必再求诗？此事殊足美。爰来磨墨吮笔信手书，书上白杨将来之白纸。"

初收作家出版社 1959 年 11 月初版《潮汐集·汐集》，现收《郭沫若全集·文学编》第 2 卷。

7 日 诗《鞋袜劳军》发表于重庆《新华日报》。担忧前方战士有许多还在穿草鞋打赤脚，"滥泥里有各种各样的病菌，／特别像破伤风菌真真是猛毒无比，／一遇着你的足上有伤，／它便钻进你的血液，／那就会使你的性命朝不保夕"。动员大家"多送些布的鞋子和袜子"，"慰劳他们吧"。"赶快的做，赶快地送，／赶快的劝募，赶快的捐输，／这是帮助了国军，帮助了政府，／也帮助了自己，帮助了自己的后代儿孙，／永远不做亡国奴。"

该诗于 9 日晚由舒绣文在广播晚会上朗诵演出。

8 日 为沈叔羊画《猪》题诗。以《猪颂》为题，发表于《诗刊》1958 年 11 月第 11 期。诗云："六合之内，有一物焉。上德不德，匪圣匪贤。饭蔬饮水，谢绝肥鱼。箪瓢陋室，乐之泰然。心广体胖，不假衣裘。与物无害，知命不忧。无固无我，为人之牺。人食其肉，不遗其皮。皮之不存，毛亦有附。去垢浣污，人赖其助。人谓之愚，不以为侮。人待之虐，不以为苦。断断无它，休休大度。"（手迹见《郭沫若题画诗存》，山西教育出版社 1997 年 11 月版）

◎ 为沈叔羊画《石》题诗。以《石颂》为题，发表于《诗刊》1958 年 11 月第 11 期。诗云："拳拳者石，有圣者相。表里如一，为寿无量。天地低昂，石不俯仰。无臭无香，不声不响。无用有用，人不能离。为地之骨，为家之皮。当其无用，屹立不倚。仁者见之，仰为型仪。当其有用，任人转徙。粉骨碎身，亦不吝鄙。勿谓无生，心中有火。牛角敲击，可焚巨柯。勿谓无知，有理有文。创世之纪，是为典坟。圣哉圣哉，石谁敢当？无怪世人，以殴方良。"（手迹见《郭沫若题画诗存》，山西教育出版社

1997年11月版）

14日 致信阳翰笙，请他与冯乃超于18日前从赖家桥赶回天官府，有要务相商。午后又打电话告阳翰笙，要杜老、泽民也一同去，时间改在15日。（《阳翰笙日记选》，四川文艺出版社1985年2月版）

15日 阳翰笙自三圣宫来寓所，告以将为周恩来、邓颖超饯行。并告前一日错传电话，并无要事相商。（《阳翰笙日记选》，四川文艺出版社1985年2月版）

18日 晚，在寓所宴请即将赴延安参加整风运动的周恩来、邓颖超夫妇，阳翰笙、冯乃超等人作陪。席间大家喝酒甚多，谈笑至快。（《阳翰笙日记选》，四川文艺出版社1985年2月版）

◎ 作七言诗《灯台守》。喻抗战之形势"惊涛恶浪势滔天，风暴蟠空作鬼旋。大荒黯暗星月死，万理泯灭夜漫漫"。"此时幸有灯台守，照耀九天如北斗。自己先求路不迷，不使行人惊伯有。"坚信"夜长终得见晨曦，空中早自闻天鸡"。畅想"来年春日樱花开，举杯痛饮鸿之台。江户川头一垂钓，钓取鲇鱼下酒来"。

初收作家出版社1959年11月初版《潮汐集·汐集》，现收《郭沫若全集·文学编》第2卷。

29日 作《由人类血型说到战后世界》。发表于《东方杂志》8月15日第39卷第11期。以医学家的眼光，观察讲述血型和其应用，通过对中国人血型与日本人、德国人血型的比较，表明："我们中国人在血统上就是反法西斯的民族。"

◎ 致信雁心："作品已经拜读，见解都相当正确，但无甚精彩。因所述大抵都是前人已经说过，而且相当普遍的见解，似乎可以不必重述。做一篇文章总要有些特创的成分才有公诸于世的价值。《中原》奉命只能出两期便要停刊。大作谨奉还。"（据手迹，郭沫若纪念馆馆藏资料）

下旬 在天官府寓所参加周恩来召开的文化界人士会议，商讨针对国民党查禁百多种书和剧本进行抗议活动等事。听取了各剧团准备在下个雾季中演出的剧本与题材的汇报。

出席会议的有各剧团负责人、主要编导，以及有关书店、出版界人士。（于伶《怀念郭沫若同志》，《悼念郭老》；《周恩来年谱1898—1949年》修订本，中央文献出版社1998年2月版）

本月 主编的《中原》月刊，在重庆创刊。

7 月

3 日 作五言诗《反七步诗》。录入《论曹植》一文。诗云："煮豆燃豆萁，豆熟萁已灭。熟者席上珍，灰作田中肥。不为同根生，缘何甘自毁？"

初收作家出版社 1959 年 11 月初版《潮汐集·汐集》，现收《郭沫若全集·文学篇》第 2 卷。

7 日 作《论曹植》。发表于重庆《中原》月刊 1944 年 3 月第 1 卷第 3 期。从推崇曹植的钟嵘、刘彦以及丁宴说起，认为"曹植在初年恃宠骄纵"，而"曹丕这个人并不如一般所想象的那么可恶"。"抑丕扬植的人主要就注重在篡位这一点，以为曹丕篡位便是不忠，曹植如做了太子，便一定不会篡位。这真是扬之可至青天，抑之可至黄泉的话。""为了要说曹子建是忠臣，提高他的道德地位，所以一方面既替他用力粉饰，另一方面又要替他用力洗刷。洗刷什么呢？便是洗刷他的风流才子头衔。""公平地来说，曹子建毕竟是一位才子。他的思想既不怎么高明，也并不怎么坚定。他时而象儒家，时而又像道家，而两方面都不甚深入。""子建的诗和文都有浓厚的新鲜绮丽之感"，"但他总也呈示着一个未成品的面貌。他的作品形式多出于摹仿，而且痕迹异常显露"。"由于他的好摹仿，好修饰，便开出了六朝骈俪文字的先河。这与其说是他的功，毋宁是他的过。"而曹丕，"在政治见解上比乃弟高明得多，而在政治家的风度上有时还可以说是胜过他的父亲"。"他是文艺批评的初祖。他的诗辞始终是守着民俗化的路线。"《七步诗》"不见本集"，"附会的成分要占多数，多因后人同情曹植而不满意曹丕，故造为这种小说"。"站在豆的一方面，固然可以感觉到萁的煎迫未免过火；如果站在萁一方面说，不又是富于牺牲精神的表现吗？"

初收上海海燕书店 1947 年 8 月版《历史人物》，后收《沫若文集》第 12 卷，现收《郭沫若全集·历史编》第 4 卷。

9 日 托陈北欧带交赠黄炎培《南冠草》土纸油印演出本一册，封面题"任之先生教"。同时还将该演出本分送一些友人，征求意见。

黄炎培读了赠书后，评论说："清丽绵密，尾声似尚待斟酌。顾咸正两语影射今天的时事，同时作为点睛，很好。""洪承畴对多尔衮语在臣下看来一段，夏存古说自己家里人老是不和谐一段皆警句。"（肖斌如、丁言昭《〈南冠草〉的演出本》，《战地》增刊1979年第3期）

13日 访问记以《一部文学的总选集》为题发表于《时事新报》，说："希望能来一部文学的总选集，从殷代以来直到现代，不管是庙堂派或山林派，台阁体或民间体，不论骈散，不分诗文，乐府民歌，词曲小说，乃至内典翻译，只要是好的文章便辑录下来，成为总掌。这可以省得自己东翻西翻，也省得别人多走枉路。""苏联的文艺政策我觉得很高明。在创作上把以前的狭隘教条清算了，而展开出新现实主义的大路；在接受遗产上，不仅尊重本国的作家，同时也尊重外国的作家，就连德国的歌德、席勒也并没有因为狂魔希特勒的原故而受抹煞。国内各种民族的技艺形式，一律尊重，一律奖励，兴废继绝，极力使其多样化。这态度，我觉得很合乎我们中国的儒家的理念，我希望我们也能够向这一方面实践。"

18日 为田汉的母亲易克勤作祝寿诗《原来寿母是同乡》四首。咏道："原来寿母是同乡，高北门边春日长。天外峨眉云外月，影随江水入潇湘。""原来寿母是同乡，得伴诗人护锦囊。濯足洞庭身玉局，薪传绝业蔚文章。"

初收作家出版社1959年11月初版《潮汐集·汐集》，现收《郭沫若全集·文学篇》第2卷。

26日 上午，阳翰笙来访，由于正害热病，见到阳翰笙很快乐。想到次日就是归国六周年纪念日，百感交集。（《阳翰笙日记选》，四川文艺出版社1985年2月版）

27日 下午，抱病主持文化工作委员会全体委员会议，从3点到7点，整整开了三个多小时。为纪念归国六周年，与大家聚餐，并举行晚会。（《阳翰笙日记选》，四川文艺出版社1985年2月版）

30日 为避暑，举家至赖家桥乡下居住。（《十批判书·后记——我怎样写〈青铜时代〉和〈十批判书〉》）

31日 应允《群众》周刊编辑于怀（乔冠华）约稿，拟写一篇关于《墨子》的文章。即作准备。"读方授楚《墨学源流》"，以为"仍在梁（启超）、胡（适）余波推荡中，在打倒孔家店之余，欲建立墨家店"。

(《十批判书·后记——我怎样写〈青铜时代〉和〈十批判书〉》)

本月 《屈原研究》由重庆群益出版社出版。收《屈原身世及其作品》《屈原时代》《屈原思想》《离骚今译》并《跋》。后收《沫若文集》第12卷，现收《郭沫若全集·历史编》第4卷。

《屈原身世及其作品》是由《屈原》（1935年4月上海开明书店）修改而成，《屈原时代》（收《沫若近著》，1937年8月上海北新书局）及《离骚》译文均经过"改削"，《屈原思想》（收《蒲剑集》，1942年4月重庆文学书店）"足以补充前两篇所论的不足"。"我对于屈原的整个看法，大抵就包括在这个小册子里面了。"（《跋》）

8月

2日 主持纪念周。主持文化工作委员会工作会报，讨论事业费的重新调整和综合性月刊的筹备问题。请阳翰笙约冯乃超、何成湘、杜国庠、胡风等人商讨月刊计划。（《阳翰笙日记选》，四川文艺出版社1985年2月版）

4日 "开始草《墨子的思想》得十页。"（《十批判书·后记——我怎样写〈青铜时代〉和〈十批判书〉》）

5日 "草《墨子的思想》。"（《十批判书·后记——我怎样写〈青铜时代〉和〈十批判书〉》）

6日 《墨子的思想》草成，"交人录副"。发表于《群众》周刊9月16日第8卷第15期。这"是我这次恢复诸子研究的第一篇文章"，根据《墨子》书中属于墨子本人的《尚贤》《尚同》《兼爱》《非攻》《节用》《节葬》《天志》《明鬼》《非乐》《非命》等10篇，论证墨子思想的"不科学"，"不民主"，"反进化"，"反人性"，"名虽兼爱而实偏爱"，"名虽非攻而实美攻"，"名虽非命而实皈命"。"尽管他的人格是怎样特异，心理的动机是怎样纯洁，但他的思想有充分的反动性，却是无法否认的。在原始神教的迷信已经动摇了的时候，而他要尊崇鬼神上帝。在民贵君轻的思想已经酝酿着的时候，而他要顶礼王公大人。在百家争鸣，思潮焕发的时候，而他要'一同天下之义'。不承认进化，不合乎人情，偏执到了极端，保守到了极端，这样的思想还不可以认为反动？"墨学的失传是"由于自己瓦解"：一是墨家后学"多数逃入儒家、道家而失掉了墨子的精神";二是由于墨家后学"过分接近了王公大人而失掉了人民大众的基础"。

初收重庆文治出版社1945年3月初版《青铜时代》,又收永安东南出版社1945年4月初版《先秦学说述林》,后收《沫若文集》第16卷,现收《郭沫若全集·历史编》第1卷。

9日　与阳翰笙商谈文化工作委员会人事问题,大体赞成阳翰笙等人的决定,并同意石凌鹤去昆明从事戏剧工作,只是担心他一时走不脱。(《阳翰笙日记选》,四川文艺出版社1985年2月版)

12日　由于研究墨子,对吴起发生兴趣,"将《吕氏春秋》中关于吴起的故事抄出。读《吴子》,乃伪托。《艺文志·兵权谋类》本有'《吴起》四十八篇',但今传本仅《图国》、《料敌》、《治兵》、《诠将》、《应变》、《励士》六篇,大率托为吴起与魏文、武二侯之问答,毫无精义。《治兵篇》中竟有'左青龙,右白虎,前朱雀,后玄武'之语,妄甚。殊感失望"。

14日　作《关于吴起》。发表于9月23日重庆《新蜀报·七天文艺》第104期。写道:"这两天对于吴起突然感到很大的兴趣,正在从先秦各书中搜集关于他的材料,想写篇东西。我们谁都知道吴起是一位兵学家,孙吴并称,由来已久。韩非子言'藏孙吴之书者家有之'(五蠹篇),可见他的兵法书在战国末年也普及于中国。""吴起其实不仅是一位兵家,他在战国当时还是一位富有革命性的政治家。他的作风和身世上,与商鞅极相似,古书上也很多把商鞅与吴起相提并论的。""吴起则辅楚悼王变法,仅仅行了一年,楚国大治,然而不幸悼王死了,也即受反动贵族的反对遭肢解。但楚国废了吴起之法,结果是衰弱了。假使悼王不早死,吴起能在楚国多几年,秦楚的争霸,那我倒是不知鹿死谁手的。然而吴起本来是儒家,却不为一般人所注意。吴起传说他曾学于曾子,《吕氏春秋·当染篇》也这样说,《史记·儒林传》又说他是子贡的门人。我看这两种说法都是可能的。""一般人对于儒家颇有误解。其实儒家并不废兵,也并不废刑。孔子为政,主张'足食足兵',可说'必世而后仁','战必克'何尝是一味以儒为能事呢?像吴起正足以代表儒家,可惜他的事业没有成功,更可惜他的书已失传了。"

17日　致电阳翰笙父欧阳静波,贺其七十寿辰。(《阳翰笙日记选》,四

川文艺出版社1985年2月版)

19日 上午,参加会议,从阳翰笙的汇报中得知,张瑞芳因与金山恋爱,已正式向徐克稷提出离婚。克稷的朋友准备与金山动武,乃至想打死金山。很为此事担心。(《阳翰笙日记选》,四川文艺出版社1985年2月版)

◎ 夏衍来赖家桥寓所,告以《墨子的思想》一文已由《群众》杂志社送审。(20日致翦伯赞信)

20日 致翦伯赞信:"二十六日大札奉悉。尊著有通过希望,甚为欢慰。畅读'元曲',谅必有所著述也。《墨子思想》承询及,惜手中无油印本,昨夏衍兄来乡,言已由《群众》送审,但不知能通过否耳。如能通过,候该刊出版时定当奉上。《中原》二期尚未出,二期以后无望再出,已奉命停刊也。关于《诗经》别无新见,有者已不新矣,乞转告外庐。日来稍凉,有意来赖家桥一游否?"(《北京大学学报》1978年第3期)

◎ "酝酿了一个星期",开始写《述吴起》。(《十批判书·后记——我怎样写〈青铜时代〉和〈十批判书〉》)

21日 午后,《述吴起》完成。发表于上海《东方杂志》月刊1944年1月15日第40卷第1期。文章分九部分:一、提出"吴起在中国历史上是永不会磨灭的人物",作为兵家"与孙武并称",作为政治家"与商鞅并称"。二、考察吴起的身世,由卒年推定他的年龄、师承关系,认为"吴起得事于子夏""是没有问题的"。三、考证其著作及流传。四、辨别关于"杀妻求将"的种种类似神话的传说,认为多是"蓄意中伤的谣言"。探究什么是"吴起余教",由魏之"武卒"推论出"吴起是我国施行兵制的元祖"。五、进一步分析关于吴起的传说,认为"多少都有神话化的意味,颇难使人尽信"。六、"吴起为魏守西河是很有名的事,这是可信以为事实的"。七、考察吴起去魏入楚以后的事迹,对其治楚的政策归纳为五点:抑制贵族,充裕民生;节省骈枝,加强国防;采取移民,疏散贵族;摒除纵横,统一舆论;严厉法令,集权中央。八、"吴起的失败","是反动的守旧势力阻挠了革命势力"。吴起尽管是兵家、政治家,但"本质是儒","算得是一位真正的儒家的代表",和道家的"无为"、法家的尚术、墨家的"尚同"根本不同。九、讨论吴起传《春秋》一事,"疑心吴起在魏文侯时曾经做过魏国的史官,魏文侯时有一位史起,大约就是吴起","孔颖达要认为即是吴起,确是甚有见地"。

初收重庆文治出版社1945年3月初版《青铜时代》，又收永安东南出版社1945年4月初版《先秦学说述林》，后收《沫若文集》第16卷，现收《郭沫若全集·历史编》第1卷。

收《青铜时代》署写作时间"一九四三年九月十一日"，据《十批判书·后记——我怎样写〈青铜时代〉和〈十批判书〉》所引日记完成于本日。

◎ 与冯乃超、阳翰笙商谈阳翰笙新作《两面人》的演出问题，认为以争取早上演为原则，过迟恐怕连上演的机会都没有。（《阳翰笙日记选》，四川文艺出版社1985年2月版）

22日 《大家来做伤兵之友》发表于重庆《新华日报》。号召大家关心、爱护伤兵。"保卫伤兵就是保卫祖国，爱护伤兵就是爱护祖国。"

◎ 潘孑农托阳翰笙为其妻郭美英在文工会谋职，阳翰笙来商。按当时情形，新加入文工会者，必须是国民党员。所以告诉阳翰笙，只要有国民党籍，当然可以。无奈郭美英并无国民党籍。（《阳翰笙日记选》，四川文艺出版社1985年2月版）

23日 上午，纪念周后，在文化工作委员会讲《建安文学与曹氏父子》。（《阳翰笙日记选》，四川文艺出版社1985年2月版；胡风《重返重庆——抗战回忆录之十六》，《新文学史料》1989年第1期）

25日 在文化工作委员会续讲《建安文学与曹氏父子》。

对于这次演讲，阳翰笙记录说，"对曹丕很推崇，对曹植却极卑视。这倒是一古所罕见的极可宝贵的意见"。（《阳翰笙日记选》，四川文艺出版社1985年2月版）

27日 下午，携全家到阳翰笙家做客。同阳翰笙谈及魁北克会议，苦笑着摇头。（《阳翰笙日记选》，四川文艺出版社1985年2月版）

◎ 查阅《史记》《汉书》，得若干资料，"拟写《秦楚之际儒者参加革命之史实》"。（《十批判书·后记——我怎样写〈青铜时代〉和〈十批判书〉》）

28日 "开始草《秦楚之际的儒者》。"（《十批判书·后记——我怎样写〈青铜时代〉和〈十批判书〉》）

◎ 以老舍在北碚甚穷故，跟阳翰笙、冯乃超等人商量后，由文化工作委员会预支一千元给他兑去。（《阳翰笙日记选》，四川文艺出版社1985年2月版）

29日 "续草《秦楚之际的儒者》。午后草成。"发表于1944年2月重庆《中苏文化》第15卷第2期。就《史记》《汉书》及有关资料考察,述及三种情况:一部分人还在秦朝任官,一部分人埋头研究和著书,一大部分人参加了革命。继续任官的以李斯为代表,有其宾客和没有坑完的儒生与博士。埋头研究或著书的"最伟大的代表"是荀卿,汉儒于六艺都有各自的传授系统,其生徒自然属于这一类型。参加革命的,举出孔子八世孙孔甲、张良、陈余、郦食其、陆贾、朱建、楚元王刘交、叔孙通等。别的学派的动向所可考见者则很少,其中有一个值得注意的现象,即,在韩非子时还是"显学",而与儒家中分天下的墨家,"在革命队伍中"却一个也找不出了。

初收重庆文治出版社1945年3月初版《青铜时代》,又收永安东南出版社1945年4月初版《先秦学说述林》,后收《沫若文集》第16卷,现收《郭沫若全集·历史编》第1卷。

◎ 作《正标点——序程道清著〈标点使用法〉》。发表于9月4日重庆《时事新报》。写道:"标点之于言文有同等的重要,甚至有时还在其上。言文而无标点,在现今是等于人而无眉目。""中国文法失之过简,每每省略太甚,不施标点,有时实在是弄不清眉目。""我们丝毫也不夸张地,可以把孔夫子的话借用过来:标点不正则文不顺,文不顺则事不成,事不成则礼乐不兴,礼乐不兴则刑罚不中,刑罚不中则民无所措手足。"

初收上海大孚出版公司1947年12月初版《沸羹集》;后收《沫若文集》第13卷,题作《正标点》;现收《郭沫若全集·文学编》第19卷。

◎ 晚,将"公孙尼子的《乐记》"排上"研究日程"。

"因为儒、墨之间所争的主要问题之一便是音乐,我须得彻底根究一下儒家方面对于音乐的见解究竟是怎样,因而公孙尼子的《乐记》便上了我的研究日程。""费了好几天的工夫",参考《史记·乐书》、《荀子·乐论》及其他有关文献,"把《乐记》按照着刘向《别录》的原有次第加以整理,整个抄录了一遍"。(《十批判书·后记——我怎样写〈青铜时代〉和〈十批判书〉》)

30日 纪念周后,在文化工作委员会讲《秦汉之际的儒家》。(《阳翰笙日记选》,四川文艺出版社1985年2月版;胡风《重返重庆——抗战回忆录之十

六》,《新文学史料》1989年第1期)

◎ 历史剧《孔雀胆》由中华剧艺社在成都上演。

每天演出两场,贺孟斧导演。之后又赴内江、自流井、泸县、乐山、流华溪、五通桥等地演出。(8月30日,9月14日、24日重庆《新华日报》)

31日 与李侠公、阳翰笙会商月刊之事。(《阳翰笙日记选》,四川文艺出版社1985年2月版)

9月

2日 与阳翰笙、冯乃超等召开文工会福利委员会第一次会议。

阳翰笙记录说:"大家谈到会中同人生活上的痛苦(譬如湘楼就因营养不良,已患腹胀病),都觉得有赶快设法的必要。所可惜的,就是福利委员会基金太少,而且因为会中经费有限,又致到今天才成立。因之,将来究竟能为同人谋得到多大的福利,还是个问题呢!"(《阳翰笙日记选》,四川文艺出版社1985年2月版)

◎ 致翦伯赞信:"前函谅达。最近草了一篇小文系《墨子的思想》的补充,兹特奉上,阅后请交外庐兄。如认为可以发表,便请发表之。如不可用,请掷还。"(《北京大学学报》1978年第3期)

"小文",指《秦楚之际的儒者》。

4日 夜,"开始草《公孙尼子与其音乐理论》"。(《十批判书·后记——我怎样写〈青铜时代〉和〈十批判书〉》)

5日《公孙尼子与其音乐理论》作讫。发表于10月16日重庆《群众》周刊第8卷第17期。通过历代著录和《乐记》中的内证,认为公孙尼子"可能是孔子直传弟子,当比子思稍早"。"荀子在乐理上,很明显地是受有公孙尼的影响。"对比儒、墨、道三家的音乐观,指出墨、道"两家都是主张去情欲"的,并勾画了两家的不同:"墨家主张强力疾作,道家主张恬淡无为,墨家是蒙着头脑苦干,道家是闭着眼睛空想。"儒家却不同:主张享受,"不主张去欲,而主张节欲,故尔享受也应该节制"。《论语》里面的音乐理论没有十分展开,"把这理论展开了的,在事实上就是公孙尼子的《乐记》"。公孙尼子"认为乐是抒情的精神活动,是内在的东西。这个道理他不惜返返复复的说,就像以一个母题为中心的回旋曲那样"。"公孙尼子之后,凡谈音乐的似乎都没有人能跳出他的范围。"

初收重庆文治出版社 1945 年 3 月初版《青铜时代》，又收永安东南出版社 1945 年 4 月初版《先秦学说述林》，后收《沫若文集》第 16 卷，现收《郭沫若全集·历史编》第 1 卷。

6 日 上午，纪念周后在文化工作委员会讲《公孙尼子与其音乐理论》。(《阳翰笙日记选》，四川文艺出版社 1985 年 2 月版)

7 日 晨，往金刚村访杜国庠。借阅钱穆《先秦诸子系年》考证公孙尼子一节。与己见"完全相反"。"他认为《乐记》是抄袭了《荀子》、《吕氏春秋》、《毛诗》等书而成的东西，因而他断定公孙尼子为荀子的门人。我感觉着这样的论据实在是薄弱得可笑。"(《十批判书·后记——我怎样写〈青铜时代〉和〈十批判书〉》)

8 日 夜，写成《公孙尼子追记》。发表于 10 月 16 日《群众》周刊第 8 卷第 17 期。指钱穆《先秦诸子系年》所述公孙尼子，其所据《礼记正义》引刘献语，"实出于误记无疑"，而刘献说"殊不足据"。"与其谓《乐记》出于剿袭，毋宁认《乐论》、《吕览》、《易系》诸书之出于剿袭之为宜。"

初收重庆文治出版社 1945 年 3 月初版《青铜时代》，又收永安东南出版社 1945 年 4 月初版《先秦学说述林》，后收《沫若文集》第 16 卷，现收《郭沫若全集·历史编》第 1 卷。

9 日 致信赵清阁。说："慕羡之至，您象一只小鸟了。飞回时请在赖家桥站下车，我就住在附近的大白果树下。当然是'红帮'，而不是'白帮'。一定请您，不问您弄到与否。书是《沫若近著》和《甘愿做炮灰》两种，自北新承印以来，版税分文未付。余□有无，不知道。我决心冬季也在乡下当蚯蚓了。"(赵清阁《忆文学大师郭沫若》，《新文学史料》1989 年第 3 期)

署"羽公九、九"。据赵清阁记，信写于 1943 年，"余"下漏一字，应为"书"。

11 日 致信赵清阁。说："多谢您的第二封信。遵嘱已另写一纸拜托。多少有无，都不介意，唯愿能吐一口气。该书店太目中无人。这口气务恳兄争取。青城之游尚未成行耶？回渝时不要忘记，定请在赖家桥下车，不可过门不入也。"(赵清阁《忆文学大师郭沫若》，《新文学史料》1989 年第 3 期)

13日 上午，在文化工作委员会继续讲《公孙尼子与其音乐理论》，到10点左右讲完。(《阳翰笙日记选》，四川文艺出版社1985年2月版)

◎"读《吕氏春秋》，初意欲收集关于惠施之材料，忽尔意动，欲写吕不韦与秦始皇，写此二人的斗争。吕不韦当为一非凡人物，汉人名之为'杂家'，其实彼具有集大成之野心，儒道法墨，冶于一炉，细心考之，必有所得。"(《十批判书·后记——我怎样写〈青铜时代〉和〈十批判书〉》)

14日 午后，为文化工作委员会先锡嘉和中苏协会李蓝漪结婚当证婚人。代为拟订了一份"婚礼仪式"，并作贺诗七律一首。诗云："人生能得几中秋？况拟荷蕖庆并头！璧合珠联花上锦，金千刻一月当楼。风尘海内琴箪在，岁月窗前松柏遒。从此绵绵瓜瓞好，金刚村里祝丰收。"跋谓："先君锡嘉乐山县人，余之胞同乡也。抗战以还，共事数载，人至纯洁而富于责任心。今岁中秋与李女士蓝漪结婚于陪都郊外之金刚村。李女士，鄞都县人也，亦余中苏文化协会之同事。二友志同道合，庆何为之。"(翁植耘《郭沫若亲笔写的一份"婚礼仪式"》，《郭沫若学刊》1991年第4期；《阳翰笙日记选》，四川文艺出版社1985年2月版)

18日 探望昨晚醉酒跌伤的郑伯奇，与在坐的阳翰笙等畅谈。(《阳翰笙日记选》，四川文艺出版社1985年2月版)

19日 美国驻华大使馆文化专员兼美国图书馆驻华代表费正清来访。交谈中美文化交流之事。听到费正清意欲请自己赴美国讲学的话后，答曰："到美国是我非常希望的，可是现在我到成都去都还有困难，哪还能到美国去啊！"(《阳翰笙日记选》，四川文艺出版社1985年2月版)

20日 午后，苏联驻华大使馆秘书费德林来访。(《阳翰笙日记选》，四川文艺出版社1985年2月版)

费德林在苏联以《屈原研究》获得博士学位后，重新来华。

21日 下午4点左右，阳翰笙、易君左、马彦祥来谈，不久洪深亦来，谈至黄昏方散。(《阳翰笙日记选》，四川文艺出版社1985年2月版)

25日 始作《吕不韦与秦始皇》。(《十批判书·后记——我怎样写〈青铜时代〉和〈十批判书〉》)

27日 在文化工作委员会讲《吕不韦与秦始皇》。(《阳翰笙日记选》，四川文艺出版社1985年2月版)

秋

◎ 为沈叔羊画《胜利图》题诗。发表于《国讯》第355期。诗曰："灯笼亮，/编炮响，/胜利在望。/似有进行曲/歌声在纸上飞扬。"（据手迹，《郭沫若题画诗存》，山西教育出版社1997年11月版）

10月

1日 在赖家桥纪念文化工作委员会成立三周年，与工作人员聚餐。饭后请大家在黄桷树下茶棚里喝茶，大家谈得很开心。（《阳翰笙日记选》，四川文艺出版社1985年2月版；胡风《重返重庆——抗战回忆录之十六》，《新文学史料》1989年第1期）

◎ 为文化工作委员会成立三周年书赠骆湘楼五绝一首："累累石榴子，如君子独多。尚祝真如石，精晶永不磨。"（手迹见《郭沫若学刊》1993年第2期）

◎ 为文化工作委员会成立三周年书赠石啸冲五绝一首："踌躅营四海，倚马可千言。风霜时凛冽，肝胆仍纯温。"（手迹见《郭沫若书法集》，四川辞书出版社1999年11月版）

2日 在报上见中大出版的《社会科学季刊》广告，中有程憬《秦代政制之研究》一文，即"电话通知城内的朋友，托为购买"。（《十批判书·后记——我怎样写〈青铜时代〉和〈十批判书〉》）

3日 读程憬《秦代之政制研究》。"程文歌颂嬴政，有意阿世，意见与余正反，毫无新鲜资料。"（《十批判书·后记——我怎样写〈青铜时代〉和〈十批判书〉》）

◎ 夜，《吕不韦与秦代政治》完成。发表于12月1日、16日重庆《群众》第8卷第20、21期合刊、第22期。分十四部分：一、吕不韦在中国历史上是"一位有数的大政治家"，"政治上的投机是成功了"。"可以断言：秦始皇是吕不韦的儿子话，确实是莫须有的事。"二、关于嫪毐的故事，"一定有很大的歪曲"。从《吕氏春秋》可以知道秦始皇和吕不韦的冲突"在思想上已经是怎么也不能解的一个死结"。三、《吕氏春秋》"在思想上兼收并蓄，表现得'杂'"，对各家学说"有严正的去取"："在大体上它是折衷着道家与儒家的宇宙观和人生观，尊重理性，而对墨家的宗教思想是摒弃的。它采取着道家的卫生的教条，遵守着儒家的修齐治平的理论，行夏时，重德政，隆礼乐，敦诗书，而反对着墨家的非乐非攻，法家的严刑峻罚，名家的诡辩苟察。它主张虚君主制，并鼓吹着儒家的禅让说，和'传子孙，业万世'的观念根本不相容"。四、考察其"折衷着道家的那种宇宙观和人生观是怎样的"情况。五、研讨书中的政治主张，认为其政治理论的系统"大体上是因袭儒家"，吕不韦本人"一定是位民主思想者"，至少可以说是"一位民主的政治家"。六、考察与各家思想的异同之处。七、吕不韦的见解对于秦国的政治是一种改革，"甚至是革命"。八、通过对比，指出秦始皇在宇宙观上是有神论者，不仅否认进化，而且否认变化；在人生观上是非命主义者、纵欲主义者。九、"秦始皇的政治主张，和吕氏的对立，还要更加明显"。十、最足以代表秦始皇尚法精神的是焚书坑儒。秦始皇"把先秦诸子的大部分综合了"。十一、和秦始皇的名字相连而"被后人讴歌"的是"一法度衡石丈尺，车同轨，书同文字"，"更克画平斗斛度量文章，布之天下，以树秦之名"，包括郡县的设立等，但这都是"时代的趋势"。十二、秦灭六国，"功劳差不多全是王氏父子所建立"，"秦始皇毕竟有过人之处"。十三、列表对照秦始皇与吕不韦在世界观、政治主张、一般倾向上的"极端的对立"，"吕不韦是封建思想的代表，秦始皇则依然站在奴隶主的立场"。十四、秦代政治的本质弄清楚了，吕不韦的真相也就更加清晰。"不幸遭受迫害，并被埋没了两千多年"，《吕氏春秋》这部书"是有永存的价值的"，"人可以诛灭，真理总是烧不绝的"。文章指出，"秦始皇是吕不韦的儿子"这个传说，"虽然得到了久远而广泛的传播，但其本身是可疑的"。"为什么会有这样的传说产生？前人也有一些推测。例如王世贞《读书后记》便有两种说法。第一种是认为吕不韦自己有意编造，他想用以暗示始皇，知道他才是真正的父亲，应该使他长保富贵。第二种是认为吕氏的门客们泄愤，骂秦始皇是私生子，并使天下人知道秦国是比六国先亡。""不过照王氏的说法，却未免把吕不韦和他的门客们看得太下作了。""我认为是两汉初年吕后称制的时候，吕氏之族如吕产吕禄辈仿照春申君与女環的故事编造的。"

初收永安东南出版社1945年4月初版《先秦学说述林》，题为《吕不韦与秦王政的批判》；后收《沫若文集》第15卷；现收《郭沫若全集·历史编》第 2 卷。

4 日　在文化工作委员会继续讲《吕不韦与秦始皇》。(《阳翰笙日记选》,四川文艺出版社 1985 年 2 月版)

◎"打算开始写《荀子与韩非之比较研究》或《子思孟轲之思想体系》,又想把《庄子与惠施》作一彻底之清算。"(《十批判书·后记——我怎样写〈青铜时代〉和〈十批判书〉》)

7 日　午后自金刚坡归,对李侠公表示,梁寒操既然调做了中宣部部长,政治部恐怕更不会赞成文工会办《中原》,即使办,恐怕也很难办。刊物的事只好不提。(《阳翰笙日记选》,四川文艺出版社 1985 年 2 月版)

8 日　致信赵清阁。谓:"可惜你竟过门不入。我一时恐怕还不能进城,假如你不怕近朱者赤,请你到乡下来玩玩。同沈慧兄一道来也好。当以酒酬劳也。"(赵清阁《忆文学大师郭沫若》,《新文学史料》1989 年第 3 期)

10 日　接政治部通知,要求到总务厅广场纪念双十节和庆祝蒋介石就国民政府主席职。因下雨,道路泞滑,改在文化工作委员会主持了一个纪念会。(《阳翰笙日记选》,四川文艺出版社 1985 年 2 月版)

◎"开始读《韩非子》,翻来覆去的读了好几遍。"

"要征服《韩非子》却费了很大的力气。第一,《韩非》书很窜杂,有好些不是他的文章。第二,真是韩非的文章如《五蠹》、《显学》之类,完全是一种法西斯式的理论,读起来很不愉快。""写时也很感困难。先想从真伪的考证入手,每篇文章都一一加以考核,也着手写过十几页。但那样必然成为干燥无味的学究式的流水帐,而且必然愈拖愈长,我自己的兴趣不容许我写那样的文章,结果我中止了。"(《十批判书·后记——我怎样写〈青铜时代〉和〈十批判书〉》)

11 日　晨,同阳翰笙、胡风、冯乃超等往三圣宫参加政治部欢送梁寒操调任国民党中宣部部长的告别式。先到部长会客室听梁讲述西北之行的观感。(《阳翰笙日记选》,四川文艺出版社 1985 年 2 月版)

13 日　"心境颇寂寞,不愉快,勉强读《韩非子》,除《解老》、《喻老》之外,大率全部温习了一遍。其中确有不能一致之处,不知系韩非前后不同之主张,抑系它人文字有所窜入。确为窜入者如首篇《初见秦》即毫无疑问。此篇必作于秦昭王时围邯郸失败事之直后,或疑乃蔡泽或其徒所为。依余所见,实吕不韦所作也。"(《十批判书·后记——我怎样

写〈青铜时代〉和〈十批判书〉》）

14日 将洪深来信给阳翰笙阅读。

洪深来信说，最近图书杂志审查委员会负责人潘公展得到指示，今后审查标准"只求大同，不问小异"，并在一次招待会上正式表示，今后审查标准将"从宽"，"只要不泄漏军事秘密和宣传阶级斗争都可通过。"（《阳翰笙日记选》，四川文艺出版社1985年2月版）

16日 致赵清阁信："双十节日信，今始收到。你要到白果树下来，晨来晚去，只要公路车不抛锚，或许可能。但不能保险，最好请约沈慧兄同访费德林博士，看他有下乡机会否？搭他们的小车，那就万无一失了。还有来时要请先通知日期，因为乡下当日不能备酒菜也。今天有人进城，赶着写这几个字。"（赵清阁《忆文学大师郭沫若》，《新文学史料》1989年第3期）

17日 上午，应傅抱石约，"往访之，中途遇杜老，邀与同往"。"抱石展示所作画多幅，意思渐就豁然。更蒙赠《桐阴读画图》一帧，美意可感。"

"夫人时慧女士享以丰盛之午餐。食时谈及北伐时在南昌城故事。时慧女士时在中学肄业，曾屡次听余讲演云。""立群偕子女亦被大世兄亲往邀来"，"午饭过后杂谈了一些，李可染和高龙生也来了"，"直至午后三时，始怡然告别"。（《竹阴读画》）

18日 在文化工作委员会主持纪念周，指会中学习空气已渐入退潮，较之去年，已大有逊色。纪念周后，继续讲完《吕不韦与秦始皇》。（《阳翰笙日记选》，四川文艺出版社1985年2月版）

19日 为鲁迅逝世七周年，在文化工作委员会主持召开小型纪念会，请胡风作鲁迅研究的报告。因即将进城，与会人员会后开欢送会。（《阳翰笙日记选》，四川文艺出版社1985年2月版）

20日 午后，请文工会全体同人晚餐。（《阳翰笙日记选》，四川文艺出版社1985年2月版）

22日 全家从赖家桥进城，回到天官府寓所。

"计在乡间一共住了三个月，算写好了四篇文章，《韩非子》的研究在中途抛了锚。"（《十批判书·后记——我怎样写〈青铜时代〉和〈十批判书〉》）

28日 作七言诗《题良庄图》："陪都有屋号良庄，中有一老国之光。温其如玉貌安祥，年逾七十身康强。江山四壁伴行藏，守正不阿翰墨香。""安得斯人立庙堂，扶持人群懿筐筐！魑魅逃匿凤皇翔，和风浩浩鼓笙簧。化将人世作天乡，此时不仅良庄良。"诗前小序谓："沈衡老在重庆住所号良庄，其子叔羊作图，索题。"

初收作家出版社 1959 年 11 月初版《潮汐集·汐集》，现收《郭沫若全集·文学篇》第 2 卷。

29 日 作七言诗《吊姜爱林》，以应李济深、黄琪翔、田汉、孟超等发起《筹建先烈姜公爱林纪念塔征文启》。诗中写道："胡尘弥漫天地否，是蚀月翳三百祀。宁远先烈有邦奇，毁家集士投笔起。待旦焚箕议已决，于时己酉冬月矣。田横五百乃愆期，九十三人怒发指。斩木为兵揭竿旗，十九少年执牛耳。大观岭上月初斜，清兵啸至纷如麻。众寡不敌势分散，由来国士总无家。避地天南从克强，三月十九黄花岗。君有大幸复不死，敛羽戢翼归故乡。期以中秋举义旗，族人顽者尼阻之。阻之不得乃告密，遂入缧绁遭歼夷。呜呼，就义从容年始冠，终军毅魄寒虏汗。相悬七日一来复，三楚义旗终复汉。雄塔巍峨瞰四方，网罔避遁狐鼠藏。国魂所系姓氏香，千秋共仰宁远姜。"

初收作家出版社 1959 年 11 月初版《潮汐集·汐集》；现收《郭沫若全集·文学篇》第 2 卷。

姜爱林，湖南宁远人，清末反清烈士。诗文内容依据《征文启》所附《先烈姜公爱林事略》。

◎ 作七律《题梅怪画梅残幅》："气魄峥嵘阅岁华，满身骨力傲风沙。当年狱底澄清志，今日图中寂寞花。南岭先开惊鬼怪。东风无主窜龙蛇。莫教破壁仍飞去，笼护须劳五色霞。"

初收作家出版社 1959 年 11 月初版《潮汐集·汐集》，现收《郭沫若全集·文学篇》第 2 卷。

30 日 作《啼笑皆是》。发表于 11 月 2 日《新华日报》。讥评林语堂 24 日在重庆中央大学的讲演中要青年读《易经》，说：这"不算怎么新奇，因为我们仿佛又看见了一位穿西装、吃大菜，在中国用英文讲演的摩登辜鸿铭而已"。"但是最幽默的是大师要青年读《易经》。他说：'《易经》为儒家精深哲理所寄托，非懂《易》，不足以言儒。'但大师自己呢？却'还未窥其涯略'的。你既'未窥其涯略'，何以晓得它的'哲理'

'精深'，而为二十世纪的中国青年所必读的典籍呢？""你连自知之明都没有，你到底'信'什么呢？中国人有的的确是把'自信心'失掉了，因为他既无自知之明，又无知人之雅，东方既未通，西方也不懂，只靠懂得一点洋泾浜的外国文，摭拾一些皮毛，在那里东骗骗，西骗骗。""骂死人，骂'左派'，事在其次，最好是请先养成自己的'自信心'来。不然的话，大师，那是只好弄得我们啼笑皆是的。"

初收上海大孚出版公司1947年12月初版《沸羹集》，后收《沫若文集》第13卷，现收《郭沫若全集·文学编》第19卷。

林语堂10月24日在重庆中央大学演讲，讲稿题作《论东西文化与心理建设》，刊发于26日重庆《大公报》。林语堂有《啼笑皆非》一书，于本年7月在纽约出版，后由徐诚斌译成中文。

本月　《今昔集》由重庆东方书社初版，列入《东方文艺丛书之四》，收杂文、散文和演讲录23篇。

11月

4日　致赵清阁信："泽民兄回，携来赠品及各件，均收到，谢谢你。只说你二十号以后来，天天等你，竟渺如'青鸽'；以致信也没有回你，罪过罪过。纸扇缓缓替你写。抱石不在沙坪坝，大概在彼两周在乡两周，我也一定托他替你画。虽不必是'合璧'，至少可能是半璧也。不日将进城小作勾留，届时当奉访。天天下雨，或许也是不易起飞的原故吧。"（赵清阁《忆文学大师郭沫若》，《新文学史料》1989年第3期）

◎　第七子民英生。（见11月8日致翦伯赞信，《北京大学学报》1978年第3期）

7日　上午，与董必武、宋庆龄、沈钧儒、茅盾、胡风等出席苏联驻华大使馆为庆祝十月革命26周年举行的茶话会。（7日重庆《新华日报》）

◎　与文化界知名人士冯玉祥、邵力子、沈钧儒、陶行知、茅盾等联名发表《中国文化界给苏联领袖和人民的信》于重庆《新华日报》。高度评价苏联人民在反法西斯侵略斗争中所起的作用，称颂"你们替全人类树立了崇高的楷模，你们是真正的民主精神的领港"，"我们要尽力效法你们，以你们的光辉的成就作为我们的水准"。"我们还须得创造，我们还须得尽自己的力量，对于法西斯毒素的肃清，世界新秩序的建立，全人类福利的增进上，切实地能够有所贡献。"

◎ 将苏联作家协会外国部主任米哈伊尔·亚布莱丁和前《国际文学》俄文版主编鲍里斯·苏奇特夫写给自己的信在重庆《新华日报》发表。

信中说："你和你的朋友们的每一封信，都有助于两国文学交流的巩固和发展，都有助于新的工作与经验的交换。"

◎ 与孙伏园、茅盾、张西曼、田汉等代表中国文化界，在十月革命26周年之际，向苏联人民赠《锦旗题诗》，名为《向苏联国全体人民致敬》，发表于《中苏文化》1943年第14卷第7—10期。写道："呼拉！亲爱的苏维埃，／光辉无比的英勇的领港！／二十六年了，你揭开人类史的序幕，／不断的写下了壮严灿烂的篇章；／尤其在今天，你正以旷古未有的刚强／把嗜血的法西斯疯狂群兽扫荡。／任何高尚的赞词都失去了辉光，／你英雄的业绩侏儒化了神话中的梯唐！"

◎ 致信奚疑："'啼笑皆是'是故意针对林语堂的'啼笑皆非'。是说哭也可以，笑也可以。'是'字没有错。""'义务讲师'即对林语堂而发。""'装点门面'是替林语堂个人抬身份，表示其为外国通，但他所引来的东西没有什么价值，故对于东方哲理'不添斤两'。""辜鸿铭是一位老先生，他的英文很好曾把中国古书翻译了些成英文。到了民国来还是不肯剪辫子，在从前的北京大学做过先生，十几年前才死了。是很有名的守旧派。"（据手迹，郭沫若纪念馆馆藏资料）

8日 致翦伯赞信。说："十月二十七日信早接到，这几天因为事忙，令妹的'一斤肉'一直还没有领略，所以稽延了时日未答复你，今晚上我把'一斤肉'过细的领略了，吃到后来还干了四两桔精油，真使我破涕为笑，甚感愉快。""《中苏文化》季刊已早购得。斯氏一文可供参考之处甚少。在乡时曾草《吕不韦与秦代政治》一文，四万字以上，在送审中，将来谅当有请教机会也。""立群于四号产一雄，近日兼差带管儿女，研究工作又告停顿矣。"（《北京大学学报》1978年第3期）

12日 晨，作《〈南冠草〉日记》。发表于15日重庆《新华日报》。系整理、摘录有关《南冠草》写作日记，并加说明，记述其创作的经过及剧名的由来等，谓"此剧费时最多，改而又改，向所未有"。

13日 五幕历史剧《南冠草》在重庆"一园"由中央青年剧社上

演，剧名作《金风剪玉衣》。洪深导演，马彦祥饰夏完淳。

"我同意了浅哉兄的意见，在演出上更名《金风剪玉衣》。这本是夏完淳临刑前的一首诗中的一句，很富有象征的意趣。行刑时正是秋天，故借'金风'以喻敌人的残暴。更推而广之，大约是肃杀之气摧残了中原的锦绣吧。"在排练期间，亲临现场向演员们讲解剧中人物的个性。（1日、25日《新华日报》；《〈南冠草〉日记》）

16日 在天官府7号，由文化工作委员会同人和部分友好举办祝贺52岁生日暨创作生活27周年纪念会餐。

原定十桌，结果闻风而来的朋友太多，只好十多个人挤一桌。餐后在三楼举行晚会，张瑞芳唱《湘累》，非常热闹。（《阳翰笙日记选》，四川文艺出版社1985年2月版；常任侠《战云纪事》，海天出版社1999年9月版）

20日 下午，常任侠、陈应庄来访。（常任侠《战云纪事》，海天出版社1999年9月版）

本月 对陈白尘主编的成都《华西日报》副刊《艺坛》及该报文艺周刊《星期文艺》予以大力协助。（陈虹、陈晶《陈白尘年谱》，《新文学史料》1989年第2期）

12月

2日 在百龄饭店为将返美的费正清饯行。在费正清的纪念册上题词留念。阳翰笙等人作陪。（《阳翰笙日记选》，四川文艺出版社1985年2月版）

5日 上午，常任侠来寓所交谈。赠彼《蒲剑集》一册。（常任侠《战云纪事》，海天出版社1999年9月版）

6日 作诗《奸雄的歌唱完了》。发表于1944年2月6日重庆《大公报·文艺》，1944年3月11日福建《人报》。诗中写道："'子枝，正十二时，'/奸雄的歌唱完了。/'我眼睁睁地看着日本而死'。/这是法西斯咽喉的十二时。/地狱里在敲着葬钟，/送葬法西斯的今天，/在欢迎黎明。"

10日 作五律《看〈南冠草〉演出后》："金风增肃杀，君子化蓐收。欲显神奸佞，来从地狱游。现身存月旦，刻意铸春秋。识得洪亨九，呼诛即报酬。"

初收作家出版社1959年11月初版《潮汐集·汐集》，现收《郭沫若文集·文学编》第 2 卷。

17 日 午后，在寓所与阳翰笙谈论文化界的情况甚久。(《阳翰笙日记选》，四川文艺出版社 1985 年 2 月版)

18 日 作《韩非子〈初见秦篇〉发微》。发表于重庆《说文月刊》1944 年 5 月合订本之《吴稚晖先生八十大寿纪念专号》。分三部分：一、提出关于《初见秦篇》作者的问题。认为"近年来比较有贡献的是容肇祖先生"，其《韩非子〈初见秦篇〉考》关于《初见秦篇》"确为秦昭王时人所说"的考证"确实是很犀利的一个揭发"。二、进一步推论《初见秦篇》的绝对年代是在秦昭王五十一年的头三四个月里，由此断定其作者为"蔡泽说"也不能成立。三、推想吕不韦于秦昭王五十一年初与子楚得脱亡回秦，《初见秦篇》作者"应该就是吕不韦"。最后指出："《韩非子》一书中的各篇的著作权都应该从新审定，其中必然还有性质相同而被误收的东西。"

初收永安东南出版社 1945 年 4 月初版《先秦学说述林》，题为《韩非子〈初见秦篇〉发微》；后收《沫若文集》第 16 卷；现《郭沫若全集·历史篇》第 1 卷。

收《先秦学说述林》、《沫若文集》，均误署写作时间为"一九四三年十二月八日"。《十批判书·后记——我怎样写〈青铜时代〉和〈十批判书〉》文中，记写成于"十二月十七日"。

◎ 下午，往中苏文化协会参观商衍鎏、商承祚父子书画展。在展厅遇常任侠，约同至沈钧儒处，遂去良庄励志社。(常任侠《战云纪事》，海天出版社 1999 年 9 月版)

◎ 与杜国庠、茅盾、胡风、冯乃超、阳翰笙等人赴梁寒操家宴。(《阳翰笙日记选》，四川文艺出版社 1985 年 2 月版)

◎ 观梁寒操夫人程季淑画《巫峡图》，作七律《题巫峡图》。云："不来蜀道不知难，试看行舟上碧滩。伏地劳人呼欸乃，凌空健翮语间关。黄牛峡过天仍狭，白帝城边木尚寒。待到明年春色至，一帆风顺出巫山。"

初收作家出版社 1959 年 11 月初版《潮汐集·汐集》，现收《郭沫若文集·文学编》第 2 卷。

◎ 书简《关于孔雀胆》发表于《华西晚报·艺坛》。写道："阅蓉新民报,知孔雀胆已上演,成绩似尚不错,可贺可贺;关于孔雀胆的意义,泽民目前考得即是孔雀石(Melachite),天然界中产之;在化学上即盐基性碳酸铜(Basic Copper Carbonate),分子式为$CuCO_3Cu(OH)_2$——普通之铜绿与此同,相有□,其色青绿,殆如孔雀之羽,复如其胆,故孔雀石乃有孔雀胆之名,颜料中有孔雀绿者亦此石之粉末也。此点可供释名之用,故录示。"

19日 作五律《题沈衡老像》:"圣之任者像,今见沈衡山。身虽四尺弱,心似九天宽。俭道兼儒墨,仁风振懦顽。紫桐诗三复,华发未应斑。"

初收作家出版社1959年11月初版《潮汐集·汐集》,现收《郭沫若全集·文学篇》第2卷。

21日 下午,往百龄餐厅参加沈钧儒七十岁寿辰祝贺茶会,并致辞:"不但衡山先生的精神我们要效法,就是他的体格这样健康,也是值得我们学习的。他的精神和体格,都不象七十岁的老人,可以说只有十七岁。不信,请大家翻一翻他所著的《中鱼集》中间,他自己说还要学军事,学驾驶汽车,学外国语,这不是十七岁的青年的愿望吗?中国最大的毛病,就是容易老,若要把中国弄好,就是要把老气革掉!当今青年,有的还不到十七岁,而实际上,他的精神与体力,都已经象七十岁年纪那样的衰老,这是最最要不得的。我今天另一个发现,即是沈先生的面貌,精神,品格,最象两千年前的伊尹。所以我曾为文化工作委员会的同人写了'今之伊尹'的横额,送给沈先生作为同人的祝词。伊尹圣之任者也,而沈先生亦然,可以当得起这个称谓。另一个发现,就是阿字,这个字的称呼,既可以表示爱,尊崇,也可以表示不喜欢。沈先生为人,有人爱,有人尊敬,也有人不喜欢,所以可以叫做阿衡,而阿衡又是伊尹的名字。最后,我代表文化界同人祝颂当今的伊尹,起码再活三十年,为民族,为国家,为抗战,为团结。"(22日重庆《新华日报》)

25日 《金风剪玉衣》(《南冠草》)由江苏医学院主办,在新营房举行元旦劳军演出。(29日重庆《新华日报》)

27日 为郭开运两幅画题诗。其一:"不因能傲霜,秋葵亦可仰。我非陶渊明,两能作欣赏。幼时亦能画,至今手犹庠。欲得芥子园,恢复吾伎俩。"跋谓:"可源得叔弟此画,闻求之三年。回思幼时,余亦能画,因此题此。"其二："魄力虽云弱，古干尚槎枒。百年不改色，胜彼桃李花。珊瑚交枝柯，人生同野马。我思峨眉山，安能至其下。"跋谓："画为舣弟为张可源所作，其章则橙哥所刻，对此有难言之追念。"（手迹见《郭沫若题画诗存》，山西教育出版社1997年11月版）

郭开运画乃为张可源作。野舣，郭开运；张可源，郭开文次女孔鸾之子。

28日 为卫聚贤新开茶楼所撰贺联发表于重庆《新民报晚刊》。"大东家，大方家，法天法地，师古师今，难得一楼新宝贝；卫夫子，卫娘子，聚民聚才，贤劳贤德，真成双料活神仙。"

"考古专家卫聚贤，近在渝市开设茶楼以座。号聚贤楼，郭沫若特撰嵌字联为赠。卫聚贤自号卫大法师。"（本日重庆《新民报晚刊》）

29日 作七律《次田寿昌韵寄赠》："别后江城万事非，归来但听不如归。梦劳双鲤传秋水，气丧群鸦噪晚晖。远庆北堂萱草茂，狂歌西线捷书飞。海棠溪畔今犹昔，猎马嘶风待合围。"

初收作家出版社1959年11月初版《潮汐集·汐集》，现收《郭沫若全集·文学篇》第2卷。

本月 历史剧《孔雀胆》由重庆群益出版社初版。

◎ 作《元旦献词》。发表于桂林《当代文艺》月刊1944年1月创刊号。写道：

"在这一年全世界或许是更加有变化之一年。欧洲战场或许可能把纳粹解决。东方战场的前途还不能作出同样乐观的透视。

但，战局尽管怎么变，为争取民主主义的胜利这个目标，是永远也不会变的。法西斯迷梦破了，在逐渐加强的晨曦中我们可以看出这样的字幕：

'一个战争，

一个世界，

一个民主的文化'。"

◎ 诗《题吹号手》发表于《图讯》旬刊第355期。（成都图书馆编《郭沫若著译及研究资料》第1册）

本 年

◎ 为母校乐山第一中学40周年校庆题词："圣人生于急学，学问之道良不可一日惑已。唯学贵因时，方今之世，国家民族之所企待者，实以科学为首要。愿同学辈知所奋勉。"（薛子贵《郭沫若为母校一中题词》，《郭沫若研究会会刊》第1集，1982年12月）

◎ 建议傅抱石在重庆、成都两地举办"个展"，认为其绘画艺术"已经到了升堂入室的境地"。（罗时慧《怀念》）

◎ 题李可染画赠阳翰笙："主人不饮酒，孤坐葫芦下。""莫道世皆醉，醒者亦有涯。"（《郭沫若题画诗存》，山西教育出版社1997年11月版）

◎ 致信刘开扬。告以"大作收到，读了八页，让我细细的读下去吧，此文发表时当略加删节"。并在文稿中作批注。

刘开扬作《略论中国智识分子的思想》，寄《中原》编辑部，郭沫若即复此信。（刘开扬《我和郭老的一点文字因缘》，《郭沫若学刊》1989年第3期）

◎ 致任乃强信，谓："王晖棺右侧浮雕，据尊说乃螭。然如马叔平，则以为虎。友人所赠拓片，独此图缺佚。就尊文中插图辨之，头颇似虎，唯身躯细长而有节，则殊与虎不类，但不识尚有他种特征，足以证明其确为螭而非虎否？说为虎者之根据，因后为玄武，左为青龙，仅缺前之朱雀也。"（见任乃强《辨王晖棺浮雕》，《康导月刊》1943年，转自周日琏、高文《关于郭沫若题咏王晖石棺画像与学术争议》，《郭沫若学刊》1996年第2期）

◎ 作《吴功炳墓志铭》，赞扬四川犍为县人吴功炳射虎为乡人除害的勇猛精神。（郭沫若纪念馆馆藏资料）

1944年（甲申 民国三十三年）52岁

1月9日 毛泽东在延安看了京剧《逼上梁山》后给杨绍萱、齐燕铭写了贺信，信中说"历史是人民创造的，但在旧戏舞台上人民却成了渣滓，由老爷太太少爷小姐们统治着舞台，这种历史的颠倒，现在由你们再颠倒过来，恢复了历史的面目"，"郭沫若在历史话剧方面做了很好的工作，你们则在旧剧方面做了此种工作"。

3月20日　重庆《新华日报》发表了《甲申事变——明末亡国历史》的史料。

3月24日　《中央日报》发表题为《纠正一种思想》的社论，对郭沫若《甲申三百年祭》一文发难。

6月6日　中华全国文艺界抗敌协会发表向全世界反法西斯作家致敬书。

本月　英美盟军在诺曼底登陆，开辟欧洲第二战场。

6月17日　日本侵略军向长沙发起总攻，19日国民党守军弃城逃跑。

7月24日　民主战士邹韬奋在上海病逝。

本月　日本侵略军自广州向北进犯，企图打通粤汉通道。

9月15日，中国共产党代表林伯渠在三届三次国民参政会上提出废除国民党一党专政，召开各党派会议，成立民主联合政府的主张。

9月19日　中国民主政团同盟改组为中国民主同盟。

9月24日　重庆各界爱国民主人士和各民主党派代表张澜、沈钧儒、冯玉祥等500多人集会，要求尽快改组国民政府，成立联合政府。

10月9日　中、美、英、苏四国公布成立"联合国"之建议。

11月10日　日本侵略军相继攻占广西桂林、柳州、南宁，直抵贵州独山。

12月　国民党当局从缅甸和封锁陕甘宁边区的部队中调兵，增援贵州战场，收复独山。但日军打通大陆交通线的目的已经达到，二十多万平方公里的土地，146座城市沦陷。

1月

1日　《民主战争与民主文化》发表于重庆《时事新报》。指出，"民主是目前世界政治的主流"，世界政治发展的规律是"由个人和少数人的专制走向人民和大多数人的民主"。"民主这一伟大潮流是不可抗拒的，谁要想违反这一潮流，谁就会在自己所制造的逆流中淹没。""目前世界民主的潮流，是表现在世界规模的反法西斯的战争中。世界反法西斯的战争，其本质就是世界民主的战争。""民主战争是革命的正义的战争，所以它必得胜利。""民主战争的力量发源于民主,因而民主战争的武器也就是民主。"文章区分了所有参加世界民主战争的一切国家的内容与形式,认为,"由于各个国家社会性质的差别,历史条件的不同,它们可能在内容与形式上都存在着各种的差异,然而在基本上、本质上一定是民主政治,成为'民有、民治、民享'的民主政权"。论及民主文化时说:"一定的文化是一定社会的政治经济在观念形态上的反映,而它又给予伟大的影响于一定社会的政治经济",因此,"民主战争及其所争取的民主政治经济必须有民主的文化与之适应,而这种民主的文化又是为民主战争与民主政治服务并给予它们以伟大的影响的"。"反法西斯的民主的文化就负有两重的任务:在政治上保卫世界的民主,在文化上保卫人类的文明。文化战线有它的特殊的领域,这就是精神的总动员","民主的文化,也就是科学的文化。因为科学是反对武断,迷信,愚昧,盲从而拥护真理、主张学术思想的自由的,而这种科学精神恰正是民主精神。所以科学的战士必是民主的战士,而赞成民主的人一定是科学的拥护者"。

◎ 上午,参加文化工作委员会团拜。(常任侠《战云纪事》,海天出版社1999年9月版)

◎ 晚,与朋友们在寓所为董必武六十寿辰做寿,并朗诵新作七言诗《董老行》。(《阳翰笙日记选》,四川文艺出版社1985年2月版)

◎ 作诗《题赠董老画二绝》:"六十华年与岁新,朋簪此日庆同春。方今天下何多让?领导群伦要认真。""老兄风格似凌霄,我辈双双绕碧条。长此万年兄弟谊,红花遍地涨春潮。"诗前有小序:"朗珂画凌霄花一幅,以赠董老,有鹡鸰鸽鸟一双飞绕枝头。"

初收作家出版社1959年11月初版《潮汐集·汐集》,现收《郭沫若全集·文学编》第2卷。

5日 《董老行》发表于《新华日报》,标题下有附识:"必武兄长六十,率赠俚句六十。"又发表于3月12日延安《解放日报》。咏道:"董老董老何曾老?满帆风力十分饱。矍铄精神尚少年,昂藏气宇尤壮佼。革新在业荷双肩,余力为诗每精巧。至公至正谢私劳,海内海外皆道好。方今民主潮正高,宪政促成赖有造。""老兄风格古之人,侃侃而谈殊表表。我拜昌言心自倾,人谓异端头每掉。掉头仍是训谆谆,耐性难教听藐藐。太华不动气巍峨,沧海能容神浩淼。我纵友尽天下人,磊落如兄世所少。传食共分秦侯瓜，延年自有安期枣。升恒已迫史罗丘，功业当同房虚昴。久将生死献人群，丧元沟壑岂能挠？老兄六十已非夭，年年今日南星皎。"跋谓："昨得梓年来示，言董老瞬将六十，拟征友好诗文以为纪念。一时兴至，率成此章，谨以录示梓年，转呈董老。"

初收上海群益出版社1948年9月初版《蜩螗集》，后收《沫若文集》第2卷，现收《郭沫若全集·文学编》第2卷。

◎ 作《〈凤凰〉序》。写道："我不大高兴别人称我为'诗人'，但我却是喜欢诗。幼年来的教育和生活环境，大概是很有关系的。""坦白地说一句话，自从《女神》以后，我已经不再是'诗人'了"，"要从技巧一方面来说吧，或许《女神》以后的东西要高明一些，但象产生《女神》时代的那种火山爆发式的内发情感是没有了"。"旧诗我做得来，新诗我也做得来，但我两样都不大肯做：因为我感觉着旧诗是镣铐，新诗也是镣铐，假使没有真诚的力感来突破一切的藩篱。""我自己更要坦白地承认，我的诗和对于诗的理解，和一些新诗家与新诗理论家比较起来，显然是不时髦了；而和一些旧诗翁和诗话老人比较起来，不用说是'裂冠毁裳'的叛逆。""广义的来说吧，我所写的好些剧本或小说或论述，倒有些确实是诗，而我所写的一些'诗'却毫无疑问地包含有分行写出的散文或韵文。欺骗对于内行和自己是没有用处的。"

初收重庆明天出版社1944年6月初版《凤凰》；后收《沫若文集》第13卷，题名《序我的诗——有人要把以前的诗集来翻印，我便写了这样的一篇序》；现收《郭沫若全集·文学编》第19卷。

6日 上午，陈白尘自成都回渝，来寓所晤谈，阳翰笙亦来，三人畅谈。(《阳翰笙日记选》，四川文艺出版社1985年2月版)

9日 收到毛泽东请董必武转交的电报。电报说："收到《虎符》，全篇读过，深为感动。你做了许多十分有益的革命的文化工作，我向你表示庆贺。"(中共中央文献研究室编《毛泽东文艺论集》，中央文献出版社2002年版；齐得平《诚挚的友谊》，《郭沫若研究》第1辑，文化艺术出版社1985年8月版)

12日 往南山中学讲演。(14日致赵清阁信)

◎ "开始草《韩非子的批判》。"(《十批判书·后记——我怎样写〈青铜时代〉和〈十批判书〉》)

13日 在南山中学讲演。

14日 复信赵清阁。说："昨前两天讲演（在南山中学），应酬了两天，今天腹泻，睡在床上。大著仍未能看完，真对不住。"

赵清阁将改编的《红楼梦》话剧本《诗魂冷月》给郭沫若看。（赵清阁《忆文学大师郭沫若》，《新文学史料》1989年第3期）

15日 与于怀（乔冠华）等朋友商谈纪念明亡三百年事，大家一致认为，柳亚子是明史泰斗，纪念明亡，非他开炮不可。（廖永祥、林兰平《中共延安整风运动与郭沫若》，《郭沫若学刊》1992年第3期）

柳亚子《纪念三百年前的甲申》（1944年4月15日《群众》第9卷第7期）文前记有："今年一月卅一日，收到于怀兄同月十六日从渝都发出的一封信"，并引述了信的内容等。时柳亚子在桂林。

20日 致赵清阁信："忙得一塌胡涂，大作赶着读，仅读了二幕半，恐耽误出版，先行奉还，等出版后再细细拜读。恕罪恕罪。"（赵清阁《忆文学大师郭沫若》，《新文学史料》1989年第3期）

◎ 夜，写成《韩非子的批判》，"清算得颇为彻底"。发表于上海《新文化》半月刊1945年11月16日第1卷第3—9期。分六部分：一、指出韩非子应该称为"法术家"，考察其学术渊源，在"言法的一方面大体上是祖述商鞅"，在谈"术"的一方面与申不害"衣钵相承"，把申子与商君"二人综合"了。从远源上"应该是道家与儒家"，"在行程的推进上则参加得有墨、法"。由于把申、商两家综合起来，向他所主张的"绝对君权"上支"使用"，"便用"，便与墨家"通了婚姻"。"韩非个人在思想上的成就，最重要的似乎就在把老子的形而上观，接上了墨子的政治独裁的这一点。他把墨子的尊天明鬼，兼爱尚贤，扬弃了，而特别把尚非命，非乐非儒的一部分发展到了极端。非命是主张强力疾作的，韩非全书是对于力的讴歌"。二、韩非"采取了君主本位的立场，故尔他对于'术'便感觉着特殊的兴趣"。"术是运用之妙存乎一心的东西，玩弄起来，似乎很不容易捉摹"，除"多设耳目"一项外，又举出七项"重要的大纲"。从《势难》篇可以知道韩非正是一位"极端的势治派"，极力主张"专制行为"而为"法治之反面"。其所主张"人所设定之势"，而非"自然之势"，即所谓多设耳目的"聪明之势"，任法用术的"威严之势"，有了这样的东西，不必等尧、舜来天下才治，就是"中庸之材"便可以"平治天下"。"权势既设，这是为人主所'独擅'的东西，绝对不能够与君下相共"，"推重权势的结果流而为专制独裁"。三、从《解老》《喻老》《主道》《扬榷》诸篇是否韩非作品入手，考察道家的形成与思想主张。四、"老子毫无疑问是韩非思想的源泉，但也并不是唯一的源泉"，"他的思想中摄取有各家的成分"。"韩非攻击儒家的态度在先秦诸子中恐怕要算是最猛烈的"，"凡是儒家的东西差不多没有一样不受严厉的反对"。"所说'上古'、'中世'、'当今'，约略相当于现今所说的原始社会、奴隶社会、封建社会。韩非去古未远，他对于古代的这种划分是正确的"。五、"事实上韩非所需要的人只有三种：一种是牛马，一种是豺狼，还有一种是猎犬。牛马以耕稼，豺狼以战阵，猎犬以告奸，如此而已。愚民政策是绝对必要的"。六、《五蠹篇》是韩非晚年的作品，在其"所谓'法治'的思想中，一切自由都是禁绝了的，不仅行动的自由当禁（'禁其行'），集会结社的自由当禁（'禁其欲'）。韩非子自己有几句很扼要的话：'禁奸之法，太上禁心，其次禁其言，其次禁其事'（《说疑》），这真是把一切禁制都包括尽致了"。

初收东南出版社 1945 年 4 月初版《先秦学说述林》，题为《韩非子的思想》；又收重庆群益出版社 1945 年 9 月初版《十批判书》，题作《韩非子的批判》；后收《沫若文集》第 15 卷；现收《郭沫若全集·历史编》第 2 卷。

◎ "把《韩非子的批判》写完了的同一天（一月二十日），日记里面又写着：'明日起拟写《周代的农事诗》'。这是一个新的方面，我的念头又转换到社会机构的清算上来了。好多年辰以来，研究古代社会的人，意见不一，但大多数认为周代是封建社会，我是不赞成的。主张封建说的朋友们，对于我的奴隶社会说，自然也不赞成。我现在想从周代的农事诗来证成我的说法。""在这个期间之内有好几部新史学阵营里面的关于古史的著作出现，而见解却和我的不尽相同。主张周代是封建制度的朋友，依然照旧主张，而对于我的见解采取着一种类似抹杀的态度。这使我有些不平。尤其是当我的《墨子的思想》一文发表了之后，差不多普遍地受着非难，颇类于我是犯了众怒。这些立刻刺激了我。因为假如是不同道的人，要受他们的攻击，那是很平常的事；在同道的人中得不到谅解，甚至遭受敌视，那却是很令我不安。因此，我感觉着须得有一番总清算、总答覆的必要。就这样彻底整理古代社会及其意识形态的心向便更受了鼓

舞。"(《十批判书·后记——我怎样写〈青铜时代〉和〈十批判书〉》)

27日 上午,在寓所与阳翰笙谈西北的局势。因胡宗南部奉蒋介石命令大举进攻陕甘宁边区,内战有一触即发之势。感到十分担忧。(《阳翰笙日记选》,四川文艺出版社1985年2月版)

30日 始作《由周代的农事诗论到周代社会》。(《十批判书·后记——我怎样写〈青铜时代〉和〈十批判书〉》)

◎ 王若飞、阳翰笙先后来寓所,商讨如何解决中国艺术剧社经济危机等事。(《阳翰笙日记选》,四川文艺出版社1985年2月版)

本月 作《〈剿闯小史〉跋》,署名鼎堂。收重庆说文出版社3月初版《剿闯小史》(又名《李闯小史》)。文章据抄本中有避讳缺笔,定《剿闯小史》为清乾隆年间本,考定作者为龚云起。又据"书中盛称吴三桂,但拥护南朝,而称满人为'虏'或'鞑子'",认为"写作时代大抵在甲申乙酉之间"。指出该书"作为平话小说,实甚拙劣,但作为史料观。观其所纪,与《明季北略》多相符",与《明史·流贼传》相校"则大有出入","足证本书之成实远在明史之前也",因书中"错字甚多,脱落亦所在多有,几难句读",故"校读一过,其确然如其讹误者,订正之,并略施标点,以便籀读。但其可疑而无由推其原文者均仍旧,以待识者"。特别指出"前五卷专叙北方事,确出传闻,而后五卷则撷拾文告与南都事以续成之,一录一笔颇为了然"。

◎ 始着手为著文纪念甲申明亡三百周年做准备,先后阅读和摘录了《明季北略》《明史》《芝龛记》等书中的相关资料。(廖永祥、林兰平《中共延安整风运动与郭沫若》,《郭沫若学刊》1992年第3期)

1、2月间

◎ "史剧创作欲又有些蠢动。""对于古代研究便生出了在此和它告别的意思。在这时早有过一个计划,想把性质相同的一些论文收集为一个专集。"

"在想从周代的农事诗来证成我的(周代为奴隶社会)说法的前后,我以偶然的机会得以读到清初的禁书《剿闯小史》的古抄本。明末农民革命的史实以莫大的力量引起了我的注意。适逢这一年又是甲申年,是明朝灭亡的三百周年纪念。我的史剧创作欲又有些蠢动了。我想把李岩与红娘子搬上舞台。因此我对于古代研究便生出了在此和它告别的意思。在这时早有过一个计划，想把性质相同的一些论文收集为一个专集，名为《先秦学说述林》。"（《十批判书·后记——我怎样写〈青铜时代〉和〈十批判书〉》）

2月

2日 为文化工作委员会成员郭美英与潘孑农订婚作七言诗一首，发表于6日重庆《新民报晚刊》。诗写道："三十三年二月二，二美匹合大欢喜。美英仿佛吾女儿，孑农当然是老弟。三年相爱志不移，金石之坚差可拟。春摧万物入新生，桃花李花将绽蕊。会看仙乐动天街，角徵由来善调理。创造当年曾共社，人说异军苍头起；摧枯拉朽叱风云，封建孽余咸披靡。今日文工虽局促，新人对对如堡垒。相期合力斩轴心，风雨飘鸣殊未已。自来甘受后群鞭，谁谓鼎堂衰老矣！"（诗文手迹见于《群众论丛》1981年第3期）

潘孑农，中央电影摄影场导演，曾为后期创造社成员。

3日 作《苏联要怎样才会参加东方战场？》（郭沫若纪念馆馆藏资料）

4日 中午，与阳翰笙在百龄餐厅宴请华思、司徒华等美国朋友。"席间大家都谈得很痛快"。（《阳翰笙日记选》，四川文艺出版社1985年2月版）

8日 作《人乎·人乎·魂兮归来！——题〈浮士德〉新版》。发表于4月8日《联合周报》。主张"个性不能消泯，亦不能偏废，但须立一标的，以定其趋向。为最大多数人谋最大幸福"。认为，"歌德有自知之明，知有相反的二种精神，斗争于其心中，而力求其调剂，宏己以救人"。"日耳曼民族未听此劳苦人的教训，误为狂兽所率领而化为虎狼"，"人类在如海如洋的血泊中受难，因而于劳苦人的体念倍感深切"。

初收上海群益出版社1947年3月初版《浮士德》上卷；后收《沫若文集》第13卷，题作《人乎·人乎·魂兮归来！——新版〈浮士德〉题辞》；现收《郭沫若全集·文学编》第19卷。

◎ 致翦伯赞信。说："近于友人处得见一乾隆年间之抄本《剿闯小史》写李自成事颇详，甚引起趣味。有李信一名李岩者，乃河南举人，参加当时活动，此人尤有意思。关于此时期之史料，兄谅知之甚悉。除《明亡述略》曾略见李信外，它尚有所见否？乞示知一二，为感。"（《北京大学学报》1978 年第 3 期）

10 日 作《"五十以学"答问》。发表于 13 日重庆《新华日报》。文章对《鲁论》"假我数年，五十以学，亦可以无大过矣"，做出与林语堂《五十以学易辩》不同的解说，认为"'五十'并非'五十而知天命'的五十，而是或五或十"，孔子抱着"活到老，学到老"的见解，"感觉着自己衰老了的时候，还想再活五年或十年，对于学问更加深造"。

初收上海大孚出版公司 1947 年 12 月初版《沸羹集》，后收《沫若文集》第 13 卷，现收《郭沫若全集·文学编》第 19 卷。

12 日 作《戏剧与民众》。发表于 15 日重庆《新华日报》。强调"戏剧，尤其话剧，应该是最民众的东西。它是为民众开花，为民众结实，始于民众，终于民众"。"内容要于民众有利，至少是无害。"指出，"在我们陪都的剧坛上，却流行着一种和这不十分合拍的倾向"，即"陶醉于为艺术而艺术，为戏剧而戏剧的资本主义社会末期的空气里面"。

初收上海大孚出版公司 1947 年 12 月初版《沸羹集》，后半文字"残阙"；后收《沫若文集》第 13 卷；现收《郭沫若全集·文学编》第 19 卷。

1947 年 10 月 22 日所作补白谓："这篇文章因第一次承印的印刷所发生问题，被毁版，而下半原稿亦遗失，无法补出，就任它残阙吧。但此文原系发表于《新华日报》副刊，将来或许有查出的机会。"

14 日 下午，阳翰笙来寓所。（《阳翰笙日记选》，四川文艺出版社 1985 年 2 月版）

15 日 晨，往文化会堂出席由剧协召开的纪念戏剧节大会。午饭后，在文化会堂观看军委会文化训练班表演的《国家至上》和中国艺术剧社表演的《处女的心》等。（16 日重庆《新华日报》；《阳翰笙日记选》，四川文艺出版社 1985 年 2 月版）

17 日 《由周代农事诗论到周代社会》作讫。发表于 9 月《中原》第 1 卷第 4 期。将《诗》中"纯粹关于农事的诗"《噫嘻》《臣工》《丰年》《载芟》《良耜》《甫田》《大田》《信南山》《楚茨》《七月》等篇"作一番检点"，逐篇翻译，而后综合论证到周代社会的一些问题：周初

"农业生产的督率是王者所亲躬的要政之一；土地是国家所有，作着大规模的耕耘；耕田的农夫是有王家官吏管率着的。这种情形殷代卜辞里面所见的别无二致"。至东周，"在公有的土地之外已经有了私有的土田"，"土田的渐见分割，而农夫的渐归私有"。纠正了以前的错误论断："古代井田制的一个问题是可以肯定的"，"我在前有一个时期否认过它"，"这个判断其实是错了"。同时，坚持"西周是奴隶社会的见解，我始终是毫无改变"。

初收重庆文治出版社 1945 年 3 月初版《青铜时代》，又收东南出版社 1945 年 4 月初版《先秦学说述林》，后收《沫若文集》第 16 卷，现收《郭沫若全集·历史篇》第 1 卷。

据《十批判书·后记——我怎样写〈青铜时代〉和〈十批判书〉》记载，该文"断断续续地写了一个礼拜"。

18 日　出席并主持剧协举办的学术报告会，请美国剧评家爱思讲《现代美国戏剧》，中国戏剧家陈白尘讲《目前剧运的危机》。(《阳翰笙日记选》，四川文艺出版社 1985 年 2 月版)

20 日　作《〈先秦学说述林〉后叙》。发表于《华西晚报》4 月 1 日至 3 日。写道：

"关于中国古代的研究，断断续续地，前后费了将近十五年的功夫，自己感觉着对于古代的认识是比较明了了。

十五年前所得到的一个结论，周代是奴隶社会，经过种种方面的检计，愈加证明着是正确的。

有了这个结论，周、秦之际的一个学术高潮才能得到说明；而那个高潮期中的各家的立场和进展，也才能得到正确的了解。

我是以一个史学家的立场来阐明各家学说的真相。我并不是以一个宣教师的态度企图传播任何教条。在现代要恢复古代的东西，无论所恢复的是那一家，事实上都是时代错误。但人类总是在向前发展的。在现代以前的历史时代虽然都是在黑暗中摸索，经过曲折迂回的路径，却也和蜗牛一样在前进。因而古代的学说也并不是全无可取，而可取的部分大率已溶汇在现代的进步思想里面了。

这儿正表示着我所走过的迂回曲折的路，是一堆崎岖的乱石，是一簇丛杂的荆榛。这些都是劳力和心血换来的，因而我也相当宝贵它们。有善于铺路的人要使用它们去做素材，我可感觉着荣幸。"

初收东南出版社1945年4月初版《先秦学说述林》；又收上海群益出版社1946年版《青铜时代》"附录"；后收《沫若文集》第16卷，题作《青铜时代·后记》；现收《郭沫若全集·历史编》第1卷。

24日 为赵清阁画《仕女图》题诗："帝子依稀泪却无，女儿偏爱在诗书。闲来偶傍幽篁坐，不料无心入画图。""果然有笔可生花，桃李春风是一家。借问东皇能醉否，天涯底事泛流霞？"（见赵清阁《忆文学大师郭沫若》，《新文学史料》1989年第3期）

初收作家出版社1959年11月初版《潮汐集·汐集》，题为《帝子二绝》；现收《郭沫若全集·文学编》第2卷。

27日 收到任乃强赠王晖石棺右壁图像拓片。作诗《题王晖棺刻画》。诗前有题记："王晖棺上浮雕，前既得其前和、左侧、后端三拓本，今复得右侧图片。其像为虎而有翼，尾部为盗棺者所凿断。"诗云："虎视眈眈欲逐逐，奇哉龙身而环腹。四足箕张双翼舒，断尾如鞭意可续。高人赠我自西康，云是螭龙而无角。博引旁征及沈樊，说颇苦心可商榷。图本揭自王晖棺，位在右侧至确凿。棺后玄鸟棺左龙，苟非山君其何属？自来附翼有飞虎，取与龙配故蟠攫。虽无朱雀在前和，童子开门自有瞩。魂随朱雀已飞翔，未偕龙虎同一壑。寄语任君莫多疑，君之功高已绝卓。奇画空前得再世，宁让武梁擅其独？盼将直目照九阴，唤起风云撼大陆。"

初收于上海群益出版社1948年9月初版《蜩螗集》；现收《郭沫若全集·考古编》第10卷，题作《题王晖棺右侧白虎图》，文字略有改动，其中"博引旁征及沈樊"改作"旁征博引及高樊"。

3月

3日 致戈宝权信。说："信接到，谢谢你。《韩非子批判》的原稿，我希望保存，是不是也交给了外庐？请告诉他，用后务必还我。《罗曼罗兰挽歌》一章请交新副为祷。"（手迹见戈宝权《谈郭老写的与〈十批书〉有关的几封信》，《社会科学战线》1978年增刊）

新副，指《新华日报》副刊。

7日 《龙凤桥畔》发表于重庆《时事新报》。记载1943年10月17

日跟傅抱石交往，并受赠《桐阴读画》的经过。

初收入重庆群益出版社1945年9月初版《波》，题为《十月十七日》；现收入《郭沫若全集》第10卷，题为《竹阴读画》。

8日 晨，与阳翰笙同去参观"说文社主办的《秦良玉遗物展览》"。对秦的蟒袍很怀疑。以"秦的官职品位"，"不应该有这么多龙绣在上面"。(《阳翰笙日记选》，四川文艺出版社1985年2月版)

10日 《甲申三百年祭》脱稿。发表于19日至22日重庆《新华日报》。写道："甲申年总不失为一个值得纪念的历史年。规模宏大而经历长久的农民革命，在这一年使明朝最专制的王权统治崩溃了，而由于种种的错误却不幸换来了异族的入主，人民的血泪更潜流了二百六十余年。这无论怎样说也是值得我们回味的事。"文章总结了明末政治腐败而至王朝灭亡的历史教训。同时也指出了李自成农民起义从成功推翻明王朝统治，建立新政权旋即失败的历史原因：其一，在过短的时期之内获得了过大的成功，大家都昏昏然，以为天下已经太平无事了。其二，近在肘腋的关外大敌，全不在意。其三，李自成用人"有亲疏"，导致了更大的历史悲剧。其四，代表农民利益的运动早迟会变质。"自成的大顺朝即使成功了(假使没有外患，他必然是成功了的)，他的代表农民利益的运动早迟也会变质，而必然也会做到汉高祖、明太祖的藏弓烹狗的'德政'，可以说是断无例外。"

初由苏中出版社9月15日出版单行本，文前有中共中央宣传部、总政治部印发该书通知；又由上海野草出版社1945年10月出版单行本，加副标题"明末亡国史实"，11月再版改书题为《明末亡国史——甲申三百年祭》。初收上海海燕书店1947年8月初版《历史人物》，后收《沫若文集》第12卷，现收《郭沫若全集·历史编》第4卷。

文章刊出后，《中央日版》于24日发表社论《纠正一种思想》，攻击该文"鼓吹失败主义和亡国思想"。随后国民党文人不断对该文进行攻击。毛泽东在4月12日撰写的《学习与时局》中说道："近日我们印了郭沫若论李自成的文章，也是叫同志们引以为鉴戒，不要重犯胜利时骄傲的错误。"延安《解放日报》于4月18日、19日全文转载。中共中央宣传部、军委总政治部于6月3日联合发出印发该书通知，指出这部著作"对我们的重大意义，就是要我们全党，首先是高级领导同志，无论遇到何种有利形势与实际胜利，无论自己如何功在党国，德高望重，必须永远保持清醒与学习态度，万万不可冲昏头脑，忘其所以，重蹈李自成的覆辙"。

13 日 作诗《咏秦良玉四首》，称颂明末女将秦良玉："石柱擎天一女豪，提兵绝域事征辽。同名愧杀当时左，只解屠民意气骄。""兼长翰墨世俱钦，一袭征袍万里心。艳说胭脂鲜血代，谁知草檄有金音？""平生报国屡争先，隆武新颁瞬二年。八月关防来蜀日，南朝天子又宾天。""莋苻满目咎安归？涨地胡尘接紫微。无复当年风虎意，空余白秆映斜晖。"

初收作家出版社 1959 年 11 月初版《潮汐集·汐集》，现收《郭沫若全集·文学编》第 2 卷。

14 日 与阳翰笙同往工矿展览会参观。（《阳翰笙日记选》，四川文艺出版社 1985 年 2 月版）

16 日 作七绝《题幼女图》："芦苇深处鹭双飞，驻桨回看笑满衣。天外秋风无信息，连漪未上女儿眉。"

初收作家出版社 1959 年 11 月初版《潮汐集·汐集》，现收《郭沫若全集·文学编》第 2 卷。

《幼女图》为华以松所作。

◎ 告诉阳翰笙，赞成会中诸同人有关"四一"纪念的布置。（《阳翰笙日记选》，四川文艺出版社 1985 年 2 月版）

25 日 作《两次哭此人》，悼念张一麐。发表于 4 月 18 日重庆《新华日报》。追述与张一麐的交往。"八一三"后因谣传，误以为张已不在人世，曾写过《纪念张一麐先生》发表，加上这一篇悼词，共写了两篇纪念张一麐的文字。文章说，"老人一生我想别无遗憾，所遗憾的，或许就和陆剑南一样'但悲不见九州同'吧。这是我们未死者的责任，总要能够加紧团结，迅速'还我河山'，才能够对得起死者"。

初收上海大孚出版公司 1947 年 12 月初版《沸羹集》，现收《郭沫若全集·文学编》第 19 卷。

26 日 下午，阳翰笙来天官府寓所谈《中央日报》本月 24 日社论《纠正一种思想》对《甲申三百年祭》的攻击，听后表示以为，"还有什么好说的呢？只好置之不理！"（《阳翰笙日记选》，四川文艺出版社 1985 年

2月版）

28日　应青年生活社约作《如何研究诗歌与文艺》。发表于4月16日重庆《新华日报》。说："为年青的朋友们的方便，赶我自己的经验，写一点关于诗歌与文艺方面的心得。"首先，否认做诗做文艺工作的人要有一种特殊的天才的说法。认为，"一个人要想成为什么，最当注意的是二十岁前的教育和学习"。"假使有志于诗歌和文艺的创作，那在年青的时候就必须多读这方面的书并多接近这方面的人。"文章综括出五点要领："必须有正确的思想以指导自己的生活，这思想应该是利他的集体的"；"必须有多方面的知识和体验"；"言语文字必须熟练，要力求其大众化、近代化，明确化、精洁化"；"多读文艺方面的书"；"多写作，多改润，多请教，少发表，不要汲汲于想成名"。

初收重庆青年生活社1945年2月初版《怎样自我学习》，又收上海大孚出版公司1947年12月初版《沸羹集》，后收《沫若文集》第13卷，现收《郭沫若全集·文学编》第19卷。

30日　作七言诗《题画虎》："古言苛政猛于虎，如今世界争民主。虎犹平易可近人，饮水思源辨甘苦。人之诡兮虎似狐，其害之酷酷于鼠。"

初收作家出版社1959年11月初版《潮汐集·汐集》，现收《郭沫若全集·文学编》第2卷。

本月　作《〈老子其人与老子其书〉编者后案》。发表于重庆《中原》月刊第1卷第3期。对陈贵兼《老子其人与老子其书》一文"考证方面"，提出几点意见，"以献芹于陈君及对于老子问题深感兴趣的朋友"。

◎为臧克家书条幅："生命乃完成人生幸福之工具耳。工欲善其事，必先利其器。故欲求人生幸福之完成，必须内在生活与外在生活均充实具足，以文艺为帜志者，尤须致力于此。内在生活，殖根欲深，外在生活，布枝欲广；根不深，则不固，枝不广，则不闶，磐磐大树，挺然独立，吾企仰之。"（据手迹，《郭沫若遗墨》，河北人民出版社1980年5月版）

4月

1日　作五言诗《民纪三十二年春奉贺舍予兄创作廿周年》。发表于

17日《华西晚报》。写道："吾爱舒夫子，文章一代宗。交游肝胆露，富贵马牛风。脱俗非关隐，逃名岂畏穷？国家恒至上，德业善持中。寸楮含幽默，片言振聩聋。民间风广采，域外说宏通。健步谢公屐，高歌京洛钟。更因豪饮歇，还颂后雕松。"

初收作家出版社1959年11月初版《潮汐集·汐集》，题为《赠舒舍予》，现收《郭沫若全集·文学编》第2卷。

◎ 参加三厅老同人聚餐，纪念三厅成立六周年。(《阳翰笙日记选》，四川文艺出版社1985年2月版)

2日 往重庆大学理学院参加母校四川省立乐山中学旅渝校友会，欢送九名从军远征及毕业校友。在会上与同乡青年交谈并致辞。审阅记录稿(帅贵清、晁清源记录)后以《欢送远征及毕业校友的致词》为题刊载于四川省乐山中学旅渝校友会编《校友通讯》第2期。说道："今天，我们欢送远征校友，是非常难得的光荣。""诸位同学这次有远征机会，与外人并肩作战，是很难得的，诸位不单是要完成远征的任务，同样要带回外人的好处来改造自己！""此外，这次远征也要把我们的好处带给盟国朋友。""我们的民族精神是'利他'的，此点与外人的'利己'的民族精神不同。大凡中国的打战，一向是为的保护自己的土地，人民从古至今无不证明我中华民族有利他的民族精神。今天将这种精神带到外国，对于将来世界和平的发展有莫大的帮助的。"

◎ 为《校友通讯》题词"道不远人"，载《校友通讯》第2期。(胡同如《关于郭老"道不远人"的题词的说明》，《乐山史志资料》1986年第1期)

◎ 听阳翰笙介绍各界友人对《中央日报》社论攻击《甲申三百年祭》的反应，同意阳翰笙"沉默就是最好的答复"的看法，并谓："即使要答复，也没有地方登载得出来。"(《阳翰笙日记选》，四川文艺出版社1985年2月版)

5日 作《在民主主义的旗帜下》。指出，"敌人自己也很知道他们的武装力量敌不过同盟国的全部展开了的力量，故尔他们在军事上采取偷袭和闪击的战略之外，也尽力地使用着宣传的武器从事欺骗和离间的攻略"。"日本军部是世界上最无耻的欺骗者"，希望"已经受过欺骗的应该赶快睁开眼睛，和我们紧紧地携起手来，并肩作战"。"东亚的各个民族在民主主义的旗帜之下团结起来，打倒日本法西斯蒂军部，在无情的抗日战争的铁火中，求得真正的解放。"

初收上海大孚出版公司1947年12月初版《沸羹集》，现收《郭沫若全集·文学编》第19卷。

6日 作七绝《忆嘉州》："海棠香国荔枝湾，苏子当年寓此间。云外读书声已歇，空余楼阁对眉山。"自注："乐山县城号'海棠香国'，亦有地名荔枝湾。城外凌云山上有苏东坡读书楼，与峨眉山远远相对。"

初收作家出版社1959年11月初版《潮汐集·汐集》，现收《郭沫若全集·文学编》第2卷。

10日 作五言诗《拟屈原答渔父辞》。云："平生契稷志，无意学庄老。所谋道不同，隔叶鸣黄鸟。君有水上舟，飘浮任潦倒。我有水中室，荷盖甚精巧。出世君如尘，飞扬随风袅。入世我生恨，化为泥与草。芙蕖发幽香，光争日月皎。"

初收作家出版社1959年11月初版《潮汐集·汐集》，现收《郭沫若全集·文学编》第2卷。

15日 开始作《商周古文字类纂》。(《商周古文字类纂·跋》)

17日 诗《文章入冠——祝老舍先生创作生活廿年》发表于重庆《新华日报》，又发表于5月20日上海《人报》。诗云："二十年文章入冠，／我们献给你一顶月桂之冠。／枪杆的战争行将结束，／扫除法西斯细菌须赖笔杆。／敬祝你努力加餐，／净化人寰。"

◎ 下午，往百龄餐厅出席庆贺老舍从事创作20周年茶会并致辞。(18日重庆《新华日报》)

◎ 晚，与董必武在寓所设宴为老舍致贺，文化界朋友梅贻琦等三四十人作陪。(《阳翰笙日记选》，四川文艺出版社1985年2月版)

20日 夜，苏联驻华大使馆文化参赞汉学家费德林来访，托为代还翦伯赞《中国史纲》稿，并请代约翦伯赞到苏联大使馆讲学。(见21日致翦伯赞信)

21日 致翦伯赞信："久不通讯了，近来好不？昨夜费君来寓，将大稿《中国史纲》交还弟处嘱转，弟意待兄入城时当面奉交为妥，想荷赞同也。费君请兄讲书事，据云时期当在明年一月底或二月初，届时再专函奉恳。彼时于兄之工作日程无妨碍否？《中原》四期急需稿，兄如有'元曲研究'之类的文字极表欢迎也（能于十日内投下最好）。"(《北京大学学

报》1978年第3期）

◎ 作《答国际友人的一封信》。发表于7月5日重庆《新华日报》。信中告诉美国学者费正清，"近几个月来，我在研究明朝末年的历史"，"打算把李自成所代表的农民运动写成剧本"。但"我的剧本计划遭了打击。原因是三月十九日是明朝灭亡三百年祭的纪念日，我在《新华日报》副刊上发表了一篇纪念文字，不料竟遭应该以革命为生命的某报于三月二十四日用社论来作无理取闹的攻击。我们的官方最近答复贵国的舆论时，说我们中国最民主，言论比任何国家都还要自由，这是多么有趣的事呀。我所写的本是研究性质的史学上的文字，而且是经过检查通过了的，然而竟成了那么严重的问题。这样的言论自由真真是世界上所没有的啊。但我并不萎缩，我只感觉着论客们太可怜了，竟已经到了歇斯迭里的地步"。"我们还须得不断地努力斗争，而且也需要国际的友人帮助。中国如果近代化了，民主化了，中国人对于世界文化必然能有一番新的贡献的。"

初收上海大孚出版公司1947年12月初版《沸羹集》，题作《答费正清博士》；后收《沫若文集》第13卷；现收《郭沫若全集·文学编》第19卷。

◎ 书录旧抄本《剿闯小史》卷末《美女叹》一首。跋语赋七律云："江南儿女多情思，笑傍王孙拭眼窝。"并谓："旧抄本南明人《剿闯小史》卷末附《美女叹》二首，辞颇哀艳，不著作者姓氏。兹录其一以自遣。甲申三百年祭之三月廿九日，适当黄花岗纪念之晨。"（手迹见《郭沫若书法集》，四川辞书出版社1999年11月版）

5月

1日 作《序〈不朽的人民〉》。发表于8日重庆《新华日报》。写道："人民是不朽的，解除了镣铐的人民力量的是无限量的。""人民是不朽的，谁得到人民力量的便会胜利，谁失掉人民的力量便会失败。""人民是不朽的，尽你是怎样蛮横的暴力，在这力量面前必定要遭受摧毁。""以人民利益为本位的文艺，必然得到人们的保护和爱惜，它也永远会不朽的。"

初收上海正风出版社12月初版《不朽的人民》，后收《沫若文集》

第 13 卷，现收《郭沫若全集·文学编》第 19 卷。

《不朽的人民》是苏联葛罗斯曼创作的中篇小说，由朱海观据英文译成中文。

4 日　作七律《题天发神谶碑》。咏道："孙家四世霸江东，虐政居然与帝通。神谶发余天亦笑，人皮剥尽气如虹。凤凰甘露真儿戏，辛癸雄风苦醉翁。剩有太平文字在，炳烺万古泣雕虫。"

初收作家出版社 1959 年 11 月初版《潮汐集·汐集》，有作者注："天发神谶碑即吴主孙皓天玺记功碑。碑已折为三段，文字不全。"现收《郭沫若全集·考古编》第 10 卷。

10 日　午后，屈楚与林辰来访。交谈间，回忆起十年亡命的生活，回忆起写于 1935 年夏天的诗《信美非吾土》。（见《影子》）

◎ 晚，与于立群往银社观看话剧《不夜天》。（见《影子》）

◎ 夜，作散文《影子》。发表于 28 日重庆《新华日报》。回忆《信美非吾土》一诗的写作经过。

初收重庆群益出版社 1945 年 9 月初版《波》，后收《沫若文集》第 9 卷《芍药及其他》，现收《郭沫若全集·文学编》第 10 卷。

18 日　《商周古文字类纂》"集成"。（《商周古文字类纂·跋》，《商周古文字类纂》文物出版社 1991 年 7 月版）

现收《郭沫若全集·考古编》第 10 卷。

19 日　晨，作《商周古文字类纂·跋》。谓该书"因无书籍可资参考，未能详尽，它日当补辑之。文字结构，许书多臆说，允宜凭借商周古器物重新加以说明。单体象形之文，多被假作别字，而其本意则转为转注，不易追寻。然明此假转，细心以求之，亦颇可钩弋。如于字本意为竽，勿字本义即笏，竽笏加竹，即为转注，于勿均借例也。知此并于古代文物可资考鉴。卜辞中已有于字勿字均已用为虚词，而殷代已有竽有笏，此其物证矣。解字必求诸源，周因殷礼，已有讹字，遑论秦汉。许慎生当东汉之世，所见古器物无多，仅据秦汉篆书以为荃蹄，此其所以往往差谬也。近人复囿于许说，惘惑尤甚。即转注一例，人各异说，清儒每以训诂解之，何关文字耶？坐由许慎所引考老之例未尽确当，遂隐晦千有余年，余疑浞长本人恐亦未能得其悬解也。探源之意，惟之有年，一息尚存，终当述作"。

现收《郭沫若全集·考古编》第10卷。

◎ 作《谢陈代新》。发表于重庆《群众》半月刊9月30日第9卷第18期。指出："文化是随着人类的生产力而进展的，它的地方性少，而时代性大。""准此，我们可以决定接受文化遗产的一个主要方针，便是对于古代的东西，不怕就是本国的，应该批判的扬弃；对于现代的东西，不怕就是敌国的，应该批判的摄取。""我们在从事批判的时候，应该把对象的时代性分析清楚，而把握它的中心思想；合乎人民本位的应该阐发，反乎人民本位的便要扫荡。""对于古代的批判应该要有一个整套的看法。尽可能据有一切的资料，还元出对象的本来面目。""我们应该要比专家还要专家，比内行还要内行，因此不可掉以轻心，随便地感情用事。""我们要以公正人的态度来判决悬案，并不希望以宣教师的态度来宣讲'福音'。""切切实实地把欧美近一百年来一些典型著作翻译过来是绝对必要的。"

初收上海大孚出版公司1947年12月初版《沸羹集》，后收《沫若文集》第13卷，现收《郭沫若全集·文学编》第19卷。

发表时原署写作时间为5月29日。

◎ 为索回被扣的"在华日本人民反战革命同盟会延安支部"赠送文化工作委员会之《日本革命运动史话》一书，致函军事委员会特核处。（据原件影印件）

21日 作诗《题关良画凤阳花鼓》："只请你听听花鼓，／谁知你那样胡涂！／竟公然以目代耳，／忘记了我的丈夫。"（手迹见《郭沫若题画诗存》，山西教育出版社1997年11月版）

初收作家出版社1959年11月初版《潮汐集·汐集》，"竟公然"改作"你竟然"；现收《郭沫若全集·文学编》第2卷，改题作《凤阳花鼓》，为《题关良画二首》之一。

◎ 作题关良画诗《小放牛》："女郎尽情卖俏，／牛郎只顾吹箫。／看不见的牛儿在发牢骚：／你两个不管我的死活了，／我要化为天河一道，／把你俩隔离到老！"

诗于《潮汐集》出版后，作者在书页上补入，现为《题关良画二首》之二，收《郭沫若全集·文学编》第2卷。

◎ 往银社观看话剧《两面人》，并作七绝《观〈两面人〉》四首。发表于23日重庆《新华日报》。咏道："天地玄黄图太极，人情反正有阴阳。茗斋不为茶山死，毕竟聪明胜知堂。""品罢茶经读易经，顿从马将悟人生。东西南北随风转，谁想牌牌一色清。"

初收作家出版社1959年11月初版《潮汐集·汐集》，现收《郭沫若全集·文学编》第2卷。

《两面人》，阳翰笙所作四幕话剧，又名《天地玄黄》。

◎ 作诗《题新莽权衡》二首："秦皇冀传万代，新莽亦希亿年。均属昙花一现，人间空剩衡权。""自昔视民如水，王朝兴覆如波。亿年空余文字，万古不改江河。"

初收作家出版社1959年11月初版《潮汐集·汐集》，现收《郭沫若全集·考古编》第10卷。

24日 就青年的教育问题写信答复《新华日报》记者，摘要发表于6月25日重庆《新华日报·青年教育与思想问题特辑》。认为，国家的教育政策至少应该具备如下特点："一、人民本位。为最大多数人谋最大幸福。""二、国民教育普及。""三、高级教育保护。""四、学术研究自由。""五、尊重学者，保护师资。""六、国防协调。"对于青年思想教育，"最好是诱发式的，感应式的，培养式的。德育、智育、体育，各方面都要顾到"。

初收上海大孚出版公司1947年12月初版《沸羹集》，题作《答教育三问》；后收《沫若文集》第13卷；现收《郭沫若全集·文学编》第19卷。

◎ 夜，闻演员江村死讯，十分悲痛。有朋友来，要求为江村题写墓碑。(《悼江村》)

25日 晨，题写"剧人江村之墓"碑。

"这是依据友人的指示写的，照我自己的观感，倒很想把'剧人'写成'诗人'。"(《悼江村》)

◎ 作散文《悼江村》。回忆说："三年前演《棠棣之花》的时候，有一天晚上他在后台怂恿我写《屈原》。《屈原》是由他的怂恿而写成了，但我的剧本写的太重，于他的性格和体力都不相宜，因而他没有参加演出。他是另外一种典型的诗人。""外面冲淡，内面燃烧着的一首诗。暗暗的烧，慢慢的烧，仅仅烧了二十七年，烧完了。人是成了灰，诗是留着的。"

初收上海大孚出版公司1947年12月初版《沸羹集》，后收《沫若文集》第13卷，现收《郭沫若全集·文学编》第19卷。

27日 在寓所与文化界的友人们欢迎刚刚从延安来到重庆的何其芳和刘白羽。告二人说："人们说我们这里是重庆的小延安呢！"听何其芳和刘白羽传达毛泽东《在延安文艺座谈会上的讲话》及延安文艺座谈会前前后后的情况。表示拥护毛泽东的讲话，并一起研究传达毛泽东《讲话》精神的范围、方式。（刘白羽《雷电颂》、《悼念郭老》，生活·读书·新知三联书店1979年5月版；《阳翰笙日记选》，四川文艺出版社1985年2月版）

30日 全家又搬到赖家桥乡居。（《十批判书·后记》）

本月 为关良画题诗："不怕你手执钢刀，/我并非为你骇倒。/看牙齿锁着舌头，/到头牙齿掉了。"（手迹见《郭沫若题画诗存》，山西教育出版社1997年11月版）

◎ 为关良画题诗《题〈春秋配〉》。（鲁真《郭沫若为关良题画辑拾》，南京《文教资料简报》1979年4月总第88期）

◎ 组织文工会工作人员学习延安整风文件以及毛泽东《在延安文艺座谈会上的讲话》。为大家辅导，作了关于古代中外文化交流史的研究报告。（彭放《访"文工会"成员秦奉春同志》，《郭沫若研究》第4辑，文化艺术出版社1988年4月版）

◎ 书旧作诗两首《题苏子楼》《登尔雅台怀人》赠商承祚。题序道："吾乡嘉州城外青衣江之北岸，有山曰凌云，其上有苏子楼，苏东坡幼年读书处也，为吾乡胜迹。楼下有大佛临江而坐，因山凿成，乃唐时海通上人所造，崖上元明以来题跋甚多，余幼年读书嘉州，每当春秋佳日，常往登临。民二出国后，逮廿八年归省，始获重游，曾有诗以纪其事。"（商承祚《追忆往事　如晤故人》并手迹照片，《郭沫若研究》第2辑，文化艺术出版社1980年3月版）

6月

5日 上午，在文化工作委员会讲《韩非子思想》。（《阳翰笙日记选》，四川文艺出版社1985年2月版）

6日 继续在文化工作委员会讲《韩非子思想》。（《阳翰笙日记选》，四

川文艺出版社1985年2月版）

7日 《韩非子思想》讲毕。阅《新华日报》，对开辟第二战场的消息感到高兴，但又对日本侵华军发动湘北战争颇为担心。（《阳翰笙日记选》，四川文艺出版社1985年2月版）

13日 作《为革命的民权而呼吁》。针对国民党实行独裁统治，提出，"在训政时期，正不应怕民主自由之过多，而应愁民主自由之过少。为争取战争的胜利，为促进训政的完成，在革命民权所允许的范围内，我们文化工作者应有权要求思想言论的自由，学术研究的自由，文艺创作的自由"。"文艺活动和学术研究是自由思想的孪生子，人类文化的两翼，在利国富民的观点上，同样足以利国富民。这两种活动都需要有民主精神才发达，这两种活动本身事实上也就是民主精神，谁要摒弃文艺，谁就不懂科学，并不理解政治"。"口头虽万遍说中国最民主，但中国并不因此而显得更民主。纸上虽万遍修改宪法草案，但中国并不因此而显得已经立宪。""如果有切实实行主义的诚意，则在革命民权的范围内所容许的，思想言论的自由，学术研究的自由，文艺创作的自由，是丝毫也不会有问题的。"

初收上海大孚出版公司1947年12月初版《沸羹集》，后收《沫若文集》第13卷，现收《郭沫若全集·文学编》第19卷。

14日 为纪念俄国作家契诃夫逝世40周年，作《契柯夫在东方》。发表于7月15日《新华日报》。写道："契柯夫在东方很受人爱好"，"他的作品和作风很合乎东方人的口胃"，"他对于中国新文艺所给予的影响确是特别的大。关于这层，我们只消举出我们中国的一位大作家鲁迅来和他比一下，似乎便可以了解"。

初收上海大孚出版公司1947年12月初版《沸羹集》，后收《沫若文集》第13卷，现收《郭沫若全集·文学编》第19卷。

◎ 在寓所与阳翰笙、夏衍联名宴请延安来的何其芳、刘白羽、王若飞和林默涵等，并一起畅谈。（《阳翰笙日记选》，四川文艺出版社1985年2月版）

15日 作七律《叠和亚子先生四首》。咏道："凭栏独醉瓮头春，殚怒逢天信不辰。南渡衣冠羊胃烂，东来寇盗羽书频。挽戈我亦思挥日，悬胆谁能解卧薪？方报中原人被发，倭氛已过汨罗滣。""烽燧连天已七春，流年又届木猴辰。乾纲独断原如此，池渴今看乃自频。驱石犹夸鞭是铁，斲间仍贱足于薪。煤山千古传金鉴，徼幸还飞象海滫。""黄天当立世当春，民主高潮际此辰。心轴凡三倾折始，战场第二报开频。挟山今见人超海，厝火何堪自寝薪？幸有烛龙章北极，震雷将起马訾滫。""八千岁内尚为春，俎豆操传岳降辰。睥睨骚坛推独步，盱衡国步谢斯频。登楼想见情追羋，曲突知循客徒薪。安得奋飞乘铁鸟？崇朝共醉桂江滫。"

初收作家出版社1959年11月初版《潮汐集·汐集》，现收《郭沫若全集·文学编》第2卷。

诗为和柳亚子诗《五月七日旅桂同志公宴廖夫子暨普椿女士赴渝都》。

18日 阳翰笙来赖家桥寓所，留饭。（《阳翰笙日记选》，四川文艺出版社1985年2月版）

26日 在文化工作委员会听阳翰笙讲《中国话剧运动发展史》。（《阳翰笙日记选》，四川文艺出版社1985年2月版）

27日 上午，续听阳翰笙讲《中国话剧运动发展史》。听讲毕，希望阳翰笙将讲稿整理印出。同时，希望冯乃超作一次文学发展史的报告。（《阳翰笙日记选》，四川文艺出版社1985年2月版）

◎ 致信徐敏。说："据我的研究，殷周都是青铜时代。中国的铁器使用萌芽于春秋，秦汉以后始盛行。秦始皇初年之兵器还使用青铜。有存世吕不韦戈及上郡戈可证。凡存世戈戟刀剑之类均为青铜，多属战国时物，亦其证据。汉以后始有铁剑（见江淹《铜剑赞序》）。铁的使用初期用以铸锄斤等农具（见《国语齐语》），到战国末年楚国开始用铁铸兵器。甲骨文字的刻镂有人用青铜小刀试过，可能刻出，不必一定要铁刀才行。铜器的花纹是刻在泥型上的更无须乎用金属，唯战国铜器有刻颖者或许为铁刀所刻，因那时工人已用铁器也。农民运动的看法是对的。我的《中国古代社会研究》已绝版，只有在旧书店中可能寻得，但亦甚少。"（徐敏《学者·诗人·战士》，《百花洲》1981年第3期）

30日 晨，参加文化工作委员会全体大会，讨论福利委员会的工作问题。强调指出，我们文化人应该学习劳动和尊重劳动，应该动起手来，这样才有办法。（《阳翰笙日记选》，四川文艺出版社1985年2月版）

本月 《凤凰（沫若诗前集）》由重庆明天出版社出版。

◎ 书《三和黄任老观〈屈原〉演出后》，傅抱石配画。跋谓："三年前《屈原》史剧演出时，黄任老于观后曾以诗见赠，用其原韵和之，二首录一。"（手迹见《郭沫若书法集》，四川辞书出版社1999年11月版）

◎ 为方诗铭《论宋代说话人的家数》作《编者按》《再跋》，发表于重庆《中原》月刊第1卷第4期。《编者按》说："此文将南宋说话人家数这个问题重新提出，并列举各家见解，甚足供参考。"但"《都城纪胜》，《梦粱录》的'合生'，并非方诗铭等人所说的一种技艺，而应解作动词"。接到方诗铭同意己见的复信后，复作《再跋》，摘录信中有关一节"以供讨论之示范"。

◎ 为全家院子文工会的小花园命名"水牛山"，亭子命名"银杏亭"，并题字。

题字经秦奉春刻制匾额，分别悬挂于园门口和亭子上。（《下乡去》，《郭沫若全集·文学编》第10卷；彭放《访"文工会"成员秦奉春同志》，《郭沫若研究》第4辑，文化艺术出版社1988年4月版）

夏

◎ 为福人中学成立纪念题词："博施于民而济众，尧舜所病今见之，但愿百年长不倦，人才蔚出奠邦基。"（手迹见《郭沫若于立群墨迹》，人民日报出版社2011年3月版）

◎ 题关良画《情探一节》。谓："川剧重心理描写，情节动作均刻画人情入微，为各种地方剧乃至平剧所不及，即此《情探》一幕便非常动人。焦桂英之柔情，王魁之负义，均几经波折宛转，始让鬼卒出场作最后结束。中国戏中之特殊发展也。"（手迹见《郭沫若题画诗存》，山西教育出版社1997年11月版）

7月

1日 闻阳翰笙告知田汉的母亲和女儿均在桂林。当时衡山失守，衡阳正危。即与冯乃超等商议，决定由文化工作委员会先汇一万五千元给他作为必要时老人和孩子西来的旅费，由阳翰笙写信托王昆仑设法汇去。（《阳翰笙日记选》，四川文艺出版社1985年2月版）

3日 经"下乡之后酝酿了一个月",始作《古代研究的自我批判》。起初"想由社会机构写到意识形态,一直写成一部长篇论文",但计划改变了,"分成各个单独的论文来写,而综合起来却又可以成为条贯"。"从七月三日起,到十八日止,把社会机构的一部分写完了。""我在古代社会的机构上,除掉把我历来的意见综合地叙述出了之外,有了些重要的新的发扬。第一,我把井田制肯定了,由井田制如何转化而为庄园制,我也得到了很合理的阐明。第二,我以工商业方面来证明了和农业的蜕变有平行的现象,即是从事工商业者在春秋中叶还是官奴,继后才逐渐成为了都市的有产者。第三,《考工记》一书附带着得以考订了它的年代和国别,那是春秋年间齐国的官书。第四,详细地追求了市民阶层的分化,在这上面奠定了后来的封建政权的基础,这些都是比较重要的新的收获。"(《十批判书·后记》)

文章写成后送给杜国庠看,请他提意见,杜国庠很高兴做了四首诗回赠。其中一首为"殷契周金早擅场,井田新说自汪洋。庐瓜一样堪菹剥,批判依然是拓荒。"(《十批判书·后记》)

8日 与沈钧儒、陶行知、张申府、邓初民、茅盾、史良等文化界人士联合致广西党政军学文化各界的通电发表于重庆《新华日报》,表示响应"立刻动员民众,坚决抗日,铲除抗战中的失败主义"的呼吁。

10日 致信翦伯赞:"大札奉悉。李先生文已拜读,当即送城编入五期。四期已于五月初付印,大约不久可出。因资料未备,未写所预定之剧本。目前正草《古代研究之自我批判》。"(《北京大学学报》1978年第3期)

"四期""五期",指重庆《中原》月刊第1卷第4期、第5期。

◎ 在文化工作委员会主持纪念周后,讲《青铜器时代》。(《阳翰笙日记选》,四川文艺出版社1985年2月版)

12日 与冯乃超等出席阳翰笙、何成湘宴请何其芳、刘白羽的晚餐。(《阳翰笙日记选》,四川文艺出版社1985年2月版)

15日 上午,出席文化工作委员会契诃夫逝世40周年纪念会,听胡风、杨晦和阳翰笙作学术报告。并请三位报告人把报告稿整理好,决定在下期《中原》月刊出一特辑。(《阳翰笙日记选》,四川文艺出版社1985年2月版)

◎《青年与学习》发表于上海《人报·文艺》。指出,"青年期是学邀，往其家中晚餐。席间，得悉日本东条内阁已经倒台的讯息，日本局势成了中心话题。(《阳翰笙日记选》，四川文艺出版社1985年2月版)

24日 上午，在文化工作委员会讲《古代社会研究的自我批判》。(《阳翰笙日记选》，四川文艺出版社1985年2月版)

26日 致王冶秋信。说：

"二十三日示悉。尹默诗当已抄寄李何林君，原稿留存弟处，拟示抱石。李君稿已奉到，并已嘱编入五期。因居乡，集稿详情不悉。唯据弟所经手者已有十篇左右，尚可齐稿也。四期仍未出，实为遗憾。群益枯涸，不能周转，是一重大原因。颇希望昆展有所收获，然似亦属画饼充饥耳。

兄拟写关于张鹭的东西，请即着手，如快或可赶及编入五期也。

近草《古代研究的自我批判》一文已成一半，约四万字，拟应李君之嘱，唯恐嫌长耳。已复函前方询及。"(《沫若书简》，《战地》增刊1979年第5期)

四期、五期，指重庆《中原》月刊第1卷第4期，第5期。

27日 林伯渠、王若飞、徐冰等来到寓所贺归国六周年纪念。上午，文化工作委员会召开座谈会。晚，在牛头山举行了游园会。(《阳翰笙日记选》，四川文艺出版社1985年2月版)

30日 美国驻华大使馆一等秘书到乡间寓所来访，请其午餐，阳翰笙作陪。(《阳翰笙日记选》，四川文艺出版社1985年2月版)

本月 为之题刊名的《诗前哨》第1辑由重庆五十年代出版社出版。

8月

1日 《孔墨底批判》初步完成。作为重庆《群众》周刊1945年3月8日第3、4卷合刊附册刊印，又发表于《学府》1945年创刊号，题为《论孔墨》。分别论述了孔墨的思想体系。认为，孔子"大体上他是站在代表人民利益的方面的，他很想积极地利用文化的力量来增进人民的幸福。对于过去的文化于部分地整理接受之外，也部分地批判改造，企图建立一个新的体系以为新来的封建社会的韧带"。"一个'仁'字最被强调，这可以说是他的思想体系的核心。""在孔子的整个思想体系上我们可以看出，他在主观的努力上是抱定一个仁，而在客观的世运中是认定一个命。在主观的努力与客观的世运相调适的时候，他是主张顺应的。在主观的努力与客观的世运不相调适的时候，他是主张固守自己的。"墨子的思想体系，"作为反对命题出现"，在思想上"差不多立在完全相反的地位"。其思想中"最为特色而起着核心作用的要算是他的'兼爱'与'非攻'一组"。尽管在说爱，在说爱人，而其"重心却不在人而在财产。墨子是把财产私有权特别神圣视的，人民，在他的观念中，依然是旧时代的奴隶，所有物，也就是一种财产。"'非攻'也依然是对于所有权的尊重。"文中修正了《墨子的思想》中一些论断，以为"在由奴隶制转移为封建制的过渡时期，私有财产权还未十分稳固，要建立一种学说体系来使它神圣化，倒确实不好轻率地谥为'反动'"。

初收重庆群益出版社 1945 年 9 月初版《十批判书》，题为《孔墨的批判》；后收《沫若文集》第 15 卷；现收《郭沫若全集·历史编》第 2 卷。

4 日　在寓所与阳翰笙、冯乃超、胡风等人闲谈。大家预感，目前这种生活过得不会长的，一年以后，也许又要大忙起来。劝各位好好地利用这个时间，或者去创作两部东西，或者去翻译几部名著，不然到忙起来的时候，又什么都不能写了。(《阳翰笙日记选》，四川文艺出版社 1985 年 2 月版)

9 日　作《孔雀胆二三事》。简要叙述了写《孔雀胆》剧本的过程，表明写这一剧本的动机，"是因为同情阿盖与段功"，"我是企图写民族团结"。作品中的人物与史实不尽相符，"只是借一段史影来表示一个时代或主题而已"，但是"毫无'含沙射影'的用意。陪都有好些神经过敏的人，尖着眼睛在里面找"。这"根本是帝王思想在作祟。一个人如果不自命为帝王而且不自命为帝王中的坏蛋，则别的人写了古代的乃至外族的坏蛋帝王，真是'干卿何事'？"

初收重庆群益出版社 1943 年 12 月初版《孔雀胆》，又收上海大孚出版公司 1947 年 12 月初版《沸羹集》，后收《沫若文集》第 4 卷，现收《郭沫若全集·文学编》第 7 卷。

11 日　晚，应苏联驻华大使馆代办斯高磋、秘书费德林等邀请，偕于立群与阳翰笙等 6 人进城往苏联大使馆晚餐，并观看四部电影《马戏团》《女演员》《基辅审判德凶手经过》《乌克兰的解放》的节略。深夜返回到赖家桥寓所。(《阳翰笙日记选》，四川文艺出版社 1985 年 2 月版)

13日　致信赵清阁。说："下乡来转瞬已两个半月，其中虽然进过城两次，但有一次只住了两天，一次当天便回来了，没有机会奉访，歉甚歉甚。日前城内暴风雨为灾，曾受惊扰否？暑中有何大作？近日天气转凉，大有秋意，想笔力更矫健矣。兹有奉恳者：敝会寓乡同人，为集中训育子女起见，新近成立一幼稚园。经费全无，仅靠同人私力支持，极感拮据。爰发起募捐之议，广求将伯。兹送上捐册一本，敬烦捐募一锱一铢，均可惠抵连城也。"（赵清阁《忆文学大师郭沫若》，《新文学史料》1989年第3期）

16日　致王冶秋信，署名鼎堂。写道："前后两札均奉悉。关于古代研究批判一文尚未脱稿，计全文成当在十万字以上。唯关于意识形态之部分，近在撰述中者，暂拟不发表。因余构思或有未精，研究或有未备，去友朋间之见解，相逖太甚，不能因此无关宏旨之问题而徒事兹扰也（此意请告初老）。前半关于社会机构部分在录副中，录成当寄昆明。唯字数太多，人手少，录副不易，兄需一份，恐无以应。兄如下乡，当以原稿奉阅。后半亦愿请教。……台先生，余所敬佩者，前在渝曾晤面，甚望其能惠稿。《中原》寄售事，当高诸'群益'也。"（《沫若书简》，《战地》1979年增刊第5期）

19日　"读《管子·心术》、《白心》、《内业》、《枢言》、《戒》、《君臣》、《四称》、《侈靡》诸篇。忽悟《心术》、《白心》、《内业》、与《庄子·天下篇》宋钘、尹文之学为近，乃比较研究之，愈觉若合符契。无意之间得此发现大快于心。此重要学派重见天日，上承孔、墨，旁逮孟、庄，下及荀、韩，均可得其联锁。在灯下更不断发掘，愈发掘，愈信其不可易。"（《十批判书·后记——我怎样写〈青铜时代〉和〈十批判书〉》）

20日　"把《心术》、《白心》、《内业》等诸篇整个抄写了一遍。"发现"《心术下篇》和《内业篇》的中段相同，而简篇是错乱了，依着《内业》把它整理了出来，觉得更有条贯"。（《十批判书·后记——我怎样写〈青铜时代〉和〈十批判书〉》）

21日　接齐修的辞职书，主张缓辞，不予批准。告其找到工作后再走。（《阳翰笙日记选》，四川文艺出版社1985年2月版）

22日　阳翰笙来寓所。讨论时事，对整个的局面较为乐观。（《阳翰笙日记选》，四川文艺出版社1985年2月版）

23日　致信王冶秋。说："你的信收到，我已交给乃超兄，请他们再想些好办法。我的意思也约略告诉了他，本想由他汇集起来寄你。但我现在觉得还是先把我的意思写给你要妥当些。冯公救济的计划，不知道是长远的还是临时的？可能有多少经费来办这件事？这些是先决问题，不然计划便无从设立。大体上该做的事可以包含左例几种吧。"所述事项包括临时救济，经常补助，办杂志，编辑丛书或单行小册、文艺年鉴，设置文艺奖金或学术奖金，支持戏剧演出、音乐演奏或书画展等，开讲演会或座谈会，抚恤作家遗族，补助各种文化团体。"以上诸点系我此刻临时考虑到的，以供采纳。最好能用公函向有识者征求意见，再作一综合。必能更周到也。救济工作须使作家受实惠，而不损伤其自尊心，如此乃获成功。冯公出而主持，最为适宜。""冯公赴碚时，必经乡会门首，如蒙下车，向会中诸友训话一次，甚所企盼。望将此意代为陈请。"(《沫若书简》，《战地》1979 年增刊第 5 期）

冯公。即冯玉祥。

26 日　开始作《宋钘尹文遗著考》。(《十批判书·后记——我怎样写〈青铜时代〉和〈十批判书〉》)

28 日　《宋钘尹文遗著考》完成，成为"一项重要的副产物"。发表于上海《东方杂志》月刊 10 月 15 日第 40 卷第 19 期。分五部分：一、从先秦诸子的论述中，了解到宋钘尹文学派的大概：是道家的一派，也颇接近墨子，亦被归为名家，和儒家的关系也不坏。以这个基本认识为出发点，从现存《管子》书中发现宋钘、尹文的遗著——《心术》《内业》《白心》《枢言》。二、知道"白心"是这一学派的术语，"心之行"其实就是"心术"。对照《内业篇》与《心术下篇》的文字，认为两者"实在就是一篇，而且必是古本"。三、考察《心术》《内业》两篇的具体内容。四、断言《心术》《内业》两篇"毫无疑问是宋钘、尹文的遗著"。"黄老学说之所以成派，是对于儒墨斗争的一种反映。在这儿，初期的道家可能有一种合理的动态，便是站在黄老的立场以调和儒墨。我们发觉了《心术》、《内业》是宋钘、尹文的遗著，算是把这个'失掉了的连环扣'，找着了。"五、考察《枢言》一篇，"有好些思想或辞句，和《白心》篇有平行的地方"，大约是"尹文子后人的杂乱抄本"。

初收重庆文治出版社 1945 年 3 月初版《青铜时代》，署写作时间为 29 日；后收《沫若文集》第 16 卷；现收《郭沫若全集·历史编》第

1卷。

《我怎样写〈青铜时代〉和〈十批判书〉》记:"八月二十六日开始写作的,二十八日完成。"

31日 闻阳翰笙的父亲逝世,表示慰问,并询问如何料理丧事。因经济和安全问题,赞成阳翰笙不回去奔丧。(《阳翰笙日记选》,四川文艺出版社1985年2月版)

下旬 收到周恩来从延安托林伯渠带来的《屈原》《甲申三百年祭》单行本。即致函毛泽东、周恩来以及许多在延安的朋友,感谢他们的鼓励和鞭策。(于立群《难忘的往事》,1979年1月1日《人民日报》)

9月

1日 开始作《稷下黄老学派的批判》。(《十批判书·后记——我怎样写〈青铜时代〉和〈十批判书〉》)

2日 作杂文《猪》。叙述四年前为高龙生画猪题诗的经过。写道:"我感觉着活着便拿定可以进文庙的,怕只有被人豢养着的猪吧。当然牛羊也是有份的,不过没有猪大哥惬意,一个二个都吃得那么肥头大耳。狗却不行,守夜虽然要它,进文庙是不要它的。"

初收上海大孚出版公司1947年12月初版《沸羹集》,后收《沫若文集》第13卷,现收《郭沫若全集·文学编》第19卷。

5日 作杂文《羊》。写道:

"一样的颜色,一样的循规蹈矩,一样的没有声音,一样的拉出一些黑色团子。

"有什么变动吧,你用角来牴触我一下,我用角来牴触你一下。如此而已。"

初收上海大孚出版公司1947年12月初版《沸羹集》,后收《沫若文集》第13卷,现收《郭沫若全集·文学编》第19卷。

7日 草完"关于田骈慎到的一节"。(《十批判书·后记——我怎样写〈青铜时代〉和〈十批判书〉》)

8日 始作《儒家八派的检讨》。(《十批判书·后记——我怎样写〈青铜时代〉和〈十批判书〉》)

9日 为《孔雀胆》将在昆明演出作《〈孔雀胆〉归宁》。说到剧中人物，阿盖公主虽是"王朝的王姬，但无宁称她为'昆明的女儿'是更重要一些的吧，她那滢澈的性情，是昆明的秀丽的山川风物的化身。她那哀婉的歌声不就是昆明的呼吸么？""阿盖，我将给你一个摩登的美名——'昆明的茶花女'。段功，该是大理石身"，"他那端严、公正、无私、勇敢而又娴雅的精神，应该就是云南的精神。他是云南的阿波罗（太阳神），事实上云南人是把他崇祀着的"。"我们应该把阿盖精神，段功精神恢复起来，忠于人民，忠于乡国，把横暴的侵略者驱逐出去！"

初收上海大孚出版公司1947年12月初版《沸羹集》，现收《郭沫若全集·文学编》第7卷。

11日 上午请高原在文化工作委员会讲《忠王李秀成》。（《阳翰笙日记选》，四川文艺出版社1985年2月版）。

◎《儒家八派的检讨》作讫。发表于重庆《中原》月刊1945年3月第2卷第1期。分六部分：一、子张氏这一派"特别把民众看得很重要"，仁爱的"范围很广"，表面上和墨家"有点相似"，其后学似乎更和墨家"接近"了。子张氏在儒家中是"站在为民众的立场的极左翼"，而墨子则是"站在王公大人的立场"，这是"极严峻的区别"。二、论述"子思之儒"和"孟氏之儒""乐正氏之儒"，应该是一系。三、"颜氏之儒"是为庄子一派师表，孔、颜、老、庄之间的关系是颜回这一派从孔子那里得到了老子学说而传之于庄子的，因而儒、道是相交通的。四、"漆雕氏之儒"，这是初期儒家里的一个"任侠的别派"。考得孔门弟子中有三漆雕，从构成一个独立的学派来看，"当以漆雕开为合格"。五、"仲良氏之儒"，因其详情"不可得而闻"，估计为陈良的一派。屈原应该是"出于他的门下"。六、"孙氏之儒"，即荀子的一派。荀子屡次称道子弓，和仲尼并举，证明他是"子弓的徒属"。从年代考察，子弓和子思"同时"。比较这两派，在儒家思想上"算是一种展开"，在中国思想史上也"算是最初呈出了从分析着想的倾向"。子思的"五行相生"、子弓的"阴阳对立"，后来被发展成阴阳家，再加上迷信的成分，"成为二千多年的封建社会的妖魔窟"，却是子思和子弓"所初料不及"的。"八派中把子夏氏之儒除外了，不知道是什么原故。"

初收重庆群益出版社1945年9月初版《十批判书》，题作《儒家八派的批判》；后收《沫若文集》第15卷；现收《郭沫若全集·历史编》

第 2 卷。

"儒家八派的追踪，在我认为是尽了我自己的能事。资料多被秦、汉以后的儒者所湮灭或粉饰了，所有的孔门弟子及其门徒都被涂上了正统派的色彩。然而，仔细分析起来，他们内部的派别性实在是相当可观的。而他们对于儒家以外的各派也是在相互影响之下，并不是那么互为水火般的存在。"(《十批判书·后记——我怎样写〈青铜时代〉和〈十批判书〉》)

15日 请郑用之午餐，阳翰笙作陪。餐后同往文化工作委员会对面的牛头山公园游览。(《阳翰笙日记选》，四川文艺出版社1985年2月版)

18日 "九一八"纪念日，在晨间的纪念周上作报告。之后，请刘仁、何成湘作有关东北问题的讲演。(《阳翰笙日记选》，四川文艺出版社1985年2月版)

◎ 续写《稷下黄老学派的批判》中关尹老聃的一节。(《十批判书·后记——我怎样写〈青铜时代〉和〈十批判书〉》)

19日 《稷下黄老学派之勃兴》完稿。发表于《群众》半月刊12月25日第9卷第23、24期合刊。首先指出，道家思想为先秦各家中渊源最长的一家。认为，"黄老之术，值得我们注意的，事实上是培植于齐，发育于齐，而昌盛于齐的"。齐之"稷下之学的设置，在中国文化史上实在是有划时代的意义，似乎是一种'研究院的性质'，和一般的庠序学校不同。发展到能够以学术思想为自由研究的对象，这是社会的进步，不用说也就促进了学术思想的进步"。稷下之学的"派别可以说是很复杂，或者也就是很自由，然而这里面没有墨家；而道家是占最大多数的"。"这些道家，他们都以'发明黄老道德意'为其指归，当然都有一些共同的倾向。但他们的派别也不尽相同，《庄子·天下篇》分析得很清楚。"宋钘、尹文的一派，田骈、慎到的一派，关尹即环渊的一派，它们的兴起，在学术史上有其意义和贡献："到稷下先生时代，道家三派略有先后地并驾齐驱，不仅使先秦思想更加多样化，而且也更加深邃化了。儒家、墨家都受了他们的影响而发生质变，阴阳、名、法诸家更是在他们的直接感召之下派生了出来的"。文章接下去，分别考察三个派：宋钘、尹文一派，以"调和儒墨"的态度出现。慎到、田骈一派，把道家的理论"向法理一方面发展"了，只有这一派或慎到一人"才真正是法家"。韩非思想虽然主要是由慎到学说的再发展，但它是发展"向坏的方面"，渗进了申子或关尹、老子的"术",使慎到的"法理完全变了质"。《道德经》"是关尹根据老聃的遗说'整理出来'的,里面已经很露骨地在主张着愚民政策","不以人民为本位的个人主义,必然要发展成为这样的。更进一步,便否认一切文化的效用而大开倒车"。"老聃之术传于世者二千余年,经过关尹、申不害、韩非等人的推阐,在中国形成为一种特殊的权变法门,养出了大大小小不计其数的权谋诡诈的好汉。"

初收重庆群益出版社 1945 年 9 月初版《十批判书》,题为《稷下黄老学派的批判》;后收《沫若文集》第 15 卷;现收《郭沫若全集·历史编》第 2 卷。

◎ 为《孔雀胆》即将在昆明上演,征询阳翰笙有无兴趣给《云南日报》写篇短文。阳翰笙以该剧的特点在于不论形式或题材都很能接近百姓的缘故,应允写作。(《阳翰笙日记选》,四川文艺出版社 1985 年 2 月版)

21 日 始作《庄子的批判》。写作"相当吃力",主要原因是书里面各篇,究竟那些真是庄子本人的,那些是他的后学或许别派的,实在划分不出一条显明的界线。因此,"按照一般学者间比较近于公认的一些见解,把《内篇》七篇作为庄子本人的文字而处理着,其它《外》、《杂》诸篇使它们处在从属地位,或则完全除外了"。(《十批判书·后记——我怎样写〈青铜时代〉和〈十批判书〉》)

22 日 王若飞、徐冰来寓所畅谈,阳翰笙在座。(《阳翰笙日记选》,四川文艺出版社 1985 年 2 月版)

◎ 续作《庄子的批判》。(《十批判书·后记——我怎样写〈青铜时代〉和〈十批判书〉》)

23 日 上午,与阳翰笙在寓所交谈,认为其批评《孔雀胆》的短文写得很不错,有独到的见地。还谈到目前文坛上的一些写作倾向和创作方法等问题,谈得很兴奋。(《阳翰笙日记选》,四川文艺出版社 1985 年 2 月版)

◎ 作《"中医科学化"的拟议》。发表于 10 月 2 日重庆《新华日报》。对于"中医科学化"问题的提出,表示赞成。认为,"不化则已,化须澈底"。主张:"应该先把命题科学化一下。这里包含着郎中大夫的科学化,中国旧医术科学化,中国药的科学化,中国医业的科学化等等",并分别阐明意见。"我这只是草率的拟议,并没有什么偏袒的存心,不用说也并没有期待它便能够立刻实现。""中国到了今天,不仅限于医,一切都要澈底科学化才行。如其不然，无论你新的旧的，一律都是害人的。"

初收上海大孚出版公司1947年12月初版《沸羹集》，现收《郭沫若全集·文学编》第19卷。

本文发表后引起了讨论。田舒在10月11日《新华日报》发表《读了〈"中医科学化"的拟议〉以后想起的》，表示赞同。颜公辰、程荣梁先后在1945年3月17日、19日发表《读"中医科学化的拟议"后的商讨》《再致郭沫若先生》和《函郭沫若先生》，提出不同意见。

24日 在寓所与阳翰笙、刘盛亚商议群益出版社事。决定把群益出版社的组织合理化、现代化，真真正正像一个科学化了的出版公司。并嘱咐刘盛亚说服郭培谦，希望他也决心这么干。（《阳翰笙日记选》，四川文艺出版社1985年2月版）

25日 上午，纪念周后，请翻译家霍应人在文化工作委员会讲《方言问题》。

◎ 与宋庆龄、于右任、孙科、冯玉祥、柳亚子、马寅初等72人联名发表《邹韬奋先生追悼大会启事》于本日、27日、30日重庆《新华日报》。

◎ 下午，在寓所与阳翰笙商谈《中原》杂志编辑方面的问题。决定由蔡仪负责编辑上的技术责任。（《阳翰笙日记选》，四川文艺出版社1985年2月版）

26日 《庄子的批判》完稿。发表于成都大学《大学》月刊1945年3月第4卷第1、2期合刊、6月第4卷第3期。写道：庄子虽然是道家的中心人物，"他的师承渊源却不甚明白"。"我怀疑他本是'颜氏之儒'"，"从颜氏之儒出来"，而后"自己也成立了一个宗派"。不过"庄周并不曾自命为'道家'"，只是因为"有庄周及其后学们的阐扬和护法，才有这个宗派的建立"。庄子"前一时代人奔走呼号，要求奴隶的解放，要求私有权的承认，谈仁说义，要把人当成人，把事当成事，现在是实现了。韩、赵、魏、齐都是新兴的国家，是由奴隶王国蜕化出来的，然而毕竟怎样呢？""他们更聪明，把你发明了的一切斗斛、权衡、符玺、仁义，通通盗窃了去，成为了他们的护符。而下层的人民呢？在新的重重束缚里面，依然还是奴隶，而且是奴隶的奴隶。"因此，庄子对于现实的一切

"采取着不合作的态度","悲观是很悲观,但在当时却不失为是一种沉痛的批判"。"真正的道家思想,假使没有庄周的出现,在学术史上恐怕失掉了它的痕迹的。"正因为有了他的出现,"从稷下三派吸收他们的精华,而维系了老聃的正统,从此便与儒、墨两家鼎足而三了"。"从庄子的思想上看来,他只采取关尹、老聃的清静无为的一面,而把他们的关于权变的主张扬弃了。"庄子与关尹"分歧的地方"主要在"并不想知雄守雌,先予后取,运用权谋诈术以企图损人利己而已"。庄子及其门徒,由于愤慨礼乐仁义为大盗所盗,为避开那些欺世盗名的大盗,想出一套不能被盗的法宝,至少应该想出借以保全自己或安慰自己的办法。于是,他来了一套大法宝,"藏天下于天下",以为这还盗得去吗?不曾料想,"他所理想的'真人',不是一、二传即成为阴阳方士之流的神仙,连秦始皇都盗窃他的'真人'的徽号。他理想的恬淡无为,也被盗窃了成为二千多年来的统治阶层的武器。上级统制者用以御下,使天下人消灭了悲愤抗命的雄心;下级统制者用以自卫,使自己收到了持盈保泰的实惠。两千多年来的滑头主义哲学,封建地主阶层的无上法宝,事实上却是庄老夫子这一派所培植出来的"。庄子后学流而为"卑污"乃至堕为骗子,与其思想的局限直接相关。"大凡一种思想,一失掉了它的反抗而转形为御用品的时候,都是要起这样的质变的。在这样的时候,原有的思想愈是超然,堕落的情形便显得愈见彻底。"

初收重庆群益出版社 1945 年 9 月初版《十批判书》,后收《沫若文集》第 15 卷,现收《郭沫若全集·历史编》第 2 卷。

30 日 下午,与阳翰笙、冯乃超进城。(《阳翰笙日记选》,四川文艺出版社 1985 年 2 月版)

本月 收到周恩来 17 日从延安来信。信中望赴延安视察访问,说延安"年来发展甚速,空中陆上,时有人来,继参政五老之后,文化界其有意乎?兄如有意,盍一图之","此间诸同志切盼之至"。并告"近日延安大学正在以平剧形式排演历史剧《虎符》和《高渐离》"。(《周恩来同志的一组书信》,1983 年 3 月 2 日《人民日报》;《周恩来年谱 1898—1949 年》修订本,中央文献出版社 1998 年 2 月版)

◎ 为悼念邹韬奋题写挽联:"瀛谈百代传邹子,信史千秋哭贾生。"(《韬奋先生印象》,上海《世界知识》月刊 1946 年 7 月第 16 卷第 2 期,文中记为 8

月事，有误）

秋

◎ 为沈叔羊画《捣药图》题儿歌一首，期望"夜夜都有月亮圆，天天都有桂花香，处处的农村都变成天堂"。（手迹见上海社会科学院文学研究所《资料与研究》1982年12月总第67期）

◎ 中秋节时，欲往歇马场看望翦伯赞的白薇来寓所索诗，即写道："因白薇来看你，要我送首诗。我没有诗，只写几个字。'诗'是有，是现在手里吃的'螺蛳'，俯拾即是，其味无穷。秋高月圆，正好吃螺蛳也。"（张传玺《郭沫若与翦伯赞的文化交往》，《郭沫若学刊》1995年第1期）

◎ 为张肩重书录高适诗《鲁西至东平》二首。跋云："高适《鲁西至东平》四首录二，非深于诗者不知其味之新也。肩重同志属，甲申暮秋，时寓渝乡下，银杏翻黄矣。"（手迹见《郭沫若书法集》，四川辞书出版社1999年11月版）

◎ 为履芳题词："银杏叶转瞬已翻黄矣。时辰的浪涛在不知不觉冲荡。秋霖连日，意思郁郁。"（手迹见《郭沫若于立群书法选集》，中国书店2007年9月版）

10月

1日 上午，从乡下赶往银社，参加"邹韬奋先生追悼大会"，被推选为主祭人之一。送手写挽联。并致哀辞。以《韬奋先生哀词——在追悼会上讲演稿》为题发表于2日重庆《新华日报》。高度评价邹韬奋光辉的一生。赞扬他"是我们中国人民的一位好儿子"，"中国新文化的一位好工程师。你的一生，为了人民的解放，为了青年的领导，为了文化的建设，尤其在抗日战争发动以来，你为了争取反法西斯战争的胜利，你是很慷慨地很热诚地用尽了你最后的一滴血"。你的笔是"最犀利的武器"，"我们中国幸而还有这一枝笔，这是你韬奋先生替我们保持了下来，我们应该要永远的保持下去"，因为"枪杆只能消灭法西斯的武力，要笔杆才能消灭法西斯的生命力"。"我们要继续不断地把我们的血来灌进去"，"不让法西斯有抬头的一天，不让人类的文化再有倒流的一天"。

初收上海大孚出版公司 1947 年 12 月初版《沸羹集》；后收《沫若文集》第 13 卷，改题为《一枝真正的钢笔——在邹韬奋先生追悼会上的讲演辞》；现收《郭沫若全集·文学编》第 19 卷。

10 日 作《写在双十节》。讽刺国民党政府借口实行"训政"，喊了 33 年"民主"，但仍不给人民以民主、自由。军事机关送信，在信封上画十字，"两个十字是快信，三个十字是特别快也就是所谓'十万火急'"，"而忝为'民主国'国民的我们人民，直到今天依然还在要求'民主'，还在受训"。"三十三个双十，是二十二倍的'十万火急'了，在今天'民主'的销场最畅的时候，我们何不也来它一个大量倾销呢？"

初收上海大孚出版公司 1947 年 12 月初版《沸羹集》，后收《沫若文集》第 13 卷，现收《郭沫若全集·文学编》第 19 卷。

14 日 与沈钧儒、茅盾、老舍等 150 人联名代表中国文化界电贺苏联科学院院长柯马洛夫七十五寿辰。发表于 15 日重庆《新华日报》。电文说："真正的科学家一定能成真正的民主战士。"

15 日 始作《荀子的批判》。"荀子的思想相当驳杂，最成问题的是《仲尼篇》的'持宠处位终生不厌之术'及'擅宠于万乘之国，必无后患之术'。那完全是后代腐败官僚社会的宦海指南，令人怎么也不能忍耐。"（《十批判书·后记——我怎样写〈青铜时代〉和〈十批判书〉》）

16 日 继续作《荀子的批判》，"发觉到《仲尼篇》不会是荀子的文章。荀子的中心思想之一是把礼看得很隆重的，而本篇通篇却没有一个礼字"。（《十批判书·后记——我怎样写〈青铜时代〉和〈十批判书〉》）

◎ 作《黑与白》。谓："'少见黑曰黑，多见黑曰白'，古人以为悖理。其实这是很平常的现实。"

初收上海大孚出版公司 1947 年 12 月初版《沸羹集》，后收《沫若文集》第 13 卷，现收《郭沫若全集·文学编》第 19 卷。

◎ 作《分与合》。写道："孟子所说的'天下之生久矣，一治一乱'"，在那个时代就已经得到这样一个观念，"在孟子以后的一部二十四史，更是这个观念的证明"。"然而这个观念其实是不很正确的。自从有史以来，也就是自从有人吃人的制度成立以来，天下便从来不曾'治'过，也从来不曾'合'过。""人吃人的制度不废除，永没有真正的太平统一的时候。吃人者与被吃者混在一道，那里会'合'得起来呢？吃人者与被吃者混在一道，那里会'治'得起来呢？""因此我们应该打破那种'一治一乱'的观念，毁弃那种'分久必合，合久必分'的常识。我们应该建立一个更正常的史观，便是这样说：'天下大势，以往是常分不合，今后须永合无分'。"

初收上海大孚出版公司1947年12月初版《沸羹集》，后收《沫若文集》第13卷，现收《郭沫若全集·文学编》第19卷。

◎ 作《囤与扒》。抨击当局不给人民以民主权利。"'民主'而遭'扒手'，足见得'民主'也就和法币关金一样，成了什么人夹袋里的私有东西。"

初收上海大孚出版公司1947年12月初版《沸羹集》，后收《沫若文集》第13卷，现收《郭沫若全集·文学编》第19卷。

17日 晨，偕于立群往土场。(《阳翰笙日记选》，四川文艺出版社1985年2月版)

◎ 午后，听阳翰笙报告半月来城中所见所闻。对目前时局表示非常的忧虑，特别是对于美国的大选，很担心杜威有上台的危险。(《阳翰笙日记选》，四川文艺出版社1985年2月版)

18日 致信翦伯赞。说："大稿及函均奉到。稿将转城，因五号早编好并付排，恐将编入六号矣。《扬州十日记》中有《幸存录》，兹遵嘱寄上。因系会中存书，阅毕仍望掷还。拙作《自我批判》关于社会部分已付《群众》，将分三期刊出，届时可求教。目前无油印本，乞谅。关于意识形态之部，已成《论孔墨》（已交外庐）、《儒家八派之探检》、《稷下黄老学派之勃兴》、《庄周思想之渊源及其演变》（将编《中原》六期）。余则如《韩非子之批判》（《中原》五期）、《杂家批判》（即《吕不韦与秦代政治》已早就）。尚余名家之批判在撰述中。关于文艺艺术之部待撰。不知今年能成否耳。大著《史纲》二部已成，敬贺。"(《北京大学学报》1978年第3期)

◎ 中午，与阳翰笙、冯乃超商议《中原》杂志和群益出版社的问题，提出，培谦的态度既如此，还是先把《中原》出来再说。(《阳翰笙日记选》，四川文艺出版社1985年2月版)

25日 历史剧《孔雀胆》在昆明大光明剧院由空军军官学校大鹏剧社首次公演。章泯导演，王人美、陶金分饰阿盖公主、段功。

演出每日两场，观众反映热烈。昆明市总工会为筹募劳工福利基金，又邀请大鹏剧社于11月4、5两日续演了四场。昆明行营政治部国防剧社亦在同一时期公演了该剧。(雨辰《〈孔雀胆〉在昆明演出补正》，《郭沫若研究》第1辑，文化艺术出版社1985年8月版)

26日 午，应永兴场瞿近愚之请，与阳翰笙去吃其寿酒。苏联驻华大使馆费德林来访，邀其同赴酒席。为避免瞿近愚生疑，佯称费德林为美国人，费德林很配合。(《阳翰笙日记选》，四川文艺出版社1985年2月版)

30日 作《学习歌颂不完的伟绩——为纪念"十月革命"而作》。发表于11月7日重庆《新华日报》。认为，苏联"应该学习的东西自然很多，但像这'不要拒绝工作中间的细小事情'，怕是最应该学习的吧"。"中国古时候的人有时候也有一些好的教训，譬如荀子说'积微者速成'，'月不胜日，时不胜月，岁不胜时，凡人好傲慢小事，大事至然后兴之务之，如是则常不胜夫敦比于小事者矣'(《强国篇》)。这似乎和列宁的遗训是一脉相通的。""然而人家天天在做，我们却整年整月整千年整两千年的在等。两千多年在封建意识的统治下老是不长进的，怕也就是由于这个原故吧。""不必再等了，学习人家'无论何时都不要拒绝工作中间的细小事情'。把应该做的事情，把向菩萨许下的宏愿，从今天起，一点一滴的做起"。

初收上海大孚出版公司1947年12月初版《沸羹集》，后收《沫若文集》第13卷，现收《郭沫若全集·文学编》第19卷。

31日 致颜公辰信。发表于1945年3月17日重庆《新华日报》。写道：

"大作'商讨'，我很愉快，得以拜读了原稿，受益匪浅。拙作'拟议'有所开罪之处，实为惶恐。但我并无偏袒之念，也别无私图，尚乞特别原谅。

民族生存与国民保健问题实在严重，像先生这样新旧医药都有研究的，实在是能愈多愈好。尤其像先生这样关心贫苦人生活的人，更是目前新旧医药界中所很少见的，先生想从革命根本着手，当然是绝端赞成了。

我对'中医'无信仰，对于'中药'认为大有研究价值。大作中所陈者亦限于'中药'效用，于'中医'医理，未曾提到。可见我们的见解仍相差不远。"

"科学化事业决不容易,而且非限于医药界一局部之事,必须整个社会机构同时积极进行,则许多问题可不费唇舌而自解。此必期待于政治之民主化,有民主化政治以领导一切,则事半而功倍,万事均能曲达其宜。"

初收上海大孚出版公司1947年12月初版《沸羹集》,现收《郭沫若全集·文学编》第19卷。

郭沫若所作《〈中医科学化〉的拟议》一文本月2日发表于重庆《新华日报》。颜公辰写有《读〈中医科学化的拟议〉后的商讨》一文。郭沫若遂写此信。

◎《荀子的批判》完稿。发表于重庆《抗战文艺》月刊1945年3月第10卷第1期。评价荀子是先秦诸子的"最后一位大师",不仅集了儒家的大成,而且"集了百家的大成"。先秦诸子没有一家没经过他的批判,他"把百家的学说差不多都融会贯通了","可以称为杂家的祖宗"。以"思想家而兼长于文艺"为标准来衡量,荀子与孟子、庄子"可以鼎足而三"。如果算上韩非子,可以称为"四大台柱"了。荀子的宇宙是"一种循环论","只承认变化而看不出进化,只承认循环而看不出发展"。"最反对迷信","富有戡天的思想,即所谓人定胜天"。"主张人性恶,这是他最有特色的一项学说。""否认天生的圣哲,而特别强调后天再而三的学习和环境作用,这是他的学说的极有光辉的地方。"因为孟子主张性善"便谥之为唯心论者",荀子主张性恶"便是唯物论者","却是有点不大公平的"。性恶说和他关于知识的见解自相矛盾,和他的心理说、教育说等,都没有一定的有机的联系,"只是一种好胜的强辞"。在先秦诸子中能够明显地抱有社会观念,是荀子学说的一个特色。他是认定了"群体的作用"的,认为"能群"是人类之所以能够克服自然界而维持其生存的"主要的本领",而"群"之所以能够维持是"靠着分工",分工的依据就是"礼义"。他的"君君臣臣父父子子兄兄弟弟(夫夫妇妇)"虽说是有所承继而来,但"同时也就开启了此后二千余年的封建社会的所谓纲常名教"。荀子的"隆礼义"包含着"尊法听制的主要成分",和孔子有了"相当大的距离"。荀子所尚之礼主要在"复古",慎到所尚之法主要在"从俗",这又是他们之间"一点重要的不同处"。荀子的政治理论,原则上重视王道,但也不反对霸道。"在荀子的政治节目里面,没有言论思想的自由。后来汉武帝的废百家，崇儒术，事实上是渊源于这儿的"。杂家代表《吕氏春秋》一书，是以荀子的思想"为其中心思想"的。荀子"这种杂家的面貌，汉武帝以后学术思想虽统于一尊，儒家成为了百家的总汇，而荀子实开其先河"。

初收重庆群益出版社 1945 年 9 月初版《十批判书》，后收《沫若文集》第 15 卷，现收《郭沫若全集·历史编》第 2 卷。

11 月

1 日 为《迎潮图》所题诗《迎潮》发表于重庆《经纬副刊》第 1 卷第 2 期。诗云："七年不见海，胸中生尘埃，对此亦足解饥渴，仿佛登上琅琊台。岸有石兮，石有松，鹤相和兮，雌与雄。欲衔九日出天外，憾作铁隼难为功；长江大河日夕通，水不回归人未柬。安能一击摇铁狱，横空高撞自由钟。归去来，中国风！"

◎ 上午，与阳翰笙商谈国民党图书审查委员会主任潘公展出面发起组织"著作人协会"的事。决定参加该"协会"的成立大会，由阳翰笙和洪深在会上作主要发言，提出我方的主张。若我方的主张不获通过，就当即退出会场以示反对。（《阳翰笙日记选》，四川文艺出版社 1985 年 2 月版）

5 日 下午，"著作人协会"召开成立大会。被选为该会理事。（6 日重庆《新华日报》《新蜀报》）

6 日 "一个人进了城，准备参加第二天的苏联十月革命纪念日的庆祝。"（《十批判书·后记——我怎样写〈青铜时代〉和〈十批判书〉》）

◎ 听阳翰笙谈"著作人协会"成立大会的情形，对潘公展、张道藩等人反对我方提出重审被禁剧本各案及辱骂我方人员等事表示愤慨。（《阳翰笙日记选》，四川文艺出版社 1985 年 2 月版）

◎ 为纪念十月革命作诗《兄弟的敬礼》。诗中写道："二十六年，／这是史诗的篇章，／不朽的荣光照耀四方。／自从你诞生的第一天起，／无论在劳动或战斗的年代，／你都像太阳一般灿烂辉煌。／我们为你有这样的国家而自豪，／你真理的光芒透过层峦迭嶂，／天山的雪峰也不可把你阻挡。／你是人民的幸福、荣耀和力量，／光荣属于伟大的苏维埃，／双倍的光荣属于勇敢的导航。"

习的黄金时代","但青年人在这学习的黄金时代,不肯十分专心致意,每每把学习的机会错过,坐视自己的能力消耗下去,却又是相当普遍的习气"。"一个人的成就,是任何人也不能限制的。先天资质固然有关,后天的学习具最重要的决定性。只要你努力的结果,便能挣出平庸的境界。""专门的学习也有一定的规程,你先要立一个目标,抱定一个达到的大志,努力向着它的方向集中注意力学习向这个目标的一切的方法,收集一切必要的资料,师事这一方面的优秀专家,时时求他指示,我看这都是很必要的事。"

17日 致信徐敏。告以"中原四期,月内可出"。并对其阅读《中国古代社会研究》一书所提甲骨文问题作了解答。(徐敏《学者·诗人·战士》,《百花洲》1981年第3期)

18日 作《劳动第一》。阐述劳动在人类社会发展中的重要作用。认为,"构成生产力的种种成分当中","劳动应该占第一位"。"自有人类以来,都在作着超必要的劳动,即剩余劳动。""剩余劳动是人类蕃衍的第一资源","也当为人类文化进展的第一原动力"。"在人剥削人的制度下,剩余劳动被榨取作了不劳而食者的浪费,仅仅一小部分被贡献于文化的进展。""剥削制度消除了,剩余劳动自觉地集中于文化贡献,文化的进展速度便特别加快。""劳动在荒原里面,却可使荒原转化为丰衣足食的沃野。当然,它也还不能立即便达到理想的地步。但由丰衣足食前进一步便是工业化了,有新工具由空中降落固然好,没有也自会由高度生活的必要而发明。"作者最后讲到为什么歌颂劳动的原因,那就是:"大后方我们最近听见有新式机器撤来当废铁卖了。"

初收上海大孚出版公司1947年12月初版《沸羹集》,后收《郭沫若文集》第13卷,现收《郭沫若全集·文学篇》第19卷。

◎ 写成《古代研究的自我批判》。发表于《群众》半月刊10月31日第9卷第20期。分八个部分:一、古代研究上的资料问题。提出秦以前古代社会研究"达到了能够作自我批判的时候"。从文献的处理、卜辞的处理、殷周青铜器的处理、古器物中所见殷周关系等"材料处理"方面进行检讨。二、论所谓"封建制"。指出古时所说封建,是"封诸侯,建藩卫","现代的封建社会是由奴隶社会蜕化出来的阶段。生产者已不再是奴隶,而是被解放了的农工"。从殷代的生产状况、西周的生产状况进行考察。三、关于井田制。纠正了以前的看法，认为，"殷、周两代是实行过豆腐干式的均田法的"，"只是各地所行的方式，多少有些出入。这些，一律都可以叫作井田，不必一定要九夫为井或八家共井"。四、施行井田的用意。"一是作为榨取奴隶劳动的工作单位，另一是作为赏赐奴隶管理者的报酬单位。"针对新史学家中"西周是大封建社会"或"初期封建社会"的观点进行驳论，"土田虽见分割并非私有"，"不能认为封建制的特征"。五、申述人民身份的演变。六、井田制是怎样破坏了的。"私田的产生则是由于奴隶的剩余劳动之尽量榨取，这项劳动便是在井田制的母胎中破坏了井田制的源动力。""初税亩"三个字，"确是新旧两个时代的分水岭"，"因为在这时才正式承认了土地的私有"。七、工商是怎样分化出来的。纠正自己一个错误，即"关于铁器使用的时期"，"我以前根据郑玄'石所以为锻质'的解释认为铁矿，那完全是牵强附会"。"铁的使用倒真正成为春秋、战国时代是古代社会的转折点的'铁的证据'了。"八、奴隶就这样得到解放。"私家与公室之争，争取人民，在春秋、战国年代差不多是每一个国家所共通的现象，一直到秦始皇与吕不韦的斗争为止"，"这儿正表明着一个社会变革的关键，人民就是在这样的契机下从奴隶的羁绊解放出来"。更"值得注意的是在春秋年间有所谓'士'的一个阶层出现"，"人民分化成为四民，所谓士农工商，而士居在首位"。士的流品的复杂"表示着在社会变革的过程当中，奴隶解放的程度相当彻底"。但"社会的动荡一平静了之后，士的成分便逐渐纯化；工农所打出来的天下，又由新的贵族们来君临着，那些地主和工商业的巨头代替了奴隶主的地位，把所谓'士'垄断了"，"于是又形成一种新的封建秩序。工农所得到的是什么呢？由有形的锁链变而为无形的锁链而已"。

初收重庆群益出版社1945年9月初版《十批判书》，后收《沫若文集》第15卷，现收《郭沫若全集·历史篇》第2卷。

19日 开始作《孔墨的批判》。

相信自己反对墨子而赞扬孔子的观点只要"有确凿的根据"，友人们是可以被说服的，并认为"答复歪曲就只有平正一途"。在这样的意识之下，开始了写作。(《十批判书·后记——我怎样写〈青铜时代〉和〈十批判书〉》)

20日 反战同盟成立四周年，与阳翰笙、何成湘等应鹿地亘夫妇之此诗中文原文未见，引文来源于费德林著、郭平英译《〈郭沫若选集〉前言》。(《郭沫若研究》第 5 辑，文化艺术出版社 1988 年 5 月版)

◎ 晚，阳翰笙告以据邵力子说，明天在十月革命纪念大会上讲演恐怕会有人来捣乱。决定不管它，明天还是讲。(《阳翰笙日记选》，四川文艺出版社 1985 年 2 月版)

7 日 上午，与阳翰笙及文工会中同人到苏联驻华大使馆祝贺十月革命纪念日。(《阳翰笙日记选》，四川文艺出版社 1985 年 2 月版)

◎ 中午，出席苏联代办斯高磋为庆祝十月革命节举行的茶会。(8 日重庆《新华日报》)

◎ 午后，与阳翰笙、洪深等应邀往青年大礼堂，出席中苏文化协会举行的庆祝苏联建国 27 周年纪念大会并作演讲。讲演词以《奉行孙中山遗教，向苏联看齐!》为题，发表于 10 日重庆《新华日报》；以《苏联十月革命二十七周年纪念大会演说词》为题发表于《中苏文化》第 15 卷第 10、11 期合刊"苏联十月革命二十七周年纪念特辑"；又以《向苏联看齐!——在中苏文化协会举办的"十月革命"二十七周年庆祝会上的演说辞》发表于 12 月 8 日延安《解放日报》；还以《奉行国父遗教——向苏联看齐!》为题发表于《时代》杂志 1945 年 11 月 7 日第 5 卷第 19 期。认为，苏联革命成功之要素有三点可值吾人效法：一、注意小事，因为大事都是小事构成。二、严格的自我批评。三、巧妙运用多样统一精神。苏联有七十几个民族，统一甚不容易。纳粹以为一次闪击，即可使苏联分裂，不料三年又五个月的战争，反把纳粹打成四分五裂了。这就是善于运用的妙处，就是民主精神，科学精神。这都是我们应效法的。现在中苏美英支持了整个世界，必须使四个世界台柱永远平衡，坚定稳固，才能奠定世界的永久和平。强调"我们要尽力地鞭策自己，加紧地奉行中山先生的遗教，好好儿地把我们的国家建立起来，也要让苏联的朋友，其他国家的朋友，向着我们——看齐!"

初收上海大孚出版公司 1947 年 12 月初版《沸羹集》；后收《沫若文集》第 13 卷；现收《郭沫若全集·文学编》第 19 卷，题作《向苏联看齐!——在中苏文化协会举办的"十月革命"二十七周年庆祝会上的演说辞》。

◎ 会后，同洪深、夏衍等应阳翰笙邀吃小吃。(《阳翰笙日记选》，四川

文艺出版社 1985 年 2 月版)

9 日 午后，多位朋友来访，一直谈到黄昏时分，阳翰笙在座。(《阳翰笙日记选》，四川文艺出版社 1985 年 2 月第 1 版)

10 日 晚，与阳翰笙、胡风观看张骏祥编导的话剧《万世师表》。因空袭警报，未得终剧而散。(《阳翰笙日记选》，四川文艺出版社 1985 年 2 月版)

11 日 晚，在天官府 4 号设宴，欢迎从桂林来渝的柳亚子，王若飞和其舅父黄齐生等作陪。刚从延安飞渝的周恩来亦参加宴会，并"畅谈延安近况"。

"差不多所有的民主人士都到了，最使人喜出望外的周恩来副主席恰在那天从延安飞来，也参加了我们的宴会。因此，这'双十一'成为了我们朋侪中的一个难忘的日子。""席间，周副主席畅谈延安近况，件件振奋人心的消息，顿时给小小'蜗庐'带来了光明"，"朋友皆甚热烈狂欢"，并赋诗以纪念。(《民主运动中的二三事》；于立群《难忘的往事》，1979 年 1 月 1 日《人民日报》)

◎ 致信戈宝权。写道："《前线》已读了，校序得益不少。《虎皮武士》容缓读。""《勘误表》奉上，大抵都无关重要，你校对时，一定费了不少的心血，特别向你致谢。""续稿有《荀子思想批判》一篇在抄副，容抄好奉上。"(戈宝权《谈郭老写的与〈十批书〉有关的几封信》，《社会科学战线》1978 年增刊)

12 日 在文化工作委员会举行茶会，欢迎艾芜、沙汀来渝，并请艾芜谈自桂林来渝的见闻，请沙汀谈乡居杂感。与会文化界友人近 20 人。(《阳翰笙日记选》，四川文艺出版社 1985 年 2 月版)

13 日 得文化工作委员会同人提前举行 53 岁生日庆贺会。

周恩来、王若飞、陈家康、徐冰及许多其他会外朋友亦来参加。晚餐后举行晚会，周恩来、李侠公、胡风、冯雪峰等讲了话。(《阳翰笙日记选》，四川文艺出版社 1985 年 2 月版)

14 日 晨，与阳翰笙等人坐大卡车回赖家桥。(《阳翰笙日记选》，四川文艺出版社 1985 年 2 月版)

15 日 作《序〈羽书集〉》。发表于 22 日重庆《新华日报》。叙述了《羽书集》书稿四年间的坎坷遭遇。称其"留下了一些时代的浪痕"，是"有点近于'鸣锣奉告'式的宣传文字的总汇"。谓这一次再版，"把那带有学术性或少带宣传性的一部分文字剔取了出来，编入了后来的《蒲剑集》与《今昔集》的两个集子里去了"。

初收重庆群益出版社1945年1月再版《羽书集》；后收《沫若文集》第11卷，题名《羽书集·第二序》；现收《郭沫若全集·文学编》第18卷。

◎ 作绝句《咏虎二首》。云："独在山林潜隐，平生耻见狐狸。人乃谓余暴猛，世间多少不平！""世间只见人吃人，山中未闻虎吃虎。我亦未尝自称王，人之王者自比虎。"

初收作家出版社1959年11月初版《潮汐集·汐集》，现收《郭沫若全集·文学编》第2卷。

16日 晨，出席赖家桥乡间文工会同人举行的生日庆贺会。午餐后，与周恩来、徐冰等谈话至4时半始散。

傅抱石、李可染等与会，几位画家在文化工作委员会办了一个小画展。周恩来、徐冰、冯雪峰等亦自城里赶来。(《阳翰笙日记选》，四川文艺出版社1985年2月版)

17日 为李可染画《刘伶醉酒图》题诗："世人皆大醉，乃谓我酒徒。窃国者侯窃钩诛，礼教吃人猛于虎，我不姓刘不名伶，我乃宇宙之真主。"

初收作家出版社1959年11月初版《潮汐集·汐集》，题作《题刘伶醉酒图》；现收《郭沫若全集·文学编》第2卷。

◎ 作五言诗《喻仿石涛者》。写道："石涛一奇人，泼墨即成画。游戏在人间，洒脱空四大。与造物为人，落笔何所怕？大力贵浑然，疑将宇宙炸。学之能超之，有益于天下。"

初收作家出版社1959年11月初版《潮汐集·汐集》，现收《郭沫若全集·文学编》第2卷。

◎ 作七绝《题傅抱石薰风曲图》："阮咸拨罢意低迷，独坐瑶阶有所思。一曲薰风无处寄，芭蕉叶绿上蛾眉。"

初收作家出版社1959年11月初版《潮汐集·汐集》，现收《郭沫若全集·文学编》第2卷。

◎ 在寓所与阳翰笙谈城中情形，商定日内去北碚一游，可以看望老舍和其他朋友。(《阳翰笙日记选》，四川文艺出版社1985年2月版)

19日 为李可染画作五言诗《题伯夷叔齐图》："伯夷与叔齐，饿死首阳草。缘何耻周粟？千古无人晓。岂因臣弑君，乃以暴易暴。抗志在唐虞，浅人何足道！一歌遗永意，蕨薇胡太少？"

初收作家出版社1959年11月初版《潮汐集·汐集》，现收《郭沫若全集·文学编》第2卷。

◎ 与阳翰笙同往北碚。晤见老舍。（《阳翰笙日记选》，四川文艺出版社1985年2月版）

20日 晨，往金刚碑看望熊十力。（《阳翰笙日记选》，四川文艺出版社1985年2月版）

◎ 下午，陈望道、马宗融、章靳以、方令儒等来兼善公寓晤谈。（《阳翰笙日记选》，四川文艺出版社1985年2月版）

◎ 为傅抱石赠周恩来画题诗。诗云："沅湘今日蕙兰焚，别有奇忧罹此君。独立怆然谁可语？梧桐秋叶落纷纷。""夫人矢志离湘水，叱咤风雷感屈平。莫道婵娟空太息，献身慷慨赴幽并。"落款道："恩来兄以十一月十日由延安飞渝。十六日适为余五十三初度之辰，友好多来乡居小集。抱石、可染诸兄出展其近制，恩来兄征得此湘夫人图将携回陕北。余思湘境已沦陷，湘夫人自必以能参加游击战为庆幸矣。"（手迹见《郭沫若题画诗存》，山西教育出版社1997年11月版）

初收作家出版社1959年11月初版《潮汐集·汐集》，题作《题湘君湘夫人二首》，删去落款，署写作时间为11月22日；现收《郭沫若全集·文学编》第2卷。

21日 晨，卢子英来送行，谈及目前战局，大家都有些忧虑。

◎ 上午，与阳翰笙到歇马场，看望翦伯赞。（《阳翰笙日记选》，四川文艺出版社1985年2月版）

◎ 下午，返回赖家桥。（《阳翰笙日记选》，四川文艺出版社1985年2月版）

22日 为傅抱石赠周恩来《夏山图》题诗："万山磅礴绿荫浓，岚色苍茫变化中。待到秋高云气爽，行看霜叶满天红。"落款："甲申十一月十日恩来兄由延安飞渝，十六日来赖家桥小聚，求得此画嘱题"。（手迹见《郭沫若题画诗存》，山西教育出版社1997年11月版）

初收作家出版社1959年11月初版《潮汐集·汐集》，题作《题夏山图》，删去落款；现收《郭沫若全集·文学编》第2卷。

◎ 为傅抱石画作七绝《题柳浪图》："杨柳丝丝拂浪垂，江南春色是耶非？蜀山归后身如寄，仿佛丛阴有子规。"

初收作家出版社 1959 年 11 月初版《潮汐集·汐集》，现收《郭沫若全集·文学编》第 2 卷。

23 日 为傅抱石画作《补题湘君与湘夫人二首》。诗云："古帝南巡不计年，苍梧遥望恨绵绵。至今犹有湘妃竹，往日啼痕个个圆。""水中荷盖播椒堂，桂栋兰橑月有香。多谢怀沙人意厚，免教永夜泣丛篁。"

初收作家出版社 1959 年 11 月初版《潮汐集·汐集》，现收《郭沫若全集·文学编》第 2 卷。

24 日 午后，偕于立群与阳翰笙及胡风夫妇到永兴场去散步，谈论目前的局势。(《阳翰笙日记选》，四川文艺出版社 1985 年 2 月版)

28 日 丁瓒来，与于立群、阳翰笙、程泽民等陪丁瓒去永兴场赶场，在茶馆里闲谈，谈及远征军中患神经病者很多。(《阳翰笙日记选》，四川文艺出版社 1985 年 2 月版)

29 日 始作《名辩思潮的批判》。(《十批判书·后记——我怎样写〈青铜时代〉和〈十批判书〉》)

12 月

3 日 为龚孟贤画册作诗《题水牛画册》："任劳兼任怨，努力事耕耘。谁解牺牲意，还当问此君。"

初收作家出版社 1959 年 11 月初版《潮汐集·汐集》，现收《郭沫若全集·文学编》第 2 卷。

4 日 "又把全家搬进了城。"(《十批判书·后记——我怎样写〈青铜时代〉和〈十批判书〉》)

◎ 夜，周恩来来天官府寓所。与阳翰笙听周恩来讲述日本进犯黔境及国民党加剧内战的严重形势，要大家对前途抱以乐观态度。谈话至凌晨两点左右才结束。(《阳翰笙日记选》，四川文艺出版社 1985 年 2 月版)

5 日 盛传敌已陷贵州独山，人心摇撼。午后与阳翰笙、冯乃超、夏衍等谈时局至久，大家都感战局的严重。(《阳翰笙日记选》，四川文艺出版社 1985 年 2 月版)

6 日 续写《名辩思潮的批判》，关于庄子的部分。"从《墨经上下篇》看出了墨家辩者有两派的不同,是我进城后的第一个发现,这个发现在庄子以后是为前人所未曾道过的。"

"但来访的友人很多,'仅一着手,即有人来,进行很不顺畅'。"后"日日为人事繁忙,文章一天写得一两页,一两行,或甚至一两字。艰涩得比钻石磴似乎还要费力。就这样一直拖延到1月中旬"。(《十批判书·后记——我怎样写〈青铜时代〉和〈十批判书〉》)

8日 与阳翰笙、何成湘、冯乃超等商谈文工会中老弱妇孺必要时的疏散问题。大家都觉得必须早作准备,免得将来急于疏散时,会措手不及。(《阳翰笙日记选》,四川文艺出版社1985年2月版)

12日 《一个新绘画的前途——为可染画展作》发表于重庆《时事新报》。写道:"在艺术方面外来思潮和民族遗产的接受问题已经讨论许多年了,其中最重要而又最难解决的,恐怕就是绘画上的这一个问题吧!因为国画西画的差别,无论在精神方面或技法方面,都是非常悬殊的。""现在绘画的人士正有许多在努力这个工作,也有注重于精神方面的,也有注重于技法方面的。"李可染是"颇为努力的一个,也是颇有成就的一个"。"他的国画里正适当地融合着西画的精神,技法,可以看出一个新的国画的前途,也就是一个新的绘画的前途了。"

◎ 晚,在寓所宴请文化界诸好友阳翰笙、孙伏园、巴金、章靳以等。席间谈及时局。(《阳翰笙日记选》,四川文艺出版社1985年2月版)

13日 为于立群书《咏东坡楼》诗,跋谓:"吾乡嘉州凌云山上有苏东坡读书楼,幼年肄业小学时常往登临。民二出蜀迄抗战军兴,于廿八年归省,始得重游。相别廿有六年矣。建筑多就颓废,壁上题字亦多风化,方知岁月流逝之可惊。然东坡精神固长留于天地间也。曾用寺字韵作此诗,今日偶暇为立群书出。"(手迹见《郭沫若书法集》,四川辞书出版社1999年11月版)

20日 上午,戴扶青来访。应其请,为《海鸥周刊》创刊题词两幅。发表于昆明《海鸥周刊》1945年5月26日创刊号。其一:"为道义之木铎,作军民之桥梁。如勇士之赴敌,若海鸥之飞扬。"其二:"愿此生命能如春风吹嘘所及畅生万物,扶青先生嘱。"

中国远征军戴安澜师文职人员戴扶青携史良介绍信来访,并呈上曾昭抡教授起草的《创办海鸥周刊缘起》。郭沫若看罢《缘起》,应戴扶青请

求签了名，随即题词。(戴美政《木铎声起　海鸥飞扬——郭沫若支持的一份抗战刊物》，《郭沫若学刊》1990年第1期)

23日　晚，在寓所参加金山、张瑞芳的喜筵。(《阳翰笙日记选》，四川文艺出版社1985年2月版)

25日　作七律《衡老以双十一追忆诗见示。步韵却酬。兼呈亚子先生》，发表于1945年1月7日重庆《新华日报》。诗云："顿觉蜗庐海样宽，松苍柏翠傲冬寒。诗盟南社珠盘在，澜挽横流砥柱看。秉炬人归从北地，投簪我欲溺儒冠。光明今夕天官府，舞罢秧歌醉拍栏。"

初收作家出版社1959年11月初版《潮汐集·汐集》，题名《双十一》，并加小序："柳亚子先生从桂林来渝，一九四四年十一月十一日在我寓天官府四号，设席洗尘。席中周恩来同志由延安飞至，赶来参加。衡老作诗以纪其事，因而和之。"现收《郭沫若全集·文学编》第2卷。

衡老，沈钧儒。

26日　作七绝《赠张瑞芳》："风雷叱罢月华生，人是婵娟倍有情。回忆嘉陵江畔路，湘累一曲伴潮声。"

初收作家出版社1959年11月初版《潮汐集·汐集》，现收《郭沫若全集·文学编》第2卷。

28日　作《欧洲的教训》。发表于1945年1月1日重庆《新华日报·新年增刊》。从德国军队在欧洲战场上作最后挣扎反扑，联系国内抗战的形势，指出"敌人的力量并未充分削弱，而比这更值得警惕的是自私自利的诡计早已在光天化日之下露面了"。"希望这种自私自利的种子能够和法西斯细菌一道，同时绝灭，即使有人还要种它下去，也要使它再没有机会发育，这始终是要靠人民的力量。"文章揭露"少数的政治家"破坏"人民要求建立民主政权的行径"，主张"对于任何奸巧的诡计要毫不容情地把它暴露"。

文章经国民党当局审查者删去多处，所以在发表时多有"××"。

31日　书付张可源。写道："科学精神在虚己接物。古人云：舍己而以物为法。有此精神方能治科学，亦方能谈民主，二者实相为体用。"(手迹见《郭沫若书法集》，四川辞书出版社1999年11月版)

本月　《争取今天——庆祝伯奇五十及二十年创作生活》发表于《高原》月刊第2期"郑伯奇先生文坛生活廿周年纪念特辑"。文章赞扬郑伯奇"重信义，不轻易改变自己的心向。出处进退决不肯丝毫苟且"。"他的学殖是多方面的，经验也很丰富，处事接物非常易近人"，"但似乎是中国新社会限制了他，没有可能使他充分地发展自己的抱负"。郑伯奇"是专门学心理学的人，然而一般人都很少知道他是这一方面的专家。法国文学日本文学和中国文学的教养一样的深，但他在这些方面的介绍却不十分显著。创作才能是相当卓越的，小说，剧本，都可以写，但也很少写"。究其原因，"他是太求完美了"。文章希望郑伯奇"能够活到一百岁"，"尽量地把他所有的东西发挥出来，补偿他以往三十年的过分谦抑的损失"。

◎ 与老舍、胡风往陕西路一间临时设立的"战区文化人招待所"，探视问候刚从广西、贵州逃难到重庆的文化工作者，并询问贵阳等地战区文化工作者流落的状况。（秦牧《文学生涯回忆录》，《新文学史料》1988年第3期）

◎ 收到毛泽东于11月21日从延安写来的信。

毛泽东在信中说道："你的《甲申三百年祭》，我们把它当作整风文件看待。小胜即骄傲，大胜更骄傲，一次又一次吃亏，如何避免此种毛病，实在值得注意。倘能经过大手笔写一篇太平军经验，会是很有益的；但不敢作正式提议，恐怕太累你。最近看了《反正前后》，和我那时在湖南经历的，几乎一模一样，不成熟的资产阶级革命，那样的结局是不可避免的。此次抗日战争，应该是成熟的了罢，国际条件是很好的，国内靠我们努力。我虽然兢兢业业，生怕出岔子，但说不定岔子从什么地方跑来；你看到了什么错误缺点，希望随时示知。你的史论、史剧有大益于中国人民，只嫌其少，不嫌其多，精神决不会白费的，希望继续努力。"（载1979年1月1日《人民日报》）

◎ 参观关山月在重庆举办的"西北纪游画展"。展览结束日，再次前往展厅观展，并提出要为《塞外驼铃》《蒙古牧展》两画题诗作跋。（关山月《怀郭老》，《郭沫若研究》第6辑，文化艺术出版社1988年5月版）

◎ 为关山月画《塞外驼铃》作七绝六首，并题跋。发表于1945年1月13日重庆《新华日报》。诗云："塞上风沙极目黄，骆驼天际阵成行，铃声道尽人间味，胜彼名山着佛堂。""不是僧人便道人，衣冠唐宋物周秦，囚车五勺天灵盖，辜负风云色色新。""生面无须再别开，但从生处取将来，石涛河壑何蓝本？触目人生是画材。""画道革新当破雅，民间形式贵求真，境非真处即为幻，俗到家时自入神。"跋语道："关君山月有志于画道革新，侧重画材，酌挹民间生活，而一以写生之法出之，成绩斐然。近时谈国画者，犹喜作狂禅超妙，实属误人不浅。余有感于此，率成六绝，不嫌着粪耳！民纪三十三年岁阑题于重庆。"

初收上海群益出版社1948年9月初版《蜩螗集》，题作《题关山月画》；后收《沫若文集》第2卷；现收《郭沫若全集·文学编》第2卷。

◎ 为关山月画《蒙民牧民》题跋。发表于1945年1月13日重庆《新华日报》。写道：

"国画之凋敝久矣，山水、人物、翎毛、花草，无一不陷入古人窠臼而不能自拔。尤悖理者，厥为山水画。虽林壑水石与今世无殊，而亭阁、楼台、人物、衣冠必准古制。揆厥原由，盖因明清之际，诸大家因宗社沦亡，河山之痛，沉亘于胸，故采取逃避现实一涂以为烟幕耳。八大有题画诗云：

郭家皴法云头少，董老麻皮树上多。

世上几人解图画？一峰还写宋山河。

最足道破此中秘密，惟相沿既久，遂成积习，初意丧失而成株守，三百年来，此道盖几于熄矣。近年渐有革新之议，终因成见太深，能者亦不敢遽与社会为敌。关君山月，屡游西北，于边疆生活多所研究，纯以写生之法出之，力破陋习，国画之曙光，吾于此焉见之。"

初收1948年8月广州市立艺术专科学校《关山月纪游画集·第一辑西南西北旅行写生选》，现收《郭沫若全集·文学编》第2卷，为《题关山月画》一诗的"跋"。

本　年

◎ 作七绝《题彝器图象拓本》四首，有句赞"拓本精工胜画图，轻于蝉翼韵如酥"。"一纸每愈金石寿，八千年内尚为春。"

初收作家出版社1959年11月初版《潮汐集·汐集》，现收《郭沫若全集·考古编》第10卷。

◎ 为纪念甲申三百年，戏缋残梅赠非杞并题句："地不能荒天不老，劫余还存两梯花"。（手迹见《郭沫若题画诗存》，山西教育出版社1997年11

月版）

非杞，柳亚子之女柳非杞。

◎ 为郑倚虹书七律《衡老以双十一追忆诗见示。步韵却酬。兼呈亚子先生》。（手迹见《郭沫若书法集》，四川辞书出版社1999年11月版）

书法集中称该诗作《双十一》，应是后收入《潮汐集·汐集》始用之题名。

◎ 在邵力子为苏联大使举行的一次便宴上初识齐赫文斯基。

齐赫文斯基时在苏联大使馆任译员。"正是在这次宴会上，郭沫若与邵力子一起把我的姓翻译成了中文，从那以后在中国熟悉我的人都知道我叫齐赫文。"（齐赫文斯基《我同郭沫若的几次会见》，《郭沫若百年诞辰纪念文集》，社会科学文献出版社1994年12月版）

◎ 与沈钧儒、茅盾、史良、老舍等人在曾家岩五十号听从延安来重庆的周而复介绍陕甘宁边区文化教育的情况。（周而复《缅怀郭老》，《新文学史料》1980年第2期）

◎ 在天官府寓所，与于立群会见来访的周而复、林默涵等。向周而复询问了一些延安的情况，谈起为其诗集《夜行集》作序的往事。留客人晚饭。（周而复《缅怀郭老》，《新文学史料》1980年第2期）

◎ 与傅抱石在昆明举行书法绘画联合展览，获得很大成功，展出作品大部分售出，即将所得收入在赖家桥办"七七幼稚园"，由于立群任园长。曾为该园题匾额，并作《七七幼稚园歌》，后录入《下乡去》。（《芍药及其他·下乡去》；《怀念》）

1945年（乙酉　民国三十四年）53岁

1月　周恩来飞赴重庆，代表中共与国民党商讨建立民主联合政府的事宜，国民党坚持一党专政，反对成立联合政府。

2月4日至11日　苏、美、英三国政府首脑斯大林、罗斯福、丘吉尔在苏联雅尔塔举行会议，签订秘密协定。

4月23日　中国共产党第七次代表大会在延安召开。会上毛泽东作了《两个中国之命运》开幕词、《论联合政府》的政治报告。大会向全党提出"放手发动群众，壮大人民力量，团结全国可能团结的力量，在我们党领导之下，为着打败日本侵略者，建设一个独立的、自由的、民主的、统一的、富强的新中国而奋斗"。

4月25日 46个国家在旧金山举行联合国成立大会。

4月30日 苏联红军攻克柏林。

5月8日 德国签署无条件投降书。

7月17日 苏、美、英三国首脑在波茨坦举行会议。26日发表《波茨坦公告》促令日本立即投降。

8月6日、8日 美国在日本广岛、长崎投放原子弹。

8月15日 日本宣布无条件投降。

8月25日 中共中央发表《对于目前时局的宣言》，要求国民党政府立即实行民主措施，巩固国内团结，保证国内和平。

8月28日 毛泽东应蒋介石邀请，从延安飞抵重庆，开始国共谈判。

10月10日 国共代表签订"会谈纪要"，即《双十协定》。

12月1日 云南昆明爆发了学生爱国运动，国民党政府出动大批军警特务闯入西南联大镇压，造成"一二·一"惨案。

12月16日 民主建国会成立。

1月

1日 在文工会出席重庆诗歌工作者举行的新年诗歌座谈会，并发表讲话。呼吁迎接新年要加强团结，争取民主。

茅盾、戈宝权、何其芳、王亚平、袁水拍、徐迟、臧克家等百余人参加座谈会，与会诗人朗诵了诗作。(1月2日《大公报》)

3日 作《苏联会参加东方战场吗？》。认为："这是全世界所关心的一个问题，尤其在我们中国，关心得似乎最为迫切。我今天想来解答这个问题，先写出我的答案：苏联是会参加东方战场的，当然有两个先决条件必须先得到解决。第一是必须欧洲的问题解决得顺利，使苏联无后顾之忧。第二是必须在东方解决了日本之后，没有第二个法西斯国家继起的可能。因此，我的认定是苏联必然会参加东方战场。"

初收上海大孚出版公司1947年12月初版《沸羹集》，后收《沫若文集》第 13 卷，现收《郭沫若全集·文学编》第 19 卷。

7 日 下午，参加民主同盟举行的茶会，欢迎桂柳来渝文化工作者并在会上发言。(10 日《新华日报》)

8 日 为悼念罗曼·罗兰逝世，作《宏大的轮船停泊到了安全的海港》。发表于《文学新报》月刊 1 月 20 日第 1 卷第 3 期。写道："宏大的一只轮船停泊到了安全的海港。这是当我从报上读到罗曼·罗兰逝世消息的时候，在我心灵上所引起的第一个波动。罗曼·罗兰，他的身体虽休息了，他的精神作用，毫无疑问，在人类史上是要永远存在的。他是法兰西的夸耀，同时也是全人类的夸耀。"

初收上海大孚出版公司 1947 年 12 月初版《沸羹集》；后收《沫若文集》第 13 卷，改题作《宏大的轮船停泊到了安全的海港》；现收《郭沫若全集·文学编》第 19 卷。

9 日 在重庆十八梯回教礼拜堂讲授《中国古代史》，以 1944 年 7 月写的《古代研究的自我批判》为教材，以周二、周五、周六三日讲完。因"学生听之均有所动"，以致受到军统局渝特区的暗中监视。(《军统局渝特区关于郭沫若在回教堂讲学的情报》，《四川大学学报丛刊》1986 年 9 月)

12 日 为祝贺沈钧儒七十一寿辰，与王若飞等邀柳亚子、黄炎培、马寅初、王昆仑、邓初民、谭平山、左舜生、章伯钧、张申府等人在家聚会，谈时事。(《黄炎培日记》第 9 卷，华文出版社 2008 年版)

18 日 作论文《文艺与民主》。发表于《青年文艺》双月刊 1945 年 2 月 15 日第 1 卷第 6 期。写道："关于文艺和民主的关系，在这儿我们可以作出一个比较正确的判断了。文艺本身便是民主精神的表现，没有民主精神便不会有真正的文艺。""故从主观方面来说，一个作家，不管是有意识或无意识，必须具有民主的精神，然后才能有像样的作品。再从客观方面来说，一个国家社会，必须有民主的园地，然后才能使文艺得到正常的发育。这个社会，首先要使作家能够得到民主精神的培养，或至少是不要受到过分的阻碍，否则'文艺活动便最容易萎缩而变质'。""我们的文艺界，目前太可怜了"，"我们要尽量呼吁，和目前民主高潮的大时代配合起来，放下剪刀尺子，向苏联和美国看齐，救救我们的文艺"！

初收上海大孚出版公司 1947 年 12 月初版《沸羹集》，后收《沫若文集》第 13 卷，现收《郭沫若全集·文学编》第 19 卷。

◎ 作《伟大的战士，安息吧！——悼念罗曼·罗兰》。发表于《文艺杂志》月刊1945年5月新1卷第1期。写道："不足十年的功夫，四位伟大的文化战士，先后逝世了。高尔基、鲁迅、巴比塞、罗曼·罗兰，你们都请安息吧。你们都已经尽了你们领港者的责任，完成了你们的战斗的任务。""罗兰先生是以伟大的人道主义者的姿态出现到世界文坛的，他同情人类，崇拜天才，歌颂音乐，以他的博大的人类爱，要象音乐一样，傲昂地、崇高的、坚忍地、和人类的黑暗面战斗。亢扬文化的力量，鼓励创造的精神，促进进化的速度。他的足迹的步调是一种英雄进行曲。""伟大的战士，以七十九岁的高龄，得到安息了。而且安息在得到了光荣的解放的祖国的国土，这应该是我们对于这位不朽的战士申致庆祝的事。""附带着我在这儿想追致悼念的是罗兰先生的介绍者敬隐渔先生。敬先生往年在上海天主教的学堂念书的时候，曾经参加过创造社的组织。罗兰先生的巨制《若望·克里斯妥夫》是他着手翻译出来的。""他到欧洲以后，深受罗兰的诱掖。""就这样，当我默祷罗兰先生安息之余，我却由衷地哀悼着我们这位多才的青年作家敬隐渔先生的毁灭。"

20日 午后，在家设茶会，欢迎蔡楚生及各抗敌演剧队的代表。（《阳翰笙日记选》，四川文艺出版社1985年2月版）

中旬 《名辩思潮的批判》"勉强完了卷"。发表于2月16日、3月16日重庆《中华论坛》月刊第2—3期。分十部分。前言明确指出：社会制度发生变革，"一切都须得调整，因而在意识形态上的初步反映便必然有'正名'的要求。故在战国时期有所谓'名家'的产生，这件事本身也就足以证明在周秦之交，中国的社会史上有过一个划时代的变革"。打破汉代关于"名家"的范围，"泛论各家的名辩"，以"检讨"先秦名辩思潮的"整个发展过程"。一、列御寇。即列子。二、宋钘与尹文。稷下黄老学派的主要的一支。三、儿说、貌辩、昆辩。乃"白马非马"之辩的始发者，公孙龙为其弟子或再传弟子。四、告子与孟子。告子是黄老学派人物，与宋钘、尹文属同一系统，"很有辩者的倾向"。孟子虽然站在儒家的立场，但在当时是以"好辩"而受非难的人。五、惠施与庄周。同属道家，"思维动向断然不同"，惠施是向外穷索，庄子是向内冥搜。二人间的辩论，每一项差不多都表示他们在"方法论上的对立"，却又都有着"同一的归趣"，即他们的"观念游戏"或有心或无心，或积极或消极，都是在替新起政权的基础"增加它的巩固性"而"泯灭下层的斗志"。六、桓团和公孙龙。到他二人之时，差不多只是"为辩察而辩察"了，"观念的游戏"可以说是"登峰造极"。公孙龙可能是"渊源于宋钘"，是把黄老学派的观念论"发展到了极端"的一个人。应该"特别注意"其"诡辞"是以"何原因或用意"而产生，强调公孙龙的"诡辞"都可以演绎为两种相反的社会意义，并举其"白马非马"为例。"白马非马"可演绎为"暴君非君"或"暴人非人"，依前者则杀暴君非杀君，"富有革命性"；而依后者则杀暴人非杀人，"遂成为暴政的口实"。七、墨家辩者。"检讨"最详。墨者之辩在现存《墨子》书中有《经上》《经下》《经说上》《经说下》《大取》《小取》6篇，从中发现一件"被忽略"的事，即6篇文字不是一家，而至少"有不尽相同的两派"，在某种见解上是完全"对立"着的。八、邹衍。属于阴阳家，对于名辩的态度完全采取的是"正常的立场"。主要思想很明显是"儒家思孟一派的发展"，之所以成为怪迂狂诞，应该由"假借他的学说而不通其意的燕齐的方士们负责"。九、荀子。在儒家中是参加辩争最积极的一位代表。提出"君子必辩"，并于辩中分别出"小人之辩""士君子之辩""圣人之辩"。一方面表示荀子的"门户之见的酷烈"，另一方面也要归咎到惠施、公孙龙和墨家辩者的一部分"把名辩的潮流引向错误的路上去了"。

初收重庆群益出版社1945年9月初版《十批判书》，后收《沫若文集》第15卷，现收《郭沫若全集·历史编》第2卷。

25日 下午，应邀往曾家岩，听周恩来谈时局和国共谈判问题。柳亚子、黄炎培、沈钧儒、章伯钧等在座。(《周恩来年谱1898—1949年》修订本，中央文献出版社1998年2月版；《黄炎培日记》第9卷，华文出版社2008年版)

26日 在家设茶会欢迎周恩来。文化界人士有数十人参加。(《阳翰笙日记选》，四川文艺出版社1985年2月版)

27日 晚，与阳翰笙访刘尊棋、郑蜀子夫妇，并与段雪生、沙梅晤面。(《阳翰笙日记选》，四川文艺出版社1985年2月版)

30日 开始写《前期法家的批判》。(《十批判书·后记——我怎样写〈青铜时代〉和〈十批判书〉》)

下旬 在《名辩思潮的批判》写完之后，认为已经写了法家的韩非和杂家的吕不韦，从春秋末年一直到秦代，"算已经作了一个通盘的追迹。假使还有一节断径须得架一座桥梁的话，那便是韩非以前的法家思想的清理"。因此，"便有了《前期法家的批判》的补充"。（《十批判书·后记——我怎样写〈青铜时代〉和〈十批判书〉》）

本月 《羽书集》由重庆群益出版社出版。

◎ "新岁之首曾在昆明开字展一次，有所收入。"（4月29日致郭翊昌信，《郭沫若学刊》1987年第1期）

◎ 应聘为《民主与科学》杂志"特约撰述"。

《民主与科学》由张西曼主编，创刊于1945年1月。

2 月

1日 致戈宝权信："拙文已校对一遍，兹谨奉上。"（戈宝权《读郭老写的与〈十批判书〉有关的几封信》，长春《社会科学战线》1978年增刊）

3日 致信吴晗："一月二十九日信奉悉，已转嘱前途，照尊嘱一切办理。大稿亦已照转，唯此间情形，雾气甚重，能见天日与否，殊未敢必也。我这一两年只写了些研究周秦诸子的东西，有的已陆续发表，或许已蒙披阅，有的亦前后可望刊出，俟刊出后当寄奉教。在年内将成二书，一名《十批判书》，一名《青铜时代》，出书时当亦寄奉。《中原》甚需有力量之著作，如蒙时惠大稿，甚表欢迎。前闻昆明来友言，一多先生有关于屈原论文将投寄，不知信否？如见面请代问一声。又它友文字亦望代拉。《自由论坛》所需稿谨草就短文一则，乞转。"（手迹载《郭沫若学刊》1989年第1期）

4日 偕于立群往临江饭店参加张悲鹭和黄淑珍订婚典礼并题七绝一首作纪念。（毛西旁《郭沫若与张悲鹭》，《乐山市志资料》1984年第1、2期）

5日 上午，往重庆远郊磐溪看望徐悲鸿，同时带去周恩来托赠的延安的红枣和小米。谈到当前的时局，"都认为目前急需一个有中国共产党参加的民主联合政府"。（廖静文《嘉陵江畔的一段往事》，《悼念郭老》，生活·读书·新知三联书店1979年版）

◎ 在徐悲鸿家饭后作七绝一首："豪情不让千钟酒，一骑能冲万仞关。仿佛有人为击筑，磐溪易水古今寒。"

初收作家出版社1959年11月初版《潮汐集·汐集》，题名《访徐悲鸿醉题》；现收《郭沫若全集·文学编》第2卷。

6日 应邀与周恩来、王若飞、王炳南、徐冰等往李绍涵家聚餐,并同陈铭枢、杨虎、左舜生、李璜、沈钧儒、章伯钧、张申府、柳亚子、马寅初等谈论时局。(《周恩来年谱1898—1949年》,中央文献出版社1998年2月版)

◎ 作七绝一首记当日盛会:"磐磐大器共金樽,涤荡陪都万丈尘。今日域中谁是主?春回冻解雁来宾。"

初收作家出版社1959年11月初版《潮汐集·汐集》,题作《磐磐大器》;现收《郭沫若全集·文学编》第2卷。

8日 作《文化界发表时局进言,要求召开临时紧急会议,商讨战时政治纲领,组织战时全国一致政府》,并亲自征集签名。发表于22日重庆《新华日报》。"进言"道:"'道穷则变',是目前普遍的呼声;中国的时局无须乎我们危辞悚听,更不容许我们再要来巧言文饰了。""办法是有的,而且非常简单,只须及早实行民主。在野人士正日夕为此奔走呼号,政府当局最近也公开言明,准备提前结束党治,还政于民。""形势是很鲜明的,民主者兴,不民主者亡。""我们恳切地希望,希望全国人士敞开胸襟,把专制时代的一切陈根腐蒂打扫干净,贡献出无限的诚意、热情、勇气、睿智,迎接我们民主胜利的光明的前途。"

签名者有沈钧儒、柳亚子、马寅初、茅盾、老舍、徐悲鸿等312人。

初收上海大孚出版公司1947年12月初版《沸羹集》,题作《文化界时局进言》;后收《沫若文集》第13卷;现收《郭沫若全集·文学编》第19卷。

◎ 为了使《青铜时代》一书的书名"更有所凭藉",始作《青铜器时代》。为"十几年来研究青铜器所得的结论",也是"错综在《前期法家的批判》写作期中的一个副产物"。(《十批判书·后记——我怎样写〈青铜时代〉和〈十批判书〉》)

10日 《青铜器时代》草成。中国的青铜器时代的下限很明了,是在周、秦之际,秦以后便转入铁器时代,而春秋战国年间是过渡时代。殷以前的作为前驱时代的器皿一个也不曾发现,实在是古代研究上的"一个重大的悬案",可能是青铜或铜的冶铸技术由别的区域输入黄河流域,而原产地尚未发现。周代年限太长,"因而周器的断代研究便成为一个重要的课题"。归纳自己所采用的方法,选定已知年的标准器为联络站,以其人名、事迹为线索，"再参证以文辞的体裁，文字的风格，和器物本身的花纹形制，由已知年的标准器便把许多未知年的贯串了起来"。殷周青铜器可以分为四个时期：鼎盛期，为殷代及周室文、武、成、康、昭、穆诸世；颓败期，大率起恭、懿、孝、夷诸世以迄春秋中叶；中兴期，自春秋中叶至战国末年；衰落期，战国末叶以后。明白了社会生产进展的过程，便可以了解青铜器无论形式、花纹、文体、字体等所显示出的波动。把这许多的古器物的年代定妥了，那器物本身和它的铭文才能作为我们研究古史的有科学性的资料。时代不分，一团混沌，除了作古董玩物，是没法利用的。

初收重庆文治出版社 1945 年 3 月初版《青铜时代》，后收《沫若文集》第 16 卷，现收《郭沫若全集·历史编》第 1 卷。

11 日 作《〈青铜时代〉序》。"我把十年关于秦前社会和学术思想的研究文字收集成为两个集子：一个是这儿呈献出的《青铜时代》，另一个是她的姊妹篇《十批判书》。""《十批判书》的内容，如书名所示，偏于评判。本集则偏重于考证。两者相辅相成的地方很多。""写作年代上相隔了十年，见解便不免有些出入"，"以显示十年来的自己的履迹"。"附录三篇关于青铜器的文字，是从《两周金文辞大系》和《古代铭刻汇考》等书摘录下来的，借以表示我研究青铜器的方法和收获。"

初收重庆文治出版社 1945 年 3 月初版《青铜时代》，后收《沫若文集》第 16 卷，现收《郭沫若全集·历史编》第 1 卷。

◎ 作《周代彝铭进化观》"跋语"："此文乃一九三一年纂集《两周金文辞大系》时所拟序说之一节，因嫌蛇足，未及印入，后于一九三三年出《古代铭刻汇考》时，乃收作附录以当注脚。今复转录于此。"

收入文治出版社 1945 年初版《青铜时代》，后收入《沫若文集》第 16 卷。

13 日 致信戈宝权。写道：

"今天看见《新华》上的《学府》预告（三月出版），才知道我的关于论孔墨一文已被登出，我感觉着有点惶恐。

那篇文章本是应外庐之索投去，后因初民想快出书，又将原稿要回。我以为他不再登了，书还未写完，故交乃超转交你，谁知道他录了副本竟然登出了。

我的书定名为《十批判书》，为取名称齐一起见，故将《论孔墨》改为《孔墨的批判》。仿佛我是一稿二投，真是惶恐。

我现在打算这样：

（1）《孔墨的批判》如已印就，一切纸张排印费由我负担。

（2）如只排就而未印出，我也愿出纸张排印费，让它作为单行本发售。

这件事实在使我不安得很，请商决，赐复为荷。"

（戈宝权《读郭老写的与〈十批判书〉有关的几封信》，长春《社会科学战线》1978年增刊）

◎ 致吴晗信："第二信奉悉。闻先生文已由友人交来，并已拜读，觉甚新颖。大作论'流寇'亦于本日见报，特剪奉。拙作《孔墨的批判》尚未印出，印出时当奉政。此间学术文化界同人将发表一共同意见书，签署者已有百余人矣。"（手迹载《郭沫若学刊》1989年第1期）

14日 应周恩来之邀与王若飞、于右任、孙科、左舜生、沈钧儒、张申府、章伯钧、李璜、王昆仑、黄炎培、屈武、陶行知、杨杰、陈铭枢、邓初民、谭平山、鲜英等24人，在鲜特生宅聚谈，周恩来报告最近国共谈判经过，并征求众人意见。（《周恩来年谱1898—1949年》修订本，中央文献出版社1998年2月版）

18日 《前期法家的批判》完成。法家的产生应该追溯到子产，子产"铸刑书"是新刑律的成文化。法家思想的产生是由于"社会有了变革，然后才有新的法制产生，有了新的法制产生，然后才有运用这种新法制的法家思想出现。"文章分四部分。一、李悝。"李悝在严密意义上是法家的始祖"，同时又具有"儒家的气息"，他的建树并不专在于刑律，还有更积极的一方面，实施了"尽地力之教"的经济政策，由此断定《史记》《汉书》中关于儒家的李克与法家的李悝是同一人。二、吴起。不单纯是一位兵家，而应该是"法家的一位重要人物"。因已写有《述吴起》一文，这里只强调其也是"在初期儒家的影响中陶冶出来的人"，他行之于楚的办法，与商鞅后来行之于秦的"差不多完全一致"。三、商鞅。思想是"从儒家蜕化出来"的。分析商鞅的"变法之令"，指出"战国时法家所共同的一个倾向，是强公室而抑私门，这里是包含有社会变革的意义"。"他的用法而不用术，正是初期法家的富有进步性的地方。

初期法家主张公正严明，一切秉公执法，以法为权衡尺度，不许执法者有一毫的私智私慧以玩弄权柄。"肯定"纯粹法家"是"以富国强兵为目标"，虽然采取的是"国家本位"，但不一定是"王家本位"。四、申不害。与李悝、吴起、商鞅等的倾向"完全不同"，严格地说应该称为"术家"。所谓"术"，是执法者以私智私慧玩弄法柄的东西，与"法"是"不两立"的。这种"帝王南面之术"，倡导于老聃、关尹，而发展于申不害。申不害的主张"完全是以人主为本位"的，把法放在"不足重轻"的地位。《韩非子·定法篇》中所说"申不害不擅其法，不一其宪令，则奸多"，正是法家与术家的"不同的地方"。最后，对名辩思潮作出一点补充，即名辩思想在申不害这里发展到了"政治上的实用方面"，综合名实，更发展为后世的名分论。

初收重庆群益出版社1945年9月初版《十批判书》，后收《沫若文集》第15卷，现收《郭沫若全集·历史编》第2卷。

19日 作《〈老聃·关尹·环渊〉追记》。以"此文一九三五年四月发表于沪上《新文学》杂志之后即失其踪迹，今承李可染兄自《古史辨》第六册中抄寄，得以编入本书，甚为感纫"。指出"范环之名又见《战国策·楚策》"，"《史记·甘茂传》亦载其事，则作范蜎"，"于时范环必已老年，故当得参预国家大事之咨询"，"本文中未及因列此事，补志之于此"。

初收重庆文治出版社1945年3月初版《青铜时代》，后收《沫若文集》第16卷，现收《郭沫若全集·历史编》第1卷。

◎ 作诗赠美国军人佩云。题《赠国际友人》："四海皆兄弟，五洲是一家。况将心与血，保卫我中华！爱情如大气，山岳何能遮？"

初收作家出版社1959年11月初版《潮汐集·汐集》，现收《郭沫若全集·文学编》第2卷。

21日 与王若飞共同邀请沈钧儒、黄炎培、陈铭枢、谭平山等20余人到家聚谈，从克里米亚会议谈到国共合作。（《黄炎培日记》第9卷，华文出版社2008年版）

23日 作《人类的前卫——纪念第二十七届红军节》。发表于24日重庆《新华日报》。写道："在二十七年前的今天，斯大林先生在察里津的保卫战中把侵略者德意志帝国主义的军队打败了，这便树立起了红军光荣胜利的旗帜，使这一天成为了光荣胜利的象征的一天。二十七年前的察里津便是今天的斯大林格勒。""我在今天所要强调的，是斯大林先生的领导精神，便是要把人看得最为贵重的那种民主精神。"

初收上海大孚出版公司1947年12月初版《沸羹集》，后收《沫若文集》第13卷，现收《郭沫若全集·文学编》第19卷。

◎ 偕于立群与阳翰笙等往苏联大使馆，参加苏联红军节招待会。（《阳翰笙日记选》，四川文艺出版社1985年2月版）

◎ 晚，往青年馆，出席中苏文化协会为纪念苏联红军节举行的晚会，原拟在会上演讲，因被警告作罢。（24日重庆《新华日报》）

本月 徐敏来访，听他谈工人们公祭被国民党特务杀害的胡世合的情况，深表同情。对工人们用四川话写的含有痛斥国民党特务意味的挽联表示赞赏。（徐敏《学者·诗人·战士》，《百花洲》1981年第3期）

2、3月间

◎ 与茅盾、老舍、洪深、阳翰笙、夏衍、冯乃超、张静庐等78人，联名发表《重庆文化界为言论出版自由呈中国国民党十二中全会请愿书》。提出："取消图书杂志及戏剧演出审查制度"，"严令各地方当局切实遵守法令，保障言论出版自由"等要求。（《新文学史料》1987年第1期）

3月

1日 致苏联作家协会主席尼塔哈诺夫的电文发表于重庆《新华日报》。电文说："惠电敬悉。阿·托尔斯泰先生逝世，中国作家接受此消息，莫不感受深切的悲痛。""谨以至诚表示哀悼，并请转达托尔斯泰先生遗族。"

3日 作诗《和平之光——罗曼·罗兰挽歌》。发表于25日重庆《新华日报》，又发表于本月《民主与科学》第1卷第3期。写道："多么长远的、艰苦的，但又磊落的战斗呵，／你伟大的法兰西的儿子，真理底领港，／你为法兰西底再生，人类底再生，和平底再生，／慷慨地、沉着地，输出了你最后的一珠血浆。""你伟大的民主的战士，罗曼·罗兰，你永生了！／你永远是法兰西之光，人类之光，和平之光！"

初收上海群益出版社1948年9月初版《蜩螗集》；后收《沫若文集》第2卷，误署写作时间为"1945年2月"；现收《郭沫若全集·文学编》第2卷。

7日 晨，为刘斐画作七绝《题画梅二首》。"瘦骨凌寒意不孤，一花于唱万花喁。年年相似君休怪，只为冰霜岁岁俱。""饱历冰霜伴碧苔，本无孤峭在根荄。朔风不到人间后，日日江头映水开。"

初收作家出版社1959年11月初版《潮汐集·汐集》，文字略有改动；现收《郭沫若全集·文学编》第2卷。

◎ 为刘斐画作七律《咏梅》。"漫道侬心真是铁，只缘冬日冷于冰。后来桃李皆兄弟，直把莓苔作股肱。幸克和羹增效益，敢因胜雪露骄矜？甘为薪炭膺斤斧，不愿人间再有僧。"

初收作家出版社1959年11月初版《潮汐集·汐集》，文字略有改动；现收《郭沫若全集·文学编》第2卷。

◎ 为刘斐画作五绝《咏兰》二首。"泽国孤臣邈，澧兰尚有香。年年春日至，回首忆高阳。""香本无心发，何须譬作王？寄言谢君子：实在不敢当。"

初收作家出版社1959年11月初版《潮汐集·汐集》，将二首合为一首；现收《郭沫若全集·文学编》第2卷。

◎ 为赵清阁题扇面，题《画梅》二首，《咏梅》一首，《咏兰》二首，跋谓："右题画梅诗三首及题画兰诗二首均今晨所作，书应清阁仁兄雅属。"署"鼎堂"名。（载《郭沫若书法集》，四川辞书出版社1999年11月版）

8日 与沈钧儒、黄炎培、邓初民等，应王若飞之邀，往良庄聚谈。（《黄炎培日记》第9卷，华文出版社2008年版）

13日 上午，与阳翰笙、冯乃超商量文工会会计工作，因原会计病重，决定请程泽民继任。（《阳翰笙日记选》，四川文艺出版社1985年2月版）

15日 《神明时代》发表于《文艺春秋》丛刊之三《春雷》。由"关于自由""关于歌德""神明时代"三部分组成。第一部分说："没有斗争绝不会有自由，没有正反绝不会有综合。"第二部分赞美歌德："特别是他的生活，他的一贯的努力生活，那始终是我们不磨的模范。""中国人的努力就是用在陷害别人底方面；中国人怕照镜子，密闭在一间暗室里面瞎打鬼，歌德的生活样式，在这儿正是我们的一服对症药。他对于自己没有一刻满足的时候,这是他的努力的发动力。以他那样的生活环境,而能够有那样的造就,尤其是可以佩服。"第三部分写道:"在太古时分一切神明曾经是女性,/神明时代在人类的将来须得展开,/人世间中人即是神一律自由平等。//古代的诗人爱以琴瑟来比譬夫妇,/然而实际的夫妇却只是破锣破鼓。//总有那一天会有真正的琴瑟出现,/一切都和谐美妙极乐园建在人间。/为要争取这一天男子们须得忏悔,/没再把珈特林看成为玩具或罪魁。//女子们不用说也须得澈底地觉悟,/数十年来的桎梏一半是咎由自取。/到今天还有人专讲修饰不爱读书,/万事依人毫未脱封建时代的故步。/自尊自大的帝王根本就很少健全,/人类被践踏得如同粪土。""总有那一天神明的时代终得展开,/一切都新鲜甘美生动活泼而和谐。/不再有权势贪婪淫欲险恶的斗争,/只有的是技能的竞比和自由的爱。"

◎ 宴请罗曼·罗兰追悼会筹备人员。(《阳翰笙日记选》,四川文艺出版社1985年2月版)

17日 宴请艾沙、伊明和几位回教协会的友人。(《阳翰笙日记选》,四川文艺出版社1985年2月版)

18日 作五律《泰山不让壤》。"泰山不让壤,上有凤皇巢。健翮凌风举,奋飞岂惮劳?鸣声闻六合,唤来百鸟朝。旭日正东升,会看高复高。"

初收作家出版社1959年11月初版《潮汐集·汐集》,现收《郭沫若全集·文学编》第2卷。

◎ 作七律《贺友人在巴黎公社纪念日结婚》。"宏抒康济夜深时,各具生花笔一枝。但愿普天无匮乏,何劳双鲤系相思?域中潮浪争民主,海上风云漾曙曦。特取巴黎公社日,朋簪聚贺泛琼卮。"

初收作家出版社1959年11月初版《潮汐集·汐集》,现收《郭沫若全集·文学编》第2卷。

友人,为当时重庆《大公报》记者高集与《新民报》记者高汾。

19日 致杨树达信。写道:"二月廿八日手书奉悉。《甲文蠡测撷要》已过细拜读,中多巧思密合之释,甚为佩服。""弟近年对于此项研究久已抛荒。新出资料全无,参考书亦不易得。胡厚宣君书曾见之,乃若干篇研究论文汇集而成,征引虽博,弋获无多也。近两年来温习周秦诸子，已成二集，一为《青铜时代》，又一为《十批判书》。如能顺适出版，当寄奉求政。"（《积微居友朋书札》，湖南教育出版社1986年7月版）

◎《申述关于中医科学化的问题》发表于重庆《新华日报》。说："前些时期在《新副》上曾发表了一篇《中医科学化的拟议》引起了好些朋友的很善意很诚挚的讨论，象颜公辰先生和程荣梁先生的态度就是最使我感佩的。""但我在这儿要重申我自己的态度。我们学过近代医学的人，实际上是把医学和药学分为两途的。药学是属于理科的范围，研究医学的人只须懂得一点药理学就够了。因此我对于中医和中药是把它们分开来看的。我反对中医的理论，我并不反对中药的研究。""总之，我对于负责任，有良心的医师或医学研究者，无论新旧，都是极端尊崇的。""但对于中国旧医术的一切阴阳五行，类似巫神梦呓的理论，却是极端憎恨，极端反对的。谨此重申自己的立场，兼答颜程二位先生。"

初收上海大孚出版公司1947年12月初版《沸羹集》，现收《郭沫若全集·文学编》第19卷。

21日 作《中华全国文艺界抗敌协会悼念罗曼·罗兰》。发表于25日重庆《新华日报》。写道："罗曼·罗兰先生，你是一位人生的成功者，现在你休息了，可你是永远存在着的。你不仅是法兰西民族的夸耀，欧罗巴的夸耀，而是全世界、全人类的夸耀。""罗曼·罗兰先生，你请安息吧。我们中国的文艺工作者们，更一定要以你为模范。""要象你一样，始终走着民主的大道，把自己的根须深深插进黑土里面去，从人民大众吸收充分的营养，再从黑土里生长出来。"

初收上海大孚出版公司1947年12月初版《沸羹集》，题作《罗曼·罗兰悼词》；后收《沫若文集》第13卷；现收《郭沫若全集·文学编》第19卷。

24日 应金毓黻邀，至其寓小酌。就金毓黻正拟修订《清史稿》的问题进行商讨，各抒己见，谈兴甚浓，并得金毓黻赠七律一首。（宋德金、丛佩远《平生四海惯为家——记郭沫若一首未发表的七律》，《社会科学》1979年第3期；金毓黻《静晤室日记》（第八册），辽沈书社1993年10月版）

25日 上午，在青年馆参加罗曼·罗兰追悼会，并代表文协致《罗曼·罗兰悼词》。

参加者有各国使节和各界人士共千余人，于右任为主席。追悼会唱的

挽歌即前所作《和平之光》。(26日《大公报》《新华日报》)

28日 金毓黻来访，作七律《静庵教授邀饮，席后谈将修清史，用原韵却酬》："平生四海以为家，亡命险经被捉拿。求学粗通风雅颂，立身愧短乘除加。不辞尝尽苦中苦，忧信能堪牙以牙。何意当筵逢太史，一番清话胜清茶。"(金毓黻《静晤室日记》(第八册)，辽沈书社1993年10月版)

此诗后以《和金静庵》为题入集，文字改为："平生四海惯为家，刻鹄未成不敢夸。折节粗通风雅颂，立身幸免乘除加。微憎已失耳为耳，犹信堪能牙报牙。秉笔相期学司马，无心取宠向谁哗。"

初收作家出版社1959年11月初版《潮汐集·汐集》，现收《郭沫若全集·文学编》第2卷。

◎ 与沈钧儒、王若飞等人发起为柳亚子庆祝五十九岁生日。在重庆的各民主党派和文化界人士四十多人，借天官府文工会举行祝寿宴会。(肖斌如、孙继林《郭沫若与柳亚子交谊琐记》，《郭沫若学刊》1987年第1期)

30日 文工会被国民党政治部宣布解散。接政治部长张治中训令，着"裁撤"文化工作委员会。即派人通知阳翰笙、冯乃超等人来寓所商量善后问题。(《阳翰笙日记选》，四川文艺出版社1985年2月版)

31日 在家接待上门表示慰问的各界友人。

文化工作委员会被"裁撤"的消息，本日见诸重庆各报。《新华日报》并加编者按说："郭沫若先生于七七抗战爆发后，自日本只身逃归祖国，领导战时抗敌宣传工作。""文化工作委员会在郭先生领导下，对于抗战文化，贡献宏伟，驰誉友邦朝野，这次突被解散，闻者颇感惊异。"在重庆的中外人士对于文工会被"裁撤"，均极表关切。各民主党派领导人、新闻记者、文化界知名人士及苏、美、法等国驻渝外交人员等纷纷前来慰问，《新华日报》还以"代邮"的形式转达读者"甚表震惊"和"深表同情"的来函。(31日、4月1日重庆《新华日报》)

本月 《青铜时代》由重庆文治出版社出版，收《序》、正文12篇，附录3篇:《〈两周金文辞大系〉序说》《周代彝铭进化观》《彝器形象学试探》；后收《沫若文集》第16卷；现收《郭沫若全集·历史编》第1卷，附录3篇收《郭沫若全集·考古编》第7卷。

◎《关于中国音乐》发表于《音乐艺术》第2卷第1期。写道："我们是一个有创造性的民族。我们是知道创造文化的困难的。所以我们能创造文化，也就能接受人家的文化。以音乐来说；我们这方面的天才是比人家差一点的，我们受人家的影响很大。

"鼓、钟、磬、籥才真是我们自己的，（磬古时不是圆形，是□形的）琴、瑟实际上就不是我们的了。可是，恐怕我们有很多音乐家也忘记了。拿《诗经》来证明吧，《诗经》总算是最可靠的文学典籍了。由《商颂》《周颂》《鲁颂》上面看，我们在宗庙朝廷上皆未用'它'；而宗庙祭祀是应该用自己的乐器的。再看《国风》：'窈窕淑女，琴瑟友之'，'我有嘉宾，鼓瑟鼓琴'，'妻子好合，如鼓琴瑟'……这下可用起来了。是用于男女间的关系的，是'摩登'的。我们看，琴瑟大约是春秋时代，从西南亚细亚传入的。

"古时的雅乐与郑声，本来是相对的。我们不是记得，孔子对'郑声'是非常反对的吗？可是，它们渐渐地也就合而为一了。

"南北朝时代中国分为两部；北部是由龟兹（今新疆库车）方面传入的胡乐——琵琶，胡琴……南方则保存着古乐。南（古乐）北（胡乐）朝二百多年的对立，一直到隋朝又才混合，成为现在的国乐。这当中胡乐占了最大的成份。

"现在西乐传入了，大家弹的是 Piano，Violin，Organ，Cello……这又是一个很大的影响。起初中西乐是对立的，抗战以来又慢慢地在溶治了。在辩证法上说，这叫做矛盾与统一。"

4 月

1 日 上午，往夫子池，参加画家沈振黄追悼会并致辞，勉励文化工作者应学习沈振黄关心人民，爱护人民，为人民服务，和人民生活在一起的精神和作风。

到会文艺界人士二百余人，由沈钧儒主祭。(2 日重庆《新华日报》)

◎ 与柳亚子、沈钧儒、茅盾等五十人，发起为沈振黄子女募集教育基金。(2 日重庆《新华日报》)

◎ 晚，为三厅七周年举行聚餐会，邀请沈钧儒、章伯钧、翦伯赞、马宗融等民主人士、国际友人等百余人参加。在会上奋笔疾书："始于今日，终于今日，憎恨法西斯，不忘今日。"并解释说："所谓'始于今日，终于今日',不是说文化而是说'花瓶'。今日我们是解散了,我们恢复了本来面目,我们更自由了。"(《参加文工会纪念七周年聚餐会并讲话》,2日重庆《新华日报》)

2日 为"裁撤"文工会签复张治中公文,内容有五项:(一)移交时间定在四月底;(二)四月份同人的薪给请照发;(三)全体同人要求资遣的签呈并望从优资遣;(四)留下程泽民、郭劳为等四人作报销工作,时间以半年为限,请照准;(五)全体士兵求资遣亦请照准。(《阳翰笙日记选》,四川文艺出版社1985年2月版)

3日 为《中国儿童》创刊号题词。

8日 出席重庆各党派领袖及文化界人士举行的宴会并致辞。表示:"文工会是解散了,文化工作却留下了,从今天起我们要真正开始工作。""我随时随地可以死,但是只要我一息尚存,在诸位先生鼓励下,我仍要做一个民主、文化、文艺的小兵。"

到会者有沈钧儒、左舜生、章伯钧、柳亚子、黄炎培、董必武、王若飞、谭平山、陶行知、张志让、马寅初、邓初民、郭春涛、史良、沙千里、翦伯赞、侯外庐、史东山、阳翰笙、于伶、吴祖光、夏衍、胡风、冯乃超等100多人。席间沈钧儒、左舜生、陶行知、王若飞、柳亚子、马寅初、翦伯赞等先后致辞,高度评价郭沫若多年来对文化的伟大贡献,指出"郭先生是国家的至宝,为全国人民所热爱,他是永远不会孤立的"。(《在不自由的狭小天地里欢宴文化战士郭沫若》,9日重庆《新华日报》)

9日 下午,阳翰笙来寓商谈中苏文化协会研究委员会事。介绍朱海观、蔡仪和霍应人到研委会工作。(《〈高尔基〉序》,《高尔基》,北门出版社1948年版;《阳翰笙日记选》,四川文艺出版社1985年2月版)

10日 在昆明的文化界人士闻一多、楚图南、费孝通、罗隆基等五十多人来信,对国民党解散文工会一事表示亲切慰问。(本日《新华日报》)

上旬 开始主持中苏文化协会研究委员会,任主任委员。(《阳翰笙日记选》,四川文艺出版社1985年2月版)

11日 指示去赖家桥办理文工会结束工作的人员:清理账目者,须集中办公;赶办公文、公物移交者,须于二十日前结束。(《阳翰笙日记选》,四川文艺出版社1985年2月版)

12日 作《向人民大众学习》。发表于重庆《文哨》月刊5月4日第

1卷第1期"五四"文艺节创刊号；又发表于1945年6月17日延安《解放日报》；复发表于《胶东大众》1946年第30期。认为："在目前民主运动的大潮流当中，'人民的世纪'更加把它自己的面貌显豁出来了。人民大众是一切的主体，一切都要享于人民，属于人民，作于人民。文艺断不能成为例外。""不要妄自尊大，应该向生活的专家们学习。有时还须得向小孩子们学习。"

初收上海大孚出版公司1947年12月初版《沸羹集》，后收《沫若文集》第13卷，现收《郭沫若全集·文学编》第19卷。

◎ 为《青苗》月刊题词："新鲜、健康、活泼，真象青翠的禾苗那样蕃茂起来，得到丰盛的收获。"手迹载《青苗》5月创刊号。

15日 上午，往抗建堂，参加为苏联作家А.托尔斯泰举行的纪念大会，并作讲话《悼念А.托尔斯泰》，讲话摘要发表于16日《新华日报》。《悼念А.托尔斯泰》初收上海大孚出版公司1947年12月初版《沸羹集》，后收《沫若文集》第13卷，现收《郭沫若全集·文学编》第19卷。

19日 请阳翰笙代为出席中苏文协常务理事会，并报告研委会计划。（《阳翰笙日记选》，四川文艺出版社1985年2月版）

20日 作七绝《忆樱桃树》："窗外樱桃道又红，花时不得一相逢。五年春事怆惚过，独倚南楼怅晚风。"诗前有序："文工会被解散后，赖家桥乡居撤销。闻樱桃树已发花，成此。"

初收作家出版社1959年11月初版《潮汐集·汐集》，现收《郭沫若全集·文学编》第2卷。

◎ 作《人民的文艺》。发表于29日重庆《大公报》；又作为代发刊词发表于1946年1月1日《文艺生活》光复版第1期；复发表于《胶东大众》1946年第44期。说道："今天是人民的世纪，我们所需要的文艺也当然是人民的文艺。""人民的文艺是以人民为本位的文艺，是人民所喜闻乐见的文艺，因而它必须是大众化的，现实主义的，民族的，同时又是国际主义的文艺。"

初收上海大孚出版公司1947年12月初版《沸羹集》，后收《沫若文集》第13卷，现收《郭沫若全集·文学编》第19卷。

21日 致信陈诚，希望暂勿收回军政部军需署借给原文工会办公用

的天官府七号，因尚有二十余名原文工会工作人员赖以栖身。(《阳翰笙日记选》，四川文艺出版社 1985 年 2 月版)

23 日 作七绝《题书画册》："长袍广厦诗人愿，陋巷箪瓢圣者心。安得斯民登衽席，九州欢听读书声？"

初收作家出版社 1959 年 11 月初版《潮汐集·汐集》，现收《郭沫若全集·文学编》第 2 卷。

《书画册》，为美国友人杨孟冬所作。

24 日 阳翰笙来寓谈"郭沫若研究所"筹备详情。表示"最好是不用我的名义"，"随便用什么研究所的都好"。以为在目前的情况下成功的可能性很少。(《阳翰笙日记选》，四川文艺出版社 1985 年 2 月版)

◎ 与邵力子、苏联文化代表多洛雪也夫、邓初民等二百多人，在中苏文协参观了"希特勒新秩序"照片展。(25 日《新华日报》)

25 日 为龚啸岚编著的《岳飞》一书题签书名。(见汉口新快报印刷所印《岳飞》)

27 日 作《"五四"课题的重提》。发表于重庆《群众》月刊 5 月 15 日第 10 卷第 9 期；又发表《天下文萃》1946 年第 1 卷第 5 期。认为："'五四'运动的课题是接受赛先生（科学）与发展德先生（民主）。这课题依然还是一个悬案。""我们今天的任务，依然要继续'五四'精神，加紧解决我们的悬案：接受科学并发展民主。""要做到这一层，总要有政治的民主化以为前提，学术研究得到自由，科学者的生活得到保障，一切都以人民为对象，科学才能够脱掉买办性质，而不致遭受恶用。科学精神也才能够得到鼓励而发扬起来。""我们必须重提起'五四'精神，为拯救中国，为拯救全人类而努力。"

初收上海大孚出版公司 1947 年 12 月初版《沸羹集》，后收《沫若文集》第 13 卷，现收《郭沫若全集·文学编》第 19 卷。

28 日 下午，往沙坪坝学生公社做讲演。以《我们需要怎样的文艺？》为题（R.L 记录）发表于 5 月 8 日重庆《新华日报》。说："我们不需要替统治者歌功颂德，替一家一姓歌功颂德，我们要歌人民大众的功，颂人民大众的德！我们需要这样的文艺！""我们要以文艺来替人民服务，在科学的水平上走向人民文艺的道路。""现在是人民的世纪，我们反对法西斯，反对一个人的独裁专制，反对个人主义，侵略主义，这样才能勉尽文艺家的责任，才能满足人民的要求。""在政治上，是天下人之天下或少数人之天下的斗争；在文艺上，是人民的文艺和帝王文艺的斗争；现在我们不需要一人的文艺，而是需要人民的文艺。"

29日 上午，阳翰笙来谈日前召开"郭沫若研究所"筹备会的情况。以成功的可能比较小之故，对筹备会讨论的结果"不敢赞一词"。（《阳翰笙日记选》，四川文艺出版社1985年2月版）

◎ 致信弟郭翊昌："承汇来四万元及手书，已由谦侄交到，甚感骨肉情分之厚。""会系前月卅日夜奉命裁并，明日即告结束。兄实私庆得以还我初服，望今后能长此感得'一身轻'也。"（手迹载《郭沫若学刊》1987年第1期）

30日 致信张治中。告以军政部已将天官府七号接收去了，政治部需用此房，请直接与军政部交涉。（《阳翰笙日记选》，四川文艺出版社1985年2月版）

◎ 致信吴晗。说："此次文工被解散，承昆明文化界诸友殷殷慰问，同人等异常感奋。本是预料中事，解散实同解放。唯少数友人因生活忽然脱节，在两三阅月之间，自不免稍受影响耳。全人类远识之士，正多牺牲生命以争取德先生之胜利，仅仅打破饭碗，殊不足道。受诸君子之鼓励，自当勉力，期不致成为时代落伍者。"（据手迹，《郭沫若学刊》1989年第1期）

本月 《先秦学说述林》由福建永安东南出版社初版，列为"大学学术丛书"，收论文14篇及后叙。

◎ 得于右任在王晖石棺青龙图拓片上题跋。

跋谓："沫若先生得此志，既为题识，复嘱我作跋，人事匆匆，久未报命。前数日，在追悼法人罗曼罗兰会中郭先生演讲场面成此，即以奉正郭先生：石棺汉志跋难成，三年冻结违君命。时值三更，西南见大星，星河才照透了文人病。才知道光明是你，你是光明。"（据手迹见《郭沫若全集·考古编》第10卷）

5月

3日 老舍来访，阳翰笙亦来，谈文协大会的准备。（《阳翰笙日记选》，四川文艺出版社1985年2月版）

4日 午后，与邵力子、茅盾、老舍、阳翰笙等人往文化会堂，参加文协七周年大会及第一届"五四"文艺节,并讲话。说:"新文化运动的责任又落在文艺工作者肩上,我们的责任加重了。'五四'的课题,至今没有实现。""我们要争取经济的民主,政治的民主。没有真民主,科学便无法发展;有了真民主,才能做到一般科学精神的实现!""'五四'是新旧文艺的斗争,十七年,我们的文艺界依然存有'三寸金莲'主义,也更存在有'高跟鞋'主义,对于这些,要用全力扫荡。法西斯已经灭亡,墨索里尼枪决了,希特勒自杀了,昭和小丑只有躲避了,希望明年今天我们在南京、北平庆祝第二届的文艺节。"(《郭沫若慷慨陈词》,5日《新民报》)

5日 作《我怎样写〈青铜时代〉和〈十批判书〉》。发表于本月《民主与科学》第1卷5、6期合刊;又发表于上海《文萃》周刊1946年1月1日、8日第13期、第14期。分六部分。一、叙述接触周秦诸子的经历以及在"烽火连天"中写了六种历史剧和这两个学术论集。新史学阵营里多数朋友对自己坚持的殷周是奴隶社会的观点"每每提出相反的意见",自己对于儒家和墨家的看法"和大家的见解也差不多形成了对立",受到"鼓励和刺激",因而"秦汉以前的材料,差不多被我彻底剿翻了。考古学上的、文献学上的、文字学、音韵学、因明学,就我所能涉猎的范围内,我都作了尽我可能的准备和耕耘","爬过了一个高峰要达到另一个高峰"。二、叙写作《墨子的思想》《述吴起》《秦楚之际的儒者》《公孙尼子与其音乐理论》的进展。三、记述写作《吕不韦与秦王政的批判》《韩非子的批判》《韩非子〈初见秦〉篇发微》《由周代农事诗论到周代社会》以及《甲申三百年祭》《先秦学说述林·后叙》的进展。四、叙写作《古代研究的自我批判》《孔墨的批判》《宋钘尹文遗著考》《稷下黄老学派的批判》《儒家八派的批判》《庄子的批判》《荀子的批判》的进展。特别将古代社会研究的"重要的新发扬"归纳为四点:即把井田制肯定了,从事工商业者的官奴春秋中叶以后逐渐成为了都市的有产者,《考工记》是春秋年间齐国的官书,详细考察了士民阶层的分化。五、写作《名辩思潮的批判》《前期法家的批判》的进展。六、写作《青铜器时代》、编辑两本论集的情况,列出两本论集的目录。

初收重庆群益出版社1945年9月初版《十批判书》,题为《后记》,以原题作副标题;后收《沫若文集》第15卷;现收《郭沫若全集·历史编》第 2 卷。

6 日 作诗《民主家庭——贺友人结婚》，发表于 11 日重庆《新民报晚刊》。称"世界是民主的大家庭，/家庭是民主的小世界。/只许民主，不许独裁，/独裁者必然要遭失败！"

初收上海群益出版社 1948 年 9 月初版《蜩螗集》，有小序："马寅初先生之女公子仰惠小姐与徐汤莘先生结婚，歌此秣马"；后收《沫若文集》第 2 卷；现收《郭沫若全集·文学编》第 2 卷。

◎ 由阳翰笙约葛一虹、朱海观、霍应人来寓开会，商定中苏文协研委会每月的工作预算。(《阳翰笙日记选》，四川文艺出版社 1985 年 2 月版)

7 日 中华全国文艺界抗敌协会总会第七届年会，改选理监事，本日开票，与邵力子、老舍等 21 人"当选为渝理事"。(见 14 日《新民报》)

8 日 作《凫进文艺的新潮》。发表于重庆《文哨》月刊 7 月第 1 卷第 2 期。写道："五四运动，我并不曾直接参加。当时我还在日本九洲帝国大学医学部研究医学。我在这儿所要写的，只是在这运动前后，我自己对于文学和政治发生兴趣的一些回忆。""我对于文学发生兴趣，甚至开始语体诗的尝试，是远在五四以前。""五四当时，凡是赞成新文艺和新思想的人，差不多彼此都当成情人在看待，毫无畛域之分。其所以多少起了些分化的是后来的事。但单从文艺一方面来说，尽管后来有文学研究会和创造社的对立，或创造社与语丝社的对立，但主要是由于误会和感情作用。事实上这几个集团的人，大多数最能够保持着反帝反封建的旗帜。一时的对立，结果终而合流，有以后的事实证明，无须乎我缕述了。"

16 日 应苏联大使彼得罗夫之邀，出席为庆祝苏联红军在欧洲取得胜利和德国无条件投降举行的酒会。(17 日重庆《新华日报》)

◎ 与阳翰笙、冯乃超一起商定，同意把"郭沫若研究所"的筹备工作暂时停一停。(《阳翰笙日记选》，四川文艺出版社 1985 年 2 月版)

19 日 偕于立群与阳翰笙、冯乃超、胡风等乘车前往赖家桥，看望留在那里的原文工会成员，并一起午餐。(《芍药及其它·下乡去》)

◎ 夜，读斯大林的《列宁主义问题》。(《芍药及其它·下乡去》)

20 日 上午，同冯乃超夫妇一起乘车返回城内。(《阳翰笙日记选》，四川文艺出版社 1985 年 2 月版)

28 日 晚，苏联大使馆费德林博士来访，带来邀请信。受邀参加苏联科学院成立220周年的纪念大会。

另一位受到邀请的是丁西林。(《苏联纪行·前记》)

◎ 作《如果我再是青年》。发表于重庆《青年知识》半月刊7月创刊号；又以《我如果再是青年》为题发表于《书报精华》9月20日第9期。写道："青春的时代和我永远告别了。""我如果再是青年，我不愿意再成为骗子，也不愿意再成为懦夫。为了自己，为了青年，为了千千万万的后代，我们不能够容忍再有骗子和懦夫的存在。"

初收上海大孚出版公司1947年12月初版《沸羹集》，题为《我如果再是青年》；后收《沫若文集》第13卷；现收《郭沫若全集·文学编》第19卷。

29日 与费德林往北碚访丁西林。(《阳翰笙日记选》，四川文艺出版社1985年2月版)

30日 作《国际的文化联盟刍议》。发表于6月3日重庆《新华日报》。"流了几千万人的血，牺牲了无量数的财产，纳粹德国投降了，欧洲的战事结束了，大家都在说反法西斯的战争已经赢得了一半，但其实只是赢得四分之一。东方的法西斯野兽日本还须得我们消灭它，它被消灭了，战争才可以说赢得了一半。剩下的一半便是肃清法西斯的思想战。""我们进化到了今天，特别是在这次大战中受了这么大的苦炼，我们应该是到了能够掌握历史的时代了。"

初收上海大孚出版公司1947年12月初版《沸羹集》，后收《沫若文集》第13卷，现收《郭沫若全集·文学编》第19卷。

6月

2日 作《〈十批判书〉后记之后（一）》。感谢杜国庠告知两则他人研究成果：陈澧《东塾读书录》卷12《诸子书》以思孟之学出于子游，近人刘节以《心术》《白心》二篇出于宋钘或尹文，"志此以示不敢掠美"。

初收重庆群益出版社1945年9月初版《十批判书》，后收《沫若文集》第15卷，现收《郭沫若全集·历史编》第2卷。

4日 作散文《下乡去》，记述偕于立群与阳翰笙、冯乃超、胡风、朱海观等往赖家桥，看望在那里的原文工会成员的经过。

初收重庆群益出版社1945年9月初版《波》，后收《沫若文集》第9卷，现收《郭沫若全集》第14卷。

◎ 以中苏文协研委会的名义，对于茅盾、戈宝权、葛一虹等人翻译《高尔基》（［苏］A.罗斯金著）表示感谢，并为译本作《序》，称赞译文"至为简明扼要，善能传神"。收北门出版社1948年版《高尔基》。

5日 蒋介石召见，准予赴苏联访问。（《阳翰笙日记选》，四川文艺出版社1985年2月版）

6日 偕于立群往中苏文化协会，参加张悲鹭、黄淑珍的结婚典礼。并在纪念册上题词："凫雁翱翔"。（毛西旁《郭沫若与张悲鹭》，《乐山市志资料》1984年1、2期合刊；毛西旁《关于张悲鹭举行结婚典礼时的情况补充》，《乐山市志资料》1986年1—4期合刊）

◎ 阳翰笙来寓所，告以昨日见蒋介石的结果。（《阳翰笙日记选》，四川文艺出版社1985年2月版）

◎ 致王冶秋信："来示奉悉。冯先生盛意至感，唯七、八两日均有先约，不能抽身，心领敬谢。如行期延迟，当专程晋谒，否则恐不及走辞，尚乞向冯先生布达鄙意为荷。"（载《战地》增刊1979年第5期）

◎ 出席中苏文协为欢迎苏联新任驻华大使彼得罗夫、庆祝苏联红军胜利举行的酒会。由于即将赴苏，成为谈话中心。宋庆龄和邵力子一再为他干杯，祝他一帆风顺，完成使命。（7日重庆《新华日报》）

7日 往曾家岩五十号，出席王若飞等人举行的欢送会。（《黄炎培日记》第9卷，华文出版社2008年版）

◎ 晚，出席马寅初、柳亚子、陶行知、邓初民、阳翰笙等为他举行的饯行宴会。（《阳翰笙日记选》，四川文艺出版社1985年2月版）

8日 午后，出席中苏文协、全国文协、全国剧协三团体举行的欢送大会，并致答词，说："中国人民和诸位文化界人士都是主人，好比是我的君，我实是一个'差使'而已，但愿能够'使于四方，不辱君命'就好了。"

到会者有二百余人，邵力子主持，茅盾代表文协致辞，史东山代表剧协讲话，侯外庐代表中苏文协致辞，柳亚子和马寅初亦致了情意眷眷的送别词。（9日重庆《新华日报》《大公报》；《阳翰笙日记选》，四川文艺出版社1985

年2月版)

◎ 晚,偕于立群出席张治中为苏联新任驻华大使彼得罗夫等人举行的欢迎宴会。(9日重庆《新华日报》)

9日 晨,"把积下的字债还清了,一共写了四十二张"。接待不断前来"送行的朋友",并"一道用中饭。送行的人太多,只好轮流着立食"。(《苏联纪行》)

◎ 午饭后,启程赴苏联,参加苏联科学院成立220周年的纪念大会。费德林、安南略、戈宝权、于立群等往机场送行。晚抵达昆明。(《苏联纪行》;10日重庆《新华日报》;戈宝权《忆郭老》,《悼念郭老》,生活·读书·新知三联书店1979年版)

10日 在昆明访闻一多、吴晗、光未然等人,并在冠生园一起吃了中饭。

◎ 下午,继续航程,晚到达印度加尔各答,"在税关里过了一夜"。(《苏联纪行》)

11日 在加尔各答等候下一航程的飞机。(《苏联纪行》)

12日 继续待机。往中国街,"在一家姓秦的杂货店里面买了一对新型的派克笔,一支钢笔,一支铅笔"。(《苏联纪行》)

13日 "早饭后与邵秘书同到美国军部,乘机事尚无着落。"(《苏联纪行》)

14日 "午后又同邵秘书往新市场","我也买了一个花漆小手提包和一个介壳撒针,想拜托商务副代办为立群带去"。(《苏联纪行》)

15日 乘客机从加尔各答启程,途中经新德里"下降用餐","休息约一小时后复起飞"。(《苏联纪行》)

16日 上午,到达卡拉奇。夜,抵达伊朗阿巴旦。(《苏联纪行》)

17日 在阿巴旦停留。"阿巴旦在波斯弯的脚底,地属伊朗。这儿应该是古代巴比仑以来的美索布达米亚平原文明发祥的地方,但目前所见全是一片半沙漠的地带。"(《苏联纪行》)

18日 得诗一首。"时时思念重庆,/乡愁不能遏止。//我对于重庆本是极端憎恨,/觉得世界上再没有这样恶劣的地方。//闷热,/崎岖,/不干净,/一切都逼榨着人,/但我今天离开了它,/却不免怀着无限的恋慕。//我的朋友,/我的家,/都陷在那儿,/那儿就好象我的天国。//

昨天的重庆在我还是地狱，／今天的重庆在我却是天堂。／／我的亲人们都陷在那个地方，／纵使是热风如火，／热汗如汤，／我也愿意躺在那儿的垃圾堆上。"（《苏联纪行》）

20日 晨，乘飞机离开阿巴旦，中途停机两次，抵达德黑兰，宿德黑兰。

"中国大使馆的秘书吕式伦，得到机站的电话，特来接我。并且说，大使李铁铮也来了，在汽车上等待。""李大使有意招待我们，想要我们到大使馆去住，邵秘书辞谢了，意很坚决。"（《苏联纪行》）

21日 上午，大使馆武官黄子安来访。

◎ 中午，应李铁铮大使邀请，往其别墅共进午餐。（《苏联纪行》）

◎ 与老舍、叶圣陶、洪深、陈白尘、巴金等24人联名发表通启，定24日为茅盾五十诞辰举行茶会。载本日重庆《新华日报》。

22日 "一人留旅馆中。""突然想到希夷。"成诗一首，有句道："祖国的前途使我呵增加了朦胧，世界太不平衡，强梁者过于骁猛，友人说我回时当回到北平城中，我感觉着这样的预期类于做梦。"（《苏联纪行》）

23日 与黄子安武官同往博物馆参观。"但可惜时间太短，没有工夫作充分的研究。"黄子安邀在公园饭店午餐。（《苏联纪行》）

24日 得苏联旅行社通知，明天的飞机只能一个人先走，清早有车来接。（《苏联纪行》）

25日 晨，飞离德黑兰。（《苏联纪行》）

◎ 上午，抵达莫斯科的中央飞机场。大使馆的秦涤清、李清盛来接机。"齐赫文斯基也赶来了，是重庆的老朋友，现在在外交部服务。"（《苏联纪行》）

◎ 作五言诗。有句："生别常恻恻，恻恻至何时。孤鸿翔天末，天末浮云低。"录入日记。后为《苏联纪行五首》之一。

初收作家出版社1959年11月初版《潮汐集·汐集》，现收《郭沫若全集·文学编》第2卷。

26日 致信费德林。写道：

"我在昨天晚上到了莫斯科，就像一位巡礼者达到了圣地一样，很愉快。

沿途耽搁太大，Calcutta五天，Abadan四天，Tehran四天，主要是因为行李过多。邵先生还留在 Tehran，我一个人先飞来了。在飞机场遇见齐赫文先生及其他的先生们，现在落宿在红场旁的大旅馆（National Hotel）里面。

大会已于廿四日晚移往列宁格勒，廿八日再回莫斯科闭幕，因此我今晨便得乘机往列宁格勒。

沿途托福平安，请转告彼大使、米先生、安先生及列位夫人，请他们放心。

初到，一切情形都还不明白，大会的学术报告很多，可惜我来迟了，失掉了学习的机会。丁燮林先生也还未到达。

廿四日有过一次胜利示威大游行，可惜我也没有赶上。但听说当天下雨，有许多节目没有举行。

莫斯科的气候还很凉爽，从南方飞来，尤其感觉舒适，真是值得赞美的地方。

写给我的夫人的一封信请你顺便转交为感。"（据手迹，郭沫若纪念馆馆藏资料）

◎ 由齐赫文斯基陪同，乘飞机抵达列宁格勒。"阿列克塞也夫院士和另一位科学院的代表在机场上迎接。"下榻加斯妥里亚旅馆。

◎ 碰见中英科学合作馆李约瑟博士。"他看见我很高兴，说：你来得真好。"

◎ 胡济邦与中央社记者朱庆永来访。（《苏联纪行》）

27日 晨，作《祝辞》并致科玛洛夫院长的信。《祝辞》写道："全人类都在景仰着苏联的伟大的成就，在不足三十年的期间建立了一个光辉灿烂的社会主义的共和国。全世界都在庆祝着苏联的伟大的胜利，在不足四周年的爱国战争中把最凶顽的法西斯野兽希特勒的第三帝国消灭了。这空前的成就和胜利决不是偶然的。今天我们迎接着苏联科学院第220周年纪念，恰巧提出了一个极深长的启示。在这儿，科学是纯粹为人民服务的，科学和人民结合了。这便增加了科学的力量，也增加了人民的力量。""我是衷心庆祝而景仰着的。全中国的人民和学术界都是衷心庆祝而景仰着的。"（全文录入《苏联纪行》）。

◎ 游览列宁格勒名胜古迹和市容。又应塔斯社记者之邀发表了观感。

◎ 晚，应邀出席市长在斯莫尔尼宫举行的晚宴。会见东方学院院长

司徒鲁卫。(《苏联纪行》)

28日 上午，往东方学院听学术报告。司徒鲁卫院长主席，在致开会辞中特别作了介绍，故临时发言，表示说："我今天来参观东方学院，拜听了各位先生的报告，我得到了很多的教益。苏联学者在研究学问上所具有的实事求是的精神和缜密审慎的方法，我将要带回中国去，使中国的学术界也能够兴盛起来。科学要为人民服务，科学才能够获得正常的发展。"(《苏联纪行》)

◎ 下午，与齐赫文斯基参观列宁博物馆。(《苏联纪行》)

29日 午后，从列宁格勒乘火车抵达莫斯科。至国家饭店下榻。丁西林也到达莫斯科。带来于立群的信。

◎ 晚，在国立剧场看科学院招待全体外宾的歌舞演出。(《苏联纪行》)

◎ 致信雁心："作品已经拜读，见解都相当正确，但无甚精彩。因所述大抵都是前人已经说过，而且相当普遍的见解，似乎可以不必重述。做一篇文章总要有些特创的成分才有公诸于世的价值。《中原》奉命只能出两期便要停刊。大作谨奉还。"

30日 下午，与丁西林同大使馆的人一起去飞机场迎接来访苏联的中国使节团。

◎ 晚，参加苏联政府为招待各国科学家在克里姆林宫举行的晚宴，斯大林、莫洛托夫、加里宁等出席宴会。(《苏联纪行》，7月3日、6日《新华日报》)

夏

◎ 为群益出版社题词："文化之田，易耨深耕。文化之粮，必熟必精。有益人群，不负此生。"(据手迹)

7月

1日 上午，往东方文化博物馆参观。"参观了中国、日本、伊朗的"展品，"中国的相当杂，古物多是赝品"。(《苏联纪行》)

◎ 对塔斯社记者发表谈话。说："我做为一个正在为自身解放与民族独立而英勇作战的中国人民的代表来和苏联人民相会，并且来看看莫斯

科——革命和人类进步的名城我感到特别快乐。"（3日《新华日报》）

2日 参观克里姆林宫的博物馆。并在题词簿上留言："集工艺之美，聚珍宝之光，／帝王生活诚然富丽堂皇，／到今朝尽归诸人民玩赏。／试问权威何在？春梦几场？／最可怜是拿破仑一世石象，／一个永恒的俘虏自行送上！"（《苏联纪行》）

3日 伏伊丁斯博士来访，齐赫文斯基同来。应允后日往历史研究所作报告。

◎ 与丁西林被邀出席莫洛托夫招待中国使节团及外交界的晚宴。（《苏联纪行》）

4日 "晨起准备明天的报告，《战时中国的历史研究》，十二时顷完成。""赴对外文化协会，与凯缅诺夫会长谈约一小时，商量我在苏联参观的步骤，允为订一个月的计划。"

◎ 晚，李立三来访，同到高尔基大街散步。

"十八年不见，他比以前消瘦了好些。""立三在苏联已经十五年了，已娶妻生一女，女已二岁。他在外文书籍出版部做工作，《俄罗斯人物》和《考验》都是他所翻译的。"（《苏联纪行》）

5日 上午，拜访作家协会秘书亚布雷丁。与齐赫文斯基商讨《战时中国的历史研究》的译稿，直至午后。

◎ 下午，往历史研究所，做题为《战时中国的历史研究》的报告。主要讲到抗战以来的历史研究，通史的酝酿，古代社会的争辩，历代农民革命运动的关心，封建制长期停滞的探源。

报告会由伏伊丁斯基博士主持，"我读我的原稿，齐先生读他的译稿。听讲者将近四十人，似乎都还感觉兴趣"。（《苏联纪行》）

6日 上午，胡济邦来，同往作家协会，与艾德林谈话。称"苏联文学的崇高品质""成了中国文学将始终取法的楷模"，表示中国作家将以"毫无愧色的伟大作品来报答苏联文学界"。

◎ 下午，参观列宁博物馆。

◎ 晚，"外文出版部约往谈话。我把战时的文艺活动报告了一番。听讲者半系中国人"。（《苏联纪行》）

7日 "晨起草就《战时中国的文艺活动》。"

◎ 上午，对外文化协会招待游览伏尔加莫斯科运河。（《苏联纪行》）

8日 "润色《战时中国的文艺活动》。"

◎ 继续参观列宁博物馆。在纪念册上留言:"一代的伟人,/无产阶级的父亲,/全人类新历史的开创者,/你的遗像永远如生。/人民的欢乐,将和你的/勋业,永远长存。"(《苏联纪行》)

9日 乘飞机往斯大林格勒参观访问。(《苏联纪行》)

10日 上午,往市外参观拖拉机工场及红色十月工场。"前者在战时改为了坦克修理厂,现在已经又在制造拖拉机了。后者是炼钢厂,规模很宏大。"下午,参观市立医院。(《苏联纪行》)

◎ "复往伏尔加河水浴",作诗一首。咏道:"站立在英雄城的彼岸,望着斜阳,/青翠的白桦林诱发着我的遐想。/我也浴沐了,感觉着十分的清凉。/我也干了杯,/谈到了人民的解放。"后以《站立在英雄城的彼岸》为题,收入开明书店1951年7月初版《郭沫若选集》。(《苏联纪行》)

11日 上午,游览伏尔加河。晚,赴"市政府招燕。得见英国所赠斯大林城市剑与盾,罗斯福所署名的颂词,两者均甚辉煌"。(《苏联纪行》)

12日 往乌兹别克首府塔什干参观访问。

◎ "傍晚被邀往参观一摄影场,在一小型放映室中看放电影。"(《苏联纪行》)

13日 上午,"先往市政府拜会市长,其次往访科学院"。晚,在阿加德米戏场看演《奥塞罗》。(《苏联纪行》)

14日 参观一女子中学,参观斯大林纺织工场,并在纪念簿留言:"要人人都有衣穿,/而且要穿得好看——/在从前只是一个梦想,/在今天我看见了这样的生产。/斯大林工场哟,机器的海,//你是社会主义的摇篮,你的规模,世界所罕。"

◎ 作五言诗三首。咏道:"清晨入园林,杲杲明东日。林檎枝头青,坠地无人恤。""天国非人间,人间正流血。不当归去时,此心将毁灭。"录入日记。后为《苏联纪行五首》之二、之三、之四。

初收作家出版社1959年11月初版《潮汐集·汐集》,现收《郭沫若全集·文学编》第2卷。

◎ 晚,赴国立剧院观歌剧《乌鲁格·伯格》。(《苏联纪行》)

15日 晨,"留在房中整理日记。十一时顷出参观果树实验场"。作七绝一首:"一字横眉额下齐,浓情怫郁正相宜。指头痒痒频抓饭,赢得鼗颜一解颐。"录入日记。后为《苏联纪行五首》之五。

初收作家出版社 1959 年 11 月初版《潮汐集·汐集》，现收《郭沫若全集·文学编》第 2 卷。

◎ 午后，参观"第十八届共产党代表集体农场"。休息时，朗诵一首即兴诗："党代表的集体农场，／真个是人间的天堂！亲爱的人们／一个个和天神一样。／世界上再没有／这样好的地方！葡萄美酒，当作茶汤。／击掌高歌，震破土墙。／亲爱的人们／你们是幸福无量！"

◎ "夜，往国立剧场听音乐演奏。"（《苏联纪行》）

16 日 参观历史博物馆。"与中国有关系之古物甚罕，仅于历代货币中发现'崇宁通宝'一枚，崇宁乃宋徽宗年号。"（《苏联纪行》）

17 日 晨，飞往撒马尔罕。"这是铁木耳—兀鲁伯时代的旧都，都市的近代化程度虽不及塔什干，但十三四世纪时代的古迹甚多。"参观寺院、兀鲁伯的天象室、铁木耳和兀鲁伯的陵堂、墓地。下午，"复乘原机返塔什干"。（《苏联纪行》）

18 日 参观"棉花研究所中央精选站"。

◎ 晚，在宾馆参加饯别晚餐，出席者为乌兹别克科学院主席和副主席，及戏剧音乐界名人。（《苏联纪行》）

19 日 飞返莫斯科。得知丁西林已于今晨离莫斯科回国。晚，傅大使派车来接去晤谈。（《苏联纪行》）

20 日 上午，寓中润色讲演稿《战时中国的文艺活动》。

下午，往历史博物馆参观。"馆中由旧石器时代起陈列到现代，甚为井井有条。一部完整的苏联历史更被形象化了。这是绝好的历史教育。"（《苏联纪行》）

21 日 上午，齐赫文斯基来"共同译述《战时中国的文艺活动》"。

◎ 胡济邦来访。

◎ 塔斯社记者来采访参观游览斯大林格勒和塔什干的感想。感觉"这是两座对照的城市。斯城受战祸最为剧烈，塔什干则未受战争的直接影响。但斯城的伟大胜利是有无数塔什干的伟大建设以为后援的。我很感谢对外文化协会的凯缅诺夫会长，他特别选择了这两座城市给我们看。我们看到苏联红军的英勇，而同时也看到了苏联人民和苏联学者的英勇"。

◎ 写就《苏联印象》以备广播。

◎ 傍晚，朱庆永来，邀外出散步。（《苏联纪行》）

22日 "与胡世泽同车至大使馆。被招待者尚有女客三人。"（《苏联纪行》）

23日 上午，齐赫文斯基来，"继续译述《战时中国的文艺活动》"。东方大学代表来，请去作报告，讲题不拘。因毫无准备，请求改期。

◎ 下午，参观革命博物馆。"大部分内容和列宁博物馆所陈列者相同，列宁与革命是分不开来的。"

◎ 晚，应邀参加对外文化协会欢送约翰孙博士晚会。"见到鲍罗廷。将近二十年不见面了，起初我没有认出他，是他自己先向我寒暄。""我很想对他说，'中国的人民是记得你的，并没有把你忘记'，但没有得到说出的机会。"（《苏联纪行》）

24日 上午，前往参观列宁图书馆，"承东方部部长诘谢列娃女士接待，甚为殷勤"。

◎ 下午，"东方语文大学代表复来交涉讲演事，决定二十六日上午十一时往讲《中国文学的两条路线》"。（《苏联纪行》）

25日 上午，"往克鲁泡特金街，参观托尔斯泰博物馆"。

◎ 下午，"参观马雅可夫斯基博物馆，蒙赠全集两套，胶片录音二张及其它"。在纪念簿"依照马氏诗型"留下感想："革命的/诗人/'进攻阶级'的/伟大的儿子。/中国人/早就知道/你的名字。"（《苏联纪行》）

26日 晨，草《中国文学的两条路线》。"这可以说是我的中国文学发展史的一个提要。文学的起源是集体创作，集体享受，集体保有的。自从社会内部有了分化，文学也就有了分化。""我们的努力是要使我们的文学成为人民的文学。"

◎ 午后，在东方大学做讲演。

◎ 晚，李立三来访。（《苏联纪行》）

27日 往历史博物馆，"拓'天子千秋万岁常乐未央'瓦当。共三枚，各拓二张，以一份留赠博物馆"。

◎ 下午，"杨新松来邀往作广播"。

"广播约十分钟完毕。杨新松和孙克英（即孙维世）同车送我回寓。""克英是亡友孙炳文的幼女。炳文在一九二七年被褚民谊出卖，在上海遇难，那时候克英似乎只有两岁光景。'八一三'前后，曾经在上海见过，后来到了延安。六年前,恩来折臂来莫斯科就医,克英被携带同来,现在已经成人,我完全不认识了。"

◎ 晚,往对外文化协会,做题为《战时中国的文艺活动》的报告。齐赫文斯基报告《苏联战时文学在中国》。(《苏联纪行》)

28日 上午,历史研究所西蒙尼英斯卡雅女士与列宁图书馆诘谢列娃女士来访。"要我帮助收集材料。"

◎ 下午,参观特列洽珂夫斯卡画馆。

◎ 晚,观看电影《柏林》,"是柏林会战的纪录"。(《苏联纪行》)

29日 上午,朱庆永来,同往莫斯科河畔散步。

◎ 下午,参观军事博物馆。(《苏联纪行》)

30日 下午,"往史丹尼斯拉夫斯基街看漆器展览,是帕契赫、麦契拉、费多斯基诺、哈鲁易诸民族的作品,作风大抵相同,是以民族固有的技术为基础而施以近代艺术的改良"。(《苏联纪行》)

31日 中午,往莱尔蒙托夫博物馆参观。

"馆中举凡关于诗人的生活和创作的资料均有丰富的陈列,画片照片等极多。诗人亦善画,画亦优入专门之域。假使不受摧残,不知道还要留下多少更伟大的业绩了。"(《苏联纪行》)

8月

1日 晨,写对于苏联学术界的印象。

"对外文化协会对于外国学者征求关于科学院纪念会的感想,将汇为专集,我也在被征求之列。"(《苏联纪行》)

◎ 午后,参观奥斯特罗夫斯基博物馆,并在纪念簿写下感想:"在艰难困苦中为人民解放而斗争,真象铁在熔炉中受着烈火的锻炼,你毕竟成为了钢。"(《苏联纪行》)

2日 "在寓读《苏联国内战争史》。"

◎ 午后,往访哲学研究所。(《苏联纪行》)

3日 上午,参观电车工人幼稚园。

◎ 晚,应邀在苏联对外文化协会历史哲学组作学术报告,题为《战时中国历史研究》。俄文摘要载苏联《历史问题》12月号,次年由文雄译为中文，发表于《中国学术》季刊1946年8月1日创刊号。首先讲道：不管有多大困难，"中国历史学家在抗战时期从未停止过自己的工作，放下过自己的手"。虽然"还没有一部良好的通史"，但近三十年来"中国历史学家的智慧是用在解决基本的问题之上"，根据历史发展的法则"指明各个历史时代的人民、文化、科学和艺术应该放在重要的位置，从而在这个基础上重新创造中国的历史"。延安历史学家合写的《中国通史简编》，"价值不仅在于把中国历史系统化，而且在于写得非常的通俗"。翦伯赞的《中国史纲》，"实则一部大书，全书还没有完成"。关于中国社会发展的时代划分问题，主要是对于奴隶社会问题的"巨大的争论"，介绍自己从《中国古代社会研究》到《古代研究的自我批判》中观点的变化，以及吕振羽、翦伯赞等的观点。进而，将自己的基本结论作"简单"说明。又从周秦之际社会的变革谈到思想上产生了"强大的高潮"，指出中国目前对于古代各种哲学学派"展开极普遍的研究"，所解释的孔、墨、法等哲学学派各不相同，而"占了最显要的地位"的是侯外庐以及他的《中国古代社会史论》和《中国古代思想学说史》二书。而在"这一时期的思想史的许多问题"，自己与他还有着"本质的分歧"。随后介绍了自己在《十批判书》中的基本观点。中国历史学家普遍注意的一个问题是：中国封建社会为什么这样长久？为什么不能从封建制度过渡到资本主义？为什么每次农民革命终归失败，即使胜利也没有改变社会的基础？对于这些问题，虽然没有得出"确定的答案"，但大多数人都认为由于"中国生产力停滞不进的原因"，因此农民革命"不能造成新的生产方法"，"意识形态的上层构造——政治、文化等等——也就停止不进"。最后表示："中国需要现代化和工业化——这是历史科学指给我们的历史的必然。人民已经醒来了。中国历史要从'帝王家谱'的时代进到'人民历史'的时代。"

4日 上午，往波德钦医院访耳科专家托鲁特涅甫博士，"请他为我检查"。(《苏联纪行》)

5日 上午，胡济邦与一位老女画家同来。

◎ 夜，乘火车往雅斯拏雅·坡里雅拏，由邵鲁诺夫陪同。(《苏联纪行》)

6日 上午，到达雅斯拏雅·坡里雅拏车站。直接乘汽车往托尔斯泰庄园（现在的博物馆）参观。

◎ 中午，"馆长邀食。馆长就是托翁的孙女"。(《苏联纪行》)

7日 上午，"参观东馆，托翁生前的生活状况"。"图书凡二万三千册，其中一万四千册有托翁亲笔标识。"中饭后，在纪念册上写下感想："我象一个巡礼者来到雅坡，呼吸着伟大的哲人所遗留下的静肃的空气，我更具体地认识了托翁的崇高的人格。他的书斋、寝室、客厅、书籍，虽然都被寂静地遗留着，但他们都好象在告诉我：'先生刚出去，正在林子里面散步'。""我为同胞爱和人类爱的情绪所饱和了，我虔诚地表示着我由衷的谢意。"(《苏联纪行》)

8日 乘车返抵莫斯科，"坐地下车回寓"。"在食堂吃饭时遇着蒋经国、卜道明诸位。"

◎ "想起了立群在九龙坡飞机场上送行时的情形，又回味到了她给我的信上的一些话"，作诗一首："送郎送到九龙坡，郎将飞往莫斯科，我欲拥抱奈人多。"

◎ 下午，往访莫斯科大学，"蒙校长、考古部部长、历史学部部长接谈"。(《苏联纪行》)

9日 上午，"在食堂遇熊式辉、沈鸿烈诸人，闻昨夜广播，苏联已对日宣战"。

◎ "往访托鲁特涅夫博士，听取听觉检验之结果。""博士告余注意四项：(一)严忌烟草，(二)严忌奎宁，(三)用电气治疗，(四)注意鼻道的卫生。假使能够遵守这四项注意，可望转好，至少不会更坏。"

◎ 下午，应邀往对外文协参加送别宴会，并讲话。对于文化协会与凯会长表示深厚的谢意，"为我订了周详的计划，使我在短时间之内游历了不少的地方，得到了很丰富的学习机会。尤其在今天，这样历史性的纪念日，受到盛大的招待，使我感受着没世不忘的光荣"。

参加宴会者，"中国方面有傅大使、钱参事、胡济邦，苏联方面，凯缅诺夫会长特别为我介绍了好几位新见面的来宾：名作家爱伦堡、西蒙诺夫，作家联盟的主席尼古拉·吉洪诺夫，外交部第一远东司司长邓金等众多朋友们"。(《苏联纪行》)

10日 午后，"齐赫文斯基来，约同往列宁图书馆为翻查魏绛和戎事。"(《苏联纪行》)

11日 参观中央铁道工人医院。(《苏联纪行》)

12日　晨，"草《白居易译诗序》"。

◎应邀往红场参观体育节。作诗一首。发表于安东《白山》月刊1946年6月15日第3期，题作《颂体育节》。诗咏道："天在动，地在动，人在动，/红场的上下化成了一片音乐，/在平匀壮健的节奏中，沉，浮。//欢乐，健康，美妙，轻灵，英勇，/古代希腊罗马的群神再生了，/缤纷着眩目的丰姿，体态，笑容。"

初收入《沫若文集》，改题作《红场观体育节》；现收《郭沫若全集·文学编》第5卷。

◎就苏联对日宣战，对塔斯社记者发表谈话，"感到深切的喜悦"。认为"是使日本帝国主义完全败北的一种保证"。（14日重庆《新华日报》）

13日　上午，李立三与外文出版部另一女代表来访，求将《考验》与《在辽远的北方》阅读数章，对于译文加以批评。

◎下午，往斯大林汽车工厂参观。（《苏联纪行》）

14日　晨"赴首都大饭店访朱庆永，拜托他把护照代交大使馆办手续"。

◎"胡济邦送来礼物多件，古版《战争与和平》三巨册，书中插画甚多。"

◎晚，齐赫文斯基及其夫人同来告别。（《苏联纪行》）

15日　晨，往首都大旅社访朱庆永君，得知明晨可随中国使节团同机启程。

◎致信米克拉舍夫斯奇：

"皮箱两个，皮包一个，

"附带钥匙二枚（在一信封里面），

"敬请您带回重庆，交给我的夫人于立群女士，为荷。"（据手迹，郭沫若纪念馆馆藏资料）

16日　乘飞机启程回国。

"对外文化协会方面有理事基斯洛娃女士代表凯会长专门来送我。""就这样我在苏联境内的五十天的生活便成为了一段永远值得回味的过去"。（《苏联纪行》）

18日　致函费德林：

"我今天到Caleutta，在这稍留数日。听说你要来，望你能够早来。

来 Caleutta 时，在中国领事馆 Park Street, No. 8. 便可探得我的住址。"（据手迹，郭沫若纪念馆馆藏资料）

19 日　由德黑兰经印度飞抵昆明。(20 日《新华日报》)

20 日　上午，飞抵重庆。并立即接受《新华日报》记者采访，畅谈访苏的感想和印象。前往迎接的有马寅初、阳翰笙等二十余位文化界的朋友。(21 日重庆《新华日报》；《阳翰笙日记选》，四川文艺出版社 1985 年 2 月版)

21 日　晨，阳翰笙等许多朋友来访，为大家畅谈旅苏观感。(《阳翰笙日记选》，四川文艺出版社 1985 年 2 月版)

28 日　下午，偕于立群与重庆知名人士往机场迎接参加国共谈判飞抵重庆的毛泽东、周恩来、王若飞等人。赫尔利、张治中陪同到达。(29 日重庆《新华日报》)

29 日　下午，与丁西林出席中苏文协的欢迎会。向大家介绍了苏联工业、科学事业的发达，妇女和儿童受到社会的重视，指出这是由于苏联人民花了很大代价和心血打了胜仗的缘故。(30 日重庆《新华日报》)

30 日　上午，与丁西林出席全国文协和剧协联合举行的欢迎访苏归来茶会。在会上介绍了苏联文艺工作者在反法西斯战争中的贡献。还谈到苏联的博物馆、图书馆和出版局都缺乏中国图书。会上即决定筹集新书千卷转赠苏联，作为加强中苏文化交流的开始。(31 日重庆《新华日报》)

月末　邀请文艺界的朋友三四十人来寓聚会。周恩来赶来与大家见面，他代表中共中央和毛泽东向大家问好，并谈了这次毛泽东亲自参加和谈的重大意义。(林焕平《深切的怀念　沉痛的哀悼》，《悼念郭老》，生活·读书·新知三联书店 1979 年版)

◎ 为潘子农题赠《苏联纪行五首》之五。解释"赢得鲞颜一解颐"句："以'鲞颜'代'红颜'，也算得别开生面了！"（潘子农《"创造当年曾共社"》）

9 月

1 日　出席中苏文协为庆祝《中苏友好同盟条约》举行的酒会。毛泽东、周恩来、王若飞及苏联驻华大使彼得罗夫等三百余人参加。(2 日重庆《新华日报》)

3 日　偕于立群往毛泽东下榻处。在座的有翦伯赞、邓初民、冯乃超、周谷城等人。毛泽东与大家畅谈，并充满信心地说，和平总是要到来的，然而要到达到目的是很不容易的。看到毛泽东用的是一只旧怀表，会后便把自己的手表取下相赠。（于立群《难忘的往事》，1979年1月1日《人民日报》）

4日 下午六时，受到毛泽东的接见。（4日重庆《新华日报》）

5日 参加中国民主同盟举行的抗战胜利暨欢迎郭沫若访苏归来庆祝会。发表讲话，介绍苏联情况，并希望大家为实现民主奋斗下去。（6日重庆《新华日报》）

◎ 劝阳翰笙接受张治中任命的设计委员一职。（《阳翰笙日记选》，四川文艺出版社1985年2月版）

9日 偕于立群往红岩村看望毛泽东、周恩来。谈起自己在文化界应采取什么态度的问题，毛泽东很同意自己的见解，认为态度应该强些，不要妥协合作，要有斗争。（于立群《难忘的往事》，1979年1月1日《人民日报》）

14日 在星期五聚餐会上发表题为《苏联工业现状及其成功之关键》的演说。演说全文载《西南实业通讯》第12卷1、2期合刊。说道："今天承邀出席报告苏联工业现状及其成功之关键，自己感觉惭愧深恐不能满足诸位的希望：因为自己既非工业人员，而在苏联的五十多天，大部分时间又并不全花在参观工厂调查工业上面，所得的感谢与影响，当然不能如诸位去参观时的深刻，现在先就个人在苏联参观的几个工业情况简单报告，然后再说明其成功关键之所在。"关键在三个方面。一、苏联是社会主义国家。"所有生产事业都由国家有计划有组织有系统经营的。任何工业都在一个计划下进行，而且其平时生产计划一定与人民生活相配合。"二、"苏联农业生产的工业化，促成了工业的进步与成功。"三、学术研究与生产配合。"苏联各种学术研究机关，不是空洞的衙门，而是研究和解决实际问题的场所。各学术研究机关，一切研究实验都以人民的生活，生产的改良为出发点。"

中旬 接到"17日郁达夫被日本宪兵杀害于苏门答腊"的噩耗。稍后，接到郁达夫生前写的信和《题画诗》手迹照片，悲痛之余，即于照片后面题字："郁达夫《题画梅诗》。乙酉乃一九四五年，达夫以此年秋遇难"。（于听《怀念尊敬的郭老》，《西湖》1979年第9期）

24日 为傅抱石画《清阁著书图》题诗。云:"问是谁家女丈夫,临邛卓氏忆相如。自来才女多青丝,善病工愁且著书。"(赵清阁《〈著书图〉始末记——怀念傅抱石先生》,《傅抱石研究文集》,上海书店出版社2009年版)

27日 夜,校完《十批判书》,作感言。写道:"《青铜时代》和《十批判书》都由我自己校对了几遍,但终不免仍有错字,深感校书之难。中国假如专由我辈任校对,而有更笃实的学者著书,学术界的进展谅必大有可观了。"影印手迹活页,收重庆群益出版社1945年9月初版《十批判书》。

28日 作《〈十批判书〉后记之后二》。指出《管子》书中多法家言,《法法》《任法》和《明法》诸篇,其"理论确渊源于慎到,而为韩非所本",明显地表现出是慎到与韩非之间的"桥梁"。对于《明法篇》别有《明法解》,认为"或许即是慎到在稷下学宫里的教本",一经一传,分明是师徒之间"传授的讲义录"。

初收重庆群益出版社1945年9月初版《十批判书》,后收《沫若文集》第15卷,现收《郭沫若全集·历史编》第2卷。

30日 应邀出席成都大学月刊社为马哲民、邓初民、沈志远三人举行的招待会。(10月1日《新华日报》)

本月 《十批判书》由重庆群益出版社出版,分上、下册,为"文化研究院丛书"之一。收正文10篇、《后记——我怎样写〈青铜时代〉和〈十批判书〉》、《后记之后》。

◎ 散文集《波》由重庆群益出版社出版。

◎ 与柳亚子、熊瑾玎、张西曼、田汉、林北丽等联名创立了"革命诗社"。

诗社社长柳亚子,主编张西曼。征诗启事说:"爱纠民主歌手,创立革命诗社,配合时代,争取光明。所愿入选新篇,流传大地;至望吟坛国士,时锡瑶章。"(周晓晴《郭沫若与"革命诗社"》,《郭沫若学刊》1991年第4期)

秋

◎ 为尹瘦石画柳亚子全家图题字:"鸥萝园图"。

柳亚子为该画作有《鸥萝园图记》。

◎ 作七绝《贺徐悲鸿、廖静文婚礼》。（见廖静文《往事依依——忆徐悲鸿》，《收获》1982年7月第4期）

10月

2日 作《千载一时的建国机会》。发表于11日上海《建国日报》（晚刊）。

7日 作《天地玄黄》。发表于27日《周报》第8期。感叹时局之混沌。"'玄黄，病也'，天地的病情还没有彻底澄清。"

初收上海大孚出版公司1947年12月初版《天地玄黄》，后收《沫若文集》第13卷，现收《郭沫若全集·文学编》第20卷。

8日 往军委会大礼堂参加张治中以政治部长名义举行的陪都文化界招待会，为毛泽东饯行。

"今晚到会的人特别多，毛、张两先生均有简短的演说。"毛泽东致辞强调"和为贵"（《阳翰笙日记选》，四川文艺出版社1985年2月版；《撕毁了"黄金时代"》，1948年10月10日《华商报》）

9日 得悉八路军驻渝办事处秘书李少石被国民党士兵枪击身亡后，偕于立群赶往市民医院吊唁。（10日《新华日报》）

10日 上午，向李少石遗体告别。（11日《新华日报》）

◎《苏联纪行》在重庆《新华日报》开始连载，至1946年1月22日连载毕；又分16次发表于1945年《时代》第5卷第18期至1946年第6卷第13期；又从11月13日起在香港《正报》连载；又分15次连载于1946年1月7日至21日延安《解放日报》。以日记形式记述了访问苏联期间的活动、见闻、感受。

单行本由上海中苏文化协会研究委员会1946年3月出版，后收《沫若文集》第9卷，现收《郭沫若全集·文学编》第14卷。

◎ 创办并发行《建国日报》晚刊。

这份晚刊八开四版，刊头下书："《救亡日报》改名，发行人郭沫若"。出至本月24日第15号，被当局以"手续不合"的罪名强令停刊。实际原因是由于刊登了一篇夏衍写的补白，说到上海人民最怕两种人：一种是天上飞下来的，一种是地下钻出来的，袋里装的是封条，手里要的是金条。这得罪了蒋介石的接收大员们。（唐弢《永恒的怀念》，《悼念郭老》；夏衍《白头记者话当年》，《新闻研究资料》第26辑）

11日 与张澜、茅盾等百余人前往机场欢送飞返延安的毛泽东、王若飞等人。（12日《解放日报》）

◎ 同周恩来、宋庆龄、柳亚子、鹿地亘等四十人，为李少石移灵安葬执拂。（12日重庆《新华日报》）

12日 复信唐弢、柯灵。发表于27日上海《周报》第8期。写道："十月七日惠书奉悉。《周报》五期亦拜阅，多年隔绝，复得畅通声息，快慰无似。友辈居渝者，渴望早日东下，惟交通尚未充分复原，一时恐尚难成行。至弟个人颇想暂留蜀中，觅得一机会作青城峨眉之游，因弟虽蜀人，此等胜地未曾去过。近来很少写东西，剪寄《天地玄黄》短文一篇，请一阅，可觇弟之心境也。"

13日 晨，阳翰笙来访。交谈时局、清理工作等事宜，同意将《苏联纪行》一书编入中苏文协的研究丛书之内的建议。（《阳翰笙日记选》，四川文艺出版社1985年2月版）

14日 上午，往访周恩来。

◎ 下午，往张家花园参加文艺界抗敌协会理监事联席会。

到会的有冯玉祥、邵力子、冯乃超、茅盾、李劼人、阳翰笙等人。会议的主题是改名的问题和复员的问题。一致同意把"抗敌"二字取消，改名为"中华全国文艺界协会"。（《阳翰笙日记选》，四川文艺出版社1985年2月版）

15日 《人民世纪的文艺》发表于上海《建国日报·春风》第6期。

17日 作《我建议》，纪念鲁迅逝世九周年。发表于19日重庆《新华日报》，又发表于本年《文萃》第18期。写道："我建议，应该设立鲁迅博物馆。凡关于鲁迅的资料，他的生活历史、日常生活状态、读的书、著的书、原稿、译稿、笔记、日记、书简、照片等等，还有关于他的研究，无论是本国的或外国，都专门搜集起来，分门别类地陈列。让研究鲁迅者，让景仰鲁迅者的人民大众，得以瞻仰。"

初收上海大孚出版公司1947年12月初版《天地玄黄》，后收《沫若文集》第13卷，现收《郭沫若全集·文学编》第20卷。

19日 下午，往西南实业大厦出席鲁迅先生逝世九周年纪念会，并作讲演。提出纪念鲁迅的若干建议，包括设立鲁迅博物馆、多塑造鲁迅像等。并介绍了列宁、斯大林对苏联文化建设的重视。

纪念会是与周恩来、宋庆龄、邵力子、沈钧儒、许寿裳等人共同发起的。(20日重庆《新华日报》；11月3日《周报》第9期；《民主教育》创刊号)

◎ 纪念会后，与文艺界朋友回寓中会餐，并举行"文艺漫谈会"，所谈都是过去文艺活动的总结。(《阳翰笙日记选》，四川文艺出版社1985年2月版)

20日 作《今屈原》。发表于25日重庆《新华日报·柳诗尹画联展特刊》。说："亚子先生的诗，于严整的规律中寓以纵横的才气，海内殆鲜敌手。字，行楷有魏、晋人风味，草书则脱尽町畦。这是独创一格的草书，不仅前无古人，亦恐后无来者。""画家尹瘦石曾经以亚子先生为模特儿，画过一张屈原像，这是把对象找得太好了。'佩长剑之陆离'者，是屈原，也是亚子。亚子，今之屈原；屈原，古之亚子也。"

初收上海大孚出版公司1947年12月初版《天地玄黄》，后收《沫若文集》第13卷，现收《郭沫若全集·文学编》第20卷。

21日 在中苏文协妇委会做《苏联妇女漫谈》演讲。演讲词发表于11月7日《中苏文化》月刊第16卷第11期"苏联十月革命二十八周年纪念特刊"。演讲说："苏联和中国及别的国家不同，没有妇女问题，没有妇委员会之类的团体，所以找妇女材料很困难，苏联妇女没有被用特殊眼光看，因为男女很平等，男子与妇女是一样，既不像我们中国这样卑视妇女，也不像英美似的 Lady First 畸形的尊重妇女。据我所看见的，苏联妇女确与男子站在平等的地位，无论社会工作，文化建设等都是与男子一样的创造，甚至有时超过男子。"

◎ 下午，出席中华全国文艺界协会在张家花园举行的会员联欢晚会并讲话。说："文协改名以后一定会象抗战中八年所表现的成果一样，为和平建国而工作。"又将老舍的两句诗联句成五律一首："今夕复何夕，文林盛会开，烛光鸡尾酒，月影凤头钗。香华随风举，词华逐电来，宵深人不觉，清话共徘徊。"

联欢晚会由老舍主持，并邀请到会的周恩来介绍延安文协的工作。到

会的有叶圣陶、巴金、傅彬然、赵家璧、常任侠、胡风、冯雪峰等56人。(22日重庆《新华日报》)

29日 作《应有的结论》。发表于11月7日《中苏文化》月刊第16卷第11期"苏联十月革命二十八周年纪念特刊"。文章说:"中苏友好条约的缔订,这完全是应有的结论。从道义上来讲,中苏两国本来是兄弟之国,对我们最初自动废除不平等条约的是苏联,帮助我们组织了国民革命完成了北伐使命的是苏联,抗战初期唯一在精神上物质上援助我们的也是苏联。有远见的孙中山先生早就教导我们要和苏联亲善,今天我们是实践了。"

本月 讲演录《王安石》发表于重庆《青年知识》半月刊第1卷第3期。从王安石的文章说到他的学问,肯定他是"秦汉以后的第一个大政治家",强调他的政见"完全由人民的立场出发,和秦汉以来的站在统治阶级为政的大臣两样"。宋政之腐败,是因为"贿赂风行",而王安石的变法"就是拯救这种毛病"。王安石的"政治原则"是"打倒土豪劣绅,救济老百姓";其理财方案,均以此为"最高标准"。在逐条考察变法的内容后,评定他执政8年的政绩是"内政修明,武功赫赫"。变法的最终失败成为导致宋亡的重要原因。对于王安石其人,寄予无限的同情,认为他"无论如何说是一伟大的人物","为了实行己见,不害怕或顾虑什么","不患得失"。罢相后隐居金陵城外,"晚年颇寂寞"。

初收上海海燕书店1947年8月初版《历史人物》,后收《沫若文集》第12卷,现收《郭沫若全集·历史编》第4卷。

◎ 词《沁园春》二首发表于《民主与科学》9、10月号,又发表于12月11日重庆《新民报晚刊》、12月25日《联合增刊》第6号合订本。咏道:"国步艰难,寒暑相推,风雨所飘。念九夷入寇,神州鼎沸;八年抗战,血浪天滔。遍野哀鸣,排空鸣鹏,海样仇深日样高。和平到,望肃清敌伪,除解苛娆。"

初收上海群益出版社1948年9月初版《蜩螗集》;后收《沫若文集》第2卷,题为《沁园春·和毛主席韵》;现收《郭沫若全集·文学编》第2卷。

◎ 诗《题逍遥伉俪纪念集》发表于《南风》月刊第1卷第6期。诗中有句:"慧福双修道已闻,即不百年亦何忧。""凤凰鸣矣朝阳升,为人当争第一流。"

逍遥，黄天鹏，《南风》月刊发行人。

◎ 书《沁园春》。

11月

4日 应中大学生自治会之请，做题为《苏联观感》的讲演。讲演词载5日重庆《新华日报》。讲到苏联在这次战争中付出的代价，并驳斥了某报关于斯大林的虚假新闻。

◎ 作《苏联问题二三事》。发表于7日重庆《新华日报》。第二节《苏联是不是民主》曾发表于《时代》第5卷第23期，又发表于《胶东大众》1946年第33期。文章包括三部分：一、斯大林的健康；二、苏联是不是民主；三、形同感电。

初收上海大孚出版公司1947年12月初版《天地玄黄》，后收《沫若文集》第13卷，现收《郭沫若全集·文学编》第20卷。

7日 中午，应邀出席苏联大使馆为庆祝十月革命28周年举行的盛大酒会，并致辞说，"谁是我们真挚的友邦，中国人民的心里是雪亮的"。（8日重庆《新华日报》）

◎ 下午，出席中苏文协在青年馆举行的苏联十月革命28周庆祝会，并讲话。说："苏联是尊重文化的，他们科学院的经费，比英国的学术经费还多，人家怎么不强呢？我们自己要想变成强国，今后在文化方面要多努力，在民主上，要多争取。""苏联的外交政策从来就是非常公正的，他们从来不干涉人家内政。今天我们遭受了什么样的环境，什么样人在干涉中国内政，中国人民的心里是雪亮的。"（8日《商务日报》）

13日 上午，参加在江苏同乡会举行的追悼范旭东大会。致辞说："范先生的事业，其目的在于使老有所终，壮有所用，幼有所长。建国要靠和平，要靠自己的学问和生产能力，不能靠人家的飞机大炮！范先生虽然死了，每个工业界人士，都要追随范先生先忧后乐、粉身碎骨、百折不回的精神，站在自己的岗位上，奋斗下去。"并题写挽联："老有所终，壮有所用，幼有所长；天不能死，地不能埋，世不能语。"

文化界、工业界人士数百人参加，沈钧儒、章乃器等亦先后致辞。

(14日重庆《新华日报》)

16日 往特园赴朋友们所设祝寿宴。(《阳翰笙日记选》,四川文艺出版社1985年2月版)

17日 戏剧界诸友来寓所开漫谈会,谈抗战以来的戏剧运动。(《阳翰笙日记选》,四川文艺出版社1985年2月版)

19日 出席重庆各界反对内战联合会成立大会,与黄炎培、柳亚子、沈钧儒、罗隆基等被选为理事。在会上讲话。指出:民主国家的一切事情要问人民,内战是反民意、反老百姓的。同时谴责美国拼命帮助蒋介石打内战。(20日、12月4日重庆《新华日报》)

23日 与茅盾、叶圣陶、老舍、洪深等17人,联名致美国援华会作者委员会赛珍珠和全美作家书,发表于重庆《新华日报》,又发表于《中原、文艺杂志、希望、文哨联合特刊》1946年1月第1卷第1期。写道:"我们是中国的作家,对于你们——美国的作家,一向抱着无限的敬意。""在这东西法西斯国家终于都被击败的时候,我们对于伟大美国人民的'灵魂的工程师'的你们,更抱着无限感激的热忱。但是,我们写这封信的当儿,我们的心是沉重的,因为不祥的内战已在中国普遍的爆发了,而美国在中国的士兵有卷入这次中国内战的迹象。""所以,我们又迫切盼望我们的美国朋友也将尽力阻止凡有可能损碍中美两国人民友谊的行动。"

本月 书赠徐文烈条幅:"为争取民主,必须掷头颅,流鲜血而后可。今之民主斗士,日日只作民主清谈,吃点心,费时辰;有必要时,并争取代表资格,只落得反民主者笑杀耳!"(手迹见《郭沫若学刊》1987年第1期)

◎ 为南社陈明中题词:"说诗者不可以辞害意,近人因《离骚》有众女忌余之蛾眉一语,遂谓屈子乃楚怀王之弄臣。厚诬古人,莫此为甚。盖蛾眉一语,古时男女并用,况诗重比喻耶。"(蒋维明《屈原与郭老》,载《沫水》1982年第4期)

12月

月初 为武训诞辰107周年,领衔发起"武训先生诞辰纪念大会"。纪念大会订于6日下午在中华路青年馆举行。发起人有张申府、周恩来、徐迟、陶行知、邓初民、邵力子、陈铭枢、黄炎培、李公朴、冯玉祥、沈钧儒、柳亚子等二百人。（见"请柬"，《郭沫若佚文集》"附录"，四川大学出版社1988年版）

3日　作《吊星海》。发表于1946年1月4日上海《文汇报》。为悼念不久前病逝于莫斯科的冼星海。写道："冼星海在音乐上的成就是怎样，我不能够说出什么有斤两的话。但他的为人充分具有着建立新音乐的素质和教养，我是可以断言的。他是站在人民立场上的人，他要把音乐服务于人民，让自己成为人民的响亮的号手，这种立场和志愿便是保障着他有成为人民艺术家的资格。""今年七月我在莫斯科，才知道星海也在莫斯科，而是睡在皇宫病院里的。""我本来都已经约好朋友去看他的，因为临时有别的约会，没有去成。而终竟回国了。这是一件遗憾的事，没有在他的生前和他再见一面。"

初收上海大孚出版公司1947年12月初版《天地玄黄》，后收《沫若文集》第13卷，现收《郭沫若全集·文学编》第20卷。

4日　与沈钧儒、罗隆基、章伯钧等反内战联合会常务理事，联名致电全国人民，呼吁各地都成立反内战联合委员会。（本日重庆《新华日报》）

6日　出席"武训先生诞辰纪念大会"，为主席团成员，并发表讲话。讲话摘要见黎舫《重庆武训先生纪念会发言摘录》，收入华东新华书店1948年《国语文选》第三册。说："武训先生是中华民族产生的最伟大的人，他确确实实是值得我们中国人夸耀的人，每个人都要把他当作好榜样。最值得我们学习的是他那种大公无私的精神，他那种不只顾到自己，不把自己的存在放在眼睛里的人格。他受尽了苦难、痛苦，来办教育，使不能读书的人得到受教育的机会，可以说，武训先生简直是一个圣人。孔子告诉我们：'博施于民而能济众'。打救老百姓，武训这一点是真正的做到了。武训是把自己的一切拿出来给大家，一心一意打救大家，使人人免受灾难，人人得到幸福的人。说武训讨饭，其实武训那里是讨饭？他确确实实是拿出自己的力量、心血，拿出自己的生命把钱换来的。这钱不是白白得到的，而是因为武训自己的舍己为人得到的。我们就喊武训做武圣罢！今天主席台上两边的对联：'舍己为群，是为至善；行乞兴学，无愧大贤'。我以为应该改为：'是为至公，无愧大圣'才够味，才能够把今天大家纪念武训的意义表达出来。武训先生能够忘掉自己，一个能够把自己忘掉的人，无论做什么事情都会成功的。武训就是一个为大家都幸福而忘我的人，他因此值得我们崇敬。我希望人人学武训，行行出武训。"

7 日 为声援昆明师生对"一二·一"惨案的抗议，与重庆文艺界人士吴祖光、茅盾、巴金、胡风、叶圣陶、冯乃超等人联名致电昆明各校罢课联合委员会并转全体教授、教师、同学，"对死者致悼，对伤者慰问，祝生者继续努力"。（8 日重庆《新华日报》）

9 日 参加重庆各界在长安寺内为昆明"一二·一"惨案死难诸烈士设灵祭奠仪式，并致哀辞。以《追悼大会哀辞》为题，发表于 10 日重庆《新华日报》。哀辞中说道："抗战八年，民生雕丧，幸获胜利，勉跻五强。""蠢尔威武，直等蚊虻，拯溺救火，何畏死伤。全民奋起，共树典常。魂其有灵，来格来飨。"

初收上海群益出版社 1948 年 9 月初版《蜩螗集》，题作《祭昆明四烈士》；后收《沫若文集》第 2 卷；现收《郭沫若全集·文学编》第 2 卷。

10 日 为纪念昆明"一二·一"惨案所作诗《进步赞》发表于重庆《新华日报》，又发表于《文萃》周刊 25 日第 12 期、《民主教育》1946 年 1 月 1 日第 3 期、《中原、希望、文艺杂志、文哨联合特刊》1946 年第 1 期。诗写道："谁能说咱们中国没有进步呢？""水龙已经进步成为了机关枪，/板刀已经进步成为了手榴弹，/超度青年的笨拙的刽子手们/已经进步成为了机械化的好汉。"

初收上海群益出版社 1948 年 9 月初版《蜩螗集》，后收《沫若文集》第 2 卷，现收《郭沫若全集·文学编》第 2 卷。

◎ 浦熙修《郭沫若先生——政治协商代表访问之十》发表于《新民报晚刊》。对记者谈道："一切积重难返，当然不是一天可以达到的，今天解决中国问题，以联合政府方式最为适合。只有通过联合政府才能执行公正的普选，以达到真正还政于民。联合政府也可以说是为还政于民作准备工作。这是国际国内的要求，必须要走这条路的。""国家必须要看重文化，学术与学者，御用文化的思想必须纠正过来，建国才能成功。苏联的建国是靠他们的学术与文化，英美又何尝不如是？！拿枪杆的武人决不能建国，古人早有'马上得之，不能马上治之'的古谚，何况现代国家。但我们今日，学生要遭屠杀，文人是贫病交迫。这如何能建国呢？"

11日 参加陪都文化界、戏剧界在长安寺公祭昆明四烈士大会，为主祭人。(12日《新华日报》)

15日 作《历史的大转变》。发表于1946年1月1日上海《文汇报》。写道："一党专政的作风不能再用了，国民党即使有人材，但中国之大除国民党员之外，难道就没有可用的人材了吗？中国是中国人的中国，不应该是某一党的中国。人民是国家的主人，是历史的主人"，"'一二·一'的烈士们已经昭示着我们，历史在大转变！能够领导这个转变的便是民族的英雄"。

初收上海大孚出版公司1947年12月初版《天地玄黄》；后收《沫若文集》第13卷，文字略有删节；现收《郭沫若全集·文学编》第20卷。

◎ 题写刊名的《青年学习》杂志（发行人章伯钧）开始出版。

17日 作《一切为了人民》。发表于《抗战文艺》月刊1946年5月4日第10卷第6期。写道："八年的抗战完结，现在是应该专心建国的时候了，因此我们文艺工作者的笔也就应该由抗战文艺转而为建国文艺。""我们不敢夸说文艺是开风气之先，但也不想妄自菲薄，文艺是落时代之后。抗战未开始前我们早就在呼号，化除畛域，团结对外。八年的战争其中虽然没有什么了不起的成绩，但大家含辛茹苦，勉尽所能，总算问得过自己的良心。""我们文艺界似就应该保持这种干净的态度来从事建国文艺的写作。干净就是不自私自利，干净做到极端，就是把自己的心血、生命，一切，都献送得干干净净。在这样的精神下边，我们文艺界是可以永远团结下去的。有着这样的精神，我们文艺界也就有资格够得上来写建国性的创作。"

18日 与周恩来、董必武、叶剑英、沈钧儒、李公朴等人参加燕京大学留渝校友，以及重庆各党派及文化界人士为祝贺张东荪六十寿辰举行的宴会。(19日重庆《新华日报》)

20日 为成都《华西晚报》元旦增刊补白题诗一首。发表于1946年1月1日《华西晚报》。诗云："五年振笔争民主，人识华西有独龙。今日九阴犹惨淡，相期努力破鸿蒙。"

◎ 就杜鲁门声明与马歇尔来华答《新华日报》记者问。表示欢迎杜鲁门声明，希望马歇尔能迅速将声明内容付诸实现，撤走在华美军，停止装备不民主的军队。(21日《新华日报》)

24日 与陶行知等28人代表重庆反内战联合会致电毛泽东和蒋介石，希望立即停止武装冲突，促进政治协商，使和平建国大业早日进行。（见26日、29日重庆《新华日报》）

27日 作《兵不管秀才》。发表于上海《文萃》周刊1946年1月24日第16期，又发表于《民主时代》1946年第1期。写道："'秀才管兵'在别的国家乃至在中国的历史上并不稀奇，而在今天的中国却成了'书生之见'，此其所以为稀奇。行不通倒是可以保证的。""要做到军与政划分，然后兵也才有法可管，管的人也才不出毛病。假使军与政不划分，那么即使让秀才来管了，那些秀才们也可以摇身一变而成为军阀。袁世凯、吴佩孚不是秀才吗？""所以我想作一个让价的呼吁，在要求'秀才管兵'之前，先要定下严厉的禁制：'兵不管秀才'！"

初收上海大孚出版公司1947年12月初版《天地玄黄》，后收《沫若文集》第13卷，现收《郭沫若全集·文学编》第20卷。

28日 作《相见以诚》。发表于1946年1月1日重庆《新民报》。说："今天应该是大家相见以诚的时候了。自己拿出真正的责任心来，大胆地照明自己的丑态，彻底地荡垢涤污。""有诚便能有勇，所谓'真金不怕火来烧'。这种人，他能勇于面对现实，勇于正视自己的过错，勇于接受批评，更勇于对抗外来的一切横逆、诬蔑、诱惑、冷视。要怎样才能够'富贵不能淫，贫贱不能移，威武不能屈'？就要全靠一个'诚'。""今天是应该相见以诚的时候了，拿出诚意来，大家正大光明地做些对得住人民，也对得住自己的事。"

初收上海大孚出版公司1947年12月初版《天地玄黄》，后收《沫若文集》第13卷，现收《郭沫若全集·文学编》第20卷。

◎ 下午，同傅斯年、王云五等人出席邵力子、雷震举行的宴会。听邵力子报告国共谈判经过，并共商无党派代表的办公处等问题。（29日重庆《新华日报》）

30日 作《走向世界和平的桥梁》。写道："有人说'中国是美、苏之间的桥梁'。这句话的意思假如更把它扩充起来，可以这样说：中国是走向世界和平的桥梁。""但假如我们死不觉悟，一定还要背道而驰，别的世界是以原子能的速度进步，而我们则自然是以原子能的速度相形落伍了。但人民是决不甘心的！人民今天已经认识清楚了，我们要作为走向世界和平的桥梁。"

初收上海大孚出版公司1947年12月初版《天地玄黄》，后收《沫若文集》第13卷，现收《郭沫若全集·文学编》第20卷。

1946年（丙戌　民国三十五年）54岁

1月10日　国共会谈达成协议，停止内战，在北平设立军调处。

本月　在重庆召开了有共产党和各民主党派参加的政治协商会议，通过了"和平建国纲领"和改组国民党政府的五项原则。

3月10日　国民党举行六届二中全会，撕毁政治协商会议关于宪法原则和成立临时联合政府的决议。

3月27日　国民党向东北营口等地进攻的军队受到东北民主联军反击，被迫签订《东北停战协定》。

春，"中国学术工作者协会"成立，选举郭沫若、邓初民、翦伯赞、杨晦、张东荪、侯外庐等四十余人为理事。

4月　蒋介石在参政会讲话，公开撕毁政协决议和东北停战协议。

5月初　民盟、民主促进会等十二个人民团体组成上海人民团体联合会，发表宣言，要求停止内战，实行政协决议。

5月4日　中共中央发布《关于土地问题的指示》，将减租减息政策逐步转变为没收地主土地分配农民的政策。

5月5日　国民政府还都南京。

5月15日　中共晋冀鲁豫边区中央局机关报《人民日报》在河北邯郸创刊。

6月12日　上海文化界马叙伦、陶行知等一百四十六人，联合发表《致蒋介石、马歇尔特使、民主同盟及社会贤达、青年党、中共代表团书》，吁请各方协商和平，停止内战。

7月初　上海文化界著名人士联名发表《上海文化界反内战争自由宣言》。签名有巴金、田汉、周信芳第二百六十人。

7月12日　国民党调兵五十万向苏皖解放区进攻，全面内战爆发。

8月10日 马歇尔和司徒雷登发表联合声明，宣布"调处"失败。

10月11日 蒋介石下令召开非法的"国民大会"。

12月25日 伪国大闭幕，通过蒋介石一手炮制的《中华民国宪法修正案》。

12月30日 因美国士兵强奸北京大学女学生，爆发了北平学生和天津、上海、南京等几十个城市的学生反美反蒋运动。

1 月

1日 作《告日本的人民大众》。（郭沫若纪念馆馆藏资料）

3日 与冯玉祥、沈钧儒、柳亚子、周恩来、董必武、陈铭枢等48人联名发表"冼星海先生纪念演奏会启事"于本日、4日重庆《新华日报》。称："革命音乐家冼星海先生以艺术致力中华民族解放事业，时达十年，功在人间。"

◎ 与邵力子、董必武、张东荪、梁漱溟、张申府等政协代表，应邀参加农业协进社举行的叙餐会。（4日重庆《新华日报》）

◎ 参加中苏文协举行的新年同乐晚会。

应邀出席晚会的有彼得罗夫大使、米代办、费德林秘书及夫人、罗申少将等人。周恩来、孙哲生、于右任、邵力子、叶剑英、王若飞、陆定一等及文化界人士五百余人参加。（4日重庆《新华日报》）

5日 为本日《新华日报·冼星海纪念特刊》题写刊名，并发表《吊星海》一文。

◎ 晚，出席在江苏同乡会举行的"人民歌手冼星海纪念演奏会"并讲话。追怀武汉时期在冼星海及张曙等音乐家领导下激昂雄壮的抗战歌声。感叹"从武汉撤退以后，七年来人民的歌声，便被压抑着欲讴无声，而当今天人民正怒吼反对内战的时候，冼先生却与我们永别了。现在只有让我们踏着冼先生的脚迹前进"。

周恩来、邵力子、陶行知及中外人士一千余人出席演奏会。演奏会接连进行三天。（6日重庆《新华日报》）

7日 下午，以"社会贤达代表"身份，出席政治协商会议全体代表茶话会。交换有关政协会议程序等问题的意见。

◎ 晚，偕于立群出席政协中共代表团在胜利大厦举行的鸡尾酒会，与到会的各界人士和中外记者一百多人为民主团结干杯。（8日《新华日报》）

◎ 与冯玉祥、周恩来、沈钧儒、李德全、李公朴、陶行知、史良等二十余人发起组织"星海合唱团"。（8日《新华日报》）

8日 下午，出席民主建国会在西南实业大厦举行的招待政协会议各方代表的茶会并讲话。说："政治协商会议不成功不得了，成功得马虎也不得了，不但要受当代的批判，还要受历史的批评。"（9日重庆《新华日报》）

9日 上午，往中苏文协出席中国妇女联谊会为招待政协代表举行的茶会。发言表示，"妇女对民主政治的建设和对社会发展的贡献，都会很大"。

◎ 下午，与吴玉章、沈钧儒等往西南实业大厦，出席文化界七团体举行的茶会。决定组建全国人民政治协商会议协进会，以促进政协会议成功。（10日重庆《新华日报》）

10日 上午，往国民政府大礼堂出席政治协商会议开幕式。

蒋介石致开幕辞。周恩来、曾琦、沈钧儒、邵从恩等先后致辞。到会代表共38人。其中：共产党代表周恩来、董必武、王若飞、叶剑英、吴玉章、陆定一、邓颖超共7人。国民党代表孙科、吴铁城、陈布雷、陈立夫、张厉生、王世杰、邵力子、张群共8人。民主同盟代表张澜、罗隆基、张君劢、张东荪、沈钧儒、张申府、黄炎培、梁漱溟、章伯钧共9人。青年党代表曾琦、陈启天、杨永浚、余家菊、常乃德共5人。无党派代表莫德惠、邵从恩、王云五、傅斯年、胡霖、郭沫若、钱永铭、缪嘉铭、李烛尘共9人。（11日重庆《新华日报》；《黄炎培日记》第9卷，华文出版社2008年版）

◎ 复张元济信。说："今日午前十时政治协商会议开幕，同时并由国共双方下令停止军事冲突，先生所关心之内战，幸赖各方努力，得以中止矣！但今后我辈仍当继续努力，使之永远不发。建国问题，至为繁难，尚祈时赐教督。"（陈梦熊《郭沫若遗简五通考述》，《郭沫若研究》第10辑，文化艺术出版社1992年9月版）

11日 下午，出席政协第二次全体会议。听取张群、周恩来报告关

于停止军事冲突及恢复交通商谈经过。(《黄炎培日记》第9卷，华文出版社2008年版)

12日 上午，出席政协第三次全体会议。周恩来、邵力子报告关于国共商谈经过。(《黄炎培日记》第9卷，华文出版社2008年版)

◎《新华日报》披露："前被查禁的郭沫若著史剧《高渐离》即将获准上演。"

14日 下午，出席政治协商会议第四次会议，讨论扩大改组政府问题。发言说："政府延揽各方人士参加政府，这表现了诚意。这目的是为了实施宪政，研究的结果似乎难以达到这个目的。（一）国府委员增三分之一，人选权在主席，即使都增的是党外人士，那也不仅没有决定权，连建议权也没有，恐成伴食大臣，参政会即是一例。政府既有决心与诚意，应决心使宪政目的达到。（二）主席权限太大。雪艇先生说主席并非独裁，但是也太辛劳，是否可设辅助办法，如副主席或常委会，以减轻主席之劳瘁与责任。（三）对政务执行机构部份，方案太简单了。（四）最好根据党派平等合法原则，由各党派来另成机构研究国府组织法。"(15日重庆《新华日报》)

◎ 作《巩固和平》。发表于15日《新华日报》。写道：

"政治协商会议召开了，停止内战命令颁发了，现在是和平的开始，是全中国的人民和全世界爱好和平的各国人民所共同争取得来的。我们庆贺这个开始，但这仅仅是一个开始。我们今天的任务是要护卫它，并且继续发展它要使这花苞开出花来，结成果实，而且达到成熟。暴风雨的征候并没有完全渡过，害虫还四处都潜伏着，随时由里由外都可以把这苞糟蹋。我们要警惕，决不可有丝毫的犹豫。我们今天要求政府把已经应允了的事情，说到就要做到。停战令下了已经三天，然而热河还在进兵。我们要警惕，不要使停战令成为了掩护内战的烟幕。热河是命令容易传达的地方，假使命令已到，而前线将令抗不遵行，应受严烈的处分。政府所应允了的四项诺言，人民自由，政党平等合法，由地方自治以推行普选，释放政治犯，这些也一律说到就要做到。束缚言论自由的出版法，收复区的检查限制，戏剧电影的审查等等，应该立即取消。特别如像释放政治犯是轻而易举的事情，为什么政府宣告后已经四天，而张学良、叶挺、廖承志、费巩及其他不少的爱国青年，依然不见释放。

"既已应允各政党平等合作，那么目前的中央政府和地方政府便应该根据这个原则一律改组，要由各政党乃至社会贤达人士共同管理政权，组织通情合理的临时性的联合政府以过渡到正式的民主政府成立，一切以前在政党不平等的基础上所立定的一党专政的法令和机构都要从新改革，要这样才能名符其实，使各政党平等合法。

"既已应允了由下而上的普选，就要赶快从事普选产生出来，然后才真能代表民意。年前一党专政下所圈出的旧代表，当然无效。国民党中委四百六十人的当然代表资格也当然无效，我们不争国民大会的早开迟开，通是要开出一个真正的国民大会来，这是建国的基本问题，丝毫也是不可疏忽的，应当说的话很多，今天我只出四个大字：巩固和平！"

15 日 上午，出席政协第五次会议，讨论施政纲领。公布分组人员名单，被列为"施政纲领"和"宪法草案组"成员。

政协会议分为改组政府、施政纲领、军事、国民大会、宪法草案等五个组。周恩来为军事组、宪法草案组成员。（16 日重庆《新华日报》）

16 日 上午，出席政协第六次全体会议。

中共代表团提出《和平建国纲领草案》，周恩来讲话指出，军队国家化和政治民主化这两项要同时进行。（17 日、20 日重庆《新华日报》）

◎ 晚，往沧白堂出席陪都各界协进会举行的第四次会议并讲话，介绍了近两天政协会议的情况。

国民党特务捣乱会场，谴责这些歹徒，说："连政府都要来协商，你们何必这样呢？""今后军队要为人民服务，不能象现在这样鱼肉人民。"以后数日，特务继续捣乱，是为"沧白堂事件"。（见 17 日至 20 日重庆《新华日报》）

17 日 上午，前往美专街 10 号，出席政协纲领组会议。（《黄炎培日记》第 9 卷，华文出版社 2008 年版）

◎ 下午，出席政协第七次全体会议，讨论国民大会问题。发言说："主张改选已成全国公论，应该认识，事实上改选对政府并无多大困难，不妨尊重舆论，政府要坚持旧代表有效，是怕旧代表说引起社会不安定，其实各党派主张改选也是为的求安定，怕人民说话，代表并非封建时代的状元，有什么荣耀，而是对人民负有很大的责任。"（18 日重庆《新华日报》）

18 日 上午，出席政协第八次全体会议，继续讨论国民大会问题。（19 日重庆《新华日报》）

19 日 上午，出席政协第九次全体会议，讨论宪法草案问题。（20 日重庆《新华日报》）

◎ 下午，出席政协纲领组第二次会议，商决原则四条。（《黄炎培日记》第 9 卷，华文出版社 2008 年版）

20 日 下午，往沧白堂，在重庆各界庆祝国内和平大会上讲话，呼吁大家团结一致，努力到底，把得到的和平巩固下去。（21 日重庆《新华日报》）

21 日 下午，出席政协纲领组第三次会议，通过关于人民权利三条。（《黄炎培日记》第 9 卷，华文出版社 2008 年版）

22 日 下午，出席政协纲领组第四次会议。决议组织人民自由保障委员会，不订入纲领，并通过外交、侨务两章。（《黄炎培日记》第 9 卷，华文出版社 2008 年版）

◎ 参加东北文协举行的萧红逝世四周年纪念会并讲话。赞扬对旧社会不妥协的萧红是人民的作家，希望作家能走人民作家的道路，反对一切什么"法统"，等等。（23 日重庆《新华日报》）

23 日 下午，出席政协纲领组第五次会议，通过教育文化及善后救济两章。

◎ 晚，出席蒋介石为政协全体代表举行的宴会。（24 日重庆《新华日报》；《黄炎培日记》第 9 卷，华文出版社 2008 年版）

24 日 上午，往中苏文协参观《新华日报》举办的"延安生活艺术展览"。在留言簿题词："并不是奇迹，人民是有这样伟大的力量，只要认识了人民的力量，中国的前途都可以这样呈现出乐天的景象。"（25 日《新华日报》）

◎ 下午，出席政协纲领组第六次会议，通过经济及财政两章。（《黄炎培日记》第 9 卷，华文出版社 2008 年版）

25 日 上午，出席政协纲领组第七次会议，通过政治章及前言。（《黄炎培日记》第 9 卷，华文出版社 2008 年版）

◎ 作《民族解放的先锋——纪念"一二八"第十四周年》。发表于 28 日重庆《新华日报》。肯定了十九路军的历史功绩。针对有人"在喊

'军队国家化'",说,"其实应该喊成'军队人民化'。国家也要是人民的国家才行"。

初收上海大孚出版公司1947年12月初版《天地玄黄》,现收《郭沫若全集·文学编》第20卷。

26日 上午,出席政协纲领组第八次会议,讨论增改定稿。(《黄炎培日记》第9卷,华文出版社2008年版)

27日 参加陪都各界协进会在沧白堂举行的会议并作报告:共同纲领"共有九章四十多条,内容保管每位同胞都能满意,但在如何执行上还要大家努力,不要使它只成为一篇好文章而已"。"在我们建国时期,要学习孙中山先生的精神,我们一定要拚命建国,把一切都贡献给国家,天地间没有什么困难是不能克服的。若有献身的精神就更什么都不怕了,死都不怕,难道还怕枪杆,小石头吗。希望全国同胞都能团结一致,建设一新中国。"(28日重庆《新华日报》)

◎ 出席政协分组会议,继续讨论纲领定稿。(28日重庆《新华日报》)

28日 出席陈铭枢为纪念淞沪抗战14周年举行的宴会,并发表讲话。(29日重庆《新华日报》)

到会的有董必武、孙科、冯玉祥等二百余人。

29日 出席政协分组会,继续讨论宪法草案。(30日重庆《新华日报》)

31日 上午,出席政协分组会,讨论国民大会问题。(《黄炎培日记》第9卷,华文出版社2008年版)

◎ 晚,出席政治协商会议闭幕式。

会议通过了《和平建国纲领》《关于宪草问题的协议》《关于军事问题的协议》,以及关于政府组织和国民大会等五项协议后圆满闭幕。蒋介石、周恩来等先后致辞。(2月1日重庆《新华日报》)

◎ 就美方日前宣布退出军调部、撤退驻军陆战队,以及国民党声称单独改组政府之事答记者问,指出,美军早应撤走,应该一切都撤。提醒大家密切关注美国国会暗中片面援华。至于国民党单独改组政府,认为毫无重视的必要。(2月1日《新华日报》)

本月 为即将离渝赴沪前来辞行的丁正献题词:"凡事必以全力赴之,以全生命寄托于一项事业,始能望其有成。画道亦当如是,苟能生死以之,未有不精进者。出诸沉钺,天下无可为事。"(丁正献《从〈洪波曲〉

谈起》,《新文学史料》1982 年第 4 期)

2 月

1 日 对《新华日报》记者发表谈话,赞扬政协会议取得的成就。认为:"政治协商会议的成就很大,所获各项协议是中国走向民主的一个很好的开端,虽然要使之一一实现,尚须作更大的努力和清除许多障碍,但前途无论如何是光明的。对于文化工作者,希望保持以往艰苦时期的奋斗精神,万万不能松懈,在今后较好的环境中,尤其要发扬民主作风和集体主义,集体努力要比苦干的成就大得多。"(2 日《新华日报》)

◎ 民主同盟机关报《民主报》在重庆创刊,被聘为社论委员会委员。
社长为罗隆基。被聘为社论委员会委员的还有陶行知、马寅初、邓初民等人。(本日《民主报》)

4 日 《文化动员》发表于《民主报》。写道:"日本投降以后我们赢得了战争的胜利;政治协商会议闭幕以后,我们赢得了初步的和平。现在应该是我们努力建国的时候了。""在我的想法,我们今天应该是文化动员的时候。虽不必一定要下出总动员令,但凡是文化工作者的每一个人,每一个团体,应该命令自己动员,拿出全力来参加建国的工作。"

8 日 下午,前往纯阳洞中国电影制片厂大礼堂参加由三民主义青年团和军委会政治部招待参加政协会议的各界代表、文化新闻界人士的联欢会,并讲话:"各党派也应有此责任重大的感觉,过去建国建不好有借口可说,外有帝国主义特别是日本侵略,而内或可指责封建割据,或指责一党专政,所以建国不成,现经八年抗战,胜利成功,不平等条约已取消,日本已打倒,对外借口已失,政协成功,国内借口亦失去了。现在大家庆祝政协成功还应多想想自己的责任。"(9 日重庆《新华日报》)

晚会由张治中夫妇主持,出席会议的有周恩来、江青、孙科等人。(9 日重庆《新华日报》)

10 日 前往较场口,参加重庆各界庆祝政协成功大会。特务破坏大会,遭暴徒殴打,额头、胸部受伤。即由百龄餐厅副经理杨作权和一群年轻人护送回家。

◎ 下午,带伤出席中外记者招待会,愤怒谴责反动派制造这次血案

第三卷　1129

的阴谋，要求严惩凶手，并驳斥一些报纸的"无耻造谣"。(11日重庆《新华日报》)

11日　来寓所慰问者络绎不绝。在接待《新华日报》和各报记者三十余人的慰问时，指着伤处说："不算什么，实现民主才是最重要的事情。"(12日重庆《新华日报》)

◎ 杨春洲与黄培峰来寓所看望，谈到较场口事件时说："反动派这种卑劣行径，绝对挽救不了他们的覆灭，相反，只会加速他们的灭亡。"应杨春洲请求，书赠一条幅："庶矣富之，富矣教之，此实为绝好之行政程序。衣食足然后知礼义，亦系此意。"(杨春洲《哲人其萎墨宝长存——怀念郭老》，《郭沫若研究》第2辑，文化艺术出版社1984年3月版)

12日　接中华全国文艺界协会发来慰问信。

慰问信说："政治协商会议成功后全国人民欢腾鼓舞，国家地位与人民生活将随民主政治之奠基与展开而逐渐提高，但在一国威望所在的首都，人民四大自由刚刚得到保障诺言的现在，居然发生此种不幸现象，使世界知名的作家如先生者受辱受伤，本会同人以为舆论界有保持严正态度的义务，政府有彻查内幕，依法办处的责任。"(14日《民主报》)

◎ 接复旦大学等30团体慰问信。

慰问信说："诸位先生，你们是英勇的民主老战士，你们是推动历史车轮转向康庄大道的原动力，你们为培养出自由的花朵老早就流过汗，流过血；你们为唤醒醉梦中的人们，老早就痛苦流涕，大声疾呼，你们为国家为人民的丰功伟绩是会永远留在爱好自由和和平者的记忆里的。"(15日《民主报》)

13日　接《中原》《希望》《文哨》《文艺杂志》几家刊物发来的慰问函电。(14日重庆《新华日报》)

15日　晚，往江苏同乡会，参加戏剧节纪念会及欢迎田汉来渝的聚餐会。(16日重庆《新华日报》)

16日　接山东省文化协会发来慰问函电。

17日　接晋冀鲁豫边区文化新闻界发来慰问电。(21日重庆《新华日报》)

◎ 下午，前往中苏文协，参加前文化工作委员会同人暨文化界人士为欢送即将回国的日本朋友鹿地亘、池田幸子夫妇，慰问郭沫若暨欢迎田汉举行的晚会,并发表讲话:"鹿地亘先生能突破狭隘的国家观念,站在人类的立场,为反法西斯而努力,这是不容易的,值得我们学习。""今后争取民主的道路是迂回曲折的。虽然现在有许多人还在推波助澜,阻碍民主运动,正如有雾一样,因为雾是晴天的预兆,太阳一定会出来,雾是一定会散的。"(18日重庆《新华日报》)

◎ 作诗《红军为什么那样英勇?》。发表于3月25日《中苏文化·庆祝苏联红军第二十八周年纪念特刊》。

18日 接正在召开的中国民主宪政促进会第二次筹备会慰问函。(19日重庆《新华日报》)

19日 延安各界相继发来慰问电。(21日重庆《新华日报》)

中旬 "在青年馆看《棠棣之花》",初识邓发。(《为多灾多难的人民而痛哭》)

22日 致信方汉年:"达夫追悼事时在念中,唯今生死仍未确定,又陪都在复员期中,友人甚均忙碌,且多已离去,到沪后再举行,想能荷同意也。日后更拟刊行达夫全集。"(《郭沫若研究》第4辑,文化艺术出版社1988年4月版)

23日 出席苏联大使馆为庆祝红军建军28周年举行的酒会。(18日重庆《新华日报》)

到会的有周恩来、马歇尔等三百余人。(18日重庆《新华日报》)

25日 《红军英勇的源泉》发表于《新华日报》。认为源泉有二。"主要的源泉之一自然是苏联的国度。苏联是社会主义的人民的国家,苏联人民和国家是分不开来的,苏联红军和人民是分不开来的。苏联是一百七十五种族属的民主的大家庭,每一个人民都把国事看成为自己的家事一样。红军本身就是人民,挺身作战为的是保卫国家,而同时也是保卫自己。军与民打成了一片,人民对于军事的供应也是尽着了自己的全力的。""另一个更为明显的要素,便是领导正确的胜利。人民领袖斯大林先生,他同时是一位军事学的天才,是他的英明的领导在这场战争中更发挥了极强大的决定作用。他组织了红军,教育了红军,更不断地改进了红军。就是炼铁一样把红军炼成了钢。他教导他们成为人民的武力,忠于人民,忠于人民的祖国,随时纠正自己的错误,补足自己的缺陷,磨炼自己的技能,遇必要时甚至向敌人学习。"

《新华日报》编者按说："郭先生此文原为纪念红军节而写，后因暴徒捣毁本报，故迟了两天才刊出"。

下旬　参加留渝政协代表邀请政府代表举行的谈话会，并发言："挨打在我倒是很大的收获，在我身上多挨几拳。在我身上多流几珠血，便在朋友身上少流几珠血。在我算尽了保护朋友的责任，我已经得到了精神上的满足"。"打了我的人怎么样呢"，"使得法纪荡然，使得政府的威信扫地"。（《南京印象》）

到会的政府代表有邵力子、王世杰、陈立夫等人。（《南京印象》）

本月　收到一中学生李德永的慰问信，并复两信。表示感谢，同时提示其进入哲学之门的新途径、新方法："多学几种外语"，"读《资本论》，结合实际，以求生发"。（李德永《忆郭老》，《郭沫若学刊》1994年第4期）

◎ 向苏联赠送自己主编、侯外庐撰写的《苏联历史学界诸论争解答》一书。不久，收到苏联对外文化协会历史经济组主席葛莱科夫的信，并所赠《历史问题》杂志两册。（3月18日重庆《新华日报》）

◎ 为严开民与张思学结婚题词："和与同有别，同一则不能和，和必须同中有异，异中有同；同属于音，必须有音阶之异，始能成调。"（手迹见重庆市图书馆编《郭沫若著译研究资料》第2辑）

3月

4日　往中共代表团驻地，看望刚从国民党监狱释放归来的叶挺将军。

◎ 作《叶挺将军的诗》。发表于重庆《唯民》周刊4月6日第1卷第1期，又发表于4月27日香港《华商报》。说道："我敬仰希夷（叶挺字），事实上他就是我的一位精神上的老师。他有峻烈的正义感，使他对于横逆永不屈服；而同时又有透辟的人生观，使自己超越在一切的苦难之上。""然而希夷征服了这一切，现在果真是'地下的火冲腾，把活棺材烧掉'，而他'在烈火和热血中得到永生'了。"

初收上海大孚出版公司1947年12月初版《天地玄黄》，后收《沫若文集》第13卷，现收《郭沫若全集·文学编》第20卷。

6日　作《论郁达夫》。发表于《中国文学》6月1日第1期，又发表于《人物杂志》9月30日第3期。追忆与郁达夫的交往,称赞"达夫很聪明,他的英文德文都很好,做一手很好的旧诗,我们感觉着他是一位才士"。充分肯定"在创造社的初期达夫是起了很大的作用的。他的清新的笔调,在中国的枯槁的社会里面好像吹来了一股春风,立刻吹醒了当时的无数青年的心。他那大胆的自我暴露,对于深藏在千年万年的背甲里面的士大夫的虚伪,完全是一种暴风雨式的闪击,把一些假道学、假才子们震惊得至于狂怒了"。

初收上海海燕书店1947年8月初版《历史人物》,后收《沫若文集》第12卷,现收《郭沫若全集·文学编》第20卷。

8日 傍晚,即将回国的日本反战同盟代表长谷川敏三等人来赖家桥辞行。为长谷川敏三题字:"超过了死线,获得光辉的新生",并说:"蒋介石挑动内战,不惜使用日本军队,发动了反共战争,同时却恬不知耻地发表了要我作为无党无派人士的代表入阁的要求。""我绝不去理睬他们。"(据手迹;长谷川敏三《超过了死线的日子》,《新文学史料》1979年第2期)

◎ 为即将回国的秋山龙一题字:"铁经过烈火煅炼成为了钢"。(据手迹)

12日 为帮助生活教育社推行普及教育,与冯玉祥、陶行知等决定发起卖字、卖文、卖讲演、卖诗歌"四卖兴学",将所得收入全部捐赠该社。(12日重庆《新华日报》)

◎ 下午,戴扶青来访。应其请题词:"实事求是乃做人做学问的极好教条"。(戴美政《木铎声起　海鸥飞扬——郭沫若支持的一份抗战刊物》,《郭沫若学刊》1990年第1期)

◎ 夜,作《关于李岩》。发表于上海《清明》月刊5月1日创刊号。写道:"关于李岩,我对他有一定的同情。"引查继佐《罪惟录》"为均田免税之说相煽诱",说"'均田'两个字是其它资料所没有的,虽然仅只两个字,却把李岩的思想立场表示得十分明白。这足证明李岩确不是一位寻常的人物"。抄录《梼杌近志》中李岩遗事,以补《甲申三百年祭》中关于李岩与红娘子"未能详尽"处。表示"本来也想把李岩和红娘子的故事写成剧本,酝酿了已经两年,至今还未着笔。在处理上也颇感觉困难"。

初收上海海燕书店1947年8月初版《历史人物》,为《甲申三百年祭》附录，并改署写作时间为 2 月 12 日；后收《沫若文集》第 12 卷；现收《郭沫若全集·历史编》第 4 卷。

13 日　参加重庆 21 个文化团体为欢送以鹿地亘为首的日本反战同志举行的宴会并致辞，托鹿地亘向日本文化工作者表示问候。（14 日重庆《新华日报》）

◎ 与沈钧儒、茅盾、陶行知、李公朴、田汉等联名致电西安《秦风日报》《工商日报》。写道："贵报被少数暴徒捣毁，闻讯之际，不胜痛愤。中国际此民主解放期中，少数法西斯余孽竟采用如此手段，以陷国势于危殆而不顾。贵报为西北民主堡垒，自遭忌视，然拥护贵报之人民固遍于全中国。尚望再接再厉，共同争取民主自由之实现。特电敬致慰问。"（19 日重庆《新华日报》）

◎ 为上海《导报画刊》题词："日本军部武力独霸的狂梦害了中国，也害了日本。如今痛定思痛，应该深切地认识只有和平民主的真谛，才能增进人民大众的幸福。"（据手迹）

《导报画刊》本年 5 月 5 日创刊。

15 日　与李公朴出席重庆地方法院审理"较场口事件"的庭审。

被告刘野樵是较场口殴打民主人士的暴徒，他反而诬告李公朴、郭沫若等人，遂成两案并审。下午，庭长宣布，因政协综合小组与宪法协商小组议决排解本案，故不再开庭审理。（16 日、17 日重庆《新华日报》）

17 日　与张澜、冯玉祥、王若飞等设宴欢迎李济深、田汉等到渝。并庆贺叶挺、廖承志两同志出狱。（19 日重庆《新华日报》）

22 日　赴田汉家贺其 48 岁生日，向田汉"盛称李岩之伟大。其与绳妓红娘子之关系尤富戏剧意味，劝予写一平剧，一直写到李岩被杀，农民革命的失败"。"又谈及李岩与瞿大耜，谓耜虽难能可贵而仅在支持南明危局，有民族意义而已。李岩辅李自成以使其营垒旌旗焕然变色，罪惟综称其劝自成以均田免赋之说更有社会意义。而求之当时士大夫阶层真奇峰突起。倘使吴三桂不借清兵消灭革命，其足标炳千古。"（田汉《雾中散记》，《唯民周刊》1946 年第 1 期）

23 日　携子女上街，在田汉怂恿下渡江到南岸，在茶店小憩时仍劝田汉写李岩，并说自己"曾试写话剧，但因场子限制无论如何要丢掉许多宝贵材料。不如用平剧较易处理，又谓拟写王安石配以地主阶级代言人司马光及浪漫文人苏东坡。又谓陈东未细查其是否属司马光系统人物，因其反对蔡京。但若是安石思想继承人当更值得表扬"。（田汉《雾中散记》，《唯民周刊》1946年4月6日第1期）

26日 为田汉送去延安版《甲申三百年祭》。（田汉《雾中散记》，《唯民周刊》1946年4月27日第1卷第4期）

27日 作《文艺与科学》。发表于重庆《中原、希望、文艺杂志、文哨联合特刊》5月第1卷第5期。认为："科学是人类智慧所达到的最高的阶段，是人类精神辨别是非、认识真理的最高成就。在今天人类的一切部门的认识都不能离开科学，而尤其重要的是科学的精神。""文艺的主观也必然要经过科学的客观才能养成，在我看来是毫无疑问的事。"

初收上海大孚出版公司1947年12月初版《天地玄黄》，改署写作时间为"3月17日"；后收《沫若文集》第13卷；现收《郭沫若全集·文学编》第20卷。

◎ 为《亚洲苏联》译本作序。发表于4月29日重庆《新华日报》，收上海耕耘出版社1946年版《亚洲苏联》。说："朱海观同志把美国戴维斯和施特格所著的《亚洲苏联》翻译了出来，这是最适时宜的一件事。""在今天有了这一部书的译出，我相信是绝好的启蒙，故我乐于尽介绍的义务。"

初收上海大孚出版公司1947年12月初版《天地玄黄》，后收《沫若文集》第13卷，现收《郭沫若全集·文学编》第20卷。

29日 出席重庆青年举行的黄花岗七十二烈士纪念会，并致辞："今天人们大都不满意国民党，主要因为它已失去了革命初期的青年精神"，而"成了老人党，老爷党了"。今天的青年应"学习过去真正为革命而牺牲的青年的精神，而努力于今天的民主运动"。（30日重庆《新华日报》）

◎ 同马寅初、陆定一等赴中国经济事业协进会举行的茶会并讲话。表示，鉴于当前经济危机严重，政治逆流肆行。颇为中国前途忧虑。要和大家一起为中国和平民主而努力。（30日重庆《新华日报》）

31日 应职业妇女月刊社青年联谊会之邀，作关于文学的写作问题讲座。以《如何学习写作》为题发表于《职业妇女》5月第2卷第4期。文章说道："要学习做人，要除去自私自利的思想，要有虚心的坦怀，由客观的认识培养主观的见解，要保持自己的观感的锐敏，要有科学家对真理的态度，有了这些条件之后我们再进一步谈写作。""搜集材料是写作的先决条件。写作不是一件太容易的事，有许多人以为自己干不来科学的玩艺，又干不来算学，于是转向文学，研究文学，这是错误的，任何事不经过艰难困苦，是决不会成功的，科学与文学并没有多大分别，在文学准备搜集材料的过程中，所费的精力是与研究科学相等的。""材料要真实，经过研究以后的材料，才能真实，才能正确地把握真实。""写尽量多写但少发表，写作是一番劳动，劳动是愉快的，所以写作完了，自己在精神上特别兴奋，特别愉快，内容的缺点，完全被当时的陶醉淹没了，所以自己总觉得自己写得最好，比任何人都好。这是要不得的。写过之后，一定要放一些时候，冷静一下，然后多读几次，多推敲，多请朋友看，接受他们的意见，再修饰，润色，多余的地方去了，或大刀阔斧地砍掉。最好是集体创造，比闭门造车一个人想出来的好得多。因为自己一个人看不完全，也就是客观的真实不正确，要综合许多人的见解而后才能更真实，写出来才会真实，才会动人。"

◎ 参加中国学术工作者协会成立大会，与马寅初、侯外庐、邓初民等四十五人被选为理事。（4月1日重庆《新华日报》）

本月 为即将在上海举行的沈叔羊画展作序。认为沈叔羊"对中国画法有实事求是的研究，这种精神正是一个艺术家的基本条件。以谦冲的态度接触自然，承受优良的遗产，在实践中求阐发！这就是叔羊所走的路"。（4月6日《世界晨报》）

春

◎ 为陈铭德50岁生日书赠五律一首："昨夜三斤酒，今朝醉未休。高歌怀远志，中立挽狂流。知命须澄彻，新民贵自由。魔高庸一丈，更上万层楼。"（见手迹；陈铭德、邓季惺《〈新民报〉二十年》，《文史资料选辑》总第63辑，中华书局1979年6月版）

◎ 为杨子辉书一轴："子辉夫人马峪森女士，人甚贤淑。与余夫人立群极相得。去年余访苏归来，不料竟成故人，子辉膺此鼓盆之痛时有余哀，余既为题葬亡碣，今改题此轴数语，虽葬亡门近在咫尺，未一拜扫，殊慊慊也。"（手迹见《郭沫若遗墨》，河北人民出版社1980年版）

◎ 以"社会贤达"身份被推定进入"宪法审议委员会",郭沫若向国民党方面表示,他愿意放弃代表资格,让侯外庐代替,但被拒绝。(侯外庐《韧的追求》,生活·读书·新知三联书店1985年10月版)

4月

1日 诗《司派狂》发表于重庆《新华日报》,后来又发表于6月2日延安《解放日报》。小序谓:"四五年前闻有误入司派圈中而致神经错乱者,曾为此诗以志之。人孰无良,鸟可不返?"写道:"近闻时有司派狂,若辈精神已反常。/初本无心作顺民,不辞跋涉甘流亡。/流亡万里至他乡,寒时无衣饥无粮。/同是中华好儿女,谁宁饥莩倒路旁?/皇皇布告见报端,侥幸闻开训练班。/待遇优渥试简易,且欣报国得其关。/入学之后始得知,始知所学匪所思。/受训匆匆三两月,造成一部杀人机。"

初收上海群益出版社1948年9月初版《蜩螗集》;后收《沫若文集》第2卷,署写作时间"1946年3月";现收《郭沫若全集·文学编》第2卷。

司派:为英文Spy的音译,指间谍、特务。

◎ 接待《唯民周刊》主编邓初民派来取新作《叶挺将军的诗》手稿的人,在手稿的"头页纸上面"写一短信,"初老:以此奉正,用后,请将原稿掷还。沫"。(见4月6日《唯民周刊》第1期所发表《叶挺将军的诗》文后邓初民写的《读上文后的附记》)

3日 戏剧工作者协会筹备会在抗建堂举办第一次演讲会,应邀作题为《抗战八年的历史剧》的演讲。记录稿(殷野记录)发表于5月22日《新华日报》。说道:"历史剧这个名词,并不适当,仅只是因为它是采取了历史题材写的剧本,就给予'历史剧'的名词。""广泛的说,只要是用历史题材写的剧本,就可以叫做历史剧,或者称为古装剧,也许更概括一些。"写作历史剧有几种动机:"追求历史剧底真实","借古代史实做题材,影射现代","同情古人","迎合一般人的兴趣","帮闲和御用"。"任何剧作家都有他的出发点与作用","各人的立场不同,写出来的作品当然也不同。人们对于历史剧底意见,也是相对立的。有人认为历史剧是非现实的,历史与现实是对立的,历史剧的题材是封建的","还有人恶意地说：写历史剧是逃避现实。我个人认为这些看法是不正确的"。"今天是民主时代，是人民底世纪，更需要大家起来说话，大家应该写什么，怎样写，是值得作家考虑的。"

◎ 作《〈联合三日刊〉发刊词》。发表于重庆杂志联谊会编《联合三日刊》4月创刊号。写道："今天的中国仍然在生死的歧路上，是走向民主团结，还是维持独裁分裂。""我们要为民主精神的彻底实现而不淫于富贵，不移于贫贱，不屈于威武。今天的中国虽然还在生死的歧途上，但我们知道人民是愿意生而不愿意死，因而我们要坚持着走上民主团结的道路，而排击独裁分裂的继续。凡是赞成我们这种主张的都是我们的友人，我们请一同携起手来，向着光明的前途迈进。"

初收上海大孚出版公司1947年12月初版《天地玄黄》，后收《沫若文集》第13卷，现收《郭沫若全集·文学编》第20卷。

6日 黄齐生返回延安前来天官府四号寓所辞行，带来《沁园春》词一首。(《民主运动中的二三事》)

13日 得知王若飞、叶挺、秦邦宪等飞返延安途中，因飞机失事不幸遇难，往中共代表团吊唁。并与李公朴、黄洛峰、史良、阎宝航、施复亮、王葆真等联名"致唁函周恩来先生并转毛泽东先生暨中共诸先生"。唁函发表于15日重庆《新华日报》，称："惊闻王若飞、叶挺、秦邦宪、邓发、黄齐生先生坠机遇难，至深痛悼，中国和平民主之道途艰阻且长，遽失民主干城，抗战名将，劳工领袖，教育先驱，实中国人民之大损失，亦民主战线之最大不幸也。"

◎ 夜，作《挽歌——献给若飞、希夷、博古、邓发及其他烈士》。发表于15日重庆《新华日报》；后由夏白谱曲，以《英雄们向暴风雨飞去——挽歌》为题发表于重庆《新华日报》；又以《献给若飞希夷博古及其他烈士》为题发表于延安《解放日报》；复以《英雄们向暴风雨飞去——挽若飞、希夷、博古、邓发及其他烈士》为题发表于25日香港《华商报》，篇末有编者按称："此词经由夏白谱曲，因篇幅关系，曲谱只得割爱。"挽歌深切哀悼死难烈士，决心以烈士们为"崇高的榜样"，"要把法西斯魔鬼们扫数灭亡，让人民安乐在红光明亮的地上！"

初收上海群益出版社1948年9月初版《蜩螗集》，题目作《挽四八烈士歌——献给若飞、希夷、博古、邓发及其他诸位烈士》，写作时间署

"4月23日",有误;后收《沫若文集》第2卷,写作时间误署"1945年4月23日";现收《郭沫若全集·文学编》第2卷。

◎ 作《祭王若飞等文》。(郭沫若纪念馆馆藏资料)

15日 作诗《为多灾多难的人民而痛哭》。发表于17日重庆《新华日报》,又发表于5月10日延安《解放日报》。写道:"我的眼泪没有方法阻挡,我生平从不曾遇到过这样沉痛的悲伤。"诗中包括《哭若飞》《哭博古》《哭希夷》《哭邓发》《哭黄齐老》《哭秀文姐》《哭扬眉》等节。

初收上海群益出版社1948年9月初版《蜩螗集》,后收《沫若文集》第2卷,现收《郭沫若全集·文学编》第2卷。

18日 与张澜、沈钧儒、罗隆基等七十余人联名致美国争取和平委员会的电文发表于重庆《新华日报》。"希望一本该会维护世界和平的宗旨,重视由于美国政府从武器装备中国政府军队,以及运送中国政府军队到东北进行内战,所造成的目前中国的严重局势,并对中美谈判借款事可能引起的后果提出忠告。""我们坚信,中美两国人民,将并肩为世界的和平民主,共同奋斗。"

19日 往青年馆参加陪都各界追悼王、秦、叶、邓、黄诸先生大会,并诵读祭文。赞颂诸位烈士"生为民主,死为民主"。

追悼会由民主同盟主席张澜主祭,周恩来、沈钧儒等陪祭,唱挽歌《英雄们向暴雨飞去》。孙科、邵力子等六千余人参加追悼会。(20日重庆《新华日报》)

21日 应邀参加重庆青年联谊会会员大会,并以辅导员身份讲话,鼓励青年为建设和平民主的新中国而锻炼得更加坚强。(22日重庆《新华日报》)

23日 作《我更懂得庄子》。发表于重庆《联合三日刊》5月第6期;以《我更懂得庄子了》发表于5月22日香港《华商报》;又以《我更懂得"庄子"》为题发表于5月26日延安《解放日报》。以对话方式,借庄子之口,表达对当前时事的看法。认为当局不民主,人民无自由。

初收上海大孚出版公司1947年12月初版《天地玄黄》;后收《沫若文集》第13卷,文字略有改动;现收《郭沫若全集·文学编》第20卷。

25日 作《重庆值得留恋》。发表于5月4日重庆《新华日报》。认为，"假使人人都有点自由，不受限制的自由，这么好的一座重庆，真可以称为地上天堂了"。

初收上海大孚出版公司1947年12月初版《天地玄黄》，后收《沫若文集》第13卷，现收《郭沫若全集·文学编》第20卷。

26日 与沈钧儒等66人联名致北平血案受伤人士的信发表于重庆《新华日报》。对于日前在北平国大问题演讲会被国民党特务殴伤的陈瑾昆、江绍原等表示深切慰问。

28日 出席中国民主宪政促进会重庆分会成立大会，并致辞祝贺，鼓励会员为民主运动作出贡献。（29日重庆《新华日报》）

◎ 作《由实验室走向街头》。发表于《科学与生活》月刊6月第5、6期。认为："在今天观察自然，研究自然，处理自然，更进而策进有利于人类的物质生产，固然不能离开科学，就是观察社会，研究社会，处理社会，乃至要产生出优美的文艺艺术作品，都不能够脱离近代的科学的思维，这近代的科学的思维是什么？首先它是承认客观世界的事实，虚心坦怀地去认识客观的真实，阐明一切物象的本质，关系，转变与其所遵循的规律，因而加以利用，改造，促进，使之有益于人生。科学工作是这种思维路径的实践，而政治工作或文艺工作又何尝不是这种思维路径的实践？假使不遵守这样路径，那就是非科学的东西，不能成其为近代的政治，也不能成其为近代的文艺。""今天我们固然需要科学的技术，科学的成品，来拯救我们的无法形容的民族惨难，生产技术我们应该急于把它提高起来，使近代科学和一切社会生活切实配合，然而我们同样或且更高需要的却是科学精神的传播。用这来攻破那比原子核还要难于攻破的顽固思想。要这样，中国的政治，中国的文艺，乃至中国的科学，也才可望有更高的成就。这种精神其实也就是民主精神。赛先生和德先生在我看来只是一位先生的一姓一名而已。科学精神在政治方面的实践就是德先生，这两者并不是对立的。"最后提出："应该打破我们科学工作者们向来不问世事，高尚其志的旧习"，做"科学精神"的传布者。

29日 与吴玉章、沈钧儒、杜国庠等出席重庆社会大学结业典礼，并发表讲话。以《学习不怕耳朵聋》为题发表于社会大学同学会编、北门出版社6月版《社会大学》。说："因为我耳朵聋，我就拼命用眼睛。把力量都用到文学上去，用到古代文化上去。""虽然到现在，这两样也没有弄通，但至少研究了一点。""从这里，我得到一点经验，就是有缺陷也照样可以得到成就，只要你自己不灰心，努力学习，尽量用一切方法补救自己的缺陷。"

30 日 作《文艺工作展望》。发表于上海《群众》周刊 9 月 22 日第 12 卷第 9 期，又发表于 10 月 21 日延安《解放日报》。写道："'五四'以来的中国新文艺，自内容上来说，总的目标是在争取民主。""文艺内容的政治性，我们必须强调，必须争取民主，争取和平，打击法西斯，打击反民主，而尤其要打击假民主与假和平。""今天的人类世界在民主生活的内容上已经有一般的共通性。为世界所共通的新形式，在文艺界也就不能不起着前驱的作用。"

初收上海大孚出版公司 1947 年 12 月初版《天地玄黄》，后收《沫若文集》第 13 卷，现收《郭沫若全集·文学编》第 20 卷。

4、5 月间

为"特园"题"民主之家"的徽号，并题诗一首："嘉陵江头有一叟，银髯长可一尺九。其氏为鲜其名英，全力为民事奔走。以国为家家为国，家集人民之战友。反对封建反法西，打到独裁打走狗。有堂专为民主开，有酒专为民主寿。如今民主见曙光，民主之家永不朽。"（《民主运动二三事》；手迹载《郭沫若在重庆》，青海人民出版社 1982 年 12 月版）

5 月

1 日 参加中华全国文艺协会总会举行的欢送会。

该会同时欢送冯玉祥、田汉等。（2 日重庆《新华日报》）

2 日 为文协作《纪念第二届"五四"文艺节告全国文艺工作者书》。发表于 4 日重庆《新华日报》。全文分四部分："纪念文艺节的意义""和平民主运动的重要""文艺工作在和平民主运动中的意义""今后我们应该如何工作"。

初收上海大孚出版公司 1947 年 12 月初版《天地玄黄》，后收《沫若文集》第 13 卷，现收《郭沫若全集·文学编》第 20 卷。

◎ 为世界书局金兆华题词："享受须让人先，吃苦莫落人后。"（据手

迹,《郭沫若在重庆》,青海人民出版社1982年12月版)

◎ 参加文协为成立八周年与第二届"五四"文艺节举办的文艺晚会。(3日《新民报》)

4日 参加中华全国文艺协会庆祝第二届"五四"文艺节及纪念该会成立八周年大会,并发表演讲。说:"我们还须请'德先生'和'赛先生'来,就是要完成民主化和科学化。""今天的文艺应当比政治民主化,人民要求政治民主化,军队国家化,要求和平。"演讲词由黄裳记录,以《5月4日讲〈"科学"与"民主"争取"五四"课题的实现〉》为题,载9日上海《文汇报》。后附题词:"不能作为人民以上或以外的任何存在。"

6日 作《学术工作展望》。发表于《中国学术季刊》8月1日创刊号。写道:"'五四'以来的课题:实现科学与民主,到今天依然是我们学术工作者急待解决的课题。""民主与科学,在本质上并不是两种对立的东西,科学的思维与方法用之于实际生活的处理便成为民主。科学的基本要求是利用厚生,为人民服务。""学术研究应该和社会生产相配合,社会生产应该和人民生活相配合,要这样科学才能真正中国化,中国也才能真正科学化。"

初收上海大孚出版公司1947年12月初版《天地玄黄》,后收《沫若文集》第13卷,现收《郭沫若全集·文学编》第20卷。

◎ 作《坚定人民的立场》。发表于7月23日《解放日报》。文章认为:"今天衡定任何事物的是非善恶的标准,便是人民立场——要立在人民的地位上衡量一切。我们要坚定这人民立场,严格地把握着人民本位的态度。举凡有利于人民的便是善,有害于人民的便是恶。坚守人民本位的便是是,脱离人民本位的便是非。""为民主的实现而斗争,这斗争是长远的。而且在目前可能是剧烈的,作为民主的战士或集团,如要想经得起这个考验,最必要的是要时常提:坚定人民的立场。"

7日 作《屈原不会是弄臣》。发表于重庆《诗歌》月刊6月第3、4期合刊。文章说:"前两年,听说成都的孙次舟倡导屈原是弄臣的新说,曾经引起了文艺界的辩论。后来昆明的闻一多著了《屈原问题》一文,发表在我所主编的《中原》杂志二卷二期上,大体上承认孙先生的说法,但比孙先生进了一步,说屈原诚然是弄臣,但以那样的身份而能革命,却更值得赞扬。""不过据我读过孙、闻二先生的文章后所留下的记忆，似乎要下出那种断案的证据并不充分"，"是过于'以意识决定存在'了"。

初收上海大孚出版公司1947年12月初版《天地玄黄》，后收《沫若文集》第13卷，现收《郭沫若全集·文学编》第20卷。

◎ 下午，李德永、田心源、李启鹤三个青年学生来访。解答他们提出的最近中华全国文艺协会反对美国援华的问题，指出在国民党一党专政独裁的情况下，援华实际上援蒋，帮助蒋介石打内战。（李德永《忆郭老》，《郭沫若学刊》1994年第4期）

8日 全家乘飞机往上海。行前对《新华日报》记者说："对离开重庆的感情，只深深感到过去的工作仍然不够。虽然在文艺上找到和树立了为人民服务及民主的正确的方向，今后还要加倍的努力。"（9日《新华日报》）

到达上海后，先住在山阴路群益出版社内。（张志强《郭沫若在沪期间的一组史料》，《郭沫若学刊》1991年第2期）

◎ 晚，应邀参加黄炎培、马叙伦、陆定一等人为欢迎美国华侨领袖司徒美堂举行的宴会，并在席上发表讲话说："个人很惭愧，八年来没有什么贡献，亦无长进，希望仍是加倍努力，追随于后，尽力为人民做点事。"（9日上海《文汇报》）

9日 偕于立群和子女们往锦江饭店，出席董竹君两个女儿举行的欢迎宴会。席间说："中国不能再打了，内战是玩火，越烧越大，谁要是不信对方，就碰碰看！碰碰的结果就彼此知道了力量，内战一定打不成，到处都要求和平。"（10日《文汇报》）

◎ 为上海《消息》半月刊题词。刊载于《消息》半月刊20日第11期。道："保持冷静的头脑，辨别事实的真相，真理所在，以全生命趋赴之。"

◎ 在《文汇报》上发表题词，回答黄裳的书面提问："不可作为人民以上或以外的任何存在。"

◎ 在《世界晨报》发表题词："我始终是乐观的，我相信人民的力量能够解救任何的危机。中国民主化的前途是历史发展的必然所规定着的，任何反动力量不能倒转历史。"

◎ 上海《联合日报·晚刊》刊出记者郁闻的访问记：《阔别八年　郭

沫若到上海　郭先生说："内战一定打不成"》。访谈中谈到初到上海的情况，并认为内战一定打不成；文化应服务于和平民主，服务于人民。

上旬　离渝前，为二侄女翠华题词留念："返蜀以来，转瞬八年，本拟再归乡梓，兼游峨眉，迄未如愿。今又当东出夔门，此去或无再返之期，念之不免惆怅。然国事正需人，亦不能作儿女子态也。"（手迹存乐山文管所，见唐明中《郭沫若在家乡轶事拾零》，《抗战时期的郭沫若》，四川社会科学院出版社1985年版）

13日　就上海市将实行"警员警管制"一事，对来采访的《文汇报》记者说："当局此举真太意外了！日本在初期尚未实行此种制度，至后方行。"并告诉记者，"外传彼将赴日本一行完全不确"。（《警员警管制》，14日《文汇报》）

◎ 在三和楼与田汉聚餐，赋诗道："适从山里来，上海今依旧。宣嚣声振耳，内战复何有？可怜满街人，茫如丧家狗。"（载14日《文汇报》）

15日　应邀往上海保险业业余联谊会做演讲。呼吁人民大众利用会说的嘴，会写的笔，共同制止内战危机，并期待国际人士赶快认清中国人民的意志和力量。（16日《世界晨报》）

17日　与上海剧艺社《孔雀胆》剧组演员就《孔雀胆》创作和修改情况的座谈记录发表于《联合日报》晚刊。在谈话中说，该剧只写了四天半，但接受了朋友们的意见，陆续修改了四十五天。详细说明了故事产生的时代背景。并说自己"为了爱阿盖公主就不忍把她所爱的人写成庸庸之徒。剧本中美化了的段功与原来的段功已有些不能符合了"。"这儿，显示了研究与创作的有时不能统一，这儿，也表示了我自己的矛盾。""至于剧中主角阿盖公主所表现的：她是一个蒙古人，在蒙古人的立场上说蒙古人的话。她希望蒙古人内部团结，并对别的民族采取平和的政策，一方面挽救蒙人自己的危机，一方面也想解救大多数人民的痛苦，代表了和平，联合，是一种开明思想。我把这一意识，通过一个女性形象化起来。当然她还是一个柔弱的女子，她挡不住当时蒙人中的反动潮流，排外的狭隘的民族主义，她失败下去了。但是她失败下去了，以后就是蒙古人整个的毁灭！这一主题，这一历史的教训，在今天，还是有它的价值的！"

◎ 作《十批判书再版跋》。（郭沫若纪念馆馆藏资料）

18 日 讲演记录稿《反对战争》（隆真定记录）发表于上海《人民世纪》周刊第 12 期。对战争的危害和制止战争的方法进行了阐述。希望"为了多难多灾的人民着想，每个人当尽力量来禁止'顽固分子'们发动内战"。

19 日 上午，往国泰殡仪馆，参加上海文化界人士和美国新闻处举行的杨潮追悼会。亲书挽联一副："天下待澄清党锢无端戕孟博　江南余瘴疠招魂何处哭灵均"。任主祭人并致辞，高度赞扬杨潮对中国新闻及文化事业的贡献。称杨潮"不但是军事评论家，而且是优秀的国际问题专家"。指出："我们追悼羊枣，要尽力打救千千万万还在监狱中的青年，把悲哀变为斗争的力量，争取四大自由诺言的兑现，争取真正的国家的民主化，这样才对得起羊枣。"

杨潮，笔名羊枣。曾任塔斯社记者，又兼任美国新闻处东南分处政治组主任，被国民党当局逮捕，死于狱中。（20 日《文汇报》、25 日《新华日报》、6 月 10 日《解放日报》；《新闻研究资料》1980 年 8 月第 4 期）

20 日 为上海《老百姓》周刊题词："忠实地为老百姓服务！"手迹发表于《老百姓》6 月第 1 卷第 1 期。

中旬 应邀参加生活教育社上海分社成立大会，并讲话："中国人动不动喜欢教育人，譬如拿政治来说，我们受训便受了十八九年，到今天还没有毕业。""时时要听听大人先生们的不知所云的训话"，"所以我根本不喜欢教育这两个字。教育这两个字何不改为学习？生活教育何不改为生活学习？"（6 月 16 日《教师生活》第 5 期）

23 日 与许广平、于伶、冯乃超、周信芳、田汉、夏衍、吴祖光等二十余人，往虹桥万国公墓祭扫鲁迅墓，并在墓前献花，合影。（24 日《文汇报》）

◎ 下午，往红棉酒家参加上海文艺界、戏剧界及平剧界联合举行的改良平剧座谈会并发言。跟其他与会者的发言一起，以《改良平剧座谈会》为题发表于上海《月刊》7 月 10 日第 2 卷第 1 期。说：平剧"有着优良的形式"，"改革内容"的"第一步工作"，"必须先从改良人开始，把旧剧剧人的生活意识等各方面，从封建的生活方式与意识中解放出来"。

出席者还有蔡楚生、吕君樵、赵景深、陈志良、李瑞来、高百岁、丁毓珠、沈知白、王鼎成、胡馨庵、潘子农、欧阳山尊、李鹿莲、许广平、田汉、冯乃超、姜椿芳、夏衍、顾仲彝、吴仞之、郑振铎、丁聪、吴祖光、周信芳。记录者王鼎成。记录者在文前说明："本记录整理完毕后，尚未经发言者一一过目，如有错误，当由记录者负完全责任。"

24日 作《由诗人节说到屈原是否弄臣》。发表于6月4日上海《联合日报·晚刊》，又发表于6月7日重庆《新华日报》。针对当局反对纪念屈原，攻击"屈原是文学弄臣"，指出："屈原是伟大的诗人"，"他的诗意识是人民意识"，"是一个人民诗人"，"屈原不是弄臣"。

初收上海大孚出版公司1947年12月初版《天地玄黄》，改题作《从诗人节说到屈原是否是弄臣》；后收《沫若文集》第13卷；现收《郭沫若全集·文学编》第20卷。

26日 应邀往上海百货业职工会讲演。主题是民主与反民主的斗争。演讲说，在大后方，不准唱进步歌曲，不准演进步戏剧，甚至连历史上的进步人物都不准提。演讲结束后，应工会负责人之请，为百货业工会铅印会刊《百货职工》题词，发表于《百货职工》6月1日第6期。题词说："争取民主在日常生活中都须求其实，具体地、个别地养成民主的习惯，培植民主的力量。一点一滴地做去，脚踏实地做去，不必一定要脱离自己的岗位。"（《郭沫若与永安职工的战斗情谊》，《上海永安公司职工运动史料》1990年3月）

◎ 与冯乃超同访于伶。作和田汉诗一首："一边大打一边谈，满地烽烟北至南。已是山残兼水剩，居然暮四又朝三。惊呼黄浦鱼登陆，漫道殷时女变男。不信人民终可侮，盘肠一战我犹堪。"跋语谓："在百货业职工会讲演毕，走访于伶兄，见寿昌写着《升官图》诗，戏步原韵。"（萧斌如《又聆新曲到江南——记郭沫若、田汉为陈白尘〈升官图〉题诗》并手迹，《郭沫若学刊》2001年第1期）

27日 讲演稿（蓝依记录）《苏联的建设》发表于《文汇报》。为听讲演的学生们讲述访问苏联时，亲眼见到的苏联社会主义建设的成就。鼓励人们起来反对内战，赢得光明。

28日 与田汉等人往虹口导报俱乐部，为柳亚子六十寿辰举行庆祝会。（《郭沫若田汉等筹祝柳亚子寿辰》，28日《文汇报》）

30日 作《不要把自己的作品偶像化》。发表于《时代》6月15日第6卷第23期，又发表于上海《群众》周刊6月16日第11卷第7期、6

月18日上海《联合日报·晚刊·高尔基逝世十周年特刊》。文中说："我对于高尔基，事实上并没有作过什么深刻的研究。""只有一句话给与我以特别深的铭感，便是'不要把自己的作品偶像化'。我感觉着这句话是可以使我终身受用的。"

初收上海大孚出版公司1947年12月初版《天地玄黄》，后收《沫若文集》第13卷，现收《郭沫若全集·文学编》第20卷。

◎ 致函吴国桢："沫若来沪已半月有几。全家六口暂在一出版社楼上寄居。日前政协秘书曾有公函致尊处，请求拨发住宅，甚望早见批决，实叨德惠。兹特托友人翁君泽永面陈一切，不渎。"（据手迹，上海市档案馆藏）

吴国桢，时任上海市长。

31日　晨，作《合力作用》。发表于《老百姓》半月刊6月创刊号。写道：

"凡同性质之物相加，其效力必倍。医药学上称之'合力作用'。例如行外科手术用麻醉剂时，旧时每单用克罗芳，或单用爱的尔，用量多而麻醉不深；后乃混合使用，则麻醉深而用量极少，即利用此合力作用之故也。此理，俗间早已知之，且见诸实用。吾蜀宴客，主人如欲惜酒，辄于黄酒之中搀以白酒。饮者即易醉，世人称之为'夹黄酒'。'夹黄'之意更见引伸，举凡名啬行为，遂均赐以'夹黄'之嘉名矣。

酒犹如是，人力何独不然？力源虽异，如用意相同，方向相同，合而为之，事半功倍。所谓'二人同心，其力断金'，所谓'众志成城'，均此意也。古人谓'穷则独善其身，达则兼善天下'，彼犹仅见其偏而未见其全。兼善之义应穷达无变，兼则虽穷必达，独则虽达必穷。达而兼，达益达，穷而独，穷益穷而已。"

◎ 下午，应邀参加圣约翰大学文学研究会举办的文艺欣赏会，作题为《青年与文艺》的讲演（古人记录）。发表于6月4日、6日、8日上海《文汇报》。认为："文艺必须是人民大众愿望的表现，当前我们中国所需要的是和平与民主，所以从事文艺工作者必须反对内战反对独裁。同时文艺既是表现人民大众生活，故文艺工作者必须向老百姓学习。"讲演毕，为同学们签名留念。

本月　历史剧《筑》由群益出版社出版。

◎ 散文集《归去来》由上海北新书局出版，收文13篇。

◎ 应邀在上海金城银行楼上作演讲。要求民主，反对内战。（徐稷香《郭老手迹四件》，上海社会科学院文学所编《资料与研究》1982年12月总67期）

◎ 书赠徐稷香一条幅："王荆公不仅诗文名世，其政治见解及学问道德均高人一等，程朱之徒尽力诋毁，足征道学家之伪。"（手迹载上海社会科学院文学所编《资料与研究》1982年12月总67期）

◎ 为田嘉谷书："宁静致远，淡泊明志。此诸葛武侯语，宜终身守之。"（《郭沫若书法集》，四川辞书出版社1999年11月版）

6月

1日 作《教育与学习》。发表于上海《教师生活》月刊16日第5期。写道："上海人从六月一日起更要受警官老爷们的管制了"，"然而今天我们是要要求民主的。教育的目的是养成自己学习"，"施教育者也一样要不断学习，不学则无以教"。"一切都不肯学习而又不肯让人学习。只是想管教人，厚颜不惭的大施其'训话'。这就是中国的法西斯症的一种表征。""我们今天是应该大声疾呼：'放下管教的鞭子，学习，学习，再学习'！"

初收上海大孚出版公司1947年12月初版《天地玄黄》，后收《沫若文集》第13卷，现收《郭沫若全集·文学编》第20卷。

3日 作《〈青铜时代〉后叙》之《追记》。说："这篇《后叙》本是附录在东南版《先秦学说述林》后面的，现在把它移录在这儿，当作我研究过程的一项注脚。"

初收上海群益出版社1946年6月版《青铜时代》，后收《沫若文集》第16卷，现收《郭沫若全集》历史编第1卷。

《青铜时代》由上海群益出版社于本月再版（版权页署作"5月"），除一般字句勘改外，与1945年3月文治出版社初版本有两处大的增补。其一，即增补《后叙》。其二，《秦楚之际的儒者》结尾处增加了内容：论述墨家显学之所以在陈涉、吴广起义之后"完全绝迹了"，有两种可能性：一种是墨家参加了秦人的保卫战而遭了牺牲，第二种可能是墨家改了行。对于后一种可能性的分析，推出了一个关于如何认识孔子与后儒既相联系又有区别的重要观念："秦以前的所谓'儒'和秦以后的所谓'儒'，虽然在其本身也有传统上的关系，但那传统是完全混淆了的。所有秦以前的诸子百家，差不多全部都汇合到秦以后的所谓儒家里面去了。"至于儒、墨的关系，"历代的王朝不是都在尊天明鬼吗？不是都在尚同贵力吗？"就是号称为儒家中兴的宋明理学，"也充分地保存着墨家的衣钵"。"从名义上来说，秦以后是儒存而墨亡。但从实质上来说，倒是墨存而儒亡的。"

◎ 书赠云达乐："我们应以世界市民的心情，通力合作，使全世界真正地成为民主的大家庭。"（据手迹）

4日 参加文协上海分会和音协上海分会联合在辣斐大剧院举行的诗人节文艺欣赏会，并发表讲话："言论自由不是人家赏赐的，而是自己争取得来的。""我们非有很大的努力，方能解除我们心里的'训政时代'！端午节定位诗人节实在有意思。"（《纪念第六届诗人节 辣斐剧院诗意盎然》，4日上海《联合日报·晚刊》；《上海文化工作者集会纪念诗人节》，8日重庆《新华日报》）

◎ 晚，与茅盾、巴金、胡风、马思聪、许广平、冯雪峰等文协同人在金城银行聚餐，同时为柳亚子补庆六十寿辰。（8日重庆《新华日报》）

7日 致金沙信。写道：

"你昨晚送我的《野火》第1期，我今早起来，从头至尾，一字不漏的读了一遍，读后的快感逼着我赶快来写这封信给你。

你们的《献辞》和谢庸的《也谈大众化》，意识都很正确。我不大喜欢'也谈'两个字，因为显得有点轻佻，如只标'谈大众化'或'关于大众化的问题'，似乎要坦率诚恳些。虽是小地方，我觉得很关重要。这是有关意识的问题。

叔牟的《初来者》很有气魄，但我感觉着如稍微改动一下，便会更好。便是把诗中的我们改成你们，你们改为我们，请字改为要字——'请热烈的拥抱我们'改为'我们要热烈的拥抱'，那就会更好。虽然有失原作者的初意，但'初来者'如能使接受者发出这样的声音，那是比强迫的请求，或自画自赞的表白，是更适合于前进的'初来者'的。

左弦的两首诗都很好，我特别喜欢那首《我写诗》。李通由的《自己不敢说话的时候》，方谷弥的《仙露》，都是好诗。

你们的确是值得拥抱的'初来者'，我真想把你们当成兄弟姐妹一

样，热烈地拥抱。"（载《新文学史料》1980年第1期）

《野火》是上海进步大学生及文艺青年自愿组织起来的"野火诗歌会"编的油印刊物。金沙是该刊编者。

8日 作《走向人民文艺》。发表于22日上海《文汇报》、24日重庆《新华日报》，又发表于《唯民周刊》第2卷第1期。认为："人类社会有了分化，文艺因而也有了分化，有专门向上层统治阶级取媚的文艺，有留在下层仍然为人民所享用的文艺"，"而人民和人民文艺却始终是浩浩荡荡的活流"，"是永远有价值、有生命的精华"。"这样的文艺当然得不到大人先生们的赞赏，但人民会赞赏你们，到了人民真正成了主人的一天，施耐庵和罗贯中会遍地都是。"

初收太岳新华书店1946年11月版《走向人民文艺》，又收上海大孚出版公司1947年12月初版《天地玄黄》，后收《沫若文集》第13卷，现收《郭沫若全集·文学编》第20卷。

◎ 致函吴国桢。说："日前曾由翁君泽永代陈乙函，促请分配住宅。谅蒙鉴□。兹查有施高塔路五号房确系市屋分配委员会所查封者，无人居住。请暂许由沫若住居。如在将来更有适当住宅分配或该宅别有它用，当随时移出也。"（据手迹，上海市档案馆藏）

9日 作《诗歌与音乐》。最初发表于上海《诗歌与音乐》周刊创刊号，又发表于15日上海《联合日报·晚刊》、7月15日《解放日报》。写道："我们服从着人民的号召，我们要创生新音乐与新诗歌。新音乐与新诗歌的大合抱，和一切艺术的大合抱，奉献于我们至高无上的主——人民。"

初收太岳新华书店1946年10月版《走向人民文艺》，又收上海大孚出版公司1947年12月初版《天地玄黄》，后收《沫若文集》第13卷，现收《郭沫若全集·文学编》第20卷。

◎ 下午，往南海花园，参加中国学术工作者协会上海分会筹备会。

出席的有杜国庠、沈志远、翦伯赞、胡绳等十余人。会议就筹备工作交换意见，并就介绍会员，草拟章程等项做出决议，决定三周后正式宣告分会成立。（载11日《文汇报》）

10日 作《十五天后能和平吗？》。发表于上海《周报》15日第41期。揭露："十五天的停战令包含着十足的火药气，那分明是一纸哀的美顿书。"

初收上海大孚出版公司1947年12月初版《天地玄黄》，改题为《毫不乐观》；后收《沫若文集》第13卷，文字略有改动，篇题改作《玩火者必自焚》；现收《郭沫若全集·文学编》第20卷。

上旬 应邀往育才公学礼堂参加上海文艺青年联谊会，并作题为《科学与文艺》的演讲。记录稿（俞辰记录）载12日、13日上海《文汇报》。认为：文艺与科学的"性质和方向都不同"，"常被认为是两种对立的学问"，"文艺是以热烈的情感来唤醒读者，科学是以冷静的头脑，实事求是的寻得客观真理"。"但这两件事并不是如此严密对立的，科学家有时需要文艺方面的活动，而文艺工作者在现在更需要科学的帮助。"科学与文艺都"有着同样的条件"，就是"为人民服务"，"它们的基本精神便是民主的精神"。

12日 往虹口台湾银行，与茅盾、胡风、冯乃超、叶以群、冯雪峰等参加美术欣赏会，观看李桦以抗战为题材的二百余幅水墨画展，并与李桦交谈。（14日《文汇报》）

14日 《郭沫若启事》发表于上海《联合日报·晚刊》；后又发表于《上海文化》月刊7月第6期。称："敝人译著多种，二十年来多被坊间盗印，或原出版者未经同意自行再版或将版权连同纸型转让，或擅自更改书名或著译者名，诸多侵害权益之事，殊难枚举。兹请群益出版社吉少甫君为本人代理，清理所有译著，无条件收回。自行整理出版。请承印各出版家，将收税清算结清，并将纸型交回或毁弃，如承上演、广播、或转载，均请代理人洽立合约。日后如有危害本人著译权益事件发生，当依法请沈钧儒沙千里二大律师保障追究，特此登报声明如上。"

15日 与马叙伦、郑振铎、景宋等答《民主》周刊关于时局问题的谈话，以《郭沫若与马叙伦、郑振铎、景宋先生答本刊时局六问题》为题发表于《民主》周刊第35期特大号。谈论关于十五天内解决国共问题。认为："（1）立即召开政治协商会议，使地方政权民主化先从东北做起；（2）以五与三之比，整编中央及地方军队。"为了争取永久和平，"政治协商会议所协议定的和平建国纲领的实施，是目前最必要的步骤"。

16日 上午，往天蟾舞台，参加为完成"尊师劝募"举行的联欢大会，并演讲。说：我们"要求停止内战"，"大量裁减军队"，"把庞大的

军费用到国家建设上来"。受与会学生之请，代他们转交《致政协代表书》。（17日《文汇报》，20日《新华日报》）

17日 出席"战时战后文艺检讨座谈会"。发言记录（未经本人审阅）发表于《上海文化》月刊7月1日第6期。就"抗战期间文艺工作总趋势"和"今后文艺工作者的努力方向"等问题发表意见。认为："为了配合当前的客观形势和要求，今后的文艺作品，应强调其政治意味，这是无容多说的。文艺作品的主要条件有二：第一为对象，即为谁写；第二为题材，即写什么，关于第一点，即对象问题。在目前情形下，由于客观环境及知识程度的限制，我们不可能以广大的人民大众为对象。关于第二点，即题材问题，当前的政治现实，就是最好的题材。至于上海的作家，更可以就地取材，例如官商勾结的米粮操纵问题，民族资本的破产问题，美国货的大量进口问题等。当然，文艺活动不限于创作，应兼及于翻译及研究。在今日，创作颇受政治环境限制，翻译及研究则无妨。研究应兼及于中外。五四运动以来，文艺的阵营是很软弱的；迄今尚没有人以新观点来有系统地整理我们的文学国故。假如能以多量的时间多量的人力来建立起这一个坚强的阵营，就不怕人家来打'阵地战'了。对于外国文艺的研究，不应限于现代的，应兼及于古典和中世纪的，真好的东西均有价值。我们的工作实在太不够，太比不上日本了。所以，我们不要怨无工作可做，可做的工作实在太多了。"

出席者包括郑振铎、夏衍、李健吾、赵景深、萧乾、东禄煜、郭天闻、孙德镇等。

18日 参加由上海中苏文化协会等八个文化团体在沪光大戏院联合举行的纪念高尔基逝世十周年大会，并发表演讲。演讲词以《追慕高尔基》为题发表于本日上海《联合日报·晚刊》；又以《坚持人民本位的人民文艺》为题发表于7月28日延安《解放日报》。演讲中提道："高尔基离开我们已经整整十年了。我们今天应该检阅我们自己。我们应该坚定我们的对于人民力量的信仰，用我们中国人民的有力的温暖的手，和苏联人民，和全世界的人民，紧紧地握着。我们要反对任何变相的帝国主义的侵略。"

初收上海大孚出版公司1947年12月初版《天地玄黄》，署"6月19日"作，有误；后收《沫若文集》第13卷；现收《郭沫若全集·文学编》第 20 卷。

◎ 与田汉、茅盾、许广平、阎宝航、白杨及苏联友人乌拉地金等，出席中苏文协在红棉酒家举行的宴会。(19 日《文汇报》)

19 日 乘火车赴南京，作为第三方面的代表参加促进国共和平谈判的工作。冯乃超同行。(《南京印象》)

20 日 晨，抵南京。即往蓝家庄访民盟诸领袖。途中顺路游鸡鸣寺，为和平前途求签。(《南京印象》)

◎ 中午，往梅园新村访周恩来，并共进午餐。(《南京印象》)

◎ 下午，参加在参政会举行的茶会，请政府将停战期限延长。与会者黄炎培、章伯钧、梁漱溟、王云五、傅孟真、王雪艇、邵力子、吴铁城、陈立夫、孙科、雷震等。(《黄炎培日记》第 9 卷，华文出版社 2008 年 9 月版)

21 日 往苏联大使馆访费德林。见费德林正在翻译历史剧《屈原》，"十分感激，而且敬佩"。"把《橘颂》和《礼魂》两首，索性用近代语翻译了一遍。"(《南京印象》)

◎ 下午，与傅斯年、黄炎培、莫柳忱在蓝家庄会谈，"讨论延长停战八天中进行方法，决定明日邀中共代表谈"。(《黄炎培日记》，华文出版社 2008 年 9 月版)

22 日 上午，谒中山陵。"费德林博士开了汽车来作伴，我们一道来谒陵。""顺便又参观了明陵。""也去参拜了"廖仲恺先生的墓。(《南京印象》)

◎ 下午，往中央研究院历史语言研究所，见到李济和傅斯年。李济"把我引进邻室去"，看到了从安阳发掘的几箱古物，"他把从日本带回来的新出的一些考古学上的著作给我看了"。(《南京印象》)

◎ 与第三方面代表傅斯年、黄炎培、梁漱溟、章伯钧等人士"集于鸡鸣寺路一号中央研究院历史语言研究所，请中共代表出席"。就"最后决定权问题"了解"中共答案"。

中共代表"到者董必武、邓颖超、李维汉"。董必武报告了"最后决定权问题之中共答案"。并决定"24 日下午再会"。(《黄炎培日记》，华文出版社 2008 年 9 月版)

23 日 晚，周恩来派人来，请往梅园新村，得悉以马叙伦为团长的上海各界赴南京和平请愿团代表，在下关车站被国民党暴徒包围殴打受伤的消息。即与周恩来等人乘车赶到中央医院慰问受伤代表。(《南京印象》)

24日　下午，在国民大会堂，无党派代表邀请政府代表谈话。"主人是莫德惠、傅斯年和我，陪客是民盟和青年党的在京代表。"政府代表是邵力子、张厉生、王云五。(《南京印象》)

◎ 晚，与黄炎培、章伯钧、罗隆基等设宴欢迎上海人民代表。(《南京印象》)

◎ 从刘尊棋、阎宝航处获悉国民党阴谋暗杀数名外国人以嫁祸于中共，拟发言稿一篇，由陶行知译成英文，于次日在国际饭店举行的外国记者招待会上宣读，揭露阴谋。发言稿发表于26日上海英文《字林西报》，又发表于7月3日延安《解放日报》。

25日　《创造新的民族形式与参加民主斗争》发表于《中原、希望、文艺杂志、文哨联合特刊》第1卷第6期。系在重庆中外文艺联络社文艺座谈会上的发言记录之一部分。文中说："现在的文艺已要求一种由下而上的，新的民族形式了。这种民族形式是正在发展"，"最理想的作品是由人民创造自己的作品。今天必须是民主的内容，民族的形式，一切艺术都应为民主而努力"。"歌颂真民主，反对假民主，假和平，这是今天我们所走的现实主义道路。"

◎《反内战》发表于上海《民言》半月刊创刊号。呼吁人民"制止自寻灭亡的内战，争取自由新中国实现的保障"，希望国际友人"真正认识中国的老百姓，不要去理会到老百姓以外的权势者"。

◎ 与柳亚子、茅盾、陶行知等二十余人，为《民言》半月刊特约撰述。(名单见《民言》创刊号)

26日　自南京返回上海。

◎ 行前曾去看望记者浦熙修和大公报驻南京办事处副主任高集。周恩来、李维汉、范长江等到旅馆送行。(《南京印象》)

◎ 对来采访的记者发表谈话，指出："美国对华之两面政策——一面谋中国之和平民主，一面以军事援助现在之政府"。赞扬"民盟诸先生在烈日下奔走"，"且随时有被'难民'殴打之可能，其精神极使人敬佩，如此苦心孤诣，倘不能谋和平之实现，实令人愤慨不置！"(27日《文汇报》)

27日　参加《文汇报》主办的第二十七次星期座谈会，记录稿以《中国的命运》为题发表于30日《文汇报》。谈话说："我是十九日晚上离开上海，廿日清晨到南京的，当时停战延长八天的决定还没有发表，第三方面代表及中共与各方面的接触显得非常紧张。其谈判重心当然是国共双方和马歇尔，第三方面不过是从旁推动，处于劝架的地位。当时谈判的内容，各报都有发表，大致说来，政府坚持二项主张，第一是最后仲裁权，后来改称为公断权。这里有一点是值得注重的，就是尽管彭部长等声明的是'公断权'，'仲裁权'或'最后决定权'云云，完全是翻译的错误，但实际上全不是那一回事。我可负责说：我曾亲眼看到所有徐永昌给周恩来的有关这一问题的通知文件，至少到二十日为止，用的全是'最后决定权'字样，而且'最后决定'与'仲裁'或'公断'的英文存根本是截然不同的，决没有误译的可能。我就不明了为什么彭宣传部长对外公开宣布的是'公断权'，并斥责各方指责最后决断权或仲裁极为不当，而一方面谈判双方对内使用的实实在在是'最后决定权'，这内外不一致，可不知究竟意味着什么道理。第二点是整军方案，那是迟至十九日方才提出的其中指定中共在关内必须退出山东，河北，以及山东沿海各地，在关外也须退出交通线及各城市。""由于这二件事不容易谈拢而形成了僵局。""我是在二十六日下午回上海的，临时匆匆，没有探听最近的发展情形，所以不能多做报告，这一次到南京，最深刻的印象是对第三方面诸位先生的名符其实的石头城的气候下，苦心孤诣，整日奔波，不辞劳苦的精神实有无限钦佩。而在政府方面，参加会谈并不踊跃起劲，即使到了发言也是笼笼统统，不着边际，不触症结。这也许是他们自觉无权决定一切，决定权既不在他们手里，说了话也无用处，倒不如不说好了。"

出席者还有田汉、沈志远、刘尊祺、许宝驹、许广平、胡绳，记录者陈尚藩。文前说明："记录未经发言者寓目，如有错误，由记录者负责。"

30日　作《〈考工记〉的年代与国别》。对于《考工记》一书，经考证认为："于江永旧说有所补充，并可获得一更为坚确的结论：《考工记》实系春秋末年齐国所记录的官书"。

初收上海大孚出版公司1947年12月初版《天地玄黄》，误署写作日期为1947年；后收《沫若文集》第16卷。

本月　往上海市立戏剧学校演讲。演讲由周惜吾记录，以《谈历史剧》为题发表于 26 日、28 日上海《文汇报》。说道："用历史的题材来写戏剧，这是中外皆有的实例，就以英国的莎士比亚而论，他的作品差不多都是历史剧。""赋、比、兴是写历史剧的主要的动机，另外还有一个原因是迎合观众。""历史学家站在记录历史的立场上，是一定要完全真实的记录历史；写历史剧不同，我们可以用一分材料，写成十分的历史剧，只要不违背现实，即可增加效果。""总之，戏剧是个有效的教育工具，历史剧也有自己的价值。"

◎ 觅得溧阳路 1269 号作居所，入住。（据 1946 年 7 月 29 日致郭开运信手迹）

◎《马克思进文庙》（《マルクス孔子に会ふ》）由实藤惠秀译为日文，刊载于日本《中国文学》月刊第 95 期。

夏

◎ 作诗《断想四章》。发表于 7 月 15 日上海《文汇报》，又发表于 7 月 29 日香港《华商报》。四章分别题作：《恐怖》《骗》《慈悲》《诅咒》，均写对于上海的感触。自注道："当时上海是美国人的世界，黄浦江中布满了美国兵舰，我感到鱼就被挤上岸来了。"

初收上海群益出版社 1948 年 9 月初版《蜩螗集》，后收《沫若文集》第 2 卷，现收《郭沫若全集·文学编》第 2 卷。

◎ 为上海群益出版社题："文化之田，易薅深耕。文化之粮，必熟必精。有益人群，不负此生。"（手迹见《郭沫若书法集》，四川辞书出版社 1999 年 11 月版）

◎ 书录旧作《沁园春》赠董竹君。落款道："右沁园春词一阕，用毛润之咏雪原韵　丙戌长夏书奉　竹君女士雅正。"（董竹君《我的一个世纪》，生活·读书·新知三联书店 1997 年 9 月版）

7 月

1 日　作《"七七"第一周年在武汉》。发表于上海《民主》周刊 6 日第 38 期。文章感慨："'七七'第一周年在武汉的时候，应该是抗战时期中的最高潮的时期。那个时期是最值得纪念的。"

初收上海大孚出版公司1947年12月初版《天地玄黄》，后收《沫若文集》第13卷，现收《郭沫若全集·文学编》第20卷。

5日 与茅盾、陶行知等发起，在红棉酒家为美国国务院文化代表费正清返美举行欢送酒会。致辞说："希望费博士来日再来中国时，中国能比现在自由、民主，中国已不是今日的中国。"（14日《新华日报》）

◎《〈橘颂〉今译》发表于上海《文汇报》。诗中写道："自然母亲给我们一株好的果树，/它的名字就叫着橘柑，是的，橘柑。/它诚实地生长在这南方的土地，/深深地爱好这乡土，不能变迁。/绿的叶，白的花，多么的好看。/枝头高高，刺棘尖尖，圆果团团。/外表是青黄相间，色彩斑斓，/内心是纯洁无垢，圣者一般，/香味是那样的馥郁，无可非难。//枝头高高，刺棘尖尖，圆果团团。/外表是青黄相间，色彩斑斓，/内心是纯洁无垢，圣者一般，/香味是那样的馥郁，无可非难。"

初收上海群益出版社1948年9月初版《蜩螗集》，后收《沫若文集》第2卷，现收《郭沫若全集·文学编》第2卷。

7日 作《寄日本文化工作者》。发表于《日本论坛》8月15日创刊号，又发表于8月17日上海《联合日报·晚刊》。写道："八年的战争把我们隔绝了，把我们的人民情感的交流隔绝了，然而我们站在人民立场的中国文化工作者，时常是怀念你们同样站在人民立场的日本文化工作者，这怀念一直到今天，不仅没有改变，而且更加增进了。纯真的人民利益是没有国境的，我们在战争当中自然受了迫害，你们在战争当中一定也是受了迫害来的。我们虽然是隔着了战线，事实上是共同着患难的。""日本军阀的战败应该是日本人民的胜利。""只有中日两国成为真正的人民的国度，世界的和平才可以确保。我们共同努力，发挥这个走向世界和平的桥梁作用吧。"

◎ 散文《南京印象》开始在上海《文汇报》连载，全文17节，分12次至8月25日连载毕；又分31次连载于7月15日至9月9日香港《华商报》；复连载于《萌芽》1946年第1卷第2、3、4期；第一、二节又发表于8月5日延安《解放日报》。记述6月间往南京，参加第三方面代表邀集国共两党代表进行座谈和调解的经过。

上海群益出版社11月出版单行本。后收《沫若文集》第9卷，现收《郭沫若全集·文学编》第14卷。

◎ 纪念"七七"九周年题词刊载于上海《文汇报》:"以十倍抗战的精神从事和平建设"。

9日 《〈礼魂〉今译》发表于上海《文汇报》。诗云:"祭典快要告终了,/鼓声不断地响,/美好的少女们/传递着花环不断地唱,/一面唱,/一面跳舞,/其乐洋洋。/春天有兰花,秋天有菊花,/奉献给我们的爱人/有永远不断的香花。"

初收上海群益出版社1948年9月初版《蜩螗集》,后收《沫若文集》第2卷,现收《郭沫若全集·文学编》第2卷。

10日 与茅盾、陶行知等人应上海《民言》半月刊之约,就时局发表的谈话《国共的前途怎样》(马福祥记录)发表于《民言》半月刊第2期。在谈话中说道:"美苏的关系,是牵连国共谈判的因素。我希望美苏均应以赤诚来巩固和平。""我们可以尽量脱出国际的锁链,只要我们自己尊重自己,尤应尊重中国人民的意思。"

◎ 作《皮杜尔与比基尼》。发表于《周报》20日第46期,又发表于27日《风下》第34期,题名《皮杜尔与比基尼的原子弹》。指出:美国进行原子弹试验是"违反人民的意愿",原子弹"是一个纸老虎"。提醒原子弹崇拜狂,"可以清醒一下了"。

初收上海大孚出版公司1947年12月初版《天地玄黄》;后收《沫若文集》第13卷,改题作《比基尼岛上的试验》,删去关于皮杜尔的文字;现收《郭沫若全集·文学编》第20卷。

◎ 作《摩登唐吉珂德的一种手法——评王芸生〈我对中国历史的一种看法〉》。发表于20日《周报》第46期,又发表于8月23日延安《解放日报》。文章说,自《新民报晚刊》登出毛泽东的《沁园春·雪》后,"不久便有一件出人意外的事出现,在重庆的《大公报》上忽然也把这首词和柳亚子的和词一道发表了。起初大家都有点惊异,有的朋友以为奇文共欣赏,《大公报》真不愧为'大公',乐于把好文字传播于世。然而疑团不久就冰释了。解铃还是系铃人,《大公报》那么慷慨地发了那两首唱和之作的用意,其实是采取的'尸诸市朝'的办法:先把犯人推出示众,然后再来宣布罪状,加以斩决。在毛、柳唱和发表后不两天,王芸生的《我对中国历史的一种看法》的皇皇大文便在他自己的报上公布了。""文章虽然冗长,做得也煞费苦心。打倒'正统'、'道统'是糖衣,取消革命是核心，取消革命也就是维持'法统'，也就是'只许变，不许乱'的《大公报》的一贯的传统。因此，责骂诸葛亮，责骂曾国藩也不外是糖衣，而责骂毛泽东倒是本意。王芸生画龙点睛，他在号召'中国应该拨乱反治了'。这还有什么两样呢？'拨乱'不就是戡乱么？"

初收上海大孚出版公司1947年12月初版《天地玄黄》，删去副标题；后收《沫若文集》第13卷；现收《郭沫若全集·文学编》第20卷。

13日 对记者发表关于"召开国大"的意见，收入题作《沈钧儒、郭沫若、章伯钧三先生对"召开国大"的意见》一文中，发表于《民主》周刊第39期。认为："由最高国防会议所决定召开的国民大会是不能约束各党各派的，这是国民党一党独裁的国民大会，而不是经过政治协商的国民大会。根据政协决议，国大的召开必须由各党派协商决定，这是新的根据，而政府这次的决定召开国大却是和民国廿六年以前的做法没有两样。这样的一党独裁的国民大会和曹锟时代的国会又有什么差别？这样的国大所产生的宪法又比天坛宪法好得了多少？这样的国民大会结果只会造成分裂的局面，我想各党各派是不会愿意参加的。当然，对于召开国民大会，制定宪法，结束训政，我们是欢迎的，而且盼望愈早实现愈好，但这个国民大会和宪法一定要根据政协的决议才行。""在政协开会后，就要改组政府，可是因为国民党的阻挠，推翻政协会议，对于改组政府的名额，行政院的同时改组等问题迄未解决，所以没有实现。改组政府，我们自然也希望能早日实现，可是这种改组必须依照政协决议，遵照莫斯科决议，要让各党派有平等的地位和均等的机会来参加政府，行政院必须同时改组，同时各级地方政府也要改组，使得各党派都能参加。""只要大家共同努力，我相信，和平是有希望的，局势是可以扭转的。"

14日 与陶行知、沈钧儒、马叙伦、王绍鏊、郑振铎、许广平、田汉等文化界知名人士联名致美国人民函发表于《新华日报》，吁请督促美国政府勿破坏中国人民的和平民主事业。

15日 演讲稿《文艺的新旧内容和形式》（豫记录）发表于《文艺春秋》月刊第3卷第1期。认为："文艺是反映生活的，要反映当前的生活，要批判今天的生活。它要求有新的形式和新的内容，这就是今天的文艺。"

初收《沫若文集》第13卷，现收《郭沫若全集·文学编》第16卷。

◎ 作《让李公朴永远抱着一个孩子》。发表于上海《群众》周刊21日第11卷第12期。文中说："我并不是偶像崇拜者，但我今天要把李公朴塑成一尊民主的偶像。他为民主运动而流尽了他最后一珠血。他的精神和民主运动有机地生合了起来，只要人民还存在着的一天，永远会发生着鼓励的作用的。""让公朴怀里永远抱着一个孩子吧！"

初收上海大孚出版公司1947年12月初版《天地玄黄》，后收《沫若文集》第13卷，现收《郭沫若全集·文学编》第20卷。

16 日　参加民主同盟沈钧儒等人在南海花园为筹备李公朴追悼会举行的招待会。提议说："李公朴一生为民主自由而奋斗，非民盟所得私有，应举行人民公葬。"得大家赞同。又道："我已经是民盟的尾巴了！希望民盟能团结反战力量，坚决提出对国是的主张。"（《郭沫若等提议人民公葬》，《人民英烈李公朴闻一多先生遇刺纪实》；田汉《望着云南痛哭》，《群众》第11卷第12期）

17 日　作《悼闻一多》。发表于上海《民主》周刊第40期，又发表于《萌芽》第1卷第2期。谴责反动当局"不惜采用最卑劣无耻的手段来诛除异己"。写道："一多出身于清华大学，是受了美国式的教育的。""回国以后一直从事于大学教育，诗虽然不再写了，而关于卜辞、金文及先秦文献的研究，成了海内有数的专家。""李公朴遇难的时候，闻一多说：李公朴没有死。闻一多今天又遇难了，我们也敢于说：闻一多没有死。"

初收上海大孚出版公司1947年12月初版《天地玄黄》，后收《沫若文集》第13卷，现收《郭沫若全集·文学编》第20卷。

◎ 作《等于打死了林肯和罗斯福》，发表于上海《群众》周刊7月21日第11卷第12期，又发表于《新华日报·李公朴闻一多先生追悼特刊》。写道："公朴和一多都是受了美国式教育的自由主义者。公朴是文化批评家，是平民教育家；一多是诗人，是学者，是有数的名教授，然而他们为了为人民争取民主竟不免遭受了这样的惨死。""他们用美械来打死李公朴和闻一多，那等于是打死了林肯和罗斯福。公朴和一多为人民大众而牺牲，人民是永远不会忘记他们的。"

初收上海大孚出版公司1947年12月初版《天地玄黄》，后收《沫若文集》第13卷，现收《郭沫若全集·文学编》第20卷。

19日 与茅盾、叶圣陶、洪深、许广平、郑振铎、田汉、胡风、巴金、周建人等13人，联名致电联合国人权委员会。电文发表于20日上海《时代日报》，又发表于23日重庆《新华日报》。请派调查团来华调查李、闻惨遭国民党特务暗杀事件。

◎ 致信徐铸成。发表于25日上海《文汇报》。写道："此次《文汇报》因小故被勒令停刊七日，其政治作用甚为明显。贵报乃全国性有力人民喉舌，际兹李闻二公连续遇刺，反动者做贼心虚，畏人多言，致不得不狂施暴力，扼杀舆论，并以增加其恐怖政策之效果。然此实心劳日拙之举，适足以提高贵报之声誉，而促进人民之决心耳。谨致慰问，尚祈再接再厉，领导群伦，沫若虽愚，誓为后盾。"

中旬 与陶行知、沈钧儒、马叙伦、郑振铎、许广平、田汉等联名发起《致美国人民书》签名运动。信发表于8月5日延安《解放日报》。写道："中国的内战是否会继续下去，几乎完全取决于美国人。""阻止你们的政府破坏中国人民争取民主和平的机会，以维持两国人民友善互利的外交经济和文化关系。"签名者非常踊跃。

21日 参加中华文艺协会上海分会为李公朴、闻一多被害举行的临时大会，商讨善后事宜，并提议默哀三分钟，在讲话中称李公朴、闻一多将永远"活在中国人的心里，活在永恒的历史中"。指出"凶手用的无声手枪是美国人供给的"，为此提出强烈抗议。大会还通过宣言及告世界学者及作家书。(《文协上海分会痛悼民主战士》，22日上海《时代日报》；26日、30日《新华日报》)

22日 参加上海文艺界为李公朴、闻一多被害召开的文协会员大会，并讲话说：在各地类似暗杀李闻的事"不断在发生着"，对于反动派的疯狂行动，必须"集中力量给予打击才能制止"。(王戎《上海文艺界的怒吼》，30日《新华日报》)

23日 与陶行知、马叙伦、茅盾、田汉、郑振铎等30余人，致电哥伦比亚历史学院，要求他们派遣代表调查李公朴、闻一多惨遭国民党特务暗杀的事件。电文称：李闻二氏之被刺，证明中国反动派野蛮暴行的加剧。(《人民日报》晋察冀豫版；张志强《郭沫若在沪的一组史料》，《郭沫若学刊》1991年第2期)

◎ 晚，陶行知"和好些朋友在我寓里谈了很久的话。八点钟，我们

又同赴一位朋友的邀宴"。"在分手时，我还半开玩笑地请他保重身体，你是黑榜状元，应该留意呢"。（《痛失人师》）

25日 得知陶行知突然逝世，立即赶往上海殡仪馆向遗体告别。（26日《文汇报》）

26日 往上海殡仪馆，参加陶行知入殓仪式并公祭仪式。诵读祭文《祭陶行知先生》。祭文发表于27日上海《时代日报》；又发表于28日《群众》周刊第12卷第1期；复发表于31日《新华日报》。祭文说："你的健笔如椽，诗文溃涌醴泉。两千年前的孔仲尼，两千年后的陶行知，你将永远永远地受人纪念。"

初收上海群益出版社1948年9月初版《蜩螗集》；后收《沫若文集》第2卷，题作《祭陶行知》；现收《郭沫若全集·文学编》第2卷。

◎ 作《痛失人师》，悼念陶行知。发表于28日上海《联合日报·晚刊·陶行知先生追悼特辑》。写道："古人说：'经师易遇，人师难逢。'这话在今天尤其感到真切。""陶先生就是这凤毛麟角当中的一位出色者，而今天他忽然倒下去了。""我愿和千千万万的受了陶先生的熏陶的青年朋友们同声一哭！"

初收上海大孚出版公司1947年12月初版《天地玄黄》，后收《沫若文集》第13卷，现收《郭沫若全集·文学编》第20卷。

28日 为抗议国民党特务暗杀李公朴、闻一多，与茅盾、叶圣陶、田汉、郑振铎等人写作的《同声一哭》发表于重庆《新华日报》。说："用恐怖政策来镇压人民，历史替我们证明，谁也没有成功过。""人民今天已经到了死里求生的时候了，为民请命的李公朴和闻一多两先生是从献身中得到了永生。"

29日 夜，致郭开运（翊昌）信："前后两信均收到。沙湾所流行之麻疹，不知是否斑疹伤寒，何以竟那样猛烈耶？兄以阳历五月八日全家飞沪，飞行可六小时，立群及儿女辈均呕吐，兄无恙。来此转瞬已届三月，初来时找寻房屋颇费力，前月底始觅定今居，尚宽敞，视重庆天官府居屋相差不可以道里计。有小巧花园及菜圃，小儿女辈均大欢喜。兄之生活本无固定收入，政协代表乃名誉职，开会一个月期曾领受十万元之车马费而已。""日本方面曾有两次信来，生活亦颇窘，但目前实爱莫能助也。上海生活日涨，猪肉已到一斤三千元，较沙湾或重庆可高过六倍矣。一般人的生活却仍然纸醉金迷，殊可骇异。"（据原信手迹；蔡震《郭沫若生平文献史料考辨·与郭开运（翊昌）的书信》，社会科学文献出版社2014年7月版）

30日 作《读〈陶先生的最后一封信〉》。发表于8月2日上海《文汇报》。文中说："在报上得读陶行知给几位朋友的最后一封信，愈加感佩他为青年们设想得怎样周到，并表现得怎样独创。他在'仁者不忧，智者不惑，勇者不惧'之外加上'达者不恋'，又在'富贵不能淫，贫贱不能移，威武不能屈'之外，加上'美人不能动'，真真是足以使人惊心警目。"

初收上海大孚出版公司1947年12月初版《天地玄黄》，后收《沫若文集》第13卷，题为《读了陶行知最后一封信》，现收《郭沫若全集·文学编》第20卷。

◎ 作《记不全的一首陶诗》。发表于上海8月《民主》周刊第42期。写道：陶先生作过一首诗，"有个学校真奇怪，大孩自动教小孩。××××××，先生不在学如在"。"诗写好，送给孩子们，大家都欢喜；但其中有一位顶小的，大概只有八九岁光景，独于表示不满意。他说第二句不好"，"你这句诗有三点不合事实。'大孩自动教小孩'，大孩自动，小孩就不能够自动吗？大孩教小孩，小孩就没有教大孩吗？假使真只'大孩自动教小孩'，你说'奇怪'，那有什么'奇怪'？""这犀利的批评使大教育家吃了一大惊，立刻认错，说'对，对，对，应该改正。只改一个字就行了'。于是陶先生把'大'字改成'小'字。'小孩自动教小孩'，这就获得了小批评家的满足。"陶先生"在这儿提出了'向小孩学习'的最好的一个例证"。

初收上海大孚出版公司1947年12月初版《天地玄黄》，后收《沫若文集》第13卷，现收《郭沫若全集·文学编》第20卷。

本月 作《挽歌》。后由沙梅谱曲发表于8月1日上海《文萃》周刊第41期。称陶行知的逝世"是教育的灾难，民主的灾难，人民的灾难"。表示："我们要保守着民主的旗帜，不断地向前向前。"

初收上海群益出版社1948年9月初版《蜩螗集》；后收《沫若文集》第13卷，题作《陶行知挽歌》；现收《郭沫若全集·文学编》第2卷。

◎ 作诗《中国人的母亲》，发表于12月7日上海《联合日报·晚刊》，又发表于12月14日香港《华商报》。写道："我是中国人的母亲，我要反抗，我要反抗，我要反抗！我揩干了眼泪，要驱除那万恶的豺狼！"

初收上海群益出版社1948年9月初版《蜩螗集》，后收《沫若文集》第13卷，现收《郭沫若全集·文学编》第2卷。

《华商报》版有编者按："此诗系郭先生为闻一多夫人而作，并谱制成曲，在女高音周仲南女士本月十六日的上海歌唱会上唱出。特抄录发表，以饷本刊读者。"

8 月

1日 与马思聪主编的大型诗歌月刊《民歌》创刊出版。在第1卷第1期上发表《论戏的吟词与诗的朗诵》。

2日 作《反反常》。发表于27日香港《华商报》。认为今天"这样反常的世道，如反其道而行之，或许也可以恢复常道吧"。"要人打扫门前雪，先管他人瓦上霜。"

初收上海大孚出版公司1947年12月初版《天地玄黄》；又收《沫若文集》第13卷；现收《郭沫若全集·文学编》第20卷。

9日 作《〈板话〉及其他》。发表于16日上海《文汇报》，又发表于9月2日香港《华商报》。肯定赵树理著《李有才板话》和《解放区短篇创作选》第1辑是高水准作品，并向读者推荐这两部好书。

初收上海大孚出版公司1947年12月初版《天地玄黄》；后收《沫若文集》第13卷，文字有删节；现收《郭沫若全集·文学编》第20卷。

10日 致陆定一信。发表于24日上海《群众》杂志第12卷第4、5期合刊，又以《郭沫若给解放区作家的一封信》为题发表于1947年1月1日《知识》第2卷第4期。写道："得到你给我的信和两本书，我非常高兴。《白毛女》，我立即一口气读完了，故事是很感动人的，但作为一个读物来读，却并没有如所期待的那么大的力量。假使是看了上演，听着音乐和歌唱，一切都得到了形象化上的补充，那情形必然又是两样了。但这固然是目前不可多得的新型作品，单是故事被记录了下来，已经是很有价值的。解放区里面所产生的许许多多可歌可泣的新故事，新人物，实在是应该奖励使用笔杆的人用各种各式的形式把它记录下来，这是民族的瑰宝，新世纪的新神话。""赵树理是值得夸耀的一位新作家"，"《短篇选辑》里面的十二篇，我都喜欢，尤其康濯的《两家房东》，邵子南的《地雷阵》，刘石的《真假李根头》，简直是惊人之作。这几位作家可以说已经突破了外边的水准。寂寞的中国创作界可以说不寂寞了"。

13日 为李、闻二烈士纪念委员会编《人民英烈李公朴闻一多先生遇刺纪实》一书作序，并题签书名。序说：

"目前的中国是悲剧诞生的时代，然而也正是群神再生的时代。

在昆明，继'一二·一'四烈士之后，李公朴和闻一多，两位人民领袖，又连续牺牲了。

这无疑是民主战线上的损失，然而也正是民族历史上的光荣。

永垂青史的典型人物，旷代难逢，瞬息间却替我们增多了一个双子星座。

时代并不寂寞，历史也不寂寞了。

把哀痛的心情化为崇敬吧，瞻仰着这成对的庄严星座，慎重地完成我们的双重任务：一重是要消灭无声的悲剧，使人民得以翻身；二重是要铸造有声的悲剧，使人民知所纪念。

谨以'人民英烈'的一部素材，呈献在这儿。"

◎ 与茅盾、胡子婴、雷洁琼举行座谈会，交谈对时局的看法。认为，马歇尔、司徒雷登10日发表的联合声明是片面的，是两面派对华政策的表现。要求无条件停战，实现政协协议。(29日延安《解放日报》)

14日 参加上海文艺界与中国劳动协会为营救在"八·六"事件中被反动当局非法逮捕的青年而举行的集会，并与茅盾等在上海的68位文艺界人士联名发表对蒋介石的抗议书。(慧之、可人、罗迦《忆郭沫若和青年在一起》，1982年11月26日《青年报》)

◎ 晚，为欢送周扬北返张家口，与文化界人士茅盾、田汉等40余人举行饯别宴。席间题词赠别："到了上海，事实已就等于到了美国，不必再远涉重洋了。还是自己埋头苦干的要紧。我相信，我们这一次的分手总不会是太长远的。"并托他带信给北方的朋友致意，热情赞扬解放区的文艺活动。(27日《人民日报》晋冀鲁豫版)

◎ 托周扬带向北方的朋友们致意的信函。以《向北方的朋友们致人民的敬礼》发表于24日上海《群众》周刊第12卷第4、5期合刊。写道:"我费了一天工夫,一口气把《解放区短篇创作选》第一辑和赵树理的《李有才板话》读了一遍,这是我平生的一大快事。我从不喜欢读小说,这一次是破例。这是一个新的时代,新的天地,新的创世纪。这样可歌可泣的事实,在解放区必然很丰富,我希望有笔在手的朋友们尽力把它们记录下来。即使是素材已经就是杰作。""草草写此,向北方的朋友们致人民的敬礼。"

15日 作《自由在我——为纪念周报休刊而作》,发表于24日上海《周报》第49、50期合刊。写道:

"人呢用无声手枪打死,报呢用无声手谕查禁,已经是司空见惯的事了。早被打死适足以证明是一位好人,早被查禁适足以证明是一种好报。

我以纪念李公朴和闻一多的心情,来纪念周报。周报在民主运动史上,在反内战运动史上,将永远保存着它的令誉,就给李公朴和闻一多一样,是永远不死,而且永远发展着。

杀死了一位李公朴和闻一多,我们要挺生出千万个李公朴和闻一多;查禁了一种周报,我们要刊布出千万种周报。

书是焚不完的,儒是坑不尽的,秦始皇是快死的。从左闾里已经有篝火起来了。

自由在我,不要受伪善者的欺骗,也不要向杀人犯求饶。"

◎《陶行知先生最值得学习的地方》发表于上海《读书与出版》月刊第5期。指出陶行知先生值得学习之处:

"1. 他有信仰,不是信仰神,而是人民。

2. 他能够把自己忘掉,专门替人民谋利益。把生活水准放得很低,与一般的穷苦青少年共同甘苦,但也并没有到狂简的地步。

3. 替人民谋利益并不是盲目的,感情的,而是有目的意识,有计划的。他采取了教育事业,便在这一项事业上劳心劳力,献出了自己的一切。不必每一个人都要搞教育,但最值得学习的是这种明智的献身精神。

4. 他能够经得起折磨,打击,毫不灰心,毫不畏缩。但他处事接物也并不燥进操切,总想减少阻碍,免使弄成殭局。能屈能伸,不卑不亢,最宜学,也最难学。

5. 他的诗文是真感情,真见识,而能够摆脱文人习气,平易近人地用现成话表达。排除了不必要的矜持矫饰,因而也就每每恰到好处。"

16 日　与上海各人民团体代表马叙伦、朱绍文、吴晗等联名致巴黎和会的函发表于 19 日《新华日报》。报告中国局势严重影响远东和平，希望同盟国合作在亚洲推广民主。

◎ 作《欢迎大众的考验——为〈孔雀胆〉在上海演出》。发表于 28 日上海《新民报晚刊》。写道："《孔雀胆》在我的各部剧作里仍然是我比较喜欢的一部。""这一次在上海的演出，我又算得到了一个考验的机会。假使依然能够成功，我似乎可以得出这样的一个结论：历史剧是人民大众所喜闻乐见的东西。"

◎ 因重庆市总工会武力侵占劳动协会四福利机构，联名茅盾、叶圣陶、熊佛西等 60 余人致函慰问。(《郭沫若等慰问劳协》，17 日上海《时代日报》)

19 日　作《司徒·司马·司空》。发表于 9 月上海《文萃》周刊第 46 期，署名公孙龙。文章说："近两月来在全国类似清一色的报纸上，常常看见司徒、司马等字样，而且都是头条新闻。我每天清早看到这些字样，所必然联想到的就是司空。这个偶合实在是注定了马歇尔元帅和司徒雷登博士这两位和平使者的命运。他们的任务或企图，终归是要落空的，除非美国的对华政策起了什么根本的改变。""中国的现状闹到今天这样，认真说，完全是美国反动派跟我们搞出来的。"

初收上海大孚出版公司 1947 年 12 月初版《天地玄黄》，后收《沫若文集》第 13 卷，现收《郭沫若全集·文学编》第 20 卷。

23 日　三女平英生于上海。

24 日　历史剧《孔雀胆》由上海剧艺社在光华戏院上演，至 9 月 30 日结束。导演朱端钧，阿盖公主由路明、上官云珠饰演。(22 日、9 月 13 日《文汇报》)

27 日　为苏联集体农场照片展览题词："集体农场的农民异常富裕，有单独献机之举，飞机毁坏，更能补献，此为中国农人在梦想不到之事。"(29 日《时代日报》)

28 日　在寓所举行座谈会，到会者有邓初民、叶圣陶等四十余人。听李维汉等谈战事，说全面内战最近无停止之望。虽马歇尔与司徒雷登两人仍在斡旋，而美国若不变其两面政策，则适与斡旋之力相抵消。(叶圣陶《在上海三年》，《新文学史料》1986 年第 3 期)

31日 往红棉酒家，出席文协上海分会为欢迎陈白尘、邵荃麟等新到沪会员暨欢送冯玉祥、吴组缃等人出国举行的酒会并致辞。说："冯先生出洋后，天塌下来没有长杆子撑了，现在我想我们都要穿高跟鞋了。"（9月1日《文汇报》；叶圣陶《在上海三年》，《新文学史料》1986年第3期）

本月 作《从灾难中象巨人一样崛起》。发表于上海《清明》月刊10月15日第4期。评论司徒乔最近举行的战灾区画展，是"向着现实主义道路迈进了"。"我们在这种倾向中应该听取这样强烈的一个呼声：坚强地，更坚强地像巨人一样从灾难中崛起，组织自己的能力，克服一切的灾难！"

9月

1日 致沈凝华信："我所说的'鲁迅是一个伟大的完成'是说一个伟大人格的完成，就是他已经完成了一个不屈不挠的韧性战士'鲁迅'，请从这方面去体会吧，著作未完或天年苦短，都是小节。"（《中国当代文学研究资料·郭沫若专集（2）》，四川人民出版社1984年8月版）

◎ 得悉张澜在成都李、闻追悼会上遭特务侮辱，与周建人、洪深、叶圣陶等37人联名致函表示慰问。表示为共同反内战，争民主，废除独裁，取消特务而奋斗。（2日《新华日报》）

2日 作《司徒·司马·司空》补记，附《司徒·司马·司空》发表。说："这十几天新花样毕竟又出现了。美国反动派不顾我们中国人民的反对，又把太平洋上作战用的剩余物资卖给国民党，折价八万万五千万美元。借刀杀人，却还要从我们每一个中国人身上榨取七千多块法币。""但这些花样实际上一点也不新，这本是日本人对付我们的老派头，只是矮鼻子换成了高鼻子而已。"

3日 作《关于"五人小组"》。发表于8日上海《联合日报·晚刊》。写道："内战的烽火漫天遍野地烧得通红。""就在这时候又由司徒雷登的建议，要成立'非正式五人小组会议'，打算邀集国、共两党的代表来专门讨论改组国府委员的问题了。问题的展开真是有趣，有趣得超乎逻辑的范围之外。""当然，要改组政府，我们也很欢迎的，政府老早就应该改组了。"

初收上海大孚出版公司1947年12月初版《天地玄黄》，题为《关于非正式"五人小组"》；后收《沫若文集》第13卷；现收《郭沫若全集·文学编》第20卷。

4日 作《谈创造》。发表于5日上海《新民报晚刊》。文章认为："关于《创造》杂志的创作和发展，我现在已经有点模糊了，详细的情形请看我从前写的《创造十年》和《续编》。""第二号是我编的，第三号是仿吾编的，以后大体是成仿吾郁达夫和我三个人合编，似乎只出了六期便改成了月刊。那以后的情况，我就隔膜了。月刊的主编开始似乎仍是郁达夫，后来是郑伯奇和王独清，最后是冯乃超。假如让乃超来写月刊的历史，他应该比我更适当一些。"

8日 前往中国建设社演讲，记录稿（宋宝尊记录，经作者亲自勘正）以《苏联的集体农场》为题发表于《中国建设》11月1日第3卷第2期"纪念苏联建国特辑"。讲演说："苏联自二十八年土地革命完成以后，已将地主佃农的关系完全废置。今天，在苏联已没有一个以地主身份出现的人了。所有土地，全归国有，绝无私人占有的形态。苏联农业的耕种方式，也早已步出了人力畜力的阶段，而已经完全趋向于近代化。""我纵游苏联，看到了被毁灭的斯大林格勒，和其他许多大小城市。但是，我也看到了他们毫不懈怠立刻重新建设的一遍新气象，这使我仿佛体认了一个他们最高的国策，就是如何恢复战争的破坏。建设必须在和平的状态下进行，这也无异说，如何去争取和平。""生产有组织，有系统，有计划。在如此情形之下，建设起那毁灭了的废墟，我相信当不是难事。我更深信，唯有如此，也方能真正的谈建设。"

◎ 在寓所召集李、闻追悼会筹备会第一次会议，沈钧儒等参加。（沈谱、沈人骅编《沈钧儒年谱》，中国文史出版社1992年版）

10日 与田汉、洪深、许广平等人应邀参加越剧演员袁雪芬在大西洋餐社举行的招待会，倾听袁雪芬诉说受黑暗势力威逼压迫的种种情况，即致辞深表同情和支持。希望她"挺起胸来，不要屈服在恶势力之下"。（11日《文汇报》）

◎ 晚，参加文协在觉园举办的赏月晚会。会上朗诵了《月落乌啼霜满天》一诗，当念至第三句时，忽闻鞭炮声起，于是即兴吟出"一排枪声到觉园"，以此作为结束。（11日《文汇报》）

14日 作《鲁迅与王国维》。发表于上海《文艺复兴》10月第2卷第3期。写道:"在近代学人中我最钦佩的是鲁迅与王国维。但我很抱歉,在两位先生生前我都不曾见过面,在他们的死后,我才认识了他们的卓越贡献。毫无疑问,我是一位后知后觉的人。""我时常这样作想:假使能够有人细心地把这两位大师作比较研究,考核他们的精神发展的路径,和成就上的异同,那应该不会是无益的工作。""王国维和鲁迅相同的地方太多。""两位都富于理性,养成了科学的头脑","但在这相同的种种迹象之外,却有不能混淆的断然不同的大节所在之处。那便是鲁迅随着时代的进展而进展,并且领导了时代的前进;而王国维却中止在了一个阶段上,竟成为了时代的牺牲"。"对于王国维的死我们至今感觉着惋惜,而对于鲁迅的死我们始终感觉着庄严。王国维好像还是一个伟大的未成品,而鲁迅则是一个伟大的完成。"

初收上海海燕书店1947年8月初版《历史人物》,后收《沫若文集》第12卷,现收《郭沫若全集·文学编》第20卷。

◎ 致信赵景深,说:"九月十日惠书奉悉。承蒙校勘《艺术的真实》,幸甚幸甚。当遵嘱寄群益改正也。"(赵景深《〈沫若前集〉和〈郁达夫全集〉——郭沫若给我的信》,《新文学史料》1980年第2期)

17日 作《读了〈李家庄的变迁〉》。发表于上海《文萃》周刊26日第49期。写道:

"我又一口气把《李家庄的变迁》读完了。

我感觉着这和《李有才板话》、《小二黑结婚》一样的可爱,而规模确实是更加宏大了。这是一枝在原野里成长起来的大树子,她扎根得很深,抽长得那么条畅,吐纳着大气和养料那么不动声色地自然自在。"

"最成功的是语言。不仅每一个人物的口头语,脱尽了'五四'以来欧化体的新文言臭味。然而文法却是谨严的,不象旧式的通俗文字,不成章节,而且不容易断句。"

"因此我很羡慕作者,他是处在自由的环境里得到了自由的开展。"

初收上海大孚出版公司1947年12月初版《天地玄黄》,后收《沫若文集》第13卷,现收《郭沫若全集·文学编》第20卷。

◎ 致信孟涵。写道:

"两次大札均奉到。奉前札时,本拟即复,因冗事牵缠,竟延搁至今，恕罪恕罪。尊目有重光之望，甚为欣贺。沫若目力尚好，只两耳太聋，闭塞殊甚，徒唤奈何也。

先生客气，拟改称我为'老师'，甚不敢当。古人云'人之患在好为人师'，居常以此戒人，何敢妄自尊大，以'师'自居耶？中国事坏到今日，其原因之一，亦由'好为人师'者太多。例如训政便训了廿年，而训话总是那么一点、二点、三点，实在是值得痛心的一件事。沫若今年五十五，足下如年长于余，请改称我为'老弟'，如年少于余，则兄我不正宜耶？

摆脱官事，自是好事。唯如仅'在沪任几点钟课'，恐生活难以维持，如足下不愁生活困难，则自由自当可贵耳。专复敬颂时祉。"（据手迹，郭沫若纪念馆馆藏资料）

18日 作《文艺工作展望》补记，随正文发表。补记说："现在重读，恍有隔世之感。文中所说已经和当前局势不甚切合。但强调政治性的一点，觉得在今天是更当加紧的。近来因为时局的沉闷，第三种人的论调逐渐在出现，我们应该毫不容情地予以反击。"

20日 往钱业公会参观"抗战八年木刻画展"，并题词。称画展："增加了勇气和慰藉"，称"中国就象一块坚硬的木刻，要靠大家从这里刻出大众的苦闷、沉痛、悲愤、斗争，由黑暗中得到光明"，要"把大家的刀锋对准顽强的木板"。（23日《文汇报》）

25日 晚，与邓颖超、李维汉、史良等往八仙桥青年会，参加为庆祝谭平山六十诞辰举行的宴会，并致辞："希望谭先生永远为'平'之靠'山'，'平'民之靠'山'，'平'等自由之靠'山'。"（26日《文汇报》）

26日 与马叙伦、周建人、茅盾、翦伯赞等参加上海文化教育界为响应"美军退出中国周"举行的座谈会。谈话以《批判美对华政策》为题发表于27日《文汇报》。说："如果美国想领导世界，想领导人类，我们决不反对，罗斯福时代我们就是服从了美国的领导的，那是因为他的领导方针是和平的民主的，而目前美国的政策则与罗斯福的背道而驰，他们弄错了目标，分不清敌友。""现在美国的执政者是忘了美的富强，得力于安定，在安定中，他们才能从事建设，像目前这样的动荡不安，美国的富强必然葬送在现在这些不成才的败家子手上！"

◎ 夜，作《怎样使双十节更值得庆幸》。发表于上海《民主》周刊

10月第2卷第1、2期合刊。写道："究竟要怎样才可以使得双十节更值得庆幸呢？答案也很简单。请恢复中山先生的革命精神，彻底实现他的三民主义，实现以三民主义为准绳的政协决议，永远停止内战，成立民主的宪法和政府，限制官僚资本和买办资本，谢绝一切帝国主义性的'援助'。假使我们能够这样切切实实地做去，我相信我们中国依然是可以有为的，革命终必成功，我们总有一天一定会达到独立、自由、富强的境地。"

初收上海大孚出版公司1947年12月初版《天地玄黄》，题作《怎样使双十节更值得纪念》；后收《沫若文集》第13卷；现收《郭沫若全集·文学编》第20卷。

本月 致李嘉言信以《郭沫若先生答李嘉言先生书》为题，发表于《国文月刊》第47期。讨论《屈原研究》中"乱"字。

秋

为《程砚秋图文集》题词。写道："平剧是吾国戏剧之民族形式中最经洗练者，确为宝贵之遗产，催人珍视。以余度之，必将永存，绝不至磨灭。"（见《程砚秋图文集》，上海天蟾舞台1946年11月版）

10月

1日 作《替美国人设想》。发表于2日上海《文汇报》。说："美国处着优越的地位我们并不否认。美国要领导世界，领导人类，美国也确实是具有着这样的资格。在故总统罗斯福执政的后期，美国是曾经尽到了世界领导者的任务。""但是世界的不幸，也就是美国的不幸，是罗斯福死得太早了。""美国今天很明显地是违背了罗斯福的道路。""你们保持着原子弹的秘密，靠这来实行武力劫持。你们仗恃着金元的充足，靠这来作反动势力的收买与维护。到处扶植反动政权，到处扩张军事基地，到处摧残人民解放的生机。"

初收上海大孚出版公司1947年12月初版《天地玄黄》，题作《为美国人设想》，现收《郭沫若全集·文学编》第20卷。

4日 上午，往天蟾舞台参加与李济深、沈钧儒、邓颖超、史良等发起举行的上海各界人士追悼李公朴、闻一多大会，被推为主席团成员。发表讲话并诵读祭文。讲话说："这是时代的悲剧，两先生的死是时代悲剧诞生的信号。这是光明和黑暗的斗争！这是公正和自私的斗争，这是人民要做主人和做奴隶的斗争！但光明和正义最后必将胜利。"（5日《文汇报》）

主席团中包括了国、共、民盟及无党派人士，讲演亦每方各一人，并订有互不攻击的君子协定。到会的有五千余人，毛泽东、朱德、周恩来及中共代表团都献有挽词。

◎《祭李闻》发表于上海《联合日报·晚刊》，又发表于5日上海《时代日报》。写道："天不能死，地不能埋，呜呼二公，浊世何能污哉！为呼吁和平民主而死，虽死犹生。""呜呼二公！二公所争，乃人民之解放。二公所望，乃国族之平康。生死以之，正正堂堂。浩气长存乎宇宙，义声远播于重洋。衰起八代，永祀流芳。"

初收上海群益出版社1948年9月初版《蜩螗集》；后收《沫若文集》第2卷，文字有改动；现收《郭沫若全集·文学编》第2卷。

6日 与周恩来、沈钧儒、黄炎培、史良、叶圣陶等千余人，在静安寺公祭李公朴、闻一多。（7日《文汇报》）

9日 作诗《"双十"解》。发表于上海《文萃》周刊12月19日第2卷第11期。诗中写道："打倒帝国主义，／打倒封建制度，／让他俩成双入土。""埋下头再搅它三十五年吧，／中国必得解放，／总有前途。"

初收上海群益出版社1948年9月初版《蜩螗集》，后收《沫若文集》第2卷，现收《郭沫若全集·文学编》第2卷。

◎ 傍晚，往杏花楼，以文协名义宴刘开渠、萧乾，并慰劳洪深。同席有沈雁冰、田汉、陈白尘、许广平、翦伯赞、郑振铎、赵清阁等人。（叶圣陶《在上海的三年》，《新文学史料》1986年第3期）

◎ 与张君劢、黄炎培、沈钧儒、章伯钧、罗隆基、左舜生、陈启天、钱新之齐聚于交通银行，共商时局，拟对和谈做最后努力。决定次日分访周恩来、孙科后，全体赴南京。（沈谱、沈人骅编《沈钧儒年谱》，中国文史出版社1992年版）

10日《双十节纪念》发表于《文萃》周刊第2年第1期。文中说："中国的现状，真正是闹到'前门去虎，后门进狼'，而这狼还是蒙着羊皮的。日本所苦心孤诣的'以华制华'没有成功。在今天的新领袖者却不动声色地获得了成功。"

◎ 与沈钧儒、巴金、茅盾、许广平、胡风等人联名发表亲笔签名的《我们要求政府切实保障言论自由》于《民主》周刊第2卷第1、2期合刊。

◎ 与张君劢、黄炎培、沈钧儒、章伯钧、罗隆基等人至交通银行,由梁漱溟转述司徒雷登敦促各方代表进京的口信,并商谈重开谈判的新建议。(沈谱、沈人骅编《沈钧儒年谱》,中国文史出版社1992年版)

◎ 下午,与黄炎培、沈钧儒、罗隆基等往中共代表团驻地访周恩来,表达全面停战遵照政协决议办事的愿望。(《黄炎培日记》第9卷,华文出版社2008年版)

12日 《李闻二先生悼辞》发表于上海《时代》周刊第40期。写道:"李闻二先生遇刺以来,已经快三个月了。时间的经过使当时残酷的印象化为了庄严、悲愤的感情化为了崇敬。李闻两先生的躯体虽然毁灭了,但他们的生命是保存了下来,永远不能够磨灭的。""他们是为我们人民大众而死的。他们呼吁和平,呼吁民主,这是人民权利。他们是不应该死的,而偏偏遭受了惨酷的牺牲。但他们生前是明明知道要遭受这样的牺牲的,他们也没有退缩,没有辟易。他们是求仁得仁,为我们留下了崇高的典型,使我们的历史不寂寞,使我们民族增加了无限的光辉。""李闻二先生,他们是破除了这种自私自利的观念。他们为人民作前驱,把生死置之度外,他们是光明磊落的大丈夫,在我们历史上加添了这样的典型人物,我们今天来追悼他们,在另一方面,毋宁是应该向我们民族庆贺的。""我们今天来追悼他们,应该是要效法他们,效法他们以殉道者的精神为人民服务。使人民享受到和平民主的幸福。"

18日 作《鲁迅和我们同在》。发表于20日上海《文汇报·世纪风》,又发表于20日上海《时代日报》、21日重庆《新华日报》。写道:"鲁迅先生离开我们整整十年了。""凡是崇敬鲁迅的人是以不屈不挠的精神,尽了至善的努力来赢得的。""毛润之先生说过:'鲁迅的方向就是我们的文化运动方向'。这是最有斤两的话。鲁迅的方向是什么呢?就是为人民服务的方向,对于反人民的恶势力死不妥协的方向。""前途尽管有怎样的艰难,人民终竟是要翻身的!民主必然是要实现的!法西斯蒂必然是要垮台的！——这是历史必然的法则！""鲁迅精神永远和我们同在！"

初收上海大孚出版公司1947年12月初版《天地玄黄》，后收《沫若文集》第13卷，现收《郭沫若全集·文学编》第20卷。

19日 往辣斐大戏院出席鲁迅逝世十周年纪念大会，为主席团成员，并发表讲话，称："鲁迅的方向，就是为人民服务的方向，对反人民恶势力死不妥协的方向。"

纪念大会由文协总会等12个文化团体联合举办。出席纪念大会的有四千人，主席团由郭沫若、茅盾、沈钧儒、邵力子、叶圣陶、许广平等人组成。邵力子致辞，白杨朗诵许广平的《十年祭》。周恩来、茅盾等相继发表讲话。(20日《文汇报》；《本着鲁迅指示的方向赶跑所有的帝国主义》，21日《新华日报》)

◎ 下午，与周恩来、黄炎培、沈钧儒、罗隆基等至吴铁城寓所会谈。

◎ 晚，与黄炎培、沈钧儒、罗隆基等赴周恩来邀宴。周恩来告以中共代表团将撤回延安，即赋诗以赠，咏道："疾风知劲草，岁寒而后凋"，"驾言期骏骥，岂畏路迢遥。"(20日《申报》；许涤新《疾风知劲草——悼郭沫若同志》，1978年6月22日《人民日报》)

20日 与周恩来、许广平、茅盾、冯雪峰、沈钧儒、叶圣陶、曹靖华、田汉、洪深、胡风等文化界人士等前往万国公墓，祭扫鲁迅墓。说："鲁迅先生，今天在你面前，我没有什么话讲，只有一句：我愿意秉着你的一切指示，当一条牛！"(21日《文汇报》；叶圣陶《在上海的三年》，《新文学史料》1986年第3期)

21日 上午，从龙华乘机飞南京，同行者有黄炎培、沈钧儒、章伯钧、罗隆基、李维汉等十余人。抵宁后在参政会小憩，即赴国民政府见蒋介石。(《黄炎培日记》第9卷，华文出版社2008年版)

◎ 中午，孙科设宴欢迎。(《黄炎培日记》第9卷，华文出版社2008年版)

◎ 下午，参加第三方面代表集会，讨论国共两方意见。(22日《新华日报》)

◎ 上海《联合日报·晚刊》发表《田老大忙开追悼会 郭沫若盛赞左拉传》，报道说："最近在沪放映之《左拉传》，郭沫若曾誉为自有电影以来之最佳片，盖以作家观作家，倍感亲切也。"

22日 与钱新之、莫德惠、王云五等无党派人士在交通银行宴请国、共及民盟政协代表，周恩来、沈钧儒、黄炎培等应邀出席。席间听张君劢说："现在第三方面好比媒人一样，国共双方需要这样的媒人。"宴后对张君劢说："做媒人比得太好了，可是别不等甲乙双方婚事没说成，媒人自己跟甲方搭起来呀！"（26日《联合日报·晚刊》；《黄炎培日记》第9卷，华文出版社2008年版）

◎ 为生活教育社员进修班演讲的记录稿《青铜器的波动》（维立记录，未经本人校阅）发表于上海《文汇报》。演讲认为："社会不断的进化着，如果用制造器物的材料作为划分阶段的标准，那么，这一进化的过程，便可以分成三个时代，就是石器时代，青铜时代和铁器时代。""青铜器时代，在中国经过一千余年之久，较其他民族都可以说久长得多，不过青铜器并非一成不变的，跟人类的进化一样，青铜器也无时不在变化中，从各方面看来，例如器铭的形式、花纹、模样、及字迹与铭文，甚至于文章的体裁，没有一样不在波动变异。""在殷周奴隶时代之后，中国出现行帮制的手工业时代，青铜器时代至此告终，但青铜器的精巧技艺，却都移植于他业了。"

26日 为参加陶行知追悼会，特由南京返回上海。（28日《新华日报》）

27日 上午，偕全家至震旦大学礼堂，参加陶行知追悼大会，为主席团成员。致辞说："陶先生是一个真善美三者具备的'完人'。"这因他能"克制占有欲，扩大创造欲"。"陶先生的创造方法是学习，学习，再学习。他虽是教育家，但仍以学生自居，向社会，向自然乃至儿童学习。他的创造目的，是为人民服务，而不是为升官发财。"（28日《文汇报》《新华日报》）

31日 为纪念十月革命29周年作《世界和平的柱石》。发表于《时代》11月7日第6卷第43、44期合刊。写道："今天在世界仍然在动荡当中迎接着苏联十月革命的第二十九届纪念日，在我个人是感觉着这个世界和平的柱石，苏联，真好象中流砥柱一样，丝毫也不显得动荡。""在今天我们应该加紧认识这个和平安定的力量的源泉，这是出于人民。"

初收上海大孚出版公司1947年12月初版《天地玄黄》，后收《沫若文集》第13卷，现收《郭沫若全集·文学编》第20卷。

◎ 与于立群为茅盾夫妇赴苏饯行，马叙伦、潘梓年、田汉、史良、张君劢等作陪。其间，交换对时局的看法。（11月2日《新华日报》）

11 月

1 日 作诗《一二·一纪念》，发表于上海《文萃》周刊 12 月 19 日第 2 卷第 11 期。写道："血是不会白流的"，"全世界总有真正地由人民做主的一天！人民的威力是最强大的超原子炸弹！"

初收上海群益出版社 1948 年 9 月初版《蜩螗集》，后收《沫若文集》第 2 卷，现收《郭沫若全集·文学编》第 2 卷。

7 日 为纪念苏联十月革命 29 周年题词，发表于上海《时代日报》。写道："认识苏联是今天最切要的事。苏联是人民作主的国度。一切国家的民主不民主就要看人民是不是有经济的自由。苏联毫无疑问是世界上真正的民主国。"

◎ 应苏联驻沪领事馆邀请，与董必武、华岗、茅盾等出席庆祝十月革命 29 周年招待会。(8 日《文汇报》)

上旬 劝阻张君劢去南京参加"国民大会"。(罗隆基《从参加旧政协到参加南京和谈的一些回忆》，载《文史资料选辑》第 21 辑)

11 日 对来访的《新华日报》记者发表谈话。指出国民党政府单独指定社会贤达参加"国民大会"的代表名单，是完全违背政协程序的，因此名单中尽管列有自己的名字，但决不承认自己是"国大代表"。(12 日、13 日《新华日报》)

12 日 致信孔另境："今天中午聚会并为沈先生送行，万分抱歉，我恐怕不能参加。因内子立群之三舅父岑先生今天作寿，弟全家须往拜寿，假如弟一人不去，好象看不起他，会引误会，因此非去不可。""关于丛书事，沈先生已详细告诉我，凡今后需要我尽力的地方，我一定负责做去。特此道歉。"(孔海珠辑注《郭沫若书信十二封》，《百花洲》1981 年第 1 期)

15 日 表示拒绝参加国民党政府非法召开的"国民大会"，并对社会党领袖张东荪等人决定不参加"国大"表示"钦佩"，而对该党那些与会者感到遗憾。(15 日、17 日《新华日报》)

18 日 为普希金纪念日题词。手迹发表于 1947 年 2 月 10 日上海《时代日报》。写道："普希金是人民诗人之伟大的前驱。他以献身的热情歌颂人民，唤醒人民，而反对封建传统之专制暴政，终于遭受牺牲，不仅他的璀璨的诗章是世界的瑰宝,而他那公正而勇敢的生活态度实我辈做人之模范。"

中旬 接周恩来17日信。

信中说道:"回沪后,一切努力,收获极大。"并说"青年党混入混出,劢老动摇,均在意中,惟性质略有不同,故对劢老可暂持保留态度。民盟经此一番风波,阵容较稳,但问题仍多,尚望兄从旁有以鼓舞之。民主斗争艰难曲折,居中间者,动摇到底,我们亦争取到底"。"今后要看前线,少则半载,多则一年,必可分晓。"(《周恩来书信选集》,中央文献出版社1988年版)

◎ 派人携《十批判书》《青铜时代》及几部历史剧赠罗隆基,并表示致意和问候。(罗隆基《从参加旧政协到参加南京和谈的一些回忆》,《文史资料选辑》第21辑)

21日 作《人所豢畜者》。发表于上海《文萃》周刊28日第2卷第8期;又发表于11月28日香港《华商报》;复发表于《唯民周刊》第3卷第12期。以人所豢畜的种种动物,褒贬喻指世间种种人之世相。

初收上海大孚出版公司1947年12月初版《天地玄黄》,后收《沫若文集》第13卷,现收《郭沫若全集·文学编》第20卷。

◎ 收到黄炎培赠诗《兵余湖游》十三绝。(《黄炎培日记》第9卷,华文出版社2008年版)

23日 与黄炎培、沈钧儒、阳翰笙等出席中苏文化协会在青年会举行的苏联影展及欢送茅盾夫妇赴苏访问酒会。(24日《文汇报》)

24日 与马寅初、侯外庐、叶圣陶、许广平等在八仙桥青年会出席中华全国文协、剧协、音协等10个民间文艺团体为欢送茅盾夫妇访苏举行的茶会,表示说:"沈先生此行当无疑问的可以代表中国人民,向苏联致意。"(25日《大公报》)

◎ 与沈钧儒共同就民社党参加"国大"发表谈话,指出这种行为实际上便意味着他们已经"落水"了。(26日《新华日报》)

◎ 作《纪念邓择生先生》。发表于上海《中华论坛》半月刊12月16日第2卷第7、8期合刊。文章在回顾了与邓演达相处的往事后,指出:"在政治上他的确是具有着预见的,但似乎把革命的障碍估计得过低,而想从'策略'上下功夫以减少障碍,或许是他率直的性格使然吧。他的牺牲实在是一件很大的损失。"

初收上海大孚出版公司1947年12月初版《天地玄黄》，现收《郭沫若全集·文学编》第20卷。

25日 出席苏联驻沪领事海林为欢送茅盾夫妇赴苏举行的宴会，席间赋诗。以《送茅盾夫妇》为题发表于27日上海《联合日报·晚刊》；又以《送茅盾夫妇出国》为题发表于28日上海《立报》，12月2日《新华日报》。云："不辞美酒几千杯，顿觉心花带怒开。今日天涯人尽醉，澄清总得赖奇才。"

29日 作诗《寿朱德》。在《庆祝朱总司令六十大寿贺辞》的总标题下发表于上海《群众》周刊12月9日第13卷第8期。咏道："朱德将军谁不晓，六十不算老。中国的大英豪，人民的小宝宝。"又道："伪民主，假和平，还把无声子弹到处抛，只等朱德将军来清扫"，"中国人民爱戴你，你永远不会老！"自注："玉阶总戎六十大庆成此俚歌二章奉贺即乞哂存。"

初收上海群益出版社1948年9月初版《蜩螗集》，后收《沫若文集》第2卷，现收《郭沫若全集·文学编》第2卷。

◎ 作《题〈南天竹〉》其一。发表于1947年1月15日上海《联合日报·晚刊》。"原甘蓬壁四萧然，突见南天一簇鲜。翠鸟依依殊可怜，临危欲坠立其巅。南天之子不可餐，汝殆爱美惊其嫣。画者东倭观蔺氏，赠余者谁邬其山。两国烽烟亘八年，何幸人情仍是田。鲁翁已逝达夫死，相对不觉两泪泫。逊言补壁犹尚可，此画来自江户川。我亦有家江户边，木莲金桂碧联娟。欲飞无翼渡无船，网罗八面火连天。炊骸易子遍地传，但居域外亦平安，待余重造桃花源。"自注："邬其山氏见余四壁萧然，以《南天竹》一幅为赠。画虽寻常，厚情可感。略嫌白地太多，因题此诗以补之。画者俨若预知此事而为余留余地者，亦觉颇有意思。"

初收上海群益出版社1948年9月初版《蜩螗集》，后收《沫若文集》第2卷，现收《郭沫若全集·文学编》第2卷。

邬其山，即内山完造。

30日 晨，作《题南天竹》其二。发表于1947年1月15日上海《联合日报·晚刊》。"天寒地冻众草炙，南天一株怡然赤。有鸟有鸟来相宅，接首倾心情脉脉。阳春有脚犹踟蹰，相忘誓死不它适。"自注说：

"题前诗后，越一日，觉此上端空白仍太多，更就壁上题此数语。"

初收上海群益出版社 1948 年 9 月初版《蜩螗集》，后收《沫若文集》第 2 卷，现收《郭沫若全集·文学编》第 2 卷。

◎ 上午，与黄炎培、史良、沙千里、叶圣陶等参加陶行知移灵公祭仪式。(30 日《联合日报·晚刊》)

◎ 中午，往周公馆，参加庆祝朱德六十寿辰宴会。(《群众》周刊 12 月 9 日第 13 卷第 8 期)

本月 为上海第一儿童阅览室作儿歌《请来玩》，发表于《儿童》半月刊第 2 卷第 3 期。

◎ 为谢步生著《还乡一月随笔》题词，收镜泉文化基金委员会《还乡一月随笔》。写道："乡梓之爱，人皆有之，然爱之必其道。今读步生先生所作，于其家乡农村经济之发展，种用厚生之道，谋之既详且适，可谓得其道者。果如见诸实施，民生之充裕，固可逆睹也。国人如人人能如是爱其乡，则集乡而成国，吾中国工业化之前途，即得备最坚实之基础矣。"

12 月

1 日 《历史的大转变》被作为于冉纪念委员会编印的《一二·一民主运动纪念集》代序，书由生活、作家、黄河、自由、光明等书店发售。(2 日《文汇报》)

3 日 与于立群为茅盾夫妇赴苏饯行，郑振铎、孔另境等同席。(5 日《文汇报》)

5 日 偕于立群与叶圣陶、郑振铎、叶以群、戈宝权等人为茅盾夫妇送行。在"斯摩尔尼"号轮客厅的一角，代表送行者写《临别赠言》。说："我们只希望你们带着我们大家的心向北国的亲爱的兄弟们祝福。到了明年春夏之交的时候，请您从自由天地更多带些温暖回来。"赋送别诗一首，发表于《文艺春秋》月刊 15 日第 3 卷第 6 期。咏道："乘风万里廓心胸，祖国灵魂待铸中。明年鸿雁来宾日，预卜九州已大同。"并送茅盾一花篮康乃馨。在码头上拍照留影。(6 日《文汇报》；茅盾《抗战胜利后的奔波》，《新文学史料》1986 年第 3 期)

8 日 往兰心戏院观看吴祖光新编剧本《捉鬼传》演出。散戏后与演员们一起吃夜餐，席间赋诗一首："钟馗捉鬼被鬼捉，观者欢娱作者哭，中有眼泪一万斛。非欲衣冠媚世俗，欲使世上绝鬼蜮。"

1947年元旦，吴祖光来拜年时，即将此诗念给他听，并写成条幅相赠。（吴祖光《郭老为〈捉鬼传〉赋诗》，《文教资料简报》1979年总96期）

10日　《编印〈郁达夫全集〉——答向蜀光先生》发表于《人物杂志》月刊第5、6期合刊。说："蜀光先生建议重印《郁达夫全集》，并要我来'负搜罗刊行的责任'，这在我诚然是'义不容辞'的。我愿意虔诚地担负起这个责任来。""达夫在中国新文学里面的地位，很象俄国文学中的屠格涅甫，仅此已足永远不朽。""我还能活着编辑他的全集，我将能认为这是我的光荣的使命。我决以我的全力促进并完成这件事情。当然我是需要大家来协力进行的。这不仅为的表彰达夫一个人，而是为中华民族保持良心与清明之气。"

16日　作《关于〈美术考古一世纪〉》。发表于1947年1月1日《唯民》周刊。记述了翻译《美术考古一世纪》一书的经过，以及从书中所"得的教益"。

初收上海大孚出版公司1947年12月初版《天地玄黄》；又以《译者前言》为题收入上海群益出版社1948年8月《美术考古一世纪》；后收《沫若文集》第13卷，题作《序〈美术考古一世纪〉》；现收《郭沫若全集·考古编》第10卷。

17日　与华岗、潘梓年、柳亚子夫妇、许广平等参加在史良寓所为庆贺沈钧儒先生七十三寿辰举行的晚宴。席间赋诗一首《寿衡山先生》："优先天下数谁真，南极巍然一老人。规矩不逾犹赤子，尊尊今夕复亲亲。"（18日、19日上海《联合日报·晚刊》）

20日　作《民主运动中的二三事》。发表于1947年1月1日香港《华商报·复刊周年暨元旦增刊》，又发表于新加坡新南洋出版社《风下》周刊1947年1月第57期。记述了近些年民主运动进程中发生的一些事情，认为："对于时局，谁都没有盲目的乐观，然而谁也没有盲目的悲观。乐观的前途明明摆在目前，只是山路崎岖，羊肠宛转，不知道要经过多少的曲折迂回，然后才能达到目的。"

初收上海大孚出版公司1947年12月初版《天地玄黄》，后收《沫若文集》第13卷，现收《郭沫若全集·文学编》第20卷。

◎ 夜，作《王安石的〈明妃曲〉》。发表于《评论报》旬刊28日第8号。批驳历史上对于《明妃曲》的误解和非难。认为："照我看来，范冲、李雁湖、蔡上翔，以及其他的人，无论他们是同情王安石也好，诽谤王安石也好，他们都没有懂到王安石那两句诗的深意。大家的毛病是没有懂到那两个'自'字。那是自己的'自'，而不是自然的'自'。'汉恩自浅胡自深'，是说浅就浅他的，深也深他的，我都不管，我只要求的是知心的人。这是深入了王昭君的心中，而道破了她自己独立的人格。"王安石的《明妃曲》，"在以王昭君为题材的历代的诗词剧曲中应该是最上乘的作品"。

初收上海大孚出版公司1947年12月初版《天地玄黄》，后收《沫若文集》第13卷，现收《郭沫若全集·文学编》第20卷。

21日 作《冷与甘——鲁迅精神》。发表于30日香港《华商报》，又发表于上海《文萃》周刊1947年1月1日第2卷第12、13期合刊。认为，鲁迅脍炙人口的两句诗："横眉冷对千夫指，俯首甘为孺子牛"，是"把鲁迅精神表示得非常圆满"。

初收上海大孚出版公司1947年12月初版《天地玄黄》；后收《沫若文集》第13卷，题为《冷与甘》；现收《郭沫若全集·文学编》第20卷。

◎ 将送茅盾赴苏的送别诗改作七律一首《送茅盾赴苏联》，发表于30日上海《联合日报·晚刊》；又发表于1947年1月5日《华商报》。自注："月之五日，茅盾偕其夫人同乘斯摩尔尼号赴海参崴，作苏联之游。余曾登轮送别，仓卒得句，意不甚洽，今足成此律。"诗云："以文会友御长风，祖国灵魂待铸中。石取他山攻玉错，政由俗革贵农工。北辰历历群星拱，罗马条条大路通。海运天池南徙日，九州当已庆攸同。"

初收上海群益出版社1948年9月初版《蜩螗集》，后收《沫若文集》第2卷，现收《郭沫若全集·文学编》第2卷。

22日 作散文《峨眉山下》。发表于上海《文艺春秋》月刊12月第3卷第6期，又发表于《书报精华副刊》1947年第4期。写道："我的故乡是在峨眉山下"，"嘉定城的风物，多少还有使我恋恋的地方，那就是乌尤山附近和那对岸的大坝"。"我虽然在那山下活了十几年，但不曾上过山去一次。因此它的好处，实在我也不知道。专为好奇心所驱迫，如有机会去游游金顶，我倒也并不反对。峨眉山之于我，也仿佛泰山之于我一样了。"

初收上海大孚出版公司1947年12月初版《天地玄黄》；后收《沫若文集》第13卷，文字有改动；现收《郭沫若全集·文学编》第20卷。

23日 讲演稿《苏联的集体农场与中国的土地改革》（汪慧星、胡嘉谷记录），发表于本日、30日上海《文汇报》。说到苏联集体农场的组织经过，其组织与分配法及其对工业化所起的作用。认为，苏联人民"能够丰衣足食""主要的原因，就是集体农场得到了空前的成功"，"我们应当学习人家好的办法"。

31日 作《路边谈话》。发表于1947年1月1日上海《文汇报》，题为《除夕路边谈话》；又发表于1947年1月10日、11日香港《华商报》，1947年1月16日重庆《新华日报》。分作十五个小题评论时事：一、序言，二、烽火台，三、义务广告，四、美满，五、司芬苦士，六、克莱武，七、甘诸，八、超级海派，九、黄豆咖啡，十、双料赵高，十一、嘴上有血，十二、毒与假，十三、正反合，十四、价值倒逆，十五、预言。

初收上海大孚出版公司1947年12月初版《天地玄黄》，后收《沫若文集》第13卷，现收《郭沫若全集·文学编》第20卷。

◎ 晚，参加上海文艺界举行的新年迎春会。（李凌《文化战线上的光辉旗帜》，《悼念郭老》，生活·读书·新知三联书店1979年版）

本月 接周恩来信。

信中说："国内外形势正向孤立那反动独裁者的途程中进展，明年将是这一斗争艰巨而又转变的一年。""孤立那反动独裁者，需要里应外合的斗争，你正站在里应那一面，需要民主爱国阵线的建立和扩大，你正站在阵线的前头。""我们这一面，再有一年半载，你可看到量变质的跃进。那时，我们或者又携手并进，或者就演那里应外合的雄壮史剧。""艰巨的岗位，有你负担，千千万万的人心都向往着你。"（《周恩来年谱1898—1949年》修订本，中央文献出版社1998年2月版）

由于国民党蓄意召开其一手包办的国民大会，破坏和谈，中共代表团决定撤回延安。尹达回忆："周恩来副主席从重庆回到延安，写信给我，要我把自己的著作给他一册，他返回重庆时，好转给郭老；同时，还要我继续写文章，以便使重庆和延安两地文化工作者相互配合，开展工作。

1946年春我从延安到了晋冀鲁豫的北方大学，8月间接到从延安转来郭老的来信和《十批判书》。""在相当时间里，在我虽说在从事具体的考古发掘，但由于郭老的影响，我始终尽最大可能读了一些进步的理论书籍。应当说，在治学的精神上，我已成为郭老的私淑弟子。"（尹达《郭沫若与古代社会研究》，《尹达集》，中国社会科学出版社2006年版）

冬

◎ 应民盟中央委员周鲸文之邀，出席为欢迎从联合国开会回来途经上海的董必武举行的宴会。会上与罗迦等几个文学青年聊天，关心他们的政治斗争和创作近况。说："诗是感情的文字，只有真情流露的文字才自然成为诗，当然也要含蓄，有余韵，切忌用陈旧的套语和成语。"并指出，只有和群众战斗在一起，才能写出脍炙人口的时代诗篇。（慧之、可人、罗迦《忆郭沫若和青年在一起》；1982年12月2日吴慧致《郭沫若年谱》编者信，《郭沫若年谱》，天津人民出版社1992年版）

本　年

◎ 书为畹华博士："余曾游塔什干观乌兹白克人演奥赛洛及歌剧乌鲁伯，其技艺水准甚高。歌剧中舞姿颇多平剧手法，私觉可异。一日，乌兹白克外交部长告余，渠肄业莫斯科大学时曾观畹华博士演出，极为心醉。演奥赛洛及乌鲁伯诸演员时亦求学莫京，亦具叹为观止。聆此乃恍然大悟，艺术之力信属宏伟。余曾戏言，俄国人民仅知中国有二人，一为孔夫子，一则梅博士也。"（手迹见《郭沫若书法集》，四川辞书出版社1999年11月版）

畹华，即梅兰芳。

◎ 书赠李维汉："疾风知劲草，岁寒见后凋。根节遘盘错，梁木庶可遭。驾言期骏骥，岂畏路迢遥。临歧何所赠？陈言当宝刀。"（据手迹，《郭沫若书法集》，四川辞书出版社1999年11月版）

◎ 书为许淡庐："争攘易尽全力，和缓则易弛方，争取民主之时，不惜冲锋陷阵者，一朝获得初步胜利，便有功成身退之意，殊太蚤计。"（手迹见《郭沫若书法集》，四川辞书出版社1999年11月版）

◎ 作小说《防空洞里的人》。（郭沫若纪念馆馆藏资料）

1946、1947年间

◎ 为《剪画选胜》题词："曾见北国之窗花，其味天真而浑厚。今见南方之剪纸，玲珑剔透得未有。一剪之巧夺神功，美在民间永不朽。"跋谓："北地民间每逢新岁必剪贴窗花，乃农家妇女之手工艺术。曩曾见之，惊为独步。今见蔚南兄所集南方剪纸，可谓各有千秋矣。"（手迹见徐蔚南编，《剪画选胜》卷首，华夏图书出版印铸公司1949年版）

1947年（丁亥　民国三十六年）55岁

1月1日　上海11个人民团体发表声明否定伪宪法，认为它是独裁者延长统治的工具。

1月29日　中共中央宣传部发表声明，指出取消伪宪法乃是"最低限度的和谈条件"。

本月　美国宣布撤离军调处执行部人员，从此采取公开的援蒋政策。

2月　国民党相继迫使军调处执行部中共方面代表叶剑英等人，中共驻南京、上海、重庆的代表董必武、吴玉章以及工作人员撤离。

3月　国民党军队大举进犯陕北解放区。中共中央主动撤离延安。

4月　国民党军队对山东解放区发动重点进攻。

4月15日　毛泽东向西北解放军发出《关于西北战场的作战方针》的指示。

5月20日，京沪苏杭地区16所专科以上学校学生六千余人举行"反内战、反饥饿"示威大游行，在南京遭到国民党军警的野蛮镇压，受伤者百余人，被捕者二十余人。此次学潮遍及全国。

7月　刘邓、陈谢、陈粟三路大军南下，将解放战争引向国民党统治区，人民解放军自此由防御转入进攻。

9月13日　中共中央在河北省西柏坡村召开全国土地会议，制定了《中国土地法大纲》。解放区开展了土地改革运动。

10月10日 中国人民解放军发表宣言，号召"打倒内战祸首蒋介石"，组织民主联合政府，以达到解放人民和民族的总目标。

10月27日 中国民主同盟被迫解散。

12月25日 中共中央在陕北举行会议，毛泽东作了《目前形势和我们的任务》的报告。指出：中国人民的革命战争，已经达到了一个转折点，这是一个历史的转折点。为党领导全国人民夺取全国性的最后胜利，作了充分的准备。

1月

1日 邀请文艺界的朋友们来寓所共庆元旦。（戈宝权《谈郭沫若与外国文学的问题》，《郭沫若研究论集》，四川人民出版社1980年版）

◎ 与李济深、沈钧儒等人发表讲话，强烈抗议美军强奸我国女学生的暴行。指出"帝国主义的残梦可以醒了，中国人民已经怒吼起来了"。（本日上海《文汇报》，3日重庆《新华日报》）

3日 与李济深、沈钧儒、许广平、叶圣陶、章伯钧等二百余人联名发表"上海各界对北平美军暴行抗议书"。（本日上海《联合日报晚刊》）

5日 作《新缪司九神礼赞》。发表于上海《文萃》周刊9日第2卷第14期，又发表于10日上海《文汇报》，17日、18日香港《华商报》。说："关于'胜利前后到现在的文艺工作的观感'，好些朋友的宝贵意见，我失掉了听取的机会，实在是非常遗憾。""我虔诚地敬礼着这些朋友，这些温室之外的从事小说、诗歌、剧作、批评等文学工作的朋友，从事于古代和近代的史学研究的朋友，新闻界的朋友，漫画木刻界的朋友，新音乐界的朋友，戏剧电影界的朋友。朋友们哟，我想称颂你们为'新时代的缪司九神'，你们真以过人的努力，克服着当前的超级地狱，而在替我们播着火种。""我是应该歌人民大众的功，颂人民大众的德，人民大众才是我们至高无上的宙司大神。"

初收上海大孚出版公司1947年12月初版《天地玄黄》，后收《沫若文集》第13卷，现收《郭沫若全集·文学编》第20卷。

9日 应邀出席《文汇报》第54次星期座谈会并发言，记录稿（陈尚藩记）以《调人高升面面观》为题发表于12日上海《文汇报》。评马歇尔继任国务卿离华时的声明，揭露他所谓"公正"调停人的假面。

10日 向记者发表书面观感说："马歇尔承认政府之价值，实仅幌子，以捧所谓'宪法'，而助政府分化民盟，其意令人不愉快。"马歇尔不分黑白，把中国分裂责任推在国共双方，已不公平；更忘了美国错误政策应负之责任，尤为不公平者。由此声明，可窥见美国之今后政策，不容乐观。因此强调中间性者过早高兴，还应审慎为是。（12日重庆《新华日报》）

◎ 接待前来采访的《新华日报》记者，谈话摘要发表于12日重庆《新华日报》。就政协周年纪念日说："政协决议早得国内外人民之拥护与赞美，其价值早有定评。现决议虽遭破坏，但价值依然存在。人民了然谁为破坏政协者。但需指出美之对华政策，应负最大责任。吾人拥护政协，故片面'国大'通过'宪法'，不能承认。中国如果真正民主化，只有拉回政协之路，重组各党派公平之联合政府，另开合法国大，重定宪法。"

11日 为《新华日报》九周年纪念题词手迹发表："人民之命，主义之光；宇宙可毁，新华无疆。"

◎ 介绍徐慰慈与范泉接谈，希望范泉帮助徐寻找工作，以解决生活困难。（范泉《郭沫若的一张名片》，1983年11月10日《文学报》）

16日 致翦伯赞函："送上二张漫画，务恳大大发动，用以慰劳漫画同人也。"希望作为大孚出版公司总经理的翦伯赞搜集、出版漫画类书籍。（《北京大学学报》1978年第3期）

20日 《论斗争》发表于重庆《新华日报》。写道："斗争是相当长远，要以空间换取时间，要积小胜为大胜。在抗战时听惯了空言，在今天需要我们实践。""产生一个儿女都还那么艰难，要产生一个民主的中国，自然不会那么轻便。""只有靠斗争才能有真实的和平谈判。"

23日 作小说《地下的笑声》。发表于上海《文萃》周刊30日第2卷第17期。描写主人公戈阳夫妇的悲惨遭遇。表现他们在与各种恶势力的斗争中坚毅不屈的性格，即使身患不治之症，也继续以音乐为武器坚持斗争。

初收上海海燕书店1947年10月初版《地下的笑声》，后收《沫若文集》第5卷，现收《郭沫若全集·文学编》第10卷。

24日 作《续"狐狸篇"》。发表于2月8日上海《评论报》周刊第

13期，署名牛何之。前有小序曰："近见《评论报》有万古江先生《狐狸篇》，集《圣人颂》八首，《胡博士诸像赞》四首，《宽心吟》四首而成，于胡适博士大有阳秋。然'狐狸'实系二物，以狐喻胡，不仅音切，性态亦相近，狸如别有所指，当更妥贴。余以为如以狸比傅斯年贤达，则一圣一贤，方以类聚，大可百世万年，香臭流遗也。因和万君原韵成《代圣人答圣人颂》八首，《傅贤达诸像赞》四首，《丧心吟》四首，而集为《续狐狸篇》，用以质诸万君，不知能不以尾巴见弃否？"《代圣人答圣人颂》八首："（一）当代扬雄愧有归，圣吾岂敢是耶非？难忘'善后'开鸿运，'威武英明'段合肥。（二）檐前今复把头低，况复洋人有品题。'历史偶然'成附凤，'解嘲'其实错重提。（三）肠脑未肥颇自伤，装聋卖哑复何妨？'美钞积蓄'非无谓，准备分崩再出洋。（四）那管人民喜怒哀？一家国大一堂开。吾亦'能收能发'者，收来主席发横财。（五）美国精虫至可尊，女儿何故不欢迎？驻军撤走休'联想'，努力优生汝后生。（六）肤黄鼻塌乏雄姿，'欧化全盘'正合时。'尝试成功'原自愧，吾妻将复不吾欺。（七）万一螽斯庆有身，将来长大学旁行。杜威胡佛范登堡，买办班头数大亨。（八）'哲史大纲'秒有形，操觚率尔浪出名！'说儒'胡说哀'玄鸟'，巧令逢迎幸尚精。"《傅贤达诸像赞四首》："未死已先朽，可憎面目垢。献媚甘自刮（剖），不待人来诱。""心里丢脑后，马槽占已久。摆尾复摇首，好个看家狗。""血压高曼走，插科柳莲柳。伸手烟与酒，粉面夹二丑。""'圣人'师而友，狐狸一帮口。薄人躬自厚，说我丑就丑。"《丧心吟四首》："自诩雄文赛马班，反苏亲美两三番。山姆叔叔如遭难，忙把大连问题喧。""江湖口诀一开缄，历史语言两不惭，你说我能成学阀，我将骂你赤老三。""圣人贤达两交欢，民意向来受强奸，'中国不能无国际'，美军行乐有何关？""红帽迎头大胆安，管他奚若与张澜。高谈民主皆奸宄，应把集中管放宽。"

25日 作《拙劣的犯罪》。发表于27日上海《文汇报》，又发表于2月2日香港《华商报》。因沈从文在《大公报》发表的《新书业和作家》一文叙创造社出版部因经营不善而倒闭，驳斥道："达夫虽然死了，成仿吾和我还没有死，田寿昌、郑伯奇、阳翰笙、李一氓、李初梨、冯乃超、彭康、朱镜我及不少的'小伙计'和股东们都还没有死，冒充一个文坛长老而捏造事实，蒙蔽真相，那明明是一种犯罪，而且是拙劣的犯罪。"

初收上海大孚出版公司1947年12月初版《天地玄黄》，后收《沫若文集》第13卷，现收《郭沫若全集·文学编》第20卷。

28日 上午，与李济深、黄炎培、邓初民、马叙伦、马寅初、许广平、史良等，前往青年会大礼堂，参加上海各界纪念"一·二八"15周年大会。并做演讲："十九路军所以被消灭，是因为它'外战内行，内战外行'，但中国人民已经过锻炼，今天不仅外战内行，内战也不外行了。"驳斥"内战内行"家如王晓籁之流的"和平"论调，称，"人民要的不是买办阶级的和平"，"而是人民翻身的和平"。（29日《文汇报》）

本月 应戈宝权之请担任《普希金文集》编辑委员会名誉顾问，并为该书提写书名。又为《时代》周刊编印的纪念专号题了字。（戈宝权《忆郭老》，《悼念郭老》，生活·读书·新知三联书店1979年版）

2月

4日 为紫墟《三八颂》作《序》。收3月8日初版《三八颂》。写道：

"紫墟的这《三八颂》，在付印之前，把原稿送给我看过。

我很喜欢这些朴素的情感和朴素的音调，真可以说是'没有装腔作势的含羞带愧'。

当然这里没有狂风暴雨般的节奏，没有山涛岳浪般的欹崎，没有铁流电火般的灼热。

但这儿有袅袅的和风，吹拂着青青的禾床，在温暖的春日和阳光中作着娓娓的波动。

诗是应该女性来做的，希腊的诗神本来就是女神；男子毕竟是太粗暴了。

这个和平的礼物，不仅仅是献给'许多热情的姊妹们'的。"

紫墟，女诗人，本名宋元，笔名梓墟、紫墟、紫圩等，湖南湘阴人。

5日 作《替胡适改诗》。发表于8日上海《时代日报》，又发表于12日香港《华商报》。说："胡适博士似乎好久没有做诗了，最近在《文汇报》上看见他的一首近作：'偶有几茎白发，心情微近中年。做了过河卒子，只能拼命向前。'这样简单的二十四字，所表现的'心情'却颇悲壮。""这个卒子的'命'断乎不允许你那么轻易'拼'掉。即使卒子想拼，主子也未必许'拼'。这正是这个卒子的聪明过人的地方，乐得悲壮一番，不免以进为退。虽然不那么悲壮，但总要更显得老实一点——我想，倒不如把'拼'字索性改成'奉'字。"

初收上海大孚出版公司1947年12月初版《天地玄黄》，后收《沫若文集》第13卷，现收《郭沫若全集·文学编》第20卷。

8日 应邀前往暨南大学作题为《历史与人生》的学术演讲。记录稿（胡深、碧依合记）发表于12日、13日上海《文汇报》。说："历史，从前一般人看起来是狭义的，固定的。""今天的历史观念应当是广义的：不仅是中国的历史，不仅是人类的历史，而是地球生活的历史，太阳系的历史，宇宙的历史，是不断变动的历史。'历史'的意义等于发展，是一种发展过程。""事实上，宇宙是进化的，生命是进化的，人类是进化的。今天最顽固的人也不能反对，这是事实。""现在是原子能时代，把原子攻破，放射很大的能；今天能够制造原子弹，要是人能够控制这种能，用于生产，发热，发电，代替油"，"那末真正的原子时代到了"。"从前人在历史的手掌之中，好像孙行者在如来佛的手掌里一样，今后的人，尤其是中国人，要把历史的发展抓在自己的手里了。"

9日 上午，与邓初民等人应邀往劝工大楼，参加上海百货业工会举行的"爱用国货抵制美货筹备委员会"成立大会，并作演讲。痛斥国民党反动派压制民主力量，热衷于打内战的罪恶行径。

大会进行中突然遭到中统特务的袭击，"职工群众和工会领导一面与特务搏斗，一面保护郭邓两位撤离会场"。与会店员梁仁达被打死，受伤群众数十人，是为"二九惨案"。

◎ 赶往中国学术工作者协会，报告"二九惨案"经过。然后与沈钧儒等五人去仁济医院慰问受伤职工。（李凌《文化战线上的光辉旗帜》，《人民音乐》1978年第4期；余文光《带着大家一道前进的向导——忆与郭沫若在爱国民主运动中难忘的往事》，《郭沫若研究》第11辑，文化艺术出版社1996年6月版）

◎ 赴黄浦警察分局，要求立即释放一位受重伤的职工。（陈鼎隆《郭沫若和我们并肩战斗》，中共上海市第十百货商店委员会编《"二·九"斗争纪念专辑》）

◎ 作诗《慰问爱国的受难者》，发表于10日《文汇报》："去年二月十日较场口，／今年二月九日劝工大楼，／'民主'与'和平'又出一丑。／我虔诚地向受伤者致慰问，／你们是光荣的爱国者，永远不朽。／我们一定要把美军赶出去！／把美货赶走！／把美帝国主义赶走！还要把那些美帝国主义的走狗赶走！／否则，我们中国简直没救！"

◎ 下午，与沈钧儒、沙千里、胡子婴等就"劝工大楼血案"召开记者招待会，指出："今天的行动是完全有组织的，是把重庆较场口的做法完全搬到上海来了"，"这些行动正是对'民主'、'宪法'之类最大的最好的讽刺！"（9日《联合晚报》；守恒《"劝工血案"内报记》，1983年1月11日《新民晚报》）

10日 下午，与沈钧儒、邓初民、史良等出席"二一〇"社举行的座谈会，悼念一年前较场口事件中被打难友李公朴与陶行知。（11日《联合日报·晚刊》）

◎ 往光华大戏院，参加上海八个文化团体联合举行的普希金逝世110周年纪念会，并作了题为《向普式庚看齐》的报告。发表于11日上海《文汇报》。说："今天二月十日我们来举行普希金一百十年祭，这个日子在我是双重意义的纪念日。去年的二月十日我们在重庆较场口庆祝政治协商会议的成功挨打，到今天也恰恰一周年了。同时挨打，而且打得头破血流的李公朴，已经为民主运动牺牲了。今天我们在这儿纪念普希金，我怎么也不能忘记我们的民主战士李公朴。假使他今天还在的话，他也可能是在今天大会场上做总指挥的，然而他已经离开我们半年多了。""李公朴是卓越的社会教育家，民主运动的战士，是谁也知道的。而李公朴也是一位卓越的诗人，卓越的歌者，他也是喜欢普希金的一个人。在较场口事件后他有一次曾经向我说：'我们中国的诗人，文艺工作者，应该向普希金看齐！'今天这句话要算是我们的宝贵的遗产了。"

初收上海大孚出版公司1947年12月初版《天地玄黄》；后收《沫若文集》第13卷，题作《向普希金看齐》；现收《郭沫若全集·文学编》第20卷。

◎ 散文《较场口》发表于上海《联合日报·晚刊》，又发表于12日重庆《新华日报》。为纪念较场口惨案一周年作，以亲身经历痛陈惨案发生经过，严辞斥责肇事者国民党反动派。

初旬 访钱瘦铁，钱出示新作山水中堂《观瀑图》，即应其请题七绝一首："倒泻银河落九天，雷声万壑绝豗喧。一壶独酌空明里，意入黄唐太极先。"因无印章，钱瘦铁当场写就，由其侄钱大礼镌刻。受赠印章后又为钱大礼题字留念："善与人同乐，引于人以为善。"（手迹见1984年《乐山市志资料》第1、2期合刊；《郭沫若题画诗存》，山西教育出版社1998年1月版）

11日 接待来访的永安公司乐尔澄和朱勇，并应他们之请为梁仁达烈士作挽歌，题作《爱国英雄梁仁达万岁》。发表于14日《联合日报·晚刊》。写道："血染黄浦潮，洒尽人民泪；／爱用国货，为什么有罪？""亲爱的梁仁达，／你为爱国而牺牲，／你的名字将长垂青史，／你是我们民族的光荣！""团结起来弟兄们！我们要为爱国而斗争。／我们要踏着梁仁达的血迹，／前进！前进！前进！！！／爱国的英雄梁仁达万岁！／爱国的英雄梁仁达万岁！！／爱国的英雄梁仁达万岁！！！／梁仁达万岁！"

歌词由孙慎作曲，很快在百货业职工中广泛传唱开来。（余文光《带着大家一道前进的向导——忆与郭沫若在爱国民主运动中难忘的往事》，《郭沫若研究》第11辑，文化艺术出版社1996年6月版）

12日 下午，在安乐殡仪馆举行梁仁达烈士追悼大会。为死难烈士又作挽歌四首。《安息吧！死难的烈士》："安息吧！死难的烈士，别再为祖国担忧，你们的血照亮着路，我们会继续前走；你是民族的光荣，你为爱国而牺牲，冬天有凄凉的风，却是春天的摇篮，安息吧！死难的烈士，别再为祖国担忧，现在是我们的责任，去争取民主自由。"《踏着梁仁达的血迹前进》："没有悲哀更没有眼泪，我们只有满腔火样的仇恨。人权没有保障，集会没有自由，爱用国货为什么有罪，忘不掉较场口暴行，忘不掉昆明的血痕，更忘不了爱国的梁仁达，决不畏缩，决不退后，争取民族自由独立。安息吧！朋友，我们踏着你的血迹进行！"《向梁仁达致敬》："朋友你含冤不起，为着祖国独立和生存，你的精神照耀万世，鲜血已灌溉了自由的花朵，明天，明天胜利的明天，千万人民再向你致敬。"《反独裁进行曲》："看！民主旗帜在飞扬，在飞扬，听！人民呼声多明亮，兄弟姐妹大家快赶来反独裁，团结起来才能有力量。"

歌词由孙慎、李福康谱曲。（肖斌如、孙继林《郭沫若与柳亚子交谊琐记》，1987年《郭沫若学刊》第1期。据该文称：这四首歌曲是在一张油印单上发现的）

18日 作《〈德意志意识形态〉序》，收上海群益出版社1947年3月初版《德意志意识形态》。说明本书原是根据首次发现的残缺不全的原稿翻译的，而今全部原稿虽早已发现，可惜目前还"得不到"，"只好依然把这本残稿本来问世"；希望有人能翻译"全豹本"，那对马克思主义研究"应该是极大一个贡献"。

◎ 为焦敏之《苏德大战史》作《序》。发表于23日上海《时代日报》。提醒人们不要忘了德国法西斯发动侵略战争的历史教训。"我乐于推荐焦敏之的这部《苏德大战史》，我们请把往事温习一下吧。看苏联在这次大战中作了多少的贡献。"

原收上海光明书局1947年3月初版《苏德战史》；又收上海大孚出版公司1947年12月初版《天地玄黄》，题名《序〈苏德大战史〉》；后收《沫若文集》第13卷；现收《郭沫若全集·文学编》第20卷。

◎ 为李季的诗集《王贵与李香香》作《序》。发表于3月12日香港《华商报·热风》134号，收太岳新华书店版《王贵与李香香》。写道："近百年来，中国人民虽然逐渐地在企图翻身，但人民意识终没有像今天在解放区里面所见到的那样彻底。'耕者有其田'的口号虽然空叫了几十年，而在今天的解放区确实是兑现了。这使整个的中国历史起了一个彻底的质变。""解放区的艺术品，我看见过好些优秀的木刻，剪纸，窗花。用文字表现的我看见过《李有才板话》，《李家庄的变迁》，《吕梁英雄传》，《白毛女》等等，今天我又看见了这首长诗《王贵与李香香》。我一律看出了天足的美，看出了文学的大翻身。这些正是由人民意识中发展出来的人民文艺，正是今天和明天的文艺。""中国的目前是人民翻身的时候，同时也就是文艺翻身的时候。这儿的这首诗便是响亮的信号。"

20日 作《〈政治经济学批判〉序》，收上海群益出版社1947年3月初版《政治经济学批判》。认为："不仅是经济学，连马克思主义的精髓，辩证唯物论和历史唯物论，差不多都包含在这部书里面了。"译本自问世以来，坊间好多印本竟标明"李季译"，"为了负责起见，当然要把我的名字改回来"。

21日 夜，为上海乡村实验学校书陶行知遗教："千教万教教人求真，千学万学学做真人。"（手迹见《人民教育家陶行知》，上海教育出版社1984年版）

22日 为歌剧《白毛女》作《序》。发表于上海《文萃》周刊27日第2卷第21期。写道："去年年初还在重庆的时候，便听见朋友们讲到

《白毛女》的故事，非常感人。不过就剧本论剧本已经就是一件富于教育意义的力作了。这是在戏剧方面的新的民族形式的尝试，尝试的确是相当成功。这儿把'五四'以来的那种知识分子的孤芳自赏的作风完全洗刷干净了。"

初收上海黄河出版社本月出版《白毛女》。继收上海大孚出版公司1947年12月初版《天地玄黄》，题作《序〈白毛女〉》；后收《沫若文集》第13卷；现收《郭沫若全集·文学编》第20卷。

23日 诗《这个就叫最民主》发表于上海《群众》周刊第14卷第8期，署名羊易之；又发表于26日重庆《新华日报》。讽刺当时上海市长吴国桢以两面派手法假意吊唁劝工大楼惨案中被打死的梁仁达烈士，说："猫哭老鼠虎哭羊，上海市长吴哭梁；吃了你来再哭你，这个就叫最民主。市长今天哭仁达，明天何人哭市长？"

初收《沫若文集》第2卷，改题作《猫哭老鼠》，并加题注；现收《郭沫若全集·文学编》第2卷。

25日 作《春天的信号——副刊：〈新思潮〉解题》。发表于3月1日上海《文汇报》。全文由六篇短文组成：一、《春天来了》，二、《我在故我思》，三、《"不尽长江滚滚来"》，四、《预防白浊式的点滴》，五、《理甚易明·善甚易察》，六、《歌颂人类的青春》。呼吁人们注意历史的必然进程，"在方生之中看出它未来的伟大，而在既成里面看出它不久的死亡"。号召人们"合乎人民本位便是善，便是进步，事虽小亦必为之。反乎人民本位的便是恶，便是反动，力虽大亦必拒之"。

初收上海大孚出版公司1947年12月初版《天地玄黄》；后收《沫若文集》第13卷，题作《春天的信号》；现收《郭沫若全集·文学编》第20卷。

27日 对联《偶对》发表于《文萃》周刊第2年第21期。写道："郝鹏，郝鹏举，幸好多此一举；陈诚，陈诚武，真正止戈为武。"

3月

1日 为《文汇报》新创办的《新文艺》周刊作发刊词，题为《人民至上的文艺》。发表于3日上海《文汇报》。说："《新文艺》，今天第一次和读者见面，姓名的介绍应该是必要的。这个刊名是《文汇报》的编辑会议定下来的。六种副刊，日新又新，新新不息，于是思想、社会、经济、教育、科学、文艺，一律都成了'新自辈的弟兄'。""我们准备着这样的意识来从事文艺活动，因此我们的《新文艺》本质上应该是人民文艺——人民至上主义的文艺。这是我们的至高无上的水准。""我们的理想是：尽可能做成一部人民的打字机。"

初收上海大孚出版公司1947年12月初版《天地玄黄》，后收《文集》第13卷，现收《全集》文学编第20卷。

受《文汇报》总编徐铸成委托，物色学人更新副刊。决定把每周除星期天外六天的副刊版面全部包下来，并邀请侯外庐等主持相关副刊。从3日起，文汇报全部以"新"字打头的《新文艺》（周一出版，郭沫若、夏衍等主编）、《新经济》（周二出版，张锡昌、秦柳芳主编）、《新社会》（周三出版，李平心主编）、《新科学》（周四出版，丁瓒主编）、《新教育》（周五出版，孙起孟主编）、《新思潮》（周六出版，郭沫若、侯外庐、杜国庠主编）等六个副刊开始与读者见面。"郭老除了总的顾问外，还和其他同志合编了《新思潮》、《新文艺》两个周刊。《春天的信号》、《人民至上主义的文艺》便是这两个周刊的发刊词。"（唐弢《永恒的怀念》，《悼念郭老》，生活·读书·新知三联书店1979年版；侯外庐《韧的追求》，生活·读书·新知三联书店1985年版）

2日 与马叙伦、郑振铎当选为刚成立的中国语文学会监事，理事为叶圣陶、陈望道、章锡琛、郭绍虞、周予同、方光焘、魏建功。（《语文消息》，4月9日《时代日报·新语文》）

4日 为《北方木刻》一书作《序》。发表于4月28日上海《文汇报》，题为《论中国新木刻》；收入高原书店5月版《北方木刻》。写道："中国固有的木刻已经有一千五六百年的历史，而最近新兴木刻的历史却只有十五六年。这是中国封建社会的长期停滞，终于起了蜕变的又一个局面中的表现。""就像中国的近代文化是由鲁迅先生发挥了领导作用的一样，濒死的木刻也就靠了他才又苏活了转来，而且很快的便苗壮无比了。""现在又在记者面前所呈现出的这部《北方木刻》，自然是《抗战八年选集》的姊妹篇，但所选的是限于在华北工作的作家们的作品，这里面有少数作品在后者中曾经选进了的。""一般地说来，北方的作品富于喜剧情调，而南方的作品富于悲剧情调。在别的艺术部门里也有这同样的现象，但以木刻为最显著。而且北方木刻对于人民的教育意义也来得更为直捷，人民的生活受着艺术的影响而逐渐地合理化，美化了。"

8日 作《青年·青年·青年》。发表于12日上海《文汇报》，又发表于本年《读者》第3卷第5期。写道："青年就是进步，就是道义的象征，决没有真正的青年而自甘堕落的人。""青年人始终不会错的。他们是毫无污染的明镜。一切是非美恶，他们辨别得很清楚。""他们是智者，勇者，仁者。他们本身就是弥漫于全世界、全中国的民主潮流的动机，并不是谁在鼓动他们，而是他们在鼓动着进化。他们自己就是进化。进化的潮流是谁也不能阻止的。青年们朝向自己的目标，自会不断的勇猛向前。""中国终会靠着下一代的青年而得救！"

初收上海大孚出版公司1947年12月初版《天地玄黄》，后收《沫若文集》第13卷，现收《郭沫若全集·文学编》第20卷。

◎ 作《青年哟，人类的春天》。发表于上海《人世间》月刊（复刊）4月20日第2期。小序写道："一九四一年的五月三日，为纪念'五四'，我曾经在这样的题目之下，写过一篇文章。文章相当长，我现在把那要紧一点的话摘录了下来，仍然保存了这个题目。""这些话似乎还没有过时，不，在我认为就再隔些年代似乎也不会过时的。""但有一项重要的意思当得补充的，便是人民本位意识的强调。这个意识在原文没有提出，因此在这摘录里面也就成为一大缺陷。因为在当时'人民''民主'这样的字眼都是犯禁的。"

9日 往访郑振铎，为其主编的《中国历史参考图谱》题词，热情赞扬该书。（《郑振铎日记全编》，山西古籍出版社2006年1月版）

10日 作《〈行知诗歌集〉校后记》。收上海大孚出版公司4月《行知诗歌集》；发表于1948年3月15日香港《华商报》；又以《人民经》为题收北京出版社1951年4月《人民经与陶派诗》。说："校读了陶先生的诗，委实使我心悦诚服。他不仅是开创时代的哲人，而且是一位伟大的人民诗人。陶先生的诗，不仅量多，而且质好。一些看不起民歌的自命诗人或许藐视这里的大量的成分吧，但这正是陶先生之所以伟大。他的诗体的解放是在解放区作家之前，他真可以说是独开风气之先。主要的原因：就是他的人民意识觉醒得比任何人快而且彻底。""这是一部'人民经'，它会教我们怎样作诗,并怎样做人。"

◎ 作《怀冼星海》。发表于28日上海《时代日报》,又发表于4月1日香港《华商报》。写道:"《黄河大合唱》是抗战中所产生的最成功的一个新型歌曲。音乐的雄壮而多变化,使原有富于情感的辞句,就像风暴中的浪潮一样震撼人的心魄。""作词的光未然,我们今后还可以多领受他的创作;但作曲的冼星海可惜在前年已经在莫斯科病死了。这对于我们是一个很大的损失。""星海是悲多汶型的音乐家。同时是一位革命家。""星海虽然离开了我们,但他是永远和我们在一道的。听吧,黄河在怒吼!那就是他的灵魂在怒吼!"

初收上海大孚出版公司1947年12月初版《天地玄黄》;后收《沫若文集》第13卷,改题作《序〈黄河大合唱〉》;现收《郭沫若全集·文学编》第20卷。

11日 作《先驱者田汉》。发表于13日上海《文汇报》。写道:

"寿昌,不仅是戏剧界的先驱者,同时是文化界的先驱者。在五四运动之前他已经就在写诗,写批评,做翻译工作;五四以后才渐渐把他的精力集中到戏剧电影的编制和演出上来了。"

"二十五年来,中国各项新兴文化的部门中,进步得最为迅速而且有惊人成绩的要数戏剧电影;而寿昌在这儿是起着领导作用的。他的认识和行动,时常是跑在我们的前头。凡在文化或戏剧电影上,有什么新的思潮或运动,在先进的国度里面发生,首先响应而继以介绍,继以学习的总就是他。他有时候跑得很快,快到要经过十年之后,我们才跟得上来。例如拿改良旧剧来说,他在十几年前,不仅在尽力提倡,而且在尽力实干了。但在十几年前,我们的态度是怎样呢?我们是笑他:那来那股傻劲!"

"寿昌是一位精力绝伦的人,为前进的事业,为了能服务大众,他比任何人都能够吃苦。衣食住就到最低的水准,他都能够忍耐。他总是先顾朋友然后管自己,先顾大众然后管私人。为了人民利益,他坐过牢,也不曾退转。"

"然而,这就是寿昌之所以为田汉!作为一个先驱者所应享的待遇,田汉是安之若素的。他会向你诉苦吗?笑话!他有的是精神劳作后的良心上的愉快,无数青年朋友的景仰,人民大众的欢迎。他是我们中国人应该夸耀的一个存在!"

12日 为贺田汉五十寿辰，赋赠五律一首："卅年如手足，献纻在东倭。一觉君先我，相期席与歌，平生沥肝胆，世事苦蹉跎。命为生民立，还当战养和。"跋语谓："寿昌今年五十，余已五十有六矣。回忆在博多相见时，曾以席勒、歌德相比拟，忽忽已三十年，幸彼此尚顽健。为民请命之意亦未衰竭，灯下成此，书以共勉。"（手迹见《郭沫若遗墨》，河北人民出版社1980年5月版）

13日 下午，往宁波同乡会，出席柳亚子、洪深、阳翰笙、郑振铎、潘公展等人发起的田汉五十寿辰及创作三十年纪念会。合赠寿星纪念册，并为之作序："田寿昌五十大庆暨创作生活三十周年纪念：肝胆照人，风声树世。威武不屈，贫贱难移。人民之所爱戴，魍魉之所畏葸。莎士比亚转生，关马郑白难比。文章传海内，桃李遍天涯。春风穆若，百世无已。"（手迹见《戏剧艺术论丛》1979年第1辑）

◎ 晚，纪念会在会宾楼会餐。（14日《文汇报》）

◎ 作《〈少年时代〉序》："这里所收集的是民国二年以前我自己的生活记录，是把《我的童年》（一九二八）《反正前后》（一九二九）《初出夔门》（一九三六）几种合并在一道的。写的时间不同，笔调上多少不大一致，有时也有些重复的地方，但在内容上是蝉联着的，写的动机也依然一贯，便是通过自己看出一个时代。""无意识的时代过去了，让他也成为觉醒意识的资料吧。"

初收上海海燕书店4月版《少年时代》，后收《沫若文集》第6卷，现收《郭沫若全集·文学编》第11卷。

◎ 与李济深、张澜、何香凝、马寅初等56人联名发表致美、英、苏莫斯科外长会议电于上海《时代日报》。强烈要求："能坚守不干涉中国的共同约束"，"停止给予内战的任何一方任何的援助"，"尽力促成中国内战早停，实现民主统一"。

◎ 与李济深等人联名发表《我们对莫斯科会议的意见》于上海《时代日报》。

◎ 作《〈记不全的一首陶诗〉后记》。说："这首诗在行知先生的《诗集》中查出了，第三句是'七十二行皆先生'。这是'二十一年十月'做的，题名《自动学校小影》（见《诗集》第121页）。""这学校在南京，我记成重庆，并记成抗战期间的事，那完全是错了的。特此补正。"

初收上海大孚出版公司 1947 年 12 月初版《天地玄黄》，后收《沫若文集》第 13 卷，现收《郭沫若全集·文学编》第 20 卷。

15 日 作《〈读了陶行知先生最后一封信〉后记》：《读了陶行知先生最后一封信》一文"发表后，沪上某报有人撰文，谓'达者不恋'乃不恋栈之谓。我也可以自作聪明一下，替聪明人答一点补充：'美人'者何？美国人也。'不恋'者何？不恋美国之金元也。"

初收上海大孚出版公司 1947 年 12 月初版《天地玄黄》，后收《沫若文集》第 13 卷，现收《郭沫若全集·文学编》第 20 卷。

◎ 致信唐弢："《周报》载有拙作《摩登唐吉诃德的一种手法》者，不识尊处有多余者否？能借我一抄亦佳。"（《郭沫若书信集》（上），中国社会科学出版社 1992 年 12 月版）

17 日 偕于立群往访唐弢，不遇。归来后致信唐弢："真是万分难过，《新文艺》接连两期登载青年来稿，不仅唐突吾兄，并牵涉到多方面的人事关系。疏忽之罪，真觉无地自容。兹谨肃此芜函，先行请罪，拟于下期撰稿一篇表明弟个人意见。文章难写，但想勉力写出，尚乞宽宥是幸。"（唐弢《回忆·书简·散记》，上海文艺出版社 1979 年 10 月版）

18 日 作《想起了斫樱桃树的故事》。发表于 24 日上海《文汇报·新文艺》。为《文汇报·新文艺》发表耿庸《略说不安》、曰木《从文艺界的恶劣风气想起》两文而作。说："两位先生我都不认识，听说都是年青的朋友。文章的笔调洋溢着新颖的锐气，想来也一定是吧。但我要诚恳地说，两位朋友，我们实在是错了，我们的斧头斫得太高兴、斫上了樱桃树。你们是年青的朋友，或许是出于一时的好胜，而我们主编者的责任更大，犯的错误实在也就更厉害。我现在诚心诚意地含着眼泪承认自己的过失。""我要向唐弢先生、巴金先生，和其他的先生们请罪。我相信他们会容恕我们的，但我心里实在感觉着'不安'，我们实在把事做错了。""批评是尽其在我。"

收《沫若文集》第 13 卷，现收《郭沫若全集·文学编》第 16 卷。

22 日 晨，作《中国古代社会研究》第一篇《导论》。写道："以石器、铁器划分时代，作为先史考古学上的文化的三期，以一八三二年创始于丹麦的学者通牟森氏（C. J. Thomsen），但这和古代社会进展不一定符合。唯蒸汽机的发明与原子能的发现确是划分时代的标石。在中国，铁的发现当在春秋年代，当以铁器作为促进奴隶社会向封建社会转变的媒介。殷代与西周在生产方式与文化水准上并无多大区别。殷代确已使用'众人'作大规模之农耕。原始公社的破坏当在殷代。"

收上海群益出版社1947年版《中国古代社会研究》，后收《沫若文集》第14卷，现收《郭沫若全集·历史编》第1卷。

25日 致胡风信："《新文艺》因为我的躲懒，弄得不大令人满意。今后数期拟由我自行负责编辑。请你为下期写一篇文章，能带指导性的最好。又你手里如有朋友的存稿，凡你认为可用的，都请你寄来。并望你帮忙征稿。关于编辑上你有什么意见，请你随时写出寄我。相处惜稍远隔，可惜不易时常过从耳。"（据手迹，《郭沫若学刊》2008年第3期）

26日 《还命于民》发表于上海《文汇报·新社会·人权保障特刊》。抨击国民党政府近来对"人权的蹂躏愈加肆无忌惮"，呼吁与其空喊"还政与民"，不如真的"还命与民"。

27日 读大厦大学教授宋成志所写五幕话剧《天下一家》（后改名《欢乐图》），提出五条意见。（《致宋成志信》，《郭沫若研究》第2辑，文化艺术出版社1986年3月版）

28日 致信宋成志。写道："大作昨日费一日之力已拜读一遍，曾将读后意见，草草写出五项如右，以供参考。如能改为电影剧本必能更有效果也。"（《郭沫若研究》第2辑，文化艺术出版社1986年3月版）

月底 始译歌德著《浮士德》第二部。

◎ 作讽刺诗《还命于民》。发表于4月16日香港《华商报·热风》。写道："政府在上，政府在上，'还政于民'，实在不敢当。但请还命于民，还命于民。小百姓们实在活不下去了。"

春

◎ 书为蔡楚生："近人颇推崇王船山，然张献忠入长沙时聘之不就，后擒其父以迫之，至毁身而不从。而同时人如李岩者，则欣然随李自成而参加农民革命，且唱道均田拒粮之说以号召，其相去岂可以道里计耶？惜自成失败，李岩遗著竟堙没失传耳。"（手迹见《郭沫若书法集》，四川辞书出

版社1999年11月版)

◎ 为彭泽民寿书赠七绝一首："天遗一老寿中华，南海春生万姓家。一别十年无限意，迎风摇献一杯茶。"(手迹见《郭沫若书法集》，四川辞书出版社1999年11月版)

4月

2日 为《时代日报·新语文》题词发表于上海《时代日报》总69号。写道："新文字不应该只是中国语言文字的拉丁化，而是中国语言文字的科学的整理和建设。中国文字依象形的工具发展了来，化为表音文字便有不少同音字横生阻碍。其中有大多数应该尽力淘汰。"

5日 下午，与欧阳予倩、田汉、洪深等往静安寺佛堂，参加中华全国文协总会和中苏文协为耿济之举行的公祭，赠送了花圈，并担任主祭。(6日《时代日报》；《郑振铎日记全编》，山西古籍出版社2006年1月版)

◎ 历史剧《棠棣之花》由上海观众公司与中华剧艺社联合在上海辣斐大戏院演出，至22日结束。(4日、5日、22日《文汇报》)

6日 参加为郑振铎预祝五十寿辰大会。(《郑振铎日记全编》，山西古籍出版社2006年1月版)

8日 致信唐弢。说：

"信和拙文二篇都奉到，谢谢你的厚意。月前曾费了几天工夫把一九四三年以来所写的一些杂论收集成一书，已经编就，定名《沸羹集》，有二十多万字。但几时能出版尚不敢必。出版后奉赠。

文笔上的一些小纠纷，不必看重它。你的处境，我是很能了解的。青年朋友们的性趣，照例总是要过火些的，我们也得原谅他们。只要他们肯骂我，我倒反而觉得高兴。一个人总要有些拂逆的遭遇才好，不然是会不知不觉地消沉下去的。人，只怕自己倒，别人骂不倒。

我这一向已开始翻译《浮士德》第二部，想一口气译完，了此一重公案。因此其它的文字都不能写。你要我写文章，请你等我翻完之后报命吧。我的估计也要不了好久了，再有个把月光景，似乎便可竣事。到那时我一定写，决不失信的。"(唐弢《回忆·书简·散记》，上海文艺出版社1979年10月版)

10日 作《〈中国古代社会研究〉后记》。发表于上海《文萃》丛刊

20日第3期。说明《中国古代社会研究》"在自己是一部划时期的作品，在中国的学界似乎发生过相当大的影响。我用的方法是正确的，但在材料的鉴别上每每沿用旧说，没有把时代性划分清楚，因而便夹杂了许多错误而且混沌。""整个把板样改了，以前是横排的，如今改成竖排，篇目次第也改了"，"全部经过我自己校对了一遍"，"有些地方我也加了一些后案，作为错误的修正或缺陷的补充。但这个自然是不够的。我愿意再向读者自行推荐《十批判书》的《古代研究的自我批判》一篇。那儿的见解在我认为是比较正确的"。

初收上海群益出版社1947年版《中国古代社会研究》，后收《沫若文集》第14卷，现收《郭沫若全集·历史编》第1卷。

13日 与张铁生、邵荃麟、胡愈之、冯乃超等发起成立"文化资料室"，并发表《征求资料》启事于27日《时代日报·文化日志》。启事写道："为要加强今后中国文化思想运动，必须对于过去及目前文化思想发展趋势，有全面的和有系统的考察、研究、批判，与经常注意一切思想倾向的根源及其发展。"鉴于抗战八年史料失散严重，更望"文化资料室"的成立能"弥补这一工作"。

15日 作《〈苏联纪行〉俄文版序》。发表于5月7日《时代日报》；又发表于5月12日《燕京新闻》。写道："苏联人民的和穆、聪慧、勇敢、陶醉于工作中的认真和快乐，以及这些优良品质的宽度、深度、密度，不到苏联去是不容易想像得到的。""我很感谢，苏联人民在五十天之中给予我的兄弟般的友谊。现在虽然已经隔了两年，但仿佛还是和昨天一样。凡我所接触过的一些亲切的友人们都一一如在目前，我相信，这记忆在我是会永远新鲜的。""最大的遗憾是我不通俄文。因为语言的隔阂，我在游历期中有无量的宝贵知识便无法接受，而我自己的谢意也无法表达。凡是我参观过的农场、工场、学校、研究所、博物馆、图书馆，以及其它各种各样的文化机关，负责的人都曾以极大的热心教给我以种种的智识，我究竟接受得怎样，消化得怎样，我相信也是那些热心的教师所关心的事体吧。""可是我现在有两件愉快的事可以把我的遗憾补偿了。一件我要感谢罗果夫先生。他把我的《苏联纪行》翻印成了俄文，这可以让苏联的朋友得以知道我在五十天中所学习的文化课程的答案与同我的答谢。老师们能否满意不敢说，但我这个老学生倒实在是尽了自己的心力的。""另一件是在我之后有茅盾先生及其夫人的苏联之游。茅盾先生虽然和我一样不通俄文,但他在其他方面的准备比我周到,在苏联的时间比我长,所游历的地方比我多,我所不曾学习到的东西,他一定是学习到了。特别是相隔了两年的时间中在苏联境内所有的进步,这更是我所急于想知道的。茅盾先生很快便要回到上海了,他的比我的《苏联纪行》更详细的日记和其他的文字,是我所急待补充的关于苏联知识的第二课。"

◎ 为《联合日报·晚刊》题诗《卷起亚细亚的星云——联合晚报之歌》发表于《联合日报·晚刊》。诗中写道:"我们是人民的喉舌,/要发出雷霆的主张:/争取民主自由!/突破天罗地网:/向法西斯余孽,帝国主义/作毫不容情的惩创。"

21日 为陶行知题词:"大哉陶子,陶子陶子;陶子以前,无一陶子;陶子以后,万亿陶子;大哉陶子,陶子陶子。"(手迹见《人民教育家陶行知》,上海教育出版社1984年版)

25日 下午,与叶圣陶、罗果夫等前往江海关码头,欢迎茅盾夫妇访苏归来。(26日《时代日报》)

28日 晚,在家设宴为茅盾夫妇洗尘。席间,沈钧儒致欢迎词,茅盾谈访苏情况。同席有叶圣陶、郑振铎、许广平、田汉、阳翰笙、吴祖光、安娥、凤子等人。(《迎茅盾——在郭沫若家里》,29日、30日《文汇报》)

本月 受郁华(郁曼陀)夫人陈碧岑女士之托,作《郁曼陀先生血衣冢志铭》。赞曰:"先生持法平而守己刚正,有投书以死相恐胁者,先生不为动,爱国青年之得庇护以存活者甚众。""先生虽死于伪府之暗杀,然与持干戈卫社稷之死于疆场者无以异也。"并盛称因"鼓舞华侨抗敌"而遭日寇暗杀的"先生之季弟达夫"。文末颂称:"石可磷而不可夺坚,丹可磨而不可夺赤,谁云蘧然而物化邪?凝血与山川共碧!"

浙江省富阳县参议院埋葬郁华烈士的血衣于风景秀丽的鹳山。铭文由马叙伦书,刻石。(《郁曼陀陈碧岑诗抄》,上海学林出版社1983年3月版)

◎《少年时代》由上海海燕书店出版,为《沫若自传》第1卷,收文四篇。

◎《中国古代社会研究》由上海群益出版社出版。"篇目次第"改变,主要是将原先的第三篇、第四篇改为第一篇、第二篇,将原先的第二篇改为第三篇、原先的第一篇改为第四篇,收入《新订正版后记》。

5月

2日 为纪念"五四"运动29周年,作《"五四"感言》。发表于4日上海《文汇报》。认为"五四"提出的课题至今没有解决:"我们不仅没有从帝国主义的羁绊下解放出来,而且请来了一个最民主的帝国主义","我们不仅恢复了封建时代,而且超过了封建时代恢复到奴隶时代去了"。"我们中国是民主化了吗?王麻子式汪麻子式的'民主'遍地都是","价廉而物'美'"!"我们中国是科学化了吗?化了!我们已经有空中堡垒,无声手枪,火箭炮,坦克车","别人都拿来朝贡"!文章谴责帝国主义者的代言人煽动青年发起所谓"新五四运动",表示:"我愿保守着旧五四的传统精神,而且也希望不'超然'的庸俗朋友们来做这种守旧派","用尽全力反抗那最'民主'的帝国主义的最彻底的侵略!"

3日 下午,与柳亚子、叶圣陶、胡风等往清华同学会,出席中华全国文艺界协会第九周年年会。发表演讲:"敬祝各位健康,也敬祝各位的工具健康,在今日健康不易的时候,健康特别需要;再祝各位自由,也祝各位的工具自由,在今日自由不易的时候自由特别需要。我们要以我们的健康,自由及工具的健康,自由,坚决站在人民的立场为人民服务,如需要时,我们可以放弃我们的健康和自由。"(《文协九届年会》,4日上海《文汇报》;《终点,又是一个起点!》,4日上海《联合日报·晚刊》)

◎《浮士德》第二部译讫,上海群益出版社11月出版。

◎ 始作《中国的浮士德不会死——〈浮士德〉第二部译后记》。

4日 往黄金大戏院,出席中华文艺协会举行的第三届文艺节纪念会,并作演讲。认为,"五四""应该是我们的精神上的国庆日"。"文艺界并不想妄图垄断它","愿意一切教育家,哲学家,政治家都把它定为教育节,哲学节,政治节"。好像"我们是从封建社会回到奴隶社会去了,因此要以加倍的努力来解答'五四'所提出的课题","不做民族的罪人,要做民族的孝子!"(演讲纪要见《文艺界庆祝文艺节》,5日上海《文汇报》)

7日 傍晚,回答文汇报记者王坪关于如何答复赫胥黎《人权备忘录》的问题,说:"中国的情形不同,中国不像他们欧洲。""站在中国人民的立场,中国人权如果要有保障,只有美帝国主义滚出中国";"站在世界人民的立场上说,也唯有打倒杜鲁门主义才能使美苏合作。美苏合作了,世界人权才能得到真正的保障"。(《郭沫若谈人权》,8日《文汇报》)

此前,收到联合国文教会主席赫胥黎寄来的《人权备忘录》。赫胥黎希望郭沫若能草拟一篇关于人权的文章寄文教会,以作联合国人权委员会即将于夏季发表的《全世界人权宣言》之参考。(《郭沫若谈人权》,8日《文汇报》)

8日 作《〈革命春秋〉序》。写道:

"《反正前后》是写出了'欧战前后在海外的一段生活'便是在日本留学的时代。那可以分为大学以前和大学以后。大学以后的生活有一部分是保留在《创造十年》里面了,只有大学以前的那一段,特别是在欧战期中的那一段,是脱了节的。我在这儿姑且把《学生时代》一文拿来补缺,使它成为《反正前后》和《创造十年》之间的桥梁。

"《创造十年》及其《续篇》都没有把创造社的历史写完,所缺的就是北伐以后后期创造社的那一部分。那与其让我来写无宁是让仿吾、初梨、乃超来写,更要适当一些。"

初收上海海燕书店5月初版《革命春秋》;后收《沫若文集》第7卷,作《〈学生时代〉序》,文字略有改动;现收《郭沫若全集·文学编》第12卷。

◎ 作《"格物"解》。发表于成都《大学月刊》7月1日第6卷第2期。写道:"《大学》'致知在格物,物格而后知至',据说已经有四十种以上的解释,但主要的纷歧就在'格物'两字的解释上。""我在《儒家八派的批判》里面提出了一个新的解释,是把'格字'读为假字。""研究古人也应该有客观的科学的态度才行。说话有根据,根据要十分确实,然后才能使自己的断案成为如山的铁案。先存好恶之心而上下其手,事实上那就是唯心论者的态度了。"

初收上海大孚出版公司1947年12月初版《天地玄黄》,后收《沫若文集》第16卷。

9日 作《〈"格物"解〉后记》。发表于成都《大学月刊》7月1日第6卷第2期。说:"今案格与假通。《帝典》'格于上下',《说文》人部及《后汉书·明帝纪》均引作假。《皋陶谟》'祖考来格',《后汉书·

章帝纪》作假。高宗肜日'惟先格王'。《汉书·成帝纪》、《五行志中下》、《孔光传》、《外戚传下》均作假。……故'格物'即'假物',《心术》所谓'舍己而以物为法'也。""知道了这些字的构造和引伸,再来回看'格物'的格,那吗即使作为来格之格解,在它的本身也就有假的意义了。"

初收上海大孚出版公司 1947 年 12 月初版《天地玄黄》,后收《沫若文集》第 16 卷。

11 日 晚,与马寅初、沈钧儒、罗隆基等参加黄炎培、胡厥文主持的各团体会餐。(《黄炎培日记》第 9 卷,华文出版社 2008 年 9 月版)

12 日 作《人民文艺》。发表于浙江《新文艺》6 月创刊号,为代发刊词。写道:"人民至上在今天是人类的认识所达到的最高阶段。在以人民为对象之下,一切都是工具,一切都得为人民服务。为人民服务的工具便是善,不为人民服务或甚至有害于人民的工具便是恶。""文艺也当得依据这个标准。为人民服务,而且要服务得好。我们要彰善斗恶,明示我们的爱憎。要这样,文艺才能成为战斗的武器和一切不利于人民的存在战斗。这样的文艺是善的文艺,真的文艺,也是美的文艺。"

《新文艺》由浙江慈溪文艺研究会创办。

17 日 为上海中苏文化研究委员会编《大众科学丛书》作《序》。发表于 8 月 2 日上海《时代日报》。写道:"科学在今天是我们的思维方式,是我们人类精神所发展到的最高阶段。""我们今天需要真正的科学,要使科学回复到为人民服务的本位上来,使它成为不折不扣的人民科学。""在这儿选译了这套《大众科学丛书》,不仅要使科学知识大众化,而且要使科学精神大众化。不仅普通的读者应该在这儿找寻精神粮食,就是专门的科学家也应该在这儿受一番再教育。"

◎ 致信春风文艺社。发表于《春风》半月刊 6 月 24 日第 2 卷第 1 期。说:"多谢你们送我五册最近的《春风》,对于各位的努力,我很感动。""单为《春风》设想,我觉得你们似乎应该使它成为更彻底的地方性的人民性的刊物。你们的优点是在地方,更和地方上的人民生活接近;这应该成为你们的主要的关心对象。你们似乎应该向这个对象深入,不要学上海滩上的文士样,高谈海外而闲却自己的眼前。把头沉下去,多了解地方上的利弊,人民的甘苦,在那黑土扎下根,再进出芽苗来。那样你们便可以和地方上的人民打成一片，恐怕在经济上也就会有出路了。"

19日 作《〈盲肠炎〉题记》。发表于《创世纪》月刊6月1日创刊号，又发表于《现代文摘》周刊6月21日第1卷第3期。写道："盲肠炎近来成为了相当时髦的名词。国民党某'党要'曾把中共问题比为盲肠炎，要开刀。""治盲肠炎的方法也不必一定要开刀，用消炎性的内科治疗也还是可以收到效果。乱下诊断，乱开刀，对于医道固然外行，对于政治也同样外行。""假使再让我用医学的智识来做比譬的话，我倒要把今天世界资本主义中最强大的一个资本主义比成恶性的癌，不仅是我们，就是全世界的健全组织都在被它侵蚀着的。我们今天倒要防御这个癌，隔离这个癌，割掉这个癌，然后一切的生机才能有保障。故在今天倒不是向自己的盲肠炎开刀的问题，而是向癌肿开刀的问题了。"

初收上海群益出版社6月初版《盲肠炎》，后收《沫若文集》第10卷，现收《郭沫若全集·文学编》第18卷。

22日 被胡适提名为中央研究院第一次院士选举"人文组""考古学及艺术史"院士人选。（见本日胡适日记，《胡适日记全编》，安徽教育出版社2001年10月版）

25日 续作《中国的浮士德不会死——〈浮士德〉第二部译后记》讫。发表于《文萃丛刊》6月5日第7期。写道："我开始翻译《浮士德》已经是一九一九年的事了。那年就是五四运动发生的一年，我是在五四运动的高潮期中着手翻译的。""在隔了二十年后的今天，又把这第二部翻译了出来，倒是一件值得愉快的事。""今年来我确实是得到了这样的'余暇'，因此我也就利用了这个'余暇'来偿还我的债务。""我为什么译得这样快，竟比预计快出了五个月，这理由我自己倒很能够了解。上面说到的兴趣的增加便是一个主要的原因。但兴趣何以会那样增加？我所了解的是这样：那是我的年龄和阅历和歌德写作这第二部时（一七九七——一八三二）已经接近，而作品中所讽刺的德国当时的现实，以及虽以巨人式的努力从事反封建，而在强大的封建残余的重压之下，仍不容易拨云雾见青天的那种悲剧情绪，实实在在和我们今天中国人的情绪很相仿佛。""在中国的浮士德，他是永远不会再老，不会盲目，不会死的。他无疑不会满足于填平海边的浅滩，封建诸侯式地去施予民主，而是要全中国成为民主的海洋，真正地由人民来作主。"收上海群益出版社11

月版《浮士德》，改题作《〈浮士德〉第二部译后记》。

27日 晨，作《学潮问答》。发表于上海《文萃丛刊》30日第6期《论纸老虎》。认为，这次学潮"完全是'五四'精神的复活"，"违法的不是学生而是政府"。希望大家"以学生为老师，跟着走上前去"。

28日 致信翦伯赞。说："《沸羹集》送上。但望早日付印，以便由弟亲自校对一次。如大孚不愿承印，亦望早日掷还。其中原稿须保留也。"（《北京大学学报》1978年第3期）

31日 在《〈浮士德〉第二部译后记》手稿后写道：

"第一部我又重新整理了一遍，把有些错误的地方改正了，生硬的地方改顺了。这样和第二部的译笔大体上配合得起来。

同时从同一格式改版，与第二部分合成一部。

就这样我算整个的完成了一项工作，自己也略略感觉着愉快。

我很相信，这整部译品总不失为值得一读的东西。"（郭沫若纪念馆馆藏资料）

本月 《革命春秋》由上海海燕书店出版，为《沫若自传》第2卷，收回忆散文4篇，附自传体小说2篇。

6月

3日 作《〈钓鱼城访古〉追记》。以《钓鱼城访古》最初在《说文月刊》上发表，"不知何故"将题名误为《钓鱼台访古》，致使复旦大学某教授"大事讥弹"，并引《题画记》中"仿佛钓鱼台"句"证明""确系我自己的错误"，因作此"补志"。表示"这些本来是小节，没有想出学者的敌忾竟那样的强烈"，指出在离佛寺不远处的一个巨石，相传有仙人坐其上钓取江鱼，"民间因名为'钓鱼台'。山名钓鱼，城名钓鱼，均由此得来"，希望"教授学者们多参考一下《合川县志》"。

初收上海海燕书店1947年7月初版《今昔蒲剑》，后收《沫若文集》第12卷，现收《郭沫若全集·历史编》第3卷。

上旬 大孚出版公司负责人周竹安、沙千里来寓商谈《沸羹集》出版事宜，签订了出书合同。由于该书文章太多，编一集分量较重，即与总编翦伯赞商定，将原书一分为二，改出《沸羹集》和《天地玄黄》两个

集子。(王大象《〈沸羹集〉的问世》，1983年9月1日《人民日报》)

19日 日间陪小儿在医院治疗，得郑振铎托人送了五本《中国历史参考图谱》。其中"第五册所揭载的三种《诅楚文》，文字的完整且没十分脱掉原样，是我向来所未见过的"。得到这项资料，反复"讽诵"，对于《诅楚文》"全文的了解也差不多达到了一个豁然贯通的程度"。(《诅楚文考释》)

21日 作《〈今昔蒲剑〉总序》。写道："我现在把《蒲剑集》和《今昔集》合并起来成为这个集子，名之曰《今昔蒲剑》。""这个合集所讨论的问题虽然并不单纯，但差不多以屈原问题为讨论的中心。"只要"中国有人民存在一天，人民诗人的屈原永远不会被任何反动势力抹杀"。

收《沫若文集》第12卷，现收《郭沫若全集·文学编》第19卷。

25日 致信朱星："大著周易经文考释稿本上下二册业早奉到，曾细阅一过，新颖可喜。唯嫌论证多有未允处，足下似宜再加研琢，不必急于成书也。""因事忙，读后未能一一标出鄙意，乞谅。直率幸勿以为忤。"(朱星《记郭老的一封信》，《历史教学》1979年第7期)

28日 为纪念闻一多殉难一周年，作《闻一多万岁！》。发表于上海《人世间》月刊7月20日第5期。写道：

"一多，真快呀！朋友们要纪念你的一周年了。

但你是没有死的，而且永远也不会死的。

你是中国人民的极优秀的儿子，中国的历史一部分由你创造了出来，它将会和你永远发展下去。

中国也快要天亮了。普天四海将要看得无数金的石的石膏的木的闻一多。

你是一粒健全的种子，随着中国的天亮，随着太阳光的照射，普天四海而且万年永劫，将有无数无数活的闻一多。

由一而多，你的名字和你自己一样便代表了真理。

我现在不是纪念你的死，而是庆祝你的生。

闻一多先生万岁。"

30日 作《韬奋先生印象》。发表于《世界知识》7月12日第16卷第2期。文前题对联云："瀛谈百代传邹子，信史千秋哭贾生。"文章写道："我和韬奋先生相识是在七七事变以后。在这之前，韬奋在舆论界文化界，嶒嵘地奋斗着的时候，我正亡命在日本。当时是远远地但却兴奋地瞻仰着下风。""我那对联中所说的'瀛谈'，与其说是从韬奋先生的著书如《萍踪寄语》或《苏联的民主》之类得来的印象，认真说主要是指我们的那一段谈话。我比韬奋先生为邹衍，或许有人以为只切到一个'邹'字吧，更或许会有人感到瞠惑，怎么竟把现实明朗的韬奋先生和阴阳五行的怪论家相比？这个我须加以说明。邹衍，在我认为正是一位现实明朗的有气魄的一位学者。""韬奋先生是最关心青年的人，他真是一位理想的青年导师。而韬奋先生所给人的印象，特别在我的心目中，也始终显得是一位青年。""韬奋先生是极热忱的爱国者，他的文章有神，为国事慷慨陈辞，感人至深也至广，这更是大家所公认的事。因为韬奋先生给我的印象那么年青，而痛陈国事的文学那么磅礴有力，所以我印象的感觉着他就像汉朝的贾谊。""但也只是比较而已。韬奋先生本质是革命家。革命家的韬奋先生，就是革命家的韬奋先生，那是前无古人的。"

本月 《盲肠炎》由上海群益出版社出版，收《盲肠炎》等论文9篇。

夏

◎ 应上海中等教育研究会的邀请，去青年会堂参加演讲会。

◎ 得范若愚篆刻"郭沫若"朱文印一方，题签《普希金文集》时即用之。（范若愚《郭老在沪轶事三则》，《四川大学学报丛刊》1982年第13辑）

◎ 致郭开运（翊昌）信。写道："来信阅悉。乡梓亦呈荒象，足见全国均无安乐土也。""国事谅一时尚难康宁，兄在此生活，尚可勉强维持，可免虑。今后决定卖字，但恐托书者少耳。""四月中旬曾将《浮士德》第二部译竣，顷已全部校完。连第一部一并改排，大约于九月中可以出书，此算来沪后一次可纪述之工作。""高丽参一斤，已交宗玮托人带回，请分五分之一于宗玮母亲，余请在本房中分配。"（据原信手迹；蔡震《郭沫若生平文献史料考辨·与郭开运（翊昌）的书信》，社会科学文献出版社2014年7月版）

7月

1日 往暨南大学宿舍，向丁山借容庚的《古石刻零拾》。（《〈诅楚文

考释》)

2 日 开始作《诅楚文考释》。(《诅楚文考释·前言》)

3 日 作《王安石·后记》。"这本是一次讲演的记录,记录得并不完全,粗枝大叶,而是有好些错误的地方。因为坊间已经发表过,所以略加改正,把它收录在这儿。这是不能使我满意的。我很想作一篇详细的研究,或把它写成剧本,但都没有着手。研究王荆公,有蔡上翔的《王荆公年谱考略》是最好的一部书,我在此特别推荐。"

初收上海海燕书店 1947 年 8 月初版《历史人物》,后收《沫若文集》第 12 卷,现收《郭沫若全集·历史编》第 4 卷。

11 日 《诅楚文考释》作讫。发表于上海《中国建设》月刊 9 月第 4 卷第 6 期。本文搜集《诅楚文》的版本,据"元至正中吴刊本"秦《诅楚文》进行推究,考证原文年代,并作了释文。

初收上海大孚出版公司 1947 年 12 月初版《天地玄黄》,后收《沫若文集》第 16 卷,现收《郭沫若全集·考古编》第 9 卷。

12 日 作《行气铭释文》。发表于《中国建设》月刊 8 月第 4 卷第 5 期。对于黄璿编《古玉图录》、罗振玉编《三代吉金文存》所录两种"行气玉佩铭"拓本,做校对,辨别真伪,并考释铭文。

初收上海大孚出版公司 1947 年 12 月初版《天地玄黄》,后收《沫若文集》第 16 卷,现收《郭沫若全集·考古编》第 10 卷。

13 日 作《追念闻一多》。修改后以《闻一多的治学精神》为题发表于北平《骆驼文丛》月刊新 1 卷第 1 期。写道:"一多先生的死对于民主运动上固然是一大损失,而对于文化研究上也同样是无可补偿的大损失。""他那实事求是的精神的彻底,工夫的深厚,考证的精确,见闻的超拔,实在是令人佩服。""一多先生的确是给我们树立了一个很好的模范,无论在做人做学问方面的态度吧,他的考证的工夫,是近代科学方法与清代朴学方法的综合。"(郭沫若纪念馆馆藏资料)

◎《不会说不敢说不必说》发表于上海《国讯》周刊第 421 期。系在中华工商专科学校讲演之记录稿(沈鹤如记录,未经审阅)。演讲称:"当前横着两条路线,其一是中山先生的人民路线,其一是反人民的路线,前者的目的是为人民服务,谋人民的福利增加,后者的目的则是残民以逞,剥削人民。我们该走那一条路,很明显,决无第三条路线可走,除非诚心诚意的为人民服务。眼前无论国际上或国内的事都得以此标准来判断。"

20日　中午，与马寅初、黄炎培等参加团体会餐。席间，商量送各部门备忘录于美国特使魏德迈，劝说"最好不要去"。(《我并未见魏德迈》；《黄炎培日记》第10卷，华文出版社2008年9月版)

21日　作《我的历史研究——序〈历史人物〉》。发表于北平《骆驼文丛》月刊8月第1卷第1期。称，研究历史人物，"主要是凭自己的好恶，更简单地说，主要是凭自己的好"，"我的好恶的标准是什么呢？一句话归宗：人民本位！"在"人民本位的标准下，'从事研究，也从事创作'"。"有好些研究是作为创作的准备而出发的。我是很喜欢把历史人物作为题材而从事创作的，或者写成剧本，或者写成小说。""我对于王安石是怀抱着一种崇敬的念头的，实际上他是一位大政治家，在中国历史上很难找到可以和他比配的人"，所以"很有意思把王安石、司马光、苏轼三个人拿来写成一部《三人行》，以王安石代表人民意识，司马光代表地主阶层，苏轼作为游移于两端无定见的浪漫文人"。"秦、汉以后要找一位纯正的儒家代表，恐怕就只有一位王安石吧。""《甲申三百年祭》是曾经引起过轩然大波的一篇文章。主要的原因就是因为我同情了农民革命的领导者李自成，特别是以仕宦子弟的举人而参加并组织了革命的李岩，这明明是帝王思想与人民思想的斗争，而这斗争我们还没有十分普遍而彻底地展开。""关于李岩，我们对于他的重要性实在还叙述得不够"，"他一定是一位怀抱着人民思想的人。他的参加农民革命是有他自己的在思想上的必然性，并不是单纯的'官激民变'"。"和他约略同时代的一些学者或思想家来比较一下"，顾炎武、王船山都是"只富于民族气节而贫于人民思想"。应该把李岩"看成为人民思想的体验者、实践者"，"在思想史上也应该有他的卓越的地位的"。

初收上海海燕书店1947年8月初版《历史人物》，题为《〈历史人物〉序》；后收《沫若文集》第12卷；现收《郭沫若全集·历史编》第4卷。

28日　上午，与田汉、力扬同到大场，访问育才学校，以纪念陶行知逝世一周年。(《天地玄黄·消夏二则》)

◎ 作《消夏二则》。一则《寻人》，针砭时事；一则《牛的教训》，写关于牛的随感。

初收上海大孚出版公司 1947 年 12 月初版《天地玄黄》，后收《沫若文集》第 13 卷，现收《郭沫若全集·文学编》第 20 卷。

本月 题赠黄裳七绝一首："偶语诗书曾弃市，世间仍自有诗书。周厉当年流彘后，卫巫勋业复何如？"（手迹见北京《战地》1979 年 11 月增刊第 6 期）

◎《今昔蒲剑》由上海海燕书店出版。

7、8 月间

因经济上困难，决定公开卖字。自订一份润格，托群益出版社负责人吉少甫印刷几十份，交郭若愚分发给河南中路一带九华堂、荣宝斋、朵云轩等书画社代为收件，前后四个多月。（魏绍昌《回忆郭老二题》，《悼念郭老》，生活·读书·新知三联书店 1979 年版）

8 月

7 日 作《论闻一多做学问的态度》。发表于成都《大学月刊》20 日第 6 卷第 3、4 期合刊。写道："最近吴辰伯先生把《闻一多全集》的稿子从北平给我寄了来，除掉少数几篇缺或缓交的之外，我费了两个礼拜的功夫细细地校读了两遍，校补了一些誊录上的错误和夺落，填写一些古代文字，更把全部的标点统一了。""闻先生治理古代文献的态度，他是承继了清代朴学大师们的考据方法，而益之以近代人的科学的致密。为了证成一种假说，他不惜耐烦地小心地翻遍群书。""他搞中文是为了'里应外合'来完成'思想革命'。这就是他的治学的根本态度。"

初收上海海燕书店 1947 年 8 月初版《历史人物》；复作为上海开明书店 1948 年 8 月版《闻一多全集》的《序》；后收《沫若文集》第 12 卷；现收《郭沫若全集·文学编》第 20 卷。

13 日 为金祖同编《龟卜》一书作序。收北平修绠堂 1948 年 1 月版《龟卜》。述"龟卜百二十五片原拓本确系日本河井荃庐氏旧藏。拓者某翁姓名，荃庐曾以相告。余已失记。"

现收《郭沫若全集·考古编》第 10 卷。

16 日 针对美国新闻处无中生有地报道《魏特迈晤郭沫若》，作

《我并未见魏特迈》辟谣。说："我对于魏特迈并没有丝毫愿见的意思和必要。"

初收上海出版公司 1947 年 12 月初版《天地玄黄》，后收《沫若文集》第 13 卷，现收《郭沫若全集·文学编》第 20 卷。

19 日　致信吴晗等人，谈《一多遗集》的校订，说："稿中文字颇多笔误，所引用甲骨文金文及小篆等多错或误。已一一查出原字补入。全书标点符号，已为划一。"（据吴晗《跋一多遗集》，11 月 29 日香港《华商报》）

◎ 应邀参加《文艺复兴》月刊举行的招待宴会。（《郑振铎日记全编》，山西古籍出版社 2006 年 1 月版）

20 日　作"偶成"七绝一首，书赠风子（唐弢）。以《海上观日出》为题发表于 10 月 1 日香港《华商报》。云："倍添黮暗夜将明，旷野飞传赤翰声。血渍云霞连海岱，宏涛涤荡地天平。"

初收上海群益出版社 1948 年 9 月初版《蜩螗集》，改题作《海上看日出》；后收《沫若文集》第 2 卷，"赤翰"改作"赤羽"，误署写作时间为"11 月"；现收《郭沫若全集·文学编》第 2 卷。

22 日　作《怀谢六逸先生》发表于上海《文讯》月刊 9 月 15 日第 7 卷第 3 期。说："我和谢六逸先生相识已经是将近三十年前的事了。""六逸先生对于日本文学似乎很有深湛的研究，可我很惭愧，我不能够有所评介。亡命十年，战争十年，老是把我们隔绝着，而先生竟成了故人了。在纪念先生之余，使我必然连想起的便是抱一和达夫。他们两位也一样成为故人了。这些朋友对于民族都尽了他们的忠贞，然而社会对于他们似乎同样的冷酷。""然而中国人民是厚道的，将来总有报答他们的一天。"

◎ 作《敬礼呀！小学教师》。发表于 27 日上海《时代日报》。称："要你们才是真正的灵魂的工程师，你们在发挥着献身的精神铸造着小国民的灵魂。""你们是今天的万世师表，当然也就是我们新中国的万世师表。"

23 日　作《骑士·后记》。记述小说《骑士》1930 年写成后，曾在《质文》杂志发表，后因抗战爆发，原稿辗转遗失的经过。说道："大率年岁久远，已失记忆，而稿亦已丧失。我已无心补写。"

初收上海海燕书店 1947 年 10 月初版《地下的笑声》，后收《沫若文集》第 5 卷，现收《郭沫若全集·文学编》第 10 卷。

28日 作《〈沫若译诗集〉小序》，收上海建文书店9月版《沫若译诗集》。序中说："虽是翻译，从这里也可以看出我自己的思想的变迁和时代精神的变迁。"

◎ 作《〈浮士德〉简论》。发表于上海《中国作家》月刊10月1日创刊号。从全部《浮士德》故事的进展中，论述了"它是一部灵魂发展史，一部时代精神的发展史"。总结道："我所了解的《浮士德》就是这样。我是在这样的了解之下，花了功夫，把这全部翻译了出来，不消说也把我自己三十年来的体验融汇了进去。"

初收上海群益出版社11月版《浮士德》，后收《沫若文集》第13卷，现收《郭沫若全集·文学编》第16卷。

◎ 接受记者仁子采访，采访记以《一个高风亮节的读书人郭沫若答本报记者》为名发表于本年《现实》第8期，文字改动后又以《郭沫若先生近况——愁城中的一篇访问记》为名发表于11月14日香港《华商报》。访谈中说道："好些时没有写文章，做了校对的工作，《浮士德》后部译完了，自己正在校样中，但每次校样，每次改写，弄得印刷所很忙。""近日正动手写《二十年自传》，继续前写的'自传'，我只能写'二十年'，二十年以前的已写，今日以后却还无从写起。""有一个剧团要重演《孔雀胆》，最近稍改排了一下。""每天来的客人平均有十七八位，每人半小时，为数可观，有时外面有应酬，有时夜间也有客的。"

29日 夜，承黄炎培、胡厥文邀，出席与沈钧儒、马叙伦、谭平山、章伯钧等人的聚餐会。(《黄炎培日记》第10卷，华文出版社2008年9月版)

30日 作《一封信的问题》。发表于上海《人世间》月刊10月复刊第2卷第1期。就许寿裳跟鲁迅说创造社"抹杀"罗曼·罗兰给鲁迅的一封信，澄清事实真相。"我敢于说：问题实在是有点近于莫须有。我对于鲁迅是尊敬着的，对于许寿裳也是尊敬着的。但我也爱我的朋友，我敢于相信，与创造社关系较深的一些朋友，决不是那样'抹杀'别人的信件以图快意的那种卑鄙的人。"

初收上海大孚出版公司1947年12月初版《天地玄黄》，后收《沫若文集》第13卷，现收《郭沫若全集·文学编》第20卷。

本月 《历史人物》由上海海燕书店出版，收《序》，正文《论曹植》、《隋代大音乐家万宝常》、《王安石》、《王阳明》(附论："精神文明与物质文明""新旧与文白之争""王阳明的教育说""静坐")、《甲申三百年祭》(附录:"关于李岩")、《夏完淳》、《鲁迅与王国维》、《论郁达夫》等。《甲申三百年祭》篇末有"附识",道:"此文以一九四四年三月十九日在重庆《新华日报》上刊出,连载四日。二十四日国民党《中央日报》专门写一社论,对我抨击。国民党反动派的尴尬相是很可悯笑的。"

9月

1日 下午,与陈叔通、马叙伦、谭平山、章伯钧、许广平、黄炎培等人在香山路十四号张絅伯家会商新组织。(《黄炎培日记》第10卷,华文出版社2008年9月版)

◎ 致信严扶夷。写道:"华先生的关于停滞性的见解六项,大体上是正确的。不过出于听讲笔记,或许于原意有未尽或不符的地方。我想补充一些。①中国地居温带,地大物博,农业生产不易达到饱和点,故生产法不易生变革。②历代屠杀过甚,每每赤土千里,故生产法常走回头路。③周遭民族的需要甚低级,不能促进对外贸易的进展。④南北朝,辽金元,满清落后民族叠次入主中国,均把中国拉着后退了。⑤中国家族制度兄弟均分,使财产不能集中。⑥印度思想、老庄思想、儒家的安分守己思想使民族精神退攖。"(据郭沫若纪念馆馆藏手稿复印件)

2日 作《〈地下的笑声〉序》,收上海海燕书店10月版《地下的笑声》。写道:"这儿把以前写过的一些小说样的东西搜集在一道。有的写在二十多年前,有的写在今年;有的是寓言,有的是写实;有的是历史故事,有的是身边杂事,或者可以命名为'五花八门集'吧。""我自己从事文笔活动,将近三十年了。以往的三十年,犹如在暗夜中摸索着走路。也过过一些关,也进过一些塔,行路的确是很艰难的。不过在今天看来,我似乎已经走上了明确的大道了。怎样的大道呢?那就是为人民服务的路。"

6日 作《国画中的民族意识》。写道:"画山水,应该就是顶现实的画材了。山是此山,水是此水,在人类史开幕以来的几千年内没有什么变更。然而就连这样的画材,在南宋以来的画人都成为回避现实的遁逃薮了。因为在这山水中点缀着的人物衣冠、楼台建制，都十分地可以表现着时代。""不过我们倒也不能专门指责国画家，要说国画仅学着古人的皮毛，新的美术又何尝不是仅学着西洋人的皮毛呢？更说宽一点，不仅画家是这样，举世滔滔，不都是在学西洋人，尤其美国人的皮毛吗？""要紧的是民族意识的觉醒，尤其人民意识的觉醒，但请留心，这决不是排外，也决不是复古。"

初收上海大孚出版公司 1947 年 12 月初版《天地玄黄》，后收《沫若文集》第 13 卷，现收《郭沫若全集·文学编》第 20 卷。

12 日 为上海《文艺青年》半月刊题词。发表于《文艺青年》10 月 8 日第 16 期。写道："在人民之前须无我，在反人民者之前须有我，做文艺工作者尤当如是，以献身精神为人民服务，以献身精神向反人民的一切倾向作斗争。"

14 日 黄炎培造访，同往香山路张絅伯家。(《黄炎培日记》第 10 卷，华文出版社 2008 年 9 月版)

15 日 《火山复活的日本》发表于上海《创世》半月刊创刊号。呼吁人们警惕日本军主义的复活，指出在美帝国主义扶植下，日本"马上会火山复燃"。

16 日 为黄炎培著《民主化的机关管理》作《序》，以《"真理都在眼前"——序黄著〈民主化的机关管理〉》为题发表于本年《国讯》第 441 期，收上海商务印书馆 9 月增订第 1 版《民主化的机关管理》。序中说："值得慨叹，我们中国人近来被人叱斥为不懂科学，不懂民主，甚至是全面的腐化无能。我们中国人真真是这样？不，决不！不懂科学和民主，全面腐化无能的，不是中国人民，而只是少数的'自私自利'之徒。""中国人知道民主原理已经在两千多年以前，不幸的是我们没有得到实践的机会。但我们今天也深深的明白了，我们的少数人之所以腐化无能，就是因为'自私自利'，不能够用众。众是最有勇力，最有明智的，不能够用众岂不成为最庸弱而无能吗？因而我们倒可以得出这样一个结论：最大的独裁者便是最低的无能者。中国人民是有资格谢却'腐化无能的叱斥的'。"

序文节录文本初收上海大孚出版公司 1947 年 12 月初版《天地玄黄》，后收《沫若文集》第 13 卷，现收《郭沫若全集·文学篇》第

20卷。

黄炎培本月8日致信郭沫若求序。(《黄炎培日记》第10卷，华文出版社2008年9月版)

25日 书旧作《题路工图》赠楼适夷。跋曰："右诗乃六年前题画之作，今无意间觅得旧稿，为书一通。适夷见此悦之，即以奉赠。"(手迹见《郭沫若遗墨》，河北人民出版社1980年版)

28日 就校订《一多遗集》写信给吴晗等人。说："金甲文字已在原稿上一一照原文摹录，再经圣陶先生摹写付印，可期美观。"(吴晗《跋一多遗集》，11月29日香港《华商报》)

29日 书赠林放："庄子书中，每多警语，如为之仁义以矫之，则并仁义而窃之。往年不甚了了，今阅世渐深，见有窃民主自由者，始知其言之沉痛。唯庄之失乃在沦于失望耳。"(林放《郭老谈庄子》，1980年4月13日上海《文汇报》)

同月 《沫若译诗集》由上海建文书店出版，增收《雪莱诗选》《鲁拜集》和《新俄诗选》三种。

10月

1日 偕于立群与田汉、杜国庠等人，前往西郊高尔夫球场，参加由宋庆龄发起的为上海文艺界人士募集福利基金的中秋游园会。与柳亚子、茅盾、叶圣陶、郑振铎、田汉、洪深、熊佛西等捐赠墨迹多帧，并以《中国古代社会研究》《青铜时代》《十批判书》等著作的精装本参加义卖，亲为选购者题字留念。(1日、2日上海《时代日报》；翁植耘《〈青铜时代〉、〈十批判书〉里的书签》，《社会科学》1983年第10期)

18日 作《再谈郁达夫》。发表于上海《文迅》月刊11月15日第7卷第5期。纠正王任叔《记郁达夫》一文(载《人世间》第2卷第1期)中的误记。回忆与郁达夫的几次龃龉以致绝交而又重归于好的经过。惋惜"达夫的长才未尽，竟死难于异域，是可悲的事"。称"达夫是完成了一个光辉的特异的人格的。鲁迅的韧，闻一多的刚，郁达夫的卑己自牧，我认为是文坛的三绝"。

初收上海大孚出版公司1947年12月初版《天地玄黄》，后收《沫若文集》第13卷，现收《郭沫若全集·文学编》第20卷。

19日 为纪念鲁迅逝世11周年,前往万国公墓,祭扫鲁迅墓。(20日《时代日报》)

20日 作《勖抱石——为傅抱石画展作》。发表于23日《大公报·大公园》。写道:

"傅抱石教授在中国国画坛上有他卓越成就是毫无疑问的事。

他的才力丰裕,学力深厚,工力稳健,作画大作气魄而不荡逸规矩,时新机杼而不卖弄才气。韩退之于其为文,以'沉浸浓郁,含英咀华'自标举,我觉得这八个字可以移来批评抱石其人及其画的。

抱石多才多艺,擅篆刻,能文章,精鉴别,书法亦雅净可嘉。但这些都集中起来,蔚成了他的画艺。读书多,游迹广,阅历深。于其所业,专心致志,决少旁骛。他能有斐然的成就是理所当然的。

二十年前抱石在日本留学,作品已早为日本人所称许。军兴以后居蜀八年,蜀中之山水奇气,战时之烽燧严警,错节盘根,惊心动魄,遂使今之抱石更已骎骎乎迈入大家之林。欧美人士之识画者亦无不讶其独造。

抱石于古代诗人,前喜陶渊明,后转而倾拜屈左徒,但我今天却又有一个对于他的诚挚的期待——希望他成为画坛中的杜工部。

一个真正伟大的画家必须成为人民的画家。以抱石的才力学力工力,于师法自然,沉浸古逸之余,必须透彻于人民的生活,以'入地狱'的精神,从污池中再开出莲花。把小我向大我中解放,一个人的成就然后才能够成为真正的大成。

抱石是一位自强不息者,我相信我的这个期待,在他或许是早已自行期许着的。"

◎ 接待永安公司职工乐尔登妻子安之璧的来访,得知乐尔登将被转移到解放区的事,拿出一本厚书,在扉页题写道:"祝福你,尔登,光明的前途,我们将在短期内握手"。(《郭沫若与永安职工的战斗情谊》,《上海永安公司职工运动史料》,1990年3月)

22日 《郭沫若鬻字例》发表于上海《时代日报》。

30日 作《读了〈俄罗斯问题〉》。发表于11月2日上海《时代日报》,又发表于12月6日香港《华商报》。写道:"一口气读完了西蒙诺夫的《俄罗斯问题》,真是愉快。这的确是一个好剧本,一部新现实主义的代表作;无怪乎在苏联要受到破纪录的大欢迎了。但听说在美国方面被认为是反美的宣传文件，禁止演出。""要说是宣传吧，它只是说明了一点，苏联人民不要战争，而美国人民也不要战争。但我很知道，单只这一点，已经就是不能见容于今天的美国的。"

初收上海大孚出版公司1947年12月初版《天地玄黄》，后收《沫若文集》第13卷，现收《郭沫若全集·文学编》第20卷。

◎ 自传散文《跨着东海》发表于上海春明书店出版的《今文学丛刊》第一本。追记1928年全家去日本的经过，以及抵达日本后开始学术研究活动，并遭遇东京警视厅拘留的经过。

初收《沫若文集》第8卷，现收《郭沫若全集·文学编》第13卷。

本月 小说集《地下的笑声》由上海海燕出版社出版。

11 月

6日 作贺电《全世界心地光明的人民都表示由衷的庆贺》。发表于7日上海《时代日报》。祝贺苏联十月革命30周年："伟大的十月革命今年满了三十周年了，全世界心地光明的人民都会表示由衷的庆贺。""谨愿以兄弟的情谊紧紧地携手，共同建设人民本位的文化，拱卫和平民主，绝灭战争。"

初收上海大孚出版公司1947年12月初版《天地玄黄》，后收《沫若文集》第13卷，现收《郭沫若全集·文学编》第20卷。

7日 中午，与茅盾、胡风、周建人、许广平、田汉等应邀参加苏联驻上海领事哈林夫妇为庆祝十月革命30周年举行的酒会。(10日《时代日报》)

◎ 作《"十月"感怀诗》。发表于10日上海《时代日报》。写道："哓哓战贩只徒劳，原子金元且莫骄。墨魔授首希焚死，正待诸公入地牢。""新新世纪庆开篇，革命功成三十年。克里姆林宫上塔，红星想必特光妍。"

初收上海群益出版社1948年9月初版《蜩螗集》，后收《沫若文集》第2卷，现收《郭沫若全集·文学编》第2卷。

为纪念苏联十月革命30周年，中苏文化协会上海分会邀请刘海粟、陈树人、俞剑华、许士骐、马公愚、傅抱石、黄君璧、吴青霞、汪亚尘、张聿光等十位画家绘一册页，《"十月"感怀诗》题于篇末以代跋。10日《时代日报》刊载的文字有误，12日又发表《更正》。

◎ 与田汉、许广平、史东山、胡风等18人，联名致苏联祝贺国庆电发表于上海《时代日报》。

9日 作《〈沸羹集〉序》。说："我现在主要把一九四二年至一九四五年胜利为止的杂感、随笔之类的文字，收集成为这个《沸羹集》。""这里有些是应景的文章，不免早已有明日黄花之感，又有些对于未来的祈望也并未兑现，证明我确实是做了一些白日梦。但我依然保留下它们，'敝帚自珍'之诮，我知道是在所难免的。""我这些随时写录下来的东西想也不失为这一大时代的粗糙的剪影吧。"

初收上海大孚出版公司12月初版《沸羹集》；后收《沫若文集》第13卷，现收《郭沫若全集·文学编》第19卷。

◎ 往大新公司画厅，参观中华全国木刻协会举办的第二届全国木刻展览会。(10《时代日报》)

11日 作《〈天地玄黄〉序》。写道："这个集子的前大半部是一九四五年胜利后写的一些杂文，本来是和《沸羹集》编在一道的，页数还保存着一贯，便是我这话的证明。""这动荡也不会太久了。我在期待着研究园地的大开放，让一切有能力的人能够有发挥的机会，切实做到'学术为公，文化为公'的地步。"

初收上海大孚出版公司12月初版《天地玄黄》；后收《沫若文集》第13卷，现收《郭沫若全集·文学编》第20卷。

12日 偕于立群赴翁植耘为其举行的饯别宴会，同席者杜国庠、冯乃超、田汉等。(翁植耘致龚济民、方仁念信，《郭沫若年谱》，天津人民出版社1992年版)

13日 夜，作诗《再用鲁迅韵书怀》："成仁有志此其时，效死犹欣鬓未丝。五十六年余骸骨，八千里路赴云旗。讴歌土地翻身日，创造工农革命诗。北极不移先导在，长风浩荡送征衣。"

初收上海群益出版社1948年9月初版《蜩螗集》，后收《沫若文集》第2卷，现收《郭沫若全集·文学编》第2卷。

◎ 作五绝一首："十载一来复，于今又毁家。毁家何为者？为建新中华。"(《十载一来复》，香港《野草文丛》1948年2月14日第八集《春日》)

14 日 乘船离沪往香港。(《我为什么离开上海》,1948 年 1 月 8 日香港《华商报》)

16 日 抵达香港,暂住九龙公寓。(12 月 5 日致戈宝权信,《郭沫若研究专刊》1979 年第 2 辑)

17 日 致信钱君匋:"因事率眷离沪行装匆遽,不克走辞,憾甚憾甚。在沪诸蒙厚待,铭感五内,后会有期,定当图报也"。(《郭沫若研究》第 1 辑,文化艺术出版社 1985 年 8 月版)

钱君匋,即钱潮。

22 日 家眷抵达香港。(12 月 5 日致戈宝权信,《郭沫若研究专刊》1979 年第 2 辑)

29 日 《纪念邓择生先生》发表于香港《华商报》。写道:"每逢择生先生的忌日,总使我增加对人才的崇敬与对于民贼的憎恨。择生先生是以他自己的生命来教训了我们,生与死,是与非,善与恶,民主与反民主,在这中间决没有妥协微温的道路。如有人幻想有这种道路的存在,请睁开眼睛再凝视一次择生先生的血!"

此为一段纪念辞,与 1946 年 11 月 24 日所作回忆散文的篇名相同。

30 日 自传散文《我是中国人》发表于上海春明书店出版的《今文学丛刊》第二本。追记 1928 年至 1931 年间,从事中国古代社会研究、金文甲骨文研究的过程。

收《沫若文集》第 8 卷,现收《郭沫若全集·文学编》第 13 卷。

◎ 应《华商报》招,赴宇宙俱乐部参加茶话会,演说称:"中国士大夫阶级一个大毛病就是不肯做尾巴,偏偏要做'领袖',这是'宁为鸡口,毋为牛后'二句话可以看出",并"极力提倡尾巴主义,拼命做尾巴,要做尾巴的一根小毛!若拼命倡'鸡口'主义,便是上了国民党的大当"。(《陈君葆日记》,香港商务印书馆 1999 年版)

本月 为云南大学附属中学学生自治会主办的《附中报》题刊名,并题词:"非洲有一种蚂蚁,在集体行进的时候,如遇小溪阻隔,前面的蚂蚁便跳下水去,搭成一座蚁桥,让后续的蚁群从它们身上过去。这种蚁命,真可说是重于泰山了。"(李衡《难忘的激情》,1979 年 12 月 9 日《云南日报》)

12 月

5 日 致信戈宝权："弟于上月十四日离沪，十六日即到达。此间和暖如春，友人均已见面，甚感快慰。敝眷于二十二日亦已到达，现住九龙公寓中等找房子。房子亦需顶费，一切均染上海派，而物价则超过上海约两倍。初来人以法币过活，真感老火耳。沪上诸友，见面时烦致意，恕不一一"。署名鼎堂。（见戈宝权《谈郭沫若与外国文学的问题》，《郭沫若研究专刊》1979 年第 2 辑）

上旬 复金烽 4 日来信。以《关于"尾巴主义"答某先生》为题，发表于香港《自由丛刊》月刊 1948 年 1 月 1 日第 10 辑《欺骗必须揭穿》；又作为《关于尾巴主义的讨论》的一部分发表于《国讯》周刊 1948 年 1 月 3 日新 1 卷第 6 期。写道："你的信我已经接到了，谢谢你的鼓励和指示。关于尾巴主义，当日只略发其凡，因为在座都是我愿意做他的尾巴的人，所以便没细说。我的主意是要知识分子或士大夫阶级做人民的尾巴，反过来也就是要人民做我们的头子了。我不是要叫'一般人'都做尾巴。知识阶级做惯了统治阶层的鸡口，总是不大高兴做人民的尾巴的，故尔我认为在今天向士大夫提出尾巴主义，似乎倒正合宜。""以上的一些话是拉杂地信手写出来的，我相信和尊见并无抵触，或许可相互发明，真理只有一个，只要是同站在人民的立场，任何不同的群与层都是可以泯灭的。"

19 日 致钱君匋信，说："十二月六日手书奉悉。照片三张，谢谢。照得很好。血吸虫治疗，经过您的努力，有所改进，造福不浅。问候嫂夫人。""沪上各同学均问候。"（《郭沫若研究》第 1 辑，文化艺术出版社 1985 年 8 月版）

23 日 复金烽 21 日来信。收入《关于尾巴主义的讨论》。（《国讯》周刊 1948 年 1 月 3 日新 1 卷第 6 期）

本月 《沸羹集》由上海大孚出版公司出版，收 1940 年至 1945 年间所作散文、杂感、论文 75 篇。

◎ 论文集《创作的道路》由重庆文光书店出版，收文 15 篇。

◎《天地玄黄》由上海大孚出版公司出版，收 1945 年抗战胜利后所作随笔、论文、杂感76篇。

◎《浮士德百三十图》（Franz Staffen 绘）由上海群益出版社出版。

◎ 为"生活日记"题词："不仅管自己的生活，还要管人民的死活。让自己成为一个为人民的工具吧。即使是为人民而死，那才是真正的生。"（手迹见《郭沫若学刊》2004年第1期）

◎ 与于立群为金焰、秦怡等四对青年演员当证婚人，在举行仪式时做了十分亲切而有趣的讲话。（李门《泰山之神永生——忆郭沫若同志》，《怀念郭沫若》，生活·读书·新知三联书店1978年版；蓝澄《"电影皇帝"金焰》，《电影故事》1980年第2期）

本　年

◎ 应忍戡嘱书七言联："扬雄识字无人敌　何逊能诗有世家"。（手迹见《郭沫若书法集》，四川辞书出版社1999年11月版）

◎ 接到马宁汇来的由马来亚革命青年筹集的一笔款子后，回信马宁"已如数转交给集体处理"。（马宁《学郭老　学到老》，《悼念郭老》，生活·读书·新知三联书店1979年版）

◎ 村田牧郎译《我的童年》以《我的回忆》为名在日本京都圣光社出版。

1948 年 (戊子　民国三十七年) 56 岁

1月5日　沈钧儒、邓初民等人在香港召开民主同盟三中全会，决定重建民盟领导机关，恢复活动，并发表宣言，反对国民党政府和美国对华政策，愿与共产党及其他民主党派携手合作。

本月　李济深、蔡廷锴、何香凝等人在香港成立国民党革命委员会，主张联合共产党及其他民主党派，推翻蒋介石独裁政权，反对美国干涉中国内战。

3月25日　国民党政府公布《特别刑事法庭组织条例》，利用法西斯的"特种刑庭"迫害爱国民主人士。

3月29日　国民党召开"行宪国大"，蒋介石、李宗仁任总统及副总统。

4月1日　毛泽东在晋绥干部会议上讲话，阐述了党在民主革命时期的总路线和总政策：即"无产阶级领导的，人民大众的，反对帝国主义、封建主义和官僚资本主义的革命"。

初旬　平津各院校和北平研究院的教学、研究人员与职工举行罢教、罢工，"向政府要饭吃"。3日，华北各院校抗议国民党政府下令查禁"华北学联"，相继罢课。反饥饿、反迫害斗争遍及国民党统治区十多城市。

4月22日　人民解放军收复延安。

5月1日　中共中央发布纪念"五一"劳动节口号："各民主党派、各人民团体、各社会贤达迅速召开政治协商会议，讨论并实现人民代表大会，成立民主联合政府。"

5月5日，中国国民党革命委员会、中国民主同盟等民主党派通电拥护召开新政协。

6月18日　朱自清等北平各大学教授数百人联名发表宣言，抗议美国扶植日本，并拒绝领取"美援"面粉。

7月3日　国民党政府与美国政府签订《中美关于经济援助之协定》，规定美国在提供蒋介石经济援助的同时，美国对国民党政府的财政经济有最高的监督权和决定权，美国可以在中国取得它所需要的任何战略物资。

8月7日　华北人民代表会议在石家庄召开，选出以董必武为主席的华北人民政府。

9月12日　人民解放军发动辽沈战役。

11月6日　人民解放军发动淮海战役。

12月11日　人民解放军发动平津战役。

12月25日　中共权威人士宣布蒋介石等四十三人为头等战犯。

本月　远东国际法庭判处日本甲级战犯东条英机、土肥原贤二、板垣征四郎等七人死刑，执行绞刑。

1月

1日　《要有力量赢得战争，然后才能赢得和平！》发表于香港《自由丛刊》第10辑。写道："美国是我们当前的大敌，也就是民主的敌人。所谓西方的'民主'根本是骗人的东西。美帝国主义必须加以彻底的反抗。封建残余、'四大家族'及伪装自由民主的官僚政客集团，必须彻底肃清。""他们里应外合，是一而二，二而一的大敌，必须彻底发动人民武力，以革命答复榨取，以抗战答复侵略。""在今天彻底革命，厉行抗战，正为的是争取和平。要有力量赢得战争，才能赢得和平。"

◎《自力更生的真谛》发表于香港《华商报》，又以《自力更生》为题发表于上海《时代日报》。认为："自力更生都是人民革命。靠人民自己的力量来搞就是自力，革命就是更生。""今天这种自力更生的人民革命是已经大规模的发动了，以空前的坚实步骤在施行土地革命，使耕者有其田，农民大翻身，由被榨取剥削的奴隶地位确切地恢复到主人的地位。""厉行土地革命以求中国的近代化，对内挖断封建残余的命根，对外抵御帝国主义的咽喉，中国人民正以雷霆万钧之力来完成这一历史的使命。"

◎《尾巴主义发凡》发表于香港《野草丛刊》月刊第7辑。说："不肯作别人的尾巴，这似乎是中国的传统精神。""今天是要肃清封建思想的，这士大夫阶级不愿做尾巴的思想也应该肃清。士大夫阶级在今天应该掉过来做人民大众的尾巴。从前的'宁为鸡口，无为牛后'，在今天应该掉过来'宁为牛后，无为鸡口'。特别是'牛后'，这可具有着极新鲜的意义。牛是最好的一个人民的象征。我们要做牛尾巴，这就是要为人民服务，跟着群众路线走，即使不能有多大的贡献，驱逐苍蝇的本领总是有的。""因此，我今天要大声地喊出：不要怕做尾巴！这，在我认为，对于目前的知识份子不失为一种对症的良药。""打倒领袖欲望，建立尾巴主义！把一切妄自尊大，自私自利，上谄下骄的恶劣根性连根拔掉吧，心安理得地做一条人民大众的尾巴或这尾巴上的光荣的尾。"

这是1947年12月一次演讲中的演讲词。

◎《狂想?》发表于香港《华商报·热风》。写道："征求'狂想'，我建议：最好是向美国国务院，因为那儿差不多是无人不狂，无想不狂。当然，向某些个人征求也可以，例如邱吉尔、戴高乐、胡适之、胡政之之流，我相信谁也不能突破他们的'狂想'的高峰的。"

3日 参加中山大学部分离校师生举行的新年团拜会，并作题为《一年来中国文艺运动及其倾向》的讲话。讲话记录（日照记）发表于7日香港《华商报》。对一年来解放区和蒋管区文艺创作做了分析，并斥责各种"反人民的文艺"。认为："反人民的文艺界有四种，第一种是茶色文艺"，"他们有钱有地盘，更有厚的脸皮。硬是要打击他们才行"；"第二种是黄色文艺，这是反民主阵营的别动队"；"第三种是无所谓的文艺，这是文艺上的所谓中间路线"；"第四种是通红的文艺，托派的文艺"。革命文艺"该在今年获得丰收。要丰收，就要把作家的臭架子去掉，真正的向老百姓学习，向群众学习，甚至向小孩子学习"。

◎ 作《费译〈屈原研究〉序》。发表于11日香港《华商报》。称："费德林博士是苏联的一位少壮有为的外交官"，"同时又是一位少壮有为的学者。""在重庆的一段期间，有暇即从我研究屈原，成绩斐然可观。本译书就是他的学位论文。"

4日 参加香港教师福利会成立大会并作演讲。(《陈君葆日记》，香港商务印书馆1999年版)

5日 为金帆《野火集》作序。载香港人间书屋5月版《野火集》。写道：

"诗歌是生活的录音，诗歌是感情的波纹。

要有真的生活才有真的诗，要有真的感情才有真的诗。

金帆的这本《队伍》，我拜读了一遍，我认为是有真的生活和真的感情被记录着的真的诗。

作者自认为'平凡'，这'平凡'正是他的真处；太不'平凡'了可能就是假的。"

《野火集》原名《队伍》，出版时更名。(《郭沫若研究》第4辑，文化艺术出版社1988年4月版)

◎《华商报》记者胡星原来访，访问记在《政协二周年祭！》的题下发表于10日香港《华商报》。说道："撕毁政协决议是反动派自掘坟墓，受欺骗的中国人民虽然两年间尝尽了痛苦，但灾难却教育了中国人民，认识了骗局和反动派与美帝国主义的真面目，粉碎了过于天真的幻想。""政协精神，仍然是新中国的基本精神，联合政府仍然是新民主主义新中国的中心。""唯有打垮反动派，政协精神新民主主义的新中国才能真的建设起来。"

◎ 晚，出席香港文协分会为迎接人民大胜利的1948年暨欢迎郭沫若、茅盾、翦伯赞等人来港举行的新年团聚大会。发表讲话，建议从事文艺活动的朋友们应虚心坦怀地研究新的一年的文艺任务，从而制定出1948年中国文艺运动的纲领，这样才能迎接更大的胜利。（《港文协团叙大会》，6日香港《华商报》）

8日 《我为什么离开上海》发表于香港《华商报》。说："我是十一月十四日离开上海的。""我离开上海的用意在我是和十年前离开日本，回到祖国来参加抗战的，完全一样。我消极地要摔破法西斯统治者的花瓶，积极地要恢复我的自由替中国人民服务。"

14日 《论反对新文字的人》发表于上海《时代日报》。文章说："反对新文字的人，我们应该尽量的劝谕，能够使他们掉过头来加紧学习，那是最好也没有。应该是取一种不惮烦的说服的态度，吵嘴是要不得的。""有的是在文字的立场以外。譬如有一批人是要拥护中国的旧礼教、旧道德，以为新文字运动是毁冠裂裳的叛逆。对于这些人我们还应该在文字的立场以外去争取，须严肃自己的生活，调整自己的态度，不要装得来就像煞一位了不起的革命家，拒绝人于千里之外。""站在罗马字运动的立场而反对新文字的人，我们似乎应该视为同路人，能够采取相互学习的态度，恐怕是较好的办法。""自然，还有站在政治立场而反对的人。对于这种人我们是没有办法而且也用不着和他们作口舌和文笔的论争了。"

20日 与李济深、蔡廷锴、何香凝、邓初民、茅盾等到坚尼地道参加邓文钊的新年茗叙，与柳亚子、马叙伦、夏衍等同席。（《陈君葆日记》，香港商务印书馆1999年版）

20日 复苏净信发表于香港《华商报·热风》。信中说："谢谢你的厚爱，我当努力照着你所指示的做去，因为你没有写住址，故特恳《华商报》在《热风》版中，公开答复。"

◎《对九龙城事件之意见》作为《中国各民主党派领袖对九龙城事件之意见》之一部分发表于香港《华商报》。认为："由九龙城事件惹起了广州沙面事件，在中英邦交上，的确是一件重大的遗憾。香港政府的操切和南京政府的颟顸，应该负应分的责任。""今天我们作为中国人民最迫切的任务是加速使这个空前绝后的坏政府垮台，一切的国家权益才能够得到基本的保障。"

◎ 作《迎接批评时代的一个基本问题》。发表于《群众》周刊29日第2卷第3期。文章认为："新旧是非之争到了白热的焦点，这正是一个严烈的批评时代，批评自然是必要的。""如要强调批评就必须强调接受批评的雅量。古人说'言者无罪，闻者足以戒'或'有则改之，无则加勉'，应该是在养成这种雅量的绝好箴言。""要能自我批评才能批评别人，也才能接受别人的批评。"

26日 作《当前的文艺诸问题》。发表于香港《文艺生活》海外版2月第1期。回答《文艺生活》编者所问五个问题。一、关于"马华化"的问题，"我是赞成'马华化'的，也就是说赞成马来亚的华侨青年创造'土生文艺'"。二、关于方言文学的问题，"站在人民路线的立场，毫无问题，会无条件地支持方言文学的独立性。我们既承认了文学应以人民大众为对象，那就必需制作为人民大众所了解的东西"。"所以方言文学的建立，的确可以和国语文学平行，而丰富国语文学"。三、关于批评建立的问题，反对批评家结成"小俱乐部的组织"，主张"把批评扶到正路上来"。四、关于文艺统一战线的问题，主张在人民文艺理论的坚强领导之下，"发展进步势力，争取中间势力，孤立顽固势力"。五、关于题材的问题，"问题不专在写什么，而是在怎么写。题材的选择可以有相当的自由，而主题的定立决不容许脱离人民本位，坚决地走着现实主义的路"。

28日 往六国饭店出席留港各界民主人士及各党派代表为纪念"一·二八"淞沪抗战16周年举行的茶聚会，并发表讲话。首先谈日本人对十九路军军威的推崇，继而指出福建人民政府时代十九路军失败的经验教训，希望该军的袍泽能继续发扬"一·二八"为人民服务的精神，把今天侵略中国的美帝主义打出中国去。聚会由蔡廷锴主持。(29日香港《华商报》)

31日 作《开拓新诗歌的路》。发表于香港《中国诗坛》3月15日第1期《最前哨》。写道："今天诗歌必然要以人民为本位，用人民的语言，写人民的意识，人民的情感，人民的要求，人民的行动。"认为有两种开拓新诗歌的方法："一种是启发人民的文艺活动，让人民自己写"。二是"向人民学习""替人民服务，做人民的勤务员"。"做诗的人不要妄自称为'诗人'，不是存心努力去做诗，而是存心努力去做人，这倒不失为另一条开拓新诗歌的大道。"

2月

3日 经萨空了介绍,与沈钧儒、马叙伦、章伯钧等人会见香港大学副监督施乐诗,主要谈九龙城问题。施乐诗希望各民主党派领袖支持港方,沈钧儒等则坚持反蒋同时反帝的立场,善为应付。(沈谱、沈人骅编《沈钧儒年谱》,中国文史出版社1992年版)

4日 与马叙伦、侯外庐、沈钧儒等57人联名发表宣言于香港《华商报》,声援上海同济大学等校学生为争取民主而英勇抗暴的斗争,谴责国民党反动政府对学生的"惨毒摧残","呼吁国内外同胞,同申正谊,制止独裁之暴行"。

10日 作《斥反动文艺》。发表于香港《大众文艺丛刊》3月1日第1辑《文艺的新方向》,又发表于《群众文艺》1949年第7期。认为,"凡是有利于人民解放的革命战争的,便是善,便是是,便是正动;反之,便是恶,便是非,便是对革命的反动。我们今天来衡论文艺也就是立在这个标准上的,所谓反动文艺,就是不利于人民解放战争的那种作品、倾向、提倡"。"在反动文艺这一个大网篮里面,倒真真是五花八门,红黄蓝白黑,色色俱全的。"文章批判了沈从文、朱光潜、萧乾等人代表的各色"反动文艺",号召"凡是决心为人民服务,有正义感的朋友们,都请拿着你们的笔杆来参加这一阵线上的大反攻吧!"

初收《沫若文集》第13卷,现收《郭沫若全集·文学编》第16卷。

12日 与欧阳予倩、周而复等出席留港文艺作家春节夜会。夜会以歌颂人民为主题,内容特别着重吹"牛",节目还有"饮牛尾酒"。(13日香港《华商报》)

郭沫若曾号召知识分子做"牛尾巴","牛尾"之名由此而来。

◎ 复泗水文化服务社张德修信。以《斥帝国臣仆兼及胡适》为题发表于香港《自由丛刊》3月1日第12种《渡江前夜》。写道:"沫若对先生之思想及泗水文化服务社贵同人等之精神,实深钦佩。先生言在华侨社会中有'中华民国国民'与'中华帝国臣仆'之派别,精论不可移易。""特所谓'中华帝国'者,实乃'中华美国',尤可悯耳。""然则所谓'帝国之臣仆'者要不过臣仆之臣仆——奴才之奴才而已。""中国精神诚如尊言得自孔门智仁勇之数者为多。在现代人物中"，"沫若敢冒昧更为尊论作一补充，在国内并世人物中，如毛泽东、周恩来诸先生，实亦完全具有这等条件。沫若与毛周诸先生交游甚久，间尝细察其思想行事，无不合于智仁勇之三大达德"。"抗战幸告结束，毛周诸先生为和平合作奔走呼号之精神犹照耀天壤。所可痛恨者，独夫蒋在美帝国主义全力支持下，竟不惜全面破裂，屠杀人民，置全中国全世界爱好和平民主之人民愿望于不顾"。"蒋介石独裁专擅，祸国殃民，而胡为之宣扬'宪法'，粉饰'民主'，集李斯、赵高、刘歆、扬雄之丑德于一身而恬不知耻。更复蛊惑青年，媚外取宠，美国兽兵，强奸沈崇，竟多方面为之开脱。平日蒙上'自由主义者'之假面具，高唱'理未易明，善未易察'之滥调，以乡愿贼德，毒害学生。近在报端见其发表致周鲠生教授之公开函，公开反苏媚美，美国反动派认敌作友，扶助日本复兴，亦不惜曲为辩护。昔之未易察未易明者，今则明之察之。"但"胜利必属于人民，今日已成定局，为期当不出两年，可刮目而待也。"

14 日 《十载一来复》发表于《野草文丛》第八集《春日》。写道："这一次我于 11 月 14 日离开上海，在动身的前一天写了几首诗，其中有一首是：'十载一来复，于今又毁家。毁家何为者？为建新中华。'到了香港之后偶然想起，十年前在这儿的六国饭店曾经做过一首诗，起句也正是'十载一来复'。'十载一来复，香港忆旧游。兴亡增感慨，有责在肩头。'""偶然的巧合积上了三次了。量的垒积要起质变，偶然要成为必然。"

17 日 《天天过新年》发表于香港《正报》第 76、77 期春节合刊。写道："人民真正做主人的一天，我相信人人的生活天天都是过新年。因为在那时，不仅在物质生活上，人人都有好饭吃，好衣穿好日子过，而在精神生活上，人人都有好兴致，时时刻刻都在除旧布新。是的，是除旧布新，并不是消极地迎新送旧。新旧不足从外边来，而是从内边发出去的。要创造就新不创造就旧。人民自己作主，新兴致好，天天创造自然也就天天都过年了。"

◎《新春笔谈》发表于香港《正报》第 76、77 期春节合刊。

◎ 作《说"公"》。发表于《公论》季刊 3 月 1 日第 2 期。

◎ 作《还要警惕着不流血的"二二八"!》。发表于 28 日香港《华商报》。说道："在今天谁都可以预言，蒋朝不搞垮，'二二八'惨史不仅要再发生于台湾，而且要普及于全国。"因此，"我们不仅要记念着流血的'二二八'，还要警惕着天天是不流血的'二二八'！"

23日 作《驳胡适〈国际形势里的两个问题〉》。发表于《光明报》半月刊3月1日新1卷第1期；又发表于《时代》3月6日第9期；复发表于《现实文摘》第2卷第2期。抨击胡适"把美国塑成为了一尊'和平女神'，而把苏联影射成了一个魔鬼"。并用大量事实还美、苏以本来面目。说："然而，我也不相信'历史要重演'，第二次大战后的人民力量已不同于第一次大战后的往日了。各国的人民已经有充分的力量来解决自己的和世界共同的各种问题"。这是"历史发展的必然，谁也不能把它扭转"。

初收《沫若文集》第13卷，现收《全集》文学编第20卷。

24日 应章伯钧邀，偕于立群赴彭泽民处参加宴会，同席者有沈钧儒、谭平山、茅盾等人。（沈谱、沈人骅编《沈钧儒年谱》，中国文史出版社1992年版）

26日 与李济深、马叙伦、章伯钧、沈钧儒的访问记在《华商报》发表。揭露美蒋在东北战争形势日趋危急时，忽然发动"和平"攻势的阴谋，认为对此阴谋，中国人民只应采取一种态度："把革命战争进行到底。"

28日 应邀出席文艺生活社香港分社举办的第一次文艺月会，并在会上演讲。演讲记录稿（陈雅记）发表于《文艺生活》副刊海外版3月第2期。说："今晚是文艺生活社香港分社所办的第一次'文艺月会'，张殊明和司马文森先生请我参加和各位社友见见面，谈谈话。""今晚准备讲的是《文艺活动的总方向》。当然这只是我个人的意见，如有错误的地方，请大家指正"，"我想提出几句口号：'人民至上，革命至上'！'生活第一，意识第一'！'战友集中，火力集中'！""今天中国已是到了转捩点时代，新与旧正在短兵相接。""在文艺上来个大反攻，集中火力，肃清一切反动文艺！"

3月

3日 与邵荃麟、邓初民、沈钧儒等参加"美蒋'和谈'阴谋与

'自由主义'运动"座谈会。发言以《"自由主义"亲美拥蒋　"和平攻势"配合美援》为题发表于14日香港《华商报》。发言说："毫无问题，'和谈'是一个阴谋，一个'和平攻势'！美蒋这套阴谋，有其计划，那就是作'美援'的配合，以此为掩饰。""美蒋策动的'和平'是一种攻势，'自由主义'是这个攻势的武器。他们在摆阵，我们正面打击它！"

◎ 在萨空了陪同下，偕于立群赴香港大学冯平山图书馆查找资料，参观图书馆各部，并告诉负责人陈君葆："要趁着在这里的'两三年'时光来写一本太平天国史，因此要搜罗关于太平天国的书籍。"（《陈君葆日记》，香港商务印书馆1999年版）

◎ 中午，受萨空了邀请，到大酒店午餐，陈君葆作陪。（《陈君葆日记》，香港商务印书馆1999年版）

4日　参加中华全国文艺协会香港分会举行的春季文艺讲座，主讲《苏联的民主与自由》。（6日香港《华商报·文化短波》）

7日　作《当前的文艺教育——纪念生活教育社二十一周年》。发表于14日香港《华商报》。写道："文艺应该为人民服务，当前的文艺应该为人民解放的革命行动服务；因此，当前的文艺教育也就是教人怎样把文艺作为革命武器，并怎样运用这武器来武装自己和人民，以完成人民解放的神圣使命。""因此，去年十二月二十五日毛泽东先生所颁布的《目前形势和我们的任务》，必须作为我们今天的文艺课的第一课本。"

9日　作《提防政治扒手！》。发表于15日香港《华商报》。揭露北平"中国社会经济研究会"是"由政治扒手纠合起来的"。"这个扒手集团，是在美帝国主义授意之下组织起来的"，"当然还有买办政权的直接支持，我们已经明确地知道 TV 宋出了二百六十亿，政学系的宣传机关派出了开路先锋萧乾。萧乾被派去作《新路》的主编，这和得了大量美金外汇到香港来进行宣传攻势，是有密切联系的"。"他们的更大的目标是在替蒋朝扒民意，扒人心，而最后呢是替美帝国主义扒中国的主权。""人民正在大声疾呼，要我们一些自由的知识分子和工商业者，'提防扒手'！"

10日　作《屈原·苏武·阴庆》。发表于香港《光明报》半月刊15日第1卷第2期。写道："有人出灯谜，谜面为'日本投降'，打古人名一。有的打屈原，是说屈服于美国的原子弹。有的打苏武，是说苏联的红军收到武功。我看倒还可以打阴庆，是说日本的阴谋庆获成就。""为了打破日本鬼子的阴谋，为了遏止美帝国主义的野心，为了使我们八年抗战的血不至白流，为了使我们和我们的子孙不再受奴役，今天的急务便是迅速使卖国政府垮台。"

上旬 与茅盾赠送一批图书给香港进修图书馆。（15日香港《华商报·文化短波》）

◎ 支持香港南方学院正式成立。获悉该院文艺系将赵树理的小说《小二黑结婚》改编为剧本准备演出时，非常高兴，说："用艺术的形式介绍新世界的生活，让旧世界开开眼界，很有意义。"并为他们编的《〈小二黑结婚〉演出手册》作封面题字。（林焕平《深切的怀念 沉痛的哀悼》，《悼念郭老》，生活·读书·新知三联书店1979年版）

12日 作《为美帝扶日向爱国侨胞呼吁》。载香港《自由丛刊》4月5日第13种《美国扶日亡华大阴谋》。说："美国帝国主义在东方要扶殖日本复兴，现在已经采取了极端露骨的态度，丝毫也不想掩饰了。"而国民党政府"甘心做了美帝国主义的工具"。呼吁爱国的侨胞们"积极地去支持人民解放军的反'戡乱'！""今天中国的内战不是单纯的国共两党之争，而且也不是单纯的内战"，"我们当前的敌人是中国反动派加美帝国主义，再加日本帝国主义的残余"。

15日 作《打破美帝的扶日奴华计划》。发表于香港《现代华侨》半月刊20日第1卷第9期。写道："一个人离开祖国愈远或愈久，爱国的情绪便愈挚愈热"。"侨胞们的爱国精神，在八年抗日战争中可谓表示得淋漓尽致了"，"这是中外人士有目共睹的事"。"现在美日已经打成一片，单从这一点立论，我们更可以坚决地说，美国是我们的两倍的敌人。我们恨日本，尤其不得不两倍的恨美国！""侨胞们，积极起来，打破美帝的扶日奴华计划！"

◎ 赴六国饭店礼堂参加生活教育运动21周年纪念会，并与曾昭抡、翦伯赞、邓初民等发表演说，号召大家向陶行知学习。会议由沈钧儒主持。（沈谱、沈人骅编《沈钧儒年谱》，中国文史出版社1992年版）

16日 作《蜩螗集·序》。道："这儿所收集的大率写于抗战后期，我自己并没有留稿，是立群从报章、杂志上替我剪存下来的。""这些诗可以和《沸羹集》、《天地玄黄》参看。作为诗并没有什么价值，权且作为不完整的时代纪录而已。"

初收上海群益出版社 1948 年 9 月初版《蜩螗集》，后收《沫若文集》第 2 卷，现收《郭沫若全集·文学编》第 2 卷。

17 日 作《隔海问答》。发表于香港《野草文丛》4 月 10 日第 9 集《论白俄》。批驳《大公报》1 月 8 日、3 月 8 日两篇社评的主张。写道："一月八日《大公报》的社评《自由主义者的信念》，大约是近来王芸生的一篇得意文章，批评它的人已经不少了。我虽然落后，也从友人处借来看了一下，照例是那套烂熟的圆滑笔调，存心玩弄人，实在有点令我作呕。""三月八日的《论自由主义者的时代使命》里面有这样的话：'在腐败然而有限期的政府与健全而无限期的政府之间，我们是宁选前者的'。这儿的'健全而无限期的政府'所指的自然也就是中共'掌握了中国首都'之后的政府。但既'健全而无限期'，那还有什么'疲劳'与'腐化'的可能呢？人民能全体'疲劳'而'腐化'吗？因此，所谓'革命不已，流血不已'，也不过是骗人的话。""照这样的逻辑推论下去，岂不是最腐败而最有限期的政府，也就是最当'选'的了吗？这正合美国反动派的孤意。"

24 日 作《〈虎符〉校后记》。说："此次改版，我把本剧重新校阅了一遍，添改了一些字句。第五幕实在是蛇足，应该删掉。"

初收上海群益出版社 1949 年 8 月版《虎符》，后收《沫若文集》第 3 卷，现收《郭沫若全集·文学编》第 6 卷。

25 日 《申述"马华化"问题的意见》发表于香港《文艺生活》海外版第 2 期。就马来西亚华侨文艺问题，补充 1 月 26 日所述意见。说："首先我认为有热烈的争论是好的，尤其双方都采取诤友的态度，不多存不必要的'客气'。这样把问题展开了出来，而且已经接近了解决的阶段，这是很好的。'马华文艺'的建设是应该的，马来亚的文艺工作者不能和马来亚的'此时此地的现实'脱离是应该的。我看沙平先生也并没有反对这个主张。""新现实主义不拒绝历史的著作（北方文丛里面也有《三打祝家庄》和《逼上梁山》），新现实主义不拒绝天外的题材，新现实主义也不拒绝未来的题材，只要驱使这些题材来是为'此时此地'的人民的利益服务，那便是新现实主义的'现实'。"

28 日 作《〈筑〉校后记》。说："为要改版，我把这个剧本大大地修改了一遍。特别是第五幕的落尾处。""我现在把它完全改换了。没想出隔了六年竟能到这个比较满意的收获。"

初收上海群益出版社1949年9月版《筑》；后收《沫若文集》第4卷，改题作《〈高渐离〉校后记之一》；现收《郭沫若全集·文学编》第7卷。

4月

1日　《美术节展望新美术》发表于天津《综艺》半月刊第1卷第7期。写道："中国的美术，绘画，雕塑，建筑，工艺等，各个部门的发展历程不尽相同，而都是纡回屈折的一点，却是毫无例外，尤其在清代末期，可以说是整个地形成了一个大后退。""复兴中国美术的客观条件，在目前是相当充分地具备了。"美术家要"以自然为师而有抉择，以社会生活为源泉而施以净化，为民众服务而导引民众，这应是中国美术家们今天共守的一般原则"。

◎ 被推选为国立中央研究院人文组院士。(《中华民国国民政府军政职官人物志》，甘肃人民出版社1989年版)

◎《浪与岩头》发表于香港《华商报》。写道："我当时对于'是浪头打岩，不是岩头打浪'的这个比喻，感觉着有一种诗意的愉快。最近我看了苏联的电影《宣誓》（别一译名《丰功伟绩》），里面有这样意义的一些警句：'我们是屹立在狂涛恶浪中的悬岩，暴风雨不断地来打击我们，可是悬岩从不曾被暴风雨打倒过'。""对于这几句话同时又私自发出了会心的微笑，我的浪与岩头的比喻是得到佐证了。"

3日　作《中国文学的史的发展》的演讲，演讲分"中国文学两条路线的斗争"和"外来文学的影响"两部分。(郭沫若纪念馆馆藏资料)

7日　中午，与留港民主人士沈钧儒、马叙伦、章伯钧、章乃器、连贯等出席刘湛恩博士殉难十周年纪念会并讲话。说："现在支持日本帝国主义复兴的美帝国主义，则是继当年日寇之后的当前我们的大敌，希望继承刘博士遗志的人，要对这点有充分的认识。"(《刘湛恩殉难十年、港民主人士追念》，8日香港《华商报》)

刘湛恩，原沪江大学校长，1938年被日寇指使汉奸所刺杀。

8 日 《四月八日》发表于香港《华商报》，纪念王若飞、秦邦宪、叶挺、邓发等烈士遇难两周年。写道："我们在四月八日这一天，应该重新宣誓：我们要肃清我们自己的容易受骗，图拣便宜的劣根性，拿出粉身碎骨的精神来和中美反动派不共戴天！"

16 日 与李济深、沈钧儒、马叙伦、翦伯赞等出席中国国际人权保障会在港理事紧急会议，讨论救援国内各地被国民党反动政府迫害的学生的办法，通过了发行英文通讯向国际人士揭露中国人民人权之被摧残真相，并联名致电远东民主政策委员会及联合国人权保障委员会华莱士。电文发表于 18 日香港《华商报》。请求"发动阻止助长中国内战的军火运华"，希望敦促美国政府"从速改变对华政策"。

17 日 《历史是进化的》发表于香港《光明报》半月刊第 1 卷第 4 期。写道："历史是进化的，宇宙万汇是进化的，人类社会是进化的。""民主政治的内涵也随着历史的进化而进化。"又道："'理性'本是革命的产物，人类的自意识在不断的革命当中产生着进步的'理性'。因而没有革命性的人根本没有谈'理性'的资格！"

◎ 作《谁个能够不奋发》。发表于 19 日香港《华商报》。声援平、津各院校师生反饥饿反迫害运动。称"平津学生这一次为反饥饿，反迫害而大流血，真真正正足以'震动天下父母心'！稍微还有点人性留存的人，谁个能够不悲愤，谁个能够不奋发呢？"

20 日 《历史的路只有一条》发表于上海《国讯》周刊第 456 期。驳斥《大公报》社评"苏联没有政治民主"的谬论，指出像苏联那样的革命在人类历史上是不可避免的。

21 日 作《我再提议改订文艺节》。发表于 5 月 4 日香港《华商报》。写道："把五四定为'文艺节'，认真说把五四的意义缩小了。""五四的重大课题，科学与民主，反帝反封建，文艺家也担负不完，不能包办。""因此，我再郑重提议，改选五三为文艺节五四请还原为五四吧！"

22 日 得贺远明抄示侯玄涵《夏允彝传》（载《国粹学报》第 12 期），作附记："但似微有夺误处，因手中无书不能是正，仅于可疑处标示（？）以待识者。又完淳嫡母为盛氏，仅见于此，故附录之，以供读者参考。"

初收上海群益出版社 1948 年 8 月版《南冠草》；后收《沫若文集》

第 4 卷，为《南冠草》附录；现收《郭沫若全集·文学编》第 7 卷。

24 日　致信杨树达。说："《叔夷钟》及《曾侯簠》二篇曩曾拜读，甚佩卓识。""沫若来港，等于逃荒，手中书籍全无，旧业亦久疏矣。尚望时惠盛业为幸。"（杨逢彬整理《积微居友朋书札》，湖南教育出版社 1986 年 7 月版）

27 日　与沈钧儒等民主人士同往祝贺蔡廷锴五十七寿辰，并题七绝一首。以《为蔡贤初五七寿辰题诗》为题发表于 6 月 1 日香港《自由》月刊新 7 号。诗曰："岁次壬辰本属龙，忝在同庚君是兄；不愿在天愿在田，王土而今尽属农。"诗前小序为："贤初先生与余同庚，长余半岁，题此以寿。"

本月　作《致冯玉祥将军书》。发表于香港《自由》月刊 5 月新 6 号。

5 月

1 日　作《庆祝"五四"光复》。发表于 4 日香港《华商报》。写道："今天我们要纪念'五四'，纪念'五四'的光复，我们就得加紧来完成'五四'所给与我们的课题。

"'五四'要我们反帝反封建，今天我们依然要反帝反封建，而且得更紧。

"'五四'要我们欢迎科学与民主，今天我们依然要欢迎科学与民主，而且得更紧。

"课题虽然还没有完卷，但经过了二十九年的努力，课题的解答，是已经达到核心的阶段了。"

3 日　书旧作《沁园春》之二赠侯外庐夫人徐乐英。（手迹见《郭沫若遗墨》，河北人民出版社 1980 年 5 月版）

4 日　下午，往六国饭店参加中华全国文艺协会香港分会第三届年会。在发言中"希望大家能得到更良好的健康，更丰富的创造为人民服务的文艺，将本港的工作更充实，扩展到国内去"。与茅盾、黄药眠、周纲鸣、冯乃超等 14 人当选为第三届理事。（4 日、5 日香港《华商报》）

◎　晚，出席全国文协香港分会在孔圣堂举行的第四届文艺节纪念大会，并作题为《科学与民主》的演讲。发表于6日香港《华商报》。说："民主的精神和科学的精神，在实际上是一而二，二而一的东西。""我们今天所迫切需要的，是民主化的科学与科学化的民主，主要在为人民服务的大前提下使科学与民主结合。"

◎ 与茅盾、沈志远、廖沫沙、夏衍等64位文化界人士联名写作《纪念五四致国内文化界同仁书》。发表于6日香港《华商报》。说道："中国现在有了光明与黑暗的两个部分，光明的中国是承继了'五四'精神以人民利益为主的解放区，黑暗的中国，是背叛了'五四'精神以豪门利益为主的非解放区，一个是新生的继往开来，日益强大的民主的中国，一个是古旧的，心劳日拙，垂死挣扎的反民主的中国。""全国人民的任务，也就是争取这个新中国的扩大和旧中国的消灭。"

5日 与李济深、何香凝、沈钧儒、蔡廷锴、谭平山等12人联名致电中共中央毛泽东主席并转解放区全体同胞。电文发表于6日香港《华商报》。表示拥护中共中央"五一"劳动节发出的号召，认为当前筹集新政协会议，"符合人民时势之要求"。

◎ 与李济深等12人致电国内外各报馆、各团体并转全国同胞。电文发表于6日香港《华商报》。表示响应中共中央号召，呼吁"全国人士宜迅速集中意志，研讨办法，以期根绝反动，实现民主"。

◎ 作《关于历史剧》。发表于《风下》周刊22日第127期。写道："凡是把过去的事迹作题材的戏剧，我们称之为历史剧。""历史剧是富有现实性的"，"写当前的题材并不一定是现实的，写过去的题材也并不一定是不现实的，主要是要看你是否把握着了发展的必然性这个真实"。"因此，我对于历史剧和现代剧（或者古装剧与时装剧）的看法，认为只是题材上的不同，装饰上的不同，并没有什么本质上的差异。"

7日 为援助重建延安，救援陕北灾胞，与茅盾、夏衍、于立群、聂绀弩、黄药眠等人发起集体捐献。表示："我们这一小群的力量是很有限的，我们现在仅以象征的捐献，作为恢复圣地的几片砖瓦。"呼吁广大爱国同胞"重新提起"抗战期间的两个口号："有力出力，有钱出钱。"并带头捐款。（本日香港《华商报》）

8日 应《华商报》编辑部之邀，出席"目前新形势与新政协"座谈会并发言。发言记录发表于16日香港《华商报》。发言说："中共中央五一的号召对于促进民主团结，促进胜利，具有历史的意义"，"这个号召也正是全国人民所迫切要求的"。目前确"有成立新政协的必要"。并表示"举凡对于人民革命有必需的事，为中共所不能说，不便说，不好说的就由我们说出来"，"不怕做尾巴，也不怕人给我一顶红帽子。做尾巴，戴红帽子我倒觉得非常光荣"。

10日 作《"三无主义"疏证》。发表于14日香港《华商报》。针对胡适"自称是'三无主义者'，便是'无知'、'无能'、'无为'"。写道："其实他何尝'无知'呢？他晓得说：'学校不是租界，学生不能享治外法权'"；"他何尝'无能'呢？他能替南京政府辩护，并不贪污，伸手向美帝要金元"；"他何尝'无为'呢？他自己承认，就在日寇时代他都是主和的（注意，这是汪精卫主义），但今天对苏联和中共却是'和比战难'了。'做了过河卒子，只能拚命向前'，他何尝是'无为'？""'三无'倒的确是三无，只是内容要另外改定一番"，"那便是——无耻！无耻！第三个还是无耻！"

14日 作《屈原的幸与不幸》。发表于香港《中国诗坛》6月15日第2期《黑奴船》。写道："屈原在两千多年前为了爱祖国而遭受群小的排斥，并亲眼看见祖国的受敌蹂躏而无法挽救，因而只好以一死谢之。这是屈原的不幸。但自屈原一死，楚国人民深受振奋，卒致三户亡秦。尔来两千多年全中国的人民都还在纪念着他。这又应该是屈原的大幸了。""屈原虽然死了两千多年，照现实看来，他的的确确是没有死！当然，同样的，上官大夫、令尹子兰、楚怀王和郑袖之流，他们也的的确确是没有死！""流芳百世与遗臭万年在比赛。"

15日 作《看了〈侵略〉》。发表于香港《群众》周刊20日第2卷第19期。评论苏联李昂诺夫的《侵略》，说："它的主人公费多尔一出场就是一个谜，它始终勾引着你，要等你看到快要终场的时候，才能豁然明白作者的用意"。费多尔的转变，"说明在一个典型的教育环境之中，就是二流子也可以改造。我们要的是良好的教育，那就要制造良好的环境，良好的示范，良好的制度"。

初收上海生活·读书·新知联合发行所1949年6月初版《中苏文化之交流》，后收《沫若文集》第13卷，现收《郭沫若全集·文学编》第16卷。

16日 晚，与茅盾、柳亚子、胡愈之等，在六国饭店参加庆祝欧阳予倩六十寿辰及参加戏剧工作40周年纪念会并讲话。称赞欧阳予倩在戏曲工作上"是我们的先驱者，值得我们学习，赞叹和崇拜"。并"祝欧阳予倩先生能多活四十年，多领导我们四十年，多为人民而工作四十年"。（17日香港《华商报》）

17日 《寿欧阳予倩先生》七绝四首发表香港《华商报》。有句："蓬壶春柳尚青青，南极大星今更明。卅载孟旗垂耳顺，癯民依旧要先生。"

19日 作《〈白毛女〉何来白毛——答读友》。发表于21日香港《华商报》。说："关于《白毛女》的白毛，我从前也曾经起过疑问"，"俟后我翻过一些医书，知道人因忧劳过度的确有头发翻白的可能和事实，而且翻白了的头发，如忧劳消释，又可以还原"。

20日 作《为新政协催生》。发表于香港《自由丛刊》6月5日第15种《论新政协》。其中第三部分以《"新政协"和"旧政协"在成分上有些什么不同》发表于上海《交大生活》8月12日第38期。全文分八部分："起了天翻地覆的革命""新旧政协本质上的不同""新旧两政协在成分上的不同""新旧两政协的任务上的不同""革命机构必须代表人民""支援前线并扩大宣传""一个精粹的宣传大纲""以大无畏的精神完成革命"。认为："在这新旧两政协之间，无论在本质上，成分上，任务上，都会有着划然的区别。它们两者间的不同，我们甚至可以放心地说，是起了一次天翻地覆的革命。""一句话总归，旧政协是改良性的产物，新政协是革命性的产物。"呼吁大家"振奋起来吧！以大无畏的精神响应中共的主张，研究毛泽东先生的思想，完成新民主主义的革命！"

23日 《悲剧的解放——为〈白毛女〉演出而作》发表于香港《华商报》。认为："《白毛女》这个剧本的产生和演出也就毫无疑问，是标志着悲剧的解放。这是人民解放胜利的凯歌或凯歌的前奏曲。""喜儿翻了身，今天更是大规模的悲剧解放时代。"

25日 偕于立群往跑马地天主教墓地，参加王任叔之妻刘岩（雷德容）的葬礼。（据刘岩女士葬礼签名簿）

28日 作《脑力劳动者对"五一"号召应有的觉悟》。发表于香港《群众》周刊6月3日第2卷第21期。写道："五一口号二十三条，那是一个完整的有机体，充分明确地指示出了新民主主义革命在今天的总形势和总任务。""口号的提出正是希望大家振奋起来，群策群力地促进革命的完成，新中国的及早建立。""我们站在文艺创作的这个岗位上，'为着前线的胜利'，我们便必须使我们的作品能够发生这样的作用——动员人民参军，煽扬革命斗志，发挥阶级意识，鼓励生产热情，争取同情者，说服蒙昧者，瓦解敌人，揭穿粉饰，纠正歪曲，暴露黑暗，打击阴奸等等。""今天尽有做不完的工作等待着我们做，特别是等待着我们一般的脑力劳动者做。工作的方向和内容在五一口号当中已经指示得很详尽了。"

31日 致郭开运（翊昌）信。谓："五月九日信接到。汇款已由宗玮汇来，亦已如数收到，多谢四姐和你。以后请不必寄款来，因为汇寄周转，法币值低，吃亏太甚，倒不如留在家里做些事业的好。此间生活虽然高昂，但尚有法过去，请不必耽心。""希望在这里不致住得太久。"（据原信手迹，蔡震《郭沫若生平文献史料考辨·与郭开运（翊昌）的书信》，社会科学文献出版社2014年7月版）

6月

2日 与李济深、何香凝、沈钧儒、蔡廷锴、谭平山等12人联名致华莱士的电函发表于香港《华商报》。表示响应他"争取世界和平的号召"，赞同他"所提出的美国撤退驻华军队，停止一切对蒋援助，以及不干涉中国内政的具体建议"。

5日 作散文《涂家埠》。发表于香港《小说》月刊7月第1卷第1期。回忆了1927年8月南昌起义前后的经历。

初收上海新文艺出版社1951年8月初版《海涛》，后收《沫若文集》第8卷，现收《郭沫若全集·文学编》第13卷。

7日 与李济深、何香凝、沈钧儒、蔡廷锴、谭平山等12人联名发表《反美扶日宣言》于香港《华商报》。谴责司徒雷登"强为扶日措施作辩护"，表示"誓愿与全国同胞再接再厉，以自卫答复侵略"。

10日 《屈原假使生在今天》发表于香港《华侨日报》。写道："屈原假使生在今天，他会是怎样的一个诗人？""我认为他会成为一个无产阶级的革命诗人。""老实说,假使屈原生在今天不能成为这样的诗人,那他根本就没有值得纪念的价值了。"

11日 为纪念诗人节,与柳亚子、钟敬文、黄药眠、冯乃超等39人联名发表《我们的话》于香港《华商报》。庆幸"全国范围的革命胜利就要到来,在亚洲大陆上,一个新的中国,就要诞生"。并且表示,"在这大风暴的日子里,大解放的黎明,作为一个诗人,他不仅要带着他的歌唱来参加人民革命的行列,而且更要带着他的为人民服务的点滴实际工作,来共同创造人民大解放的史诗"。

◎ 与李济深、沈钧儒、马叙伦等出席国际人权保障会会议。会议提出,苏门答腊岛荷兰当局明令费振东、邵宗汉二人及眷属出境并解送汕头,请求营救。会议讨论决定:向荷兰驻港领事馆递交书面抗议书,要求荷兰当局取消出境令,最低限度应准许二人及其眷属在香港入陆,以保证其人身安全。(沈谱、沈人骅编《沈钧儒年谱》,中国文史出版社1992年版)

17日 作《关于青铜时代和黄帝造指南针》。发表于26日香港《华商报》。写道:"中国的青铜时代大抵是从殷朝开始,距今天三千年前,在纪元前四世纪的春秋战国之交才逐渐转入铁器时代。""向来的历史记载是不十分科学化的,其中含混着许多由种族观念或阶级利益所发生的偏见、附会、歪曲、杜撰等等,实在是不可尽信的。""指南针必须是铁制的,而且必须是磁铁。""把指南针的制作归功于黄帝,怕是开始于北宋仁宗时候的燕肃吧?他是把指南针安置在车上,开始制造指南车的一个人。""我们从黄帝造指南车的人为传说里面,倒应该看出像燕肃这样的发明家们的苦心和眼泪的。"

21日 作散文《南昌之一夜》。回忆续写南昌起义期间的经历,其中插记了1927年初在南昌总司令部行营所见闻和亲历的史事。

初收上海新文艺出版社1951年8月初版《海涛》,后收《沫若文集》第8卷,现收《郭沫若全集·文学编》第13卷。

24日 与胡愈之、翦伯赞、沈钧儒等香港九龙各界爱国人士联名发表声明于香港《华商报》。反对美帝扶植日本,痛斥司徒雷登对我爱国学生反美扶日运动的诬蔑。

28日 应《华商报》邀请,参加"美帝扶日复兴的现阶段"座谈会。发言以《美帝扶植日阀,恢复侵略势力》为题发表于7月7日香港

《华商报》。说道："把七七抗战和反扶日问题关联起来，这是很好的。抗战结束后快三年了，开头的两年，日本的问题差不多被一般的人忘掉了。""今天美帝扶植日本，已经有无数的事实证明。""我们反对美帝扶植日本反动力量，这才是替日本人民着想。美政府对日政策不改变，日本复兴如此迅速，将来日本制造的枪炮很可能便又运到中国来。"

7月

1日 参加李济深为何香凝举行的祝寿会，并在席间念诗一首。（《陈君葆日记》，香港商务印书馆1999年版）

2日 与茅盾、欧阳予倩、柳亚子等195位留港文艺工作者联名在香港《华商报》发表反美扶日宣言。宣称："中国人民应当和饱受日寇荼毒的东南亚各民族，以及美国的民主人士联合起来，坚持反美帝扶日运动；中国人民还有它特殊的任务，就是打倒本民族的甘为美帝走狗，出卖民族的败类！"

3日 作《谁领导了北伐和抗战？》。发表于7日香港《华商报》。以自己的亲身经历和历史见证人的身份，驳斥将北伐和抗战都归功于蒋介石的谬论。写道："领导了北伐和抗战的到底是谁？""要从肯定一面来回答，或许还有些人有见仁见智的不同，但我们从否定的一方面来却可以坚决地回答：领导者断断乎不是蒋介石！一万个不是蒋介石！一万万个不是蒋介石！谁呢？——人民！人民的政党！人民的武力！"

8日 作《南无·邹李闻陶》。发表于《光明报》16日新1卷第10期。纪念邹韬奋、李公朴、闻一多、陶行知。认为：

"他们的精神根源是在什么地方呢？据我看来，可归纳成重要的三点。

一、紧紧依靠人民，毫无保留地做有益于人民的事，替人民大众服务。

二、发挥超度的自我牺牲的精神，看轻了生死，因而也看轻一切了富贵利禄，暴力淫威，贫困艰难，超过了一切的诱惑和胁迫。

三、知道了不算本事，要身体力行，不作空头的人民八股家，不作伪善的口头先锋队。表里通达，不作阴一套而阳一套的两面人。"

◎ 作《出了笼的飞鸟——看了〈江湖奇侠〉后》。发表于香港《正报》24日第2卷第49期。从苏联影片《江湖奇侠》评说到苏联的社会现实，说："十月革命以后一切的情形都改变了"，"因此象乌兹别克这个加盟共和国，仅仅二十年，一切的建设，便已经达到'世界'的水准。这的确是一个奇迹，比这江湖奇侠那斯列琴所施行的奇迹，还要更加出奇"。

初收《沫若文集》第13卷，现收《郭沫若全集·文学编》第16卷。

◎ 与茅盾、葛琴、胡绳、萨空了等六十余位香港文化教育界人士联名在香港《华商报》发表声明，抗议暹罗銮披汶政府宣布"严厉取缔非法华校"的命令、非法搜查华侨学校社团、逮捕侨团领袖，严正要求銮披汶政府立即停止对华侨文化教育的迫害，并立即释放无辜被捕之人士。

11日 为纪念李公朴殉难二周年，与沈钧儒、邓初民、侯外庐、孙起孟等19位社会大学留港校董、教授暨同学，联名发表宣言《为李公朴复仇》于香港《华商报》。说道："两年前，我们实在是太天真了！竟向屠杀者去抗议，要凶手去惩凶！历史教训了我们，要民主，要和平，要复仇，都只有把反动集团连根摧毁。今天我们重申誓死复仇的决心，血债必须用血来抵尝，并用坚决行动为其实现而努力。"

李公朴为社会大学原副校长。

15日 作散文《流沙》。香港《小说》月刊8月第1卷第2期。回忆记述了随南昌起义部队南下广东的一段经历。

初收上海新文艺出版社1951年8月初版《海涛》，后收《沫若文集》第8卷，现收《郭沫若全集·文学编》第13卷。

17日 联名写作《控诉蒋政府屠杀人民控诉书》。发表于18日《华商报》。写道："第一要控诉和抗议独裁政府轰炸开封军民的残暴的行为。""第二，我们要对独裁者李宗仁、傅作义屠杀东北流亡学生提出控诉和抗议！""最后，我们要为重庆的饥民被独裁者和杨森的惨杀提出控诉和抗议！"

◎ 致函上海市书商业同业公会："鄙人自去岁十一月离沪时已由群益出版社退出股分，经股东会决议，委托吉少甫代表，特此声明，请将鄙人名义更替为荷。"（手迹见《书法》2013年第12期）

18日 下午，应邀往金陵酒家，参加中原剧社四对新人的集体结婚

典礼，并作为证婚人。(19日《华商报》)

28日 与李济深、何香凝、沈钧儒、蔡廷锴、谭平山等12人联名致华莱士的电文发表于香港《华商报》。祝贺美国进步党正式成立，并预祝华莱士竞选总统、泰勒竞选副总统成功。

本月 为林林书《和老舍原韵并赠三首》之三。(林林《这是党喇叭的精神——忆郭沫若同志》，《悼念郭老》，生活·读书·新知三联书店1979年5月版)

◎ 同一群年轻人在浅水湾萧红墓前举行悼念活动并作演讲，讲稿以《年轻精神礼赞》为题发表于29日《大连日报·海燕》。说："什么是年轻精神的品质呢？""第一，是真理的追求者。他是一张白纸，毫无成见地去接受客观真理；他如饥似渴地请人指教，虚心坦怀地受人指教；他肯向一切学习，以养成他的智慧，这是年轻精神的第一特征。""第二，是博爱的实践者。他大公无私，好打抱不平，决不或很少为自己打算，切实地有着人饥己饥，人溺已溺的怀抱，而为他人服务。这是年轻精神的第二个特征。""第三，是勇敢的战士。他不怕任何艰难困苦，并欢迎任何的艰难困苦，他富于弹性，倒下去立刻跳起来，碰伤了舐干血迹，若无其事，他以牺牲自我的意志征服一切。这是年轻精神的第三特征。""我们向'年轻精神'饱满的年轻朋友们学习，使自己年轻，使中国年轻。"

◎ 作《大众之友刘岩墓志》。写道："刘岩女士，山西平遥人。原姓雷，名德容。""赋性坚毅，能虚己接物，与众和协，朋侪辈咸敬爱之。其逝也莫不悼惜。"赞其"度越娜拉，志卓绝哉。奔走救亡，迹遍禹城。坚逾铁哉，大众之友，无愧乃兄。丹之赤，永不灭哉。天将晓，魑黯将消"。

刘岩，王任叔（巴人）夫人。"兄雷任民，在聂荣臻将军麾下任纵队长，有名于时。"(《郭沫若研究》第4辑，文化艺术出版社1988年4月版)

8月

1日 得中共中央毛泽东主席对5月5日与李济深等12人所发电文的复电。表示"极为钦佩"筹集新政协会议的主张，希望"共同研讨"新政协"会议的时机、地点、何人召集、参加会议者的范围以及会议应讨论的问题"。(5日香港《华商报》)

5 日　作《我怎样开始了文艺生活》，回答文艺生活社问。发表于《文艺生活》海外版 9 月 15 日第 6 期。写道："我怎样开始了文艺生活？""在这里我可以举出三个重要的因素：一、从小时起所受的教育和所读的书籍的影响；二、我自己的生理上的限制；三、时代的觉醒。""紧紧跟踪着时代走，不要落在时代的后面，是很要紧的。这虽然不限于从事文艺生活的人，但我们既要以文艺为生活，便必需时常鞭策自己，抓紧着时代精神，在时代的主潮中使自己成为一个有能的漕手。"

◎　作《少年爱国诗人夏完淳》。发表于香港《青年知识》半月刊 9 月 1 日第 37 期。写道："中国历史上有夏完淳这个人物的存在，可以说是奇迹。""年仅十七岁，作为一个官宦人家的子弟，便能踊跃从军慷慨殉难，已经就是一件奇事；而尤其出奇的是他已经是近于成熟的一位诗人。""夏完淳的不可及处，是他很年青而有很高的文艺上的成就，既长于文艺而却没有一般文士的方巾气，居然'十五从军，十七受命'，表现了大丈夫的气概。我觉得这是很值得我们研究的问题，便是他为什么能够做到这样。""现在是更强大的帝国主义侵蚀着我们的时候，而有些人却比洪承畴还要无耻，夏完淳的民族性的强烈，倒依然是值得我们颂扬的。"

现收《郭沫若全集·文学编》第 7 卷《南冠草》"附录"。

9 日　作散文《神泉》。发表于香港《小说》月刊 9 月第 1 卷第 3 期。回忆记述随南昌起义军南下广东途中，在流沙、神泉经历的事情。

初收上海新文艺出版社 1951 年 8 月初版《海涛》，后收《沫若文集》第 8 卷，现收《郭沫若全集·文学编》第 13 卷。

◎　作《我的读书经验》。发表于 19 日香港《华侨日报》。认为："读书的方法大体上要看自己是为了什么目的，有为学习而读书，有为创作而读书，有为研究而读书，有为教育而读书，假如目的不同，方法上也就不免有些小异。"

10 日　作《日本投降三周年的感想》。发表于 11 日香港《华商报》。写道："日本是投降了吗？我只好苦笑，或者惨笑，没有什么话好说。""日本帝国主义又被美帝国主义扶植起来了，而且又是拿我们来作日本的养料。"

15 日　与茅盾、夏衍、王任叔、葛琴等留港文艺作家 20 人联名致清华大学学治会电函发表于香港《华商报》。深切哀悼朱自清逝世，称朱自清的逝世"实为中国民主文化事业不可补偿之损失"。

朱自清，清华大学文学系主任，于12日在北平逝世。

17日 与侯外庐、翦伯赞、马叙伦等中国学术工作者协会总会暨香港分会理事19人致北平清华大学朱自清先生治丧委员会的电文发表于香港《华商报》："惊闻自清先生逝世，深痛中国学术界丧失一位坚贞不移的斗士，青年学子被夺去一位循循善诱的导师！我们除继承朱先生的遗志努力外，谨以十分悲愤之情，遥申哀悼！并希代向朱夫人慰问。"

25日 《抗战回忆录》开始在香港《华商报·茶亭》连载。本日发表第一章《南迁》第一节《脱离孤岛》。边创作，边发表，至11月21日作讫，至12月4日连载毕。"所写的是上海、南京失守后，准备保卫大武汉而终于放弃了大武汉的那一阶段。写到长沙大火、退驻桂林、准备撤退至重庆。"（《洪波曲·前记》）

香港《华商报》文艺副刊《茶亭》主编为夏衍。"在他的鼓舞和督促之下，让我把在国民党管制区的抗日战争的一段回忆写出，逐日在报上发表了。""为了适应于日报的连载，分章分节来写是预先决定的。每节不能超过千五百字，而在每一节中须得构成一个小的中心，使它自成段落，也是预先决定的。"（《洪波曲·前记》，《抗战回忆录·后记》）

26日 《抗战回忆录》第一章第二节《遥望宋皇台》发表于香港《华商报》。

27日 《抗战回忆录》第一章第三节《街头遇故人》发表于香港《华商报》。

28日 《抗战回忆录》第一章第四节《辗转反侧》发表于香港《华商报》。

29日 《抗战回忆录》第一章第五节《碰壁之余》发表于香港《华商报》。

◎ 作《向越南人民致敬》。发表于9月2日香港《华商报》。称"越南人民是富于爱国精神的"，胡志明主席的领导是"贤明的"，但为了"使越南的全面解放早日到来"，还必须"巩固并扩大既成的民族统一战线"，"加强工农群众的武装"，"周密地解决土地问题"。

30日 《抗战回忆录》第一章第六节《拍拖》发表于香港《华商报》。

31日 《抗战回忆录》第二章《动荡》第一节《到了武汉》发表于香港《华商报》。

下旬 参加为"民主寿星"沈钧儒、何香凝、彭泽民、李任潮、马叙伦、谭平山、朱蕴山等集体祝寿的筹备活动，受托撰写寿序。祝寿活动定于9月中旬举行。(《"民主寿星"集体祝寿》，31日香港《华商报》)

本月 往六国饭店出席香港南方学院全体师生为邓初民六十寿辰举行的庆祝会，并致贺词说："根据科学家的研究和论断，一个人可以活到一百五十岁，我们希望邓老活到这个高龄。"(林焕平《深切的怀念　沉痛的哀悼》，《悼念郭老》，生活·读书·新知三联书店1979年版)

◎ 译著《美术考古一世纪》由上海群益出版社出版。

9月

1日 作《〈中苏文化之交流〉序》，写道："这儿所搜集的十九篇小文章，是好几年来，断续写成的"，"从这里可以看出中苏文化之交流上的一些局部的切面，至少是我自己的一点管窥和菲见"。"苏联的民主文化，有一日千里之势的进程"，"在某些方面已经驾过英美"，大家"把关心英美文化的程度，至少分一半来关心苏联文化"。收上海生活·读书·新知联合发行所1949年6月版《中苏文化之交流》。

◎《抗战回忆录》第二章第二节《委屈》发表于香港《华商报》。

2日 致于立群信。说："你是我精神上和肉体上的有力支柱，我这十几年来可以说是完全靠着你的支持和鼓励而维持到现在的。五人的小儿女在你的爱护和教育下，我相信一定都能够坚强地成立，但可太累赘你了，希望要保重你的身体，不要过于忧劳，将来需要你做的事情还很多。我暂时离开了你，也一定要更加保重我自己，除作革命工作的努力之外，不作任何无意义的消耗。我相信我们不久又会团圆的，而且能过着更自由更幸福的生活。望你保重，千万保重。"(手迹见《郭沫若于立群书法选集》，中国书店2007年9月版)

◎《抗战回忆录》第二章第三节《一道去挤》发表于香港《华商报》。

3日 作《论文六绝》。发表于《公论》季刊20日第4期。说道：

"前几天许昂诺先生来访，可惜我适外出，回来后看见留了宣纸一条，要我写字。因为许先生同时是长于诗文的，我便信笔写出了论诗文的七绝六首。"其一咏道："载道之文未可非，要看所载道何归。果能载得民为贵，此道千秋不可违。"

◎《抗战回忆录》第二章第四节《傀儡的试探》发表于香港《华商报》。

4日 《抗战回忆录》第二章第五节《二月六日》发表于香港《华商报》。

5日 为《文汇报》复刊的祝词发表于香港《华商报》："文汇报是人民喉舌，我们应爱护我们的喉舌，让它发出更宏壮的声音。"

◎ 在中国学术工作者协会华南分会全体大会上被选为该会理事。

同被选为理事的还有沈志远、胡绳、侯外庐、邓初民等11人。（6日香港《华商报》）

◎《抗战回忆录》第二章第六节《逃走》发表于香港《华商报》。

6日 就华北人民政府成立一事答记者问，载香港《华商报》。说道："此次华北人民政府成立，其意义有四点：

一、表示全国解放战争的形势，已经发展，而且巩固。

二、从华北人民代表会议所产生出来的政府委员，包括了各阶层人士，这是巩固民主联合战线最鲜明的表现。

三、这表示在今天的解放战争中，无产阶级政党坚决地根据新民主主义的革命政策，实现了统一战线的民主政府，而非一党独裁。

四、这是未来的全中国人民政府的一个良好的雏型。"

《华商报》同时刊有李济深、沈钧儒、章伯钧、马叙伦等人的讲话记录，总题为《华北人民政府成立后民主人士热烈欢迎》。

◎《抗战回忆录》第三章《再动荡》第一节《在长沙》发表于香港《华商报》。

7日 《抗战回忆录》第三章第二节《五伦之一》发表于香港《华商报》。

8日 《抗战回忆录》第三章第三节《留芳岭》发表于香港《华商报》。

9日 《抗战回忆录》第三章第四节《不平衡的天秤》发表于香港

《华商报》。

10日 为野草（方方）著《三年游击战争》题签书名，并作《序言》。《序言》发表于10月30日《正报》第3卷第13期，收东北新中国书局1949年4月版《三年游击战争》。写道："这部书的确是一部很有价值的纪录"，"古人说'前事不忘，后事之师'，纪录历史也并不就十分菲薄于创造历史"。"在那里，作者很亲切地指出了三年游击战争中的各种有光辉的优点"，"但也坦白地指陈了一些错误和缺点"，"像这些都诚诚恳恳地叙述得周到，交代得分明，好的地方没有过分的夸扬，错的地方也没有故意的掩饰，说一是一，说二是二，老老实实，脚踏实地，这正是历史回顾的好处"。

◎《看了〈同舟共济〉》发表于香港《华商报》。评论苏联影片《同舟共济》，"写的是官僚主义和民主主义的斗争，形式主义和友爱精神的斗争。是后者克服了前者，因而也克服了困难"，其"所含的教育意义是很切合于我们今天所处的时代的"。

◎《抗战回忆录》第三章第五节《使酒骂座》发表于香港《华商报》。

11日 与茅盾、冯乃超等参加中华全国文艺协会举行的朱自清先生追悼会，并致悼词。（12日香港《华商报》）

◎ 与冯乃超、欧阳予倩、丁聪等往九龙普庆戏院，观看中原剧艺社根据高尔基《夜店》改编演出的话剧《人间地狱》，评价其"为业余话剧之最佳者"。（13日香港《华商报》）

◎《抗战回忆录》第三章第六节《入地狱》发表于香港《华商报》。

12日 作《波罗的海代表》。发表于18日香港《正报》第3卷第7期。认为这部苏联影片"是一部富有教育意义的影片。它用鲜明的形象来告诉了我们"："人民和科学家革命家，在这儿很明白地表示着，毕竟完全是一家。"

15日 《抗战回忆录》第四章《筹备》第一节《约法三章》发表于香港《华商报》。

16日 《抗战回忆录》第四章第二节《人事和计划》发表于香港《华商报》。

18日 《抗战回忆录》第四章第三节《昙花林》发表于香港《华

商报》。

19 日　《抗战回忆录》第四章第四节《孩子剧团》发表于香港《华商报》。

20 日　《抗战回忆录》第四章第五节《鹿地亘夫妇》发表于香港《华商报》。

21 日　《抗战回忆录》第四章第六节《典型作风》发表于香港《华商报》。

22 日　《抗战回忆录》第五章《宣传周》第一节《起死回生》发表于香港《华商报》。

23 日　《抗战回忆录》第五章第二节《洪钧运转》发表于香港《华商报》。

24 日　《抗战回忆录》第五章第三节《"四面倭歌"》发表于香港《华商报》。

25 日　作《辛亥革命的教训》。发表于 10 月 10 日香港《华商报·双十增刊》。以当年亲历亲见保路同志会运动的切身体会,说明:"辛亥革命只是一个种族革命而已。它在政治上经济上都缺乏明确的思想背境。虽然孙中山先生是一位杰出的革命领袖,但他的三民主义在当时并未充分形成,而他的思想不仅没有贯彻到民间,就是他自己左右的人都没有好几位是他的真实的信徒。"今天,中国人民和革命都"大有进步了","中山先生的'耕者有其田'已不再是空洞的一个口号,而他的革命的三民主义更充实发展而成为了毛泽东先生的新民主主义"。

◎《抗战回忆录》第五章第四节《阻碍横生》发表于香港《华商报》。

26 日　上午,与侯外庐、欧阳予倩、邵荃麟等往胜利舞台,出席昆仑影业公司招待文化新闻界人士观看新片《万家灯火》的活动。称赞该片是本年度最佳国产片。(27 日香港《华商报》)

◎《抗战回忆录》第五章第五节《审查》发表于香港《华商报》。

27 日　《抗战回忆录》第五章第六节《假警报》发表于香港《华商报》。

28 日　作《撕毁了"黄金时代"》。发表于 10 月 10 日香港《华商报》。回顾自 1945 年以来国共和谈的历史,指出:"中共在一切行动上自始至终地是确确实实做到了""光明磊落,大公无私,委曲求全,仁至义尽"的,"然而反动派却撕毁了一切,把自己的'黄金时代'也完全撕毁了"。

◎《抗战回忆录》第六章第一节《邓演达再世》发表于香港《华商报》。

29日 作《双十节的三大教训》。发表于香港《群众》周刊10月7日第2卷第39期。提出"双十节本身所给予我们的极可纪念的三大教训":

"(一)革命必须紧紧靠着人民,人民的力量是有无比的潜能的;

(二)革命必须依据人民的要求,从基底做起,不能图拣便宜,和旧势力中途妥协,不然,你会遭悲惨的失败;

(三)中国革命在要求民族的独立自主,任何内在的阻碍,外来的干涉,要刻不容缓地和根铲除。"

◎ 为《新中国儿童文库》作《序》,称:"要有良好的家庭教育,社会教育,学校教育,然后才能够培养出良好的少年。"收香港智源书局10月黄谷柳著《大笨象旅行记》(《新中国儿童文库》之一)。

◎《抗战回忆录》第六章第二节《李公朴被扣》发表于香港《华商报》。

30日 《万家灯火》发表于香港《华商报》。推荐《万家灯火》这部国产影片:"这是一部很好的片子,并不包含有庸俗的感伤主义,然而看了使你会深受感动。""和苏联的好些优秀的作品并在一道,我相信也是会毫无逊色的。"

◎《抗战回忆录》第六章第三节《竞争者出现》发表于香港《华商报》。

本月 《蜩螗集》附《战声集》,由上海群益出版社出版。

◎ 七绝《咏史》四首,发表于《蜩螗集》。咏道:"雷鸣瓦釜黄钟毁,做到黄钟愿亦偿,自有阳春飞白雪,难同下里竞宫商。""鹏鸟纵遭鸱鹞笑,凤鸾虽死不为鸡,韩碑毁去韩文在,莫道樊然无是非。"

后收《沫若文集》第2卷,现收《郭沫若全集·文学编》第2卷。

◎ 五言诗《松崖山市》并序,发表于《蜩螗集》。诗为赵望云、关山月画《松崖山市图》所作,赞其"读之感沉痛,浑如杜少陵"。

后收《沫若文集》第2卷，现收《郭沫若全集·文学编》第2卷。

◎《抱箭集》由上海海燕书店出版，分六辑，收小说、散文42篇。

秋

与携长子和夫、女儿淑瑀从日本经中国台湾辗转到达香港的安娜相见。

安娜从《华商报》连载的《抗战回忆录》得知郭沫若行踪而来到香港。后经冯乃超做工作，暂时又去到台湾。新中国成立后，由组织安排定居大连。（林洛《郭沫若与安娜》，《中国老人》1984年第2期）

"安娜夫人带着儿女从日本抵港，郭老常为家务所困。乐英和我同情他的处境，明知清官难断家务事，还是常常出面劝解，充任难以胜任的角色。以我口舌之笨拙，在调解中常无补于事，但郭老深知我的诚意。加之，两家住得很近，我们的家成了郭老的'避风港'。如此一年，郭老和我的关系，达到了情同手足的亲密程度。这一年时间里，无论国事、家事，郭老对我是无话不谈的。"（侯外庐《韧的追求》，生活·读书·新知三联书店1985年10月版）

10 月

1日　《抗战回忆录》第六章第四节《徐寿轩辞职》发表于香港《华商报》。

2日　复吉加信。发表于3日香港《华商报》。写道：

"承你指示，我非常感谢。波教授使我连想到鲍扶洛夫教授，是我的认识不足，我把字幕看忽略了。现在谨把大函借读者园地发表，以纠正我自己的错误，并帮助观众的了解，想你一定是乐意的。

"又昨天有方毅先生惠教，也指出这个问题，我一并在此道谢。"

本信谈的是《波罗的海代表》一文之误。

◎《抗战回忆录》第六章第五节《一桩大笑话》发表于香港《华商报》。

3日　《抗战回忆录》第六章第六节《胡愈之上台》发表于香港《华商报》。

4日 《抗战回忆录》第七章《保卫大武汉》第一节《计划"七七纪念"》发表于香港《华商报》。

5日 《抗战回忆录》第七章第二节《特别召见》发表于香港《华商报》。

6日 《抗战回忆录》第七章第三节《奉旨出朝》发表于香港《华商报》。

7日 作《世界文化战的呼应》。发表于本月香港《新文化教育丛刊》第2种《保卫文化》。写道："今年八月,由四十五国的文化界领袖们在波兰的窝赤亚威克城召开了'世界文化人保卫和平大会'。大会开了四天,参加的各国代表有五百人左右。""大会是八月二十九日闭幕的,通过了一篇《致全世界知识分子宣言》","我们同意'以和平,进步和人类前途的名义,抗议对进步文化的压迫,为了促进世界文明起见,必须加强各国间的文化交流和相互了解'"。"我们更同意《宣言》末段的'呼吁':'争取和平,争取各国文化的自由发展,各国的民族独立与密切合作'。这'呼吁'的措辞更切合我们中国当前的实际。"

◎《抗战回忆录》第七章第四节《纪念大会》发表于香港《华商报》。

8日 《抗战回忆录》第七章第五节《国民参政会》发表于香港《华商报》。

9日 《抗战回忆录》第七章第六节《献金狂潮》发表于香港《华商报》。

10日 应邀参加《华商报》同仁的旅行野餐,并讲话。讲话记录(丘岳记)以《讲革命掌故》为题发表于16日香港《华商报》。认为,"在过去三十六个国庆纪念日中,有三个是特别值得追忆的":第一个是1911年10月10日,"推翻满清二百六十多年的统治,是一大成功"。第二个是1926年10月10日,国民革命军把武昌攻下,"这是北伐成功的一方面,值得我们纪念"。第三个是1945年10月10日,"那天,《国共会谈纪要》发表了,后来虽然被独裁者撕毁,但当时却是一个很大的成功,它的意义是替中国拟出了一条和平发展的道路"。"明年的双十节,我们一定就会到南京或北平去庆祝了。这也要我们的努力。"

11日 《抗战回忆录》第八章《推进》第一节《文化的触角》发表

于香港《华商报》。

12日 《抗战回忆录》第八章第二节《慰劳工作》发表于香港《华商报》。

13日 《抗战回忆录》第八章第三节《战地文化服务》发表于香港《华商报》。

14日 《抗战回忆录》第八章第四节《抗剧九队》发表于香港《华商报》。

15日 《抗战回忆录》第八章第五节《抗宣四队及其他》发表于香港《华商报》。

16日 《抗战回忆录》第八章第六节《衡山先遣队》发表于香港《华商报》。

17日 下午,往六国饭店,出席邓初民六十诞辰祝寿大会,并致祝词,赞誉邓初民为永久不老之青年,祝他与民主自由同寿。(《邓初老祝寿大会》,18日香港《华商报》)

◎《抗战回忆录》第九章《反推进》第一节《部内的人事波动》发表于香港《华商报》。

18日 《抗战回忆录》第九章第二节《申斥与召见》发表于香港《华商报》。

19日 上午,往胜利戏院观看粤语片《此恨绵绵无绝期》试映,并题词:"《此恨绵绵无绝期》是我平生看的第一部粤语片。很受感动。我想能懂粤语的人看了,一定是更感动的。我们现在提倡方言文学,但方言影片的成功确实走在前头去了。"(《粤语片成功作》,20日香港《华商报》)

◎《抗战回忆录》第九章第三节《解散民众集团》发表于香港《华商报》。

◎下午,往六国饭店,出席文协香港分会举行的鲁迅先生逝世12周年纪念茶会,任主席。致辞说:"鲁迅先生给予我们的指示,示范,最为广泛,深切,值得大家全诚学习。""最好的是牢牢记住他的二句诗:'横眉冷对千夫指,俯首甘为孺子牛'。这二句诗包括了鲁迅的整个思想和精神","表现了他的战斗精神和他的爱"。"可说是毕生战斗与自我批判的生活实验中得来的精粹。""纪念鲁迅先生,要学习他为人民服务的精神,对反动力量永不妥协的精神,自我批判,自我教育的精神。"(《继续走鲁迅

的路》，20日香港《华商报》)

20日　《抗战回忆录》第九章第四节《也在"动员"》发表于香港《华商报》。

21日　《抗战回忆录》第九章第五节《利用托派》发表于香港《华商报》。

22日　《抗战回忆录》第九章第六节《诱叛与活埋》发表于香港《华商报》。

24日　《抗战回忆录》第十章《战区行》第一节《到宋埠》发表于香港《华商报》。

25日　《抗战回忆录》第十章第二节《到浠水》发表于香港《华商报》。

26日　《抗战回忆录》第十章第三节《到阳新》发表于香港《华商报》。

27日　与茅盾、欧阳予倩等12位旅港戏剧界人士联名致上海塔斯社罗果夫转莫斯科艺术剧院的电函发表于香港《华商报》，祝贺该院成立50周年。称"契可夫、高尔基、史坦尼斯拉夫斯基、丹青科等辉煌名字，给予了为中国人民解放与新生而斗争的中国戏剧工作者以无限的鼓励"。

◎《抗战回忆录》第十章第四节《在阳新》发表于香港《华商报》。

28日　《抗战回忆录》第十章第五节《到武宁》发表于香港《华商报》。

29日　《抗战回忆录》第十章第六节《回武汉》发表于香港《华商报》。

30日　《抗战回忆录》第十一章《生活面面》第一节《物外桃源》发表于香港《华商报》。

31日　《抗战回忆录》第十一章第二节《随风吹散》发表于香港《华商报》。

◎ 夜，为悼念冯玉祥作《永远活在人民的心头》。收中国国民党革命委员会编《冯玉祥将军纪念册》香港版。写道："冯先生虽然没有死在战场上，但他是慷慷慨慨地为人民而献了身"，"不仅他的生有利于人民，即他的死也有利于人民"。称颂冯玉祥："不辞肝脑终涂地"，"求仁有得在心头"。

本月 与章泯、冯乃超等人应邀参加《新文化丛刊》编辑部召开的漫谈苏联电影与美国电影座谈会。发言记录稿（黎舫记录）以《苏联电影是为人民服务的，美国电影却走向反人民路线》为题发表于本月香港《新文化丛刊》第 2 种《保卫文化》。发言说："看苏联影片，我的感情很正常；但在看美国片的时候，每每要引起我极强烈的民族感情，在美国影片里面的有色人种永远被描写为坏蛋下贱人，以表示白色人种的优越。苏联片便没有这种成分。苏联片以为人民服务为主，它是教育人民的有力工具，所以品质极高，合乎人民的需要。美国片则以营利为目的，谈不到什么教育意义，有时是发挥着资本主义的无政府状态，一味迎合麻醉，骗人害人。""美国片中有百分之八九十以上是有害的作品。""尤其是罗斯福死后"，"美国电影也跟着美国文化的低落而趋向下坡路走向反人民的路线"。

◎ 书对联一副，祝贺上海韬奋图书馆成立。写道："韬略终须建新国，奋飞还得读良书。"（据手迹；袁信之《郭沫若书贺韬奋图书馆》，1979 年 7 月 22 日上海《文汇报》）

11 月

1 日 《抗战回忆录》第十一章第三节《看起了西国寺》发表于香港《华商报》。

2 日 《抗战回忆录》第十一章第四节《坐朝论道》发表于香港《华商报》。

3 日 《抗战回忆录》第十一章第五节《御前会议》发表于香港《华商报》。

4 日 观看南方学院戏剧系学生演出粤语话剧《小二黑结婚》彩排的题词《题〈小二黑结婚〉演出》发表于香港《华商报》。认为，现在演出《小二黑结婚》"是很有意义的事。故事虽出在北方，但是中国的封建社会，无分南北，都是一样。我们倒希望南方的无数小芹，与小二黑都得凭集体的力量来获得人生的自由"。

粤语话剧《小二黑结婚》由王逸根据赵树理同名小说改编。同时题词的还有茅盾、周而复等人。题词总标题为《推荐〈小二黑结婚〉》。

◎《抗战回忆录》第十一章第六节《妇女工作》发表于香港《华

商报》。

5日 《抗战回忆录》第十二章《疾风知劲草》第一节《到岐亭去》发表于香港《华商报》。

6日 《抗战回忆录》第十二章第二节《坐冷板凳》发表于香港《华商报》。

7日 与陈其瑗、茅盾等16人联名发表致苏联大使罗申并转苏联人民电函发表于香港《华商报》。祝贺十月革命31周年。

◎《抗战回忆录》第十二章第三节《两件珍品》发表于香港《华商报》。

8日 《抗战回忆录》第十二章第四节《文艺活动》发表于香港《华商报》。

9日 《抗战回忆录》第十二章第五节《等待爆炸》发表于香港《华商报》。

10日 《抗战回忆录》第十二章第六节《飞将军自天而降》发表于香港《华商报》。

上旬 往香港南方学院演讲。说道："同学们！你们白天做工，晚上读书，这种刻苦、勤奋的精神，是很可宝贵的。新中国在东方喷薄欲出了。建设新中国的神圣职责，落在年轻人的肩上。同学们！希望你们爱祖国，爱学习，学知识，练本领，为伟大的祖国贡献力量。""让我们举起双臂，欢呼新中国的春天的来临吧！"（林焕平《深切的怀念 沉痛的哀悼》，《悼念郭老》，生活·读书·新知三联书店1979年版）

11日 《抗战回忆录》第十三章《撤守前后》第一节《正义之剑》发表于香港《华商报》。

12日 《抗战回忆录》第十三章第二节《四巨头会议》发表于香港《华商报》。

13日 《抗战回忆录》第十三章第三节《昧着良心》发表于香港《华商报》。

14日 《抗战回忆录》第十三章第四节《西崽典型》发表于香港《华商报》。

15日 《抗战回忆录》第十三章第五节《朝鲜义勇队》发表于香港《华商报》。

16日　《抗战回忆录》第十三章第六节《报应昭彰》发表于香港《华商报》。

17日　《抗战回忆录》第十四章《流亡》第一节《在沙市》发表于香港《华商报》。

18日　《抗战回忆录》第十四章第二节《惨目的光景》发表于香港《华商报》。

19日　《抗战回忆录》第十四章第三节《惹得人憔悴》发表于香港《华商报》。

20日　《抗战回忆录》第十四章第四节《长沙种种》发表于香港《华商报》。

中下旬　作五绝《赴解放区留别立群》十首。咏道："此身非我身，乃是君所有。慷慨付人民，谢君许我走。""寄语小儿女，光荣中长大，无须念远人，须念我中华。""中华全解放，无用待一年，毛公已宣告，瞬息即团圆。"

初收作家出版社1959年11月初版《潮汐集·汐集》，现收《郭沫若全集·文学编》第2卷。

1949年1月13日将此诗录奉李初梨，题作《此身篇》。（手迹载《诗刊》1978年第7期）

21日　作《告读者——〈抗战回忆录〉后记》。发表于12月5日香港《华商报》。写道："感谢朋友们的诱掖和鼓励，让我写出了这十几万字的《抗战回忆录》，现在是告一个段落的时候了。""资料很缺乏，当年的日报和杂志一份也没有在身边。从前偶尔记过的一些日记，但都散佚了，有的也不在身边。因此，唯一的资料差不多是全凭自己脑子中所残留的记忆。""就因为这些，文字实在不容易写好，写得也很吃力，我实在厌倦了。大体上只写了一九三八年这一年的事，这可以说是在蒋管区抗战的高潮期。这倒可以成为一个段落。移到重庆以后，一切的情形更加变坏了。因此，我要请读者原谅，我就在这移到重庆之前把笔放下。"

初收上海群益出版社1949年版《抗战回忆录》（未公开发行），又收天津百花文艺出版社1959年4月初版《洪波曲》，后收《沫若文集》第9卷，现收《郭沫若全集·文学编》第14卷。

◎《抗战回忆录》第十四章第五节《一幕滑稽插剧》发表于香港

《华商报》。

22日 作《岁末杂感》。发表于香港《文化生活》海外版12月25日第9期。说道："别无所感，只感到我们今后的责任重大，而能力又太薄弱。""决心摒除一切的矜骄，虔诚地学习、服务，贡献出自己最后的一珠血，以迎接人民的新春。"

◎《抗战回忆录》第十四章第六节《纷乱如麻》发表于香港《华商报》。

23日 偕于立群往冯裕芳家观金鱼，作五绝《咏金鱼》："平生作金鱼，惯供人玩味。今夕变蛟龙，破空且飞去。"(《沫若佚诗二十五首》，1979年6月10日《光明日报》)

◎《抗战回忆录》第十五章《长沙大火》第一节《撤退——再撤退》发表于香港《华商报》。

◎ 下午，往侯外庐家会齐。天黑后乘小船往港外。(侯外庐《韧的追求》，生活·读书·新知三联书店1985年10月版)

◎ "夜，由香港乘华中轮北上，同行者三十余人。"(《〈北上纪行〉序》，见史实《东风自孕胸怀里》，《鸭绿江》1978年7月号)

24日 作五言古诗《金环吟》。咏道："郁郁黄金环，胡为灿指端？贱子将远行，欲以防偶然。偶然傥不逢，金环复何用？慰劳寄前线，欲以表寸衷。"

初收人民文学出版社1953年3月初版《新华颂》；后收《沫若文集》第2卷，移入《蜩螗集》；现收《郭沫若全集·文学编》第2卷。

◎ 在船上"组织《波浪壁报》以俾传阅"。(《〈北上纪行〉跋》，见史实《东风自孕胸怀里》，《鸭绿江》1978年7月号)

◎ 在船上为周海婴录"横眉冷对千夫指，俯首甘为孺子牛"。跋曰："鲁迅先生这两句诗实即新民主主义之人生哲学，毛周诸公均服膺之。"愿"共同悬为座右铭，不必求远矣"。(周海婴《鲁迅与我七十年》，南海出版公司2001年版)

◎《抗战回忆录》第十五章第二节《"风平浪静"》发表于香港《华商报》。

25日 《抗战回忆录》第十五章第三节《良心的苛责》发表于香港《华商报》。

26日 作五律二首和马叙伦，题作《述怀 和夷初韵》。发表于1950年2月16日天津《星报》。诗中写道："栖栖今圣者，万里赴鹏程。暂远天伦乐，期平路哭声。取材桴有所，浮海道将行。好勇情知过，能容瑟共鸣？"（《沫若佚诗二十五首》中题作《和夷老二首》，1979年6月10日《光明日报》）

马叙伦同船北上，以五律二首示郭沫若，以其妻女未能同行为憾。郭沫若遂以五律二首和之。

◎《抗战回忆录》第十五章第四节《第三次狼狈》发表于香港《华商报》。

27日 《抗战回忆录》第十五章第五节《收容和整顿》发表于香港《华商报》。

28日 《抗战回忆录》第十五章第六节《长沙善后》发表于香港《华商报》。

29日 作七绝二首和丘映芙，题作《和丘映芙二首》。咏道："解放高潮暨印尼，神州牛耳岂容辞？当年谈笑曾相许，共扫东南民族悲。""独夫罪恶岂胜诛？载鬼一车豕负涂。献馘汤山先告墓：艰难建国暗中扶。"（《沫若佚诗二十五首》，1979年6月10日《光明日报》）

同行的丘映芙（哲）为纪念邓演达遇难17周年作七绝二首示郭沫若，郭沫若即和之。

◎《抗战回忆录》第十六章《入幽谷》第一节《近卫声明》发表于香港《华商报》。

30日 《抗战回忆录》第十六章第二节《流连南岳》发表于香港《华商报》。

月末 作七绝《舟行阻风》三首。咏道："群鸥镇日绕船飞，远望岸山似不移。六日宁波犹未到，老轮爬路比牛迟。""轮头北渡长江口，顿见风平浪亦平。谅是海洋同解放，鱼龙安稳颂光明。"

初收人民文学出版社1953年3月初版《新华颂》；后收《沫若文集》第2卷，移入《蜩螗集》；现收《郭沫若全集·文学编》第2卷。

12 月

1日 船在安东石城岛暂泊，即往岛上五龙温泉入浴，见当年曾为日本人经营"供有产者佚乐"的温泉，现在成为荣誉战士的疗养胜地，不禁欣喜若狂。(《〈北上纪行〉跋》，见史实《东风自孕胸怀里》，《鸭绿江》1978年7月号)

◎作七绝《船泊石城岛畔杂成》四首。咏道："天马行空良可拟，踏破惊涛万里程。自庆新生弥十日，北来真个见光明。""彩陶此地传曾出，傲杀东瀛考古家。今日我来欣作主，咖啡饮罢再添茶。"

初收人民文学出版社1953年3月初版《新华颂》；后收《沫若文集》第2卷，移入《蜩螗集》；现收《郭沫若全集·文学编》第2卷。

◎作五言诗《渔翁吟》。云："渔翁来卖鱼，系舟轮船下。以米还易之，相问鱼米价。米是香港米，鱼是安东鱼。翁言价不知，两不相诈虞。""翁言感我心，吃饭良艰难。我辈何德能？饱食尚思鲜！无怪古之人，讥彼有悬狟！"

初收人民文学出版社1953年3月初版《新华颂》；后收《沫若文集》第2卷，移入《蜩螗集》；现收《郭沫若全集·文学编》第2卷。

◎《抗战回忆录》第十六章第三节《桂林种种》发表于香港《华商报》。

2日 《抗战回忆录》第十六章第四节《舟游阳朔》发表于香港《华商报》。

3日 《抗战回忆录》第十六章第五节《张曙父女之死》发表于香港《华商报》。

4日 在大王爷岛与连贯、宦乡、翦伯赞等人分别。作五律一首赠翦伯赞，题作《送翦伯赞赴华北》。发表于1950年3月19日天津《星报》："又是别中别，转觉更依依。中原树桃李，木铎振旌旗。瞬见干戈定，还看锤铚挥。天涯原咫尺，北砚共良时。"诗题又作《送别伯赞兄》《送翦伯赞》。(《郭沫若同志给翦伯赞同志的信和诗》，《北京大学学报》1978年第3期；《沫若佚诗二十五首》，1979年6月10日《光明日报》)

◎《抗战回忆录》第十六章第六节《弓与弦》发表于香港《华商报》。至此，全文16章连载毕。初由上海群益出版社1949年出版单行本，未公开发行。《人民文学》1958年7月起连载，更名为《洪波曲》，由天津百花文艺出版社1959年4月出版单行本《洪波曲》；后收《沫若文集》第9卷；现收《郭沫若全集·文学编》第14卷。

6日　抵达沈阳，住铁路宾馆107室。(12月29日致徐敏信)

◎ 晚，在住处与许广平等谈天。阎宝航来以七律一首见示，即作七律一首《戏和辽北省主席阎宝航候老妻赴任所之作》。发表于1950年3月19日天津《星报》。云："我来仿佛归故乡，此日中行亦似狂。五十七年徒碌碌，八千里路甚堂堂。于今北国成灵琐，从此中华绝帝王。君候老妻我候少，今宵一梦谅无妨。"(《沫若佚诗二十五首》中题作《和阎宝航》，1979年6月10日《光明日报》)

8日　作诗《赠安东省主席刘澜波》。发表于1950年3月13日天津《星报》。写道："三十五年弹指过，鸭绿江头我再来。化作新人履新地，于今方觉眼才开。""雄师百万入榆关，底定中原指顾间。它日重来观建设，齐声共唱凯歌还。"(《沫若佚诗二十五首》中题作《为刘澜波题手册四绝》，1979年6月10日《光明日报》)

18日　致信草明。写道："你到解放区后，工作是很有成绩的，我由衷地向你庆贺，而且今后当虔诚地向你和一切文艺解放战士学习。我在蒋管区实在等于坐了十几年的集中营，而今得到解放，正非认真学习不可，希望你时常加以鞭策。""我读了《我们为了他》和《无名女英雄》两篇，很真实动人。以后再慢慢读你的其他作品。前几天我在报上读了刘白羽的《红旗》，那实在太好了。我很愉快，得以看到真正的中国人民文学的诞生。今后必然是更有多量的磅礴雄伟的大作出现的。"(载《郭沫若研究》第3辑，文化艺术出版社1987年6月版)

29日　致信徐敏。说：

"你的十二月二十二日的信，我接到。多年不见，你已经站在适当的岗位上，坚苦工作，我向你表示敬意。

我们这次来，旅途十分平安。受着过份优裕的招待，心里很感觉惭愧。立群及子女均留港。但她们都很好，请释念。

吴清友在上海，情形不详。陆诒在港编《光明报》(半月刊，民盟刊物)，颇努力。在港时经常见面。

不久便可见面了。等见面时再作详谈吧。"

信末并告"暂名丁汝常"。(见徐敏《学者·诗人·战士》，《百花洲》1981年第3期)

31日　除夕聚餐，纵饮欢歌，扭秧歌。(沈钧儒《除夕纵饮狂欢》，《寥寥

集》，生活·读书·新知三联书店1978年版）

月末 徐敏来访。（徐敏《学者·诗人·战士》，《百花洲》1981年第3期）

◎作《和许昂若除夕口占》。发表于1950年3月26日天津《星报》。云："推翻历史五千载，迎接明朝全胜年。"

本月 在沈阳期间，与前来看望的东北局负责人长谈，并与侯外庐提出要找点书看。（侯外庐《韧的追求》，生活·读书·新知三联书店1985年10月版）

◎作诗《拟游子吟》。发表于1950年2月23日天津《星报》。跋语谓："广平日日为海婴织毛线衣，感而得此。"

◎作诗《火龙吟——赠蔡贤初》。发表于1950年3月16日天津《星报》。诗中有句"吐将热血成火焰，保持万古红旗红"。

蔡贤初，即蔡廷锴。

◎作诗《邱映芙苦血压高诗以慰之用原韵》。发表于1950年3月23日天津《星报》。

邱映芙，即邱哲。

◎作诗《血压行 再慰映芙》。发表于1950年3月23日天津《星报》。

◎在沈阳期间，常与章乃器、侯外庐等光顾旧货市场。得侯外庐购得一枚刻有"公生明，偏生暗"六字的印章相赠。后以此印文配一下联"智乐水，仁乐山"，一并书赠侯外庐。（侯外庐《韧的追求》，生活·读书·新知三联书店1985年10月版；《郭沫若遗墨》，河北人民出版社1980年5月版）

本 年

◎书赠舒国华五律诗一首："十载一来复，于今又毁家。毁家何为者，为建新中华。革新须革己，革己要牺牲。多少英雄血，激荡石头城。"（手迹见《郭沫若学刊》1988年第3期）

诗前半部分为作于1947年11月13日之五言绝句。

◎应马宁来信要求，为新加坡龙岩会馆的中国工作人员编印的《龙潮》月刊题字。（马宁《学郭老学到老》，《悼念郭老》，生活·读书·新知三联书店1979年5月版）

1949年（己丑　民国三十八年）57岁

1月31日　北平宣告和平解放。

3月5日至13日　中国共产党中央在河北省平山县西柏坡村召开了七届二中全会，毛泽东主席作重要报告，提出党的工作中心在全国胜利的局面下必须由乡村移到城市；规定了胜利后政治、经济、外交方面的基本政策；明确指出使中国由农业国转变为工业国，由新民主主义社会转变为社会主义社会的主要途径。告诫全党要继续地保持谦虚、谨慎、不骄、不躁的作风，继续地保持艰苦奋斗的作风。

4月21日　中国人民解放军在苏、皖、赣境内强渡长江；23日攻克南京。

7月2日　中华全国文学艺术工作者代表大会在北平开幕，19日，中华全国文学艺术界联合会宣告成立。

9月21日　中国人民政治协商会议第一届全体会议在北平隆重开幕。会议通过了《共同纲领》，选举毛泽东为中华人民共和国中央人民政府主席，制定了国旗、国徽、国歌，决定采用公元年号，定都北京。

10月1日　下午，三十万人在北京天安门广场举行隆重的开国大典。毛泽东宣读中央人民政府公告，宣告中华人民共和国中央人民政府成立。

10月2日　苏联政府决定同新中国建立外交关系。

12月16日　毛泽东抵达莫斯科对苏联进行为期两个月的访问。

12月23日至31日　教育部召开第一次全国教育工作会议，明确改革旧教育的方针和步骤，确定发展新教育的方向；提出教育必须为国家建设服务，学校必须为工农开门。

1月

1日　为沈钧儒续诗。

在沈阳，沈钧儒除夕夜于枕上得诗三句："一串秧歌扭上楼，神灯桩为日皇留。光明自有擎天炬……"求续之。即赋得"照辙千秋与五洲"。

(诗见沈钧儒《寥寥集》,题《除夕纵饮狂欢》,生活·读书·新知三联书店1978年版)

7日 与李济深、沈钧儒、章伯钧、马叙伦、章乃器、朱学范、李德全等人,接到在河北省平山县李家庄的民主人士符定一、周建人、胡愈之等19人联名发来电文,提议联衔向国内外发表严正声明,表示要通力合作,完成人民革命之大业。(政协文史资料研究委员会编《五星红旗从这里升起》,文史资料出版社1984年版)

13日 应李初梨之请,书赠《此身篇》。跋曰:"右系寄赠立群之作,成于北上舟中,见者谓颇别致,在余则谨抒写胸隔,所谓鄙直如偶语耳。久不作正书,顽劣一至于是,谅与诗之内容或正相称。"(据手迹,载《诗刊》1978年第7期)

诗即为《赴解放区留别立群》,初载1950年3月9日天津《星报》,收《潮汐集·汐集》,今收《郭沫若全集·文学编》第2卷。

16日 致信草明:"我费了一天半的工夫,把你的《原动力》读完了。你这是很成功的作品,不仅富有教育的意义,而且很美,我向你表示庆贺和谢意。'会改,就不能错。凭这,就能坐稳江山'。我们要从不断的创造与发明中争取第一。这些精粹的警语,深刻地打动了我。而你的全部作品就是把这些教训具象化了的,化得那么自然圆熟。我知道你是费了很大的苦心来的。我们拿笔杆的人,照例是不擅长来写技术部门,尽力回避。你克服这种弱点,不仅写了,而且写好了。写技术部门的文字,写者固然吃力,读者也一样吃力,但你写得却恰到好处,以你的诗人的素质,女性的纤细和婉,把材料所具有的硬性中和了。我特别喜欢第九章几位女性采山里红那一段,写得真是如闻其声,如见其人。各个人物的个性都刻划得很稳定,孙怀德和张大嫂写得特别好。我真是说不尽我的感谢,我庆祝你的成功。"(据手迹,载《郭沫若研究》第3辑,文化艺术出版社1987年6月版)

21日 作五律《寄立群》:"漫道心何忍,皆缘意未伸。无由泄孤愤,自易见悁瞋。花好风多妒,云稠月更亲。难禁两行泪,涤荡去纤尘。"(《沫若佚诗廿五首》,1979年6月10日《光明日报》,篇题由辑录者署)

22日 上午,作五律《题灯罩诗》一首;晚,续作一首;夜,闻蒋介石下野,又作一首共计三首。诗云:"华灯明烨烨,对此忆司空。磨电传千户，流光烛万宫。若非劳力苦，何以济时穷？领导期坚决，红星万古红。""一分潜势在，要发一分光。明暗随开阖，阴阳共弛张。能教城不夜，坐致福无量。功绩谁居者，电强人更强。""窗前人独坐，夜境寂无哗。俯仰如神意，招挥若定夸。域中逃祸首，关外建红牙。已见春冰解，寒梅谅已花。"(《沫若佚诗廿五首》，1979年6月10日《光明日报》，篇题由辑录者署)

◎ 作五律《题木偶半身像》："半身此木偶，爱汝有风神。相对如知已，无言悟往因。心高良已久，腰斩不须呻。刻者知谁氏，人间埋艺人。"(《沫若佚诗廿五首》，1979年6月10日《光明日报》)

◎ 书赠李一氓对联："国有干城扶赤帜，民之喉舌发黄钟。"(《沫若佚诗廿五首》，1979年6月10日《光明日报》)

◎ 与到达解放区的各民主党派，各人民团体的代表人物及无党派民主人士李济深、沈钧儒、马叙伦、章伯钧、谭平山等55人发表题为《我们对时局的意见》的声明，说："毛泽东先生提出了真正的人民民主和平的八项条件。这正是对于蒋介石所提出的无耻要求的无情反击，我们是彻底支持的。"(24日《人民日报》)

25日 应周铁衡邀往作客。为其印谱《后来居印草》题签书名，并题五律一首相赠。诗云："齐翁有入室，铁笔神可通。性逸业愈逸，我聋君亦聋。刀圭先后学，金石左右逢。嗜古有奇癖，无乃太相同。"(《沫若佚诗廿五首》，1979年6月10日《光明日报》)

◎ 为周铁衡考古著作《清钱轶录》题写扉页。复为其中医著作《妇科抉微》作序，鼓励其走中西医结合的道路。写道："铁衡本习西医，顷以所著妇科抉微见示。乃系中国旧术，用知著者实兼治新旧于一炉也。方今习医术者大抵皆有所偏，通新者则蔑古，泥古者则拒新。新良不可拒，旧术积数千年之经验，谅亦有足取之处，宁可一概弃置之耶？以新御旧，斯为正轨，铁衡殆有意于此矣。方今妇女界正谋解放，而由疾病中解放，亦一切要事，望读者酌取此意。"

周铁衡为郭沫若刻过多方名章和闲章。(史实《东风自孕胸怀里》，《鸭绿江》1978年7月；《妇科抉微》序言见肖玫编图片集《郭沫若》，文物出版社1992年11月版)

26日 出席中共东北中央局、东北行政委员会、东北军区及东北各界人民代表为赴北平参加新政协路经东北解放区的全国民主人士举行的盛大欢迎会，并在会上发表演说。谓："为要实现真正民主的和平，我的意见就是以毛泽东主席的意见为意见，毛先生是把人民的公意反映得最正确、最集中、最完整、最迅速的伟大人民领袖。……全中国的民主党派、人民团体、民主人士，也都一心一意地甘愿在毛泽东的领导下，在无产阶级先锋队中国共产党的领导下，团结一致，就像一个整体，决心为实现人民的公意，争取真正的和平而彻底奋斗。"（2月1日《东北日报》，2月2日《人民日报》）

28日 在沈阳参加冯裕芳入殓仪式。

冯裕芳为民盟中央委员、港九支部主委，于27日病逝。（2月5日《东北日报》）

29日 作诗《吊冯裕芳》："等是在疆场，一死正堂堂。后有冯裕芳，前有冯玉祥。献身无保留，不用待协商。历史开新页，领导要坚强。视死咸如归，百万若国殇。何为学儿女，泪落沾襟裳。死贵得其时，二冯有耿光。不忘人民者，人民永不忘。"（《沫若佚诗廿五首》，1979年6月10日《光明日报》）

◎ 为李初梨得《芭蕉图》题赠七律一首："挥毫窗下拂诗笺，得识西园信有缘。顽石嶙峋余鲠骨，新蕉孤洁扇轻烟。淋漓豪气氤氲里，落拓襟怀啸傲前。老夫心雄犹尚左，似无似有法先天。"

原画作者为清代画家高凤翰，字石园，因右臂麻木，用左手作画，又号尚左生。（《为李初梨题画二首·题芭蕉图》，《沫若佚诗廿五首》，1979年6月10日《光明日报》）

30日 为李初梨得《梅花画》题诗一首："出人意外者，辽沈竟无梅。冰雪显孤寂，玄鹤不来飞，谅非由地气，乃是乏栽培。一轴见横斜，仿佛乘风归。暗香浮复壁，秀韵溢重帏。窗外来明月，亦觉增光辉。含杯一问之，当不笑余醉。"（《为李初梨题画二首·题梅花画》，《沫若佚诗廿五首》，1979年6月10日北京《光明日报》）

本月 作诗《北上纪行》十首。发表于1950年3月26日、29日，4月3日、6日、9日天津《星报》。又发表于5月1日北平《华北文艺》第4期。其一咏道："北上夜登舟，从军万里游。波涛失惊险，灯火看沉浮。意逐鱼龙舞，心忘虫鹤忧。我今真解放，何以答民庥。"其十："元旦开新岁，春风入沈阳。大军威岳岳，群众喜洋洋。凯歌争全面，秧歌扭满堂。我今真解放，莫怪太癫狂。"

初收人民文学出版社1953年3月初版《新华颂》；后收《沫若文集》第2卷，移入《蜩螗集》；现收《郭沫若全集·文学编》第2卷。

◎ 在沈阳，应东北文物保管委员会之请，为东北博物馆和东北图书馆撰联、题诗。

为东北博物馆所题诗即《北上纪行·四》："八日波臣乐，难忘数石城。涟漪青胜靛，岛屿列如屏。烽镝域中远，云霞海上明。我今真解放，倍觉一身轻。"为东北图书馆题诗系《北上纪行·六》："鸭绿江头望，烟筒浑似林。两番罹浩劫，一旦扫沉阴。东北人民血，春秋内外心。我今真解放，旧迹渺难寻。"所撰楹联："宋人方守株待兔，大道以多歧亡羊。"
（手迹载辽宁《图书馆学刊》1979年第1期）

2月

1日 与李济深、沈钧儒、马叙伦等各党派、各人民团体代表56人，联名致电毛泽东主席和朱德总司令，庆祝人民解放战争的伟大胜利。电文写道："同人等已先后进入解放区，叠奉捷音，不胜振奋，窃愿竭力追随，加紧团结，为中国之建设奋斗到底。谨电驰贺，并致慰劳。"

毛泽东主席、朱德总司令于2日复电，说："此次人民战争之所以胜利，是由于全国人民不畏强梁，团结奋斗，各民主党派各人民团体一致奋起相与协力，从而使人民解放军获得各方面的援助，使人民的敌人完全陷入孤立。胜负之数，因以判明。""诸先生长期为民主事业而努力，现在到达解放区必能使建设新中国的共同事业获得迅速的成功。"（2月4日《人民日报》）

3日 为谭平山题画马："不是玉花骢，民间一骏骁，羁衔咸解脱，独立啸春风。春风不相识，郊原且自闲，一朝奋逸足，踏破九州烟。"
（《沫若佚诗廿五首》，1979年6月10日《光明日报》）

4日 得东北局赠《清实录》。

与侯外庐提出想找点书看，"东北局很慷慨，由高岗出面送给他和我一人一套昂贵的《清实录》"。（见侯外庐《韧的追求》，生活·读书·新知三联书店1985年10月版）

5日 与侯外庐、章乃器等同游沈阳古董市场，得三龙笔洗与三凤瓶。作诗一首，戏称为"龙凤喜瓶"。诗云："三龙水洗三凤瓶，龙凤齐飞入旧京。四海山呼三万岁，新春瑞庆属编氓。"（见侯外庐《韧的追求》，生活·读书·新知三联书店1985年10月版；《沫若佚诗廿五首》，1979年6月10日《光明日报》）

7日 为李初梨书旧作《沁园春》（"用润之韵作于1945年秋冬之际"）。（据手迹）

10日 以一张日本画作为诗笺，作《题画》诗："画上题诗非作俑，古有薛涛曾利用。画者倭人不必悲，当忆枝头宿鸾凤。心如不甘谓我狂，藉尔摧残帝国梦。"（《沫若佚诗廿五首》，1979年6月10日《光明日报》）

21日 往中国医科大学参观，题诗一首相赠："一堂济济来多士，治病相期在救人。团结紧张良可训，仁慈谨慎必须真。幸逢历史翻身日，永续人民革命春。自古康强为国本，中华从此万年新。"（《沫若佚诗廿五首·赠中国医科大学》，1979年6月10日《光明日报》）

25日 与李济深、沈钧儒、马叙伦、章伯钧等一行35人，乘"天津解放号"专车于中午12时抵达北平。入住北京饭店219室。（28日《人民日报》；1949年3月1日致李初梨、刘钧信，《郭沫若研究》第4辑，文化艺术出版社1988年4月版）

林彪、罗荣桓、董必武、聂荣臻、薄一波、叶剑英、彭真及各界民主人士百余人到车站热烈欢迎，并举行隆重的欢迎仪式。（28日《人民日报》）

◎ 往北平途中感怀作五绝一首："多少人民血，换来此矜荣。思之泪欲堕，欢笑不成声。"（《沫若佚诗廿五首》，1979年6月10日《光明日报》）

◎ 往北平途中作诗二首："日日小南门外去，宋陶明埴费摩挲。人生何乐能逾此，一唱阳关唤奈何。""陶制观音釉底铭，灯前变认夺晴明。元和识破成欢悦，从此朝朝共抱瓶。"（1949年3月1日致李初梨、刘钧信，《郭沫若研究》第4辑，文化艺术出版社1988年4月版）

26日 下午，出席由解放军平津前线司令部，北平市军管会，中共北平市委、市政府在中南海怀仁堂举行的欢迎大会，并讲话。说："今天真正是光荣绝顶了。从来没有做过这样的梦，公然能够像皇帝出巡一样回到北平，又在皇帝的宫殿里讲话，真真是从来所没有梦想过的。我们能够得到这样的光荣，当然要感谢各位首长，感谢人民解放军，感谢无产阶级的先锋队中国共产党，感谢英明的人民领袖毛泽东主席。毛主席领导的人民武力，使中国人民翻了身，使我郭沫若也翻了一个身，我真是感谢无尽的。但我也知道，这光荣不是毫无代价得来的……在反动派统治之下，中国没有搞好，我们有话可以推诿。在今天人民政权之下，假使依然把中国搞不好，那我们就要成为历史的罪人了。我兄弟今天是这样感觉着，为了扩大我们的光荣，为了巩固我们的光荣，我们每一个人都应该扫除一己的私心，摒除一切的门户之见，要把全部的力量，全部的精神，全部的生命，无条件地拿出来，在中共领导之下，在毛主席领导之下，完成反帝、反封建、反官僚资本主义的任务，为建设新中国而鞠躬尽瘁。"会后转赴北京饭店参加宴会，宴会后观看了华北大学文工团的文艺节目。（3月1日《人民日报》；政协文史资料委员会编《五星红旗从这里升起》，文史资料出版社1984年版）

27日 与几位朋友同游故宫、中央公园（今中山公园）、北海。"的确是壮丽，整个是一个大古董，描写不尽。"（1949年3月1日致李初梨、刘钧信，《郭沫若研究》第4辑，文化艺术出版社1988年4月版）

28日 身体不适，丁瓒陪同找了大夫。

"消炎片的影响尚未消尽，手指尖和嘴唇都微微发麻。昨天即由丁兄带我去找了大夫，血压可增高了，到了正常的地步。"（1949年3月1日致李初梨、刘钧信，《郭沫若研究》第4辑，文化艺术出版社1988年4月版）

◎ 应邀往于省吾家赴宴。同席有马衡、唐兰、陈梦家等。宴席间畅谈毛主席、共产党的丰功伟绩，痛斥国民党反动派、四大家族的卖国昏庸，并向大家透露了新中国即将宣告诞生的喜讯。当场将《归国杂吟》第二首录赠于省吾。（于省吾《忆郭老》，《悼念郭老》，生活·读书·新知三联书店1979年版）

下旬 离沈阳前为陈继周《革命诗稿》作《序》。写道："继周先生以抗战以来所为诗相示而索序于余，余曾捧读一过，见其所纪敌伪嚣张，蒋顽狡诈，人民疾苦，及人民武力之坚苦卓绝，深受感动。惜离沈在即，不能细细评介，愿以四语为颂，曰：今之诗史。昔杜少陵曾以此见称于世，而有每饭不忘君之誉，继周则每饭不忘民者也，形式系旧有者，律之工雅远不逮杜，而意识则远逾之。如以余言为河汉，则有吕振羽先生序及继周先生之自序在，自足补余之陋略也。"（载上海人民出版社1981年版《书

林》杂志第6期)

本月 与画家李可染重逢于北平,书赠对联一副:"海上生明月 天涯逢故人。"(郭平英《〈郭沫若遗墨〉中的佚作及其他》,《郭沫若研究专刊》第3辑)

3月

1日 致信李初梨、刘钧夫妇。写道:"就给兄弟姊妹一样相处了两个月,在一生中实在留下了一段难忘的愉快的纪念。一朝话别,不免依依,我始终都在怀念着你们。到了这边以后的情形,想你们在报上已经看见。我们住在北京饭店,我住219室,异常宽大,一个人住着,就象陷进了海里的一样。""离沈阳时,在车上做了两首诗,我抄给你们。"(《郭沫若研究》第4辑,文化艺术出版社1988年4月版)

诗见1949年2月25日谱文。——编者注

◎ 下午,与叶剑英、罗荣桓、李济深、沈钧儒、马叙伦、许广平、李德全等应邀参加中华全国学生第十四届代表大会。并发表讲话:"希望青年同学努力实践,我们要活到老学到老,学习老百姓的生活学习毛泽东的思想。三十年前五四运动,青年学生的口号是民主和科学,三十年后的今天,大家所要求的是无产阶级领导的新民主主义,为劳动人民服务的科学,在中国共产党领导下,要和工农大众结合起来,为全国人民的解放而奋斗,努力建设新中国。"(2日《人民日报》)

3日 下午,应邀出席由华北人民政府文化艺术工作委员会、华北文艺界协会为欢迎新由各地来北平的文艺界人士举行的茶话会。并与周扬、茅盾、田汉、洪深、徐悲鸿、俞平伯、冯至、沙可夫、许广平等在会上讲话,指出:"在延安文艺座谈会后,中国文艺进入了一个新的时代。中国文艺有优良的传统,文艺工作者认识程度虽有不同,但追求光明则是共同的品质。……现在到解放区来了,可以照着毛主席所指路径向前走了,希望文艺工作者把毛泽东旗帜随军事发展插到长江流域,插遍全中国。"(4日《人民日报》)。

◎ 晚,应邀参加在北京饭店举行的聚餐会。(4日《人民日报》)。

5日 作《在毛泽东旗帜下》,发表于《中国青年》月刊3月30日第5期。文章写道:

"很多年辰以来，我就作着这样的梦想：凡是青年朋友都应该无拘无束、无忧无虑、自由自在地发展下去，就像自由空气里的森林那样，有充分的阳光和空气，充分的养料和水分，自然而然地长成为磐磐大木，栋梁之材。今天这梦想，竟很快地便可以全部实现了。

束缚我们青年，奴化我们青年，屠杀我们青年的反动势力——帝国主义、封建主义、官僚资本主义的联军，在大规模的军事行动上很快便要整个被我们击溃了。中国人民来了一个大翻身，中国青年也从此脱掉一切的脚镣手铐，可以畅畅快快的做人了。

青年们生在这样的新历史开幕的大时代，真是值得祝福。我们千万不要辜负了这个时代，千万不要在幸福的欢乐中陶醉了自己，应该保持着十分的清明、沉着、友爱、勇敢，来认识并完成青年所负的历史使命。

怎样来认识和完成自己的使命呢？诚心诚意地接受中国共产党的领导，学习马列主义，学习毛泽东思想，体验中国共产党的各种政策和号召，建立一个坚强的革命人生观，这是唯一的途径，而且是每一个人所必须经历的途径。有了这种基础，然后我们才能具备一个健全的灵魂，我们才能掌握得到各种技术，而切实地为人民服务。

无论是精神生产也好，物质生产也好，技术自然是必须的，然而运用技术的还是人。运用者如不健全，则被运用的技术，愈精巧时害人的成分愈大。故必须是革命家，然后才能掌握革命的技术，必须有彻底的人民意识者，然后才能成为忠实的人民勤务员。"

《人民日报》4月7日全文转载。另经摘录，改题为《青年的基本任务是学习》，收上海改造出版社1949年7月版《学习毛泽东思想》。

6日 下午，应马叔平（衡）、陈梦家、金毓黻、于思泊（省吾）共邀，在于省吾宅相聚，并在森隆饭店聚餐，"颇能畅所欲言"。

"郭君新自沈阳归来，于东北考古工作谓为有必要性，且重于华北。"（《金毓黻日记》，辽沈书社1993年10月版）

16日 下午，出席北平军管会文化接管委员会在北京饭店举行的文化界座谈会，并做发言。说："我们目前进行的战斗，一方面是军事的一方面是思想的。今天在战争进行中能够讨论这个问题，是有很大意义的。我们在军事上摧毁反革命的力量，就目前形势看来，很快就能取得最后胜利，但在文化上，思想上摧毁反革命力量，则需要长期的努力。希望我们文化工作者加倍努力，取得文化上思想上的伟大胜利。"

座谈会由钱俊瑞主持，文管会文物部长尹达报告文物部所已接管的各单位情况。座谈会的目的，是希望大家对于北平图书馆和故宫博物院提出改进意见。与会者还有茅盾、翦伯赞、田汉、楚图南、侯外庐、戈宝权、马衡、梁思成、向达、唐兰、王冶秋等四十余人。(17日《人民日报》)

18日 上午，与叶剑英、沈钧儒等前往车站，欢迎由华东解放区返平的民主人士柳亚子、陈叔通、马寅初、叶圣陶、郑振铎、王芸生、曹禺等16人。(19日《人民日报》)

20日 出席在北京饭店举行的有全国文化团体以及教授、作家、科学家和新闻记者代表参加的会议，就响应世界拥护和平大会问题交换意见。会议一致决定发表宣言，响应保卫世界和平运动，反对侵略战争。并推派代表参加4月在巴黎召开的世界拥护和平大会。(21日《人民日报》)

22日 出席中华文协与华北文协在北京饭店举行的理监事联席会议，决定召开中华全国文学艺术工作者代表大会。与茅盾、田汉、洪深、郑振铎、叶圣陶、周扬、徐悲鸿、柳亚子、俞平伯、胡风、贺绿汀、程砚秋等37人当选筹委会筹委并当选为筹委会主任，茅盾、周扬为副主任。(25日《人民日报》)

◎ 出席全国文协总会在平理监事会，议决原在上海的文协总会即日起移至北平办公。(25日《人民日报》)

◎ 在全国文协总会与华北文协理事联席会上，与郑振铎、田汉、洪深、曹禺、萧三、曹靖华、赵树理、古元、徐悲鸿、戴爱莲、程砚秋等12人被选为出国参加在巴黎召开的世界拥护和平大会代表。(25日《人民日报》)

24日 下午，应邀前往中南海怀仁堂，出席中国妇女第一次全国代表大会揭幕式，并致辞祝贺。(25日《人民日报》)

◎ 晚，在北京饭店参加出席世界拥护和平大会的各人民团体代表会议，被推选为中国代表团团长，刘宁一、马寅初为副团长。(27日《人民日报》)

◎ 与李济深、沈钧儒、马叙伦、章伯钧、谭平山、胡愈之等13人联名发表声明，抗议英帝国主义迫害马来亚侨胞，对遭受苦难的侨胞表示亲切慰问。(26日《东北日报》)

25日 下午,与李济深、沈钧儒、马叙伦、章伯钧、柳亚子等各民主党派领袖及文化学术界名流,北平市各界代表一千余人,在西苑机场欢迎毛泽东、朱德、刘少奇、周恩来、任弼时等抵达北平,并参加阅兵式。(27日《人民日报》)

◎ 夜,应毛泽东之邀,在郊外聚餐并谈论和战问题。(27日《人民日报》,《黄炎培日记》第10卷,华文出版社2008年9月版)

26日 出席在北京饭店举行的中国学术工作者协会理事会。

与会者有马叙伦、翦伯赞、郑振铎、叶圣陶、千家驹、邓初民、侯外庐等17人。经讨论决定在平、津各大学及研究机构中征求新会员,扩大组织。(29日《人民日报》)

27日 出席中国科协北京分会在北京大学召开的第二次会员大会并讲话,说:"现在是人民大翻身,也是科学工作者大翻身的时代,希望今后能确实做到使科学有计划、有组织、有步骤地配合生产,配合人民生活,一面求学术的精进,一面求学术的普及。"(29日《人民日报》)

28日 复电世界拥护和平大会筹委会副主席戈登夫人,告知:我国代表团定于29日启程,并推选郭沫若任筹委会副主席。(28日《人民日报》)

◎ 下午,参加世界拥护和平大会中国代表团在北京饭店举行茶会,通过了代表团的任务和组织章程,并请周恩来作临别谈话。(29日《人民日报》)。

◎ 晚,出席北平市政府在西长安街国民大戏院举行的欢送参加世界拥护和平大会中国代表团暨欢迎先后到达北平的全体民主人士大会,并讲话。(29日《人民日报》)

29日 下午,率参加世界拥护和平大会中国代表团起程。行前发表谈话,说:"我们将团结全世界民主和平的力量,以坚强的斗志,消灭帝国主义集团的侵略战争。"

前往车站送行的有李维汉、周扬、邓颖超、李济深、沈钧儒、柳亚子及各界代表百余人。(30日《人民日报》)

◎ 代表团专车过天津,在车站受到各界代表千余人欢迎,发表简短讲话。(4月1日《人民日报》)。

30日 下午,率代表团抵达沈阳。出席中共中央东北局、东北行政委员会在铁路宾馆举行的晚宴，并致辞，表示将竭尽全力，把全中国人民的声音向全世界传播，团结全世界民主和平力量，为粉碎以美帝国主义为首的帝国主义集团的侵略计划而努力。晚宴后，代表团专车离沈。（4月1日《人民日报》）

31日 上午，抵达哈尔滨。（《郑振铎日记全编》，山西古籍出版社2006年1月版）

4月

1日 上午，率代表团往兆麟公园参加哈尔滨群众的欢送会，并讲话。表示：代表团将一心一意和全世界爱好和平的朋友携起手来，完成祖国人民交给的光荣任务。（7日《东北日报》；《郑振铎日记全编》，山西古籍出版社2006年1月版）

下午，登车续行。（《郑振铎日记全编》，山西古籍出版社2006年1月版）

2日 下午，到达满洲里。（《郑振铎日记全编》，山西古籍出版社2006年1月版）

3日 下午，换乘国际列车续行。过海关，进入苏联境内。（据《郑振铎日记全编》，山西古籍出版社2006年1月版）

4日 到达赤塔。（据《郑振铎日记全编》，山西古籍出版社2006年1月版）

5日 中午，离开赤塔继续行程。

之后途经贝加尔湖、伊尔库茨克、新西伯利亚、乌拉尔，往莫斯科。（据《郑振铎日记全编》，山西古籍出版社2006年1月版）

8日 与文化界知名人士三百余人联名发表宣言，响应召开世界拥护和平大会。（全文载9日《人民日报》）

9日 与北平市文化界人士329人，联名发表宣言。全文载11日《人民日报》。声讨国民党政府盗运文物。郑重呼吁：敬希全国同胞，一致声讨，以拯救此文物浩劫，国家幸甚，文化幸甚。

11日 下午，率代表团抵达莫斯科，受到苏联文化界和职工会及妇女界代表西蒙诺夫、维什涅夫斯基、叶列美耶娃等知名人士的欢迎。

◎ 晚，与代表团往全苏对外文化协会与苏联科学文化界人士聚会，并出席由莫斯科最卓越艺术家举行的音乐演奏会。（15日《人民日报》）

17日 率代表团抵达布拉格。在车站受到市长瓦塞克、捷克出席巴黎拥护和平大会筹委会主席弗兰克、捷克中国协会主席勃鲁索夫、查理士大学校长以及作家、新闻记者的热烈欢迎。在欢迎仪式上致答辞,对捷克政府和人民的热情接待表示感谢。表示:"深信中国代表团在捷克及其他国家的代表团合作之下,必将完成它的和平使命。"(20日《人民日报》)

◎ 与法国驻捷克大使馆交涉入境签证问题,未果。(21日《东北日报》)

世界拥护和平大会筹委会19日宣布,法国政府拒绝发给入境签证的各国代表将在布拉格举行世界拥护和平大会,这是在巴黎召开的世界拥护和平大会的一部分。(21日《人民日报》)

20日 率我国代表团出席在巴黎和布拉格同时举行的世界拥护和平大会,并被选为主席团成员。

约里奥·居里任大会主席,致开幕词。主席团成员还有法国议员阿拉贡、丹麦的马丁·安得生、世界青年联盟主席鲍埃逊、英国的丁·勃尔、世界妇联主席戈登夫人、苏联的法捷耶夫、意大利的南尼、美国的约翰·罗治、世界工联主席宙扬等。(22日、24日《人民日报》)

◎ 出席世界拥护和平大会中国代表团发表严正声明:抗议法政府无理拒绝入境。(22日《人民日报》)

21日 下午,继续参加世界拥护和平大会,听取各国代表发言。

当天大会主席达尔鲍塞尔宣读中国代表团致电大会,宣布法国政府再度拒发中国代表团入境签证。(25日《人民日报》)

23日 下午,在世界拥护和平大会上发表演讲,全文载28日《人民日报》。说:"中国人民击败美蒋的经验,证明必能克服战争危险。中国人民对于挑拨侵略战争的祸首,视为全人类的公敌。和平民主阵营有充分力量,把战争危机和战争挑拨者送进坟墓。我们一定要站在以苏联为首的民主和平阵营,作为一个有力的战斗单位。全世界爱好和平的力量团结起来!以坚强的团结和斗志消灭战争!人民民主与持久和平胜利万岁!"

演讲从布拉格会场向巴黎和平大会会场播送。演讲词已在布拉格和巴黎同时发表。大会进行期间,传来中国人民解放军解放南京的消息,即在会上宣布,称:"中国人民的胜利是整个和平阵营的胜利。"全场爆发了长时间的欢呼,与会代表高唱"自由中国万岁"歌。(25日《人民日报》)

25日 晚,出席世界拥护和平大会闭幕大会(巴黎、布拉格同时进行)。当选大会常设委员会委员。

大会通过世界拥护和平大会宣言,成立常设委员会,并决定设立国际和平奖金。大会宣布闭幕,代表高唱马赛曲。(29日《人民日报》)

◎ 和平大会闭幕后,与中国代表团全体代表出席布拉格工人在工业厅举行的群众大会。(29日《人民日报》)

26日 在世界拥护和平大会常设委员会第一次会议上当选为主席团副主席。

主席团主席为约里奥·居里夫人。(30日《人民日报》)

27日 在布拉格,接受查理士大学授予名誉博士学位。(29日《人民日报》)

29日 率参加世界拥护和平大会中国代表团乘飞机返国途中抵达莫斯科。在机场受到苏联科学家、作家和民众代表欢迎。(5月4日《人民日报》)

5月

1日 率参加世界拥护和平大会中国代表团前往红场参加莫斯科庆祝"五一"劳动节大会。(13日《人民日报》)

4日 《人民科学丛书·序》发表于《人民日报》。写道:

"一般人对于科学的了解,似乎都不大正确而且肤浅。有一种最普通的见解可以说就是这样的:科学是科学家的事,与一般人没有什么关系。这自然是肤浅的可笑。其次是科学是物质文明,与精神文明无关。要使物质享受好些或者要使得国富兵强,那是离不了科学,但在个人和民族的精神生活上,科学是不济事的。认真说这也一样是肤浅得可笑。

科学在今天是我们的思维方式,也是我们的生活方式,是我们人类精神所发展到的最高阶段。一切的生活没有经过科学的洗礼都是不合理的存在,那是应该让它早早消灭的。

当然,科学也并不是究竟,而是利用厚生的最优良的工具。人类生活的究竟目标是在使全体人类能够生活得更合理,更幸福,科学的应用正应该适合于这种目标。真正的科学和科学家的精神,一句话归总就是在为人民服务。然而是被人恶用了。科学虽然随资本主义的发达而昌明,但被资本主义的国度恶用于为少数人服务，即为少数独占资本家服务；因而活人的科学便成为杀人的科学。在今天科学的分野里确实是起了这样的分化的。

我们今天需要真正的科学，要使科学回复到为人民服务的本位上来，使它成为不折不扣的人民科学。今天苏联的科学和科学家所走的正是这个方向。我们愿意向他们看齐。在这儿选择了这套《人民科学丛书》，不仅要使科学知识大众化，而且要使科学精神大众化。不仅普通的读者应该在这儿找寻粮食，就是专门的科学家也应该在这儿受一番再教育。"

6日 率中国代表团赴列宁格勒参观。日间在市内观光，参观列宁格勒苏联国防博物馆，晚间赴基洛夫歌剧院观剧。(9日《人民日报》)

9日 与中国代表团成员出席苏联对外文化协会中央委员会主席捷克尼索夫举行的招待会。(13日《人民日报》)

10日 率参加世界拥护和平大会的中国代表团离莫斯科回国。

与代表团在莫斯科期间，曾瞻仰列宁墓；参观列宁博物馆、苏联国立列宁图书馆、特列捷科夫艺术博物馆、东方博物馆、"纪念伊里奇"集体农场、苏联建设展览会、莫斯科大学、农业科学院等；会晤了苏联科学院长瓦罗洛夫；参加了苏联作家协会举行的招待会。(13日《人民日报》)

13日 在火车上，与代表团文艺组成员一同讨论在苏联参观的感想，并与大家商定编纂两个报告集：一为和平大会经过，一为参观经过。(《郑振铎日记手稿》,《文献》1980年第4期)

◎ 晚，与代表团抵达齐齐哈尔。出席黑龙江省负责人于毅夫等举行的欢迎会。畅述此次出席和平大会的经过以及目前世界和平民主阵容强大的情形。(17日《东北日报》)

14日 晨，与代表团抵达哈尔滨。在车站受到各人民团体代表万余人的热烈欢迎，发表简短讲话。晚间，出席欢迎宴会和晚会。(17日《人民日报》)

◎ 得悉法国反动派迫害居里，立即致电表示慰问，并电世界和平大会秘书处表示声援。(21日《人民日报》)

◎ 与代表团先期回国的许德珩、李德全等29人致电毛泽东，请示是先行返京，还是在哈尔滨或沈阳等地等候8天后始能返回的马寅初等，一同返京。

毛泽东于 18 日回电："先生等致力国际和平民主事业载誉归来，极为欣慰。请在沈阳稍候，俟马寅老等到后同车返平，俾北平人民得作盛大欢迎，以壮世界和平阵容，并慰贤劳。"(《毛泽东年谱 1893—1949》下卷，中央文献出版社 2013 年 12 月版；中央档案馆档案)

15 日　上午，率代表团往兆麟公园，参加哈尔滨市各界群众代表五万余人举行的欢迎会，并发表演讲。全文载 22 日《人民日报》。又载 26 日出版的《群众》第 3 卷第 22 期，题作《中国人民的胜利与世界和平》。说："我们在国内获得伟大胜利之时出国，首先觉得中国人民的国际地位空前提高了，我们在苏联和捷克都受到了热烈而亲切的欢迎。布拉格的火车站为我们铺上了红毯，这种深厚的友谊使我们永远也不会忘记。"(19 日《人民日报》)

◎ 下午，参谒东北烈士纪念馆。看到杨靖宇将军事迹介绍后，作七绝："头颅可断腹可剖，烈忾难消志不磨。碧血青蒿两千古，于信赤旗满山河。"(手迹载《学习与探索》1979 年第 1 期，同期载门瑞瑜文《风华常在——记郭沫若在东北烈士纪念馆》)

◎ 为纪念馆作诗二首。一首五绝写道："殷殷烈士血，煌煌革命花。红旗开展处，毅魄满中华。"(手迹载《学习与探索》1979 年第 1 期，同期载门瑞瑜文：《风华常在——记郭沫若在东北烈士纪念馆》)

一首七绝作《题哈尔滨烈士馆》。初收人民文学出版社 1953 年 3 月初版《新华颂》；后收《沫若文集》第 2 卷，移入《蜩螗集》；现收《郭沫若全集·文学编》第 2 卷。

17 日　下午，与代表团抵达长春，在车站向前来欢迎的市民发表讲话，报告了此次和平大会的成就。晚，同代表团成员一起参加欢迎宴会和晚会。(20 日《东北日报》)

18 日　上午，与代表团三十余人抵达沈阳，受到中共中央东北局负责人与各界代表的热烈欢迎，随即在车站广场举行欢迎大会。(20 日《人民日报》)

19 日　致电于立群，告以 24 日晨可以抵津。

于立群已于日前到达天津。(见《阿英散文选》，百花文艺出版社 1981 年版)

◎ 召开代表团全体会议，谈到数日来各地人民群众对代表团的欢迎。

(《郑振铎日记手稿》，《文献》1980年第4期)

24日 与代表团抵锦州，做短时间停留。在群众欢迎大会上讲话。
(《郑振铎日记手稿》，《文献》1980年第4期)

25日 上午，与代表团抵达天津。旋即出席欢迎大会，发表讲话，并赴午宴。(27日《东北日报》)

◎ 下午，与代表团一行37人，返抵北平。在车站参加欢迎仪式后，即往天安门参加北平市十万群众欢迎大会，并发表讲话。全文载26日《人民日报》。说："代表团的同人们，经过了两个月的时间，往返了两万公里的路程，现在回到北平来了。承蒙北平各界的同胞们，这样热烈地欢迎我们，说我们'胜利归来'，使我们感受着很大的鼓励。"

中共中央负责人周恩来、林伯渠、董必武、李维汉等，民主人士李济深、沈钧儒、谭平山、黄炎培等，各人民团体代表，北平市长叶剑英，平津卫戍司令聂荣臻及北平市人民代表两千余人前往车站欢迎代表团。(26日《人民日报》)

26日 下午，在北京饭店召开参加世界拥护和平大会中国代表团会议，检查工作，讨论结束事宜。决定于本月底前草成《工作报告》。决议向苏联对外文化协会和捷克文艺作家协会等人民团体致电感谢。决议代表团结束后，未了事宜由正副团长和秘书长负责处理。(27日《人民日报》)

◎ 黄克诚、阿英来访。(见《阿英散文选》，百花文艺出版社1981年版)

27日 诗《在莫斯科过五一节》四首发表于《人民日报》。描绘苏联人民欢庆"五一"劳动节的盛况。诗中写道："人涛滚滚声琅琅，五一腾欢众若狂。赤旗迎风行不断，红场今日火之洋。""传奇艳说卡秋霞，曾使狮翁没世嗟。漫道侬心真是铁，万千火箭璨于花。"

初收人民文学出版社1953年3月初版《新华颂》；后收《沫若文集》第2卷，移入《蜩螗集》；现收《郭沫若全集·文学编》第2卷。

29日 代表中国出席世界和平大会代表团签发感谢电两份：(一)致苏联对外文化关系委员会会长丹尼索夫教授暨米茨凯维奇先生；(二)致捷克共和国国民议会主席欧德里赫·约翰博士，作家联盟主席、教育部长等人，对中国代表团受到的热情款待表示感谢。(电报全文载31日《人民日报》)

◎ 得阿英赠建瓷观音。(见《阿英散文选》，百花文艺出版社1981年版)

31日 与李济深、沈钧儒、章伯钧、黄炎培、陈叔通、马叙伦、谭平山、彭泽民、李章达、蔡廷锴、陈其尤等12人联名致电毛主席、朱总司令及各野战军，祝贺上海等城市解放。（电文载6月1日《人民日报》）

◎ 致信丘瑾璋，对其诗作《窗前草》和《海的颂歌》发表看法。（手迹见丘瑾璋《海的颂歌》，大公书局1949年12月初版）

6月

1日 出席全国文代会筹委会在北京饭店举行的会议。

茅盾报告筹委会的工作情况，继由田汉报告出席世界和平大会的感想。参加会议的文艺界人士共百余人。（2日《人民日报》）

◎ 复信王重民，言："大札已拜读，并曾将尊意提出昨日午后团员会议讨论。唯该项书籍，赠送者曾有所指定，或赠机关，或赠个人，有一清单在钱俊瑞兄手中。俊瑞兄尚未归国，一时亦不便开箱。其赠机关者，弟等亦无权处决也。俟将来俊瑞兄归国，再从长商议耳。"（手迹载中国书店2013年秋季书刊资料文物拍卖会图录）

2日 与在北平的民主人士56人联名致电中国人民解放军第三野战军陈毅、饶漱石、粟裕、谭震林诸将军并转全体指战员，电贺解放上海大捷。（电文载3日《人民日报》）

4日 《出席巴黎——布拉格世界拥护和平大会中国代表团报告书》发表于《人民日报》。报告说："一九四九年四月二十至二十五日，在法京巴黎和捷京布拉格，同时举行了盛大庄严而具有重要历史意义的世界拥护和平大会。参加人数，两地合计，共达二千零五名，集合了七十二个国家，十个国际团体的代表，其中包括各国工人、农民、青年、妇女、文学、科学、艺术、宗教各界最优秀杰出的人士，代表着六亿以上决心为人民民主及持久和平奋斗的有组织的人民。大会在和谐团结热烈坚决的气氛中，进行了五整天的讨论。在最后一天，通过了共同的宣言，共同的决议案，并选出一个常设委员会来负责推动今后的工作。"

◎ 晚，阿英来寓，阳翰笙亦在座，一起漫谈。（见《阿英散文选》，百花文艺出版社1981年版）

◎ 复函周定一，写道："关于'灵肉冲突'一语，因为时间太久，我已记不清是引自谁的文字了。在《三叶集》里面，我有一封信，介绍有岛武郎的一部剧本的，似乎提到过这样的话。所谓'灵肉冲突'在欧洲是近代文明的一个特征。西方以'灵'表征希伯来文明，以'肉'表征希腊文明，而近代文明是以希腊文明为基调的。便是唯物主义把唯心主义克服了。创造社的初期，有意无意地是歌颂着近代的西方文化的，说为'强调灵肉冲突'也未尝不可以，只嫌太抽象了一点，而且没有说出一个结果来。创造社初期有一个显著而热烈的倾向，便是反对封建思想，反对旧礼教，而主张个性解放。这些都是实在的。只是以这些作为'浪漫伤感'的内容，我向来不大同意。其实属于文学研究会的许地山、谢冰心、周作人等唯心派的作家才是浪漫派的标本呢。"（据郭沫若纪念馆存手迹复印件）

周定一，语言学家。

5日 与文艺界人士集会，筹备于6日举行俄国诗人普希金150周年诞辰纪念会。(5日《人民日报》)

◎ 下午，往访阿英，并同游东安市场。赠阿英琉球瓶一只。（见《阿英散文选》，百花文艺出版社1981年版）

6日 上午，往国民大戏院参加教师代表大会并讲话。赞誉教师们为灵魂的工程师。(7日《人民日报》)

◎ 参加在六国饭店举行的华北高等教育委员会第一次会议。与会者有董必武、张奚若、周扬、马叙伦、李达、吴玉章、许德珩、马寅初、成仿吾等24位委员。(7日《人民日报》)

◎ 出席俄罗斯诗人普希金诞辰150周年纪念大会，并致开会词。说道："普希金所以伟大，是因为他在一百多年前在俄国沙皇的暴政下，就站在人民方面，把人民做为自己的朋友，用人民的语言来写作，是值得我们文艺界学习的。"

参加纪念会的有七百余人，由戈宝权报告普希金生平，柯仲平及凤子朗诵纪念诗，白杨、舒绣文朗诵普希金作品。(7日《人民日报》)

◎ 节录旧作《人民的普希金》，发表于当日《人民日报》。

11日 晚，往香山毛泽东住地，与毛泽东、周恩来、李济深、黄炎培、沈钧儒、周建人等人商讨新政协筹备问题。（据《黄炎培日记》第10卷，华文出版社2008年9月版）

13日 下午，参加在北京饭店举行的茶话会，欢迎南洋华侨陈嘉庚等。(14日《人民日报》)

14日 收到巴黎世界和平大会常设委员会总书记法国作家辣斐德寄来的公函，通知世界和平大会常设委员会地址择定巴黎。(15日《人民日报》)

15日 下午，往中南海勤政殿，参加新政协筹备会成立大会。以无党派民主人士代表身份发表讲话。全文载20日《人民日报》。说：

"今天新政治协商会议筹备会开幕，这在中国历史上，乃至世界历史上，应该是划时期的一件大事。时局进展得异常迅速。从去年五一中共中央号召开新政治协商会议以来，仅仅十三月的时间，一切的步骤都仿佛在以超音速的速度，而且比以前所预期的规模更加壮阔地逐步实现着。

因此我感觉着，今天的新政协筹备会的开幕，正好象在黑暗中苦斗着的太阳，经过了漫漫长夜的绞心沥血的努力，终于吐着万丈光芒，以雷霆的步伐，冒出地平线上来了。

我不能不以满怀的热诚，庆贺这新生的太阳出土。我更不能不以满怀的热诚，庆贺这新生的太阳永远上升，永远不会下降。

旧民主主义形式的革命在中国未能完成，在今天看来，与其说是不幸，倒无宁是一件幸事了。我们今天在全心全意为人民服务的中国共产党和毛主席的领导下，在毛主席所提倡的新民主主义的照耀下，我们将要永远走着上坡路，而永远不会下降了。

我们要永远团结在全心全意为人民服务的中国共产党的周围，在毛主席的英明领导之下，努力发扬新民主主义的爱国精神和爱国的国际主义，加紧完成本民族的解放，并进而促进全人类的大解放。新民主主义的成功万岁！"

大会由周恩来任临时主席并致开幕词，毛泽东、朱德先后发表讲话。毛泽东在讲话中指出，召开新政治协商会议的时机已经完全成熟。这个筹备会的任务，"就是完成各项必要的准备工作，迅速召开新政治协商会议，成立民主联合政府，以便领导全国人民，以最快的速度肃清国民党反动派的残余力量，统一全中国，有系统地和有步骤地在全国范围内，进行政治的、经济的、文化的和国防的建设工作"。

16日 下午，参加政协筹备会第一次全体会议。当选新政治协商会议筹备委员会常务委员会副主任。

会上讨论通过了《新政治协商会议筹备组织条例》，依据组织条例选举了常务委员和常务委员会正副主任。主任为毛泽东，副主任还有周恩来、李济深、沈钧儒、陈叔通。(20日《人民日报》)

19日 对新华社记者发表谈话，说："新政协酝酿已有一年多，最近成立筹备会，这可以说是水到成渠了。的确是新时代一个很好的开始。这次参加新政协的单位有二十三个，各民主党派，进步人士都包括在里面了。这证明我们联合阵线是空前的扩大和精诚的团结。我们可以预想到不久召开的正式会议会有更好的表现。""今天我们应该学会为人民服务，使一切科学技术与人民生活和实际需要结合起来，这样我们的文化学术工作者，才能对新中国有所贡献。将来新政协成立后，有文化学术界的代表参加，希望我们文化学术界的朋友，首先要从自己本身做起，真正做到知识分子与工农紧密携手，完成光荣的建国大业。在毛主席的旗帜下，勇敢地向前进。"(20日《人民日报》)

◎ 下午，参加新政协筹备会全体会议。会议通过了《关于参加新政治协商会议的单位及其代表名额的规定》及新政协筹备会各小组长名单，被选为第五小组（起草宣言）组长。(20日、21日《人民日报》)

24日 下午，与林伯渠、李维汉等赴车站，欢迎抵达北平的上海民主人士张澜、史良、罗隆基等一行。(25日《人民日报》)

25日 作《向军事战线看齐——为中华全国文学艺术工作者代表大会而写》。发表于7月2日《人民日报》《光明日报》。写道："十二年来我们主要依靠着手里拿枪的人民武力，已经打胜了敌人。""在这样的情势之下，手里拿笔的军队，在今天才得以大规模地会师北平了。文化上的五大野战军——文学艺术工作者，自然科学工作者，社会科学工作者，教育工作者，新闻工作者，——都先后决定在平召开代表大会，以期扩大并巩固今后的文化战线。这是空前未有的盛世，但在参加这支文化军队的朋友们肩头，责任的确是愈见加重了。""辉煌的军事胜利，所消灭的主要是有形的敌人，而两千多年来的封建思想，百余年的买办思想，二三十年来的法西斯思想，这些无形的敌人，还须得文化战线来彻底地加以消灭。""拿笔的军队，必须向拿枪的军队看齐！"

◎ 参加全国文代会筹委会第七次扩大常委会，通过了各代表团负责

人选。(28日《人民日报》)

26日 致函丁山："近在平有同好将组织新史学研究会，弟已代将尊名列入发起人，谅荷同意，特此奉告。"（据手迹复印件）

丁山，史学家、古文字学家。

28日 在文代大会开幕前夕向报界发表谈话，说："这次大会在人民解放军即将获得全面胜利的伟大时期中召开，这在中国文学艺术工作者，是富有历史意义的空前盛大的会议。筹备委员会已决定邀请的代表共有753人。举行这一个空前盛大与空前团结的大会，主要的目的便是要总结我们彼此的经验，交换我们彼此的意见，接受我们彼此的批评，砥砺我们彼此的学习，以共同确定今后全国文艺工作的方针与任务，成立一个新的全国性组织，我们相信这个大会一定能够胜利完成这些任务，而且全国文学艺术工作者们一定会在毛主席的明确指导之下，不仅要团结自己，还要团结人民，不仅要教育自己，还要教育人民，要好好地运用文艺这项武器来提高革命敌忾，鼓励生产热情，以期迅速完成反帝反封建反官僚资本的任务，而使新民主主义文化建设获得全面胜利。"（28日《人民日报》）

30日 参加全国文代大会预备会。被选为总主席，副总主席为茅盾和周扬。（30日《人民日报》；《中华全国文学艺术工作者代表大会纪念文集》）

本月 《中苏文化之交流》由上海生活·读书·新知联合发行所出版，收论文19篇，附录两篇。

◎ 为惠福织造厂题诗。云："品质优良织造工，惠民福世有仙童。中华儿女咸称颂，不愧泱泱大国风。"（据手迹）

7月

1日 下午，往北京饭店，参加中国新史学研究会筹备会成立大会。会上被选为常务委员，又在常委会当选为主席。

常务委员有吴玉章、范文澜、邓初民、陈垣、侯外庐、翦伯赞、向达、吴晗、杨绍萱、吕振羽等11人，副主席还有吴玉章、范文澜，侯外庐、杨绍萱任秘书，负责进行召开全国历史工作者代表大会的筹备事宜。（2日《人民日报》）

◎ 晚，往先农坛体育场，参加北平"七一"28周年纪念大会，并讲话，载3日《人民日报》。说："今天是中国共产党二十八岁的诞辰，这应该是我们全中国人民的一个伟大的国庆。""我读了毛主席的文告，很受感奋，因而我做一首诗，我愿意在这纪念大会上朗诵出来，作为我献给伟大的'七一'纪念的颂词：看呵，这一道划破太空的长虹，听呵，这像大海里的波涛一样万雷荡动，这，鼓励了勤劳英勇的全体的主人翁！这，惊醒了缠绵枕席者的迷离的残梦！亲爱的战友们，让我们紧紧地紧紧地靠拢！举起我们的铁锤，镰刀，枪和笔一齐向前冲锋！要纪念'七一'，最好把我们的全生命来献奉！"

2日 出席中华全国文学艺术工作者代表大会开幕式，为主席团成员，任总主席，致开幕词，全文载3日《人民日报》。说："处在这样一个伟大的时代，我们从事于文学艺术的工作者们，在人民政权的司令台——北平，来召开全国性的代表大会，这在建设新民主主义的新中国的历程上，是富有历史意义的一件大事。""时代所给予我们的历史使命是什么呢？是要我们总结以往的经验，策划未来的方略，把文学艺术这项有力的武器，有效地运用来提高革命的敌忾，鼓励生产的热情，使新民主主义的建设迅速地得到全面胜利，稳步地过渡到更高的历史阶段。为了完成这项庄严的历史使命，正是我们今天来召开这次全国代表大会的主要的任务。大会从今天起预计要整整继续十二天，在这充分的时间当中，靠着全体代表们的努力，我们相信一定可以使大会顺利地获得成功。"

开幕式上，茅盾报告大会筹备经过，冯乃超报告代表资格审查结果。朱德、董必武、陆定一、叶剑英、李济深、沈钧儒、李德全等发表讲话庆贺大会的开幕和成功。(3日《人民日报》)

3日 在全国文代大会上作题为《为建设新中国的人民文艺而奋斗》的总报告，全文载4日《人民日报》《光明日报》。论述自五四以来新文艺运动的性质和文艺界的统一战线问题，提出今后全国文艺工作者的任务。

在谈到新文艺性质时说："这个问题，到了毛泽东主席的'新民主主义论'发表以后，才得到了最科学的说明。在那部名著里面，毛泽东主席指出现阶段中国革命的性质是新民主主义的革命。他用最简单的话概括了新民主主义革命的特点，就是'无产阶级领导的人民大众反帝反封建的革命'。中国革命的这种性质就决定了中国的新文化和新文艺的性质。

这就是说，五四运动以后的新文化已经不是过时的旧民主主义的文化，而是无产阶级领导的人民大众反帝反封建的新民主主义的文化；五四运动以后的新文艺已经不是过时的旧民主主义的文艺，而是无产阶级领导的人民大众反帝反封建的新民主主义的文艺。这就是五四以来的新文艺的新的地方。这就是五四以来的新文艺和以前的文艺在性质上的区别。"

在谈到文艺界统一战线问题时说："三十年来的新文艺运动主要是统一战线的文艺运动。这个文艺运动在初期就是由具有初步共产主义思想的知识分子，小资产阶级知识分子和资产阶级知识分子所联合组成的统一战线。""中国文艺界的主要论争是存在于这样两条路线之间：一条是代表软弱的自由资产阶级的所谓为艺术而艺术的路线，一条是代表无产阶级和其他革命人民的为人民而艺术的路线。三十年来斗争的结果，就是在欧美没落资产阶级文艺影响之下的为艺术而艺术的文艺理论已经完全破产了，为艺术而艺术的文艺作品也已经丧失了群众。曾经在这种为艺术而艺术的资产阶级文艺思想影响之下的许多文学家艺术家，也逐渐改变了他们的人生观和艺术观，接受了无产阶级文艺思想的领导。而无产阶级文艺思想领导的为人民服务的文学艺术，队伍日益壮大，方向日益明确，因此就日益受到广大人民群众的欢迎和拥护。""现在，伟大的中国的革命的胜利震动了一切过去没有卷入革命的人们。这就使文艺统一战线也可能取得比过去更广泛的基础。""我们容认这些不同观点的存在，但是我们除了首先在政治上团结之外，还希望在文艺为人民服务的立场上团结。希望经过文艺界的批评和自我批评，经过文学艺术工作者本身的努力，能够完全达到文艺为人民服务的共同目标。"

在谈到今后任务时提出：一、加强团结。二、深入现实，使文学艺术发挥教育民众的效能。三、扫除旧文学旧艺术的残余势力，批判地接受一切文学艺术遗产，发展一切优良进步的传统，并充分地吸收社会主义国家苏联的宝贵经验，务使爱国主义和国际主义发生有机的联系。

初收北京出版社1959年1月初版《雄鸡集》，改题为《建设新中国的人民文艺》；后收《沫若文集》第17卷；现收《郭沫若全集·文学编》第17卷。

4日 出席文学艺术工作者代表大会全体会议，听取茅盾作《十年来国民党统治区的革命文艺运动》的报告。(5日《人民日报》)

5日 出席文学艺术工作者代表大会全体会议,听取周扬作关于解放区文艺运动的发言。(6日《人民日报》)

◎ 晚,在北平新华广播电台发表题为《实现日本的民主化》的演讲,全文载6日《人民日报》。谈道:"日本的民主化是远东和平的一个重要的因素,这不单是中国人民的利益,远东民族共同的利益,而同时是日本人民本身的利益。我们中国人民对日本帝国主义虽然有血海深仇,但和日本人民却始终是朋友。今天,我们中国人民要明确地提出我们的具体的表示:迅速按照波茨坦协定,定期举行有人民民主新中国全权代表参加的四国对日和约准备会议等,是实现日本民主化的必要条件。"

6日 与毛泽东、李济深、沈钧儒、章伯钧、黄炎培等24人联名发表《新政治协商会议筹备会各党派各团体为纪念"七七"抗日战争十二周年宣言》,载7日《人民日报》。

◎ 下午,出席文学艺术工作者代表大会全体会议。毛泽东主席莅会指导。听取周恩来副主席所作的政治报告。代表大家说:"我们诚恳的全部接受周副主席给我们的指示,努力改造自己,向人民学习,学习我们所不熟悉的东西,老老实实,恭恭敬敬的学习,热诚地做毛主席的学生。"(7日《人民日报》)

7日 下午,往天安门,参加北平市纪念"七七"12周年并庆祝新政协筹备会成立庆祝大会,并讲话,全文载9日《人民日报》。说:纪念"七七","我们就应该加倍的团结起来,发展生产,繁荣经济,恢复交通,发展教育,从事政治、经济、文化、国防的各方面的积极建设,迅速成立一独立、自由、和平、统一的新中国!由新民主主义稳步地上升到社会主义共产主义的更高阶段!"

9日 出席文学艺术工作者代表大会全体会议,听取专题发言。(10日《人民日报》)

10日 出席文学艺术工作者代表大会全体会议,听取自由发言。(11日《人民日报》)

11日 在文学艺术工作者代表大会上宣布会议代表张西曼教授病逝的消息,朗读其遗嘱和遗诗,并与周恩来、周扬、沈钧儒、沈雁冰、李济深等19人组成治丧委员会。(12日《人民日报》)

12日 出席文学艺术工作者代表大会全体会议。听取萧三报告出席苏联普希金 150 周年纪念大会经过、中国人民解放军军委政治部副主任傅钟报告"人民解放军文艺工作"。(13 日《人民日报》)

13 日 出席全国第一次科学会议筹委员会正式会议,并致辞,说:"文化战线各方面的朋友们,在纵的、横的各方面团结起来,改造自己,改造社会,共同为建设新中国而努力。"(14 日《人民日报》)

14 日 下午,在中南海勤政殿出席中国社会科学工作者代表会发起人会议,被选入主席团,并致开幕词,说:"我们的目的是要团结全中国社会科学工作者来共同努力新民主主义新中国的建设,在今天的发起人会议上应该产生一个筹备会,来筹备全国社会科学工作者代表会议的召开。"(15 日、16 日《人民日报》)

◎ 出席文学艺术工作者代表大会全体会议。会议讨论并通过了《中华全国文学艺术界联合会章程(草案)》及选举文联全国委员会条例。(15 日《人民日报》)

15 日 往北京饭店,参加民盟举行的李公朴、闻一多诸先烈纪念会,并发表讲话。指出:"先烈们是超过了个人的死,渡到人民的永生。在全国就要胜利的时候,我们应该感到这是光荣的日子。"(16 日《人民日报》)

◎ 出席社会科学工作者代表会发起人会,成立常委会并被选为副主席,林伯渠任主席。(16 日《人民日报》)

◎ 复信青年学生高平。写道:"不熟悉工农的生活斗争是很难成为一个'人民作家'的。真正想做'作家'总要有丰富的生活体验,决心进工厂农村当然最好。先埋头学习一时吧,不要那么急,便感着'棘手'。我的《七一颂》只表达我对七一文告的一时感兴而已。"(据手迹;高平《郭沫若给我的回信》,载 2013 年 8 月 6 日《渤海早报》)

16 日 下午,往中南海怀仁堂,参加中苏友好协会筹备委员会成立大会。被选为筹备委员会委员,并致开幕词,说:"中苏两大民族的友谊今天是应该全面地展开不能仅限于文化人了。中苏两大民族的经验交流,今天也是应该全面地展开,不能仅限于文化了。这项工作和新中国的建设事业是分不开来的。这项工作和拥护世界和平的事业也是分不开来的。"

筹备委员会由宋庆龄、刘少奇、周恩来等 81 人组成。(17 日《人民日报》)

17 日 参加全国社会科学工作者代表会议筹备会闭幕会,听取董必

武致闭幕词。(18日《人民日报》)

◎ 中苏友好协会筹委会，推定宋庆龄为主任，与周恩来、李济深、沈钧儒、张澜、黄炎培等为副主任，钱俊瑞为总干事。(18日《人民日报》)

◎ 出席中华全国文学艺术工作者代表大会全体会议，选举全国委员会委员87名，听取阿英报告提案整理经过。(18日《人民日报》)

19日 上午，出席中华全国文学艺术工作者代表大会全体会议，以总主席身份做结束报告并致闭幕词。说："这次大会是成功的，胜利的。在这次大会以后，我们新中国文艺界一定能够更加团结在毛主席的文艺方针之下，深入群众展开工作，努力创造思想性与艺术性高度结合的作品，建立科学的文艺理论批评，为建设新民主主义的人民共和国和展开新民主主义的人民文艺而共同奋斗。"(20日《人民日报》)

闭幕大会上宣布中华全国文学艺术界联合会正式成立，宣布文联全国委员会当选委员名单。(20日《人民日报》)

◎ 出席中共中央和军委会联合举行的招待会，招待参加文代会演出工作的全体文艺工作者并在会上讲话。(20日《人民日报》)

21日 下午，往北京饭店，参加中共中央和军委会联合举行的欢宴文代会全体代表盛会。与朱德、周恩来等同祝大会胜利成功。(22日《人民日报》)

22日 往车站，欢送我国青年代表团出国参加世界民主青年第二次代表大会和国际青年节。(23日《人民日报》)

23日 下午，往北京饭店，参加文联全国委员会首次会议，当选为主席。

茅盾、周扬当选为副主席。大会还通过了文联各部负责人，通过八个协会为文联会员。(24日《人民日报》)

◎ 全国文学工作者协会成立大会闭幕，与丁玲、茅盾等69人当选为委员。(25日《人民日报》)

26日 上午，往北京饭店，出席中华全国电影艺术工作协会成立大会。晚，与周恩来、茅盾等一起出席中央电影管理局招待影协全体代表宴会。席终为导演孙瑜签名留念。(27日《人民日报》；孙瑜《影片〈武训传〉前前后后》)

27日 往协和医学院礼堂出席全国教育工作者代表会议筹备会议并

讲话,指出:"教育工作者要教育工农和人民大众,必须要站在工人阶级和人民大众的立场,用马列主义和毛泽东思想来进行教育。教育工作者要进行自我教育,改造思想。"(28日《人民日报》)

28日 上午,往北京饭店,参加中国戏曲改进会发起人大会,并讲话,说:"在中国,旧戏曲的改进是一件很重要的事,因为戏曲在群众中有广泛的影响,它是土生土长的民族形式,一种综合的艺术,是很重要的社会教育工具之一。在今天这个崭新的人民自己的时代,不仅旧戏曲要改进,一切文艺都要改进,连同我们自己也要改造,应该坚决走向彻底为人民服务的方向。改进戏曲,不仅是改进戏曲本身,而是为了改进社会,改造人民的旧思想。戏曲工作者首先要努力进行自我教育,从思想上改造自己,才能帮助教育别人,完成戏曲改革的任务。"讲话中还就《霸王别姬》《三岔口》两戏提出改进的意见。(28日《人民日报》)

◎ 与李济深、沈钧儒、章伯钧、黄炎培、马叙伦、彭泽民、史良、谭平山、蔡廷锴、陈其尤等十人,在北京饭店召开座谈会,讨论纪念"八一"展开节约劳军运动。(31日《人民日报》)

◎ 与李济深、沈钧儒等七人组成劳军委员会,积极展开劳军工作。(8月3日《人民日报》)

8月

1日 与各民主党派负责人联名致电中共中央和毛主席,热烈庆贺"八一"建军节22周年。(1日《人民日报》)

3日 与李济深、李德全、章伯钧、黄炎培、马叙伦等应邀参加解放军特种兵大检阅,并致辞说:"八一建军节是中国革命史上最有光辉的一个伟大纪念日,经过22年艰苦的斗争,人民解放军已成为一支坚强无比的钢铁部队,由四万人发展到四百万大军。我们人民解放军不仅是中国人民民主的保障,而且是全世界和平的保障。"(4日《人民日报》)

◎ 就英国紫石英号军舰击沉我国客轮发表谈话,说:"这完全是穷凶极恶的海盗行径!我们中国人民是绝对不轻易饶恕的!"(3日《人民日报》)

8日 上午,抱病参加华北各大学毕业生暑期学习团毕业典礼,并发表讲话,鼓励同学们要"活到老,学到老"。(9日《人民日报》)

9日 在北平各界代表会议开幕式上讲话，说："我们建设北平市，要把苏联建设莫斯科的精神作榜样，在北平的物质建设和精神建设（即文化教育建设）方面，都要向立体方面发展，把北平建设成为一个处处是工厂、学校、博物馆、文化宫和图书馆的进步城市。"（10日《人民日报》）

◎ 下午，偕于立群访阿英。（《阿英散文选》，百花文艺出版社1981年版）

10日 与宋庆龄、周恩来、李济深、张澜等联名致电东北中苏友好协会代表大会，祝贺大会将为进一步促进中苏两国人民的友谊作出贡献。（15日《东北日报》）

12日 晚，接待即将回天津的阿英。（《阿英散文选》，百花文艺出版社1981年版）

13日 晚，在新华广播电台作题为《中苏同盟四周年——中苏友好同盟条约四周年纪念》演讲，全文载14日《人民日报》《光明日报》。说："四年前中苏同盟的直接目的，是为了中苏两国协同其它联合国对日本作战，而且在对日作战结束之后，还须共同防御日本侵略势力的复活。在这双重的目的上，这个同盟都给予了我们很好的保证。"它"在美国政府和蒋介石反动派的手中本来只是一个幌子"，"现在是到了中国人民的手中，获得了它的真正的意义"。今天，"我们还应该扩大这种的友好和同盟。凡是新民主主义国家，我们都应该和他们缔结同盟。凡是新民主主义国家的乃至一切爱好和平民主的人民，我们都应该和他们保持友好。这样靠着全世界人民的力量来击破帝国主义的侵略的战线，粉碎战争贩子们的大屠杀的血腥计划"。

15日 为纪念"八·一五"，对《人民日报》记者发表谈话，称："四年前的'八·一五'，苏联红军协助中国人民武力把全东北从日本帝国主义的十四年长期占领之下解放了。这是苏联人民对于我们中国的极深厚的友谊表示。"（15日《人民日报》）

16日 就美国政府发表的白皮书《美国与中国的关系》一事，发表谈话。说："美国喜欢自居世界第一，在愚蠢而又横暴这一点上，倒的确是世界第一，最近美国政府所发表的肾脏病患者一样的白皮书，便是一个世界第一的好证明。""因此有这一白皮书的发表，对于我们倒是一件好事，让一般被视为'民主的个人主义者'的朋友把美帝国主义的真相可

以认得更清楚一些。"（17日《人民日报》）

22日 与宋庆龄、李济深、沈钧儒、周恩来、何香凝等171人联名发起举行冯玉祥先生追悼大会并发布启事。（22日《人民日报》）

26日 上午，往北京饭店，出席中国社会科学工作者代表会议筹备会举行的座谈会，讨论美国发表的对华白皮书。（27日《人民日报》）

27日 作《我对〈新民报〉的希望》，写道："《新民报》的名称颇像新民主义的简称，就请把宣扬新民主主义的革命和建设作为《新民报》的中心任务吧。""一切封建的遗毒，买办的作风，彻底干净全部地把它们消灭。把移风移俗的责任劝人们担负起来。一切无聊的应酬，祝寿謢墓等俗套的铺张，首先把它们扫荡。天天劝人们这样做。""人们天天要读报，报纸的教育意义很大。编报办报的人应该把这层责任感天天提醒。希望《新民报》能够这样做，实事求是的做。""你如真正成为人民的报纸，人民是要爱护你的。"（手迹存郭沫若纪念馆）

28日 上午，出席苏联建设图片展览会，并讲话。（29日《人民日报》）

◎ 下午同毛泽东、朱德、周恩来等前往车站，欢迎由沪抵平的宋庆龄。（29日《人民日报》）

◎ 与茅盾、马叙伦联名复信毛泽东主席，回答毛泽东转来的吴玉章信中关于文字改革的有关问题，发表了几点主要意见：

1. 赞成中国文字改革走拉丁化的拼音方向，但实现拼音文字要有一个"很长的过程"，因而在目前"重点试行新文字，条件尚未成熟"。

2. 赞成少数民族文字拉丁化，但不赞成汉民族方言拉丁化。

3. 认为统一的以北方话为基础的国语（即普通话）是推行中国拼音文字的先决条件。

4. 主张成立机构，延请专家，深入研究汉字改革问题。

5. 主张在整理简笔字的同时，用科学的方法统计日常用字，把其中笔画繁多的加以简化，并制成定式，以作普及教育印刷通俗读物之用。

本月25日吴玉章致信毛泽东，请示如何着手进行文字改革。提出三个原则：1. 根据文字应当力求科学化、国际化、大众化的原则，中国文字应改成拼音文字，并以改成罗马字的，也就是拉丁化的拼音为好，不要注音字母式拼音与日本假名式拼音；2. 各地方、各民族，可以拼音文字拼其方言或民族语，但同时要以比较普通的、通行得最广的北方话作为标准，使全国语言有一个统一发展的方向；3. 整理各种汉字和简体字（约二千多可用的），作为目前通俗读本之用。至于大报纸和主要书籍文件，仍照旧用整体汉字。

毛泽东当天接信后，立即致信郭沫若、茅盾、马叙伦，并转吴玉章信，请审议。

毛泽东于29日将三人联名复信转吴玉章，要他考虑并提出意见。（陈乃华等《当代中国的文字改革》，当代中国出版社1995年版；郑林曦《郭老热心文字改革二三事》，1978年7月15日《光明日报》）

30日　中华全国文学艺术界联合会等九文艺团体联名发表反对美国白皮书宣言。（31日《人民日报》）

本月　《苏联五十天》，由大连新中国书店出版。

9月

1日　下午，往帅府园艺专大礼堂参加冯玉祥先生遇难日追悼大会，并致辞说："我们要学习他接近人民，为人民服务的精神，学习他勇于改正自己错误的优良作风。"

参加追悼大会的有李济深、宋庆龄、周恩来、沈钧儒、张澜、何香凝、冯玉祥夫人李德全等六百余人。毛泽东、朱德及各民主党派、人民团体均送挽联、花圈。周恩来、沈钧儒等先后致辞。（2日《人民日报》）

3日　午前，与范文澜、侯外庐、杜国庠等四人应北京大学史学系之邀参加座谈会，所谈问题为中国史封建社会何以如此之长。

"由胡君钟达以研究西史见解提出意见，然诸君未做解答而罢，相约下次再开会讨论之。'郭沫若发表意见如下：史学与史料配合起来，应以实事求是为整理方法，自然与马克思主义接近。新旧交替之时应掌握新方法以创通条例。现在尚难言创通条例，即使新方法亦要丰富之史料配合之。治古代史患史料太少，治近代史又患史料太多，凡史料太少及太多皆不易得结论。吾人应尽量搜求史料，又须求其正确。如有方法掌握则史料不患其太多，若无掌握之方法则必被困于史料之中而无法自脱。'"（《金毓黻日记》，辽沈书社1993年10月版）

6日　出席中苏友好协会总会筹备委员会全体会议，讨论总会筹备事宜及组织规程，并欢迎最近抵平的该会主任委员宋庆龄。

宋庆龄、周恩来、董必武、何香凝、李济深、黄炎培、彭真等与会。(7日《人民日报》)

7日 晚，同毛泽东、朱德、周恩来等前往车站，欢迎由长沙抵平的程潜将军。(8日《人民日报》)

◎ 与刘宁一、马寅初以出席世界拥护和平大会中国代表团名义，致电祝贺在墨西哥城举行的美洲和平大会。(8日《人民日报》)

8日 作《读了〈新儿女英雄传〉》。发表于18日《人民日报》。收本月上海海燕书店版《新儿女英雄传》，为《序》。写道："承作者把《新儿女英雄传》的剪报送给我，我读了一遍。"认为"这的确是一部成功的作品，大可以和旧的《儿女英雄传》，甚至和《水浒传》、《三国志》之类争取大众的读者了。"书中对"人物的刻划，事件的叙述，都很踏实自然，而运用人民大众的语言也非常纯熟，我希望他们再向前努力，获得更大的成功。同时我也很愿意负责推荐，希望画家们多作插画，像以前的绣像小说那样以广流传"。

10日 参加出席世界拥护和平大会中国代表团全体会议，响应世界拥护和平大会常设委员会的号召，决定成立中国分会，被选为筹委会主任。(13日《人民日报》)

11日 午，赴张元济宴请于欧美同学会。

张元济宴请的还有沈雁冰、胡愈之、沈衡山、叶圣陶、宋云彬、马寅初、黄任之、郑振铎、陈叔通。(张人凤整理《张元济日记》，河北教育出版社2001年1月版)

13日 下午，与茅盾、周扬在中山公园来今雨轩招待新近抵平的文艺工作者及日前返平的文代会东北参观团。(13日《人民日报》)

17日 《第三条道路是没有的》发表于《新华周报》第3卷第1期。

18日 出席北平党政军及各群众团体欢宴中国人民政协代表大会，代表到会全体政协代表致答词，并领导全场一致起立，举杯祝毛主席健康和人民政治协商会议成功。(19日《人民日报》)

20日 作诗《新华颂》。发表于10月1日《人民日报》。歌咏道："人民中国，/屹立亚东／光芒万道，／辐射寰空。／艰难缔造庆成功，／五星红旗遍地红。／生者众，物产丰，／工农长作主人翁。"

初收人民文学出版社1953年3月初版《新华颂》，后收《沫若文集》第2卷，现收《郭沫若全集·文学编》第3卷。

21日 出席中国人民政治协商会议开幕式，为主席团成员，无党派民主人士组召集人。听取毛泽东主席致开幕词，宣告："占人类总数四分之一的中国人从此站立起来了。"

会议任务：制定中国人民政协组织法与共同纲领，选举政协全国委员会暨中华人民共和国中央人民政府委员会，制定国旗国徽和国歌，决定国都所在地和年号。(22日《人民日报》)

22日 出席政治协商会议，听取筹备会四项重要报告，由周恩来报告共同纲领起草经过和纲领的特点。在主席团会议上被选为常务委员。在政协设立六个委员会中被选入宣言起草委员会委员和召集人。(23日《人民日报》)

23日 出席政治协商会议，听取18位代表大会发言。(24日《人民日报》)

24日 作诗《四川人，起来!》，发表于10月2日《人民日报》。写道："四川人，起来!／像保路同志会／围攻成都府那样，／九府十三州，一百单八县，／全四川省的老百姓／一齐起来! 起来!"

初收人民文学出版社1953年3月初版《新华颂》，《新华颂》编入《沫若文集》时删去。

◎ 作《拥护三大文件》。发表于25日《人民日报》。

◎ 出席政治协商会议，听取22位代表大会发言。

朱总司令代表全军保证实现共同纲领。新疆代表团向政协献旗并以维吾尔族的衣帽献给毛主席。(25日《人民日报》)

25日 出席政治协商会议。以无党派民主人士名义发言，拥护三大文件：《中国人民政治协商会议组织法》《中华人民共和国中央人民政府组织法》和《中国人民政治协商会议共同纲领》。认为，这是本着实事求是的精神，集思广益的办法，经过了无数次的斟酌损益，反复商讨，而草拟出来的。集中了全体代表的意见，字字句句都切合着中国革命的实际需要。是人民意志的总表现。(全文载26日《人民日报》，题作《无党派民主人士首席代表郭沫若发言》)

◎《黄热病的故事》发表于《中国儿童》创刊号。介绍美洲的黄热病导致许多在巴拿马修铁路的中国工人死亡,意在告诉小朋友"在美国人所专利的巴拿马运河和巴拿马铁路的修筑上,我们中国人是贡献了很大的劳力,而且还牺牲了那么多的生命的"。但是却没有得到"一丝一毫的权利"。

26日 上午,往协和医学院礼堂,主持苏联科学家巴甫洛夫诞生百周年纪念会,并致开会词。说:"巴夫洛夫不仅是苏联伟大的科学家,由于其科学有世界性,所以可称是世界的科学家。他在科学上的成就,标志了科学战胜了形而上学,唯物论战胜了唯心论。"(27日《人民日报》)

27日 出席政治协商会议。

会议通过《人民政协组织法》《中央人民政府组织法》,国都定于北平改名为北京,确定国旗、国歌及纪年。大会主席团于28日公布国旗为五星红旗,田汉词、聂耳曲的《义勇军进行曲》为代国歌。(28日、29日《人民日报》)

29日 午后,往颐年堂毛泽东住所,与毛泽东、周恩来、李立三、李济深、沈钧儒、陈叔通、黄炎培等人讨论毛泽东起草的就职公告稿。(《黄炎培日记》第10卷,华文出版社2008年9月版)

30日 出席中国人民政治协商会议第一届全体会议闭幕会,当选政协全国委员会委员、中央人民政府委员会委员。

中央人民政府主席为毛泽东,副主席为朱德、刘少奇、宋庆龄、李济深、张澜。大会一致通过共同纲领及政协和政府组织法,通过政协第一届全体会议宣言。(10月1日《人民日报》)

◎ 与李济深、沈钧儒、黄炎培、马叙伦等44人提出议案,请以大会名义急电联合国否认国民党政府。提案经政协全体会议通过。(10月1日《人民日报》)

10月

1日 上午,与宋庆龄、刘少奇、周恩来等前往车站,迎接以法捷耶夫为团长的苏联文化艺术科学工作者代表团。在车站举行的简短欢迎会上致欢迎词。

该团应邀来华参加中国保卫世界和平大会和中苏友好协会总会成立大

会。(2日《人民日报》)

◎ 下午2时，出席中央人民政府委员会第一次会议，当选为中央人民政府委员。与毛泽东主席，朱德、刘少奇、宋庆龄、李济深、张澜、高岗副主席和全体委员宣布就职。(2日《人民日报》)

◎ 下午3时，出席在天安门广场举行的中华人民共和国暨中央人民政府成立庆典，并参加阅兵式。(2日《人民日报》)

毛泽东主席向全世界宣告："中华人民共和国中央人民政府今天成立了。"接着，按电钮升起中华人民共和国国旗——五星红旗，后宣读《中华人民共和国中央人民政府公告》。(2日《人民日报》；《毛泽东年谱（1949—1976）》，中央文献出版社2013年12月版)

2日 上午，出席中国保卫世界和平大会成立大会开幕式，当选为主席团成员。并以大会筹委会主任名义作题为《为粉碎新的侵略战争阴谋而斗争》的报告。全文载3日《人民日报》。指出：成立中国保卫世界和平大会，表示中国人民保卫世界和平、反对新侵略战争的坚强决心，并和遍及全世界的和平运动密切联系，互相配合，击破新战争挑拨者的战争政策，争取和平的胜利。

3日 在中国保卫世界和平大会成立大会上，当选为全国委员会委员、主席，并致闭幕词。

刘宁一、蔡畅、廖承志、沈雁冰、马寅初为副主席，刘宁一兼任秘书长。(4日《人民日报》)

5日 上午，出席中国文联在六国饭店餐厅举行的招待参加政协的解放军代表的茶话会，以中国文联主席名义致辞。(8日《人民日报》)

◎ 下午，出席中苏友好协会总会成立大会。为主席团成员、大会执行主席之一。与宋庆龄、吴玉章等7人当选为副会长。刘少奇为会长。(6日《人民日报》)

◎ 与李济深、何香凝等发表书面意见，感谢苏联承认新中国，庆贺中苏新邦交的建立。(5日《人民日报》)

6日 发表为《新建设》的题词："认真学习马列主义，掌握近代技术，切实地从事新的建设，但要首先放下一个大包袱，便是知识分子的妄自尊大。"(与毛泽东、朱德等二十余人的题词共同以《政协代表对于新建设读者要说的最重要的一两句话》为题载《新建设》第1卷第3期)

8日 晨，偕于立群访来京参加第一届全国政治协商会议的张元济，并请其在手册上题词。（张人凤整理《张元济日记》，河北教育出版社2001年1月版）

张元济本日日记载："郭沫若偕其夫人来，称见余《新建设》《戊戌政变的追忆》一文中有于晦若名，为其夫人兼祧祖父，故偕来，并以手册嘱题数字。"

◎ 作《〈生命之科学·第三册〉序》，载当月上海商务印书馆出版的《生命之科学·第三册》（上）。说明"此书系十五年前的旧译。在这十五年中全世界全中国都有了天变地异的改变，就在生物科学方面也有了很大的进展。大战中所发明的药品，如硫安类、彭尼西林等，对于人生幸福确有了很大的贡献。特别是在遗传学方面，有苏联生物学家李珂博士所努力的米丘林学说的建立，使以前建立在魏斯曼、摩尔刚等的假说上的旧说完全改观，而使达尔文的进化学说也得到更正确的修正。这些在本译书中都未提到。这是一个很大的缺陷，希望读者注意"。指出："科学的研究，尤其在苏联方面，进展得很快。我们切不要故步自封，务必迎头赶上，就请把这部书作为科学故事一样去读吧。"

9日 下午，在中南海勤政殿出席政协全国委员会第一次会议。与周恩来、李济深、沈钧儒、陈叔通当选为副主席，毛泽东为主席。（10日《人民日报》）

10日 下午，与周恩来、聂荣臻等往车站欢迎苏联第一任驻华大使罗申。

◎ 晚，出席外交部部长周恩来和北京市市长聂荣臻为苏联文化艺术科学工作者代表团送行的鸡尾酒会。（11日《人民日报》）

12日 张元济来访。（张人凤整理《张元济日记》，河北教育出版社2001年1月版）

据张元济本日日记载："至北京饭店访郭沫若还其伉俪嘱书之件。"10日日记载：为郭沫若"作书"。

13日 与茅盾、周扬等代表中国文联邀请全国总工会、全国妇联、全国青联及北京市委等单位，共同商讨筹备即将在19日举行的纪念鲁迅逝世13周年活动事宜。

丁玲、田汉、郑振铎、赵树理、沙可夫、曹禺、徐悲鸿、冯雪峰、许

广平、阳翰笙、艾青、黄药眠、胡风等文学艺术界人士到会。(14日《人民日报》)

◎ 为纪念鲁迅逝世13周年作《继续发扬韧性的战斗精神》。发表于本月25日出版的《文艺报》1949年第1卷第3期。指出："'横眉冷对千夫指，俯首甘为孺子牛'，在今天依然是我们的战斗指标"，"今天，建国的大业已经开始，这又是更宏阔而长远的一场斗争——要和一切落后的现实斗，和自然的威力斗，和技术的顽强性斗。要把战争的创伤医好，要把落后的农民中国建设成为先进的工业中国，正须得全中国的人都成为'孺子'的'牛'"。"为了纪念鲁迅先生，大家赶快把头埋下去，替新生中国做'牛'吧，而且要做得十分地心甘情愿。"

14日 为《河北教育》创刊题词："学习毛泽东活用马列主义的思想，使后一代青年都成为建国的基石和栋梁。"(手稿见《河北教育》1979年第10期)

17日 作诗《鲁迅先生笑了》。发表于19日《人民日报》。想象许多重要的时刻鲁迅仍在："在西苑机场"，"在捷克首都布拉格"，"在先农坛的公共体育场"，"在中南海的怀仁堂"，"在天安门广场"……"那时候我看见了你，看见你笑了"。最后感叹："鲁迅先生，你是永远不会离开我们的，/我差不多随时随地都看见了你，看见你在笑。/我相信这决不是我一个人的幻想，/而是千千万万人民大众的实感。/我仿佛听见你在说：'我们应该笑了，/在毛主席的领导之下，应该用全生命来/保障着我们的笑，/笑到大同世界的出现。'"

初收人民文学出版社1953年3月版《新华颂》；后收《沫若文集》第2卷，改题为《鲁迅笑了》；现收《郭沫若全集·文学编》第3卷。

18日 与茅盾、周扬、丁玲等往车站为访问中国的苏联文化艺术科学工作者代表团团长法捷耶夫送行。(19日《人民日报》)

19日 上午，主持由全国文联、总工会、青联、学联、妇联等十二团体发起组织的纪念鲁迅逝世13周年大会。作为执行主席致辞。号召大家"学习鲁迅的精神，把革命战争进行到底，把中华人民共和国迅速建设好"。(20日《人民日报》)

◎ 下午，出席中央人民政府委员会第三次会议。被任命为政务院副总理，政务院文化教育委员会主任，中国科学院院长。

政务院、政务院文化教育委员会、中国科学院任命名单为：

政务院　总理：周恩来（中国共产党）。副总理：董必武（中国共产党）、陈云（中国共产党）、郭沫若（无党派民主人士）、黄炎培（民主建国会）。

文化教育委员会　主任：郭沫若（无党派民主人士）。副主任：马叙伦（中国民主促进会），陈伯达（中国共产党中央宣传部副部长、马克思列宁学院副院长），陆定一（中国共产党中央宣传部部长），沈雁冰（作家，中华全国文学艺术界联合会全国委员会副主席）。

中国科学院　院长：郭沫若（无党派民主人士，中华全国文学艺术界联合会全国委员会主席）。副院长：陈伯达（社会科学工作者，中国共产党中央宣传部副部长兼马克思列宁学院副院长），李四光（自然科学工作者，教授），陶孟和（社会科学工作者，教授），竺可桢（自然科学工作者，前浙江大学校长）。(20日《人民日报》)

◎ 与于立群同往六国饭店为返沪的张元济送行。（张人凤整理《张元济日记》，河北教育出版社2001年1月版）

◎ 为抗议美国迫害共产党领袖，发表书面讲话。(19日《人民日报》)

20日　上午，在中国文字改革协会举行的第一次理事会上当选为常务理事。

到会理事近四十人。一致同意把研究拼音文字作为主要任务，并且把北方话拉丁化新文字作为底案；提出目前更应注意促成汉字的简单化和标音化。同时当选理事的还有吴玉章、胡乔木、成仿吾、胡愈之、沈雁冰、马叙伦等24人。(21日《人民日报》)

◎ 晚，往车站为中国首任驻苏联大使王稼祥送行。(21日《人民日报》)

◎ 为北京人民体育大会题词："新民主主义的体育应该建立在集体主义的基础上，使劳动艺术化，不仅要使青年有健壮的体魄，而且要养成尊重劳动的精神。"（手迹载22日《人民日报》。）

◎ 发表《抗议美帝迫害美共领袖》于《人民日报》，抗议美国政府判处美国共产党11位领袖徒刑。

◎ 为庆祝斯大林七十寿辰，苏联最高苏维埃主席团决定设立"加强国际和平"斯大林国际奖金。被奖金委员会聘请为副主席。(1951年12月

22日《人民日报》）

21日 上午10时，在华文学校主持政务院文化教育委员会首次会议，宣布该委员会的成立并致辞，强调其"将担负新中国文化教育建设的重任"，号召全体委员一致努力，迎接文化建设的高潮。(22日《人民日报》；《竺可桢全集》第11卷，上海科技教育出版社2007年12月版）

◎ 下午，出席政务院扩大会议。会议宣告政务院正式成立。在会上报告文化教育委员会成立会的经过。扩大会议结束后，参加政务委员会第一次会议。(22日《人民日报》）

◎ 中央人民政府各机构人选名单公布后，作为无党派民主人士，接受《光明日报》记者采访。认为这是一个货真价实、不折不扣的人民民主的联合政府。各方面都照顾得很周到，人选也配合得煞费苦心，将来在政权的运用上，在"共同纲领"的实施上，一定能够收到很好的效果，不负人民的重托。(23日《人民日报》）

22日 午后，与陈伯达、竺可桢等在北京饭店413号房间开会，讨论中国科学院组织问题。(《竺可桢全集》第11卷，上海科技教育出版社2007年12月版）

24日 与周恩来总理等出席首都人民体育大会闭幕典礼并观看表演。(25日《人民日报》）

25日 出席政务院第二次政务会议。(26日《人民日报》）

会议讨论设接收委员会，接收前国民党政府中央各机关人员档案物资等。决议中央人民政府各部、会、院、署，一律于11月1日正式开始办公。决定将科学院定名为"中国科学院"。(《中国科学院史事汇要》1949年）

26日 下午，出席政务院文化教育委员会邀请苏联代表团交流文教科学问题座谈会，主持会议。就以下问题向苏联代表团成员请教：（一）苏联政府如何统一领导全国文化教育工作？（二）苏联政府在文教方面分多少部？除作家协会外，政府有无专门领导文艺工作的机构？它如何工作的？（三）是否有文教计划局之类的组织？它的性能和职权如何？（四）苏联科学院研究与组织的情况。（五）今后中苏两国文教资料和经验交换的具体办法。

五个问题由苏联代表团西蒙诺夫等依次做了解答。(27日《人民日报》；《竺可桢全集》第11卷，上海科技教育出版社2007年12月版）

◎ 下午，前往车站为参加苏联十月革命32周年纪念典礼的中国代表团送行。（27日《人民日报》）

27日 与茅盾、周扬、田汉、于伶等代表中国文联、中华全国戏剧工作者协会联名电贺苏联国立小剧院成立125周年。电文称："中国的戏剧工作者久已钦佩一百多年前由'小戏院'树立了基础的俄罗斯先进的现实主义艺术，而且把它当作自己学习的方向。和'小戏院'的光荣历史不可分离的伟大的俄罗斯古典戏曲家亚历山大·奥斯特洛夫斯基的不朽的作品《大雷雨》，十年以前，就曾经由我们的戏剧工作者用中国语言，在上海、重庆、昆明等各大都市演出，每次都获得广大观众们的热烈欢迎。中国的现代戏剧的历史，不算太长，只有四十来年，可是值得称道的，是我们一开始就向着现实主义的道路探研追求，而且也和'小戏院'之与俄国革命运动密切关联着一样，我们中国的戏剧运动自始也和中国革命运动关联着。这就是为什么我们对于'小戏院'的伟大的奠基者及其光荣的继承者特别感到亲密而向往。"（31日《人民日报》）

◎ 偕于立群，与竺可桢共进午餐。（《竺可桢全集》第11卷，上海科技教育出版社2007年12月版）

◎ 晚，出席政务院召开的紧急防疫会议，讨论扑灭察北鼠疫问题。（28日《人民日报》）

28日 出席中央人民政府政务院第三次政务会议，讨论通过《政务院所属各机关组织通则》等议程。（29日《人民日报》）

◎ 诗作《欢送苏联文化代表团，再见！》发表于《人民日报》。说："我们虽然分别了，但我们的精神是永远紧紧地拥抱的。没有任何的空间和时间可以隔离我们的拥抱。"

◎ 下午，与周恩来、董必武等出席苏联大使罗申欢送苏联文化艺术科学工作者代表团的鸡尾酒会。（29日《人民日报》）

29日 上午，与刘少奇、吴玉章等百余人到车站欢送苏联文化代表团，并代表中苏友好协会和中国保卫世界和平委员会致欢送词。表示：苏联代表团来访给了中国人民以极大的鼓励。希望能够很快地再来中国。（30日《人民日报》）

苏联文化代表团在北京、南京、上海、济南等地访问34天，当日离京返苏。

30日 发表《电影是很好的教育工具》于当日《人民日报》，又刊于11月2日《光明日报》。倡导通过电影学习苏联。

31日 毛泽东主席签署政府令，向郭沫若院长颁发中国科学院印信。

政府令如下："郭沫若院长：兹颁发中国科学院铜质印信壹颗，文曰：'中国科学院印'，希即具领。希将启用日期并拓具印模一份，报府备查。"（《中国科学院史事汇要1949年》）

11月

1日 政务院各部级机关正式开始办公，后以此日为中国科学院成立日。郭沫若任中国科学院院长。（《中国科学院史事汇要》1949年）

2日 与副院长陈伯达、李四光、竺可桢、陶孟和共同发出通函，从11月1日起中国科学院暂在东四马大人胡同10号开始办公。（《中国科学院史事汇要》1949年）

3日 为纪念十月革命32周年撰文《十月革命，普天同庆》。发表于7日《人民日报》，载《中苏友好》月刊创刊号。说："每年的纪念表示着克服了一段的艰难，也就增加着一段的光辉。每年的纪念都给予全世界的人民以新的力量，新的鼓励，新的照明，新的示范。"指出："苏联三十二年来的宝贵的建国经验是全人类所共有的瑰宝，在今天我们正在用尽全力来加紧建设的时候更是我们当前的范本，我们是应该尽量吸收的。向来我们在学习苏联上，对于文艺和社会科学，比较有些成就，但对于自然科学和技术科学，便有很大的隔阂。在今天我们是应该打破这种隔阂的时候了。苏联在自然科学和技术科学方面的进展同样是突飞猛进，在我们建国工作打基础的阶段上正应该对于这一方面的经验加紧吸收，要基础打得好，上层建筑也才建得牢。人民政府早就注意到了这一层，得要用大力从各方面来推进，但也希望专家们和青年们自动地觉醒起来，加紧学习俄文，并加紧和苏联科学发生联系。"

4日 出席政务院第四次政务会议，向大会报告文化教育委员会所属各机构成立情况。(5日《人民日报》)

5日 与刘少奇、宋庆龄、吴玉章、沈钧儒等联名致电苏联对外文化协会主席琴尼索夫教授，祝贺十月革命32周年。(6日《人民日报》)

◎ 与茅盾、周扬代表中国文联，致电苏联作家协会和法捷耶夫，祝贺苏联十月革命32周年。指出："十月革命以来，苏联文艺的理论与实践，对于全世界的文艺工作者曾发生了不可衡量的影响。特别是我们中国的革命文艺运动，既从苏联文艺吸取了滋养，也从苏联文艺取得了教训。"(5日《人民日报》)

6日 作《关于诗歌的一些意见》。认为"诗歌应该是最犀利而有效的战斗武器，对友军是号角，对敌人则是炸弹"。因此作者首先要有"严峻的阶级意识，革命意识，为人民服务的意识，为政治服务的意识"。"有了这些意识才能有真挚的战斗情绪，发而为诗歌也才能发挥武器的效果而成为现实主义的作品"。强调"形式可以相对的自由，歌谣体、自由体、甚至旧诗体都可以写诗，总要意识正确，人民大众能懂。但如所谓商籁体，豆腐干式的方块体，不遵守中国的语言习惯分行分节，则根本是脱离大众的东西，是应该摒弃的"。"为了使人民大众能懂，诗歌的语言选择应该大费苦心。请采集民众的语言，更从而提高民众的语言。""为了使语言丰富而品质提高，适当地吸收外国语法或铸造新词，仍然是必要的。但不能以好奇炫异为动机。"(以《〈论诗二题〉之一》收王亚平编《论大众文艺》，上海天下图书公司1950年10月版)

7日 上午，与毛泽东、朱德、刘少奇、周恩来等及各界代表七百余人出席苏联驻华大使罗申举行的庆祝十月革命32周年鸡尾酒会。(8日《人民日报》)

◎ 和陆定一、严济慈等与周恩来总理商讨科学院气象所归属问题。(《中国科学院史事汇要》1949年)

◎ 晚，出席中苏友好协会总会庆祝苏联十月革命32周年集会并发表演讲。在谈到十月革命对中国的影响时说："我们中国人民是在十月革命这伟大的火炬照明之下看出了解放自己的出路的。我们的领袖毛泽东的思想便是马恩列斯主义在中国的革命实际中最切实的运用和展开。我们中国人民在毛主席和中国共产党的领导之下学习苏联，走苏联的路，努力了将近三十年，在今天我们的人民革命已经获得了空前的大胜利"。(8日《人民日报》)

11日 出席政务院第五次政务会议。(12日《人民日报》)

12日 与茅盾、周扬代表中国文联复电越南文化会，对其电贺中华

人民共和国成立表示感谢。(14日《人民日报》)

14日 在中国科学院干部会上发表讲话,报告科学院成立经过及今后工作方向。在谈到隶属关系时指出,中国科学院隶属政务院而由文化教育委员会领导;在谈到科学院的任务时说:要执行共同纲领,发扬新民主主义文化,即民族的形式,科学的内容,与大众的方向,反对封建的买办的法西斯主义的文化,用科学的历史观点来发展社会科学;在谈到自然科学和社会科学的关系时强调:"我们的国家现在必须要尽速恢复战争疮痍,因此现在的政治重点应该放在经济建设方面","所以今后科学院的重点无疑是在自然科学方面的","至于社会科学,并不是抛弃不管,而是要把它慢慢发展,将来在适当时机,使二者取得平衡"。(《中国科学院史事汇要》1949年)

16日 复信老中医张夔梅,答其来信询问张闻天、张健尔兄弟的消息,说"古人云'国尔忘家,公尔忘私',悬为道德之最高标准。中国革命深幸有如洛甫(张闻天笔名——编者注)先生兄弟者多,故得庆成功。尚望勿以'唯物论者'菲薄"。(手迹载《革命文物》1980年第1期)

张夔梅为张闻天堂叔,致信打听张闻天、张健尔兄弟消息,信中有"难道一个唯物主义者,可以忘掉一切亲属"的话,郭沫若即复此信。

◎ 复信失学青年达英骅,对其来信所述怕父亲不允许去外地读书而心情苦闷之事,给予劝慰。"你才十八岁,年纪还很轻,的确是应该再加深造。我看你最好是诚心诚意地向你父亲说明,让你继续学业,以求大成。你父亲才五十多岁,年纪还不算大。拿我来说,今年五十八岁,但我感觉得我自己并没有老。我估计你父亲还可以让你读五年至十年的书,你将来是会有造就的。就拿我这封信向你父亲娓婉地恳求,父母总是爱儿女的,我相信他一定会允许你。……不要为虚荣心所囿,要抱定老老实实地把本事学好,工作做好的决心,才是要紧的。"最后指出:"写小说不是件容易的事,最好先使自己的思想更正确些,生活经验再丰富些,写作本领更坚实些,再慢慢来从事的好。"(信函手迹见达英骅《郭沫若对我的教诲》,《书林》1982年第3期)

◎ 下午,出席周恩来总理招待世界工联执行局委员及亚澳工会会议各国代表的宴会,与周恩来、朱德、沈钧儒等先后致辞。(17日《人民日报》)

17日 发表书面讲话，拥护外交部长周恩来对联合国的声明，要求撤销国民党政府在联合国的合法地位。(17日《人民日报》)

◎ 与茅盾、周扬代表中国文联电贺亚澳工会会议开幕。(19日《人民日报》)

21日 复电全印职工大会，感谢其日前邀请出席全印和平大会，并向大会表示祝贺。由于两国间还没有外交关系，不能前往，表示遗憾。(23日《人民日报》)

◎ 复信翟资生，答其"所示疑问"："（一）文字改革，鄙意宜注重在统计、整理、简化、限制字数等项。根本改变（如拉丁化之类）一时不可能。（二）简化求其便，只要约定俗成，无须求其十分合理。此例古已有之，如庆字……（三）'小学'当然可以继续研究。"(手迹载《信阳师范学院学报》1982年第1期)

手迹日期为12月21日，翟资生根据信封邮戳校为11月21日。

22日 往中国科学院办公处，讨论科学院人选问题。(《竺可桢全集》第11卷，上海科技教育出版社2007年12月版)

25日 下午，在中央人民政府政务院第七次政务会议上，作关于文化教育委员会工作的报告。(26日《人民日报》)

26日 致函常任侠。说："潘县卣壶颇愿快睹，明星期日下午三时左右在北京饭店候驾同往何如？"(《冰庐锦笔：常任侠珍藏友朋书信选》，国家图书馆出版社2008年12月版)

28日 与茅盾、周扬代表中国文联致电亚洲妇女代表会议主席团，祝贺会议开幕。(12月11日《人民日报》)

◎ 致信张元济。谓："顷奉廿一日书，敬悉返沪后贵体曾略告违和，幸已早占勿药，想系旅途劳顿所致。""沪市物价波动，此间报端亦时见及。国家深被重创，新基难奠，一时尚不能使百废待举。然此乃生产性之痛苦，康复之期，当不在远。承嘱以会中文学艺术著述托商务印书馆发行事，当与文联会与文委会诸同志商之。贵馆与文教事业贡献殊多，虽一时为俗手经营，致与时代稍不适应，今重在先生领导下，必能迅复旧观也。力之不逮，当谋协助。"(据手迹)

本月 为庆祝斯大林七十寿辰作诗《我向你高呼万岁！》，发表于《中苏友好》杂志12月第1卷第2期，又载《新华月报》1950年1月第1

卷第3期。称斯大林的七十岁"已经是地质学上的、天文学上的年龄","是以宇宙的生命为秋,宇宙的生命为春"。"你应该是在变的,但你,集体力量的结晶,/你是愈变愈坚强,愈变愈健康,愈变愈不朽!""集体的光热将使南北两冰洋化为暖流,/集体的润泽将使撒哈拉沙漠化为沃土,/集体的智慧将使江河改流,山岳奔走,/大地永远年青,人类永远如兄如弟!"

初收人民文学出版社1953年3月初版《新华颂》,后收《沫若文集》第2卷,改题为《集体力量的结晶》,内容亦有修改;现收《郭沫若全集·文学编》第3卷。

◎ 作祝寿诗《斯大林万岁》,发表于12月13日《人民日报》。称斯大林为"亲爱的钢,永恒的太阳!"收中苏友好协会总会会刊《中苏友好》庆祝斯大林七十寿辰专号,收中国文艺界人士为祝贺斯大林七十寿辰特制的刺绣封面纪念册。

祝贺纪念册还收入徐悲鸿的画,题为"奔向太阳"的马和"如松柏之茂"的松,齐白石的画,题为"一实三千年"的彩色寿桃,及叶浅予、吴作人、王式廓等人的画,茅盾、田汉的题字和中国作家们的签名。

收人民文学出版社1953年3月初版《新华颂》。《新华颂》编入《沫若文集》时删去。

12月

1日 中午,应李烛尘等之请,在王府井大街敦厚里七号梁宅聚餐。陈叔通、竺可桢、马叙伦、吴玉章、陶孟和等人亦到。(《竺可桢全集》第11卷,上海科技教育出版社2007年12月版)

下午,与竺可桢往北大理学院。(《竺可桢全集》第11卷,上海科技教育出版社2007年12月版)

3日 在中国科学院报告前日召开的第四次人民政府委员会之经过情形。(《竺可桢全集》第11卷,上海科技教育出版社2007年12月版)

4日 发表《光荣属于胜利的负担者》于《人民日报》。积极支持国家发行"人民胜利折实公债"的计划。称其为公民"光荣的负担","是借大家的钱来办大家的事,与其说是'公债'倒应该说是'公责'"。

5日 中午11时，听取华东、华中、东北三军政委员负责人饶漱石、邓子恢、李富春报告三区之文教。(《竺可桢全集》第11卷，上海科技教育出版社2007年12月版)

◎ 与董必武、黄炎培、沈雁冰等吊唁教育部社会教育司司长、女教育家俞庆棠。(7日《人民日报》)

俞庆棠于当日凌晨因脑出血逝世，终年52岁。

◎ 致函常任侠。说："薛君慎微来信，言有拓本三纸托足下转交，如便请掷下，急欲加以考释。又薛君言有法国所贡花瓶，拟奉政务院，不知是售是赠，亦请便中询明为祷。如系出售则价格若干，请询明。"(《冰庐锦笔：常任侠珍藏友朋书信选》，国家图书馆出版社2008年12月版)

7日 下午，主持文教委员会会议。

邵荃麟报告本月内文教委员会将召集之会议；讨论宣传共同纲领十五人小组委员会决议；讨论预算；讨论电影行政会议的报告，结论是以后苏联影片虽尽量多演，但英美影片好者，如莎士比亚仍欢迎。(《竺可桢全集》第11卷，上海科技教育出版社2007年12月版)

8日 上午，与竺可桢、陶孟和等中科院领导往三贝子花园中国科学院历史研究所听取汇报，谈未来方针，至一点左右。并拟从即日起陆续到各在京研究所、处听取工作汇报。(《中国科学院史事汇要》1949年；《竺可桢全集》第11卷，上海科技教育出版社2007年12月版)

10日 上午，与竺可桢、陶孟和等至三贝子花园中国科学院植物研究所听取汇报，谈今后方针。(《竺可桢全集》第11卷，上海科技教育出版社2007年12月版)

◎ 出席亚洲妇女代表会议，代表中国文联致辞。谈道："凡是受压迫最大、受痛苦最深的人，只要一有了觉醒，而且有了团结，她的反抗力也就最强，斗争性也就最尖锐。""因而妇女界的觉醒和团结是不可轻侮的一个伟大的力量。"(11日《人民日报》)

11日 晚，出席周恩来总理在北京饭店举行的招待亚洲妇女代表会议各国代表的宴会。(12日《人民日报》)

13日 上午，与竺可桢、陶孟和等往三贝子花园，考察中国科学院动物研究所。首先致辞，述今后工作方针，后听取汇报，又谈一小时。(《竺可桢全集》第11卷，上海科技教育出版社2007年12月版)

17 日 上午，往东皇城根中国科学院化学研究所考察工作。先谈十分钟，听取汇报后，谈一个半小时。(《竺可桢全集》第 11 卷，上海科技教育出版社 2007 年 12 月版)

18 日 发表《"灵魂工程师"的工程师》于《人民日报》。庆祝斯大林寿辰，赞斯大林对无产阶级文艺的贡献。

20 日 上午，往中国科学院物理研究所，参观物理化学大楼并听取工作汇报。(《中国科学院史事汇要》;《竺可桢全集》第 11 卷，上海科技教育出版社 2007 年 12 月版)

◎ 晚，出席中苏友协总会为斯大林七十寿辰举行的酒会。(21 日《人民日报》)

21 日 下午，出席苏联大使馆举行的庆祝斯大林七十寿辰鸡尾酒会。(22 日《人民日报》)

◎ 晚，出席中苏友协总会举行的庆祝斯大林七十寿辰集会，被推举为主席团成员，并发表演说，表示："我们要做好中国革命作为祝寿的最好礼物。"(21 日《人民日报》)

22 日 下午，出席中国科学院中苏友好协会支会会议，庆祝斯大林七十寿辰。在会上发表演说。(《竺可桢全集》第 11 卷，上海科技教育出版社 2007 年 12 月版)

23 日 出席全国教育工作会议开幕式，作为政务院副总理兼文化教育委员会主任发表讲话，号召文教工作者在目前国家财政正遭遇暂时性困难之时，把有限的财力，作最有效的使用。(24 日《人民日报》;《竺可桢全集》第 11 卷，上海科技教育出版社 2007 年 12 月版)

25 日 晚，在北京饭店出席各民主党派为庆祝斯大林七十寿辰举行的庆祝晚会。(26 日《人民日报》)

◎ 为《苏联历史》一书作《序》，载《苏联历史》北京天下图书公司 1950 年 1 月版。说："凡是新民主主义国家的人民，全世界进步的人民，都应该熟读苏联建国史，从这儿来汲取经验，解决自己的问题。"

27 日 出席中国科学院办公会议，传达毛泽东主席关于开好专家会的指示。

会议讨论召开专家会议及选院址问题。(《中国科学院史事汇要》1949 年)

◎ 作诗《史无前例的大事》，发表于 1950 年 1 月 1 日《人民日报》。

赞毛泽东和斯大林的会面是"史无前例的大事",并由此联想到中国和苏联形成共同的力量:"一个东方又加上了一个东方,一朵红星又加上了一朵红星,双重的太阳照临着整个世界,从此后会失掉了作恶的夜阴。"

初收人民文学出版社1953年3月版《新华颂》,后收《沫若文集》第2卷,现收《郭沫若全集·文学编》第3卷。

毛泽东主席访问苏联期间,1949年12月26日与斯大林会见,本诗为此而作。

31日 召集中科院历史研究所、图书史料整理处从事考古发掘的工作人员会议,讨论来年工作。主要谈发掘安阳之事。(《中国科学院史事汇要》1949年;《竺可桢全集》第11卷,上海科技教育出版社2007年12月版)

本月 为祝贺斯大林七十寿辰作《学习斯大林》,发表于《文艺报》第1卷第7期。引斯大林的一句话"无论何时都不要拒绝工作中间的细小事情,因为伟大事情是由细小构成的",说:学习斯大林"就请从'不要拒绝工作中间的细小事情'学起吧!就请努力'深入事务的细节,学习技术,成为事业的主人翁'吧!"

冬

家乡四川乐山解放,接杜峻森、李树琏、张伯安等人联名来电告以小学时代的老师帅平均夫妇生活无着,即电告西南军政委员会主席刘伯承,并转达乐山专署,以后给帅平均按月送赡养费用。(杜道生赠龚济民、方仁念《有关郭沫若先生的几件事》,见《郭沫若年谱》,天津人民出版社1992年版)

本 年

◎ 为原政治部第三厅工作人员翁从六题墓碑。
◎ 全家迁居北京西四大院胡同5号。

1950年(庚寅)58岁

5月1日 《中华人民共和国婚姻法》公布施行。这是新中国第一部法律。同日，人民解放军解放海南岛。

6月25日　朝鲜内战爆发。

6月30日　《中华人民共和国土地改革法》公布施行。土地改革在新解放区全面展开。

8月7日至19日　第一届全国卫生会议召开，确定"面向工农兵""预防为主""团结中西医"为新中国卫生工作的三大原则。

9月20日至29日　第一次全国工农教育会议召开，明确提出开展识字教育，逐步减少文盲。

10月　上旬，中共中央作出抗美援朝、保家卫国的战略决策。8日，毛泽东发布命令，将东北边防军组成中国人民志愿军，任命彭德怀为司令员兼政治委员。25日，中国人民志愿军入朝作战。全国掀起大规模的抗美援朝运动。

10月10日　中共中央发出《关于镇压反革命活动的指示》，各地开始进行大规模的镇压反革命运动。

1月

1日　发表《万里长征第二步》于《光明日报》。认为1950年为"万里长征第二步"，它将是"革命战争的全胜年"，"也毫无疑问是建设高潮的创造年"。

4日　为《说说唱唱》创刊号题词："说说唱唱要表现出新时代的新风格，不仅内容要改革，说唱者的身段服装也须得改革。请大家认真考虑一下。"（手迹载本月20日《说说唱唱》创刊号）

◎　为《人民戏剧》创刊号题词："戏曲改革不要单注重内容，同时还须注重形式——音乐、服装、舞台面、效果等等都得有一番合理的审美的改革。例如曲艺，说唱者的身段服装等都须得讲究。旧艺人的江湖气是一种包袱，要百分之百地丢掉才好。总之，一切都要表现出新时代的新风格，才算是尽了改革的责任。"（手迹载4月1日《人民戏剧》创刊号）

5日　下午，在政务院议事厅，宣读抚顺矿务局机电厂的工友以超额完成1949年度生产计划的数字向毛主席拜年的电报，作诗《向毛主席拜年》，写道："这，我感觉着毫无疑问是1949年的一首压卷的好诗。"（8

日《人民日报》)

◎ 在中国科学院全体工作人员响应政府发行人民胜利折实公债的集会上，做动员报告，讲述此次公债发行原因，并带头认购公债100分。(9日《人民日报》;《竺可桢全集》第12卷，上海科技教育出版社2007年12月版)

7日 出席中国科学院院务会议并讲话，指出：科学院要统筹全国科学家的研究工作，搜集科学家的活动情况。(《中国科学院史事汇要》1950年;《竺可桢全集》第12卷，上海科技教育出版社2007年12月版)

◎ 晚7时半，出席中央人民政府委员会第五次会议。

会议听取彭德怀关于西北工作情况的报告和周恩来关于外交问题的报告，批准中朝通邮等协定及有关任命事项。(8日《人民日报》)

10日 出席中国科学院院务会议。

会议讨论社会学所提出的拟调查人民收入、国外进出口贸易、国内工资状况，以及计划经济应有步骤等问题。(《竺可桢全集》第12卷，上海科技教育出版社2007年12月版)

12日 就中国科学院年度工作报告修改问题致函严济慈、恽子强、丁瓒、钱三强。说："一九五〇年工作报告，这两天仔细看了一遍，有了一些修改，送上，请你们仔细看看。第一节至第五节，把应须补充的补充上去，大概便可以成内定稿。第六节请另外写过，写好再经我看一遍。须要补充和添改的地方，我在原稿上都注出了。"在对报告中几项重要的修改提出具体意见后说："我只赶我所想到的补充了一些。诸兄是有实际责任的，所知道的应该比我更多，如有遗漏了的请补上去，有写得不够的也请补充些。"(中国科学院档案)

14日 出席中国科学院院务会议，讨论1950年工作计划，拟修改后报政务院文化教育委员会审批。在会上发言，强调："此计划将在政务会内报告，使大家知道科学院工作状况及研究方向。大家对我们的期待极高，因此我们要特别注意。"(《中国科学院史事汇要》1950年;《竺可桢全集》第12卷，上海科技教育出版社2007年12月版)

中国科学院1950年工作计划分为以下三部分内容：一、科学院研究方向的确立；二、科学研究人才的培养与合理分配；三、科学研究机构进行调整与充实，分为物理组、化学组、工学组、生物学组、地学组、数学天文组、历史考古语文组。(《中国科学院史料汇编》1950年)

◎ 致函裘孟涵，说："十二月十九日信早悉。稽复乞谅。我现已移住西四大院胡同五号，每逢星期日，如有暇，请枉驾。"（郭沫若纪念馆馆存手迹复印件）

15日 上午，出席华北卫生干部会议并讲话，提出要巩固卫生工作人员的团结，明确为人民服务的观点，走群众路线，学习苏联的经验。（16日《人民日报》）

◎ 下午2时，出席教育部和各团体举行的女教育家俞庆棠追悼大会，并讲话。指出：俞先生完成了自己的任务，求仁得仁，死无遗憾，纪念她应该学习她牺牲自我，实事求是为人民服务到底的精神。（17日《人民日报》）

16日 出席中国科学院召开的政治学习动员会，就政治学习的意义和重要性发表讲话。指出："中国科学院为文化机关，对于学习，要起带头作用。""要研究马克思列宁主义、毛泽东思想。""中国科学院的学习时间是每星期二、四、六上午八时到九时半，一周仅学习四个半小时，集体学习。""或者有人认为学科学与政治无关系，这是多余的忧虑。""政治学习与研究是相配合，各种工作与政治是一致的。"（讲话全文载《中国科学院史料汇编》1950年；《竺可桢全集》第12卷，上海科技教育出版社2007年12月版）

◎ 以中国科学院院长名义致函文化教育委员会："顷接前南京中央研究院俞建章及上海高教会李亚农同志先后来电称：本院李副院长四光于一月中旬到港，谨此报告。并请转政务院为祷。"（中国科学院档案）

17日 复信唐棣华，对其来信所说从其父唐绍尧烈士的遗物中发现《请看今日之蒋介石》和《纪念蒋先云》两篇文章，感到"非常高兴"，说："关于《请看今日之蒋介石》我四处寻找了多年，毫无着落；看到你的信，使我喜出望外。我希望您把它和《纪念蒋先云》一诗一并借给我抄录，之后，把原件还您。我现在在病院休养，您寄件请交'西四、大院胡同五号'。"（手迹见《武汉大学学报》1984年第1期，唐见林《郭沫若与〈请看今日之蒋介石〉——回忆郭老写给父亲的三封信》）

◎ 与竺可桢、钱三强、丁瓒等在萃华楼午餐。（《竺可桢全集》第12卷，上海科技教育出版社2007年12月版）

18日 复函黄希群，谓："中国的封建社会时期长，是事实。学历史的人所必要的就是认识事实（即实事求是），认明白中国社会同样经历过原始公社、奴隶制、封建制等等的阶段而发展，这是要紧的事。至于封建社会为何这样长？这里的原因就可能不只一两样，因此各人的见解便可能有出入，而不容易得到'公认的结论'。这正是很好的现象，让大家多多研究，多多考虑，是很好的。""主要的原因当然是生产力没有得到充分的发展，不能冲破封建式的生产方式，因而也就不能冲破封建制度。为什么生产力不容易发展呢？据我看来，（一）地理条件是一个重要的因素，中国地方大，都团结在北温带内，宜于农耕，用简陋的生产方式也有充分的用武之地；（二）历史条件，几度受落后民族的长期统治，破坏旧有生产，大量屠杀，因而阻碍发展，每每卷土重来；（三）经济条件，地主对农民的超度剥削，是极大多数人民贫困无立锥之地，无改善生活可能，因此工业生产便得不到刺激；富贵者占极少数，而极少数的富贵者的要求每只限于奢侈品之奇珍异玩，亦不能促进生产；（四）家族制度，兄弟平分产业，使原始资本不易积累，俗语说'家无三代富'；（五）周遭民族的生活要求低；（六）近百年来的外来的经济侵略。大体上不外是这些原因吧。"（据手迹）

20日 发表《显明的对比》于《人民日报》《光明日报》。谈到周恩来外长要求联合国驱逐蒋介石代表的严正声明得到苏联和各人民民主国家的支持，与帝国主义集团的态度形成鲜明对比。

21日 下午，主持政务院文化教育委员会会议，向与会者介绍1950年计划。（《竺可桢全集》第12卷，上海科技教育出版社2007年12月版）

◎ 诗作《光荣归于列宁》发表于《人民日报》《光明日报》，以纪念列宁逝世26周年。称列宁为"全世界无产阶级的父亲"。歌颂列宁："你一直是光辉无比地生存着，／而且你已经有了千千万万的化身。""和平阵营的兄弟们在遵守着你的遗训，／正在加紧团结，以消灭最后的战争。／／四处都是民族解放斗争的烽火，／四处都是无产阶级胜利的呼声，／将死者正在叫嚣着奔走向死路，／方生者正在英勇地战取新生。"

初收人民文学出版社1953年3月版《新华颂》，后收《沫若文集》第2卷，现收《郭沫若全集·文学编》第3卷。

22日 复信唐棣华："《请看今日之蒋介石》收到，谢谢你。抄录后当即奉还。又令尊唐绍尧同志的事迹，我不清楚。因他在黄埔和东征时，

我尚未去广东。他赴武汉与河南时，我已去南昌。关于前一段事迹，周总理或能记忆也。"（据手迹）

23日　在看到上海百货业工会寄来的一本梁仁达烈士生前保藏的纪念册后，心情激动，在纪念册空白处摹题梁仁达烈士遗墨："人达而已达，求仁而得仁；牺牲者肉体，不灭者精神。"并题词："仁达先生：你的牺牲对于人民解放战争是有贡献的。你揭露了反革命的残酷性，警告了友人们，不能稍存妥协观念。今天读到你的遗墨，使我们对你倍加敬佩。你的去世转瞬就要满三年了，你的身后的一位少君已经能够唱歌，将来他一定会和歌唱中华人民共和国一样歌唱你的。你将永远留在人们的纪念里。"

梁仁达生前为上海永安公司普通职工，1947年2月9日在劝工大楼参加爱用国货抵制美货委员会成立大会时，遭国民党中统特务殴打牺牲，时年30岁。（题词据手迹，另见陈鼎隆《郭沫若和我们并肩战斗》，收中共上海第十百货商店委员会编《"二九"斗争纪念专辑》；陆米强、许念周《郭沫若摹题梁仁达遗墨》，收《郭沫若在上海》，上海科学院出版社1994年3月版）

27日　复信刘文苇（又名炼虹），说："你的信和诗都接读了，用四川话写的诗很有趣，请在四川设法发表吧。一个人的作品一时不能见天日，似可不必那么悲愤。从大处想去，忘去了自己，那就什么'别扭'也没有了。果如有《毁灭》、《铁流》那样的著作，国家社会是绝对不会抹杀的。学习所不熟悉的东西，准备迎接将要到来的思潮吧"（载1980年11月《四川大学学报丛刊》第8辑——《郭沫若研究专刊集（第二集）》）

28日　复信唐棣华，感谢他惠借《请看今日之蒋介石》和《纪念蒋先云》等文章，说"已经托人抄了乙份。原件有错误的地方我改正了。谨奉还您"。（手迹见《武汉大学学报》1984年第1期，唐见林《郭沫若与〈请看今日之蒋介石〉——回忆郭老写给父亲的三封信》）

◎ 出席中国科学院院务汇报会，讨论植物研究所和地球物理研究所人事安排等问题。（《中国科学院史事汇要》1950年）

30日　宴请老舍、胡风。（《胡风全集》第10卷《胡风日记》，湖北人民出版社1999年版）

本月　在中国科学院的一次座谈会上，约请丁瓒、王冶秋、裴文中、徐炳昶、郭宝钧、苏秉琦等谈考古问题。郭宝钧谈到殷代殉人的情形，

"当时便认为是殷代奴隶社会的绝好证据，怂恿报告者把它写出。因而便有一月二十九日他给我的一封信"，随即收录在《蜥蜴的残梦——〈十批判书〉改版书后》。(《申述一下关于殷代殉人的问题》)

2月

2日 出席中国科学院院务会议。在讨论工作汇报制度的改进时说：院务会议每星期三次为太多些。政务院与文委会工作极为繁复，每星期汇报仅有一次，故科学院每星期一次即可以了。

会议决定从次周起院务汇报改为每周一次，周四上午10时进行。(《中国科学院史事汇要》1950年)

◎ 致郭翊昌信。写道："一月十三日信接到。沙湾解放，仅小有麻烦，甚慰。月前灼三来信，回复时曾嘱向沙报平安，想已早达。日前培谦自成都来信，言谣传沙湾遭国民党匪军糟踏，正为忧虑，今知不然，诚幸事也。闻三、四姐均居沙，想均安好。立群及子女于去年五月已由港来京。兄于去年三月尾曾去欧洲一行，五月返京，即得团聚。均安好，幸勿念。震东已入师范大学附属第一小学，已被选为班中模范生，吾弟闻之，当为莞尔。和夫现在大连大学研究所任职，与渠母同居大连。佛生在上海九兵团服务。淑瑀在北京燕京大学，志鸿在天津中央音乐学院。仅第二子博生尚居日，已在彼结婚矣。兄任职太多，颇为忙碌。毕竟经验不够能力不足，时恐不能完成任务。张可源信亦收到，回老家殊不应该。既已回老家，最好在地方上觅一机会学习，改造思想头脑。今时已非昔比，个人主义的想法当改革，应立志为人民服务，方能有用。""五哥及吾弟居乡应积极一点，多研究目前政策"，"能在乡间起带头作用最好。能积极发展工商业亦是好的"。(据原信手迹；蔡震《郭沫若生平文献史料考辨·与郭开运(翊昌)的书信》，社会科学文献出版社2014年7月版)

5日 主持政务院文化教育委员会第二次会议，报告文教委员会工作计划要点。(8日《人民日报》；《竺可桢全集》第12卷，上海科技教育出版社2007年12月版)

◎ 为纪念"反对殖民制度斗争日"，以中国保卫世界和平委员会主席名义致电殖民地半殖民地青年。称："你们的斗争削弱了帝国主义的力

量，不仅将获得各自民族的独立，并对世界持久和平有伟大的贡献。"（6日《人民日报》）

6日 出席文化教育委员会全体会议。与竺可桢代表中国科学院回答代表们提出的问题。（《竺可桢全集》第12卷，上海科技教育出版社2007年12月版）

7日 出席全国文学艺术界联合会第四次扩大常委会。

会议通过周扬关于全国文联半年来工作概况及1950年工作任务的报告；通过提补老舍、邵荃麟、孙伏园、艾芜、沙汀等五人为全国委员会委员等决议。（13日《人民日报》）

◎ 下午与朱德、李济深等在北京市军管会大礼堂遥祭杨虎城将军。

杨虎城将军遗榇当日在西安下葬。（8日《人民日报》）

◎ 作《破浪集·小引》发表于16日《星报》创刊号，说明《破浪集》的写作时间及名为"破浪"的缘由："一九四八年十一月二十三日夜，由香港乘轮赴东北解放区，海上阻风，舟行十日终达安东。同行者约三十人，利用放收音机收听广播。如徐州解放消息，均由广播中得之。有《破浪》壁报，以资鼓励。能诗者颇有唱和。抵安东后，留宿一夜，即乘火车直达沈阳。此乃余三十五年前出国留学时旧路。于时一九一三年十二月尾由北平经沈阳，安东，朝鲜，而赴日本，经过三十五年复由原路而归，实一巧遇。兹集自香港至沈阳所作旧体诗若干首，即名曰'破浪集'，以志此一段历程。"

《星报》1950年2月16日在天津创刊，是以宣传戏曲改革为主的文艺小报。时任天津市文化局长的阿英向郭沫若约稿，从创刊号到4月9日，分15次连载郭沫若诗作，每次一题或二题。（郭平英《"北上佚诗"与〈破浪集〉》，《郭沫若研究》第5辑，文化艺术出版社1988年5月版）

9日 出席中国科学院院务汇报会，研究成立物理化学研究所及该所研究范围和特点等问题。另就陶孟和在会上提出辞去社会所所长职务一事发表看法："政府新成立，大家都在研究马列主义，没有人能说完全精通马列主义，以后国家财政提高，即要注重社会科学，陶先生之提议是不能接受的。"（《中国科学院史事汇要》1950年）

10日 致信阿英，云："前信寄上的《破浪集》北上纪行中，'百万雄师旅，浩荡入榆关。北顽成瓮鳖，南丑待刀环……'的一首，'北顽'、

'南丑'四字原为傅阎蒋李，如稿中未改，请改正它。又纪念邓演达的两首可以删掉，不改。"（郭平英《"北上佚诗"与〈破浪集〉》，《郭沫若研究》第5辑，文化艺术出版社1988年5月版）

◎ 致函乐山文化馆。对文化馆托胡旭东带来的照片表示感谢，并就记忆所及，对于文化馆做了编号的照片逐张做了说明。又谓，"你们如有便人来北京时，我这里有些东西可以带回去。但为此专门派人，似可不必"。"我如有机会，也很想回去看看。听说火车已通到沙湾了，真是神速的大跃进"。（据原信手迹）

11日 上午，出席在中法大学举行的北京区自然科学十二学会（数学会、物理学会、化学会、动物学会、植物学会、生理学会、心理学会、昆虫学会、药学会、地学会、地质学会、海洋湖沼学会）联合年会，并发表演讲。向大会报告首都科学研究的组织机构与工作进行的情况，强调中国科学院须与各学会取得联系。说明目前科学研究工作的良好政治条件与物质条件。指出："今日是中国自然科学界最好发展的一个时期，是在中国的土壤上生根的最好时机"，"因此，中国科学有着极其远大的前途"。（13日《人民日报》；《竺可桢全集》第12卷，上海科技教育出版社2007年12月版）

12日 晚，与朱德、董必武等出席朝鲜驻华大使李周渊举行的招待宴会。（15日《人民日报》）

15日 以中国文联主席名义发表谈话，庆贺《中苏友好同盟互助条约》及其他两个协定的签订，指出："条约是'互助'的，但在今天，苏联帮助我们的比重更大，这是我们所应该特别感谢的。"（16日《人民日报》）

◎ 晚，出席刘少奇邀集的庆祝《中苏友好同盟互助条约》签订的大型宴会，代表无党派民主人士致辞。（16日《人民日报》）

16日 出席中国科学院院务汇报会，建议为节简名称起见，将国际联络局改为联络局，出版编译局改为编译局，研究计划局改为计划局。中国科学院24日将以上三局改名意见函报政务院文化教育委员会，并附联络局、编译局和计划局工作职能范围，请鉴核批准。3月1日得到复函，同意办理。（《中国科学院史事汇要》1950年）

◎ 中午，约中国科学院同仁在萃华楼饭店聚餐。（《竺可桢全集》第12

卷，上海科技教育出版社 2007 年 12 月版）

◎ 为当日出版的《星报》题写报名。(郭平英《"北上佚诗"与〈破浪集〉》，《郭沫若研究》第 5 辑，文化艺术出版社 1988 年 5 月版）

17 日　作《蜥蜴的残梦——〈十批判书〉改版书后》，发表于 4 月 26 日《光明日报》。说明《十批判书》改版所作的"修改和补充"。"比较重要的是'子夏氏之儒'的发见"："我所清理过的'前期法家'，其实，主要就是'子夏氏之儒'"，"因此在《儒家八派的批判》与《前期法家的批判》中便有了一些添改，特别是在后者我添了一段'结语'，把这些意思写进去了"。同时，"改正"了《周颂》的《噫嘻》是"没有韵的诗"的"错误"。此外，"补叙"了两件事：第一件是《信南山》中"中田有庐，疆场有瓜"的解释。重点在"另一件"，即"关于殷墟的发掘"，转述了参加过殷墟发掘的郭宝钧本年 1 月 29 日的来信，强调"他所提供的这项资料是非常重要的"。同时，针对当年参加殷墟发掘的董作宾"最近"提出的不能根据甲骨文字的字形说殷代的"民"与"臣"就是奴隶的观点，进一步发挥自己在 40 年代关于"众"就是奴隶的论点："众字，据我所了解的，在甲骨文中是作日下三人形。殷末周初称从事耕种的农夫为'众'或'众人'，正像农民在日下苦役之形，谁能说没有'奴隶的痕迹'？"重申："在今天看来，殷周是奴隶社会的说法，就我所已曾接触过的资料看来，的确是铁案难移。因此，我对于《十批判书》的内容，大体上说来，依然感觉着是正确的。"声明："有人读了我的书而大为儒家扶轮的，那可不是我的本意"，最后的一句话为："在今天依然有人在怀抱着什么'新儒学'的迷执，那可以说是恐龙的裔孙——蜥蜴之伦的残梦"。

初收《十批判书》（1950 年以后各版），题为《改版书后》；又收《奴隶制时代》，题为《蜥蜴的残梦——〈十批判书〉改版书后》；后收《沫若文集》第 17 卷，现收《郭沫若全集·历史编》第 3 卷。

18 日　在协和医科大学礼堂参加中国科学院举行的《中苏友好同盟互助条约》庆祝大会暨春节游艺会。(《竺可桢全集》第 12 卷，上海科技教育出版社 2007 年 12 月版）

19 日　上午，在西四大院胡同五号寓所接待来访的竺可桢夫妇。下午，携夫人子女至竺可桢寓所访问，谈片刻。(《竺可桢全集》第 12 卷，上海

科技教育出版社 2007 年 12 月版）

21 日 下午，出席苏联大使馆举行的鸡尾酒会，庆祝《中苏友好同盟互助条约》签订。(22 日《人民日报》)

23 日 发表《人民的前卫——纪念苏联第三十二届建军节》于《人民日报》。谈道："苏联的军队是无敌于世界的。他不仅保障了苏联在单独一国内社会主义建设的成功，而且经过了第二次世界大战的考验，击溃了东西两大兵力最强盛的法西斯国家——日本和德国，因而打救了全世界爱好和平的人民，在今天的确是世界和平的最坚强的前卫了。""这不仅是苏联人民的军队，而同时是全世界人民的军队。每年苏联的建军节，全世界进步的人民都当成自己的节日一样来庆贺它，不是没有理由的。"

◎ 上午，出席中国科学院院务汇报会。报告科学院各研究机构调整的初步方案和研究重编 1950 年全年预算等问题。谈道："以往有二十四个研究所，调整后自然科学有十四个单位，人文方面有社会调查所、史学研究所、语言研究所，共约有十八个单位。地理、数学将成立筹备处，紫金山天文台将扩充。""中央研究院和北平研究院史学研究所主要的工作在发掘，两所如何归并尚未想出好的方案"，"历史方面过去多注意过去，而忽略现实，现主要推广现代史"。(《中国科学院史事汇要》1950 年)

◎ 下午，与刘少奇、朱德、董必武等出席苏联大使馆为苏军建军 32 周年举行的鸡尾酒会。(24 日《人民日报》)

◎ 以中国科学院院长名义发电文至香港皇后大街六号厚诚行陈厚甫转李四光："大驾归抵国门，甚为欣慰。院务亟待，盼早莅京，何日启程，祈示。"

中央统战部秘书处 3 月 4 日转来李四光 28 日由香港给郭沫若回电："电敬悉。书籍行李已起运。日内即经宁北上，候教。"(中国科学院档案)

24 日 与郑振铎、范文澜、马衡、梁思成、尹达、王冶秋等出席文化部文物局在北京召开的文物管理工作会议。

会议讨论了《为禁运文物图书出口令》《为保护全国各地公私有古迹文物图书令》《保护有关革命历史文化建筑物暂行办法》《古文化遗址及墓葬发掘暂行办法》等文物法令。（《中华人民共和国文物博物馆事业纪事》，文物出版社 2002 年 9 月版）

22 日至 24 日 与朱德、李济深、董必武等先后接受匈牙利驻华公使

夏法朗柯拜访。(25日《人民日报》)

27日 批准中国科学院期刊出版计划。(《中国科学院史事汇要》1950年)

28日 在北京饭店出席台湾民主自治同盟驻京办事处举行的会议，纪念"二·二八"三周年，并发表讲话。(3月1日《人民日报》)

3月

3日 上午，与董必武、沈雁冰、马叙伦、郑振铎、范文澜等参观文化部文物局在北海团城承光殿举办的周代古铜器"虢季子白盘"特展。(《文物参考资料》第1期至第6期汇编第82页；10日《人民日报》)

4日 晚，与朱德、刘少奇等到车站欢迎从苏联返京的毛泽东、周恩来一行。

毛泽东于1949年12月6日往苏联访问，12月16日到达莫斯科。周恩来于1950年1月10日前往苏联，1月20日到达莫斯科。毛泽东、周恩来在莫斯科与苏联部长会议主席斯大林和苏联外交部长维辛斯基举行了谈判，2月14日签订《中苏友好同盟互助条约》，中苏关于中国长春铁路、旅顺口及大连的协定，中苏关于贷款给中华人民共和国的协定。(5日《人民日报》)

5日 全国文学艺术界联合会在新闻总署礼堂联合举行戴望舒追悼会，送挽联和花圈。(8日《人民日报》)

◎ 晚7时，主持中苏友好协会总会在北京饭店举行的欢迎苏联生物学教授努日金博士、历史学教授吉谢列夫博士、经济学副教授马卡洛娃硕士的宴会。(6日《人民日报》；《竺可桢全集》第12卷，上海科技教育出版社2007年12月版)

6日 接见捐献"虢季子白盘"的刘肃曾（清末淮军将领刘铭传后代——编者注），并题诗以赠。诗云："虢盘献公家，归诸天下有；独乐易众乐，宝传永不朽；省却常操心，为之几折首；卓卓刘君名，诵传妇孺口；可贺孰逾此，寿君一杯酒。"(《文物参考资料》第1期至第6期汇编第82页；10日《人民日报》)

◎ 下午三时，出席政务院文化教育委员会会议，报告本年度财政统一状况。(《竺可桢全集》第12卷，上海科技教育出版社2007年12月版)

◎ 以中国保卫世界和平委员会主席名义发表声明，对于美国国务院拒发世界拥护和平大会代表团入境签证的行动，表示极大的愤怒。

世界拥护和平大会代表团为向各国议会递交缩减军备和禁止原子武器的两项和平建议，拟往美国和其他国家（7日《人民日报》）

7日 与竺可桢谈童弟周来函谈及的去青岛交涉房子之事。（《竺可桢全集》第12卷，上海科技教育出版社2007年12月版）

◎ 致函熊十力，告知车票住所等事宜已安排妥当。（《熊十力全集》第8卷，湖北教育出版社2001年版）

8日 主持中国保卫世界和平大会委员会会议，同时欢送萧三出席世界拥护和平大会常设委员会的瑞典会议。发表讲话，请萧三把中国人民保卫和平的决心与力量传达到世界去。（9日《人民日报》）

◎ 在中国保卫世界和平大会委员会致美国国会的电文上签名，抗议美国国务院拒绝世界拥护和平大会代表入境。（9日《人民日报》）

11日 出席政协全国委员会和各民主党派宴会，欢迎毛主席、周总理访苏归国，致欢迎词。说："中苏友好同盟互助条约把七万万的人民，一下变成了一个铁锤，足以抵抗任何帝国主义的侵略。"（12日《人民日报》）

◎ 与陶孟和、竺可桢、严济慈、钱三强等招待来中国科学院史学所、动物所、植物所参观的苏联考古学家吉谢列夫、生物学家努日金。（《中国科学院史事汇要》1950年；《竺可桢全集》第12卷，上海科技教育出版社2007年12月版）

14日 复信青年学生吴明，对他关于写作的求教谈了自己的看法："你还年轻，思想未确定，经验不够，生活不充实，技术无锻炼，那是不好即以作家生活自限的。你的《我的生平》放下了，并不是憾事。每天留心写日记是好事，时时写作也是好事，最好不要轻易发表。写作的目的是服务大众，夸大一点说是教育大众。假如自己尚未完成，如何教育人呢？"（据原信手迹；另见吴明《"写作的目的是服务大众"——忆郭老对我的教诲》，载1979年6月16日《中国青年报》）

◎ 以中国科学院院长名义致函政务院文化教育委员会："本院李副院长四光，不日即从香港来京，本院一时尚无适当住所，拟请函政务院招待处暂行招待，以便觅屋为荷。"（中国科学院档案）

16日 以中国保卫世界和平大会委员会主席名义分别致电英国首相艾德礼、法国总理皮杜尔、荷兰总理德里斯，抗议三国政府阻挠世界拥护和平大会代表从事和平活动。(17日《人民日报》)

◎ 出席中国科学院院务汇报会。讨论院计划局设置专门委员会及其该会组织性质及职能问题。对于前日厅务会议对干部工资所做的决定表态："工资待遇若与包干制比较是优厚的，现各机关没有民主评定，皆由首长评定，可通知大家，我们大家都是参加革命的，不应斤斤计较工资，要有自我牺牲的态度，此规定为暂时的，亦非永远如此，对少数薪金压低的，可提高革命情绪。"(《中国科学院史事汇要》1950年)

◎ 以中国科学院院长名义致函北京东车站，请为因公赴青岛的动物研究所张玺、吴征镒购二等卧车票两张，提供便利。

张玺、吴征镒此去青岛拟与山东大学校务委员会洽商聘请童弟周、曾呈奎两先生担任中国科学院在生物科学范围内一部分行政和研究职务之事。(中国科学院档案)

17日 下午，出席政务院第二十四次政务会议，作关于1950年文教工作计划的报告，会议讨论并批准这一报告。(18日《人民日报》)

19日 电贺世界拥护和平大会常设委员会主席约里奥·居里五十寿辰。(电文载20日《人民日报》)

◎ 作《读了〈记殷周殉人之史实〉》。发表于21日《光明日报》。针对当天《光明日报》学术副刊发表的郭宝钧《记殷周殉人之史实》，提出"几点意见"。认为"如此大规模的殉葬，毫无疑问是提供了殷代是奴隶社会的一份很可宝贵的地下材料"，对于郭宝钧说"所殉之人，是否皆奴隶，是否皆从事生产之奴隶，作者未敢进一步推断"，认为"未免谨慎得有点成问题了"，并下结论说："这些毫无人身自由，甚至连保全首领的自由都没有的殉葬者，除掉可能有少数近亲者之外，必然是一大群奴隶，有何可疑呢"，"这一段史实，正说明殷代是奴隶社会，又有何可疑呢？"同时，反驳郭宝钧关于殉葬之风"殷代而后，此风稍戢"的说法，举例指出周代殉葬之风、秦代殉葬之风，比之殷商殉葬之风"何尝'稍戢'"？所以"殷周都是奴隶社会，而奴隶社会的告终应该在春秋与战国之交"。

初收上海新文艺出版社1952年初版《奴隶制时代》，后收《沫若文集》第17卷，现收《郭沫若全集·历史编》第3卷。

◎ 被世界拥护和平大会常设委员会第三次全体会议选为国际和平奖金评议委员会委员。(22日《人民日报》)

20日 与钱三强讨论，内定中国科学院各研究所所长人选。定郑振铎为考古所负责人。

竺可桢曾认为郑振铎素来不研究考古，故主张郭沫若自兼。但在与钱三强讨论时，郭沫若仍主张郑振铎任之。(《竺可桢全集》第12卷，上海科技教育出版社2007年12月版)

21日 对于中国科学院办公厅所拟参加地质工作会议人员名单做出指示：经李四光看过名单后再行邀请。(《中国科学院史事汇要》1950年)

23日 出席中科院院务会议，向与会者报告提请任命各所所长之事，告知此名单已送至政务院文化教育委员会，并转呈政务院请予任命。

拟请任命之各所、台、馆正副负责人名单：

近代史历史研究所：所长范文澜，副所长刘大年。

考古研究所：所长郑振铎，副所长梁思成、夏鼐。

语言研究所：所长罗常培。

社会研究所：所长陶孟和，副所长巫宝三。

近代物理研究所：所长吴有训，副所长钱三强。

应用物理研究所：所长严济慈，副所长陆学善。

物理化学研究所：所长吴学周。

应用化学研究所：所长庄长恭。

药物化学研究所：所长赵承嘏。

生理生化研究所：所长冯德培，副所长王应睐。

实验生物研究所：所长贝时璋，副所长童第周。

水生生物研究所：所长王家楫，副所长伍献文。

植物分类研究所：所长钱崇澍，副所长吴征镒。

地球物理研究所：所长赵九章，副所长陈宗器、顾功叙。

地质研究所：所长李四光。

紫金山天文台：台长张钰哲。

工学实验馆：馆长周仁，副馆长周行健。(《中国科学院史事汇要》1950年)

25日 中午，与夫人于立群、熊十力、陈达等应竺可桢之请，在曲

园酒楼湖南馆聚餐。(《竺可桢全集》第12卷,上海科技教育出版社2007年12月版)

27日 为《人民教育》创刊题词:"教育必须为人民大众服务,提高新国家主人翁——工农阶级的文化水平。"(手迹载1950年《人民教育》1卷1期)

29日 出席中国民间文艺研究会成立大会,当选为中国民间文艺研究会理事长。老舍、钟敬文为副理事长。在会上发表讲话。讲话全文以《在中国民间文艺研究会成立大会上的讲话》为题载4月9日《人民日报》。强调中国文学遗产中最生动、最丰富、最基本的,就是民间文艺或经过加工的民间文艺。"《国风》、《楚辞》、乐府、六朝的民歌、元曲、明清小说,这些才是中国文学真正的正统。"成立民间文艺研究会的目的,一是"保存珍贵的文学遗产并加以传播";二是"学习民间文艺的优点";三是"从民间文艺里接受民间的批评与自我批评";四是要"好好利用"民间文艺给历史家提供的"最正确的社会史料";五是"发展民间文艺"。

初收北京出版社1959年1月版《雄鸡集》,改题为《研究民间文学的目的》;后收《沫若文集》第17卷;现收《郭沫若全集·文学编》第17卷。

30日 与黄炎培、彭泽民等就中共中央关于加强党员和民主人士及广大非党群众团结合作的指示发表谈话,表示:"团结合作是双方面的事,有了共产党员的努力,还须有非共产党员的努力来配合,然后才比较容易地得到完满的效果。""如果非共产党的组织或群众能够发挥高度的积极性,不仅统一战线工作可以事半功倍地获得更大的成绩,整个国家的建设也一定会更迅速地达到既定的目的。"(31日《人民日报》)

◎ 出席中国科学院院务会议。听取陈伯达介绍苏联科学院情况。作为院长阐明本院聘任委员会聘人原则:在自然科学方面要重技术性,在社会科学方面要重普遍性。对华大(全称华北大学,由华北联合大学与北方大学合并而成,系中国人民大学前身——编者注)、革大(新中国成立前夕中共鉴于必须要有自己的干部队伍去接收旧政府人员的考虑,所以在当时划分的各大行政区先后成立了革命大学,大量吸收知识分子入学——编者注)的毕业生要有优先权。(《中国科学院史事汇要》1950年;《竺可桢全集》第12卷,上海科技教育出版社2007年12月版)

春

◎ 与来访的周而复谈新中国成立以来的感受，并书赠《北上纪行·三》。(周而复《缅怀郭老》，载1980年第2期《新文学史料》)

◎ 收到少年时代同学李鹄人来信，要求为他找个适当的工作。然未及复信，李已溺水身亡。(王学文《郭老与李鹄人关系考》，1982年12月乐山《郭沫若研究学会会刊》1集)

4月

1日 签署中国科学院令："为了解本院各研究单位研究人员过去和目前的工作，作为本院与生产部门联系和配合的参考，研究人员及高级技术人员须将工作经验和论文题目作详细报告。"(《中国科学院史事汇要》1950年)

3日 上午，与周恩来、张澜等往车站，欢迎由沪来京的宋庆龄副主席。(4日《人民日报》)

4日 晚，与毛泽东、朱德、刘少奇、周恩来等出席匈牙利公使夏法朗柯为庆祝匈牙利国庆日举行的鸡尾酒会。(5日《人民日报》)

6日 出席中国科学院院务汇报会，布置召开院务会议前的准备工作。提出应注意的事项：一、组织条例应注意的事项：提议院务会议可定半年召开一次，建议院务会议加上宣读论文一项。二、专家委员的聘任问题，事前应有准备。三、研究所的组织条例、规程、所务会议的组织都要有详细的规定。(《中国科学院史事汇要》1950年)

7日 为纪念恽代英殉难19周年，作《由人民英雄恽代英想到"人民英雄列传"》，发表于5月出版的《中国青年》第38期。认为编写《人民英雄列传》，"把先烈们的遗事收集起来，对于革命是很好的纪念，对于年青一代和更后代的青年们尤其是很好的教育资料"。强调"恽代英同志在《人民英雄列传》里面是应该占有重要篇幅的人物"。

11日 在中国科学院做题为"中国奴隶社会"的报告。(《竺可桢全集》第12卷，上海科技教育出版社2007年12月版)

◎ 晚，出席中央人民政府委员会第六次会议。在周恩来总理关于中苏间的条约和协定问题的报告之后，与程潜、黄炎培、李济深、张治中、马叙伦等先后发言，对条约和协定予以赞扬。（13日《人民日报》）

13日 与竺可桢谈中国科学院与气象局合作办法，原则上赞同，但详细办法由两边派人共同讨论。（《竺可桢全集》第12卷，上海科技教育出版社2007年12月版）

◎ 晚，出席中央人民政府委员会第七次会议。

会议批准财政和粮食状况报告，通过《中华人民共和国婚姻法》。（15日《人民日报》）

◎ 发表为《人民日报》新辟《保卫世界和平专刊》所作《发刊词》，并题写刊名。指出：为了完成保卫世界和平和本国和平的任务，"我们中国保卫世界和平大会工作委员会决定了要扩大我们的工作，要在全国各大城市刊行'保卫世界和平专刊'：一方面要加强国内的活动，动员全中国的人民来反对侵略，另一方面要加强国际的联系，动员全世界的人民来制止战争"。（当日《人民日报》）

14日 以全国文联主席名义发表《对花冈矿山大惨案的声明》于《人民日报》《光明日报》，强调"像花冈矿山大惨案和类似这样的事件我们一定要彻底追究"。

据东京出版的"华侨民报"披露：日本投降前夕，集体屠杀了被俘的中国士兵及被强征的中国工人416人，造成花冈矿山大惨案。

15日 约夏鼐来京商谈考古发掘计划。（《夏鼐日记》，华东师范大学出版社2011年10月版）

17日 下午，出席中苏友协总会第一届理事会第一次会议，讨论批准半年工作报告及新的工作计划。（18日《人民日报》）

18日 在中国科学院为第二批去人民革命大学学习的在职干部举行的欢送茶会上讲话，强调科学工作者学习马列主义的重要性。（5月8日《人民日报》，《中国科学院史事汇要》1950年）

19日 复函吴韵风，就来信提出的"为什么在'五四'前后顶大胆写新诗的人又转到写旧诗来"的问题作答，以《论写旧诗词》为题发表于《文艺报》第2卷第4期，收王亚平编十月天下图书公司版《论大众文艺》。认为"旧体的诗歌在今天依然有它的相对的生命"，"这是由于旧体诗词的形式本来是民间文艺的一种加工品"。既然如此，"那么利用旧诗词来写革命的内容，也就尽有可能收到完整的统一"。强调"写作新诗歌始终是今天的主要的道路。诗歌工作者的任务是要建立为人民服务的新的民族形式。这须得我们在思想上建立革命的人生观，在生活上充实服务的体验，而在形式上则就现存的民歌民谣中求得民族的语言规律和生活情调而施以新的加工"。

20日 出席世界拥护和平大会一周年纪念会暨中国保卫世界和平大会委员会第二次会议，号召展开签名反对使用原子武器。会议开始时传来人民解放军在海南岛胜利登陆的消息，作为主席在开会词中说：我们中国以这个重大的消息来纪念世界拥护和平大会的一周年，犹如我们去年以解放南京鼓舞了巴黎、布拉格的世界拥护和平大会一样，我们是以人民解放战争的胜利来保证世界的和平的。(22日《人民日报》)

中旬 与茅盾等最后审定颁发1950年新年画创作奖金。(16日《人民日报》)

22日 参加文化教育委员会与中苏友协总会欢送苏联教授努日金、吉谢列夫、马卡洛娃的宴会，并致辞。对三位苏联学者先后在北京、天津、上海、南京、广州、武汉、西安、洛阳等地举行一百多次的讲演会和座谈会及其他文化交流活动表示感谢。(25日《人民日报》)

23日 出席第一次全国少年儿童工作干部大会，并讲话，全文以《在春天抢着来播种》为题发表于6月3日出版的《中国青年》第40期，摘要以《为小朋友写作》为题载6月1日《人民日报》。强调"少年儿童工作的确是一项很重要的工作，这是树人也是建国的基础工作"。"每一个人在少年儿童时代都有很大的可塑性，像一团粘土似的，要想塑成什么样就可塑成什么样。这种可塑性是随着年龄的增长而缩减下去的"，"所以人的少年时代是人的春天，也是全国人民全世界人民的春天，我们应在春天抢着来播种，加强少年儿童工作"。谈到少儿创作的现状时指出："在今天的中国，文艺工作者，从事于少年儿童工作的很少，因此少年儿童文学作品也很少。少年儿童在精神食粮方面可以说是处在饥饿与半饥饿状态中。不论儿歌、童话、故事、小说、音乐、绘画、电影、戏剧、舞蹈、玩具都是少得可怜。"鼓励作家多创作"以少年儿童为对象的好的文学艺术作品"，认为多创作这一类的作品不仅"对于少年儿童有很大的教育作用，很大的贡献"，而且"对文艺本身来讲，也就是很大的改造"。

"我们的作品如能以少年儿童为对象，也必然会得到工农兵的欢迎"，另外，"对于文字改革来讲也会有贡献"。

24日　以无党派民主人士身份发表谈话，祝贺人民解放军登陆海南岛。(24日《人民日报》)

26日　应邀在北京大学理学院演讲，题为《中国奴隶社会》。经北京大学史学会记录、本人校阅，发表于《国学季刊》第7卷第2期、《史学集刊》第7册，摘要见6月10日《人民日报》、6月29日《光明日报》、《新华月报》第2卷第3期、《新建设》第3卷第1期(1951年10月1日改为学术性月刊后首期)。演讲分六个题目：社会发展史一般、中国古代社会、殷周是奴隶制、奴隶生产的概况、在意识形态上的反映(包括在思想学说上、在文字诗歌上、在美术音乐上的反映)、奴隶叛变与暴动。在讲到"殷、周应该是奴隶社会"时，认为"就是短短的秦代也应该划入"。"汉代即使还有生产奴隶，我们从全面来看问题时，已经不好把汉代划入奴隶社会了。"

收《郭沫若全集·历史编》第3卷。

27日　主持中国科学院院务汇报会，讨论院专门委员的聘任问题。(《中国科学院史事汇要》1950年)

28日　为《科学通报》作《发刊词》，发表于5月15日出版的《科学通报》第1卷第1期。指出："中国科学院的任务就是促进科学工作者的崛起，团结和组织科学工作者走上集体化道路，与生产实际相配合，以此促进生产建设与科学研究的发展。"介绍中科院出版的两类刊物的定位：《科学通报》偏重报道和介绍，其任务是接近普及工作。而《中国科学》和各种学报则将担任提高的任务。最后谈道："真正的科学精神，实际上也就是批评精神。它是要摒除主观的成见，追究客观的真实，而求认识的正确深入和运用的灵活普及，以增进人类生活的幸福的。因而真正的科学工作者，他是富于自我牺牲精神的人民勤务员，是真理的追求者而不是成见的俘虏。"

29日　晚，至欧美同学会，参加中国科学院等招待卫生科学工作会议代表晚餐，在会上讲话。(《竺可桢全集》第12卷，上海科技教育出版社2007年12月版)

30日　赴清华大学，参加建校37周年庆祝会。(《竺可桢全集》第12卷

（日记），上海科技教育出版社2007年12月版）

本月 作《中国少年儿童队队歌》歌词，马思聪作曲。载《新华月报》第2卷第3期，由青年团中央颁布。分为三节。第一节写道："我们，新中国的儿童！/我们，新少年的先锋！/团结起来，继承着我们的父兄，/不怕艰难，不怕担子重，/为了新中国的建设而奋斗，/学习伟大的领袖，毛泽东！"

初收《沫若文集》第2卷，后收人民文学出版社1959年12月版《骆驼集》，现收《郭沫若全集·文学编》第4卷。

◎ 诗作《斯大林万岁》作为歌词，以《万岁！亲爱的钢》为题，收章牧编《民主歌声》三集。（新华书店华东总分店1951年版）

曲作者为朱驹。

5 月

4日 致电世界拥护和平大会常设委员会主席约里奥-居里教授，对于法国政府解除其原子能高级专员和原子能委员会委员职务表示愤怒，并对其表示慰问。（5日《人民日报》）

◎ 毛泽东、李大钊纪念室上午9时在沙滩北京大学红楼一楼揭幕，门口悬挂郭沫若题字。（5日《人民日报》）

◎ 由青年团中央委员会、全国民主青年联合会总会、全国学生联合会主办的"中国青年运动史料展览"在中山公园开幕，郭沫若为展览题词。（14日《人民日报》）

5日 晚，出席全国政协、政务院和北京市政府举办的欢迎苏联青年代表团和苏联青年文艺工作团的宴会，并发表简短演说。（6日《人民日报》）

6日 与李济深、陶孟和、竺可桢等前往车站，欢迎从英国经瑞士转香港返国的中国科学院副院长、著名地质学家李四光，原中央研究院地质研究所研究员俞建章、张文佑等。（8日《人民日报》，《中国科学院史事汇要》1950年）

◎ 当晚设家宴欢迎李四光夫妇。李任潮、华罗庚、马叙伦、陆定一、胡乔木、竺可桢等参加。（《竺可桢全集》第12卷，上海科技教育出版社2007年12月版）

7日　晚，出席周恩来总理召集的关于电影《内蒙春光》的座谈会，并发言，提出具体修改意见。

该片1950年初完成拍摄，通过审查，3月、4月在北京、天津一度上映。后中央电影局通知，该片需接受复审。中宣部、统战部领导认为，片中对蒙古族王爷的描写非常残忍，对团结和争取少数民族的上层分子不利。7日的座谈会即在此背景下召开。参加讨论的还有陆定一、沈雁冰、周扬、刘格平、邓拓、阳翰笙、袁牧之、陈波儿、史东山、蔡楚生、洪深、欧阳予倩、田汉、老舍、曹禺、李伯钊、丁玲、赵树理等。(《〈内蒙春光〉影片风波》，《炎黄春秋》2011年第11期)

◎ 以中国科学院院长名义致函岭南大学姜立夫，劝任中国科学院数学所筹委会主任："廿七日致竺可桢先生电，阅悉。本院数学所亟待成立"，"筹委会主任一职，仍盼俯允。如一时不能来京，即暂先遥领亦可。企望殊殷，务希允诺"。(中国科学院档案)

8日　上午，李四光到中国科学院。郭沫若、竺可桢、陶孟和与之交谈。(《竺可桢全集》第12卷，上海科技教育出版社2007年12月版)

9日　中午，出席全国自然科学工作者代表大会筹备会欢迎李四光的宴会，并讲话。(11日《人民日报》)

◎ 与钱三强在中国科学院约庄可丕，谈有机化学所之事。(《竺可桢全集》第12卷，上海科技教育出版社2007年12月版)

◎ 晚，与毛泽东、朱德、刘少奇等出席捷克斯洛伐克共和国大使魏斯柯普夫为庆祝解放五周年举行的宴会。(10日《人民日报》)

10日　与文联副主席茅盾、周扬共同发表文告，载《文艺报》第2卷第4期。希望文学艺术工作者响应世界拥护和平大会常设委员会第三次全会的号召，积极展开和平签名运动，同时，"广泛地发动所有的文艺工作者运用各种各样的文艺形式"，为保卫和平而斗争。

11日　任"学术名词统一工作委员会"主任。

该委员会是政务院文化教育委员会为统一学术界、出版界常用的翻译名词而设立的。在委员会下暂设自然科学、社会科学、医药卫生、时事、文学艺术五个工作组。委员有丁燮林、竺可桢、潘光旦、艾思奇、翦伯赞、贺诚、雷洁琼、沈志远、邵荃麟等15人。(12日《人民日报》)

◎ 主持中国科学院院务汇报会，讨论专门委员人数精减和研究人员

工资标准等问题。(《中国科学院史事汇要》1950年)

13日 以中国保卫世界和平大会委员会主席名义在中央人民广播电台发表广播演讲，题为《巩固革命胜利与保卫持久和平》，载14日《人民日报》、《新华月报》1950年第2卷第2期。强调"和平是可宝贵的。但和平不是苟且的偷安"。"我们要胜利的和平，要和平的胜利。"

◎ 与茅盾、周扬代表中国文联电唁美国著名作家史沫特莱逝世，表示"我们深切地哀悼着失去了一位民主战士、进步作家，同时中国人民也失去了一位好友"。(17日《人民日报》)

◎ 与沈雁冰、周扬、丁燮林、马衡等，往文物局所在地北海团城，参观鉴定天津市民熊述匋捐献的春秋时期越国青铜器"郘原钟"，断为春秋时越国器。(16日《人民日报》,《文物参考资料》第1—6期汇编，第83页)

此器旧称"钟"，现已正名为"镈"。——编者注

14日 下午，往中山公园，出席保卫世界和平宣言签名运动大会，并发表讲演，全文载15日《人民日报》。指出："战争的危机诚然存在，但是战争的危机是完全可以克服的。在全世界和平民主的人民的伟大力量面前，帝国主义如果敢于发动战争，那他们是在为自己准备举行最后一次的火葬"。又以主席名义宣读世界拥护和平大会常设委员会关于禁用原子武器的呼吁书。六千余人参加了大会。

15日 出席中苏友好协会总会和政务院财经委员会举办的晚会，欢送苏联经济学硕士包德列夫教授，在致辞中对其来华讲学表示感谢。(18日《人民日报》)

18日 晚，出席文教委员会、中苏友协、中国保卫世界和平大会举办的欢迎苏联青年代表团晚会，席间与米哈依洛夫团长互致祝词。(19日《人民日报》)

◎ 作《更正一个错误》，载20日《光明日报》、21日《人民日报》。就13日晚在中央人民广播电台发表的广播演讲中，关于美英法意的预算和军费数字上的错误进行更正。

22日 回复杨树达5月14日来信，肯定其"'矢字寍宗'之说甚新颖而有见地"，希望其书《纪年所见殷先王别名疏证》"能早观厥成"。同时指出，《小屯》乙编"书虽庞大而无统纪"，"精要处甚鲜"。(杨逢彬整理《积微居友朋书札》，湖南教育出版社1986年版)

28日 出席北京市文学艺术工作者代表大会，并发表讲话，全文载29日《人民日报》。恳切希望大家"团结，团结，再团结"。同时强调团结是有原则性的。要"把原则掌握得很准确，今天我们就必须加强学习。学习马克思列宁主义和毛泽东思想，用来做我们的武器"。谈到普及和提高的问题时说："要注意普及，还要注意提高指导下的普及。"同时强调："文艺界还应该强调批评与自我批评。"

以《团结、工作、批评》为题收北京出版社1959年1月初版《雄鸡集》，后收《沫若文集》第17卷；现收《郭沫若全集·文学编》第17卷。

31日 在中国科学院与李四光、竺可桢交谈，听竺可桢谈赴东北考察结果。(《竺可桢全集》第12卷，上海科技教育出版社2007年12月版)

◎ 与李四光到北月牙胡同探望患病的庄丕可。(《竺可桢全集》第12卷，上海科技教育出版社2007年12月版)

本月 作诗《咏红楼》："星火燎大原，滥觞成瀛海。红楼弦歌处，毛李笔砚在。力量看方生，勋勤垂后代。寿与人民齐，春风永不改。"(手迹存北京新文化运动纪念馆)

6月

1日 出席教育部召开的第一次全国高等教育会议开幕式。与董必武、黄炎培、马寅初、陆定一、李四光等致辞。

会议将对高等教育的方针任务、组织规程、课程改革、领导关系、师资培养、教材编审诸问题展开广泛讨论。(2日《人民日报》)

◎ 出席在中山公园音乐堂举行的庆祝第一届国际儿童节大会，朗诵会前赶写的诗歌《"六一"颂》，诗载2日《人民日报》《光明日报》。祝愿小朋友"自由自在地在自由的天地中成长"，"一个个都长成为人民中国的栋梁"，"长成为人类社会的栋梁"。随即去北京师范大学第二附属小学，亦朗诵此诗。

初收人民文学出版社1953年1月出版的《新华颂》，有较大改动；后收《沫若文集》第2卷；现收《郭沫若全集·文学编》第3卷。

2日 致电法国检察官比利兹，抗议其传讯世界拥护和平大会常委会

副主席戈登夫人，并致电戈登夫人表示慰问。(3日《人民日报》)

4日 作《吴王寿梦之戈》，载7日《光明日报》。考释故宫博物院藏铜戈铭文，断定"邗王是野"就是"吴王寿梦"。

初收上海新文艺出版社1952年初版《奴隶制时代》，后收《沫若文集》第17卷，现收《郭沫若全集·考古编》第6卷。

◎ 复信吴宫草，就其对《"六一"颂》一诗所提的意见做回应。说："'六一'颂的确是在到会之前二三十分钟内赶写出来的。""在我的意思，在儿童面前去演说，倒不如用韵文去朗诵，会更有效些。"在对信中提到的具体问题一一做了申辩答复之后说："我写出那首诗，只是想表示我对于儿童的爱护，并促进世间对于儿童的爱护，倒根本没有当成文艺作品来看。我没有到场去随便敷衍几句演说，而毕竟费了一番心思写出了那么一首东西出来，至少是可以看出我在郑重其事。至于口号不口号或者能否与'天地长春'，我根本没有考虑到。"

吴宫草2日来信说："我觉得写给儿童看的诗歌，第一，句子要简明，通俗，并尽可能与口语接近，最好是一致。——至少也得合乎习惯一些。第二，内容要表现得具体一些，不可把一些只表示概念的，抽象的标语口号似的词句连缀成篇。第三，文法上逻辑上要保证没有问题。"并称自己是拿这个标准来衡量《"六一"颂》，从标题、逻辑、文法修辞、语言习惯等四个方面提出具体意见。最后说："'六一'颂这样的诗，本来是应酬诗中的应景诗，是您逗小孩子玩儿的——使他们高兴高兴的，原算不了什么一回事儿。试问古今中外有那一位文学家是以写应酬诗而成名的？又试问古往今来那一首应酬诗足以与'天地长春'。"(《淮阴师专学报》1980年增刊《活页文史丛刊》32号)

8日 出席中科院院务汇报会，说明原拟请姜立夫为数学所筹备处主任，因其坚持不就，已请苏步青担任。(《中国科学院史事汇要》1950年)

◎ 作为中国科学院院长批示："黄长风论文已交近代物理所审查，认为'成绩甚为优异'。黄君回国后服务事前曾答复黄副总理，科学院表示欢迎。"

黄长风为黄炎培之侄，留法三年研究原子能，获得国家博士学位。黄炎培5月29日致函周恩来，说"他愿将所学贡献给祖国，不愿久留国外"。并附上其论文《重原子核的宇宙放射线》。周恩来5月31日在黄炎

培信上批示："送郭沫若副总理转科学院有关部门审阅。黄长风先生回国后可入科学院工作。"（中国科学院档案）

10日 政协第一届全委会第二次会议召开前夕，毛泽东设宴招待包尔汉、梁漱溟、荣毅仁等特别邀请人士和文化界代表李四光、华罗庚、周太玄及各地劳动英雄代表，与朱德、刘少奇、周恩来等应邀作陪。（11日《人民日报》）

13日 致函周恩来："五月卅一日交来黄炎培副总理函及所嘱各节，均阅悉。黄长风《重原子核的宇宙放射线》论文，已交科学院近代物理研究所审查，认为'成绩甚为优异'。科学院极欢迎黄君回国参加该所工作。除前曾答复黄副总理外，特此奉复。"（中国科学院档案）

14日 出席中国人民政治协商会议第一届全国委员会第二次会议开幕典礼并为主席团成员。（15日《人民日报》）

毛泽东主席致开幕词，指出土地改革问题是这次会议的中心议题。

17日 下午，在政协第一届全委会第二次会议上作《关于文化教育工作的报告》。全文载20日《人民日报》《光明日报》，《新华月报》第2卷第3期。1950年6月由新华书店出版单行本。主要谈了三个问题：一、报告全国人民政治学习运动的概况。总结了学习运动的收获："广大人民明确地认识了新中国与旧中国根本的区别"，"保卫世界和平运动已在全国日益展开"，"劳动创造文明的观点，基本上树立起来了"，"为人民服务的观点，在知识分子和政府工作人员中广泛地流行了"。介绍了学习运动的主要方法是"各地设立政治大学和政治训练班"，"组织了一般大中学生与教师的思想学习"。二、介绍了全国文教建设工作概况。通过教育、卫生、科学、艺术、新闻、出版六个方面的主要数字，说明"从旧中国所接受下来的文教事业的遗产，是很贫弱的，数量上很不够，内容很多也与人民的要求不能适应"。政务院文化教育委员会成立以来，"接收整理这些文教机构，并有重点地进行了恢复、改革和发展的工作"。三、分析了在执行文化教育政策上的几个问题："改革时应采取谨慎步骤"；"应坚持理论与实际相结合，提高与普及相结合的方针"；"对公营与私营文教事业应实行统筹兼顾的原则"。

18日 上午，与林伯渠、沈钧儒等往辅华火药厂爆炸地区及医院，视察善后救济工作，并慰问灾民。（19日《人民日报》）

19 日 作《人民诗人屈原》，发表于《中国青年》第 42 期。第一部分，论述屈原是"生在那奴隶制蜕变时代而酷爱人民的人"，但其"革命性不够强烈"。第二部分，论述屈原"爱祖国的情绪也是相当强烈的"，"以身殉国"，表明其"的确是一位爱国诗人"。第三部分，论述屈原"的确有资格戴上一个'人民诗人'的徽号"，他"把明显的人民意识灌进了诗里"，"把古代僵化了的贵族诗歌平民化了，获得了饱满而横溢的新生命"。

初收上海新文艺出版社 1952 年初版《奴隶制时代》，后收《沫若文集》第 17 卷，现收《郭沫若全集·文学编》第 17 卷。

20 日 上午，在中国科学院与竺可桢谈话。竺可桢出示开会时即将做的"七个月来科学院工作之总结"，"表示科学院过去有若干缺点，希望大家能明白批评"，"坦白揭露科学院之缺点"，郭沫若甚以为然。(《竺可桢全集》第 12 卷，上海科技教育出版社 2007 年 12 月版)

◎ 上午，出席中国科学院本年第一次扩大院务会议开幕式，作关于中国科学院方针任务的报告，以《中国科学院的基本任务》为题载《新华月报》第 2 卷第 4 期。报告分为三部分，一、科学研究方向的确立：要确定科学研究为人民服务的观点。要根据近代科学研究发展的趋势，并吸取国际进步科学的经验，作有计划的理论及实验的研究，以期赶上国际学术水平。科学研究要有计划性与集体性。二、科学研究人才的培养与合理分配：加强研究人员的政治学习。与各大学及其他专门人才训练机构联系，相互协助，全面地筹划专才的训练。调查全国科学人才，作有计划的分配与补充。号召并协助留学国外的科学研究人才返回祖国工作。三、科学研究机构的调整与充实。(《中国科学院史料汇编》1950 年)

大会其他报告：李四光报告研究科学者应有的改造。陶孟和报告科学院新拟定各项条例草案提交大会讨论。竺可桢报告科学院半年工作。(《中国科学院史事汇要》1950 年)

22 日 接美国反法西斯流亡者联合委员会执行秘书海兰·布里安电文，紧急呼吁 7 月 4 日举行国际抗议，要求美政府释放最近被拘禁的该会主席巴尔斯基等 11 位领袖。以中国保卫世界和平大会委员会主席名义当即回电表示支持，并致电美国总统杜鲁门，对这种扣押行为表示异常愤慨。(23 日《人民日报》)

23日 出席中国人民政协第一届全国委员会二次会议闭幕式。

会议通过了包括郭沫若关于文化教育工作报告在内的各项工作报告。（24日《人民日报》）

◎ 出席中国科学院院务汇报会。在听取严济慈主任关于正在进行中的第一次扩大院务会议的情况汇报后发言，强调"此次大会为第一次成立大会，新旧交替的关节"，"此会主要是从大处改变思想作风，拟定计划解决问题"。（《中国科学院史事汇要》1950年）

24日 作《申述一下关于殷代殉人的问题》，发表于7月5日《光明日报》。《读了〈记殷周殉人之史实〉》发表之后，引发关于"殷周殉人"问题的讨论。针对杨绍萱《关于"殷周殉人"的问题》一文的主要论点"殷墟殉人的史实不能成为殷代是奴隶社会的证据"，论述了两个问题。其一，从20年代末30年代初的研究清理起，断定"众"或"众人""就是从事农耕的生产奴隶"，而且奴隶的价格在周孝王时《曶鼎铭》中也有记载，"五名奴隶只抵得一匹马和一束丝"，"是最贱的财产"，由此"便可以知道，殷代为什么要拿那样多的人来殉葬"了。同时提出，这些"财产"在古代人看来并不是"毁灭"了，一层是"供在地下使用"，另一层是"贿赂地下的鬼神"，这种意识"就是今天烧冥钱的人也还具有着"。其二，针对讨论中提出的"殉葬者"为"战俘"说进行反驳："要说殷墟的殉人'全不是奴隶'，实在是没有办法来说明。是氏族社会成员吗？当然不会拿这么多的成员来牺牲。是别民族的俘虏吗？这俘虏是临时去拉来的呢？还是平时养畜在那儿的？临时去拉那么多俘虏来殉葬，道理说不通。平时养畜在那儿的，谁生产来养畜他们？"再三表示，二十多年前"把殷代定成金石并用时代和氏族社会末期"，"责任实在是应该由我来负"，"希望朋友们实事求是，根据史实把那种不正确判断丢掉"。最后两段文字提出："中国的奴隶社会究竟始于何时？谨慎一点的人今天还不敢说：因为材料不够。终于何时呢？也异说纷纭。我自己很想把春秋和战国之交作为奴隶制与封建制的分水岭。""关于中国奴隶社会这个问题，应该从全面来作一个总解决，即是从生产方式一直到意识形态来作一个全面的清理。但在今天实在是没有这个工夫，似乎也没有什么迫切的必要。"

初收上海新文艺出版社1952年版《奴隶制时代》，后收《沫若文集》

第17卷，现收《郭沫若全集·历史编》第3卷。

◎ 出席中国科学院本年第一次扩大院务会议分组总结报告会。在宣告开会后，作简短致辞。说明此次大会以分组讨论为主，"希望提出问题，讨论问题，想出办法。假使条件许可，一定很快实施，如条件不许可，也一定促使实行"。(《中国科学院史料汇编》1950年)

26日 主持中国科学院本年第一次扩大院务会议闭幕式并作总结报告，报告全文载《中国科学院史料汇编》1950年。在物理组、化学组、生物组、地学组、工学组、社会科学组等分组讨论的基础上明确了各学科的工作任务。最后谈道："我们的工作主要就是整理整个国家的思想，这样的工作是长远的。"

《人民日报》报道了20日至26日中国科学院院务扩大会议的基本情况：

新中国的最高学术研究机构中国科学院，经过半年的接管工作和计划工作，初步奠定了新中国今后科学研究工作的基础。该院自六月二十日至二十六日曾召集各研究所负责人及国内著名科学家共百余人，举行第一次扩大院务会议，讨论了中国科学院工作的基本方针和任务，总结了半年的工作经验。

郭沫若院长和李四光、陶孟和、竺可桢三位副院长分别作了关于方针任务、思想改造、条例规程、半年工作的报告。到会的科学家分考古语言、社会近代史、生物、地学、化学、工学、物理等组，就各项报告进行了广泛深入的讨论。他们一致对中国科学院工作的方针任务及工作计划等表示热烈的拥护，并有不少科学家在会上对自己过去在研究工作方面存在的为学术而学术的缺点作了自我检讨。会议原则上通过了中国科学院专门委员聘用暂行规程、中国科学院研究所暂行组织规程、中国科学院研究人员任用暂行细则以及中国科学院技术人员任用暂行细则。并决议组织三个委员会对会议各项决定研究具体实行办法。在会议进行中，中央人民政府朱德副主席、政务院周恩来总理、文化教育委员会陆定一副主任均曾出席讲话，给了到会科学家以极大的鼓励。到会的科学家都认为，经过这次会议，中国的科学研究工作将进入一个崭新的为人民服务的阶段。到会的科学家都保证，配合中国经济建设的发展，中国科学工作也将有更辉煌的成就。(7月2日《人民日报》)

27日 以中国科学院院长名义致电德国科学院："欣逢贵院二百五十周年纪念，特派吴有训、华罗庚、王淦昌及恽子强四教授亲往祝贺。已于六月廿四日晚启程，经苏联、波兰前往。祝贺我两国科学文化方面的亲密合作。"（中国科学院档案）

◎ 以中国科学院院长名义致函山东大学校务委员会，讨论童弟周、曾呈奎的聘用问题："本院为工作上迫切的需要，于成立之初，即决定须聘请童弟周、曾呈奎两先生担任本院在生物科学范围内一部分的行政和研究职务。""最近本院的调整计划，业经政务院批准，已正式任命童弟周先生为本院实验生物研究所副所长兼水生生物研究所青岛海洋生物研究室主任。曾呈奎先生为本院水生生物研究所青岛海洋生物研究室副主任。"提出三点具体办法："（一）童曾两先生月薪，应完全由科学院发给。（二）两先生仍旧分别负动植物两系主任之责，但请校方各置一副主任或相当于副主任职权的人员，以助两位处理系内的事务。（三）两先生在校内须摆脱系外的其他职务。"（中国科学院档案）

28日 出席中央人民政府委员会第八次会议。

会议听取周恩来总理兼外交部长关于目前国际形势的报告，讨论和通过《中华人民共和国土地改革法》、《中华人民共和国工会法》，中华人民共和国国徽。（29日《人民日报》）

30日 政务院副秘书长、中国国民党革命委员会中央常务委员郭春涛于本日病逝，与周恩来、林伯渠、董必武等47人组成治丧委员会。（8日《人民日报》）

本月 为上海市第一届文代会题词："扩大并巩固文艺工作者的团结，树立批评与自我批评的风气，为思想性与艺术性高度结合的人民文艺的创造而奋斗！"（手迹载7月24日《文汇报》）

7月

1日 与陈叔通、许德珩、马叙伦、李济深、何香凝等电贺中国共产党二十九周年诞辰，表示坚决拥护毛主席和中共领导，为收复台湾和一切领土而奋斗。（1日《人民日报》）

◎ 在中央人民广播电台发表题为《由美帝国主义的侵略罪行说到和

平宣言签名运动》的讲话。强调人民政协全国委员会把七月一日至七月七日作为和平宣言签名运动周,"就是希望全国人民深深纪念中国共产党领导人民争取和平的努力,始终要跟着共产党走,彻底反抗帝国主义者的侵略,而最后得到全面的胜利"。(3 日《人民日报》)

◎ 召集中科院各级负责人座谈会,对各所编制预算、需用外汇、图章及工作报告采用格式等问题广泛征求意见,并交办公厅研究办理。(《中国科学院史事汇要》1950 年)

2 日 出席政务院文化教育委员会、民族事务委员会联合举行的欢送赴西南的中央访问团晚会,作为文化教育委员会主任发言,指出:"中国少数民族并不是生来就落后的,如禾稻类植物,最初生长在印度支那,然后由西南传入,饮水思源,我们应对西南各族人民表示感谢。"叮嘱访问团全体团员要抱谦虚和学习的态度,化除过去民族间历史的隔阂,学习他们丰富的艺术宝藏。(2 日《人民日报》)

3 日 与沈雁冰等一百三十余名文化界人士致电华盛顿美国总统杜鲁门,抗议美国政府拘禁美国反法西斯流亡者联合委员会领袖巴尔斯基和法斯特等 11 人。(4 日《人民日报》)

◎ 主持政务院文化教育委员会第三次全委会,讨论通过救济失业教师及知识分子与处理学生失学问题等草案。(9 日《人民日报》)

7 日 参加首都纪念"七七"13 周年大会,作为中国保卫世界和平大会委员会主席致开会词。号召保卫和平,声援朝鲜、越南、菲律宾及日本人民反侵略斗争。(8 日《人民日报》)

8 日 以中国科学院院长名义致函姜立夫,盼来京商谈就任数学所之事。说:"六月廿日致竺藕舫先生函阅悉。数所筹备,诸待进行,极盼命驾来京,商谈一切。何日成行,尚希电告。"(中国科学院档案)

竺藕舫,即竺可桢。

10 日 与科学院办公厅主任严希纯、丁瓒约见夏鼐。(《夏鼐日记》,华东师范大学出版社 2011 年 10 月版)

11 日 晚,与毛泽东、朱德、周恩来等出席蒙古大使为庆祝蒙古共和国国庆举行的宴会。(12 日《人民日报》)

12 日 参加教育部召开的北京各大学应届毕业生统一分配工作动员大会,并讲话。指出:"分配工作要尽可能作到适才适用,使同学在工作岗位上各尽所能。但今天国家刚刚成立不久，工作的进行有轻重缓急之分，因此不一定能使每一同学都十分满意，希望同学们能服从分配，到工作岗位后积极工作。"（14日《人民日报》）

◎ 主持中科院院务汇报会。

院办公厅报告参加政务院文化教育委员会下半年预算讨论情况，计划局报告学术审议委员会组织问题。（《中国科学院史事汇要》1950年）

◎ 复信杨树达。说"《积微居甲文说》已奉读。四方神名，金君祖同先发现之"，认为"卜辞中四季之分迄今尚无确证"。又指出："人有十等，'臣'之中自有等级而已。"（杨逢彬整理《积微居友朋书札》，湖南教育出版社1986年版）

15日 发表《保卫世界和平》于当日出版的《争取持久和平，争取人民民主》中文版第42、43期合刊。

19日 主持中国科学院1950年第一次行政工作会议，宣布建立会议制度：行政工作会议每周三举行。院务汇报会改为每月一次。要求自下而上地讨论1951年工作计划，9月15日拟形成初步草案。另外，根据政务院关于所属各委、部、会、院、署、行检查精简节约令，宣布组成"中国科学院精简节约检查分组"。（《中国科学院史事汇要》1950年）

◎ 晚，出席政务院政治法律委员会及中苏友好协会总会举行的宴会，为来华讲学的苏联专家车斯诺柯夫、阿斯凯洛夫教授送行。（25日《人民日报》）

20日 下午，出席政务院文化教育委员会第十一次委务会，向大会报告全国文教经费开支情况。（《竺可桢全集》第12卷，上海科技教育出版社2007年12月版）

21日 与董必武、黄炎培在北京饭店主持招待会，接待广西、港澳赴东北参观团。（《黄炎培日记》第11卷，华文出版社2012年9月版）

22日 晚，出席民主建国会北京分会举行的大会，反对美国侵略中国台湾、朝鲜。在会上发表讲演。（22日《人民日报》预告、24日《人民日报》报道。29日《文汇报》以《予侵略者以迎头痛击》为题发表讲演记录稿。）

23日 发表《比傀儡更丑》于当日《光明日报》，《文艺报》第2卷第9期（总第21期）。声明美国侵略者必须从中国台湾、朝鲜退出。

24日 接见由浙江来京赴任的考古研究所副所长夏鼐，对于考古所工作作了指示：首先要学习马克思列宁主义，把马列主义的观点方法用到古物的发掘、整理和研究上去。其次是要多做田野考古工作，以便积累具有科学性的资料，为室内研究打下基础，但是要避免有挖宝思想。（夏鼐《郭沫若同志对于中国考古学的卓越贡献》，《考古》1978 年第 4 期；又见《悼念郭老》，生活·读书·新知三联书店 1979 年 5 月版）

◎ 出席中科院精简节约分组动员大会并发言，强调精简节约的目的、精神及办法。（《中国科学院史事汇要》1950 年）

27 日 为《北京文艺》创刊号题词："善于利用人民大众所喜闻乐见的形式，来进行新民主主义的文化教育，提高人民大众的文化水平和爱国情绪。"（手迹载《北京文艺》创刊号）

30 日 为庆祝"八一"建军节作《发扬武装的革命》，载 8 月 1 日《人民日报》。号召以"武装的革命""粉碎帝国主义的侵略"。

本月 德意志民主共和国驻华外交使团特命全权大使兼团长柯尼希、蒙古人民共和国驻华大使贾尔卡赛汗、丹麦驻华公使穆克于呈递国书后，曾先后分谒朱德、刘少奇、李济深、张澜、郭沫若等。（5 日、11 日《人民日报》）

◎ 杨树达将其所作《竹书纪年所见殷王名疏证》寄郭沫若，郭为其代投并发表于 20 日《光明日报·学术副刊》第 26 号。（见陈梦熊《郭沫若遗简五通考述》所引杨树达信，《郭沫若研究》第 10 辑）

◎ 作诗《南昌将建八一纪念馆题寄》："人民武力起洪都，屈折艰难史所无。二十二年垂大业，云霄万古看雄图。"（据手迹，冯锡刚《郭沫若集外佚诗三十二首辑注》，《郭沫若学刊》2015 年第 4 期）

8 月

1 日 参加首都各界庆祝"八一"建军节、反对美国侵略中国台湾、朝鲜的群众示威大会，并发表演讲，载 2 日《人民日报》。

◎ 以无党派人士身份与李济深、黄炎培、许德珩等民主党派代表联名向解放军致贺电，庆祝"八一"建军节。（2 日《人民日报》）

◎ 晚，出席中国人民解放军朱德总司令为庆祝"八一"建军节举行的招待宴会。（2 日《人民日报》）

◎ 发表《鬼脸骇不了人》于《人民文学》第 2 卷第 4 期《反对美帝

侵略台湾朝鲜》特辑。

2日 出席中国教育工作者工会第一次全国代表大会开幕式，并讲话。全文以《阶级的转变》为题载18日《光明日报》。认为中国教育工作者准备成立全国性的工会，"是中国革命史上一件很重要的事情。这正是毛主席所说的'由一个阶级变到另一个阶级'"。指出："中国的知识分子在传统上向来是高高乎在上的，不仅自视甚高，别人也把它看的很高，所谓'士居四民之首'，'万般皆下品，唯有读书高'。读书的人已经够高了，教人读书的人当然更高。老师们的长生禄位牌，在前是和天地君亲一道供奉在我们每一家人家的神龛上的。但在今天我们把老师们从神龛上请了下来，同体力劳动者的工人一样组织工会了，这难道不是一件天变地异吗？"强调文化教育的首要任务"便是从无产阶级或工农大众中培养出大量的新型的知识份子"。"但在今天执行这种政策的任务，就责无旁贷地落到我们经过改造或经过阶级蜕变的旧知识分子的肩头上来了。"

3日 偕于立群往北京市劳动人民文化宫（太庙）参观第一届全国卫生医药展览会预展，在卫生馆参观达四小时之久，对每一展品问询甚详。希望展览会能普及到全国各地，作为人民卫生教育的工具之一。（6日《人民日报》）

◎ 译苏联歌曲《保卫和平歌》，发表于当日《人民日报》。

7日 出席第一届全国卫生会议开幕式并讲话，勉励与会者为保障全国五万万人民健康而奋斗。（8日《人民日报》）

10日 出席中央民族事务委员会欢迎西北各民族参观团的集会。（13日《人民日报》）

◎ 下午，在中国科学院与竺可桢谈话，谈到提请曹日昌为计划局副局长之事。（《竺可桢全集》第12卷，上海科技教育出版社2007年12月版）

11日 率中国人民代表团启程赴朝鲜，参加朝鲜解放五周年庆典并慰问朝鲜人民。北京各界一千五百余人在车站举行欢送会。在黄炎培、史良、刘宁一等致欢送词后，作为团长致答词。

代表团副团长李立三，团员有许德珩、章乃器、白薇、马烽、许广平等23人，于立群为秘书。（15日《人民日报》）

◎ 为第一届全国出版会议题词："出版是精神食粮的生产，我们产生精神食粮必须富于营养，容易消化，又中看，又好吃，不能挟杂着一些泥沙，不用说更不允许混合丝毫的毒素。这是很要紧的工作，一定要有绝对负责的态度，对人民负责，对读者负责，对后代负责，然后才能把这事业做好。"（手迹载人民出版社1951年出版的《第一届全国出版会议纪念刊》）

◎ 为李士钊编、孙之儁绘《武训画传》题签书名，并题词："在吮吸别人的血以养肥自己的旧社会里面，武训的出现是一个奇迹。他以贫苦出身，知道教育的重要，靠着乞讨，敛金兴学，舍己为人，是很难得的。但那样也解决不了问题。作为奇迹珍视是可以的，新民主主义的社会里面，不会再有这样的奇迹出现了。"（载《武训画传》，上海万叶书店1951年1月版；又见《联系着武训批判的自我检讨》，1951年6月7日《人民日报》）

12日 为叶笃正回国拟取道苏联，致函外交部，谓："本院地球物理研究所副研究员叶笃正由美国来函称：'自朝鲜战争发生后，取道香港返国，已不可能。而由美迳达天津之船极少，且多为货船，每船乘客不过十余人，现在美候船归国之学生，将近三千人，似此实难望于短期内到达。故惟有取道苏联回国之途。但所需旅费甚多，且须先行接洽，现仍在美候命。'该员在芝加哥研究气象，成绩优良，我国现亟需要此项人材，似应争取早日回国。惟关于取道苏联一节，应用何种手续，其他单位是否已有前例。"（中国科学院档案）

13日 晚，率中国代表团进入朝鲜国境抵达新义州。朝鲜副首相洪命熹、文化宣传部长许贞淑等前往迎接，朝鲜平安北道人民委员会举行欢迎会。（《访问朝鲜》，16日《人民日报》，《人民文学》第2卷第6期）

14日 在往平壤途中，因一座桥梁被炸损，迟延了两个钟头，到距平壤三十公里的顺安时，已经六点，进入空袭期，为了安全，只能在此等候，"一个上午便有空袭四次"。傍晚，由顺安乘车，晨，抵平壤。（《访问朝鲜》，16日《人民日报》，《人民文学》第2卷第6期）

◎ 住大同江畔的浮碧楼。为防敌机轰炸，晚上灯火管制甚严，"只好在昏黑中用食，别具风趣"。因成诗一首："浮碧楼头望大同，庶民今日有雄风。乙支文德精神在，胜利荣征继往从。"（《访问朝鲜》，《人民文学》第2卷第6期）

15日 上午，访问两处伤兵医院，带去一些药品和医疗器械。医疗方面的负责人特别表示感谢。（《访问朝鲜》，《人民文学》第2卷第6期）

◎ 下午，参观一个位于平壤郊外的美军俘虏营。其中有美俘338人，

原国籍有21种。(《访问朝鲜》,《人民文学》第2卷第6期)

◎ 晚,在牡丹峰剧场参加"八·一五"解放五周年庆祝大会。会议开始前,在剧场外的一座日式建筑里见到当天才从前方赶回来的金日成。在庆祝大会上,坐在金日成旁边并与之用中文交谈。

在金日成关于五年来南北朝鲜形势和人民军战争报告之后,作为中国代表团团长致祝辞。回顾历史说:"中朝两国人民的友爱关系是很密切很久远的,特别是在最近的半个世纪,就正当着我们的这一代,我们是在同受帝国主义的侵略的深沉的忧患中长大起来的,我们的感情、意志是痛痒相关,我们的生活、行动更有时是生死与共的。""亚洲被压迫民族在亘百年的奴役与屈辱的生活之下今天已经在觉醒了,四处都是民族独立斗争的烽火。"会后,在剧场外的日式建筑里,参加鸡尾酒会,与金日成等对饮"沃德卡"。(《访问朝鲜》,《人民文学》第2卷第6期,祝辞全文载19日《人民日报》)

16日 中国代表团分组活动。率留平壤的部分代表参观工厂、学校。观看被美机炸毁的民房、学校、剧院及其他文化机关,并慰问受难居民。

李立三率部分代表赴汉城慰问,章乃器等往元山调查美军炸射实况。(24日《人民日报》)

17日 访问伤兵医院。带去大批药品,并向负伤的朝鲜人民军战士献花致敬。(24日《人民日报》)

18日 参观金日成大学和朝鲜国立电影制片厂。与朝鲜民主青年同盟委员长玄正民等举行座谈。同日,访问金日成故乡万景台,拜访金日成祖父母。(24日《人民日报》)

19日 下午,接受李箕永等十位朝鲜文学家、艺术家来访,以"朝鲜文艺活动和中朝文化交流"为题举行座谈。(《访问朝鲜》,《人民文学》第2卷第6期)

◎ 以中国科学院院长名义致函外交部:"前以本院地球物理研究所副研究员叶笃正拟由美取道苏联返国,经于八月十二日以院秘字第2299号函请示复手续在案,兹由该所所长赵九章出具保证书一纸,保证该员沿途不从事任何政治活动。"(中国科学院档案)

21日 晚,应邀赴金科奉家宴,"第一次吃到纯粹的朝鲜菜"。食后在楼上看电影《放哨的人》。(《访问朝鲜》,《人民文学》第2卷第6期)

22日 中国人民访问朝鲜代表团结束访问，晚，与李立三率团离开平壤回国。(《访问朝鲜》，《人民文学》第2卷第6期)

24日 晚，率中国人民访问朝鲜代表团抵达北京。陈叔通、沈钧儒、黄炎培、章伯钧、罗隆基等前往车站欢迎，在欢迎会上致答词，简略报告在朝活动和慰问过程，汇报了此行的两大收获：（一）亲眼看到朝鲜人民的英雄气概，（二）亲眼看到侵略者的野蛮行径。(25日《人民日报》)

25日 出席政务院第四十七次会议，与副团长李立三，秘书长章乃器，团员许广平向大会报告赴朝活动经过。(26日《人民日报》)

◎ 晚，与董必武招待全体科学代表会代表。向竺可桢等介绍朝鲜文字拼音化情况。(《竺可桢全集》第12卷，上海科技教育出版社2007年12月版)

28日 代表无党派人士发表讲话，抗议驻朝美军飞机入侵中国东北领空。(29日《人民日报》)

◎ 与李立三联名致电联合国安理会主席马立克及联合国秘书长赖伊，抗议美国在朝鲜的侵略行为。(29日《人民日报》)

29日 在中央人民广播电台发表广播演说，报告中国人民代表团访朝经过。演说词载30日《人民日报》。

30日 接受《真理报》驻京记者维索科夫采访，说："我最近从朝鲜回来，曾亲眼见到美机滥炸平壤的情形。他们残暴地屠杀城市的和平居民，扫射在田间工作的农民。我亲眼看见被毁的劳工的房屋，被毁的学校、医院、文化机关，和被杀的老弱妇孺。""像一切进步人类一样，中国的各族人民渴求和平。但战争挑拨者却继续活动，必须制裁他们。和平拥护者的阵营能够做而且必须这样做。"(31日《人民日报》)

本月 在青年团中央召开的全国农村青年工作会议上报告了开展农村和平签名运动问题。(9月11日《人民日报》)

◎ 以中国保卫世界和平大会全国委员会主席名义致电祝贺16日在布拉格举行的世界学生代表大会。(19日《人民日报》)

9月

3日 晚，首都各界五千余人集会，欢迎访问朝鲜的中国人民代表团回国。在会上报告了赴朝见闻。(4日《人民日报》)

5日　晚，出席中央人民政府委员会第九次会议。

会议通过新解放区农业税暂行条例，听取周恩来的外交报告，决议增设人事部及华北事务部。(6日《人民日报》)

8日　作《这倒是"美国问题"》，发表于17日《人民日报》《光明日报》。认为西蒙诺夫的《俄罗斯问题》"的确是一部富有教育意义的好剧本"，它"为美国人民指示了一条路"。

该剧于15日开始由中央戏剧学院话剧团在北京公演。(13日《人民日报》)

10日　以中国科学院院长名义致函教育部："本院拟合聘清华大学华罗庚、段学复、沈元三位先生为本院数学研究所筹备处研究员，工资由双方各出半数，工作地点在清华大学。除函商该校外，敬希惠予同意见复为荷。"(中国科学院档案)

11日　与朱德、周恩来、董必武等在北京劳动人民文化宫参加文化部主办的"向社会主义迈进的罗马尼亚人民共和国展览会"揭幕仪式，致辞称赞罗马尼亚的建设成就。(12日《人民日报》)

13日　出席中科院行政工作会议。

会议讨论学术评审委员会暂行规程及委员名单、中科院三年计划概况等问题。(《中国科学院史事汇要》1950年)

◎ 以中国科学院院长名义致函浙江大学，商讨数学研究所筹备处拟与该校合聘陈建功、苏步青之事。并附表对其职称、工资及工作地址等问题做了说明。(中国科学院档案)

15日　出席中央人民政府出版总署召开的第一届全国出版会议开幕式，作为政务院文化教育委员会主任发表讲话，全文收入人民出版社1951年出版的《第一届全国出版会纪念刊》。在谈到出版状态时说："中国的人口很多，可是文盲却占了百分之八十，过去，能够读书的只有极少数的人，出版工作也仅仅能够为这少数的人服务。今后就不同了，我们要逐渐的使全国人民都读书，因此，今后人民对于出版物的需要将要大大的增加。"强调在出版、印刷和发行中，都要"公私兼顾"，出版工作"单单由政府来做还不够，一定要与全国的出版家共同担任"。同时，"也要注意'劳资两利'的原则，要照顾到作家的权利"。在谈到普及与提高的问题时说："今天，我们的重点还是要放在普及上面。全国作了主人翁的工人和农民，过去都是失去文化享受的，他们的绝大部分是文盲，今天，我们要为他们服务，当然就要大量的消灭文盲，要有大量的通俗书刊出版"。(16日《人民日报》)

16日 作散文《访问朝鲜》，记述8月间在朝鲜的主要活动。发表于《人民文学》1950年第2卷第6期。

17日 作诗《突飞猛进一周年》，发表于10月1日《人民日报》，收入《文艺报》《人民文学》《人民戏剧》《人民美术》《人民音乐》等五杂志联合纪念特刊《胜利一周年》。回顾新中国成立一年来"突飞猛进"的发展，激情赞颂："新生的祖国竟满了一个周年，/这分明只是一个清晨，一个半天，/但也奇怪呀，又仿佛已春秋一万，/比有历史以来还要长远，长远。"

初收人民文学出版社1953年3月版《新华颂》；后收《沫若文集》第2卷，由每节8行共4节，改为每节4行共8节；现收《郭沫若全集·文学编》第3卷。

20日 出席中央人民政府教育部和中华全国总工会联合召集的第一次全国工农教育会议开幕式并讲话。

这是中国历史上第一次将工农的教育问题提到国家议事日程上来的历史性大会。(21日《人民日报》)

◎ 致电广州市长叶剑英转赵忠尧："欣闻归国，谨致欢迎敬礼。盼先至京，共商研究事。"(中国科学院档案)

21日 主持中国科学院行政工作会议。

会议听取钱三强关于向德意志民主共和国购买仪器的报告，讨论与农业大学合作研究病虫害等问题。(《中国科学院史事汇要》1950年)

23日 发表《一个清晨，一个世纪》于《中国青年》第48期。赞美新生祖国"真好像清早的太阳出土，光明、温暖、气魄雄浑，而又是稳步前进"。

24日 上午，出席首都青年在太和殿前广场举行的集会，欢迎世界民主青年联盟代表团。作为中国保卫世界和平委员会主席致辞。说："尽管我们的服装的样式不同，皮肤的颜色不同，语言的音调不同，但我们只有一条心：反对帝国主义的侵略战争，保卫全世界的持久和平，争取全人类的共同安全和幸福。这些也就是我们共通的言语。"接着说："尽管害了眼病的人闭着眼睛不敢正视太阳，太阳依然光芒万丈，照耀着四面八方。太阳决不会为了眼病患者减少它的一点光辉，减少它的一点热量！""依靠战争生存的鬼魅，在和平的阳光下发抖了，它们将在和平的阳光下灭亡！"（大会报道见25日《人民日报》，讲话全文载10月2日《人民日报》）

25日 下午，与毛泽东、朱德、李济深、陈云等出席全国战斗英雄代表会议和全国工农兵劳动模范代表会议开幕典礼。（26日《人民日报》）

◎ 与茅盾、周扬代表中国文联向全国战斗英雄代表会议致贺词。（26日《人民日报》）

◎ 致电世界拥护和平大会主席居里博士，吁请号召全世界科学家谴责美国无理拘捕钱学森、赵忠尧等科学家，要求立即予以释放。指出："我国航空力学专家钱学森博士于申请回国时被美警拘捕，物理学家赵忠尧教授和学生二名在返国途中，在日本横滨为驻日美军拘捕。""请你和贵会号召全世界科学家对美帝国主义暴行加以谴责，并要求立即释放被捕之科学家。"（27日《人民日报》）

◎ 在南京物理所22日来电上批示："参考消息中已见，可问外交部如何办？"

南京物理所来电内容："报载赵忠尧过横滨被扣，伊眷焦虑，是否可设法营救。"（中国科学院档案）

27日 以中国科学院院长名义致函外交部："查应聘本院研究员赵忠尧，由美国回国经过日本横滨被扣，消息传来，科学院异常愤慨。其眷属亦极焦虑，来电询问，可否设法营救。"（中国科学院档案）

◎ 上午，主持中国科学院院务汇报会。

会议听取吴有训作关于赴欧经过的报告，讨论院方自设印刷所刊印科学院及各学会科学刊物的建议等问题。（《中国科学院史事汇要》1950年）

◎ 晚，出席八个人民团体联合举行的欢迎世界民主青年联盟代表团茶会，并致欢迎词。（29日《人民日报》）

◎ 为全国戏曲工作会议题词："艺术必须反映时代的精神，适应时代的需要，才能切实地为人民服务。故步自封是要不得的，卤莽灭裂也是要不得的。"（手迹载《戏曲报》第3卷第8、9期合刊）

29日 晚，出席周恩来总理为参加国庆大典的各民族代表举行的欢迎宴会，并观看电影《中国人民的胜利》。（30日《人民日报》）

30日 出席毛泽东主席举行的国庆宴会。（10月2日《人民日报》）

◎ 出席周恩来总理与苏联驻华大使罗申举行的中苏两国互换批准书仪式。（10月8日《人民日报》）

10月

1日 出席国庆节庆祝大会。与毛泽东、朱德等党和国家领导人检阅各兵种部队和各阶层大游行。（2日《人民日报》）

◎ 发表《一年来的文教工作》于当日《人民日报》《光明日报》和1950年第2卷第6期《新华月报》。总结全国文教卫生工作取得的成就。分别对全国规模的群众学习运动、教育工作、卫生工作、科学研究、新闻出版工作、电影工作等方面的成就做了总结。同时提出，这一年在开展少数民族文化教育的建设工作、调整文教事业的公私关系问题、救济失业知识分子和处理失学学生的工作方面也做了努力。最后谈道："所有这些都是中国历史上前所未有的事情。这说明新中国的文化教育在本质上已经起了变化。"

◎ 为纪念中苏友好协会总会成立一周年题词："加强中苏友谊是反对侵略，保卫世界和平的必要因素。要完成任务必须尽力发展中苏友协，争取大量的同胞向苏联学习。"（手迹载《中苏友好》第2卷第6期）

3日 晚，出席各民族代表向中央人民政府献旗献礼活动。（4日《人民日报》）

◎ 作《〈洪波曲〉后记》补记，回忆1948年11月21日赶写完书稿最后一部分的情景，现在的感觉是"仅仅相隔两年，所写的东西，读起来就已经有隔世之感了"。

初收《沫若文集》第9卷，现收《郭沫若全集·文学编》第14卷。

5日 晚上，出席中苏友好协会总会成立一周年纪念大会，并讲话。（6日《人民日报》，讲话全文载《中苏友好》第2卷第7期）

6日 上午，在中国科学院晤竺可桢，听其报告在南京、上海考察的情况。（《竺可桢全集》第12卷，上海科技教育出版社2007年12月版）

7日 晚，与毛泽东、朱德、刘少奇、宋庆龄、周恩来等出席德意志民主共和国驻华外交使团大使兼团长柯尼希举行的招待会，庆祝德意志民

主共和国成立一周年。（8日《人民日报》）

◎ 以中国科学院院长名义为张伯毅开具"中国科学院证明书"："留学美国张伯毅先生，应聘参加本院研究工作，今偕其美籍妻子珍妮（Jeannatte）回国，业由本院商得外交部，同意入境。特此证明。"（中国科学院档案）

上旬 为北京人民艺术剧院演出歌剧《王贵与李香香》题写剧名。（9日《人民日报》）

11日 下午，出席中苏友协工作会议闭幕式，并致辞。（13日《人民日报》）

12日 主持中国科学院行政工作会议。

会议听取陶孟和、竺可桢报告上海、南京各所情况，讨论第二届院务会议会期等问题。决定：院务会议每年仍为两次，一次主要讨论行政工作，一次主要讨论科研工作，范围可酌情扩大为全国性科学会议。（《中国科学院史事汇要》1950年）

13日 下午，主持政务院第五十四次政务会议。（《黄炎培日记》第11卷，华文出版社2012年9月版）

14日 上午，出席北京市1950年人民体育大会开幕式。（15日《人民日报》）

15日 出席印度大使潘尼迦举行的招待宴会。（《黄炎培日记》第11卷，华文出版社2012年9月版）

16日 与竺可桢谈章演群（鸿钊）所著《中国历学析疑》。竺可桢曾将此书交郭沫若一阅，在阅读其中的《殷人祀岁星考》后，对于岁字之考证无意见，但对于章氏过信《洪范》则提出异议，以为是汉人所作。（《竺可桢全集》第12卷，上海科技教育出版社2007年12月版）

◎ 复信郭若愚，支持他收集、整理《殷契拾掇》和《殷虚文字缀合》。说："你的《拾掇》，编好可送到院来，将来可考虑由院考古所出版。""有信一封，可（到）岳阳路去见李亚农主任。"

郭若愚国庆节期间到北京，往中国科学院寻访分别多年的郭沫若，欲汇报这几年收集和整理甲骨材料及一些研究工作。未遇，留一信，返回上海。次日，郭沫若打电话，得知其已离去，故写此信。（郭若愚《忆念郭沫若先生》，《四川大学学报丛刊》1980年第八辑——《郭沫若研究专刊》第二集）

◎ 致信李亚农，说："兹介绍郭若愚君来见，他是一位甲骨研究家，想看：《小屯》甲乙两编，请允借阅。他并拟购《小屯》乙，俟彼借阅后有必要时，请你给他一个证明，向院请求。"（见郭若愚《忆念郭沫若先生》所引，载《四川大学学报丛刊》1980 年第八辑——《郭沫若研究专刊》第二集）

19 日 出席首都文化界纪念鲁迅逝世 14 周年大会，作为全国文联主席致开幕词。号召学习鲁迅的爱憎分明，强烈地爱祖国、爱人民，也强烈地仇视帝国主义、封建主义和国民党反动统治的精神。

在纪念会上讲话的还有胡乔木、老舍、周建人、胡风等。（20 日《人民日报》）

◎ 下午，出席政务院文化教育委员会委务会第十四次会议。（《竺可桢全集》第 12 卷，上海科技教育出版社 2007 年 12 月版）

22 日 以中国保卫世界和平大会主席名义发表声明，抗议英国政府阻挠在英国色斐尔德召开第二次世界拥护和平大会。（全文载 23 日《人民日报》）

◎ 作《序史剧〈屈原〉的俄文译本》，发表于 1952 年 5 月 28 日《人民日报》。评价屈原在民族诗史上的地位，"有类于希腊民族的荷默，而他的性格更和意大利的但丁接近"。指明屈原的悲剧"是一个时代悲剧"，在史剧的创作中："我尽量地利用了有关于他（屈原）的一些零碎的资料，加上我对于古代社会的研究所得的知识，把他的生活组织了起来。但我不想否认，这里面是有不少的想像成分的。例如最忠于他而且爱他的女弟子婵娟，最后救他出走的那位自愿作他的'仆夫'的卫士，都是我所虚构的人物。那可以说，是两种诗的感情或两种诗人性格的象征。婵娟是象征着优婉的怀旧的感情，卫士是象征着激越的奋斗的感情，前者我让她哀婉地死了。"强调创作《屈原》的 1942 年"中国社会又临到阶段不同的蜕变时期"，"眼前看见了不少的大大小小的时代悲剧"，"便把这个时代的愤怒复活在屈原时代里去"，"借了屈原的时代来象征我们当前的时代"。担心这个剧本"表现的是两千年前的中国的故事"，而自己又"没有莎士比亚那样的才华"，"不一定能够受到苏联读者的欢迎"。最后，肯定俄文译者费德林"尽了他的最善的努力"，"向他致谢"。

初收上海新文艺出版社 1952 年初版《奴隶制时代》，改题为《序俄文译本史剧〈屈原〉》；后收《沫若文集》第 17 卷；现收《郭沫若全集·

文学编》第 17 卷。

费德林的《屈原》俄文译本 1951 年 10 月由莫斯科外国文学出版局出版。

23 日 作《〈社会组织与社会革命〉序》，收商务印书馆 1951 年 4 月重印版《社会组织与社会革命》。谈到日本河上肇博士的这本书是在 1924 年春夏之交翻译的，1925 年 5 月曾由商务印书馆出版，"但出版不久便停止了发售，因此，这书流传到世间的数量是很少的"。这次商务印书馆打算重印，"读者通过这书，对于马克思主义的经济学方面或许在理解上可以得到一些帮助"。在谈到这本书给自己的影响时说："我自己的转向马克思主义和固定下来，这部书的译出是起了很大的作用的。当然我在译出本书之前，早就有革命的情绪和要求，希望对于马克思主义能够有一番深入的了解，因而我决心翻译了这一部书。翻译了的结果，确切地使我从文艺的阵营里转进到革命运动的战线里来了。"

25 日 上午，主持中国科学院院务汇报会，报告国际形势及政府方针。会议还讨论了 1951 年预算问题。（《中国科学院史事汇要》1950 年；《竺可桢全集》第 12 卷，上海科技教育出版社 2007 年 12 月版）

◎ 晚，出席全国政协招待各民族来京代表和各民族文工团宴会。（26 日《人民日报》）

26 日 主持中国保卫世界和平大会委员会、中国人民反对美国侵略台湾朝鲜运动委员会、各人民团体代表、各民主党派代表召开的联席会议。向大会做工作报告。指出：中国保卫世界和平大会委员会一年来的主要工作，是在全国范围之内展开了和平签名运动。全国已有 204489172 人在斯德哥尔摩和平宣言上签名。

会议根据郭沫若提议，通过将"中国保卫世界和平大会委员会"及"中国人民反对美国侵略台湾朝鲜委员会"合并改组为"中国人民保卫世界和平反对美国侵略委员会"的决议。

会议通过全国委员会名单及负责人名单，郭沫若为主席，彭真、陈叔通为副主席。（27 日《人民日报》）

27 日 作《〈郭沫若选集〉自序》，收开明书店 1951 年 7 月初版《郭沫若选集》。说明这个选集中，诗歌，戏剧，小说，散文，游记"什么都选一点，原因是我什么都写过一点"。回顾了人生经历和思想发展过程："学医为的是想学点实际的本领，来报国济民，搞文学是想鼓动起热情来改革社会。这改革社会的要求，在初自然是不分质的，只是朦胧地反对旧社会，想建立一个新社会。那新社会是怎样的，该怎样来建立，都很朦胧。"特别谈到接受马克思主义的过程："我在一九二四年的春夏之交，便下了两个月的苦功夫，通过日本河上肇博士的著作《社会组织与社会革命》来研究马克思主义。这书我把它翻译了，它对于我有很大的帮助，使我的思想分了质，而且定型化了。我自此以后便成为了一个马克思主义者。""思想的定型化使我的生活起了剧烈的变化，我从此更加注意社会活动了。"在追忆参加大革命运动和"八一"起义等社会活动之后，谈到流亡日本期间的学术活动，"一个作家离开了祖国，脱离了现实，是写不出东西来的。在日本亡命期间除了写些自传之外，主要的时间就用到历史研究上。我研究了中国古代社会，把甲骨文字和青铜器铭文通盘整理了一遍，我会走到历史和考古的研究上来，完全是客观条件把我逼成的"。在谈到个人创作特点时说："我在文艺写作上，大抵是一个即兴诗人。连我写的几个多幕的史剧，也都是即兴地写成的。趁兴之所之，几天工夫就写它一部。这样写出来的东西，时过境迁，自然连自己也都感觉不满意了。"

28日 与毛泽东、刘少奇、周恩来、朱德、李济深等前往劳动人民文化宫为27日在北京逝世的任弼时吊唁送灵，并任治丧委员会委员。(29日《人民日报》)

◎ 晚，与竺可桢谈话，谓已与周总理接洽，下周一将召集院工作会议，将各所工作分配给副院长。(《竺可桢全集》第12卷，上海科技教育出版社2007年12月版)

29日 下午，出席首都各界欢送中国代表团集会，并致辞。

作为中国代表团团长，拟率马寅初、邓颖超、章伯钧等出国参加第二届世界拥护和平大会。(30日《人民日报》)

30日 下午，主持中科院临时行政会议，报告行将出国，宣布实行副院长对院内各所的领导分工制度。敦促办理呈请吴有训为副院长、出访期间由李四光代理院长职等手续。(《中国科学院史事汇要》1950年；《竺可桢全集》第12卷，上海科技教育出版社2007年12月版)

院务会议还讨论了苏联科学院和资本主义国家不同之点，在于计划化、集体化和实践化。(竺可桢1967年据顾功叙说补记。)(《竺可桢全集》第12卷,上海科技教育出版社2007年12月版)

◎ 晚,率出席第二届世界保卫和平大会的中国代表团启程,北京各界千余人在车站举行欢送会,彭真致欢送词后,致答词。(31日《人民日报》)

本月 诗《太阳要永远上升》发表于《人民画报》第1卷第4期。慨叹:"太阳红遍了东方,/新中国举行了/旧时代的火葬。/这是劳动人民的胜利,/和平的巨人/屹立在天安门上。"

◎ 会见保加利亚人民共和国驻中国大使彼得科夫。(13日《人民日报》)

11 月

6日 与茅盾、周扬代表中国文联电贺苏联十月革命节33周年,向苏联文学艺术工作者致贺。(8日《人民日报》)

7日 与卞之琳、田间、艾青、老舍、阮章竞、李广田、何其芳、沙鸥、金克木、林庚、胡风、俞平伯、袁水拍、徐迟、冯至、张志民、贺敬之、邹荻帆、楼适夷、臧克家等北京诗歌工作者31人共同发表《抗美援朝宣言》于《光明日报》。表示:"保卫自己的祖国和人民,拥护自由和正义,我们中国的诗歌工作者具有历史的和世界的光荣传统,屈原、杜甫、拜伦、雪莱、普希金、玛耶可夫斯基的精神渗透在我们的血肉里,西蒙诺夫、阿拉贡的爱国主义和国际主义的高度结合,为保卫祖国而挺身战斗的英勇行为,是我们的榜样。在抗日战争中、在解放战争中,我们所唤起的对敌人的憎恨和对祖国对人民的伟大的爱,是战争中不可缺少的力量。承继这种战斗精神和传统,千万倍的加以发扬和光大,用我们的诗歌,用我们的行动,为抗美援朝、保卫祖国、保卫和平而斗争,是今天我们每一个诗歌工作者光荣的责任!"

8日 复函祝嘉,对其来函提出复兴中国书法的建议谈了看法:"足下提倡书法,至祖述包、康,我个人很能领悟。唯在目前恐事非当务之急。不识字之人,中国当不知多少,何暇讲求书法?将来在艺术学校中设此一科或有必要耳。"(手迹见《郭沫若学刊》2008年第2期)

9日 下午，率中国代表团抵达莫斯科，拟赴布拉格出席第二届世界保卫和平大会。(11日《人民日报》)

◎ 在莫斯科参加苏联对外文协举行的招待晚宴。(12日《人民日报》)

10日 率中国代表团团员钱俊瑞、萧三等三人，先行离开莫斯科飞抵布拉格。当晚参加世界保卫和平大会常设委员会执行局会议。(11、12日《人民日报》)

12日 在布拉格发表广播演说，抗议英国政府阻挠大会在设菲尔德召开，并对波兰人民邀请前往华沙开会表示欢迎。(14日《人民日报》)

15日 代表团一行7人自布拉格抵达华沙。在车站受到数千人的热烈欢迎，对欢迎人群发表讲话。

约里奥·居里、南尼、法捷耶夫、爱伦堡及其他出席和平大会的代表同车前往。(18日《人民日报》)

16日 出席在华沙波兰语出版社大厦举行的第二届世界保卫和平大会开幕式。当选为主席团成员。(18日《人民日报》)

17日 继续参加第二届世界保卫和平大会。被推选为会议主持人。(19日《人民日报》)

18日 下午，在第二届世界保卫和平大会上发言，全文载23日《人民日报》，译文载12月10日《人民中国》第2卷第11期。表达中国人民热爱和平，反对侵略的愿望，并将中国代表团的五项纲要提交大会：一、制止美国和其他国家侵略朝鲜的战争，要求从朝鲜撤退一切外国侵略军，实现朝鲜问题的和平解决。二、要求美国立即停止对于中国人民解放台湾的任何干涉。三、要求严厉斥责麦克阿瑟挑拨战争。四、坚决反对原子武器的使用，并要求宣布首先使用原子武器的政府为战争罪犯而加以制裁。五、要求世界各国同时裁减军备，建立有效的管制，建议各国人民在和平生活中作经济文化建设上的相互协助。

郭沫若演说之后，中国代表团向大会主席团及波兰和平委员会献旗，全场起立鼓掌。(21日《人民日报》)

22日 出席第二届世界保卫和平大会闭幕会，与宋庆龄、马寅初等11名中国代表被选为世界保卫和平委员会委员。

会议通过《告全世界人民宣言》和《致联合国组织呼吁书》。(25、26日《人民日报》)

23日 出席世界保卫和平委员会首次会议，当选为执行局副主席。（26日《人民日报》）

25日 率中国代表团7位代表抵布达佩斯。（《中国科学院史事汇要》1951年；丁瓒《出席第二届世界和平大会归来》，《科学通报》1951年第2卷第2期）

26日 出席匈牙利科学院成立125周年庆典。

在匈牙利科学院大会期间，参加匈牙利科学院语言学组讨论并且宣读了《斯大林论语言学在中国》的论文。（发言稿存郭沫若纪念馆；丁瓒《出席第二届世界和平大会归来》，《科学通报》1951年第2卷第2期）

12 月

6日 由布达佩斯返抵莫斯科，在基辅火车站受到苏联对外文化协会主席捷尼索夫等人的欢迎，对塔斯社记者发表谈话，称：世界和平力量紧密团结，中国人民为之欢欣鼓舞。（8日《人民日报》）

8日 以中国科学院院长名义致函外交部，就联合国拟请殷宏章教授继续担任文教科学社会委员会东南亚办事处工作两年之事，提出商讨："在本院争取在外国有成绩的科学家回国，并照顾他们研究工作的原则下，希望殷先生本任期满后，即行回国。理由是殷先生现任行政职务，如再延期二年，将来研究工作，即难赓续。更据本院了解，殷先生本人和他的眷属都很希望在明年三四月间能回国，同时北京大学植物系方面，也很需要他回来授课。综上各因，殷先生回国似有必要。"（中国科学院档案）

9日 对莫斯科《真理报》记者谈话发表于当日《真理报》。介绍华沙世界保卫和平大会的成就；介绍自由中国人民的建设工作；中国人民保卫和平反对美国侵略者的斗争；现阶段粉碎美国在亚洲的侵略就意味着阻止发生新世界战争的可能。（11日《人民日报》）

10日 率中国代表团离莫斯科返国。苏联对外文化协会主席捷尼索夫，全苏联拥护和平委员会主席吉洪诺夫等赴车站送行，发表答谢演说。（12日《人民日报》）

14日 以中国科学院院长名义开具证明书："兹证明邹承鲁君系我院研究人员，现已在英国剑桥大学研究结束，回我院服务。"（中国科学院档案）

◎ 以中国科学院院长名义开具证明书："兹证明李林女士，现已在英

国剑桥大学研究结束，我院拟延聘来院服务。"（中国科学院档案）

18日 率中国代表团返抵满洲里。(19日《人民日报》)

20日 上午，率中国代表团一行44人到达沈阳，在车站受到三千多人的欢迎并发表讲话。指出：这次和平大会的代表中，包括肤色不同信仰不同政治派别不同的弟兄。华沙和平大会的胜利是全世界善良人民团结一致的胜利。之后，代表团登车离开沈阳。(21日《人民日报》)

21日 晨，返抵北京，在车站受到李济深、黄炎培、李维汉及各界代表一千五百余人的欢迎，致答词，称，我代表团提出的建议都被大会采纳，抗美援朝得到全世界爱好和平的人民的支持。(22日《人民日报》)

22日 下午，出席政务院第六十四次会议，介绍了第二届世界保卫和平大会的情况和成就。(23日《人民日报》)

24日 上午，在北京中山公园出席庆祝中朝人民抗美胜利暨欢迎代表团返国大会。作题为《保卫世界和平运动的新阶段》的报告，介绍了第二届世界保卫和平大会规模、内容、成果等，全文载25日《人民日报》。指出："来自五大洲80个国家的1756位代表，尽管有各种不同的肤色、言语、宗教信仰、政治立场，但是和谐热烈地经过了7天的讨论，产生了为和平而斗争的共同纲领和一个领导和平运动的新机构——世界保卫和平委员会。这无疑是一个具有历史意义的胜利。"在概括大会成就时指出：通过了致联合国组织呼吁书，提出包括：从朝鲜撤退外国军队，无条件禁止原子武器、细菌和化学武器、毒气、放射性武器及其他大规模毁灭人类的各种武器等10项建议。最后强调了大会的意义在于把大多数人"从消极的和平愿望导引向了积极的和平斗争"。

26日 晚，在中央人民政府委员会第十次会议上作《关于第二届世界保卫和平大会的经过、成就和我们今后的任务》的报告。

会议决议支持世界和平大会10项建议。(27日《人民日报》)

郭沫若报告后，毛泽东说："和平运动在全国、在全世界有很大效力，再过两年效力会更大，使帝国主义者要打的战争打不成。现在有些人对战争与和平搞不清楚，不清楚为什么要打仗，又要搞和平运动签名，又要报名参加军事干部学校。打仗，是打侵略者，不赶走侵略者，就得不到和平。和平运动签名和参加军事干部学校，都是为了反对侵略，反对战争。对于这个问题，要加强宣传。"（《毛泽东年谱1949—1976》第1卷，中央

文献出版社 2013 年 12 月版）

27 日　主持中国科学院院务汇报会。听取关于接管徐家汇观象台、佘山天文台和接管厦门中国海洋研究所情况的报告，行政处关于本年度办理外汇事务的报告等。（《中国科学院史事汇要》1950 年）

29 日　在政务院第六十五次政务会议上作《关于处理接受美国津贴的文化教育、救济机关及宗教团体的方针的报告》，并经会议批准。美国政府在本月 10 日宣布管制中国在美辖区内的公私财产并禁止一切在美注册的船只开到中国港口。周恩来总理 28 日发布命令，管制与清查在我国境内的美国政府和美国企业的一切财产，冻结中国境内所有银行的美国公私存款。（报告全文载 30 日《人民日报》）

◎ 发表《全世界都在响应》于当日《人民日报》、30 日《光明日报》。表明中国保卫和平的行动"在华沙二届和平大会上是得到了全世界的响应了"。"华沙二届和大全部采纳了我们中国人民所提出的五项建议。二届和大各项决议的精神，一句话归总，便是'和平不能坐待，必须争取'。"

30 日　主持中科院考古发掘工作座谈会，讨论考古发掘计划。（《中国科学院史事汇要》1950 年）

◎ 下午，往机场迎接出席联合国安全理事会的伍修权、乔冠华等，并致欢迎词。（31 日《人民日报》）

◎ 在罗马尼亚大使馆参加庆祝罗马尼亚建国三周年招待会。（31 日《人民日报》）

本年　给常书鸿发电报，肯定敦煌工作的成绩，要求其坚守岗位，继续安心工作。（常书鸿《回忆和悼念》，《悼念郭老》，生活·读书·新知三联书店 1979 年 5 月版）

◎ 应索求书对联一副：偶地安居满庭芳草，观化知命数点梅花。（《郭沫若遗墨》，河北人民出版社 1980 年 5 月版）

1951 年（辛卯）59 岁

5 月 20 日　《人民日报》发表毛泽东撰写的社论《应当重视电影

〈武训传〉的讨论》，随后，各地报刊开始展开讨论批判。

5月23日 中央人民政府全权代表和西藏地方政府全权代表在北京签订《关于和平解放西藏办法的协议》（简称"十七条协议"），宣告西藏和平解放。

10月26日 人民解放军进藏部队进驻拉萨。

9月20日至30日 中共中央召开全国第一次互助合作会议，通过《关于农业生产互助合作的决议（草案）》。经过一年多的试点，中共中央于1953年2月15日将决议草案通过为正式决议。

12月1日 中共中央作出《关于实行精兵简政、增产节约、反对贪污、反对浪费和反对官僚主义的决定》。"三反"运动在全国展开。

1月

3日 在中国科学院礼堂报告华沙第二届保卫世界和平大会的经过及成就。（《中国科学院史事汇要》1951年）

◎ 晚，出席民主德国驻华大使柯尼希为庆祝皮克总统七十五岁寿辰举行的招待会。（4日《人民日报》）

◎ 以中国科学院院长名义致函印度植物发生与育种学会主席巴达沙拉泰："由我国驻印度大使馆转来您的来信，希望中国有植物学家参加贵会所主持的'东南亚植物的来源与分布讨论会'，我们谢谢您的邀请。兹请中国植物学家陈焕镛（团长）、侯学煜、吴征镒、及原在印度之徐仁四先生作为中国科学院的代表出席贵会。特函介绍。希赐接待并予以一切便利。敬祝印中两国科学家合作万岁。"（中国科学院档案）

4日 下午，出席缅甸联邦驻华大使吴敏登为纪念缅甸国庆日举行的招待会。（5日《人民日报》）

◎ 晚，出席苏联大使罗申宴请文教界人士聚会，与周恩来、李立三、陆定一等先后致辞。（《竺可桢全集》第12卷，上海科技教育出版社2007年12月版）

5日 致函王静如。指出其《西汉奴隶和佣假》一文对"奴价推算的一段是很有价值的"，但"有疏忽的地方"，"汉代杀奴是可以构成罪状的"。指出其《论中国古代耕犁和田制的发展》一文中"一处引用文的标

点有误",希望"加以更正"。(《文献》丛刊第 1 辑,北京图书馆 1980 年版)

◎ 晚,往车站为苏联哲学家尤金博士夫妇送行。

尤金应中苏友好协会总会邀请来中国讲学,先后在北京、南京、上海、杭州、广州、武汉、西安等地作学术讲演。(6 日《人民日报》)

7 日 出席中华全国自然科学专门学会联合会、中华全国科学技术普及协会联合为第二届世界保卫和平大会代表团举行的欢迎会,并作报告,介绍华沙大会的经过和成就。(《科学通报》1951 年第 2 期)

◎ 作《光荣属于科学研究者》,发表于《科学通报》第 2 卷第 1 期。强调要"尊重科学,尊重科学研究,尊重科学研究家"。指出科学研究在和实际结合上"有种种不同的历程",有的研究和实用的历程比较短,研究的成果立即可以见诸实用。但有的却有相当长远的历程,一时是看不出成效来的。对于科学研究,"怀着急燥的心情期待,是不妥当的。眼光要看得远一点,算计要打得长一点"。"要把一切爱国的科学家们争取回来","对于三十年来中国科学家们的成绩要加以整理、汇集、传播、表扬,鼓励后起者能继往而开来"。为了完成"建国"和"指导世界、改造世界"的责任,"我们要更加尊重科学,尊重科学研究。我们应该喊出:光荣属于科学研究者!"

8 日 晨,出席中央文学研究所开学典礼,并讲话。强调"文学艺术对于国家建设是有很大作用的","好的文艺作品可以鼓动广大群众去进行各种国家建设的工作。一个国家的是否伟大,除了其他方面可以代表她的伟大的东西以外,就是以她的伟大的文学家及科学家为代表的"。指出:"能够彻底表现人民的爱国主义的作品,一定也就是具有国际意义的作品,表现中国人民的作品,能为中国人民服务的作品,一定也就是能为世界人民服务的作品。"(13 日《人民日报》)

中央文学研究所于 2 日成立。根据中央人民政府文化部 1950 年的工作计划以及全国文联四届扩大常委会 1950 年工作任务的决议创办,以丁玲、张天翼为正副主任委员,以培养青年文学创作和评论工作者为主要任务。后更名为"文学讲习所"。

10 日 致电日本首相吉田茂,抗议借口"松川事件"迫害日本爱国工人,要求立即释放被捕者。(12 日《人民日报》)

12 日 复函中国科学院考古研究所王静如,对其《论中国古代耕犁和田制的发展》一文观点受到批评表态："错了，改正就好了，不必那么自咎。"指出"关于西汉杀奴婢的问题"，还应该"联想到刘邦入关约法三章上去，所谓'杀人者死！伤人及盗抵罪！'""两个'人'字里面应该把奴隶身份的人也包含着的。"同时希望："你如有工夫应该从汉代的农业生产方面来研究"，"如你手中有那些资料，我很想集中起来看一看。因为要解决中国奴隶社会这个问题，必须把奴隶制度的下界弄清楚，就是要把汉代社会究竟是什么制度的问题弄清楚。多年来我就想解决这个问题，因忙，竟未着手。最近我想分点工夫出来搞一下，你能帮助我，最好。"最后表示，"望你能来院面谈一次"。(《文献》丛刊第1辑，北京图书馆1980年版)

15日 以中国科学院院长名义致函教育部，就童弟周任职问题提出协商："据本院华东办事处报称：'本院实验生物研究所副所长兼水生生物研究所青岛海洋生物研究室主任童弟周先生，原系兼任山东大学校务委员并兼生物学系教授及系主任，近悉山东大学与华东大学即将合并，原任华东校长彭康，副校长张伯川，以及山东大学的副主委陆侃如诸同志，都坚决的邀请童先生担任改组后的教务长，童先生并不愿意，如果就任教务长，校务加忙，对于本院青岛海洋生物室的领导，亦必受妨碍'。查童先生既不愿就，且本院水生生物研究所青岛海洋生物研究室工作，正需其领导进行。特此函请惠转华东大学及山东大学，切勿邀约童先生担任为荷。"(中国科学院档案)

20日 晚，与丁瓒、汪志华往竺可桢寓所。(《竺可桢全集》第12卷，上海科技教育出版社2007年12月版)

23日 晚，至干面胡同31号，参加聚会，欢迎赵忠尧自日本脱险归来，同时，为冯乃超赴广东就任中山大学副校长送行。(《竺可桢全集》第12卷，上海科技教育出版社2007年12月版)

24日 主持中国科学院行政工作会议。

会议听取吴有训副院长报告科学院华东地区的情况；通过设立中国科学史编审委员会。(《中国科学院史事汇要》1951年)

26日 作诗《学文化》，发表于3月1日《学文化》半月刊第1卷第1本。写道："当家的主人翁，/必须学文化。"

初收人民文学出版社1953年3月版《新华颂》，后收《沫若文集》

第 2 卷，现收《郭沫若全集·文学编》第 3 卷。

◎ 下午，与毛泽东、周恩来等出席印度大使潘尼迦为印度共和国国庆一周年举行的庆祝会。(27 日《人民日报》)

◎ 以中国科学院院长名义，致电苏联科学院主席团，吊唁苏联科学院院长瓦维洛夫。

瓦维洛夫于 25 日在莫斯科病逝。(27 日《人民日报》)

31 日 晚，出席各民主党派和政协无党派民主人士举行的宴会，招待参加中央统战工作会议的全体代表。(2 月 3 日《人民日报》)

本月 作《简单地谈谈〈诗经〉》，发表于《文艺报》第 3 卷第 7 期。认为《诗经》"搜集成书的年代，是在春秋末年和战国初年"，"在今天看来，最有文学价值的是《国风》"，"在内容和形式上都保留着相当朴素的人民风味"，"但它却不是把既成的作品原样地保存了下来。它无疑是经过搜集者们整理润色过的"。可以供我们借鉴的地方，一是"民间文艺的生命，比贵族文艺或宫廷文艺的生命更丰富，更活泼"，二是"伟大的文艺作品必须由民间文艺的加工"。最后强调："作为史料时，须特别注重它的时代性，旧时注家的说法大多是靠不住的。"

初收上海新文艺出版社 1952 年初版《奴隶制时代》，后收《沫若文集》第 17 卷，现收《郭沫若全集·文学编》第 17 卷。

2 月

2 日 下午，出席政务院第七十次政务会议，作《中国科学院一九五零年工作总结和一九五一年工作计划要点》的报告。全文载《科学通报》1951 年第 4 期；新华月报 4 卷 1 期。从三方面总结科学院成立以来的工作：一、关于研究机构的调整与充实。将分布于北京、上海、南京等地的前"中央研究院"与"北平研究院"的 20 个研究单位调整改组为 17 个研究单位和三个研究所筹备处。二、关于研究工作所取得的成绩，分为五个方面：1. 关于国家自然条件的研究调查方面。2. 应用自然科学方面。3. 关于联系实际需要的其他方面。4. 理论科学方面的研究工作。5. 社会科学方面。三、关于科学工作者的团结与教育工作。最后提出中国科学院 1951 年工作计划要点。

3日 上午，出席中国科学院1951年第一次院长会议，决定建立院长会议制度：由院长召集会议，每周一次。(《中国科学院史事汇要》1951年)

4日 发表《制止美帝和日本在侵略行为上的勾结》于《人民日报》。指出："日本帝国主义者和我们是死敌，但日本人民和我们却向来是友好的。"

◎ 下午4时参加中国科学院何成钧、张友兰婚礼，并致贺词。(《竺可桢全集》第12卷，上海科技教育出版社2007年12月版)

5日 为周信芳演剧50周年题词："您真是戏剧界的麒麟！五十年的艰苦奋斗，为戏剧事业卓著功勋。祝您再奋斗五十年，使戏曲改进，日新又新，永远服务于人民，提高劳动人民文化水准。"(萧斌如《记郭沫若为祝贺周信芳先生演剧五十年题词》，《郭沫若学刊》1995年第1期)

◎ 为抗美援朝捐三千港币（合人民券一千一百万多元）。

李四光捐金一两半，合一百八十万。陶孟和、竺可桢各捐一百万元。钱三强夫妇捐一百万。彭桓武、华罗庚各五十万，合各方共得一千九百余万元。(《竺可桢全集》第12卷，上海科技教育出版社2007年12月版)

6日 复函孙毓棠。接读孙毓棠来信和"各项大作"，回复说"认西汉亦是奴隶社会"者，"在国内外均不乏人，但我觉得是不妥当的"，"西汉农业为主要生产，但生产者的农民已非奴隶"，"西汉的奴隶生产已非生产方式的主流"。同时指明："汉时农业不用奴隶者，正由耕作技术进步，靠隶农佣假更省事而更便于榨取剩余劳动耳。"(《文献》丛刊第1辑，北京图书馆1980年版)

8日 上午，出席中国史学研究会举行的北京史学界春节茶话会，交流推进史学研究工作的意见。在范文澜致开会辞后，与林伯渠、吴玉章、徐特立先后致辞。(9日《光明日报》；《夏鼐日记》，华东师范大学出版社2011年10月版)

散会后，郭沫若曾有设立历史所之意，以考古所历史组为基础，建议由吴春晗同志主持其事，但后来此事又作罢论。(《夏鼐日记》，华东师范大学出版社2011年10月版)

12日 上午，主持中国科学院本年第二次院长会议，讨论研究技术人员工资标准及各所聘任新回国工作人员的审查等问题。(《中国科学院史事汇要》1951年)

◎ 与美国作家史沫特莱女士生前友好及新闻界、救济事业界、文艺界人士茅盾、周扬、丁玲、许广平等17人举行会议，筹备追悼史沫特莱事宜。

史沫特莱1950年5月6日在伦敦逝世，她曾在遗嘱中声明，将其骨灰葬于人民的新中国——北京。（13日《人民日报》）

13日 上午，率中国代表团启程赴柏林出席世界和平理事会。

代表团成员有蔡廷锴、萧三、吴耀宗、彭泽民、李一氓、赵忠尧等人。（14日《人民日报》）

14日 发表《警告美日帝国主义者——纪念中苏友好同盟互助条约缔结一周年》于《人民日报》《光明日报》。

15日 率中国代表团抵达莫斯科，在机场受到苏联拥护和平委员会和苏联对外文化协会代表的欢迎。（19日《人民日报》）

18日 下午，在莫斯科出席苏联拥护和平委员会的招待宴会。作家法捷耶夫、导演格拉西莫夫等参加。（20日《人民日报》）

19日 率中国代表团自莫斯科飞抵柏林，在机场受到德意志民主共和国和平委员会代表斯威格，柏林大学校长、柏林和平委员会主席哈佛曼教授等的欢迎。在斯威格等人致欢迎词后致答词，称颂中德人民站在与帝国主义斗争的最前线。（答词全文载21日《人民日报》）

21日 上午，在柏林出席世界和平理事会第一届会议开幕式，与法捷耶夫、达波赛、萧三等为主席团成员。开幕会议由世界和平理事会执行局副主席南尼主持。（23日《人民日报》）

◎ 为纪念2月21日"反对殖民制度斗争日"发表祝词，表示对殖民地国家人民与青年反对帝国主义斗争的关怀与支持。强调"殖民地是帝国主义的生命线，殖民制度的废除便是帝国主义的灭亡"。（21日《人民日报》）

22日 下午，在世界和平理事会第一届会议上发表长篇演说，谴责美国侵略朝鲜、武装日本。同意并支持订立中苏美英法五大国和平公约的建议。向理事会提出五点建议。演讲词全文载当日《人民日报》。

23日 晨，率中国代表团往柏林特莱普托公园，向苏军纪念碑献花圈。（26日《人民日报》）

24日 中午，率中国代表团，与苏联、朝鲜、蒙古代表团共同出席

波兰驻德外交代表举行的宴会。(26日《人民日报》)

◎ 晚,出席德意志民主共和国总统皮克为参加世界和平理事会的各国代表举行的招待会。(27日《人民日报》)

25日 晨,出席德国和平委员会为欢迎各国代表举行的盛大集会。代表中国人民向曾经诞生过马克思、恩格斯和其他伟大思想家与科学家的德国人民致敬,号召中德两国人民紧密合作。(3月1日《人民日报》)

26日 出席世界和平理事会第一届会议闭幕式。会议通过关于缔结和平公约的宣言,关于和平解决德、日、朝鲜问题等项决议。在宣言上签了名。(28日《人民日报》)

本月 作六幕灯影剧《火烧纸老虎》,各章的标题为:一、序幕。二、美帝发动侵朝战争。三、中国工农青妇开讨论会。四、抗美援朝的怒涛。五、圣诞节前的白昼梦。六、中朝人民大胜利。

初收人民文学出版社1953年3月版《新华颂》,后收《沫若文集》第2卷,现收《郭沫若全集·文学编》第3卷。

◎ 歌曲集《雨后集》由开明书店出版。所收作品均为郭沫若作词,马思聪作曲,系五线谱谱曲。

3月

1日 与中国代表团部分成员乘机离开柏林,取道莫斯科返国。(3日《人民日报》)

4日 在莫斯科向《消息报》记者发表谈话,论述世界和平理事会第一届会议的成就。指出这次会议的决议"是完全符合中国人民的利益和愿望的"。谈话摘要载6日《人民日报》。

7日 下午,率中国代表团返抵北京,陈叔通、李立三、李四光等到机场迎接,在陈叔通致欢迎词后致答词,简要介绍了本届世界和平理事会的成就。答词摘要载8日《人民日报》。

11日 下午,应丹麦驻华公使穆克之邀,出席为庆祝丹麦国王斐特烈九世寿辰举行的招待会。(12日《人民日报》)

12日 主持中国科学院院长会议,讨论有关本年外汇使用等问题。(《中国科学院史事汇要》1951年)

13日 上午，参加政务院文化教育委员会常委会，报告柏林会议。（《竺可桢全集》第12卷，上海科技教育出版社2007年12月版）

◎ 与沈雁冰、郑振铎等陪同周恩来总理，接见并宴请香港爱国人士徐伯郊。

中央人民政府委托徐伯郊在香港为国家秘密收购流失海外的珍贵文物。（《中华人民共和国文物博物馆事业纪事》，文物出版社2002年9月版）

14日 上午，出席政务院文化教育委员会召开的科学院与高等学校联系合作问题座谈会。与马叙伦共同主持会议。在大会开始后首先发言，希望大家"尽量发表意见"。

与会者对科研人才、高校师资的培养、经济建设技术干部的训练、高校与科学院在科研方面的合作、专门人才的调查与罗致、高校学科的设立等问题展开讨论。（《中国科学院史事汇要》1951年）

◎ 下午，出席首都各界欢迎中国代表团大会，作《第一届世界和平理事会的成就》的报告，介绍了第一届世界和平理事会的议程、成就及对维护世界和平作出的贡献。（全文载16日《人民日报》《光明日报》）

18日 参观敦煌文物研究所在北京举办的"敦煌文物展览"，对敦煌文物研究所工作人员常年在戈壁滩上艰苦劳动作出的优异成绩，给予很高评价。当场题词："这样大规模的研究业绩，值得钦佩。不仅在美术史上是一大贡献，在爱国主义教育上贡献更大。"（常书鸿《回忆与悼念》，1978年6月29日《甘肃日报》；《悼念郭老》，生活·读书·新知三联书店1979年5月版；史树青《"今日回思志倍坚"》，《中国历史博物馆馆刊》1979年第1期）

19日 出席教育部召开的第一次全国中等教育会议，并讲话，指出全国中等教育目前的状况，对于人民的实际的需要和国家建设事业的需要来说，还是很不够的，应着重以提高质量的办法来补救这个问题。同时强调：青年学生在受中等教育的时期是一生很重要的阶段，对青年一生的前途有极深刻的影响。要在中等学校培养青年，使他们具有丰富的知识和技术，高尚的道德和情操，以及健康的体格。

这次会议的中心任务是要解决：（一）中等教育的方针、任务问题。（二）普通中学的性质、任务、课程、教材以及公私关系等问题。（三）学生健康问题。（20日《人民日报》）

21日 下午，在劳动人民文化宫主持文化教育委员会主办的"人民

民主国家图片展览会"开幕仪式。(22日《人民日报》)

22日 下午，主持首都各界欢迎印度、印度尼西亚、澳大利亚和平委员会代表大会，并致欢迎词，号召亚洲和澳洲人民团结起来，为消灭新世界战争而奋斗。(23日《人民日报》)

◎ 外交部就中国与捷克订立科技协定事征询中国科学院意见，作为院长复函，希望中国科学院派出代表一人，参加苏联与捷克科学技术合作混合委员会会议。(《中国科学院史事汇要》1951年)

◎ 复函苏联科学院院士、斯大林奖金委员会主席斯柯别尔令，表示将"亲自出席"30日在莫斯科召开的"斯大林奖金委员会第一届会议"。(外交部档案)

斯柯别尔令15日致信郭沫若，告知开会时间，并说："您以委员会委员的身份亲自参加该次会议是至为必需的，我相信您能在预定日期内赶抵莫斯科。"(外交部档案)

23日 召集中国科学院四个副院长谈话。谈及将去莫斯科，出席国际和平奖金理事会，4月15日左右可回。赴苏时将提出交换留学生问题，共计10名，为去年8月提出而迄今未得结果者。(《竺可桢全集》第12卷，上海科技教育出版社2007年12月版)

26日 赴苏联，参加"加强国际和平"斯大林国际奖金委员会会议，评选1950年斯大林国际奖金的获得者。

"加强国际和平"斯大林国际奖金，是根据苏联最高苏维埃主席团于1949年12月20日为庆祝斯大林七十寿辰而颁发的命令设立的。此项奖每年由"加强国际和平"斯大林国际奖金委员会评选颁发一次，名额为五名至十名。(4月9日《人民日报》)

下旬 出席中国人民抗美援朝总会举行的欢送中国人民赴朝慰问团大会，并致欢送词。(5月14日《人民日报》)

本月 接林焕平信，反映香港英国当局突然下令封闭南方学院，学院师生进行积极的护院斗争，请求声援。即以中国人民保卫世界和平委员会主席和文化教育委员会主任的名义，向国际教育组织发出电报，转向伦敦英国政府提出抗议，要求撤销对南方学院的封闭令。(林焕平《深切的怀念 沉痛的哀悼》，《悼念郭老》，生活·读书·新知三联书店1979年5月版)

◎ 为何香凝所画《雪景》题五绝一首："独钓寒溪水，冰雪暖于棉。

借问何能尔，人民今是天。"（手迹载《何香凝画集》，人民美术出版社1978年版）

4月

2日、5日、6日 在莫斯科出席"加强国际和平"斯大林国际奖金委员会会议。

会议决定将"加强国际和平"斯大林国际奖金授予法兰西学院教授约里奥·居里、中国人民救济总会主席宋庆龄、英国坎特伯雷副主教约翰逊等人。（9日《人民日报》）

11日 下午，由莫斯科返抵北京。（12日《人民日报》）

14日 下午，出席中苏友好协会总会举行的茶会，为赴苏联参加"五一"节观礼代表团送行，致欢送词。（15日《人民日报》）

19日 在中国科学院北京区院所负责人会议上作关于镇压反革命的学习报告，介绍中国科学院情况："经过学习后，组织了公安小组、订立了反特防奸公约，并解决了许多思想问题"。（《中国科学院史事汇要》1951年，讲话全文载《中国科学院史料汇编》1951年）

◎ 出席政务院文化教育委员会宗教事务处召集的会议，并作报告，号召爱国的宗教界人士积极参加抗美援朝爱国运动，参加和平公约宣言的签名和对日本问题的投票，参加"五一"节的大示威。（21日《人民日报》）

会议历时六天，4月21日闭幕。到会全体代表向毛主席送锦旗，由郭沫若代表接受。（4月22日《人民日报》）

21日 出席政务院召开的全国秘书长会议和政协召开的各省、市协商委员会秘书长会议的联合开幕式，发表讲话，号召每一个工作者要养成保守国家机密的良好习惯。要做好机关保密工作，除了制定保密条例、建立保密机构和保密制度外，还须要加强保密教育。在谈到加强统一战线工作问题时指出：要多多地想到对方，互求更多的了解。（5月17日《人民日报》）

◎ 为全国篮排球比赛大会题词："把身体锻炼成钢，使战斗意志坚强，打击帝国主义者，巩固神圣的国防。"（手迹载5月4日《人民日报》）

22日 复函茅冥家，谈墨子与墨家问题。认为"墨家并非奴隶集团"，墨子没有"真正代表奴隶说话"，而是"适得其反"。指出"为反对儒家而推崇墨子，是前时代人的反历史观点"。不仅指明"墨氏出于墨胎氏，即宋公子目夷之后"的说法"是近人的揭发，似为童书业，并非顾颉刚"，而且认为"此说甚有见地"。

初收上海新文艺出版社 1952 年初版《奴隶制时代》，编为《几封讨论古代研究的信》一《复茅冥家先生》；后收《沫若文集》第 17 卷。

◎ 下午，与周恩来等往车站，迎接以阿沛·阿旺晋美为首席代表的西藏地方当局谈判代表团。晚，以政务院副总理名义，设宴欢迎。(23 日《人民日报》)

◎ 出席北京科学界拥护缔结和平公约、反对美国武装日本签名投票大会，以中国科学院院长名义作报告，并与到会的 885 位科学工作者一同签名。(24 日《人民日报》)

◎ 出席中国人民抗美援朝总会华北区首届代表会议，作为总会主席发表讲话。(24 日《人民日报》)

23 日 在中央人民广播电台发表广播演讲，题为《站在反抗侵略、保卫和平的最前线》。号召全国人民在举行拥护缔结和平公约的签名上，在举行日本问题的投票上，"轰轰烈烈地表现出我们中国人民的决心"。演讲全文载 24 日《人民日报》。

25 日 复函翦伯赞："转来各信均阅读。您如有暇，随时请来，当备辣椒招待。王百年先生，我亦不识。"(《北京大学学报》1978 年第 3 期)

26 日 上午，出席国际学生联合会执行委员会开幕式，并致贺词。表明：在世界和平已遭受着严重的威胁甚至局部破坏的时候，中国人民和学生坚决与世界爱和平的人民和学生更紧密地携起手来，共同为保卫世界和平，争取自由民主，促进文化进步而奋斗。(27 日《人民日报》)

◎ 出席政务院召集的"处理接受美国津贴救济机关会议"开幕式，并作报告，号召救济福利界特别是接受美国津贴的救济机关的中国人员参加反帝爱国运动。(27 日《人民日报》)

27 日 下午，与朱德、周恩来、陈云等往车站，迎接班禅额尔德尼及随行官员。(28 日《人民日报》)

28 日 晚，出席周恩来总理为西藏地方当局谈判代表团举行的宴会。(29 日《人民日报》)

29日 为《和平》杂志中文版作"介言"。载《和平》第24期。写道：

"'和平'杂志是一九四九年第一届世界保卫和平大会之后诞生的，是全世界爱好和平的人民的喉舌。

"我们是拥护和平的，谁敢破坏和平，我们便不惜为保卫和平而战。我们的抗美援朝的爱国运动，就是这种精神的表现。因此，我们既不害怕和平，也不害怕战争。

"正义所在就是胜利所在，和平阵营的扩大与巩固一定会战胜侵略者的一切罪恶阴谋。"

《和平》杂志于第一届世界保卫和平大会后创刊，原版为法文，后陆续有英文、德文、俄文、阿拉伯文等文字版。中国保卫世界和平大会决定从第24期起出版中文版。（蔡震《郭沫若生平文献史料考辨·为〈和平〉杂志中文版作"介言"》，社会科学文献出版社2014年7月版）

30日 致函李亚农，就其检送胡厚轩编《战后京津获甲骨集四册》及略例二纸，希介绍出版事回复："择精粹者著录，片文只字、无关宏旨者可剔出。已著录者亦可剔出。估计四册可紧缩成一册，外连释文，一道发表。如此可节省人力物力，阅者亦感方便。如胡君同意，望即着手改编。改编后可由本院出版。如改编工作上须补贴，本院亦可考虑。"（中国科学院档案）

本月 卫生部10日至23日在北京召开全国防疫专业会议。闭幕前，曾出席会议并作关于时事政治的报告。（5月6日《人民日报》）

5月

1日 上午，与毛泽东、周恩来等党和国家领导人在天安门出席"五一"劳动节庆祝大会，检阅首都军民游行队伍。（3日《人民日报》）

◎ 以中国人民抗美援朝总会主席名义，在中央人民广播电台对志愿军广播，题为《向中国人民志愿军致敬》。称赞志愿军表现了"高度的自我牺牲的精神，高度的爱国主义与国际主义的结合，高度的革命的人道主义"，为全国人民"树立了辉煌的模范"，为世界人民"发扬了正义的威力"。（广播词载3日《人民日报》）

5日 作《评〈离骚底作者〉》，发表于26日《光明日报》。《光明日报·学术》刊登朱东润《离骚底作者》，根据《汉书·淮南王安传》"安为离骚传"及荀悦《汉纪》"离骚传"作"离骚赋"，认为《离骚》是淮南王刘安所作，不是屈原的作品。针对上述观点，首先指出《汉书·贾谊传》《汉书·艺文志》都"明明白白地"写着屈原"作离骚赋""屈原赋二十五篇"，因而断言"《屈原传》的'忧愁幽思而作《离骚》'一句话并没有问题"。接着指出："把《离骚》认为是刘安的作品，不仅史籍上没有确实证据，就从思想和文字艺术上来说，也根本说不通。"结论是："屈原的存在是无法否认的，《离骚》之外决不会再有第二篇的《离骚》。"

初收上海新文艺出版社1952年初版《奴隶制时代》，后收《沫若文集》第17卷，现收《郭沫若全集·文学编》第17卷。

6日 为《评〈离骚底作者〉》作"补注"二则。一则以淮南王刘安父名"长"，故讳用"长"字，而举出《离骚》"五处"使用"长"字，为"朱说不能成立的反证"。一则引《汉书》"淮南《离骚传》中语"，与《史记·屈原传》中文字对照，证明司马迁作《屈原传》时"曾经参考过《离骚传》"。

初收上海新文艺出版社1952年初版《奴隶制时代》，后收《沫若文集》第17卷，现收《郭沫若全集·文学编》第17卷。

7日 致函宋庆龄："莫斯科来函称：希望接受斯大林国际和平奖金者，能亲赴莫斯科受奖。顷罗申大使来问：副主席是否能去？何时能去？如不能去，拟在何处何时接受？请即电知，以便回答苏方作各种应有的准备。"（《上海宋庆龄故居纪念馆馆藏宋庆龄来往书信选集》，上海人民出版社1995年12月版）

8日 下午，出席中国人民保卫世界和平反对美国侵略委员会举行的茶会，欢迎英国人民访问团。介绍了中国保卫世界和平组织成立以来的工作情况，说明抗美援朝的意义及成就，以及正在全国展开的拥护五大国缔结和平公约与反对武装日本的签名与投票运动。（9日《人民日报》）

◎ 晚，出席德意志民主共和国驻中国外交使团团长柯尼希举行的招待会，纪念德意志民主共和国解放日。（9日《人民日报》）

9日 下午，应捷克斯洛伐克共和国大使魏斯柯普夫之邀，出席为庆

祝捷克斯洛伐克解放六周年举行的招待会。(10日《人民日报》)

10日 致函开封中国新史学研究会分会，强调"必须精通辩证唯物主义与历史唯物主义才能治好历史，也犹如必须精通烹调术才能治好烹调。但厨司不能专门拿烹调术来享客，历史家当然也不能专门拿研究方法来教人"，"历史教学者的主要任务就是要制造出精良的精神宴席"。

初收上海新文艺出版社1952年初版《奴隶制时代》，编为《几封讨论古代研究的信》二《给开封中国新史学研究会分会》；后收《沫若文集》第17卷。

14日 作《评〈离骚以外的屈赋〉》，发表于26日《光明日报》。说"今天又看到朱东润先生的《离骚以外的屈赋》，更进一步把屈原的一切著作权全部剥夺了"，认为"这样的考证是很成问题的"，这种研究方法"得不出正确的结论"。仍以"讳用长字"的方法，指出《哀郢》《招魂》《大招》等篇均有"长"字，还有"安"字，绝非"刘安或其群臣的作品"。指出其"大胆的独断"，渊源就是胡适的"大胆的假设"，而且"比胡适更要大胆"。同时强调："有关文学史的讨论，在须有正确的史学根据之外，应该还要有相当的文学修养"，"一个时代的文章，有一定的风格、思想、语汇、音韵，这是不能够信口开河的"。

初收上海新文艺出版社1952年初版《奴隶制时代》，后收《沫若文集》第17卷，现收《郭沫若全集·文学编》第17卷。

15日 晚，与李维汉、李济深、陈叔通、马叙伦、黄炎培等十人受毛泽东邀请，到中南海颐年堂商讨《西藏和平协定》初稿。(《黄炎培日记》第11卷，华文出版社2012年9月版)

16日 下午，出席全国篮排球比赛闭幕式，并致辞。指出体育运动能培养集体主义精神，为国防与生产服务。开展体育运动的最后目的不是比赛，而是为了创造新社会，为了保卫世界和平。(18日《人民日报》)

21日 复函陶大镛。表示对"朱东圃先生《释民》，颇难同意"，"朱君以楷书说古文，非是"。关于奴隶社会的研究，"请让学者们多发表意见"。

初收上海新文艺出版社1952年初版《奴隶制时代》，编为《几封讨论古代研究的信》三《复陶大镛先生》；后收《沫若文集》第17卷。

22日 为何香凝、徐悲鸿画《枫鸽》题七绝，发表于上海《文汇报》。

◎ 为汪慎生、胡佩衡、王雪涛画《梅兰竹菊》题七绝，发表于上海《文汇报》。

23 日 往中南海勤政殿，出席《中央人民政府和西藏地方政府关于和平解放西藏办法的协议》签字仪式。（28 日《人民日报》）

24 日 晚，出席毛泽东为庆祝和平解放西藏办法的协议签订举行的宴会。（28 日《人民日报》）

26 日 为李元题词："土改为中国工业化提供必要条件，为中国民主化奠定坚实基础，祝努力。"（李元《郭沫若院长给我的题词》，手迹见中国科学院《院史资料与研究》1996 年第 2 期）

李元，南京紫金山天文台工作人员，将赴西南参加土改工作。

◎ 诗《向儿童献花》发表于北京《中国少年儿童》第 41 期，赞孩子们"生长在胜利中，多么自在！"

初收《沫若文集》第 2 卷《集外》，作了一些改动；现收《郭沫若全集·文学编》第 5 卷。

28 日 往北京劳动人民文化宫，出席"新捷克斯洛伐克展览会"揭幕典礼，表示：中国人民将从"内容丰富，形式优美"的展览品中，更具体地了解捷克人民取得的成就。（29 日《人民日报》《光明日报》）

29 日 下午，往车站，迎接以廖承志为首的中国人民赴朝慰问团返抵北京，并致欢迎词。（30 日《人民日报》）

30 日 晚，赴中山公园音乐堂，出席首都各界人民欢迎中国人民赴朝慰问团大会，作为中国人民抗美援朝总会主席致欢迎词。号召全国人民再接再厉展开抗美援朝运动，争取最后的胜利。（31 日《人民日报》）

31 日 为庆祝"六一"儿童节，在中央人民广播电台发表广播演讲，题为《献给儿童节的礼物》，全文载当日《光明日报》、6 月 1 日《人民日报》和《新华月报》第 4 卷第 2 期。演讲中朗诵特为少年儿童作的歌词《"六一"国际儿童节歌》，说这是"我送给你们的一个小小的礼物"。歌词中号召小朋友们："爱我们的新中国，／爱我们的新时代！""来过新的生活，／来造个新世界！"歌词由吕骥谱曲，载 31 日《人民日报》。

◎ 复函张汝舟，坚持"《易经》成书甚晚"，"在战国以前不能有"的观点，强调"宇宙是变化的过程，阴阳相推而生变化，这种思想是很进步的，殷周古器物铭刻及其他文献中无此痕迹"，"这是我立论的出发点"。最后表示："先生要我'从善如流'，论理自应遵命。但先生之说尚未能使我折服，请原谅，我也就只好暂时'笃志近思'了。"

初收上海新文艺出版社1952年初版《奴隶制时代》，编为《几封讨论古代研究的信》四《复张汝舟先生》；后收《沫若文集》第17卷。

本月 向出席国际学生联合会执行委员会北京会议的各国学生代表访问团介绍了中国人民保卫世界和平、抗美援朝运动的情况。

国际学联总书记贝林格保证全世界学生将加紧进行反对侵略保卫世界和平的斗争，并祝中国人民在抗美援朝运动中获得更大的成功。（6月2日《人民日报》）

◎ 西藏地方当局谈判代表团首席代表噶伦阿沛代表达赖喇嘛，于14日和22日分别向中央人民政府朱德、刘少奇、宋庆龄、李济深、张澜、高岗六位副主席和政务院董必武、陈云、郭沫若、黄炎培四位副总理致敬，并献赠哈达和西藏珍贵名产。（5月23日《人民日报》）

◎ 为中央戏剧学院崔承喜舞蹈研究班举办的崔承喜舞蹈创作公演会题词："在艺术战线上，崔承喜先生和她的同志们可以说是朝鲜人民到中国来的志愿军。她所领导的中朝人民舞蹈家们的公演不仅可以增进中朝人民的兄弟友谊，并将使抗美援朝的爱国主义运动更加普及深入。"（手迹载6月13日上海《时事画报》42号）

◎ 为王亚平题词，对有人说《离骚》系淮南王刘安所作大为感慨，认为将刘安之作与《离骚》"并读三五行即可发现二者文笔有天渊之隔，如何能混为一谈，不顾事实而一味好奇，可叹"。（手迹见《郭沫若遗墨》，河北人民出版社1980年5月版）

◎ 为何香凝等所画《鸡鸣图》题五绝一首："叫得寒梅开，竹石共青翠。永远见晴明，不教风雨晦。"（见郭平英编《郭沫若题画诗存》，山西教育出版社1998年1月版）

此图由何香凝、叶恭绰、胡佩衡为抗美援朝义卖而作，署"香凝画梅""恭绰补竹""佩衡写石"。——《郭沫若题画诗存》编者注

◎ 为张殊明题词："圣凡同一死，死有重于山。舍生而取义，仁者所不难。"（据手迹）

6月

1日 作《联系着武训批判的自我检讨》，发表于7日《人民日报》、8日《光明日报》。检讨自己曾经错误地称颂武训，认为错误的主要原因是"不曾从本质上去看武训，而且把他孤立地看了，更不曾把他和太平天国与捻军的革命运动联系起来看"。进而谈道，"我最不应该的是替《武训画传》——可以说是电影《武训传》的姊妹，题了书名，还题了辞"。文章全引1950年8月11日题辞后说："题辞多少含有批判的成分，并惹得编者在他的自序中驳斥了我，但批判得十分不够。而且在基本上还是肯定了武训其人，而其基本的原因也就由于并不十分知道武训其事。放高利贷来兴学，所兴的学又是要叫地主阶级'子子孙孙坐八抬大轿'的，这有什么值得'珍视'，有什么'很难得'呢？"

2日 上午，与朱德、李济深、董必武等往车站为班禅额尔德尼送行。(3日《人民日报》)

◎ 主持首都各界追悼赴朝慰问团在朝鲜战地慰问时牺牲的廖亨禄等四烈士大会。在献花圈后发表讲话，表示沉痛哀悼，并号召开展爱国增产捐献运动，切实执行爱国公约。做好优待烈军属工作。(讲话摘要载五日《人民日报》)

5日 致电"德中友好月"大会，表示祝贺。(电文载6日《人民日报》)

◎ 晚，以中国人民保卫世界和平反对美国侵略委员会主席的名义举行酒会，庆祝"德中友好月"即将在柏林揭幕，在会上致辞。(6日《人民日报》)

6日 主持政务院文化教育委员会在北京举行的颁奖大会，向敦煌文物研究所颁发亲自手书的奖状，以表彰该所人员在艰苦条件下为保护文物作出的重要贡献。(常书鸿《回忆和悼念》，《悼念郭老》，生活·读书·新知三联书店1979年5月版；《中华人民共和国文物博物馆事业纪事》，文物出版社2002年9月版，第32页)

9日 上午，主持中国科学院本年第九次院长会议。

会议听取吴有训汇报东北考察经过，决定设立东北分院，由吴有训兼任院长。(《中国社会科学院史事汇要》1951年)

12日 听取中国人民赴朝慰问团廖承志团长等人的总结报告。(14日

《人民日报》)

16日　出席文化部召集的全国文工团工作会议，作政治时事报告。强调目前的文艺工作仍然是普及第一和在普及的基础上不断地提高。文艺工作必须严格地服从于政治。(17日《人民日报》)

17日　作《关于周代社会的商讨》，发表于《新建设》第4卷第4期。针对范文澜《关于中国通史简编》一文"说西周是封建社会"的"理由"，分三个问题进行商讨。关于人殉的征引，指出范文澜所说考古学者所发掘的"周墓"，"并不是周代帝王的墓"，"今天西周帝王的墓一直没有发见过"，而《墨子·节葬篇》里"天子杀殉"的几句话"证明在战国初年都还有这样残酷的杀殉制度存在"，"周朝并没有废除用人殉葬制度"。关于《诗经》的征引，重申"《诗经》毫无疑问是经过删改的"观点，认为"经过删改的东西，必然要带上删改者的主观意识和时代色彩"，因此《诗经》的引用"必须经过严密的批判"。其次，"还有解释上的问题"，应该"根据尽可能的资料，把当时的社会性质弄清楚"。表示"只要有新的材料，我随时在补充我的旧说，改正我的旧说"，"但直到今天为止，据我所接触到的全部资料看来，我始终不能同意'西周是封建社会'"。同时认为："一时还得不到结论，我看倒无须乎着急"，相信"将来必然会有更丰富的材料从地下涌现出来"。关于古代社会的早熟性，商讨的是嵇文甫在《中国古代社会的早熟性》一文中提出的"东方诸国的历史发展，比起西方来，显然带有早熟性"，"在原始阶段中早已奴隶化，在奴隶阶段中早已封建化"的问题。认为"人类历史发展具有一般的规律性，而各个民族的各个阶段也具有各自的特殊性"，"特别是在受着剧烈的外来影响的时候，这种特殊性会来得特别强烈。但尽管那样，一般的规律总是不能含混的"。强调"并不是由于中国社会发展的本来浑沌，而是由于咱们大家的头脑还有点不澄清——材料不够，分不清阶段，有了材料也还不能正确掌握"，因此认为"嵇先生的'早熟性'""似乎也'早熟'了一点"。最后指出："我们在划分阶段上还不能取得一致，那是由于我们所占有的古代材料还不够充分，也由于还须得有一段时间来等待大家的意识的澄清。拖延着不想找结论固然是要不得的；急急于想找出结论以求人为的统一，那也会流于武断。我自己不想拖延，也不敢武断。二十年来不断地在追求材料，也不断地在澄清自己。我是坚决地相信：问题是总会要得到定论的，浑沌决不会永远浑沌下去。"

初收上海新文艺出版社 1952 年初版《奴隶制时代》，后收《沫若文集》第 17 卷，现收《郭沫若全集·历史编》第 3 卷。

21 日　下午，与廖承志、吴晗等往车站，迎接以元东根为团长的朝鲜人民访华代表团，并致欢迎词。(22 日《人民日报》)

◎ 根据西北大学陈直（进宜）寄来的西周青铜器禹鼎铭文拓片，作《禹鼎跋》，发表于 7 月 7 日《光明日报》。指出"此与宋人薛尚功《钟鼎款识》之穆公鼎自是一人之器"，而"薛氏本摹刻失真"，前在《两周金文辞大系考释》中据以收录的"成鼎"，实即与此同铭的"禹鼎"，而与叔向父禹簋为一人之器。

收《郭沫若全集·考古编》第 6 卷。

据此，1956 年对《两周金文辞大系图录考释》增订时，将原"成鼎"考释一段"全文作废"。

22 日　下午，举行茶话会，接待朝鲜人民访华代表团全体团员及艺术团负责人。(24 日《人民日报》)

23 日　晚，出席中国人民抗美援朝总会为欢迎朝鲜人民访华代表团及艺术团举行的宴会，以总会主席名义致辞。(24 日《人民日报》)

24 日　作《朝鲜抗美一周年》，发表于 25 日《人民日报》《光明日报》。

◎ 与彭真等设茶会招待朝鲜人民访华代表团及艺术团。(26 日《人民日报》)

25 日　出席在历史博物馆举行的"六·二五朝鲜人民解放战争一周年展览"揭幕典礼，作为政务院副总理致辞、剪彩。(26 日《人民日报》)

◎ 晚，往中山公园音乐堂，出席欢迎朝鲜人民访华代表团大会。接受代表团献礼，并致辞。强调中朝人民抗美战争的胜利是全世界爱好和平人民的共同胜利。号召全中国人民更加深入开展抗美援朝爱国运动，广泛开展捐献飞机大炮运动，以迎接朝鲜前线更大的胜利。(26 日《人民日报》)

28 日　为纪念中国共产党成立 30 周年，作诗《顶天立地的巨人》发表于 30 日《人民日报》、7 月 1 日《光明日报》。全诗 10 节，歌颂中国共产党"冲破了、扫荡了千层万层的无边黑暗"，"吐放出如日东升的普照大地的无限光明"，"数不尽的丰功伟绩焕发着无比的光荣"。

初收人民文学出版社1953年3月初版《新华颂》，后收《沫若文集》第2卷，现收《郭沫若全集·文学编》第3卷。

29日 出席匈牙利科学院向中国科学院赠送科学图书仪式，作为院长接受赠书。

所赠书籍为匈牙利科学院数学、生理学、医学、历史等论文专集，共十数册。(《中国科学院史事汇要》1951年)

30日 晚，往先农坛体育场，出席中国共产党成立30周年庆祝大会，代表人民政协无党派人士发表讲话。

毛泽东、刘少奇、朱德、陈云、彭真等参加大会。彭真致开会词，刘少奇作报告。(7月1日《人民日报》)

7月

1日 回复王惠生6月29日来信。表示"你要我'将中国历代的学术思想来番有系统的整理和批判'"的"任务太重大了"，"不是我一个人的力量所能办到的。史学会集中了不少的专家，将来或许会以集体的力量来从事，我自己也乐意尽一分力量"。对其希望"印些古书"，表示"目前尚不可能"。对于"贝"由南方来，认为"不是不可能事"。最后说："我对墨子并无'偏恶'，从本质和全面来看问题时，墨子是保守的"，后来"儒墨合而为一，墨统于儒了"。

初收上海新文艺出版社1952年初版《奴隶制时代》，编为《几封讨论古代研究的信》五《复王惠生先生》；后收《沫若文集》第17卷。

◎ 下午，到毛泽东住所，会商朝鲜停战问题。

受邀者还有李济深、张澜、陈叔通、马叙伦、许德珩、黄炎培等民主党派代表和中共领导刘少奇、朱德、陈云、胡乔木、彭真等。(《黄炎培日记》第11卷，华文出版社2012年9月版)

2日 晚8时，应邀出席保加利亚驻华大使馆举行的人民领袖季米特洛夫逝世二周年纪念会。(3日《人民日报》)

3日 下午6时，往中南海怀仁堂，出席全国政协欢迎朝鲜人民访华代表团和艺术团的宴会，接受朝鲜代表团献礼。(4日《人民日报》)

4日 下午，出席中国人民抗美援朝总会第六次常务委员会议，会议

决定继续加强抗美援朝保家卫国运动，继续努力支援前线，为巩固国防而奋斗。(6日《人民日报》)

◎ 指示中国科学院编译局，将正拟编印的"科学通报小丛书"改为"人民科学小丛书"。

该丛书主要介绍自然科学新知识及苏联、东欧等国家的科学进展情况。(《中国科学院史事汇要》1951年)

5日 晨，往车站欢迎中苏友好协会赴苏参加"五一"节观礼代表团和参加"德中友好月"代表团返抵北京，并致欢迎词。(6日《人民日报》)

◎ 晚，往车站为朝鲜人民访华代表团及艺术团离北京赴上海参观送行，致欢送词。(6日《人民日报》)

8日 作《关于奴隶与农奴的纠葛》，发表于《新建设》第4卷第5期。回答王毓铨《周代不是奴隶社会》一文提出的问题，分四部分：第一，"黑劳士"可以屠杀。首先感谢王毓铨这篇文章把斯巴达的农业奴隶"黑劳士"的性质比较详细地介绍出来，紧接着指出：文章信从西方学者的说法——"黑劳士是农奴"，"否定'黑劳士'可以屠杀的性质，是不妥当的"，认为"'黑劳士'如果说是'农奴'，那末斯巴达的社会是封建社会了"，"同属于古代社会的希腊的雅典与斯巴达，一个是奴隶社会，一个是封建社会，而同属于古代社会比较晚些的罗马又是奴隶社会"，"这问题倒相当严重"。表示自己"对于希腊没有研究"，"希望有专门研究的人"，"直接就希腊原资料去研究"。第二，周代的农民也可以屠杀。提请西周封建社会说者"注意"："周代还是有杀殉制的，而且在春秋年间都还在用人为祭牲。"第三，"当作牲畜来买卖"。再次强调：西周孝王时的一个青铜器《曶鼎》，"我真不知道引用过多少次，但西周封建社会说者却始终不加理会，那里叙到的人口贩卖，实物交易时五个人抵'一匹马加一束丝'"。随后指出，"汉朝的人价也依然贱于马价"，"但我是把西汉定为封建制的社会的"，强调"要紧的是要掌握着那确切的生产主流的方式"。第四，从发展上来看问题。指出周代社会里面是有"农奴成分"的，"正是这种成分的出现而且逐渐发展，所以才使周代社会到后来起了质变"。最后强调："要从全面来看问题，从发展来看问题，才能够得到正当的结论。"

初收上海新文艺出版社1952年初版《奴隶制时代》，后收《沫若文集》第 17 卷，现收《郭沫若全集·历史编》第 3 卷。

12 日 出席中匈文化合作协定的签字仪式。(13 日《人民日报》)

13 日 下午，出席苏联驻华大使馆代表斯大林奖金委员会举行的两部电影授奖典礼。作为政务院副总理发表讲话，指出中国电影工作者荣获斯大林奖金，不仅是得奖者个人的光荣，也是全中国人民的光荣，因为只有中国人民革命的胜利，才能创造出这两部影片。

中国电影工作者刘白羽、吴本立、周峰、何士德、徐肖冰、苏河清、周立波和李华等八人获得奖金。他们与苏联电影工作者联合摄制了《中国人民的胜利》和《解放了的中国》。(14 日《人民日报》)

14 日 对《关于奴隶与农奴的纠葛》进行补充，作"补记"：《"黑劳士"与莫里司》。针对王毓铨提出"一位英国马克思主义的社会经济史学家约翰·莫里司，主张斯巴达的'黑劳士'是农奴，不是奴隶的说法"，向陶孟和请教，陶孟和托汪敬虞查考。汪敬虞查考的结果，认为"'黑劳士'是希腊奴隶的一种"，并归纳出其"几点特征"。在抄录了汪敬虞考查的结果之后，接着指出：莫里司是伦敦大学讲师，他的文章"很难据为典要"，"也没有把奴隶和农奴之分说出一个所以然"，"言外之意就是否认奴隶社会的存在"。并批评说，"把这样一篇文章拿来为自己立说的根据，恐怕并没有仔细地把文章的内容检点清楚吧？"

初收上海新文艺出版社 1952 年初版《奴隶制时代》，后收《沫若文集》第 17 卷，现收《郭沫若全集·历史编》第 3 卷。

15 日 上午，往全国政协文化俱乐部，参加中国民主同盟总部举行的民盟殉难烈士纪念会和祭灵仪式，并发表讲话，对李公朴、闻一多等烈士所表现的英勇斗争精神，表示敬佩和悼念，对死难烈士家属表示慰问。(18 日《人民日报》)

16 日 复信尤湘泉。说，"你的长信，我替你转给翦伯赞教授去了"。关于古代社会的讨论，"我最近写了两篇文章，请看《新建设》四卷四、五号"。"第二个问题，科学院有近代史研究所。""关于艺术研究工作则属文化部，文化部已制定出了几种保护历史纪念品的文件，已由政务院颁布。又拟设革命博物馆，在筹备中。雕刻塑造，将来是必会普遍重视的"，"雕塑人才十分缺乏，此层尚须着力培养"。(《文献》丛刊第 1 辑，北京图书馆 1980 年)

19日 下午，出席政协全国委员会常务委员会第二十五次会议。(20日《人民日报》)

20日 出席中华全国学生第十五届代表大会开幕式，作为政务院副总理兼文化教育委员会主任发表讲话。勉励学生更广泛地团结起来，学好本领，准备参加祖国的建设。(21日《人民日报》)

21日 晚，应波兰驻华大使馆临时代办道定特之邀，出席为庆祝波兰国庆日举行的招待会。(22日《人民日报》)

22日 晚，约竺可桢、吴新谋等在科学院晚餐。

吴新谋刚从法国回来。(《竺可桢全集》第12卷，上海科技教育出版社2007年12月版)

23日 致信中国科学院语言所所长罗常培。就政务院文教委员会副主任陆定一前日致函提出《撒尼彝语研究》序文的立场错误一事提出补救办法："我拟了几条：(1)凡本院编译局、语言研究所赠送者全体收回。(2)通知商务印书馆立即暂行停售，发售以来已售多少，将确数现告。凡已售出之件，可能收回者亦一律收回。(3)该书必须将序文除掉，由马君改写，并将全体内容整饬一遍，再考虑继续出版。"

附：陆定一22日信函内容："郭院长并转常培先生：中国科学院出版的语言学专刊第二种《撒尼彝语研究》的序文，对法国神甫邓明德的叙述，立场是错误的，为了加强中国科学院出版物的严肃性，提议考虑具体办法，予以补救。今后中国科学院的出版工作中，亦希望能有具体办法，使此类政治错误不致发生。"(《中国科学院史事汇要》1951年)

◎ 上午，往车站，欢迎越南人民访华代表团。(24日《人民日报》)

24日 晚，与刘少奇、朱德等出席全国政协欢迎越南人民访华代表团宴会，并致欢迎词。(25日《人民日报》)

25日 出席中科院仪器馆筹备会议开幕式并讲话。(《中国科学院史事汇要》1951年；《竺可桢全集》第12卷，上海科技教育出版社2007年12月版)

◎ 作《由〈虎符〉说到悲剧精神》。发表于8月4日《福建日报》，《戏剧报》第5卷第2期转载。针对当时《虎符》由上海改编为越剧、北京改编为京剧、福州改编为闽剧，演出《信陵公子》《窃符救赵》等发表看法，认为"有一个共同的倾向，便是把信陵君的'抗秦救赵'比拟今天的'抗美援朝'，我认为这是不妥当的"。对于信陵君和如姬，认为在

"'窃符救赵'这一件事上是值得称颂的。这在当时是不失为一种爱国行动"。但又认为信陵君值得批评的地方是"'抗君之命'抗得不彻底,'反君之事'反得不彻底"。同时提出"对历史人物作公正的批评"的问题,认为"秦始皇的统一了中国是他对于历史有贡献的地方,但我们不能因此而肯定秦始皇的一切,更不能因此而把秦始皇统一以前的一切抗秦者都认为是历史的罪人。那同样是反历史主义的观点"。最后,谈悲剧的意义。认为"悲剧的教育意义比喜剧的更强","促进社会发展的方生力量尚未足够壮大,而拖延社会发展的将死力量也尚未十分衰弱,在这个时候便有悲剧的产生"。"今天中国的革命是胜利了,但我们不能说,以后的戏剧便不要演悲剧了,而一律要演喜剧,要在舞台上场场大团圆。""悲剧的精神"在于"激发我们的悲壮的斗争精神","它的作用是鼓舞方生的力量克服种种的困难,以争取胜利并巩固胜利"。

初收上海新文艺出版社 1952 年初版《奴隶制时代》,后收《沫若文集》第 17 卷,现收《郭沫若全集·文学编》第 17 卷。

28 日 上午,主持中国史学会成立大会并致辞。全文以《中国历史学上的新纪元》为题发表于 9 月 28 日《大公报·史学周刊》、9 月 29 日《进步日报》副刊《史学周刊》第 38 期,摘要发表于 29 日《光明日报》。总结新中国成立以来在历史研究方面"已经开辟了一个新纪元",从六个方面做了概括:第一,"就历史研究的范围来讲,大多数的历史研究者已经逐渐从旧的史观转向了新的史观;这就是说,从唯心史观转向用马列主义的方法来处理实际问题。由唯心史观转向唯物史观"。第二,"历史研究者的作风改变了","从个人兴趣出发的历史研究转向到从事集体研究了"。第三,"自从史学筹备会成立以来,全国的历史专家差不多都从名山事业的研究态度转向到为人民服务的态度来了"。第四,"中国的历史学者已经逐渐从贵古贱今的偏向转向到注重近代史的研究了"。第五,"从大民族主义转换到注重研究各少数民族的历史上来了"。第六,"欧美中心主义的思想"也在转变,"已经开始注重研究亚洲历史。当然这种转向还要把它扩大一下"。最后强调:"史学的研究是国家的一桩很重要的工作,是思想教育的一种很好的工具。要把毛泽东思想广播出去,只凭空洞地说些道理是比较不容易使人接受的。如果通过历史教训来了解的话,那么由于马列主义、毛泽东思想的具体化和形象化的原故,大家的接受程度是会提高的。希望大家把历史研究任务的重大性经常地提到念头上，继续不断地付出最大的努力来推进历史研究工作和国家建设事业。"

◎ 出席中科院仪器馆筹备会议闭幕式并致闭幕词，谈道："过去的我们的仪器是靠买外国货，仪器制造工业也是一种半殖民地的状态。这种情况在新中国应该要洗刷一下！"（《中国科学院史事汇要》1951年）

31日 为庆祝中国人民解放军建军24周年，代表抗美援朝总会，在中央人民广播电台发表题为《庆祝"八一"建军节》的广播词，全文载当日《人民日报》《光明日报》。向全中国的革命武装部队表示祝贺和敬意。

◎ 与朱德、刘少奇、周恩来等国家领导人出席中国人民解放军建军24周年纪念大会，并发表讲话。指出：中国人民革命的伟大胜利是与中国共产党所领导的中国人民解放军的艰苦奋斗、英勇作战分不开的。要继续加强人民解放军，继续加强增产捐献运动、青年参军工作和优抚工作。（8月1日《人民日报》）

本月 《郭沫若选集》乙种本由北京开明书店出版，为《新文学选集》第2辑，茅盾主编。该书分上、下两册，分为三辑：诗歌（46首）、散文（18篇）、戏剧（3篇）。

8月

2日 在李硕勋烈士牺牲20年后，看到其写给妻子的遗书，追思往事，无限感慨，为之题辞："五星红旗是无数志士的鲜血染成，硕勋同志的血也在里面煊耀着，拜读遗书，从容就义，慷慨临行的精神活跃于纸上，使千百代后人见之，亦当肃然生敬。这是中国人民革命成功的左券，是训育革命后进的不朽教材。"

李硕勋，早期中国共产党领导人。1931年9月16日被国民党杀害于海口市东郊刑场。牺牲前写给妻子赵君陶的遗书中说："陶：余在琼已直认不讳，日内恐将判决。余亦将与你们长别。在前方，在后方，日死若干人，余亦其中之一耳。死后勿为我过悲。惟望善育吾儿，你宜设法送之返家中，你亦努力谋自立为要。死后尸总会收的，绝不许来，千嘱万嘱。"（据题词手迹，李硕勋致妻书见范让能、童明光《郭老题悼硕勋》，《郭沫若学刊》

1993年第1期）

4日 发表《读〈武训历史调查记〉》于当日《人民日报》，5日《光明日报》，《文艺报》第9期。认为《武训历史调查记》一文是"用科学的历史观点，研究和解释历史"的一篇"实事求是"的记载，"武训其人及其'行乞兴学'的真相和本质、武训所处的社会环境和时代动态，在这儿是表露无遗了"。读后"瞠然自失"，对自己曾经"附和"歌颂武训"重新再检讨一次"。

5日 上午，偕夫人于立群及孩子至中南海游泳池游泳。（《竺可桢全集》第12卷，上海科技教育出版社2007年12月版）

8日 主持政务院讨论改革学制决定会议。

劳动部、教育部等各方代表出席会议。（《竺可桢全集》第12卷，上海科技教育出版社2007年12月版）

15日 晚，出席朝鲜大使李周渊举行的招待会，庆祝朝鲜解放六周年（16日《人民日报》）

20日 作《墨家节葬不非殉》，发表于《新建设》第4卷第6期。第一，分析《节葬篇》中"天子杀殉"的几句"墨子的话"，认为"他无宁是只知道周代有人殉而不必一定知道商代也有人殉的"。第二，考察"殉的种种"，有志愿与非志愿的，有同穴的与不同穴的。"奴隶的杀殉，非志愿者居多。亲暱者的生殉，志愿者居多"。第三，从墨家第三代"教皇""孟胜的故事"，发现"墨家是赞成殉死的"。"墨家是主张节用的，物殉太浪费，故加以反对。人殉如出于自意识的道义感，在墨家看来，不仅不应该反对，倒宁是应该奖励的。"由此，"也就可以了解《墨子·节葬篇》为什么把物殉看得比较重，而把人殉看得比较轻"。

初收上海新文艺出版社1952年初版《奴隶制时代》，后收《沫若文集》第17卷，现收《郭沫若全集·历史编》第3卷。

23日 晚，出席罗马尼亚大使鲁登科为庆祝罗马尼亚解放七周年举行的招待会。（24日《人民日报》）

25日 为郭宝钧24日关于浚县辛村西周墓、汲县山彪镇和辉县琉璃阁战国墓发掘中所见殉葬情形的来信而作《写在信的后面》，发表于9月1日《光明日报》。指出"关于周墓的三个集团是值得讨论的"："辛村的墓葬并不表明西周无殉葬制"，汲县魏墓"是在战国末年了。殉葬人虽然不多，但殉葬制度显然还存在"，辉县魏墓64座战国墓中，"不见人殉之迹"。初步结论是，"殉葬的风气到战国末年是衰微了，然而并没有完全废止"。

初收上海新文艺出版社1952年初版《奴隶制时代》，题为《发掘中所见的周代殉葬情形》；后收《沫若文集》第17卷；现收《郭沫若全集·历史编》第3卷。

郭宝钧来信，"征得了他的同意，把它公开出来"。

26日 晚，宴请由英国归来的李薰（已任科学院冶金所筹备主任），由美国归来的李茨兄弟。

竺可桢、阳翰笙、周培源等及科学院各所所长及同人出席。（《竺可桢全集》第12卷，上海科技教育出版社2007年12月版）

27日 出席第一届全国出版行政会议开幕式，并讲话。指出，两年以来，关于马克思列宁主义和毛泽东思想的出版物，无论在质上和量上都有相当的进步，对全国范围内的思想改造工作，有显著的贡献。应该更进一步加强思想教育，更进一步展开马克思列宁主义和毛泽东思想的传播。要做到这一点，就必须加强出版事业的严肃性和计划性。（9月13日《人民日报》）

◎ 出席教育部召集的第一次全国初等教育及师范教育会议开幕式，作为政务院副总理讲话。重申新中国的人民教育的基本方针："为工农大众服务，向工农大众开门。"号召各级政府工作人员要重视小学教师，以推动和造成新社会"尊师重道"的风气。

会议中心议题为：根据新中国的具体情况与需要，巩固和发展全国的初等教育和师范教育。（29日《人民日报》）

29日 作诗《防治棉蚜歌》，发表于31日《人民日报》。宣传棉蚜的危害与防治办法。

初收人民文学出版社1953年3月初版《新华颂》，后收《沫若文集》第2卷，现收《郭沫若全集·文学编》第3卷。

本月 自传《海涛》由新文艺出版社出版。

9月

2日 下午，在中山公园音乐堂主持首都各界庆祝抗日战争胜利六周

年大会,在致辞中号召:加强抗美援朝,反对重新武装日本,反对美英片面对日和约。(3日《人民日报》)

◎ 晚,出席越南驻华代表黄文欢为庆祝越南民主共和国成立六周年举行的招待会。(3日《人民日报》)

3日 上午,主持中国科学院本年第十次院长会议,讨论召开本年第二次扩大院务会议的有关事宜。(《中国科学院史事汇要》1951年)

◎ 下午,出席中央人民政府委员会第十二次会议,听取周恩来所作外交报告和陈云所作财政报告。(4日《人民日报》)

4日 发表《一封给日本人民的公开信》于《人民日报》《光明日报》。以一个在日本受过高等教育、前后住了整整二十年的旧友的资格,提醒日本人民:英美准备签订《对日和约草案》,使日本陷入"最危险的关头"。呼吁日本人民要"尽力地从事挽救"。

9日 出席保加利亚驻华大使彼得科夫庆祝保加利亚国庆日招待会。(10日《人民日报》)

◎ 为加强中国科学院与各部委之间的联系,发出邀请信,拟请各部委负责人于11日下午3时来寓所(西四大院胡同5号)茶叙,借以交换意见。

被邀请人有:宋劭文(财经委员会局长)、何长工(重工业部副部长)、龚饮冰(轻工业部副部长)、陈郁(燃料工业部部长)、张林池(农业部主任)、钟林(重工业部副部长)、梁希(林垦部部长)、胡乔木(中共中央宣传部)、邵荃麟(文教委员会)。附:加马叙伦部长、钱俊瑞副部长、曾昭伦副部长(教育部),加武衡、董晨。(《中国科学院史事汇要》1951年)

11日 下午,在西四大院胡同5号寓中,与财经文教工农业等方面负责人开座谈会。首先向大家报告目前科学院之主观条件,如现有研究人员队伍情况等。亦谈到目前的困难:大家有意结合实际但不知从何着手。

与会者谈了畜牧、农作物之区划,农业区小型水力发电,工业的划分布置,木材的代替品,荒地如何利用等目前国家经济需要解决的问题。(《竺可桢全集》第12卷,上海科技教育出版社2007年12月版)

13日 出席中国科学院本年第二次院务扩大会议开幕式,作题为《本院一年来工作概况和当前任务》的报告,总结第一次院务会议以来在国家自然条件与资源调查研究、自然科学实际应用、自然科学基本理论等方面取得的成就；指出工作的不足：尚比较缺乏组织性、计划性，在理论联系实际、密切结合群众方面做得不够，与国家建设需要尚有一段距离。(《中国科学院院报》1951年10月18日第6期)

◎ 作《关于〈撒尼彝语研究〉的检讨》，载《科学通报》1951年第10期。介绍中科院在接到陆定一批评《〈撒尼彝语研究〉序文》的信之后，采取的一系列行动。"陆副主任的指示是七月二十三日接到的，本院立即采取了应急的救济办法，写出了一篇书面检讨。其后，于八月九日本院曾召集了一次院内检讨会议。""为了扩大这一次的经验教训以免科学界再犯同样的错误，我们认为有更进一步公开检讨的必要。于是在八月十五日，本院从院内外选出了一百零四位专家分别送去下列信件，征求书面意见。""我们收回了的书面意见九十五封中，有百分之九十是发现了错误的，还有百分之十不仅没有发现错误，反而表现了同性质的或更严重的错误。""纯技术观点或'为科学而科学'的朋友们，认识不明确的朋友们，固然需要加强思想学习，学习马克思列宁主义和毛泽东思想，要善于把理论和实际结合，善于掌握政策。就是对于马克思列宁主义和毛泽东思想已经有了修养的人也要不断的刻苦学习，才能保证在'和实际结合'上的准确性。"

15日 下午，与宋庆龄、茅盾等在机场迎接苏联"加强国际和平"斯大林国际奖金委员会委员、苏联作家爱伦堡夫妇与智利作家聂鲁达夫妇。

爱伦堡和聂鲁达代表"加强国际和平"斯大林国际奖金委员会来北京向宋庆龄颁发奖金，同时，应郭沫若邀请，将留北京参加国庆庆典。(16日《人民日报》)

16日 上午，接待来访的爱伦堡和聂鲁达，商谈有关以"加强国际和平"斯大林国际奖金授予宋庆龄的有关事项。(17日《人民日报》)

◎ 晚，与彭真、陈叔通、茅盾、周扬等设宴招待爱伦堡夫妇和聂鲁达夫妇。(17日《人民日报》)

◎ 根据几首少数民族歌曲改编的歌词《人民的领袖万万岁》发表于《人民日报》。大意："太阳照在绿草地，草原显得更美丽。最大的光荣属于谁？我们的领袖毛主席。山上的松树青青的哩，河里的流水滚滚的哩。

通红的酒杯斟满酒,我们双手举过头。万岁万岁万万岁,兄弟民族大团结!万万岁,万万岁,人民的领袖万万岁!"作曲为贺绿汀。

18 日 主持宋庆龄接受"加强国际和平"斯大林国际奖金典礼,并致辞。在向宋庆龄表示祝贺的同时,对专程来中国授奖的爱伦堡和聂鲁达表示欢迎。同时指出:"这是宋庆龄个人的光荣,也是中国人民全体的光荣。"

在宋庆龄得奖的《"加强国际和平"斯大林国际奖金委员会决定》上,有郭沫若与斯科贝尔琴、阿拉贡等人的签名。祝词和决定载 19 日《人民日报》。

19 日 晚,宋庆龄举行宴会招待专程前来为其颁发奖金的爱伦堡和聂鲁达,与朱德、李济深、周恩来、黄炎培等出席。(20 日《人民日报》)

21 日 复函苏联塔加洛夫,并寄上刘仙洲《中国机械工程史料》《续得中国机械工程史料十二则》。

塔加洛夫曾来信请代为其汇集中国古代水力纺织资料。(《中国科学院史事汇要》1951 年)

24 日 在中科院第二次扩大院务会议总结会上作题为《为人民科学的发展与祖国建设的胜利而奋斗》的报告,说明这次会议主要任务是科学家的思想动员,理论与实际结合,提高组织性与计划性。在谈到过去缺点时提到:(1)调查研究不够。(2)有关部门联系太少。(3)思想领导欠强,缺乏明确检查制度。(《中国科学院史事汇要》1951 年;《竺可桢全集》第 12 卷,上海科技教育出版社 2007 年 12 月版)

25 日 复信美国著名进步作家法斯特,对其因美国政府的限制而不能来华参加国庆庆典表示遗憾。(10 月 5 日《人民日报》)

26 日 往机场迎接前来参加国庆典礼的民主德国、匈牙利、蒙古和印度、印度尼西亚人民观礼代表团。(27 日《人民日报》)

29 日 往机场迎接苏联、缅甸观礼代表团。(30 日《人民日报》)

◎ 主持中国科学院招待匈牙利科学院院长 Rusznyak 会议,科学院在京各所所长到会。(《竺可桢全集》第 12 卷,上海科技教育出版社 2007 年 12 月版)

◎ 出席七团体为欢迎来京参加我国国庆典礼的各国代表团举行的宴会,并致欢迎词,说:"我们是经过了长期的冬季才回到春天来的。我们在争取永远的春天，在努力消灭一切的矛盾，要把我们的人民中国建设成为和平、幸福、美丽的一座花园。"希望各国朋友"能够更多地知道我们中国"。

举行宴会的七团体为：中国人民保卫世界和平反对美国侵略委员会、中华全国总工会、中华全国民主青年联合总会、中国新民主主义青年团中央委员会、中华全国民主妇女联合会、中华全国文学艺术界联合会和中苏友好协会总会。(30日《人民日报》)

30日 上午，往车站迎接朝鲜人民观礼代表团。下午，往机场迎接保加利亚、罗马尼亚、捷克斯洛伐克和波兰观礼代表团。(10月1日《人民日报》)

◎晚，与朱德、刘少奇、宋庆龄、周恩来、李济深等出席毛泽东主席为欢庆国庆节举行的宴会。(10月1日《人民日报》)

本月 在第一次全国民族教育会议（20日至28日召开）期间到会讲话。(22日、10月6日《人民日报》)

10月

1日 发表《伟大的抗美援朝运动》于《人民日报》。称颂抗美援朝运动取得的胜利。指出抗美援朝成为一切工作的动力，使我国各种工作的面貌为之一新。最后勉励全国人民用长期的奋斗争取朝鲜反侵略战争的胜利结束。不达目的，誓不休止。

3日 上午，作为中国人民保卫世界和平反对美国侵略委员会主席，与副主席陈叔通、秘书长刘贯一等接待苏联、保加利亚、罗马尼亚、匈牙利、朝鲜等十三国人民观礼代表团及巴基斯坦观礼代表，并作《关于中国人民保卫和平运动的报告》。(4日《人民日报》，报告全文载4日《光明日报》)

◎下午，与陈叔通、廖梦醒、茅盾等往机场，迎接巴基斯坦人民观礼代表团。(4日《人民日报》)

4日 上午，为解放军和志愿军战斗英雄国庆观礼代表团作报告，总结一年来抗美援朝运动的成就。(5日《人民日报》)

5日 晚，出席中苏友好协会总会第二届年会和第一次全国代表会议开幕典礼，并发表讲话。讲话全文载 6 日《人民日报》。

7 日 出席周恩来为参加我国国庆庆典的外宾举行的茶会。（8 日《人民日报》）

8 日 主持中国科学院本年第十一次院长会议。

会议讨论召开各种专业会议的计划草案，并决定呈政务院文化教育委员会；决定由吴有训等八人负责筹备座谈会，向院内外科学家征求关于加强科学领导工作的意见；原则通过中国科学院工资标准和调整办法的修改与补充方案。（《中国科学院史事汇要》1951 年）

◎ 下午，往车站，为越南人民访华代表团及越南人民观礼代表团送行。（9 日《人民日报》）

◎ 晚，为爱伦堡和聂鲁达饯行，茅盾、周扬、老舍、欧阳予倩、丁玲、阳翰笙等作陪。（10 日《人民日报》）

9 日 上午，往机场为爱伦堡夫妇和聂鲁达夫妇送行。（10 日《人民日报》）

◎ 与伍修权、周扬等参加《中德文化合作协定》签字仪式。

协定签字者中方为文化部部长沈雁冰，德方为德意志民主共和国驻华外交使团团长柯尼希。（10 日《人民日报》）

10 日 出席中国人民保卫世界和平反对美国侵略委员会等六个人民团体举行的宴会，为印度、缅甸等国访华团体送行，同时欢迎刚抵京的英国人民观礼代表。在致辞中强调各国代表团前来中国是有历史意义的。（11 日《人民日报》）

13 日 在中国科学院院长室与竺可桢、陶孟和、吴有训谈科学院改组办法及召集座谈会人选。（《竺可桢全集》第 12 卷，上海科技教育出版社 2007 年 12 月版）

17 日 上午，出席中国科学院关于改组问题座谈会。作为院长做了说明。

李四光提出请专门委员以主人身份来管科学院的口号，请大家尽量设法使科学院改组成人民的科学院。叶企孙、周培源、戴芳澜、钱端升等及科学院北京各所所长共 60 人参加会议。（《竺可桢全集》第 12 卷，上海科技教育出版社 2007 年 12 月版）

19 日 主持全国文联等单位举办的"鲁迅先生逝世十五周年纪念大

会"，并致辞。谈道：鲁迅是我们的民族英雄，纪念他一方面要感谢他的贡献，一方面要学习他。

周恩来、沈钧儒、茅盾、陈伯达、李立三、陈毅、马叙伦、胡乔木、周扬、萧华、冯雪峰、丁玲、冯文彬、许广平、周建人、蔡畅、李四光、梁希、胡愈之、柳亚子、老舍、胡风、艾青、赵树理等及各方代表共1200人出席了大会。(20日《人民日报》)

20日 往机场欢送苏联人民观礼代表团离京返苏。(21日《人民日报》)

◎ 致电祝贺在仰光举行的缅中友好协会成立大会。(11月9日《人民日报》)

22日 为华东戏曲研究院题词："玉不琢，不成器。无论戏曲或艺人，总要不断地琢磨，除瑕去玷，才能推陈出新，开花结实。"(手迹载《戏曲报》第5卷第8期)

23日 下午，出席中国人民政治协商会议第一届全国委员会第三次会议开幕式。

毛泽东致开会词，周恩来作政治报告。(24日《人民日报》)

24日 在政协一届三次会议上，代表常务委员会提出关于抗美援朝工作的决议草案，得到会议通过。(25日《人民日报》)

◎ 晚，出席朝鲜大使李周渊为纪念中国人民志愿军赴朝作战一周年举行的招待会，并讲话。强调中朝两国人民的伟大胜利是全亚洲人民共同的胜利，是全世界爱好和平人民的共同胜利。指出：中国人民决心要加强抗美援朝运动来支援中朝人民军队，来争取朝鲜战争的胜利结束。(25日《人民日报》)

◎ 在苏联《自然》杂志编辑施密特院士请为《自然》杂志撰文的信的中文译稿上批示："复以事忙，自己不能写，拟推荐李、竺、吴诸副院长及其他自然科学家写。问是否同意。"(中国科学院档案)

25日 出席首都各界庆祝抗美援朝一周年纪念大会，作为中国人民抗美援朝总会主席发表讲话。讲话全文以《增产节约和捐献武器是继续加强抗美援朝工作的中心环节》为题载26日《人民日报》。在总结了中国人民在抗美援朝运动中所获得的胜利后，传达全国政协一届三次会议通过的关于抗美援朝工作的七项决议。

◎ 下午，在全国政协一届三次会议上，作《关于文化教育工作的报告》，全文载 11 月 5 日《人民日报》《光明日报》。总结自去年 6 月第二次会议以来，全国人民文化生活和全国文化教育事业的发展。从四个方面做了阐述：（一）提高全国人民的政治觉悟；（二）提高全国人民的文化水平；（三）培养国家建设的干部；（四）改革调整现有文化教育事业。

会议还通过了郭沫若、陈叔通、彭真的提案：为纪念中国人民志愿军出国作战一周年，制发抗美援朝纪念章，送给志愿军全体指挥员、战斗员、政治工作人员、后勤工作人员和运输工作人员。(26 日《人民日报》)

26 日 晨，率中国代表团乘机离京，赴莫斯科，转赴维也纳参加世界和平理事会第二届会议。

代表团成员有马寅初、章伯钧、吴耀宗、特邀中国农民代表刘青山和代表团工作人员等九人。(27 日《人民日报》)

28 日 抵莫斯科。在机场受到苏联拥护和平委员会代表和中国驻苏大使馆参赞戈宝权等人的欢迎。(30 日《人民日报》)

◎ 将中国科学院选赠的中国古代著名科学家张衡、祖冲之、李时珍、僧一行四人的材料，转交莫斯科大学。

该校于本年 3 月曾为在新校舍刻制世界杰出科学家浮雕像向中国科学院索取中国杰出科学家像及材料。(《中国科学院史事汇要》1951 年)

30 日 率代表团离莫斯科赴维也纳。(31 日《人民日报》)

◎ 应《奥地利人民之声报》记者之请，在维也纳机场发表简短谈话。(11 月 2 日《人民日报》)

本月 曾到会指导少数民族语言文字研究指导委员会工作，指出这一委员会的成立意义重大。

该委员会由少数民族问题专家与少数民族语文专家等 20 人组成，由邵力子任主任委员，陶孟和、刘格平任副主任委员，罗常培任秘书长。(14 日《人民日报》)

◎ 历史剧《屈原》俄译本由莫斯科外国文学出版局出版，译者费德林。(1952 年 5 月 28 日《人民日报》)

11 月

1 日 下午，出席世界和平理事会第二届会议开幕式。(3 日《人民

日报》）

2日 上午，在世界和平理事会第二届会议上，宣读全国政协一届三次会议关于支持五大国缔结和平公约的决议和致大会的贺电。（8日《人民日报》）

世界和平理事会特于6日致电毛泽东主席说："这个电文转达了中国人民政治协商会议全国委员会表示完全同意世界和平理事会关于五大国缔结和平公约的宣言的决议，使我们非常感动。""你们的会议同意这个宣言并且表达了贵国三亿四千四百余万在世界和平理事会的宣言上签名的人民的意志，世界和平理事会认为这是一个非常重要的事件。"（9日《人民日报》）

◎ 下午，出席世界和平理事会第二届会议，担任执行主席。（4日《人民日报》）

5日 上午，在世界和平理事会第二届会议上作题为《我们坚决地相信：和平一定战胜战争》的发言。全文载7日《人民日报》。以亚洲近年的事实，证明"用武力从事征服从来没有过成功的例子"，即使偶而"获得一时的成功"，结局"必然遭受极残酷的失败"。指出："世界各国的事务，必须由各国人民自己来管。能够做到这样，战争的危机就会立即消除。所有现存的太平洋区域、亚洲和北非的争端，都可以在这个原则的基础上，以和平谈判的方式来解决。"

7日 出席世界和平理事会第二届会议闭幕式。

本届大会讨论通过《告联合国与世界各国人民书》《关于要求缔结五大国和平公约的运动的决议》《关于裁减军备的决议》等十项决议。（9日《人民日报》）

8日 作诗《多谢》，感谢代表团成员在维也纳参加和平理事会后，提前为自己庆贺生日。感言："是你们的热情促进了、也绿化了我的生命"，"要战胜年龄的衰谢，是一场剧烈的斗争。／我接近你们的呼吸，便感觉到血液沸腾。／仰仗着你们的健康、诚挚、勇敢、聪明、机警，／使我的精神也仿佛化成了紫色的水晶"。

初收人民文学出版社1953年3月初版《新华颂》，后收《沫若文集》第2卷，现收《郭沫若全集·文学编》第3卷。

9日 率中国代表团离开维也纳，取道苏联回国。（11日《人民日报》）

20日 在莫斯科出席苏联拥护和平委员会和苏联对外文化协会举行的招待会。(22日《人民日报》)

22日 为领导思想改造学习运动，中国科学院成立研究人员学习委员会，由郭沫若任主任委员，李四光、陶孟和、竺可桢、吴有训等任副主任委员。(12月30日《人民日报》)

28日 参加世界和平理事会维也纳第二届全体理事会归途中，奉酬越南代表黎廷探博士，作七绝四首。其一："壮怀激烈望南天，黎利风徽似昔年。海寇只今期荡扫，昆仑关外净烽烟。"其四："和平奔走幸同车，国际精神四海家。万岁高呼三进酒，凯歌齐唱醉流霞。"

初收人民文学出版社1953年3月初版《新华颂》，题为《西伯利亚车中》；后收《沫若文集》第2卷；现收《郭沫若全集·文学编》第3卷。

下旬 复函苏联《自然》杂志总编辑，推荐李四光、朱可桢、吴有训及一些科学家为《自然》杂志撰稿，并希望苏联科学家为《科学通报》提供资料。(《中国科学院史事汇要》1951年)

12月

1日 率中国代表团返抵北京。(2日《人民日报》)

4日 晚，设宴欢迎2日抵京的罗马尼亚文化代表团。(5日《人民日报》)

6日 出席政协会议，做关于第二次世界和平理事会的报告。(《竺可桢全集》第12卷，上海科技教育出版社2007年12月版)

7日 出席中国人民保卫世界和平反对美国侵略委员会举行的欢迎会，并作报告，介绍了第二次世界和平理事会的成就及我国代表团参加会议的情况。(8日《人民日报》)

◎ 在夜火来信上回复："检讨结语已转载《新华月报》，少许进步朋友的疏忽，他们看到结语，自己会加以警惕的，不必给人以绝路。"

夜火来信对郭沫若作《关于〈撒尼彝语研究〉的检讨》（刊于《科学通报》1951年第10期）一文提到有的"相当有名的社会科学家"对"神甫"的危害性认识不清，"是有决不容轻视的思想问题存在着"的提法，谈了看法："有将那几位自然科学家、社会科学家给科学院的回信及书面意见在科学通报上公开的必要，让这几位朋友自己来公开认识一下；让学术界中其他同志来公开检查一下。"（中国科学院档案）

◎ 复信华岗："您给编译局的信中，对于我的《撒尼彝语研究》序文检讨的结语有所指责，谢谢您。但汉民族里先怀抱大汉族主义并不限于'民族败类'，事实上全体民族都如此。我们自己反省一下自己的幼时就可以明白。此次检讨，有一二位党员同志根本没有发现出问题，也是一个当前的事证。'赎罪'之说，毛主席、周总理、李维汉同志都说过，为了动听起见，我觉的是可以说的。"

华岗的信是写给中国科学院编译局的，对郭沫若《关于〈撒尼彝语研究〉的检讨》（刊于《科学通报》1951年第10期）一文的观点：国内兄弟民族"文化落后了，卫生条件极坏"，"主要是我们汉民族的祖先所犯下的罪过"，提出不同看法。认为"在事实上，过去压迫和摧残国内兄弟民族的反动势力，乃是我们汉民族祖先中的败类，亦即人民公敌，并非我们汉民族全体祖先"。对于郭文提出的"今天是我们属于汉民族的人们替祖先赎罪的时候了"亦有不同看法。认为"欠斟酌"。（中国科学院档案）

10日 送于立群启程赴广西参加土地改革运动。

于立群为政协全国委员会中南区土地改革第二十团团员，团长为阳翰笙。（《阳翰笙日记选》，四川文艺出版社1985年2月版）

11日 下午，出席首都各界欢迎出席维也纳会议代表团回国大会，并作报告，题为《世界和平理事会第二届会议的成就》，全文载13日《人民日报》《光明日报》。介绍了本届会议内容："讨论了两个报告：一个是政治性的'关于缔结和平公约的可能性与办法'；另一个是文化性的'关于发展各国人民之间的文化交流'。""会议的任务是侧重在政治性一边的，因此十项决议中，政治性的是八项，文化性的是两项。"谈到如何评价会议决议时，强调中国在保卫世界和平方面所做的贡献："由于中国人民革命的胜利，尤其是一年来在朝鲜战争中中朝人民的共同的伟大胜利，鼓舞了全世界被压迫的人民，民族解放的烽火、反抗帝国主义的烽火，燃遍了远东，更由远东燃到中东近东，更燃到了北非。全世界殖民地、半殖民地和附属国的人民差不多全面地起来了，为本民族的独立自由而奋斗，也就是为世界持久和平的争取而奋斗。"最后重申中国人民保卫世界和平反对美国侵略委员会的号召："为实现世界和平理事会本次会议的各项决定而奋斗，首先要为达成朝鲜问题、日本问题及远东、中东及北非其他各项重要问题的和平公正解决而奋斗。"

12日 下午，参加中罗文化合作协议签字仪式。

中国全权代表为文化部部长沈雁冰，罗马尼亚全权代表为教育部部长包别斯库·杜列亚努。协议签订的目的在于通过文化合作方式，加强两国人民间的友好关系。(13日《人民日报》)

18日 在中国科学院举行的思想改造学习运动动员大会上作报告，题为《为科学工作者的自我改造与科学研究工作的改进而奋斗》。摘要载30日《人民日报》，全文载《1949—1954年中国科学院资料汇编》。分为七部分：一、思想改造的重要性。二、为什么知识分子的思想必须首先改造？三、科学工作有了怎样的精神准备？四、科学工作者中错误思想的一些实例。五、自我教育和自我改造。六、学习与业务并不冲突。七、改造、改造、再改造。报告从社会发展的规律和国家的前途说明了思想改造的重要性，对当前科学工作者中普遍存在的错误思想进行了分析批判。号召知识分子丢掉思想包袱，"用马克思列宁主义来把自己武装起来"，"担负起国家所赋予的光荣的任务"。

在思想动员的同时，中国科学院制订了研究人员学习计划，决定由北京各单位开始，取得一定经验后，推广到沪宁及东北各所，学习时间暂定为4—6个月。(《中国科学院史事汇要》1951年)

20日 "加强国际和平"斯大林国际奖金委员会主席、苏联科学院院士斯科贝尔琴从莫斯科来电，称："一九五一年十二月二十日召开的'加强国际和平'斯大林国际奖金委员会，为了您在保卫和加强和平的斗争事业中的卓越功绩，特授予您'加强国际和平'斯大林国际奖金。"

同时获奖的还有彼特罗·南尼（意大利议员）、大山郁夫（日本议员）、蒙尼卡·费尔顿（英国公众领袖）、安娜·西格斯（德国女作家）、乔治·亚马多（巴西作家）。

21日，莫斯科各报以首页显著地位，刊载了这一决定，刊登获奖者的照片，并发表社论祝贺。《真理报》社论说："在'加强国际和平'斯大林国际奖金的得奖人当中，有伟大的中国人民的光荣儿子郭沫若。爱好和平的人民都知道郭沫若是热情的和平斗士。他不倦地揭露和平的敌人的阴谋。大家也知道郭沫若在建设中华人民共和国中的多方面的活动和他在建立和发展民主中国的文化事业中的功绩。"《共青真理报》社论说："郭沫若是伟大的中国人民的忠实儿子、大科学家和作家、社会和政治活动家、本国和国际保卫和平运动的积极参加者。郭沫若的全部活动，是忘我地服务国际和平、进步和自由事业的榜样。"（22《人民日报》）

22日 出席中国科学院本年第十三次院长会议。

会议决定派恽子强、吴学周去东北协助严济慈工作。提出新成立各所人选。讨论1952年预算问题。讨论调整机构后计划局、办公厅负责人人选，并拟报请政务院文化教育委员会批准。（《中国科学院史事汇要》1951年）

◎ 复电斯科贝尔琴，称："我接到您亲切的电报，知道了我获得一九五一年度'加强国际和平'斯大林国际奖金，这真是我有生以来的最大的荣幸。这不仅是对于我个人的极大的鼓励，而同时是对于全中国人民的极大的鼓励。我今后在保卫世界和平反对侵略战争的工作中要不断地加倍努力，以期能够有更实际的贡献"，"我想明年亲自到莫斯科接受这最大的荣誉，只是时期我要请您决定"。在谈到奖金的安排时说："奖金十万卢布，我愿意全部献给中国人民保卫世界和平反对美国侵略委员会，以作为保卫和平事业之用，请允许我先把这个预定向您报告。"（电文载25日《人民日报》）

苏联拥护和平委员会主席吉洪诺夫、苏联科学院院长涅斯米扬诺夫，英中友好协会会长李约瑟等先后发来贺电。（23日、1952年1月5日《人民日报》）

23日 为荣获"加强国际和平"斯大林国际奖金，在北京发表书面谈话，全文载24日《人民日报》。说："论我个人的工作表现，是不足以膺受这样最高荣誉的。请允许我作这样的了解：这并不是给予我个人，而是给予我们在英明领袖毛主席领导之下为'加强国际和平'而奋斗的全中国人民。我们全中国人民的人民革命的胜利、抗美援朝的胜利以及各方面建设事业的胜利，对于'加强国际和平'的事业是有着贡献的。这对于我们全中国人民是很大的鼓励，而对于我个人尤其是大到无以复加的鼓励。"同时对其他获奖者表示祝贺，对苏联人民表示敬意。

26日 主持中央人民政府政务院文化教育委员会第三十一次常务会议，会议决定成立中国文字改革研究委员会。

会议由文教委员会副主任马叙伦报告了中国文字改革研究委员会筹备经过。通过了中国文字改革研究委员会委员名单：主任委员马叙伦，副主任委员吴玉章，委员胡乔木、韦悫、罗常培、黎锦熙、丁西林、叶恭绰、陆志韦、魏建功、季羡林、陈家康、吴晓铃、林汉达。会议还通过了中国文字改革研究委员会组织简则。(27日《人民日报》)

◎ 在北京南池子外交协会出席获奖庆祝会。会议由中国人民保卫世界和平反对美国侵略委员会、中国科学院和全国文联共同举办，庆贺郭沫若荣获"加强国际和平"斯大林国际奖金。在致答词时，把光荣归于在毛主席领导下为和平而奋斗的中国人民，并宣布把奖金10万卢布全部献给中国人民保卫世界和平反对美国侵略委员会，以作为保卫世界和平工作之用。

出席会议的有彭真、陈叔通、黄炎培、沈钧儒、邵力子、胡乔木、马叙伦、张奚若、邢西萍、许德珩、许宝驹、彭泽民、司徒美堂、廖承志、章伯钧、蔡廷锴、沈雁冰、李四光、丁玲、老舍、曹禺等130余人。中国人民保卫世界和平反对美国侵略委员会副主席陈叔通、彭真分别致开会词和贺词。沈雁冰代表中国文艺界、李四光代表中国科学工作者、老舍代表北京市文艺界分别表示祝贺。(27日《人民日报》；《竺可桢全集》第12卷（日记），上海科技教育出版社2007年12月版)

27日 下午，参加中国科学院思想改造学委会第三次会议。(《竺可桢全集》第12卷，上海科技教育出版社2007年12月版)

28日 晚，与朱德、李济深等应邀出席巴基斯坦政府驻华大使罗查举行的招待会。(29日《人民日报》)

◎ 为文献纪录片《抗美援朝》题词："人人向志愿军学习，以高度的自我牺牲精神，为祖国安全与世界和平的争取而奋斗！"手迹载当日《光明日报》。

30日 下午，应罗马尼亚大使鲁登科之邀，出席庆祝罗马尼亚人民共和国成立四周年招待会。(31日《人民日报》)

1952年（壬辰）60岁

1月26日　中共中央发出《关于首先在大中城市开展"五反"斗争的指示》，要求在全国大中城市，向违法的资本家开展反对行贿、反对偷税漏税、反对盗骗国家财产、反对偷工减料和反对盗窃经济情报的斗争。"五反"运动于1952年10月结束。

3月6日　《人民日报》报道，全国文联在全国范围内组织第一批作家深入部队、工厂、农村体验生活。巴金等赴朝鲜，曹禺、艾芜等去工厂。

6月20—24日　中华全国体育总会成立大会召开。毛泽东为该会成立题词：发展体育运动，增强人民体质。

7月1日　成渝铁路（成都至重庆）建成通车，全长505公里，是新中国成立后建成的第一条铁路干线。

8月9日　《中华人民共和国民族区域自治实施纲要》公布施行，对民族自治地区的建立、自治机关的组成、自治机关的自治权利等重大问题作出明确规定。

11月15日　中央人民政府委员会第十九次会议通过《关于增设中央人民政府机构的决议》，决定成立中央人民政府国家计划委员会等机构。

12月　全国文协召开"胡风文艺思想讨论会"。

1月

1日　晚，往中南海怀仁堂，与毛泽东、朱德、李济深、董必武等出席中央人民政府1952年元旦团拜、宴会和音乐舞蹈晚会。（3日《人民日报》）

2日　上午，在中国科学院召集临时会议，确定即日发动"三反"运动，再进一步工作，希望10天之内能有结果。（《竺可桢全集》第12卷，上海科技教育出版社2007年12月版）

4日　下午，出席中央人民政府政务院第118次政务会议，作关于中

国科学院本年第二次院务会议的报告，获大会批准。（5日《人民日报》）

◎ 下午，出席缅甸大使吴拉茂举行的缅甸国庆招待会。（5日《人民日报》）

11日 "太平天国起义百年纪念碑"在南京旧天王府落成，遵毛泽东之嘱和胡乔木请求题写碑名。（《胡乔木书信集》，人民出版社2002年版）

1951年8月3日接胡乔木函："南京各界发起在太平天国旧天王府立纪念碑，请中央同志题'太平天国起义百年纪念碑'，毛主席请郭老写一下。南京的同志提议将天国写为天（上横长）国，以存当时习惯，这一点有无需要？请酌定。"（《胡乔木书信集》，人民出版社2002年版）

12日 上午，在中国科学院与竺可桢、李四光、陶孟和并约时任编译局长的杨钟健谈《科学通报》改变姿态问题。长谈后决计《科学通报》从第3卷第1期起改变方针，将已付印之稿收回，但将损失数千元。主张聘请龚育之来杂志工作。

在本月4日举行的政务院会议上，陆定一曾表示《科学通报》应配合思想改造，过去只有介绍科学，以后应有斗争精神。6日《人民日报》两封读者来函批评了科学院的刊物。继而，龚育之在10日《人民日报》发表《纠正科学刊物脱离政治脱离实际的倾向——评〈科学通报〉第二卷》，认为《科学通报》有一定的成绩，但有不少严重缺点，"表现了脱离政治脱离实际的倾向"，忽视了宣传毛泽东思想和马克思主义。如毛主席的《实践论》在《人民日报》重新发表时就没有转载。《毛泽东选集》的出版和人民政协三次会议都没有引起刊物的注意。"由于脱离了毛泽东思想的政治指导"，刊物的报道和介绍"常是客观主义的，东鳞西瓜的"。"《科学通报》必须为新民主主义的经济和政治服务，中国的科学才会迅速发达起来。"（《竺可桢全集》第12卷，上海科技教育出版社2007年12月版）

何祚庥回忆此文产生过程：陆定一讲话批评了《科学通报》有某些缺点，"后来我找到龚育之，请他写评论文章"，文章写成后经陆定一批准发表于《人民日报》。（《何祚庥先生访谈录——在科学院与中宣部科学处之间》，中国科学院《院史资料与研究》1993年第1期）

14日 与竺可桢谈《科学通报》问题。竺可桢认为《科学通报》编辑非加强人力则不能胜任，并告知前日晤龚育之结果。

前日上午，竺可桢与杨钟健至东交民巷28号中国银行，看望龚饮冰及其子龚育之,知龚育之为清华三年级学生,现正因病休学。谈《科学通报》之事,与杨钟键约龚育之为《科学通报》作文或接受编辑名义。(《竺可桢全集》第12卷,上海科技教育出版社2007年12月版)

本月26日《"科学通报"编者的自我检讨》发表于《人民日报》。强调"郭沫若院长在《科学通报》发刊词里面说过的几句话,我们要在这里重新申述一遍:'我们的工作今天还是一个新的开端,缺陷是难免的,甚至于错误也是难免的,但我们有决心,有诚意,有信念,希望逐步地把工作做好。'"

《科学通报》1952年第3卷1、2期转载龚育之文章,同时发表《编者的自我检讨》。

18日 下午,往车站,欢迎志愿军归国代表团和朝鲜人民访华代表团,并致欢迎词。在叙述了一年多并肩作战取得的成就后说:"我们全国人民将更加努力生产,厉行节约,更有力地支援中国人民志愿军和朝鲜人民军,以取得朝鲜问题的和平解决。"致辞摘要载19日《人民日报》。

◎ 晚,应越南临时代办周亮之邀,出席庆祝越南外交胜利纪念日两周年招待会。(19日《人民日报》)

19日 下午,出席首都各界欢迎志愿军归国代表团和朝鲜人民访华代表团集会,并致欢迎词,摘要载20日《人民日报》。

20日 为东北科学研究所长春本所题词:"东北科学研究工作解放以来很有成就。在东北从事科学研究的同志很能配合实际需要,使科学研究能为工业、农业、国防等各方面的建设事业服务,成为了新中国科学工作者的先锋。希望能在既得的成就上更进一步努力。团结全国的科学工作者共同奋斗,完成伟大祖国的工业化,逐步走上社会主义建设与共产主义建设历程的神圣任务。"(《中国科学院史料汇编》1952年)

中旬 复电保加利亚科学院院长丁马甫洛夫院士,称"很荣幸地"得知被选为保加利亚科学院名誉院士。"这是对于我个人和中国科学界文艺界的很大的鼓励"。表示将"为科学与文艺的发展,为中保文化的交流与兄弟般友谊的增进,为和平的胜利,而共同奋斗"。

保加利亚科学院院长丁马甫洛夫院士致函郭沫若:"我很荣幸地有这个义务来通知您,保加利亚科学院在一九五二年一月十日的大会上一致通过选举您为保加利亚科学院名誉院士。保加利亚科学家们珍视您在科学和艺术上的成就，您又如此慷慨地将上述成就丰富了世界进步科学的宝藏，并促进了您们伟大祖国的社会主义建设事业。您以中国人民保卫世界和平反对美国侵略委员会主席和世界和平理事会兼副主席在巩固世界和平的斗争中所表现的不可动摇的意志，我们表示非常感佩。您被选为保加利亚科学院名誉院士，将使您更有可能促进贵我二国科学院在科学与文化联系上的发展与加强，坚定地走向社会主义光辉的道路。"（外交部档案）

21日 作《向英雄们致战斗的敬礼》，发表于24日《人民日报》《光明日报》。赞扬中国人民志愿军和朝鲜军民在抗美援朝战争中表现出的"超度的爱国主义精神"和"自我牺牲精神"。

25日 以中国人民保卫世界和平反对美国侵略委员会主席名义，与廖承志、刘宁一等11个全国性人民团体负责人发表联合声明，抗议香港英国政府非法拘捕电影艺术工作者司马文森、马国亮、齐闻韶、刘琼、舒适、杨华、沈寂、狄梵等八人并驱逐出境。声明全文载26日《人民日报》。

26日 出席中国科学院本年第十六次院长会议。责成编译局在征求意见的基础上，提出关于中国科学院和各专门学会的科学刊物调整办法。

会议通过8月17日为全国科学节日。（《中国科学院史事汇要》1952年）

28日 复函中山大学文学院教师，感谢他们祝贺荣获"加强国际和平"斯大林奖金，表示"深愿和各位共同勉力"。（《齐鲁学刊》1984年第4期）

31日 下午，与茅盾等往机场，欢迎"加强国际和平"斯大林国际奖金获得者、巴西作家亚马多、古巴诗人吉里安夫妇。（2月1日《人民日报》）

2月

2日 出席中国科学院本年第十七次院长会议。

会议决定将自然科学各学会的19种期刊与院刊及所刊7种，调整合并为18种，并就各种期刊组织编辑委员会，以及刊物名称、封面、形式和大小等问题提出意见。（《中国科学院史事汇要》1952年）

5日 出席中国文字改革研究委员会成立大会并讲话，全文载7月

《中国语文》创刊号。认为文字改革研究委员会的成立"在文化建设上是一件重要的事情"。指出："中国文字改革是一个长远的问题，从我国文字本身发展过程看，由象形进到形声，是合乎世界各国文字发展的一般趋势，即走向拼音化的道路。""中国文字走向拼音化，在各方面都有方便，如写口语、用打字机以及和外族、外国交流文化、吸收其语言等等。"主张报纸书刊要实行左起横排，强调"文字如果用拼音，那么书写、印刷恐怕都不能直行，必须自左而右地横行"。以生理学为根据，"眼睛的视界横看比直看要宽得多"，"文字横行是能减少目力的损耗的，并且现代科学论著多半已经是横写"，提倡"中国文字宜横写右行"。

7日 晚，在外交学会举行的欢迎会上，听了古巴诗人纪廉和巴西小说家亚马多报告之后，作诗一首："拉丁美洲的今天就是咱们中国的昨天"，"咱们中国的今天就是拉丁美洲的明天"。

初收人民文学出版社1953年3月初版《新华颂》，题作《报告》，后收《沫若文集》第2卷，现收《郭沫若全集·文学编》第3卷。

9日 出席中国科学院本年第十八次院长会议。

会议讨论通过编译局拟"调整科学期刊办法"，决定呈报政务院文化教育委员会备案；任命李四光、吴有训为建筑委员会正副主任；要求科学院各有关研究所应刻不容缓地参加抗旱、防旱、防治病虫害的工作。(《中国科学院史事汇要》1952年)

13日 在中国科学院编译局局长4日来信上做批示，望尽快将恽子强从东北调回就任副局长。(《中国科学院史事汇要》1952年)

14日 发表《伟大同盟二周年》于《人民日报》《光明日报》。指出中苏友好同盟互助条约缔结两年来，得到了中苏两国人民的忠实实践，取得了伟大成就。"由于同盟条约的缔结，中苏两大民族的兄弟般友谊是更加巩固而扩大了。中苏两大民族七万万人民的团结一致是世界上不可战胜的和平力量。这使世界和平民主阵营受到了很大的鼓舞，更进一步地增加了和帝国主义侵略集团在力量对比上的巨大的优势。"

◎ 下午，出席苏联大使罗申为纪念中苏友好同盟互助条约签订两周年举行的酒会。(15日《人民日报》)

◎ 晚，出席首都各界庆祝中苏友好同盟互助条约签订两周年大会。(15日《人民日报》)

16日 出席中国科学院本年第19次院长会议。

会议指定竺可桢、吴有训分别任预算审核委员会主席和副主席，吴有训任本院建筑委员会主席，竺可桢、陶孟和任副主席。(《中国科学院史事汇要》1952年)

17日 作《奴隶制时代》。全文分五个部分，系统论述中国的奴隶制时代。一、奴隶制的前驱阶段。指出由原始公社制转变为奴隶制，"这在中国是在唐虞时代以后出现的"，"夏民族的统治是存在过的"，"顶多只能达到奴隶制的初期阶段"，并期待着"日后从地底下能有丰富的资料出现"。二、殷代是奴隶制。归纳说："殷人的王家奴隶是很多的，私家奴隶当也不在少数"，"主要的生产是农业，而从事农耕的众人是'畜民'中的最下等。故殷代是奴隶社会是不成问题的"。三、西周也是奴隶社会。"先进的殷人还在奴隶制中经营他们的生产的时候，周人的生产进度也仅只能达到这个阶段"，"周人把殷覆灭了，把殷族的遗民大批地化为奴隶"，成为周人的"种族奴隶"。"周代同样实行着井田制，证据很多"，"可以明白地看出殷周两代的农夫，即所谓'众人'或'庶人'，事实上只是一些耕种奴隶"，"一有了战争，还要'披坚执锐'、'土国城漕'"，"这些人民并且还可以'当成牲畜来买卖'"。认为"西周也是奴隶社会，据今天所有的资料看来，我认为是不成问题的。只是奴隶制在西周三百四十年中在逐渐变化，逐渐走向崩溃"，而"在井田制的崩溃中很容易找到它的关键"。铁作为耕器而使用，"提高了农业的生产力，逐渐促进了井田制的崩溃，因而也就招致了奴隶制的崩溃"。庶人的地位提高，意味着社会的主要生产者"已经从最下贱的奴隶地位解放了出来"，也"就意味着奴隶制度的崩溃"。四、奴隶制的下限在春秋与战国之交。追述自己把"奴隶制下限划在东西周之交"和"划定在秦汉之交"的两次情况，重新提出："现在经过了慎重的考虑，把它划在春秋与战国之际。依据《史记》，把绝对的年代定在周元王元年，即公元前四百七十五年。"其"理由和证据"则分作三个方面，从一般的生产情况来看问题、从工商业的发展上来看问题、从意识形态的反映上来看问题，集中了其"战国封建论"的主要观点。五、附论西汉不是奴隶社会。针对国内外学者将西汉乃至西晋、五代都划入奴隶社会的种种观点进行讨论，认为汉武帝以后，西汉的奴婢"已经是不能任意屠杀的了"，"西汉生产方式的主流已经不是奴隶制"，"西汉既已不是奴隶社会，西汉以后的社会可以无用多说"。

初收上海新文艺出版社1952年初版《奴隶制时代》，后收《沫若文集》第17卷，现收《郭沫若全集·历史编》第3卷。

18日 作《〈奴隶制时代〉后记》。说明"把最近两年来所写出的有关中国古代的一些研究文字收辑成为这一个小集子，作为《十批判书》的补充"。简要归纳了自己关于中国奴隶社会下限看法的修正情况。强调"本书中所提到的还有另一个重要的事迹，是安阳殷代陵墓的发掘。这为中国古代社会的阐明提供了极丰富的资料"。

初收上海新文艺出版社1952年初版《奴隶制时代》，后收《沫若文集》第17卷，现收《郭沫若全集·历史编》第3卷。

19日 出席政协全国委员会学习委员会成立大会，与李济深、沈钧儒、黄炎培等被选为该委员会委员，林伯渠任主任委员。

该委员会的任务是根据1月5日政协全国委员会"关于展开各界人士思想改造的学习运动的决定"，领导各民主党派人士、无党派人士、政府和企业机关中的专家、工商界人士、宗教界人士的学习。(28日《人民日报》)

21日 致信殷涤非，说："大作读了一遍。卜辞中已经有国字。""殷王墓的人殉葬，多至一千人，是范先生记错。从殷代的陵墓、宫殿、器物等等一切看来，文化程度甚高，不应是氏族社会。我近来有《奴隶制时代》一书，不久将出版，请参考。"(据郭沫若纪念馆馆藏手迹复印件)

殷涤非，考古学家，曾参加寿县蔡侯墓等多处古墓发掘。

23日 上午，出席中国科学院本年第20次院长会议。

会议根据李四光的建议，决定下午由郭沫若约请农业部李书城和中国地质工作计划指导委员会李捷等会商凿井防旱工作；讨论、修正、通过中国科学院出版专刊方案。(《中国科学院史事汇要》1952年)

◎ 下午，主持防旱座谈会，与农业部部长李书城等就华北地区地下水的状况和利用问题交换意见，并商定由农业部召集，联合组织一两次座谈会，拟订凿井计划。(《中国科学院史事汇要》1952年)

◎ 应苏联大使馆武官柯托夫之邀，出席庆祝苏军建军34周年鸡尾酒会。(24日《人民日报》)

24日 就侵朝美军进行细菌战发表声明，号召全国人民动员起来，制止美军罪行。全文载25日《人民日报》。

25日 复函德意志民主共和国学者博伦亚斯1951年11月5日来函询问商代犁形的问题，回复说"我的同事王静如先生有一论文，现随函寄上一册"。同时对王静如文章中"没有提"的字形，"略加以补充"。(《文献》丛刊第1辑，北京图书馆1980年)

◎致电世界和平理事会约里奥·居里主席，控诉美国进行细菌战，呼吁全世界爱好和平的人民动员起来制止这种屠杀罪行，以维护世界保卫和平大会禁止使用大规模杀人武器的决议。

3月1日晚，接世界和平理事会秘书长拉斐德先生复电，谓已将电文转交约里奥·居里主席与世界和平理事会全体理事及各国和平委员会。(电文及复电载3月5日《人民日报》)

26日 在中国科学院与竺可桢交谈，听其谈华南勘测橡胶近况。为抗旱工作，院中已发起开了昆虫会议，决定成立昆虫工作委员会。(《竺可桢全集》第12卷，上海科技教育出版社2007年12月版)

◎致郭翙昌信。谓："今天接到你二月十二日的信，很高兴，你的行医的事怎样？你在乡下，望你在这一方面多多做些救人的事。教育工作也要多作，帮助农民大众提高文化水平。这样你便替社会立下了功，农民会爱护你的。祝你积极地为人民服务，改变从前洁身自守的态度。""立群到广西去参加土改去了，已去三个月，要到四月底五月初才能回京。"(据原信手迹；蔡震《郭沫若生平文献史料考辨·与郭开运(翙昌)的书信》，社会科学文献出版社2014年7月版)

28日 下午，与陈叔通设宴欢送巴西作家亚马多和古巴诗人吉里安夫妇，同时欢迎加拿大和平大会主席文幼章。(3月1日《人民日报》)

29日 晨，往机场，送亚马多、吉里安夫妇离京赴苏。(3月1日《人民日报》)

本月 为纪念法国作家雨果、俄罗斯作家果戈理、意大利艺术家达芬奇和阿拉伯医学家阿维森纳，召集会议，商讨筹备事宜。决定在5月间联合举行这四位文化名人的隆重纪念会。会议决定组织筹备委员会，由郭沫若任主席、茅盾和刘宁一任副主席。(26日《人民日报》)

3月

1日 出席中国科学院本年第21次院长会议。

会议决定成立中国古代科学家小传编纂委员会，由郭沫若、竺可桢、杨钟健、曹日昌及计划局一人组成，拟定一个方案；讨论为加强科学院与生产企业部门的联系，做到研究工作与生产相结合，应吸收生产企业部门人员参加研究工作等问题。(《中国科学院史事汇要》1952年；《竺可桢全集》第12卷，上海科技教育出版社2007年12月版)

◎ 致信阳翰笙，说冯亦代已来过，对于二十团土改情况也很清楚。听说科学院参加土改的同志们在运动中进步很大，非常高兴。并表示希望能准许于立群参加完第二批土改之后再回北京。(据西泠印社拍卖有限公司2016年春季拍卖会展示手迹；《阳翰笙日记选》1952年3月12日，四川文艺出版社1985年2月版)

3日 与中国文联副主席茅盾联名致电苏联纪念果戈理逝世100周年委员会。电文称："果戈理对效忠于帝俄压迫阶级的农奴制度和腐败的官僚制度，是一位无情的摧毁者。他的天才的作品曾启发了许多中国作家，如鲁迅亦在其内，对中国自己的封建社会进行尖锐的批判，而成为酝酿中国新文学的酵母。所以这位伟大的作家唤醒了俄罗斯民族的革命精神，同时还鼓舞着全世界各国人民努力挣脱锁链的斗争。在今天全世界爱好和平的人民必须团结一致，共同努力保卫世界和平的时候，这个纪念特别具有国际的意义。中国人民乘此机会再度表示愿与苏联人民永远携手，为保卫和平与加强人民文化交流而奋斗。"电文载4日《人民日报》。

6日 作《对冯友兰〈中国哲学的发展〉的意见》。(手稿存郭沫若纪念馆)

10日 再次致电世界和平理事会主席约里奥·居里，要求制止美国在朝鲜战争中进行细菌战，希望发动世界人民声讨美国政府。(电文载11日《人民日报》)

世界和平理事会秘书长拉斐德12日答复，谓已将来电及中国各民主党派的抗议书转达各国和平委员会。(电文载14日《人民日报》)

11日 出席民主人士李锡九的入殓仪式。(14日《人民日报》)

12日 下午，主持中国人民保卫世界和平反对美国侵略委员会扩大会议，并发表讲话。表示：美国的细菌战争，吓不倒朝鲜人民和中国人民，必将自食其恶果。

会议决定组织"美帝国主义细菌战罪行调查团"前往东北和朝鲜调

查美国的细菌战。(13 日《人民日报》)

◎ 设宴为朝鲜拥护和平全国民族委员会委员长韩雪野送行。(14 日《人民日报》)

13 日 复电世界和平理事会拉斐德秘书长，表示拥护约里奥·居里的声明。(电文载 14 日《人民日报》)

◎ 下午，与周恩来、罗荣桓、李济深等出席著名民主人士李锡九先生追悼会。(14 日《人民日报》)

15 日 出席中国科学院本年第 23 次院长会议，向与会者报告：为了防止美帝国主义细菌战的侵害，政务院与军委合组"中央防疫委员会"，由周恩来任主任委员，郭沫若、聂荣臻任副主任委员。委员会下设办公室，由政务院 10 个单位组成。

会议还讨论了"调整科学期刊座谈会"等问题。(《中国科学院史事汇要》1952 年)

18 日 上午，在车站为赴苏联参加国际经济会议的代表团送行，并致辞。(19 日《人民日报》)

20 日 作《历史人物》改版说明，收《历史人物》(1952 年 8 月上海新文艺出版社第三版)。说明改版情况："本书初版编成于一九四七年七月，当时把一九二一年所写的《王阳明》一篇也收录了，实在是有点不伦不类。现在我把这篇删除了，同时把《屈原研究》一书改版收入。这样，在自己的研究程序和思想发展上，比较能成一个段落。由于有这样的改动，因此我把原序中提到王阳明的一节也删去了。"

21 日 与茅盾、钱三强等一行六人乘飞机经莫斯科赴奥斯陆，参加世界和平理事会执行局会议。(22 日《人民日报》)

◎ 与宋庆龄、陈叔通、李四光等 11 位和平人士联名电邀亚洲及太平洋沿岸各国爱好和平与正义的著名人士，发起召开"亚洲及太平洋区域和平会议"。(电文载 5 月 14 日《人民日报》)

26 日 歌词《消灭细菌战》发表于《人民日报》，由卢肃谱曲。4 月 5 日《人民日报》再次发表，文字有修改，由吕骥谱曲。

修改稿收人民文学出版社 1953 年 3 月初版《新华颂》，《新华颂》编入《沫若文集》第 2 卷时未收，1959 年改收《骆驼集》，现收《郭沫若全集·文学编》第 4 卷。

28 日 上午，自莫斯科起程，飞抵奥斯陆出席世界和平理事会执行局会议。

同机到达的有苏联代表法捷耶夫、爱伦堡和朝鲜代表李箕永等。（29日《人民日报》）

29 日 出席世界和平理事会执行局会议，作大会发言，就美国发动细菌战作了详细报告。全文载4月3日《人民日报》。苏联《真理报》《消息报》4月1日全文刊载。

本月 在莫斯科会见费德林。费德林告知，莫斯科戏剧界正在酝酿历史剧《屈原》的演出。（《序史剧〈屈原〉的俄文译本》篇末说明，5月28日《人民日报》）

4 月

1 日 出席世界和平理事会执行局会议的各国代表举行记者招待会，与朝鲜代表李箕永向记者报告了美国在朝鲜和中国进行细菌战的事实。当场宣读正在调查此事的国际民主法律工作者协会调查团发来的电报，并向记者分发提交世界和平理事会执行局会议的文件和照片副本。（4日《人民日报》）

国际民主法律工作者协会调查团团长布兰德魏纳在3月29日致电世界和平理事会主席约里奥·居里，报告调查团赴朝鲜和中国东北调查的结果。证实美国进行细菌战的事实。（3月31日、4月3日《人民日报》）

2 日 与约里奥·居里等联名发表题为《反对细菌战》的告全世界人民书，号召全世界人民行动起来制止细菌战。（全文载6日《人民日报》）

世界和平理事会执行局会议通过决议：组织"调查在朝鲜和中国的细菌战事实国际科学委员会"。

4 日 与茅盾等从奥斯陆飞抵莫斯科。（8日《人民日报》）

7 日 作诗《光荣与使命》，载11日《人民日报》，又发表于25日《文艺报》第8期。表达接受斯大林国际和平奖的心情："维护国际和平的奖章，静穆地，悬挂在我的胸上。/我代表着保卫和平的中国人民，作为一个形象，/接受了几万万中国人民共同努力所得来的光荣，/但也接受了一个庄严的使命，在今天是意义深长。"

初收人民文学出版社 1953 年 3 月初版《新华颂》，后收《沫若文集》第 2 卷，现收《郭沫若全集·文学编》第 3 卷。

9 日 下午，在莫斯科克里姆林宫参加颁奖典礼，接受"加强国际和平"斯大林国际奖金，致答词，并朗诵诗作《光荣与使命》。

"加强国际和平"斯大林国际奖金委员会为郭沫若举行了隆重的授奖典礼。委员会主席斯科贝尔琴在宣读了委员会授奖的决定之后，将刻有斯大林像的金质奖章和奖状授予郭沫若，并致贺词。苏联科学院院长涅斯米扬诺夫、苏联妇女反法西斯委员会主席波波娃、苏联拥护和平委员会副主席格列科夫和苏联作家协会副总书记西蒙诺夫相继致辞祝贺。(11 日《人民日报》)

10 日 晨，乘飞机离莫斯科返国，12 日抵北京。(11、14 日《人民日报》)

12 日 致信周恩来："今天下午三时半，我同蔡、章、吴、梅、邓、荣及三位工作同志回到了北京。有一件事情要特别向您报告。十二日半夜离开莫斯科时，法捷耶夫到机场送行。他告诉我：居里和他的意思，认为国际委员会应有一位中国细菌学专家参加，要我们授意委员会，由他们提出这个请求。人选自以负有国际声望者为宜，钟惠兰或魏曦，请您考虑。""我曾问到，是否需要朝鲜专家参加？法兄以为留待日后争取到更多别国代表时再说。"(据郭沫若纪念馆藏手迹复印件)

15 日 与陈叔通设宴为加拿大和平大会主席文幼章夫妇送行，同时欢迎智利著名画家何塞·万徒勒里夫妇。(17 日《人民日报》)

◎ 复信细菌学专家魏曦，对其抗议美国细菌战罪行的行为表示赞赏。(全文载 5 月 19 日《人民日报》)

魏曦、刘纬通为抗议美国实施细菌战，把美国政府授予的战时功绩荣誉勋章及奖状送交中国人民保卫世界和平委员会，请委员会交还美国政府。魏曦于 4 月 5 日致信郭沫若，表明坚决斗争的决心。(5 月 19 日《人民日报》)

17 日 下午，在全国政协学习委员会举行的报告会上，报告奥斯陆会议的经过与成就。(18 日《人民日报》)

◎ 复函全日本产业别工会会议主席吉田资治，希望发动日本人民制止细菌战。

吉田资治 7 日致函，坚决抗议美军使用细菌武器。（往来信函载 19 日《人民日报》）

18 日　出席中央人民政府委员会第 14 次会议。（22 日《人民日报》）

19 日　出席中国科学院本年第 27 次院长会议。向与会者报告奥斯陆会议情况，说：美国使用细菌武器问题被列为这次会议的中心议题。我们关于世界和平理事会应组织一个国际调查委员会的建议，被大会采纳。（《中国科学院史事汇要》1952 年）

◎ 出席中央人民政府委员会第 15 次会议。

听取和批准了陈云所作的关于财政经济问题的报告，并通过了任命案及批准任免案多起。（22 日《人民日报》）

20 日　复信法国《人道报》社长加香，回答其提出的关于美国进行细菌战的问题。（全文载 5 月 6 日《人民日报》）

◎ 致函周恩来总理："接到巴黎《人道报》的电，要我赶写一点东西，我拟了几条对记者访问的答复，请您审阅。如可用，因时间关系，请即批交和大联络部译发。"

周恩来当日在此函"译发"前加"负责"二字，后加"更需校正无讹"，并批示："贾一同志：即交和大联络部办。发后将原稿退交郭老。"（据郭沫若纪念馆馆存手迹复印件）

21 日　致电阳翰笙，催促于立群早日返京。但于立群坚决表示，要参加完这次土改工作再走，直至 5 月 13 日方动身回京。（《阳翰笙日记选》1952 年 4 月 21 日、5 月 13 日，四川文艺出版社 1985 年 2 月版）

23 日　下午，出席为"速成识字法"创造人祁建华举行的颁奖典礼。为祁建华授奖状并讲话。谈道：祁建华创造的"速成识字法"，对于扫除文盲、发展工农兵群众文化教育的贡献很大，是文化教育工作上极有价值的极应重视的创造之一。讲话全文载 25 日《人民日报》。

◎ 晚，与陈叔通、黄炎培、刘宁一设宴招待来华参观的各国经济界代表。（24 日《人民日报》）

26 日　下午，出席全国政协常委会第 37 次会议。（28 日《人民日报》）

27 日　晚，出席周恩来总理举行的宴会，欢迎以宇吞帕为首的缅甸文化代表团。（28 日《人民日报》）

28 日　下午，往机场欢迎前来参加"世界四大文化名人纪念大会"

的法国、意大利人士法奇、班菲等。(29日《人民日报》)

29日 晚,出席中国人民保卫世界和平委员会等七个人民团体联合举行的酒会,欢迎来华参加"五一"观礼和参观的外宾,并致欢迎词。(30日《人民日报》)

30日 晚,出席周恩来为欢迎以潘迪特夫人为首的印度文化代表团举行的宴会。酒会结束后又参加电影晚会,观看电影《中华民族大团结》。(5月1日《人民日报》)

5月

1日 上午,往天安门,参加首都庆祝"五一"国际劳动节游行大会,与毛泽东、朱德、刘少奇等检阅游行队伍。(3日《人民日报》)

4日 下午,往中南海怀仁堂,出席中国人民保卫世界和平委员会等七个人民团体举行的世界四大文化名人纪念大会(纪念阿维森纳诞生1000周年、达·芬奇诞生500周年、雨果诞生150周年、果戈理逝世100周年),作题为《为了和平民主与进步的事业》的报告,全文载5日《人民日报》《光明日报》《文艺报》九号。报告论述四位文化名人的基本思想、对于人类文化的贡献及今日各国人民纪念他们的巨大意义。"中国人民尊重像雨果、达·芬奇、果戈理、阿维森纳这样的伟大的名字,这些名字是应该列在人类文化的最优秀代表之中的。"在谈到雨果的贡献时说:"在雨果的小说中,生动地出现了在剥削阶级统治下的各种属于'社会的底层'的'小人物'。作为十九世纪的法国浪漫派的大师,这个作家是如此深入地走进了现实的社会关系。在他所写的各种诡异的传奇故事中,他以巨大的同情来描写那些想要诚实地过劳动生活而不可能的'小人物'的悲惨的命运。"他"使人们看到:这种或那种由剥削阶级所统治的社会制度,给诚实的劳动人民所安排的命运就是无尽的贫穷和黑暗,就是牢狱、苦役和绞架,就是被践踏和被蹂躏的一生"。在谈到达·芬奇的绘画成就时说:"达·芬奇所努力表现的是在现实的社会关系中的人的思想和性格。他用他的伟大作品'最后的晚餐',来表现了对于真理与正义的赞颂与追求,和对于可耻的叛徒的极端唾弃。"同时论述了达·芬奇的另一特点:为了使绘画与雕塑能正确地表现自然,他"也在光学,解剖学、力学各方面作了深入的研究"。"但达·芬奇的科学研究不仅环绕着他的艺术工作；凡与人群的福利有关的事情，无不引起他的兴趣。""从达·芬奇的身上，人们看到一个不知疲倦地探寻真理的典型。"对于果戈理，重点谈到他的作品的现实主义力量和讽刺艺术。"果戈理的作品向我们展现了一个痛苦的时代，在这时代里，俄罗斯民族正受着黑暗的沙皇专制统治和农奴社会制度的束缚，这个伟大民族中的先进分子正在为解脱这种束缚而进行着艰苦的斗争。果戈理用他的作品参加了这个斗争。""果戈理的尖锐的讽刺是有名的。在果戈理笔下的官僚、地主以及市侩商人的形象，都具有丰富的现实性和典型性，因而在任何时代里，只要剥削制度尚未消除，人们就不能不遇到'果戈理的人物'。"在谈到一千年前的阿拉伯学者阿维森纳时，介绍了这位被称为"亚里斯多德第二"的回教徒在医学、哲学方面的贡献。特别强调了他"坚持实证的科学研究精神"，因而"正像一切为真理而战斗的人一样，他曾不得不过着屡经风波的一生"。最后指出：一切文化先驱者的身上所表现出的共同点就是"对客观真理的追求，对人民疾苦的关心，对人类的合理前途的希望和信心"，呼吁"世界人民通过纪念世界文化名人要为保卫人类优秀的文化传统而斗争！"

初收北京出版社1959年1月初版《雄鸡集》，改题为《人类前途有无限的光明》；后收《沫若文集》第17卷；现收《郭沫若全集·文学编》第17卷。

6日 出席中央人民政府与捷克斯洛伐克政府四项协定签字仪式，并致祝词。指出："中捷文化合作协定的签订，对今后两国文化的发展进步，人民文化生活的提高，及在共同反对帝国主义思想意识的斗争中，将起更大的作用。"全文载7日《人民日报》。

讲话稿初稿存外交部档案馆，附苏欧司请示报告，"原给郭老准备的明日中捷四协定签字仪式上的讲话稿，请呈总理。并请总理决定由总理自己讲还是由郭老讲？"周恩来批示：仍由郭老讲。（外交部档案）

四项协定包括中捷文化合作协定、中捷邮政协定、中捷电信协定及中捷科学与技术合作协定。

7日 上午，为来华参加"五一"观礼和参观的外国友人作报告。介绍中国人民保卫世界和平运动，特别是在全国广泛深入展开抗美援朝运动

的情况，以及中国人民保卫世界和平委员会当前的主要工作。(8日《人民日报》)

◎ 下午，参加周恩来总理与出席世界四大文化名人纪念会的外国友人的会见及招待茶会。(8日《人民日报》)

与会外国友人包括：法国和平理事会主席伊维斯·法奇夫妇、作家柯莱德·罗阿夫妇，意大利哲学教授班菲、物理学教授潘齐尼、电影导演德·桑蒂，以及在北京的智利画家何塞·万徒勒里夫妇。

8日 应德意志民主共和国外交使团大使柯尼希之邀，出席纪念德意志民主共和国解放日招待会。(9日《人民日报》)

9日 应捷克斯洛伐克大使康萨拉之邀，出席纪念苏军解放捷克斯洛伐克七周年宴会。(10日《人民日报》)

◎ 作诗《悼贝劳扬尼斯》，谴责美国"一群自私自利的吸血者"指使希腊"皇帝"杀害希腊英雄贝劳扬尼斯，赞叹"贝劳扬尼斯是永远芬芳的！一切爱国的英雄们是永远芬芳的！"

初收人民文学出版社1953年3月初版《新华颂》，后收《沫若文集》第2卷，现收《郭沫若全集·文学编》第3卷。

贝劳扬尼斯是希腊共产党中央委员会委员，1951年12月被希腊政府逮捕，1952年3月被杀害。

10日 出席印度驻华大使馆主办的"印度艺术展览会"揭幕仪式。(11日《人民日报》)

11日 出席庆祝中缅友好协会成立大会，并讲话。回顾了中缅两国历来在文化上、经济上的密切关系。强调自从中华人民共和国成立以来，两国的友好关系正日益增进，两国人民之间的友谊也历久益新。讲话摘要载12日《人民日报》。

◎ 晚，出席全国政协招待印度文化代表团宴会，并致辞。谈道：两国在文化上的不断交流，对于亚洲和平曾经有过很大的贡献，今后将会有更大的贡献。(12日《人民日报》)

13日 复信雷石榆，就其来信言及近期出版新著《写作方法初步》之事，回复：此书"似尚未见"。(刘玉凯《郭沫若与雷石榆》，《郭沫若学刊》1992年第2期)

16日 与沈钧儒、沈雁冰、章伯钧等出席庆祝中印友好协会成立大会，并致辞，希望这一协会的成立不仅要促进中印两国的友谊和文化交流，而且对于亚洲和平与世界和平都会有所贡献。讲话摘要载17日《人民日报》。

18日 致电巴基斯坦和平大会，祝贺会议即将召开。（电文载19日《人民日报》）

20日 下午，往机场，迎接来访的英国坎特伯雷副主教约翰逊及夫人，牛津大学工人教育问题讲师戴伊。(21日《人民日报》)

23日 出席中国文联为纪念毛泽东《在延安文艺座谈会上的讲话》发表十周年举行的文艺座谈会，与周扬、洪深、丁玲等发言，讨论如何深入群众，深入生活，克服创作上的公式化、概念化等问题。

出席会议的还有冯雪峰、梅兰芳、欧阳予倩、曹禺、赵树理、吕骥、周立波、史东山、江丰、陈沂、曹靖华、李伯钊等五十余人。(24日《人民日报》)

◎ 发表《在毛泽东旗帜下长远做一名文化尖兵》于《人民日报》《光明日报》。重温毛泽东《在延安文艺座谈会上的讲话》的意义，称其是"马克思列宁主义的文艺理论在中国文艺工作实际中的具体的运用和发展"，透彻地解决了"'五四'以来在中国文艺界中、在一般文艺理论中所存在着的许多历史性的问题"，使"马克思列宁主义的文艺理论获得了很充实的内容"。号召文艺工作者们学习讲话精神、坚持长期的思想改造、深入群众中去，"在毛泽东旗帜下长远做一名文化尖兵"。

24日 出席中国科学院本年第28次院长会议。讨论《科学通报》与全国科学联合会主办的《自然科学》合并的有关问题。指示：《科学通报》系全国思想性指导刊物，应刊登社会科学的文章，应与范文澜联系。编辑委员会中增加刘大年为副主任。(《中国科学院史事汇要》1952年)

26日 作《序史剧〈屈原〉的俄文译本》篇末说明，发表于28日《人民日报》。说"这篇序文是一年半前写的了，史剧《屈原》的俄文译本已于去年十月出版。今年三月，在莫斯科遇见费德林博士，他告诉我，莫斯科戏剧界正在酝酿着这个剧本的演出，法捷耶夫也表示支持。法捷耶夫也曾当面告诉我，他很欣赏这个剧本，人物塑造很鲜明，我的'耽心'是过虑。我很感谢苏联朋友们十分重视我们杰出的历史人物"。

31日 发表《爱护新鲜的生命》于《人民日报》《光明日报》。指出："少年儿童是人类的新鲜的生命，是国家建设最可宝贵的原动力"，"文艺是应该以平易近人的形式表达道德性与艺术性同样高度的内容为最高理想的。以工农兵为对象的文艺必须平易近人，以少年儿童为对象的文艺尤必须平易近人"。呼吁文艺工作者们"抢救中国儿童的精神粮荒"，"为中国儿童多多产生些儿童文学和儿童美术作品"。

本月 得知约里奥·居里被法国政府撤销了原子能总署高级专员职务，并且受到美国驻联合国代表和许多帝国主义国家的攻击，精神苦闷，立即发去慰问电。同时托李一氓带亲笔信给正留在布拉格协助居里组织细菌武器调查团的钱三强，嘱他多留二三周，说，这样除了彻底完成组团任务外，也是对居里的一种安慰。（钱三强《忆我尊敬的长者——郭老》，1982年11月17日《光明日报》）

◎ 为纪念四位文化名人，中国青年艺术剧院重新公演话剧《屈原》，排练期间与导演和主要演员顾而已、赵丹、白杨、张逸生在西四大院胡同5号寓所庭院合影。（图片载肖玫编《郭沫若》，文物出版社1992年11月版）

6月

2日 下午，举行酒会，招待出席亚洲及太平洋区域和平会议筹备会议的各国代表。（3日《人民日报》）

3日 上午，出席亚洲及太平洋区域和平会议筹备会议，作为发起人之一致祝词，载4日《人民日报》。说："各位代表虽然来自不同的国度，具有不同的政治见解和不同的宗教信仰，但是我们的会议将要证明，在我们之间是有共同的语言的，是能够互相了解的。因为，我们所代表的人民都是酷爱和平的人民。"致辞后，建议筹备会议选出主席团，并推荐印度代表高善必担任临时主席，主持推选主席团工作。

◎ 晚，出席中国人民保卫世界和平委员会和亚洲及太平洋区域和平会议中国筹备委员会举行的宴会，招待参加亚洲及太平洋区域和平会议筹备会议的各国代表，并致辞。（4日《人民日报》）

6日 下午，出席亚洲及太平洋区域和平会议筹备会议闭幕式，并在会议通过的"亚洲及太平洋区域和平会议筹备会议宣言"上签名。（7日《人民日报》）

◎ 晚，出席彭真为招待参加亚洲及太平洋区域和平会议筹备会议的各国代表举行的宴会。(7日《人民日报》)

7日 晚，出席北京各界声援法国人民保卫和平运动、抗议法国政府非法逮捕杜克洛大会并发表讲话。谈道：法国人民面临着严重的新战争的威胁，保卫独立、和平、民主的行动是完全合理的正义行动。摘要载8日《人民日报》。

8日 出席中国文联为丁玲、周立波、贺敬之和丁毅荣获斯大林文艺奖金召开的庆祝会，并讲话。指出《太阳照在桑乾河上》《暴风骤雨》《白毛女》这三部作品都是贯彻了毛主席文艺路线的作品，同时感谢苏联人民对中国文化事业的关心和协助。(9日《人民日报》)

◎ 举行招待酒会，欢送参加亚洲及太平洋区域和平会议筹备会议的各国代表。(9日《人民日报》)

9日 看了刘大年送来四位副院长在政治学习报告会上的发言稿后，回复："四位副院长的文章，我都看了。李副院长的四、五两章，文字再加润色，如得他同意，似可发表。其他三位的，觉得都有不便，在处理上望仔细斟酌。报告会何时可以召开？我二十二、三恐又须出国。我须带头报告，望于廿日以前连续召开。今晚八时如有暇，请约丁瓒、曹日昌等同志来我处一谈。"(《刘大年来往书信选（上）》，中央文献出版社2006年版)

◎ 电贺美国和平人士杜波依斯博士八十四寿辰。(电文载10日《人民日报》)

◎ 在世界和平理事会常设委员会和各国公众领袖发表的声明上签名，声援法国人民保卫和平斗争。(全文载11日《人民日报》)

10日 上午，在中国科学院与竺可桢、丁瓒、曹日昌等谈五年计划。(《竺可桢全集》第12卷，上海科技教育出版社2007年12月版)

◎ 为广西柳城县土地改革烈士纪念碑题写碑文："宴铸、程明泇、张崑刚三烈士永垂不朽。""宴铸、程明泇、张崑刚三烈士以一九五一年十月参加广西省土地改革委员会第一工作团在沙塘区作试点工作，发挥了高度的阶级友爱。当试点工作胜利结束，全团同志在大埔镇集中准备展开全县工作时，地主阶级走狗韦家骍竟于一九五二年一月八日晨将三烈士暗杀，凶犯当场被捕。柳城县人民法院于一月十七日依法当众枪决。三烈士为伟大的土地改革事业而牺牲，他们的革命精神永垂不朽。"(据墓碑，见

张家骏《为烈士扫墓》，收《柳江怒涛》，广西人民出版社 1989 年 7 月版）

该烈士纪念碑由中共柳城县委员会建立、柳城县人民政府 1998 年 3 月 31 日重修。

11 日　作歌词《工农兵歌唱"七·一"》（贺绿汀谱曲），发表于 27 日《人民日报》。赞颂"毛泽东的旗帜迎风飘扬，／人民的欢呼声来自四面八方：／来自帕米尔高原，来自太平洋，／来自珠穆朗玛峰，来自鸭绿江。"

初收人民文学出版社 1953 年 3 月初版《新华颂》，改题为《毛泽东的旗帜迎风飘扬》）；后收《沫若文集》第 2 卷；现收《郭沫若全集·文学编》第 3 卷。

16 日　出席中国科学院本年第 30 次院长会议。听取仪器馆筹备处关于工作进展情况的报告。讨论收购上海华光光学仪器厂等问题。（《中国科学院史事汇要》1952 年）

◎ 发表《关于季洛姆的入狱》于当日《人民日报》《光明日报》。针对美国评论家季洛姆因呼吁和平、反对战争而被捕入狱的事实，以"一个中国作家"的名义，向"全世界理智清明、心境善良的人们"说几句话。希望"通过了季洛姆的遭遇"重新认识"真相"。

◎ 出席中印友好协会欢送印度大使潘尼迦离任酒会。（18 日《人民日报》）

20 日　出席中华全国体育总会成立大会，并发表讲话。号召全国各地在开展体育运动中，发挥我们民族勤劳勇敢的优良品质，贯彻热爱祖国和保卫祖国的爱国主义教育，以提高人民的健康水平和劳动能力。（22 日《人民日报》）

22 日　晚，在北京饭店招待来华视察美国细菌战的外国专家。

受邀外国专家有苏联医学院副院长费勒什尼科夫、英国李约瑟、瑞典女细菌学家安德里安、法国农业科学教授马达尔、意大利欧里佛教授等。中国方面有吴晗、竺可桢、钱三强、李德全、张溪若、廖承志等。（《竺可桢全集》第 12 卷，上海科技教育出版社 2007 年 12 月版）

24 日　发表《敌我鲜明的对比》于当日《人民日报》、25 日《光明日报》，纪念朝鲜反侵略战争二周年。谈道："我们的目的只是在和平解决朝鲜问题，即朝鲜内政应由朝鲜人民自行处理，而不应受任何外来的干涉。这样的目的一天不能达到，我们的抗美援朝的正义行动便一天也不能中止。"

◎ 举行酒会，欢迎前来参加亚洲及太平洋区域和平会议筹备会议的拉丁美洲各国代表（因途中延搁刚抵京），并为即将离京的各国代表饯别。(25日《人民日报》)

◎ 出席拉丁美洲哥伦比亚等六国代表在"亚洲及太平洋区域和平会议筹备会议宣言"上补行签字仪式，并致欢迎词。(25日《人民日报》)

25日 率出席世界和平理事会第三次会议的我国代表团一行24人，乘飞机赴莫斯科转往柏林参加会议。(26日《人民日报》)

29日 率中国代表团从莫斯科乘专机飞抵柏林。(7月2日《人民日报》)

30日 出席世界和平理事会常务委员会会议，讨论定于7月1日开幕的世界和平理事会特别会议的最后筹备事宜。(7月2日《人民日报》)

下旬 题词祝贺成渝铁路全线通车："人民政府谁能不歌颂？闹了五十年的成渝铁路两年工夫便通车了！"（手迹载《纪念中国共产党诞生卅周年，庆祝成渝铁路全线通车专刊》）

本月 《奴隶制时代》由上海新文艺出版社出版，收录文17篇：《奴隶制时代》《蜥蜴的残梦》《读了〈记殷周殉人之史实〉》《申述一下关于殷代殉人的问题》《关于周代社会的商讨》《关于奴隶与农奴的纠葛》《墨家节葬不非殉》《发掘中所见的周代殉葬情形》《吴王寿梦之戈》《简单地谈谈诗经》《人民诗人屈原》《评〈离骚底作者〉》《评〈离骚以外的屈赋〉》《序俄文译本史剧〈屈原〉》《由〈虎符〉说到悲剧精神》《几封讨论古代研究的信》并《后记》。

初收《沫若文集》第17卷。1973年5月版改版，篇目有重大调整。收入《郭沫若全集》时，按文学、史学、考古三部分重新编辑。

◎ 作五绝二首，题为《亚太和会筹备期中有赠》。其一："肃肃鸣银鸠，飞来四大洲。太平洋上路，风浪莫惊鸥。"其二："垣上离离草，迎风左右飘。若无松柏志，超越不为高。"

初收人民文学出版社1953年3月初版《新华颂》，后收《沫若文集》第2卷，现收《郭沫若全集·文学编》第3卷。

◎ 作诗《在理智的光辉中》，赞亚洲及太平洋区域和平会议筹备会议："四天的会议开得隆重、和谐而自由，/日本和朝鲜并肩，美国和苏联接肘，/在理智的光辉中一切矛盾化为乌有，/共同的意志化为了全场一致的举手。"

初收人民文学出版社 1953 年 3 月初版《新华颂》，后收《沫若文集》第 2 卷，现收《郭沫若全集·文学编》第 3 卷。

7 月

1 日　下午，出席世界和平理事会特别会议开幕式，与约里奥·居里、南尼、戈登夫人、法捷耶夫等为主席团成员。

约里奥·居里致开幕词。通过以下议程：（一）和平解决德国和日本问题。（二）立即停止朝鲜战争。（三）扩张军备运动问题以及要求签订和平公约的斗争。(3 日《人民日报》)

2 日　晚，出席世界和平理事会特别会议，担任执行主席。

会议讨论了第一项议程，即"和平解决德国和日本问题"。(5 日《人民日报》)

◎ 致函曹重堪："我今天看到您六月十六日的信，查卷才知道您寄了《步天歌》来，谢谢您。"（据郭沫若纪念馆馆存手迹复印件）

3 日　下午，在世界和平理事会特别会议上作题为《朝鲜问题的一般导言》的报告。提出立即停止朝鲜战争的五点建议，受到与会者的支持。(全文载 6 日《人民日报》)

◎ 晚，举行招待会，100 余人出席，包括著名和平人士爱伦堡、法捷耶夫、聂鲁达、法奇、金斯伯利、万徒勒里等。(6 日《人民日报》)

4 日　以中国科学院院长名义致函苏联科学院主席团学术秘书长托帕契也夫："你一九五一年八月二日来函附赠我们的论文十一篇，我们已先将李森科院士所著的《论生物学上的种种新观念》一篇论文译出，在我院出版的《中国植物学杂志》第六卷第二期上发表。兹送上该项杂志三〇本，请你代为转赠李森科院士为感！"（中国科学院档案）

6 日　出席世界和平理事会特别会议闭幕式。

会议通过《关于德国问题告美、英、法、苏四大国政府和全世界人民书》《关于和平解决日本问题的决议》《关于立即停止朝鲜战争的决议》

《关于在今年十二月五日在维也纳召开世界人民和平大会的宣言》。通过常务委员会4月奥斯陆会议通过的"反对细菌战"的告全世界男女书和常务委员会提出的新理事名单。(8日《人民日报》)

8日 上午，率中国代表团部分团员飞离柏林往莫斯科。(10日《人民日报》)

◎ 在柏林作诗《鸭绿江》。全诗六节，谴责美国轰炸鸭绿江铁桥和鸭绿江水电站。第一节："鸭绿江是诗的江，英雄的江，民族友谊的江。/它是中朝两国天然的界限，但它不是把中朝两国划分开了，而是象一条大动脉一样，把中朝人民的生命感情联贯着。/它的江水是周年常青的，如它的名字'鸭绿'所表示的一样。但它在最近两年来，已由朝中两国爱国英雄们的血所染红了。"

初收人民文学出版社1953年3月初版《新华颂》，后收《沫若文集》第2卷，现收《郭沫若全集·文学编》第3卷。

11日 在克里姆林宫出席"加强国际和平"斯大林国际奖金授奖典礼。

此次"加强国际和平"斯大林国际奖金授予世界和平理事会副主席、意大利社会党总书记南尼。(14日《人民日报》)

15日 率中国代表团部分成员返抵北京。(16日《人民日报》)

18日 在辅仁大学主持中国科学院思想改造发动大会。(《竺可桢全集》第12卷，上海科技教育出版社2007年12月版)

19日 在前门全聚德约请苏联地理所B.T.贾伊且各夫和翻译刘君、竺可桢、曹日昌、钟潜九、吴有训等吃烤鸭。(《竺可桢全集》第12卷，上海科技教育出版社2007年12月版)

21日 晚，出席中央人民政府文化部举行的波兰影片《华沙一条街》预映招待会。

这是中国译制的第一部波兰影片，描写波兰人民反抗德国法西斯的斗争。将于7月22日波兰国庆日在北京各电影院上映。(22日《人民日报》)

22日 与朱德、周恩来、李济深等应邀出席波兰驻华大使基里洛克庆祝波兰国庆日招待会。(23日《人民日报》)

24日 在全国政协双周座谈会和中国人民保卫世界和平委员会联合举行的报告会上作报告。介绍世界和平理事会特别会议的成就，指出：这次特别会议吸收了最广泛的代表参加，通过为全世界人民所关心的五项决议。重新通过世界和平理事会常务委员会奥斯陆会议的"反对细菌战"告全世界男女书。不仅表现了奥斯陆会议决议的正确，而且也表示了全世界人民的意志。报告摘要载 25 日《人民日报》。

26 日 下午，出席首都各界为欢迎出席世界和平理事会特别会议代表团举行的大会，作题为《动员世界人民使协商精神战胜武力解决——世界和平理事会特别会议的成就》的报告，全文载 28 日《人民日报》《光明日报》。分为六个部分：一、异乎寻常的国际局势。二、为和平事业开拓出了更广泛的基地。三、特别会议的意义和经过。四、特别会议的成就。五、世界人民和平大会的前瞻。六、中国人民的责任。

30 日 须田祯一翻译的五幕史剧《屈原》由日本未来社出版发行。

下旬 中国伊斯兰教协会筹备会议期间，曾设宴招待会议代表。(8 月 20 日《人民日报》）

8 月

1 日 下午，往北京人民体育场，出席"八一"建军节 25 周年体育运动大会开幕典礼，并致辞。指出："今天的全军体育运动大会不是一时性的娱乐性的突击任务，而是全军中的体育训练的展开，也是全国性的国民体育的示范。我们要使体育运动，有组织、有领导、有制度地由全军的经常活动成为全国人民的经常活动。"（全文载 2 日《人民日报》）

◎ 出席瑞士驻华公使馆庆祝瑞士联邦国庆日招待会。（2 日《人民日报》）

2 日 致电全印和平理事会秘书、亚洲及太平洋区域和平会议筹备委员会副秘书长罗米西·钱德拉，祝贺和平会议印度筹备委员会在全印度举行的"亚洲周"。(4 日《人民日报》）

6 日 出席中央人民政府委员会第十六次会议。在听取了财政部长薄一波关于 1951 年度国家预算执行情况及 1952 年度国家预算草案的报告后，发言对国家财政经济状况的好转表示感奋，强调只有在人民国家，才能集中各方面的力量用于建设，这就必然保证了战胜敌人，保障了世界和平。（11 日《人民日报》）

7日　出席中央人民政府委员会第十七次会议。(11《人民日报》)

◎ 致函章汉夫："李约瑟又有信来，看样子，我给他的信尚未接到。此人，我觉得宜争取他多在中国，留一个时期，回英国太早了，可能出毛病。故宜尽力争取他的夫人来华。请考虑。"

章汉夫，时任外交部副部长。此信无年份，章汉夫回信谈到李约瑟参加调查朝鲜战争细菌战，时为1952年。（据郭沫若纪念馆存稿）

8日　出席中央人民政府委员会第十八次会议。

会议批准《中华人民共和国民族区域自治实施纲要》。(11《人民日报》)

◎ 晚，在北京饭店宴请国际调查团新来的意大利微生物专家Grajios，竺可桢、李四光等陪同。（《竺可桢全集》第12卷，上海科技教育出版社2007年12月版）

11日　下午，出席文化部、中国科学院、北京大学联合举办的第一届考古工作人员训练班开学典礼，并讲话。后又为训练班学员讲演，题为《中国奴隶社会》。（《中华人民共和国文物博物馆事业纪事》，文物出版社2002年9月版）

13日　主持全国政协举行的报告会，邀请参加"八一"体育运动大会的高玉宝、汲百昌、赵宝桐等和大家见面，在讲话中号召大家向英雄模范学习，以迎接全国大规模的经济建设高潮。(14日《人民日报》)

◎ 致电《巴基斯坦时报》，祝贺巴基斯坦独立五周年。(14日《人民日报》)

14日　出席巴基斯坦驻华大使罗查举行的庆祝巴基斯坦独立五周年宴会。(15日《人民日报》)

15日　致电朝鲜拥护和平全国民族委员会，祝贺朝鲜解放七周年。(16日《人民日报》)

◎ 晚，出席朝鲜驻华大使权五稷举行的庆祝"八·一五"朝鲜解放七周年宴会。(16日《人民日报》)

16日　晚，出席北京各界欢迎志愿军、解放军参加"八一"运动会代表团晚会，致欢迎词。说："全中国人民都要向中国人民志愿军和解放军学习，要像他们那样热爱祖国和人民。抱着坚定的无产阶级立场，高度的自我牺牲精神，全心全意地为保卫祖国、建设祖国、保卫世界和平而努

力。"（17日《人民日报》）

17日 应印度尼西亚驻华使馆代办伊沙·玛蒂之邀，出席为庆祝印度尼西亚独立七周年举行的招待会。（18日《人民日报》）

18日 参加中国科学院本年第三十六次院长会议。

会议讨论中国科学院1952年工作计划。对思想改造进入建设性阶段的进行步骤做具体部署。决定为在国庆节宣传中国科学院三年来的成就组成委员会，编写文章。（《中国科学院史事汇要》1952年）

19日 继续参加中国科学院本年第三十六次院长会议。（《中国科学院史事汇要》1952年）

◎ 致电泰国和平委员会主席乍龙·速盛，祝贺泰国召开拥护亚洲及太平洋区域和平会议筹备会议。（22日《人民日报》）

20日 往劳动人民文化宫，出席"匈牙利人民共和国展览会"揭幕仪式，并发表讲话。在谈到展览会在中国举办的特殊价值时表示：因为中国正在着手开展大规模的新民主主义的经济建设和文化建设，中国人民希望从展览会中学到许多新的东西，并接受友谊的鼓舞。仪式完毕后，为展览会剪彩。讲话摘要载21日《人民日报》。

21日 出席北京高等学校毕业生结业典礼，并发表讲话。希望大家服从祖国需要，愉快地走上工作岗位，在工作中不断地学习马克思列宁主义、毛泽东思想和苏联先进经验，以无产阶级思想武装自己，努力锻炼自己成为国家优秀的干部。（22日《人民日报》）

23日 下午，出席罗马尼亚大使鲁登科举行的庆祝罗马尼亚解放八周年的招待会。（24日《人民日报》）

◎ 出席政务院文化教育委员会第三十九次委务会。听取竺可桢报告中国科学院1952年工作要点。在李四光、陶孟和、吴有训补充发言后，对一些具体问题作了批评。（《竺可桢全集》第12卷，上海科技教育出版社2007年12月版）

◎ 作诗《和平的旗帜》，发表于10月1日北京《学文化》第19本。欢迎来自亚洲及太平洋地区各国的代表，赞叹："和平的旗帜插上幸福的船，／来自印度、锡兰、巴基斯坦，／来自印度尼西亚、澳洲、新西兰，／来自日本和太平洋的东岸，／把十六亿人民的心带到了北京。"

收《沫若文集》第2卷《集外》（二），作较大改动，现收《郭沫若全集·文学编》第5卷。

25日 接读胡庆钧8月15日来信作复,读其《大凉山彝族社会》一稿,"甚有收获",认为彝族社会的"生产力确是相当原始的",基本上"还是在奴隶社会的前期阶段"。希望其"多作调查,多发掘真相","多摄些照片,多找些物证",肯定其研究"很有意义",表示"科学院愿意帮助"。建议其"研究不妨规模放大一点,将来在出版上,科学院亦可以考虑承担"。(《文献》丛刊第1辑,北京图书馆1980年)

◎ 复信裘孟涵,写道:"两信均接到。您的境遇,我很同情,但请拿出大勇猛心,忘我地从事现在的工作。""任何岗位都是一样,今天不会有什么闲缺的。请念到许多供给制干部的待遇。盲人福利会的情况,我不很了解。如再转职,即使办到,将来能保无更生出'悔之晚矣'的念头?"(据郭沫若纪念馆馆存手迹复印件)

26日 与竺可桢、陶孟和等谈中国科学院与苏联合编《中华人民共和国地理》之事。商定待周总理核准后,即可复函苏联科学院。

《中华人民共和国地理》拟分自然地理、经济地理和分区地理3本,共100万字,期于3年内完成。周恩来对"以苏联人为正编辑,大不以为然。当日讨论中,郭沫若亦认为应以我为主体"。(《竺可桢全集》第12卷,上海科技教育出版社2007年12月版)

28日 作《〈释五十〉补遗》。收人民出版社版1952年9月版《甲骨文字研究》,现收《郭沫若全集·考古编》第1卷。

30日 下午,出席中国科学院学习委员会会议。报告全院近三五年内学习步骤,提出要注重重点发展,逐步建立,到处开花,因陋就简。(《竺可桢全集》第12卷,上海科技教育出版社2007年12月版)

◎ 作《〈甲骨文字研究〉重印弁言》,说明原书是由17篇考释所集成的,现在剔去了9篇,另外把1934年写的一篇加进去,又把原有的序文和两篇后叙都删去了。保留下来的几篇在文字和引证上,也略有些改削和补充。

收人民出版社1952年9月版《甲骨文研究》,后收《沫若文集》第14卷,现收《郭沫若全集·考古编》第1卷。

31日 下午,与李四光、竺可桢等出席"调查在朝鲜和中国的细菌战事实国际科学委员会"举行的报告书签字仪式,并发表讲话,感谢委

员们"为了拯救和平，拯救人类，拯救科学"，"排除了种种的困难，做了一项严肃的工作"。(9月1日《人民日报》)

◎ 出席"调查在朝鲜和中国的细菌战事实国际科学委员会"举行的中外记者招待会。介绍国际科学委员会的委员与全体记者见面，并且代表中国人民，对各位委员为拯救和平、拯救人类、拯救科学所做的巨大贡献表示衷心的感谢。(9月15日《人民日报》)

本月 作《〈释支干·十日〉追记》二则。

初收人民出版社1952年9月版《甲骨文字研究》，后收《沫若文集》第14卷，现收《郭沫若全集·考古编》第1卷。

9月

2日 应越南驻华代表团大使黄文欢之邀，出席庆祝越南民主共和国成立七周年招待会。(3日《人民日报》)

3日 在中国科学院给新来的研究实习员讲话。谈科学院的历史，基本方针，过去的成就及将来的展望。(《竺可桢全集》第12卷，上海科技教育出版社2007年12月版)

4日 为讨论古代兵器戟的演变，致信郭宝钧，征询新发掘的"地下的物证"。收人民出版社1954年8月版《殷周青铜器铭文研究》，与郭宝钧6日回信一并冠名为《关于戟之演变》；现收《郭沫若全集·考古编》第4卷。

◎ 作《向华沙大会看齐》，载1952年9月《大众电影》第8、9合刊。

5日 作《为亚洲及太平洋区域和平会议的召开第二次给日本人民一封公开信》，发表于7日《人民日报》、9日《光明日报》。向日本朋友介绍即将举行的亚洲及太平洋区域和平会议的宗旨，欢迎日本和平人士参加。表示："万一你们的代表不能来，我们的会议依然要召开，你们的精神依然有方法在大会上表达。"

日中友好协会文化会议主席团平野义太郎、甘文芳、中岛健藏、村云大朴子等4人13日复信，对公开信中所表现的对日本人民的同情和鼓舞，表示感谢，并决心努力促进中日两国文化交流以拯救和平。(10月12日

《人民日报》)

8日 上午，主持中国人民保卫世界和平委员会和中国各人民团体举行的联席会议，与宋庆龄、陈叔通、李四光、沈雁冰等30人被选为出席亚洲及太平洋区域和平会议的中国代表团。(9日《人民日报》)

9日 上午，召集南方各所所长谈话。讲以下几点：思想改造结果，如何与实际结合，了解各企业部门情况，细菌战中昆虫工作者工作及培养干部。(《竺可桢全集》第12卷，上海科技教育出版社2007年12月版)

10日 致电即将开幕的全印度和平大会表示祝贺。电文载13日《人民日报》。

◎ 为《晋邦盨韵读》一文作"后记"。收人民出版社1954年8月版《殷周青铜器铭文研究》，现收《郭沫若全集·考古编》第4卷。

11日 致电"美国和平十字军"成员厄普豪斯博士和李查逊先生，祝贺"美国和平十字军"于12日在芝加哥举行会议，欢迎美国朋友来华参加即将召开的亚洲及太平洋区域和平会议。(12日《人民日报》)

12日 对刘大年提出整顿《科学通报》的两个步骤批示"同意"，同时提出："对反对细菌战方面有要求，拟在《科学通报》出附刊，丁瓒同志知此事，望考虑。"(《刘大年来往书信选（上）》，中央文献出版社2006年版)

◎ 下午，出席政务院政务会议，作关于中国科学院1952年工作计划要点的报告，得到会议批准。(13日《人民日报》)

13日 在出席亚洲及太平洋区域和平会议的中国代表团举行的首次会议上，与彭真被选为代表团副团长，宋庆龄为团长。(14日《人民日报》)

15日 日本中国友好协会出版《诉于日本国民——在太平洋地区和平会议上致日本人民公开信》单行本，将郭沫若5日作、7日发表的公开信全文翻译收入。

24日 下午，与刘少奇、宋庆龄等往机场，迎接访苏归来的中国政府代表团周恩来、陈云、粟裕等。(25日《人民日报》)

◎ 致电祝贺美国人民25日在纽约举行"纽约—北京和平集会"。电文载25日《人民日报》。

26日 致电日本和平人士畑中政春并转日本人民抗议拒发护照大会，关心支持日本人民的正义斗争，抗议日本吉田政府拒发护照并殴打和平代

表。(27日《人民日报》)

◎ 下午，主持中国科学院座谈会。(《竺可桢全集》第12卷，上海科技教育出版社2007年12月版)

28日 与周恩来、陈云、邓小平等往机场，欢迎以泽登巴尔总理为代表的蒙古人民共和国政府代表团。(29日《人民日报》)

29日 出席周恩来总理为欢迎蒙古代表团举行的招待会。(30日《人民日报》)

◎ 对苏联《真理报》驻北京记者杰柳辛发表谈话，论述亚洲及太平洋区域和平会议的重大意义。谈话摘要载30日《人民日报》。

30日 晚，出席毛泽东主席为庆祝建国三周年举行的宴会。(10月1日《人民日报》)

本月 作《小臣謎毁铭考释·后记》。收人民出版社1954年6月版《金文丛考》，现收《郭沫若全集·考古编》第5卷。

10月

1日 上午，在天安门参加中华人民共和国成立三周年庆典，与毛泽东、朱德、周恩来等检阅军民游行队伍。(2日《人民日报》)

2日 出席亚洲及太平洋区域和平会议开幕式，与宋庆龄、彭真当为选主席团成员。(3日《人民日报》)

◎ 为"苏联电影周"题词："苏联影片富有高度的教育意义，我们要学习苏联，吸收先进经验，看苏联影片是一个捷径。"(手迹载11月5日《人民日报》)

3日 上午，出席亚洲及太平洋区域和平会议。以中国代表团副团长名义，作题为《团结一心，保卫和平》的报告，全文载4日《人民日报》《光明日报》。论述亚洲及太平洋区域的形势和这次会议的历史意义，说明各国人民的努力方向是一致的。提请大会讨论采纳筹备会议初步协商过的五项要求。

6日 出席文化部主办的"第一届全国戏曲观摩演出大会"开幕典礼，并发表讲话，勉励全国戏曲工作者和戏曲演员加强团结、虚心学习，共同完成改革和发展中国民族艺术、更好地为人民为祖国建设服务的光荣历史任务。(7日〈人民日报〉)

◎ 应捷克斯洛伐克大使馆武官普罗查上校之邀，出席庆祝捷克斯洛伐克共和国建军节招待会。(7日《人民日报》)

7日 晚，应德意志民主共和国外交使团团长柯尼希之邀，出席庆祝德意志民主共和国成立三周年招待会。(8日《人民日报》)

8日 晚，主持招待锡兰代表团宴会，首先致辞，祝贺中锡贸易协定的签订，说："我们在和平会议上主张反对封锁禁运，恢复国际经济交流。现在，我们在行动上实现了。中锡贸易协定不仅满足了两国的物质需要，而且将增进两国人民间的友谊。"(9日《人民日报》)

锡兰，斯里兰卡共和国1972年以前的国名。

◎ 为宗英题词："生长在毛泽东时代的青年是幸福的。每一个人可以自由自在地成长，吸收必要的智识，发展自己的才能，为国家建设服务。就这样，每人都可以贡献自己的力量，促进国家的工业化，通过社会主义建设走向共产主义建设的阶段。"(手迹见《郭沫若于立群墨迹》，人民日报出版社2011年3月版)

9日 上午，出席亚洲及太平洋区域和平会议第8日会议，担任大会执行主席。对印度和巴基斯坦代表团在会议期间发表联合声明，表示热烈欢迎。说："我相信，这个联合声明中所表现的善意与友好的协商态度及其自谋解决的精神，对于久悬未决的克什米尔问题的解决，定将有所裨益。我建议将这个联合声明列入大会记录。"

印度代表团团长克其鲁和巴基斯坦代表团团长沙里夫共同把签了字的声明和用乌尔都文、中文、英文绣着"世界和平万岁"的一面锦旗，献给大会执行主席郭沫若，并给郭沫若戴上花环。(10《人民日报》)

10日 上午，出席亚洲及太平洋区域和平会议第9日会议。会议进行中，哥斯达黎加代表团全体代表走上主席台，以一个在1856年保卫和平、自由与民族独立的斗争中参加过六次战斗的爱国勇士获得的纪念章，赠送给中国人民。郭沫若代表受礼。(11日《人民日报》)

◎ 千田九一翻译的郭沫若《苏联纪行》，由日本出版协同株式会社出版发行。

13日 上午，往机场，为出席亚洲及太平洋区域和平会议的加拿大、新西兰、阿尔及利亚等国代表送行。(14日《人民日报》)

◎ 下午，在故宫太和殿出席北京各界为庆祝亚洲及太平洋区域和平会议胜利闭幕举行的大会。

37个国家的和平会议代表出席。尼加拉瓜、印度、朝鲜等18个国家的代表团先后向中国代表团献花、献旗和献礼。宋庆龄、郭沫若、彭真、刘宁一代表受礼。(14日《人民日报》)

15日 出席亚洲及太平洋区域和平联络委员会成立大会暨第一次会议。(16日《人民日报》)

◎ 晚,应蒙古大使贾尔卡赛汗之邀,出席招待蒙古政府代表团的宴会。(16日《人民日报》)

16日 出席中国科学院本年第四十一次院长会议。提出派遣一个小型代表团赴苏联考察,做些调查研究工作,吸收苏联先进经验。

会议同意计划局派遣由钱三强、丁瓒等6人组成的小型代表团赴苏考察。(《中国科学院史事汇要》1952年)

17日 与周恩来、邓小平等往机场,为蒙古政府代表团送行。(18日《人民日报》)

19日 下午,参加毛泽东主席与出席亚洲及太平洋区域和平会议的印度代表团团长克其鲁一行的会见。(20日《人民日报》)

20日 为庆祝亚洲及太平洋区域和平会议胜利成功,作《十六亿人民的大团结》,发表于《解放军画报》11月号。

21日 致电世界和平理事会主席约里奥·居里,报告亚洲及太平洋区域和平会议成功闭幕,并报告该会的常设机构和平联络委员会已成立。电文载31日《人民日报》。

24日 主持中国科学院院长扩大会议并发表讲话。向大会报告,苏联科学院于10月3日召开主席团会议,决定加强中苏科学院的合作,我们应有热烈反应。强调指出:"科学在国家建设工作中占很重要的地位,在即将到来的大规模经济建设中,加强和苏联科学界的合作,努力学习和吸取苏联的先进经验将有更重要的意义。"

会议作出中国科学院关于加强学习和介绍苏联先进科学的决议。拟定加强学习和介绍苏联先进科学的四项办法:1. 举行苏联科学讨论会,研究苏联科学成果,向有关部门介绍苏联科学成就。2. 出版苏联科学丛书,翻译斯大林奖金著作。《科学通报》有系统地介绍苏联科学成就。3. 协同科联、科普等在各中心城市举行演讲、展览。4. 派访问团赴苏联。(27日

《人民日报》；《中国科学院史事汇要》1952年；《竺可桢全集》第12卷，上海科技教育出版社2007年12月版）

◎ 下午，出席中央人民政府政务院第156次政务会议。作关于1952年几项文化教育工作的报告。包括：知识分子的思想改造运动、高等学校的院系调整、爱国卫生运动、扫除文盲工作、人民电影和戏剧事业的发展。同时还就各项工作提出今后努力的方向。（26日《人民日报》）

25日 出席第二届全国出版行政会议开幕式，作为中央人民政府政务院副总理作政治报告。

会议根据文化教育工作必须服务于国家大规模经济建设，培养各种建设人才，普遍提高人民的文化水平和政治水平的原则，确定今后的出版方针是在进一步推行计划化的前提下，做到普及与提高并重。同时提出1953年的出版建设计划草案。（11月3日《人民日报》）

◎ 往中山公园音乐堂，出席首都各界庆祝中国人民志愿军出国作战二周年大会，并发表讲话。报告了最近在北京举行的亚洲及太平洋区域和平会议的成就。把这个会议的胜利举行和圆满成功，归功于中国人民志愿军和朝鲜人民军的胜利斗争。之后，与陈叔通代表抗美援朝总会向中国人民志愿军代表政治部主任甘泗淇等献旗。（26日《人民日报》）

◎ 晚，出席朝鲜大使权五稷为纪念中国人民志愿军抗美援朝二周年举行的招待会。在致辞时指出：中国人民将继续加强抗美援朝工作，努力支援朝鲜人民军和中国人民志愿军，为反对美帝国主义侵略战争的彻底胜利而奋斗到底。（致辞摘要载26日《人民日报》）

◎ 日本须田祯一译《郭沫若诗集》由未来社出版发行。

26日 作《新郑古器中"莲鹤方壶"的平反》，根据郭宝钧来信所述汲县山彪镇发现立鸟华盖壶两对，与新郑莲鹤壶正同，声明取消1933年轻信马衡以其为"谬妄"之说，确认"新郑莲鹤方壶为青铜时代转变期的一个代表作品"。

收入人民出版社1954年8月版《殷周青铜器铭文研究》，现收《郭沫若全集·考古编》第4卷。

27日 下午，出席全国政协常委会第四十二次会议。

会议听取中苏友好协会总会钱俊瑞总干事所作的关于"中苏友好月"的报告，决定从11月7日起至12月6日在全国范围内举行"中苏友好

月"活动（28日《人民日报》）

◎ 作《〈金文丛考〉重印弁言》，略述本人研究金文的经过，目的是"准备向搞旧学问的人挑战"。同时说明："这儿呈献出的《金文丛考》，是把原有的《金文丛考》、《金文余释之余》、《古代铭刻汇考》和《续编》中的金文部分汇集起来的，略略有些删改和补充，但是在骨干上大体仍旧。……这部书和《两周金文辞大系》是姊妹篇，它们是相辅相成的。更严格一点说时，应该是《大系》为主，《丛考》为辅。"收人民出版社1954年6月版《金文丛考》，现收《郭沫若全集·考古编》第5卷。

本月 历史剧《屈原》由日本"前进座"剧团在日本首次公演，受到观众热烈欢迎。河原崎长十郎饰屈原。(河原崎长十郎《同"屈原"的荣幸相会》《回忆郭沫若先生》，均见1978年12月吉林师范大学外研所日本文学研究室编印的《日本朋友悼念郭沫若》；又见《〈屈原〉在日本》，《新文学史料》1979年第2辑)

10月30日，大阪日本中国友好协会正式在大阪成立，筹备期间和成立以后，进行许多介绍中国文化的活动，包括"鲁迅纪念会"和《屈原》的演出。(12月11日《人民日报》)

11月

1日 下午，在政协全国委员会举行的报告会上作《关于亚洲及太平洋区域和平会议的报告》。全文载5日《人民日报》《光明日报》。详细阐述了会议所获得的成就和今后所应该做的工作。指出这次历时11天，有22个亚洲国家和美洲太平洋沿岸及非洲、欧洲代表共367人参加的会议，"获得了圆满的成就，对于动员亚洲及太平洋区域人民和全世界人民进行保卫和平的事业作了重大的贡献。"

2日 下午，与宋庆龄、李济深等到车站，欢迎苏联艺术科学工作者代表团和苏军红旗歌舞团，在车站广场致欢迎词。摘要载3日《人民日报》。

4日 晚，与吴玉章、钱俊瑞等代表中苏友好协会总会出席招待苏联文化工作者代表团、苏联艺术工作团和苏军红旗歌舞团的晚会并观看演

出。(5日《人民日报》)

5日 晚，与朱德、周恩来、宋庆龄等出席中苏友好协会总会为欢迎苏联文化工作者代表团、苏联艺术工作团和苏军红旗歌舞团举行的宴会，并致辞。(致辞摘要载6日《人民日报》)

6日 为庆祝苏联十月革命35周年，在中央人民广播电台致广播词，全文载7日《人民日报》《光明日报》。向苏联人民表示衷心的庆贺，盛赞中苏友谊。

◎ 下午，参加毛泽东主席与苏联文化工作者代表团团长吉洪诺夫等人的会见。(7日《人民日报》)

◎ 晚，在中南海怀仁堂主持首都各界庆祝十月革命35周年大会，在致辞中宣布"中苏友好月"开始。

毛泽东、朱德、周恩来等出席大会。(7日《人民日报》；《毛泽东年谱1949—1976》第1卷，中央文献出版社2013年12月版)

◎ 致函陶大镛，对其寄送11月号的《新建设》表示感谢，对寄来的《读七月流火》一文谈了看法："作者的译文有些地方比我正确些。但关于诗的时代的看法很成问题。他坚持着'三正交替，是上古历史上存在过的事实'这样一个信念，那就什么讨论也无法进行了。请原谅，我不准备直接简覆。原稿谨奉还。"就8月号《新建设》刊载的华岗的文章的批评意见表明态度。华岗文章说到"我们只要看胡说'唯心论并不比唯物论更反乎进化，或违背真理'的'历史人物'居然还在出版，倡导'马克思进文庙'的著作，也依然销行市面，就不必再深究了"。郭沫若说："他是在指责我，我很感谢。""《历史人物》(一九四七年) 一书，我已在今年三月二十日加以改编，我把《屈原研究》加进去，把《王阳明》一篇删去了。因而原序中论到王阳明的一节，涉及唯心论与唯物论的，已经全部删去。现在坊间销行的自六月以来已是新版。""'唯心论有时候并不比唯物论更反乎进化，或违背真理。'这说法诚然是有毛病。我在这儿所说的'唯物论'是机械唯物论，我的意思是唯心论固然是'反乎进化或违背真理'的，但在机械唯物论而到极端时，同样'反乎进化或违背真理'。故所以我说'唯心论有时候并不比唯物论更反乎进化或违背真理'。假如说的更明白一点的话，就是'唯心论与极端的机械唯物论同样地反乎进化或违背真理'。我的话已经说得不明白，华岗同志又把

'有时候'三个字删去了，前后文也没有提，那就显得我的罪过并不止于"胡说"，而是犯了原则性的大错误了。""《马克思进文庙》是二十七年前（一九二五年十一月十七日）写的篇滑稽而游戏文章，写作的当时反马克思主义的空气极端浓厚，认为'不合国情'。处在反动的环境里面，采取那样的游戏形式，我觉得在宣传上会更有效些，所以大胆地写出了。当时有朋友误认为我在讽刺马克思主义者，其实在今天看来我是讽刺了我自己。那表明了我在当时对于马克思主义的认识是怎样肤浅。因为是游戏文字，所以我在一九四七年九月编《地下的笑声》时，依然把它收录了。肤浅，不严肃，是千真万确的，但怎么也说不上'倡导'。但我依然感谢华岗同志，我已经有信通知出版处，请他们把这篇东西抽去。"（据郭沫若纪念馆存稿）

7日 晨，与宋庆龄、陈叔通等出席周恩来为庆祝十月革命节暨欢迎苏联代表团举行的酒会。(8日《人民日报》)

◎下午，与周恩来等出席苏联影片展览开幕典礼，并致辞。

文化部和中苏友好协会总会11月7日至12月6日在全国66个城市同时举行苏联影片展览。(8日《人民日报》)

◎下午，与朱德、周恩来等出席苏联大使馆庆祝十月革命三十五周年招待会。(8日《人民日报》)

10日 主持"亚洲及太平洋区域和平会议代表拉丁美洲艺术家作品展览会"预展会，并致辞。指出：这次展览会是实现和平会议的"关于文化交流的决议"的具体步骤，通过这些艺术品，我们更了解拉丁美洲人民的生活。(12日《人民日报》)

◎作七律《庆亚太和会》："和平会议庆成功，表见泱泱民庶风。团结四洲十六亿，电函三万八千通。协商盘敦泯畛域，独立旌旗卷太空。仁化干戈为玉帛，人人咸唱《东方红》。"

初收人民文学出版社1953年3月初版《新华颂》，后收《沫若文集》第2卷，现收《郭沫若全集·文学编》第3卷。

◎作七律书赠新凤霞、吴祖光，赞美他们对于戏剧工作所做的贡献和"比翼双飞莲并蒂，有情眷属共调笙"的感情。（据手迹）

15日 上午，主持中国科学院本年第43次院长会议。

会议原则同意修订院外科学研究补助办法；通过编纂《中华人民共

和国地理志》的提纲和办法；做出社会研究所更名为经济研究所等决定。(《中国科学院史事汇要》1952年)

◎ 下午，出席中央人民政府委员会第十九次会议。(17日《人民日报》)

17日 为日本野原四郎、佐藤武敏、上原淳道译《中国古代思想家》(即《十批判书》)作序。初刊于《中国古代思想家》(日本岩波书店1953年)，题为"作者寄言"。说："《十批判书》的日文版问世，使我关于中国古代社会的见解能更进一步地和日本朋友们接触，是值得庆幸的。中日之间在固有的历史关系的基础上，应该加意促进在文化意识上的新交流。这不仅是学术研究上的问题，对于远东和平与世界和平的巩固事业也有极重大的关系。但这书已是我七年前的旧作，其中有些见解已有所改进。例如奴隶制度与封建制度的界线，在本书中我隐约地把它划在秦汉之交。但经过近年的研究，我已改划在春秋与战国之交了。详细的说明，具见今年六月出版的《奴隶制时代》。古代社会阶段的划分，在中国史学界迄今尚未定论。感觉兴趣的日本朋友们能够踊跃参加讨论，对于问题的解决是会有贡献的。"(《郭沫若研究》第9辑，文化艺术出版社1992年版；戈宝权《郭沫若的著作在日本》，《文献》1979年第1期)

中旬 致电国际学生联合会，纪念"世界青年日"(11月10日)和"国际学生周"(11月10日到17日)，"祝全世界的青年同志们更紧密地加强兄弟友谊，为保障国际安全与促进人类文化而奋斗"。(14日《人民日报》)

21日 致电匈牙利全国和平理事会，祝贺将于22日在布达佩斯开幕的匈牙利全国和平大会。(22日《人民日报》)

22日 在中山公园主持中国人民保卫世界和平委员会主办的"亚洲及太平洋区域和平会议展览会"预展会，并致辞。认为展览会陈列的各国代表团送给中国的礼物和照片不仅表现了各国人民的友谊，而且进行了文化交流。(23日《人民日报》)

23日 下午，在天津主持欢迎中国人民第二届赴朝慰问团胜利归来大会，并致欢迎词。致辞摘要载24日《人民日报》。

26日 致电民主德国和平委员会主席腓特烈，对即将召开的民主德国促进互相了解与保卫和平大会表示祝贺。电文载29日《人民日报》。

30日 致电苏联拥护和平委员会，祝贺将于12月2日在莫斯科召开的第四届全苏拥护和平大会。(12月1日《人民日报》)

本月 在寓中接待许士骐、杨钟健。观许士骐在杨钟健指导下为中国科学院古生物研究所所画"合川马门溪龙"草图，极为赞赏。即书赠一条幅："一切都在不断变化，宇宙中没有一成不变的东西，化石就是生物演化最直接的证据。"(见许士骐《回忆郭老二三事》，1983年8月18日《文学报》)

12月

2日 致电罗马尼亚人民共和国保卫和平常设委员会，对即将于5日开幕的罗马尼亚保卫和平大会表示祝贺。电文载4日《人民日报》。

3日 与宋庆龄率代表团离京，转道莫斯科，赴维也纳出席第二届世界和平大会。竺可桢、陶孟和、吴有训等到机场送行。

代表团成员有钱三强、梅兰芳、袁水拍、常香玉等。(《竺可桢全集》第12卷，上海科技教育出版社2007年12月版)

上旬 出席中国人民保卫世界和平委员会与各全国性人民团体举行的联席会议，并讲话。被推举为出席世界人民和平大会的中国代表团副团长。宋庆龄为团长。(13日《人民日报》)

11日 与团长宋庆龄率中国代表团抵达维也纳。(13日《人民日报》)

12日 出席世界人民和平大会维也纳会议开幕式。(14日《人民日报》)

16日 上午，出席世界人民和平大会，作题为《停止现有战争》的发言。全文载19日《人民日报》《光明日报》。谈到亚洲多国正在进行的战争，认为："在现有战争中，威胁世界和平最严重的当然是朝鲜战争。"向大会介绍了朝鲜战争的情况，指出："全世界善良的人民都在迫切地要求停止现有的战争。""停止今天的战争，就能制止明天的更大的战争。"

18日 晚，设宴招待出席维也纳会议的印度代表团，并发表讲话。说：两千多年来，中国和印度彼此从未进行过战争。但现在有些人抱有一种幻想，要想使亚洲人打亚洲人，但亚洲人决不打亚洲人。(27日《人民日报》)

19日 晚，在维也纳库尔饭店，参加亚洲各国代表团聚餐，举杯祝

福亚洲各国的人民幸福,祝福各国代表健康。(27日《人民日报》)

20日 参加中国代表团和美国代表团在库尔饭店的聚餐,向美国人民和代表团致意。(27日《人民日报》)

◎ 小说《波》辑入中日文化研究所菊地三郎译《现代中国小说集》(副题为《石不烂赶车》)出版。

小说集辑选《波》、茅盾的《早春》、赵树理的《石不烂赶车》等七篇作品。书后附有菊地三郎的《解题》。

21日 苏联《真理报》登载"加强国际和平"斯大林国际奖金委员会1952年奖金颁发公报。作为副主席在公报上签名。

公报宣布以奖金授予法国的伊夫·法奇,印度的赛福丁·克其鲁,美国的保罗·罗伯逊,加拿大的文幼章等7人。(22日《人民日报》)

23日 率中国代表团部分成员离开维也纳取道苏联回国。(24日《人民日报》)

26日 抵莫斯科。应苏联对外文化协会邀请,将在莫斯科参观游览。(29日《人民日报》)

28日 《屈原》剧本俄文译者费德林与导演珂米沙日夫斯基来访,谈《屈原》上演之事。"珂米沙日夫斯基同志对剧本已经作了仔细的研究。他说,他完全爱上了这个剧本,为了使苏联观众更易于接受起见,他建议对于剧本的某些部分加以补充。""他所提的意见我大体接受了。我在滞留莫斯科的几天中,基本上便照着了他的意见,进行了剧本的修补。"(《〈屈原〉新版后记》一)

30日 与宋庆龄、茅盾等应邀出席苏联对外文化协会和全俄罗斯戏剧协会"演员之家"为欢迎梅兰芳、常香玉举行的晚会。

晚会上梅兰芳演出京剧"思凡"和"霸王别姬"各一段。常香玉演出豫剧"红娘"和"花木兰"各一段。苏联人民演员、数度荣获斯大林奖金的电影演员尼·契尔卡索夫和十几位著名的苏联演员向他们献花致敬。在晚会上表演的还有苏联著名演员、歌唱家、钢琴家、舞蹈家、杂技专家等。(1953年1月3日《人民日报》)

31日 发表《把粉碎美国细菌战作为基点而再努力》于《科学通报》"反细菌战特刊"。

◎ 与宋庆龄率中国出席世界和平大会代表团全体成员往谒列宁墓,

并献花圈。(1953年1月3日《人民日报》)

◎ 步陈叔通原韵作七绝六首，题名为《记世界人民和平大会》。赞世界和平大会。其五："弭兵奔走不辞遥，大祸未然冀早消。团结一心城众志，人间可免血流漂。"其六："协商谈判是一端，五国能齐举世欢。漫道和平无原则，还须增产克艰难。"

初收人民文学出版社1953年3月初版《新华颂》，后收《沫若文集》第2卷，现收《郭沫若全集·文学编》第3卷。

下旬 在苏联逗留期间，多次与钱三强长谈。从自己参加革命的经历，接受马列主义的经验，直到进行科学研究的意志、方法等"无所不谈"，特别谈到自己曾以很大一部分精力进行中国历史上封建制和奴隶制分期的研究，认为这是一生中最重视的工作之一。同时鼓励钱三强作一个关心政治、关心国家命运的科学家。(见钱三强《忆我尊敬的长者——郭老》，1982年11月17日《光明日报》)

◎ 在苏联时，鼓励常香玉练好基本功，并为其题词："点水穿石，业精于勤。"(常香玉《培育白花，奖掖后进》，《悼念郭老》，生活·读书·新知三联书店1979年版)

本年 提议"修复长城向游人开放"。(张民《八达岭来了第400位政府首脑》，2004年9月8日《北京晚报》)

1952、1953年间

作七绝："百花齐放百鸟鸣，贵在推陈善出新。看罢牡丹看秋菊，四时佳气永如春。"(据手迹)